2023 TERCEIRA EDIÇÃO

NELSON ROSENVALD

CLÁUSULA PENAL

A PENA PRIVADA NAS RELAÇÕES NEGOCIAIS

Dados Internacionais de Catalogação na Publicação (CIP) de acordo com ISBD

R815c Rosenvald, Nelson

Cláusula penal: a pena privada nas relações negociais / Nelson Rosenvald. - 3. ed. - Indaiatuba, SP : Editora Foco, 2023.

344 p. ; 17cm x 24cm.

Inclui índice e bibliografia.

ISBN: 978-65-5515-778-9

1. Direito. 2. Direito penal. I. Título.

2023-1002   CDD 345   CDU 343

Elaborado por Odilio Hilario Moreira Junior - CRB-8/9949

Índices para Catálogo Sistemático:

1. Direito penal 345   2. Direito penal 343

TERCEIRA
EDIÇÃO

N E L S O N
ROSENVALD

CLÁUSULA
PENAL

A PENA PRIVADA NAS RELAÇÕES NEGOCIAIS

2023 © Editora Foco

Autor: Nelson Rosenvald
Diretor Acadêmico: Leonardo Pereira
Editor: Roberta Densa
Assistente Editorial: Paula Morishita
Revisora Sênior: Georgia Renata Dias
Capa Criação: Leonardo Hermano
Diagramação: Ladislau Lima e Aparecida Lima
Impressão miolo e capa: FORMA CERTA

DIREITOS AUTORAIS: É proibida a reprodução parcial ou total desta publicação, por qualquer forma ou meio, sem a prévia autorização da Editora FOCO, com exceção do teor das questões de concursos públicos que, por serem atos oficiais, não são protegidas como Direitos Autorais, na forma do Artigo 8º, IV, da Lei 9.610/1998. Referida vedação se estende às características gráficas da obra e sua editoração. A punição para a violação dos Direitos Autorais é crime previsto no Artigo 184 do Código Penal e as sanções civis às violações dos Direitos Autorais estão previstas nos Artigos 101 a 110 da Lei 9.610/1998. Os comentários das questões são de responsabilidade dos autores.

NOTAS DA EDITORA:

Atualizações e erratas: A presente obra é vendida como está, atualizada até a data do seu fechamento, informação que consta na página II do livro. Havendo a publicação de legislação de suma relevância, a editora, de forma discricionária, se empenhará em disponibilizar atualização futura.

Erratas: A Editora se compromete a disponibilizar no site www.editorafoco.com.br, na seção Atualizações, eventuais erratas por razões de erros técnicos ou de conteúdo. Solicitamos, outrossim, que o leitor faça a gentileza de colaborar com a perfeição da obra, comunicando eventual erro encontrado por meio de mensagem para contato@editorafoco.com.br. O acesso será disponibilizado durante a vigência da edição da obra.

Impresso no Brasil (04.2023) – Data de Fechamento (04.2023)

2023
Todos os direitos reservados à
Editora Foco Jurídico Ltda.
Rua Antonio Brunetti, 593 – Jd. Morada do Sol
CEP 13348-533 – Indaiatuba – SP

E-mail: contato@editorafoco.com.br
www.editorafoco.com.br

APRESENTAÇÃO À 3ª EDIÇÃO DA OBRA

Dezesseis anos após a publicação da 1ª edição de minha tese de Doutorado em Direito Civil, defendida na Pontifícia Universidade Católica de São Paulo, apresento a 3ª edição da obra "Cláusula Penal – A pena privada nas relações negociais", consubstanciando novas perspectivas sobre o tema, sem que a espinha dorsal da obra tenha sido alterada um milímetro sequer.

A inspiração para o trabalho nasceu da leitura de um texto de Antônio Pinto Monteiro, publicado no v. 7, no 26 da *Revista da Escola da Magistratura do Estado do Rio de Janeiro*, intitulado "Responsabilidade contratual: cláusula penal e comportamento abusivo do credor". Munido da inquietude que é inerente àqueles que são ávidos pelo conhecimento, comecei a pesquisar vários ordenamentos jurídicos e diversas doutrinas no direito comparado. Em certo momento, percebi que boa parte daquilo que investiguei seria plenamente compatível com a construção do modelo da cláusula penal no então recém concebido Código Civil.

De certa forma fiquei receoso em avançar na pesquisa, por muitos tida como matéria de menor importância acadêmica. Porém, sabiamente, o Professor Renan Lotufo citou a monografia de livre docência do Ministro Moreira Alves, cujo tema, "A retrovenda", poderia não se mostrar inspirador em uma primeira reflexão. Contudo, o monografista exibiu aos arguentes recortes de jornais – da própria data da apresentação do trabalho – provando que o dito negócio jurídico era parte de nossa cultura.

Servindo-me de tais ensinamentos, posso garantir que todo contrato que se preze possui uma cláusula penal. Justamente este viés pragmático tornou possível a confecção da 2ª Edição. As Leis n. 13.874/2019 (Lei da Liberdade econômica) e Lei n. 13.786/2018 (Lei do Distrato), provocaram importantes reflexões sobre a cláusula penal no cenário doméstico. Novos aportes doutrinários e a evolução jurisprudencial nas cortes superiores também demandaram comentários. Tendo como pano de fundo os contratos intercivis, acrescentei uma análise percuciente da cláusula penal nas relações interempresariais e consumeristas, aperfeiçoei a visão comparatista e abordei outros modelos jurídicos como a cláusula *take-or-pay*.

Presto um agradecimento ao Professor Antônio Pinto Monteiro, mestre que conheci pessoalmente alguns anos mais tarde, cuja escrita foi fundamental pelo encantamento com a matéria.

Ao meu orientador, Professor Renan Lotufo renovo minha gratidão. O Mestre deixa um imprescindível legado ao direito civil brasileiro. Formidável artífice, que alia o refinamento e conhecimento de poucos a uma simplicidade própria dos que são generosos. A sua erudição desmontou várias de minhas ilusões quanto ao direito. Bem lembra Guimarães Rosa: "aos poucos que o escuro se faz claro".

Quando das edições anteriores desta obra e de meus demais livros, pedi escusas a minha filha: "Minha pequena Hanna. Sou grato pela paciência com a interdição de acesso temporário ao meu escritório. Peço-lhe desculpas pelos dias de férias que não pude lhe proporcionar". Tanto tempo se passou e até hoje ela e seu irmão Nicholas me pedem para "colocar o pé no freio". Porém, temo que este carro esteja desgovernado...

Aproveito a "carona para finalizar da mesma forma que o fiz na 1ª edição: "O trabalho está pronto, mas nunca acabado. Espero que as expressões cláusula penal e pena privada não remetam o livro às prateleiras destinadas as obras de direito penal. Já passei por esta ingrata experiência mais de uma vez quando solicitei publicações sobre este tema, no Brasil e no exterior. Espero que meu leitor tenha mais sorte".

Dedico este livro a Wanessa, sempre.

Belo Horizonte, março de 2023

NELSON ROSENVALD

PREFÁCIO

A presente obra de Nelson Rosenvald é fruto de uma decisão corajosa, abordar o tema da *Cláusula Penal*, após a clássica obra, em nosso direito, de Rubens Limongi França.

Mesmo sabendo que muitos julgam o tema como falta de desenvolvimento técnico mais profundo, assumiu o encargo de mostrar que se pode ir adiante e suscitar questões e posicionamentos instigantes e questionadores.

Desenvolveu sua tese de doutoramento sobre o tema e enfrentou com galhardia o peso da arguição de renomados professores, como Francisco Amaral, Carlyle Popp, Claudio Luis Bueno de Godoy e Marcelo Benacchio.

Do risco criado à obra concluída foi um trajeto sem desvios, firme e, ao final, vitorioso.

Sua posição em favor do caráter punitivo poderá não convencer muito, mas ensejará que pensem e tenham que enfrentar sua argumentação.

Posso afirmar que é uma obra que enseja polêmica, mas enseja porque vem muito bem fundamentada, com o que as oposições terão que estar, também, fundamentadas.

Não foi só a superveniência do Código de 2002 que deu atualidade à obra.

A revisão da tese de doutoramento reflete o permanente cuidado do autor em atender as críticas sérias e construtivas.

Fico honrado em prefaciar esta obra, que irá contribuir para o estudo das penas privadas.

Fico orgulhoso de ver que mais um ex-aluno de pós-graduação desenvolve voo próprio em busca de maiores alturas.

Fico cada vez mais convicto de que professor há que ser rampa de lançamento, para que seus orientandos alcancem voos mais altos do que os seus próprios.

Se assumindo o desafio de tratar de temas monográficos é que se pode fazer evoluir o direito, afastando-se da praga editorial dos manuais, e resumos, que, além da superficialidade, permanecem na rama repetitiva.

RENAN LOTUFO

SUMÁRIO

APRESENTAÇÃO À 3ª EDIÇÃO DA OBRA V

PREFÁCIO.. VII

CAPÍTULO 1 – INTRODUÇÃO 1

CAPÍTULO 2 – A FUNÇÃO DA CLÁUSULA PENAL NA HISTÓRIA 5

   2.1   O direito romano e o direito medieval 5

       2.1.1   A origem da cláusula penal 5

       2.1.2   O direito medieval 7

   2.2   A codificação francesa e sua influência no modelo latino.............. 8

       2.2.1   Antecedentes da codificação francesa................................. 8

       2.2.2   França.. 10

       2.2.3   Itália.. 14

       2.2.4   Espanha 16

       2.2.5   Portugal 18

   2.3   A cláusula penal na Alemanha e na *common law* 21

       2.3.1   Alemanha... 21

       2.3.2   Direito anglo-americano... 23

   2.4   A cláusula penal na União Europeia 27

   2.5   A cláusula penal no direito brasileiro... 30

       2.5.1   A doutrina contemporânea ao Código Civil de 1916........ 30

       2.5.2   A doutrina contemporânea ao Código Civil de 2002........ 33

CAPÍTULO 3 – CARACTERIZAÇÃO DA CLÁUSULA PENAL 35

   3.1   Natureza 35

       3.1.1   Acessoriedade 35

       3.1.2   Obrigação facultativa.. 42

       3.1.3   Negócio jurídico de garantia 46

       3.1.4   Sujeitos da cláusula penal... 48

       3.1.5   Objeto da cláusula penal 51

   3.2   Modalidades 53

3.2.1	Cláusula penal compensatória	54
3.2.2	Cláusula penal moratória	56
3.2.3	A violação positiva do contrato	58
3.3	Funções	62
3.3.1	Função compensatória	64
3.3.2	Função coercitiva	69

CAPÍTULO 4 – A SUPERAÇÃO DO MODELO UNITÁRIO DA CLÁUSULA PENAL ... 73

4.1	O modelo unitário	73
4.2	Um novo olhar sobre a cláusula penal	75
4.3	A implosão do modelo unitário no perfil funcional das obrigações	81
4.3.1	A relação obrigacional	81
4.3.2	A relação obrigacional complexa	83
4.3.3	A relação obrigacional no Código Civil de 2002	85
4.3.4	A situação jurídica: do estruturalismo ao funcionalismo	87
4.3.5	O perfil funcional da cláusula penal – Um instrumento de gestão do risco	89
4.3.6	A cláusula penal em um cenário de fragmentação	92

CAPÍTULO 5 – A DUALIDADE DA CLÁUSULA PENAL ... 95

5.1.	Espécies de cláusulas penais	95
5.1.1	A cláusula penal *stricto sensu*	96
5.1.2	A cláusula penal de prefixação de indenização	99
5.2.	Interpretação das cláusulas penais	102

CAPÍTULO 6 – EFICÁCIA DAS CLÁUSULAS PENAIS ... 107

6.1	Linhas gerais	107
6.2	A constatação do dano	108
6.2.1	O dano na cláusula penal *stricto sensu*	108
6.2.2	O dano na cláusula penal de prefixação de indenização	112
6.2.3	A perplexidade do Código Civil Brasileiro	115
6.3	A reparação pelo dano excedente	117
6.3.1	A convenção de reparação pelo dano excedente	117
6.3.2	O dano excedente e a culpa grave e o dolo do devedor	122
6.4	A exigibilidade da pena convencional	124
6.4.1	Cláusula de prefixação de indenização	124
6.4.2	Cláusula penal *stricto sensu*	126

6.5		O direito à pena e a resolução do contrato	127
	6.5.1	A natureza da resolução contratual	127
	6.5.2	O concurso entre a pena e a resolução contratual	128
6.6		A cláusula penal e a tutela externa do crédito	132
	6.6.1	A responsabilidade civil de terceiro por lesão ao crédito	132
	6.6.2	O terceiro ofensor e a pena convencional	137

CAPÍTULO 7 – DELIMITAÇÃO PERANTE MODELOS JURÍDICOS PRÓXIMOS 143

7.1		A obrigação alternativa	143
7.2		A multa penitencial	144
7.3		cláusulas de limitação e exclusão de responsabilidade	146
	7.3.1	Modalidades de cláusulas de limitação de responsabilidade	149
	7.3.2	A cláusula de limitação de indenizar *stricto sensu*	151
	7.3.3	A validade das cláusulas de exclusão de responsabilidade	154
7.4		A cláusula de garantia	158
7.5		Arras	161
	7.5.1	Arras confirmatórias	162
	7.5.2.	Arras penitenciais	166
7.6		Astreintes	169
	7.6.1	Noções gerais	169
	7.6.2	Distinções entre astreintes e cláusula penal	172
7.7		Cláusula *take-or-pay*	175
	7.7.1	Noções gerais	175
	7.7.2	Natureza jurídica e distinção perante a cláusula penal	176

CAPÍTULO 8 – A CLÁUSULA PENAL COMO PENA PRIVADA 179

8.1		A pena privada	179
	8.1.1	A refundação das penas privadas	179
	8.1.2	A pena privada e a cláusula penal	193
	8.1.3	A dicotomia: pena civil e pena privada: os *punitive damages*	200

CAPÍTULO 9 – O CONTROLE DA CLÁUSULA PENAL 207

9.1		Noções introdutórias	207
9.2		O controle geral da cláusula penal	208
9.3		A redução judicial da cláusula penal	211
	9.3.1	Da imutabilidade à mutabilidade judicial da pena	211

9.3.2	Pressupostos para a redução judicial da pena		215
9.3.3	A equidade como razoabilidade		224
9.3.4	O abuso do direito como fundamento da redução judicial da pena....		229
9.3.5	A vedação ao enriquecimento sem causa		233
9.3.6	A redução oficiosa da cláusula penal		237
9.3.7	A redução da cláusula penal pelo cumprimento parcial		243

9.4 O agravamento judicial das penas irrisórias 247

9.5 O controle normativo da cláusula penal 253

CAPÍTULO 10 – CLÁUSULA PENAL: CONTRATOS DE CONSUMO E CONTRATOS INTEREMPRESARIAIS 257

10.1 Os três sujeitos contratuais 257

10.2 Contratos civis e contratos de consumo 260

    10.2.1 Diálogo de fontes 260

    10.2.2 A relação de consumo na era da economia do compartilhamento 269

10.3 A cláusula abusiva 273

    10.3.1 A caracterização da cláusula abusiva 273

    10.3.2 A cláusula abusiva e a cláusula penal 275

    10.3.3 A cláusula de decaimento no CDC e na incorporação imobiliária 281

    10.3.4 A cláusula penal em favor do consumidor e a sua inversão judicial ... 288

    10.3.5 A limitação de indenizar nas relações de consumo e contratos de adesão 292

10.4 O controle dos contratos de adesão entre particulares 295

10.5 Os contratos empresariais 301

    10.5.1 O controle da cláusula penal nos contratos interempresariais após a Lei da Liberdade Econômica 306

        10.5.1.1 A LLE e a principiologia contratual 306

        10.5.1.2 O controle da cláusula penal nos contratos empresariais .. 312

REFERÊNCIAS 319

Capítulo 1
Introdução

> Não há oposição entre a coerção e a liberdade. Ao contrário, elas se auxiliam: toda liberdade se exerce para contornar ou superar uma coerção, e toda coerção apresenta fissuras ou pontos de menor resistência que são incitações à criação.
>
> Claude Lévi-Strauss. *O olhar distante.*

Antes de ser um conceito técnico, forjado em laboratório pela ciência jurídica, o negócio jurídico é uma construção da vida real, direcionada à vida do homem gregário. Não se concebe uma sociedade sem negócio jurídico. Emilio Betti descreve as permutas praticadas pelas tribos selvagens, entre elas e com povos civilizados, e constata que, não obstante a ausência de uma normatização, as negociações que antecedem a conclusão do contrato são levadas a termo com seriedade e lealdade, respeitando-se o caráter vinculativo da palavra empenhada. Reproduzindo o relato de um navegador veneziano do século XV, Alvise da Cá da Mosto, a respeito do comércio de Sal que a tribo dos Tegazza mantinha com outra tribos de negros, aduz Betti,

> Todos aqueles de quem é o sal fazem com eles montes enfileirados, marcando cada um o seu, e em seguida toda a caravana volta meio dia para trás; vem, depois, uma outra geração de negros que não querem ser vistos, nem falar com os outros e, ao verem o sal, colocam uma quantidade de ouro junto de cada monte de sal, e voltam para trás, deixando o ouro e o sal; e logo que eles partem vêm os negros do sal: Vêm ver se a quantidade de ouro deixada pelos outros é, em sua opinião, suficiente para comprar a quantidade de sal correspondente. E se a acham suficiente, levam-na, deixando o sal; se não estão de acordo, deixam o ouro e o sal, e retiram-se de novo, esperando que os outros voltem e acrescentem a quantidade de ouro que ainda falta. Depois do quê, obtido o acordo, levam o ouro e os outros vêm buscar o sal.[1]

Por mais rudimentar que possa parecer a prática do escambo, essas trocas já enunciam o paradigma da confiança como elemento central da vida em sociedade. As permutas de mercadorias se realizam com a satisfação das legítimas expectativas que antecederam a contratação. Se todas as práticas negociais reproduzissem o relato histórico das tribos africanas, a cláusula penal seria um instrumento jurídico inócuo.

---

1. BETTI, Emílio. *Teoria geral do negócio jurídico*, t. 1., p. 89. Clóvis Bevilácqua já noticiava que, "na Colômbia russa, o estrangeiro vinha depositar, na orla do mar, as mercadorias que desejava vender, e retirava-se em seguida. O indígena, por seu turno, quando os estranhos desertavam a praia, trazia os objectos que possuía e julgava equivalentes, collocava-os ao lado das mercadorias offertadas e retirava-se. Voltava o estrangeiro, e, se a troca lhe convinha, carregava os objectos do indígena, abandonando os seus; se, porém, não lhe pareciam de valor sufficiente a equipararem-se com as suas mercadorias, afastava-se novamente, deixando tudo em seu lugar, para que o indígena viesse accrescentar alguma coisa ao preço oferecido. Se não chegavam a um accordo, cada qual retirava-se para o seu lado, conduzindo o que lhe pertencia" (*Direito das obrigações*, p. 47).

Porém, a modernidade afirmou a liberdade e se esqueceu de outros valores fundamentais. Alexis de Tocqueville há muito alertou: libertar as pessoas pode torná-las indiferentes. O filósofo Zygmunt Bauman percebe no indivíduo o pior inimigo do cidadão, pois,

> enquanto este é uma pessoa que tende a buscar o seu próprio bem-estar através do bem-estar da cidade, o indivíduo tende a ser cético em relação ao 'bem comum'. Qual é o sentido de interesses comuns senão permitir que cada indivíduo satisfaça os seus próprios interesses? O que quer que os indivíduos façam quando se unem, e por mais benefícios que seu trabalho conjunto possa trazer, eles o perceberão como limitação à sua liberdade de buscar o que quer que lhes pareça adequado separadamente, e não auxiliarão.[2]

Se a individualização é a realidade que enfrentamos no ingresso de um novo milênio, urge conciliar essa liberdade sem precedentes com a responsabilidade pelo enfrentamento de suas consequências. Por isso, a cláusula penal deve ser situada em sua função coercitiva, com caráter persuasivo, como uma pena de natureza privada, cujo objetivo é compelir as partes à perfeita execução do negócio jurídico. A diretriz da operabilidade, tão cara a Miguel Reale, desafia a doutrina a encontrar a exata configuração das normas situadas nos arts. 408 a 416 do Código Civil e, mais precisamente, a distinguir a verdadeira cláusula penal da cláusula de liquidação de perdas e danos.

Confiar consiste em acreditar (*credere*) e manter a inabalável fé (*fides*) na conduta do parceiro. Nesse contexto, a pena privada merece um estudo mais específico e aprofundado, a lhe situar como uma relevante ferramenta de apoio ao dever ético de não defraudar as expectativas suscitadas nos outros, preservando a trajetória do contrato rumo ao adimplemento.

São raras as monografias no Brasil sobre a cláusula penal. Talvez isso possa se explicar pelo relativo consenso doutrinário sobre a sua natureza, modalidades e o seu acento primordialmente ressarcitório, legitimado pelo dogma da incoercibilidade da vontade dos particulares. Contudo, vivenciamos outra realidade no direito privado, que insere princípios renovados ao lado daqueles que compunham o quadro tradicional dos contratos. Esta atualização da pauta de valores que informa as relações patrimoniais motiva-nos a prestar uma contribuição acadêmica de rediscussão das funções desempenhadas pela cláusula penal, em uma perspectiva histórica de valorização de sanções civis, em face de violação de deveres, na qual se inserem, com amplo destaque, o enaltecimento das *astreintes* e a crescente aceitação dos danos punitivos.

Aproximar a Cláusula penal da pena privada não significa prestigiar um direito civil de retaguarda, supostamente preso às origens romanas anteriores ao advento da *lex aquilia*. Muito pelo contrário: neste estudo o contrato é aferido como um instrumento de proteção à pessoa humana, inserido em uma perspectiva constitucional de prestígio, à liberdade individual e à promoção de seus aspectos existenciais. Todavia, em nenhum momento destrata-se a concepção do negócio jurídico em um viés solidário, no qual a satisfação do interesse econômico dos contratantes se concilia com o atendimento das exigências sociais do ordenamento jurídico.

---

2. BAUMAN, Zygmunt. *Modernidade líquida*, p. 47.

Nessa trajetória, estuda-se a profunda alteração introduzida pela cláusula geral do art. 413 do Código Civil, a ensejar o controle judicial dos limites da cláusula penal, impedindo que a coerção privada se converta em opressão, ofendendo a proporcionalidade da relação contratual. De fato, o direito não pode reproduzir situações como a descrita por William Shakespeare em *O Mercador de Veneza*, na qual o personagem Antônio – mercador veneziano – celebra um contrato com o rico comerciante judeu e agiota Shylock, restando avençado que eventual inadimplemento seria penalizado com a supressão de uma libra de carne do corpo de Antônio. Uma cláusula penal evidentemente lesiva à dignidade da pessoa humana, não obstante alicerçada em um ato de liberdade, de autonomia privada.

Examinam-se as funções da cláusula penal, de forma a se questionar o padrão unitário que lhe foi forjado nos dois últimos séculos, como um instituto jurídico híbrido, simultaneamente dotado de fins indenizatórios e inibitórios. O pesquisador lança um singular olhar sobre esse rico modelo jurídico, com base em uma perspectiva funcional do direito das obrigações, emprestando à cláusula penal um conteúdo multifacetado. Nesse cenário fragmentado, à luz da diretriz da concretude, realça-se a centralidade do vetor interpretativo para a definição dos efeitos jurídicos de duas cláusulas penais, uma de fins indenizatórios e outra de desiderato coercitivo.

Se o direito é um dado da experiência, erigido pela cultura e atualizado pela linguagem de seus atores – a sociedade –, a cláusula penal pode representar um anseio generalizado de eticização das relações negociais por meio de uma via intermediária entre a técnica civilista da reparação dos danos – frequentemente insuficiente – e a subsidiariedade do direito penal que quer se proclamar como *ultima ratio* em matéria punitiva.

A par da centralidade da função inibitória e compulsória da cláusula penal, demonstra-se a eficácia da cláusula de prefixação de prejuízos, que desfruta igualmente de especial destaque no âmbito da autonomia negocial. A aferição da intenção dos contratantes será um dado decisivo para a especificação dos efeitos da pena. Assim, a constatação da existência real do dano, a reparação pelo dano excedente, o momento de exigibilidade da pena, a sua relação com a resolução do contrato e a medida de redução das cláusulas manifestamente excessivas são importantes momentos de visualização da efetividade das cláusulas penais.

Enfim, em tempos de crise de efetividade no direito, o desafio que se impõe é o de funcionalizar a cláusula penal, em respeito a uma exigência, perfeitamente legítima, de equilíbrio entre a autonomia negocial e o princípio da justiça contratual, na qual se garanta a autodeterminação para a fixação de penas privadas que reforcem a confiança no cumprimento da obrigação, sem que isso implique uma visão utilitária de pulverização do ser humano. Afinal, se cedemos parcela de nossa liberdade ao ingressamos pela porta do contrato, planejamos justamente recuperá-la ao tempo da saída.

Capítulo 2
A Função da Cláusula Penal na História

2.1 O DIREITO ROMANO E O DIREITO MEDIEVAL

2.1.1 A origem da cláusula penal

O direito das obrigações é o setor do direito privado mais influenciado pelas origens romanas. Com a cláusula penal não poderia ser diferente, muito pelo contrário. Paradoxalmente, apesar do extenso desenvolvimento da matéria nos dois últimos milênios, é em suas origens que persistem as justificativas para a afirmação da função da cláusula penal como tema central de nosso trabalho.

É lugar comum advertir que o conhecimento do passado ajuda a compreender o presente. Em nossa trajetória, perceberemos que a maior parte dos equívocos relacionados à compreensão da cláusula penal reside no desvirtuamento de seu modelo jurídico, da forma pela qual foi encetado no direito romano.

Na Roma antiga os julgamentos sempre tinham como base uma específica quantia em dinheiro (*omnis condemnatio pecuniaria*). A consequência era que um grande número de promessas contratuais não era executada quando o objeto contratual não detivesse um valor pecuniário imediato. Assim, o Direito Romano veio em socorro do credor para criar uma cláusula penal pela qual o devedor declarava pagar uma certa quantia de dinheiro, caso não cumprisse certa obrigação. Assim, o comportamento desejado se tornava indiretamente executável. Foram nomeadas como *cláusulas penais autônomas*. A engenhosidade e pragmatismo dos antigos romanos igualmente forjou cláusulas que forneciam uma pré-estimativa de danos em caso de descumprimento contratual, aliviando o credor da necessidade de provar o prejuízo realmente sofrido. Estas eram tidas como *cláusulas penais acessórias*.[1]

A ancestralidade histórica da cláusula penal é atribuída à *stipulatio poenae* do direito romano primitivo. Denis Mazeaud[2] assinala que a *stipulatio* era uma verdadeira pena privada, uma sanção de caráter repressivo que era devida em sua integralidade, mesmo no caso da impossibilidade de execução da obrigação pelo fortuito ou de execução parcial. O rigor da pena era explicado pela função particular que visava assegurar a obrigatoriedade das relações contratuais cujo objeto fosse outro que não o dinheiro, como as obrigações de dar, fazer, não fazer, ou de transferir propriedade.[3]

---

1. BASEDOW, Jurgen; HOPT, Klaus; ZIMMERMANN, Reinhard. *The Max Planck Encyclopedia of European Private Law*, v. II, p. 1.260.
2. MAZEAUD, Denis. *La notion de clause pénale*, p. 291.
3. Não se poderia falar em certeza quanto a este último requisito, mas apenas em termos de probabilidade, pois o direito romano, em um primeiro momento, não havia realizado as clássicas distinções entre responsabilidade civil e penal, nem de responsabilidade contratual e extracontratual (esta última pela *lex aquilia*).

Segundo Maria Dolores Mas Badia,[4] a *stipulatio* era um negócio eminentemente formal que se estruturava por meio de uma pergunta solene que o credor fazia ao devedor, à qual ele respondia com a palavra *spondeo*. O uso solene de tais palavras determinava o nascimento da obrigação. Certamente a *stipulatio* era precedida de um acordo entre as partes, uma causa. Porém, uma de suas notas mais relevantes era a sua configuração como negócio abstrato. Sem qualquer necessidade de provar a causa, era possível exigir o prometido. O único modo de dar relevância a uma possível ilicitude do credor, falsidade ou inexistência da causa era a alegação da *exceptio doli* como defesa.

Assim, faziam-se duas promessas: a primeira, a respeito de determinada prestação; a outra, relativa ao pagamento da pena, em caso de descumprimento da prestação originária. Trata-se de esquema que remete o perfil atual da cláusula penal como figura acessória de uma obrigação principal.

Antônio Pinto Monteiro[5] explica que a *stipulatio poena* constituía uma sanção particularmente severa contra o devedor inadimplente. A pena não possuía limites e poderia acrescer ao cumprimento da prestação principal se houvesse declaração nesse sentido; não impedia o credor de reclamar uma soma maior, caso o montante da pena ficasse aquém do valor do seu interesse lesado.

Esses traços fundamentais sugerem a importância que o direito romano atribuiu à cláusula penal como mecanismo de pressão sobre o devedor, de maneira a reforçar o cumprimento da obrigação e tutelar o interesse do credor. Daí a observação de Savigny: *Qu'en droit romain la clause pénale était en petit une disposition pénale fondée sur la volonté privée.*[6]

Todavia, a questão que avulta é saber se além de configurar uma sanção do tipo coercitivo, em suas origens, a cláusula penal teria visado também a uma função indenizatória, tal como hoje é por muitos concebida, enquanto modelo hábil à prefixação de perdas e danos.

No magistério de Massimiliano de Luca[7] predominava a função de garantia prestada para o adimplemento da obrigação principal. Se o devedor não respeitasse a palavra assumida pagaria uma quantia determinada na *stipulatio*. Ela servia como meio compulsivo e sancionatório, dispensando o credor de comprovar o seu interesse, pois a pena substituía o valor da prestação inadimplida. O fato de a pena dispensar o credor de provar o seu interesse não significava que ela equivaleria a uma fixação antecipada de indenização. Não se pode conferir a atribuição de certo valor pecuniário a uma prestação com a natureza de indenização, como se fossem equivalentes.

De fato, observa Gemma Vives Martinez[8] que apenas com o advento da doutrina canônica sobre a usura deu-se alteração da concepção da cláusula penal, passando, então,

---

4. BADIA, Maria Dolores Mas. *La revision judicial de las clausulas penales*, p. 22.
5. MONTEIRO, Antônio Pinto. *Cláusula penal e indemnização*, p. 361.
6. Apud MAZEAUD, Denis. *La notion de clause pénale*, p. 291. Tradução nossa: "No direito romano a cláusula penal era, em princípio, uma disposição penal fundada na vontade privada".
7. LUCA, Massimiliano de. *La clausola penal*, p. 6.
8. MARTINEZ, Gemma Vives. El juez y el abogado ante la cláusula penal y su moderación. *Revista General del Derecho*, p. 40.

a exercer uma função de reparação de danos. O descumprimento da prestação prometida se converteria em equivalente pecuniário, nada mais.

Parodiando Ihering, Deniz Mazeuad afirma com propriedade que l`histoire de la clause pénale est une abolition constante de son caractère pénal.[9]

2.1.2 O direito medieval

Na Idade Média, o enfoque contratual se dirige à escola canônica que, ao proibir a usura e o empréstimo a juros, opera uma mudança de paradigma na construção da cláusula penal. Houve uma reação à sua índole sancionatória mediante o desenvolvimento de uma doutrina que culminou por remeter a figura ao campo indenizatório. Posteriormente, esse perfil entrou na modernidade por intermédio de Dumoulin e Pothier.

Javier Davila Gonzalez[10] leciona que a usura foi proibida pelos clérigos no Concílio de Nicea em 325. A cláusula penal poderia ser um meio de dissimular a usura no contrato de mútuo, de modo a conceder ao credor uma soma superior à que representava o capital emprestado. Como os canonistas não poderiam suprimir a cláusula penal, pois isso atentaria contra o direito romano, a solução encontrada partiu da doutrina do interesse, que influenciou decisivamente a concepção sobre a natureza da cláusula penal.[11]

A noção de interesse foi definida como os danos e prejuízos cujo montante correspondesse ao prejuízo sofrido pelo credor em caso de atraso no pagamento da dívida. A pena ficaria submetida às mesmas regras que valessem para o interesse, ou seja, a indenização. Assim, a pena seria legítima sempre que ela constituísse a representação do dano, vale dizer, da indenização devida, em virtude do não reembolso do empréstimo no termo fixado. Ela seria ilícita, porém, se estipulada como uma fraude às disposições relativas à usura, em vez de reparar um prejuízo, realizar um ganho em favor do credor.

Em um primeiro momento, a doutrina se restringiu às obrigações pecuniárias, mas com o tempo estendeu seus domínios às obrigações de entrega de coisa e às de fazer. Destarte, a concepção indenizatória da cláusula penal se convertia na própria justificativa do modelo jurídico.

Segundo Fliniaux,[12] a prática da cláusula penal na Idade Média, com o seu caráter cominatório, generalizou-se a tal ponto que se pode dizer que nenhum contrato, nenhum ato da vida civil, empréstimos, testamentos, adoção etc., formavam-se sem que uma cláusula penal lhes garantissem a execução.

Com a fundamental contribuição de Dumoulin operou-se, no século XVI, a fusão do direito canônico e do direito civil, respeitante à natureza da cláusula penal.[13] In-

---

9. MAZEAUD, Denis. *La notion de clause pénale*, p. 290. Tradução nossa: "A história da cláusula penal é uma constante abolição de seu caráter penal".
10. GONZALEZ, Javier Davila. *La obligacion con clausula penal*, p. 110.
11. Denis Mazeaud explica que o canonista Raymon de Penafort aproximou a cláusula penal da teoria do interesse, havendo um interessante jogo de palavras em francês, pelo qual *les usures représentaient ce qu'on appelle aujord'hui lês intérêts et les interesses, les dommages-intérêts* (*La notion de clause pénale*, p. 292).
12. Apud FRANÇA, Rubens Limongi. *Teoria e prática da cláusula penal*, p. 28.
13. Explica Franz Wieacker que "em princípio o *jus civile* e o *jus canonicum* andavam separados. Porém, as duas culturas jurídicas foram se aproximando e começaram a se interpenetrar. O intercâmbio dos princípios favoreceu um mútuo princípio de subsidiariedade: os juízos eclesiásticos aplicavam de forma subsidiária, o direito romano; a

gressam, assim, no direito civil os resultados alcançados na era medieval, com a aberta proclamação da natureza indenizatória da cláusula penal. Esse foi certamente o ponto de partida para o tratamento da matéria no Código Napoleônico e, naturalmente, nos códigos da modernidade. [14]

2.2 A CODIFICAÇÃO FRANCESA E SUA INFLUÊNCIA NO MODELO LATINO

2.2.1 Antecedentes da codificação francesa

Percebemos que a doutrina canonista, decisivamente, selou a afirmação da função indenizatória da cláusula penal. De fato, o Código francês de 1804 reproduziu quase que integralmente a doutrina de Pothier, influenciada pelo trabalho de Dumoulin.

No século XVI, em seu tratado *De eo quod interest*, Dumoulin reafirmou que a pena ocupava o lugar da indenização, assumindo, assim, sua natureza. Tanto no que concerne à natureza da cláusula penal como ao seu regime, as ideias de Dumoulin penetraram no século XVIII por intermédio de Pothier. No no 343, de seu *Tratado das obrigações*, proclama Pothier que "essa pena é estipulada com a intenção de indenizar o credor pela inexecução da obrigação principal; é uma compensação, portanto, por perdas e danos sofridos pela inexecução da obrigação principal". [15] O Código Civil francês não destoou no art. 1.229: *La clause pénale est la compensation des dommages et intérêts que le créancier souffre de l'inexecution de l'obligation principale.* [16]

Com efeito, a influência da obra de Pothier é sentida em toda a seção intitulada "Des obligations avec clauses pénales" (arts. 1.226 a 1.233).

O único ponto em que o *Code* não recepcionou os ensinamentos de Pothier deu-se em sua manifestação favorável à redução da pena excessiva. Esse princípio foi deduzido de uma decisão de Dumoulin, em seu tratado *De eo quod interest*. Segundo Pothier, a redução da cláusula penal se explicaria pelo fato de se limitar às perdas e danos do credor, "pois é contrário à sua natureza que possam elevar-se, excedendo os limites que a lei prescreve para perdas e danos". [17]

Fatalmente, o legislador francês afastou a pretensão de Pothier por considerar as convenções como leis entre as partes, impenetráveis pelo Estado ou por terceiros. Trata-se do próprio art. 1.134 do *Code*: *Les conventions légalement formées tiennent lieu de loi à ceux qui les ont faites.* [18]

Para confirmar a força do princípio da autonomia da vontade e da intangibilidade dos pactos, afirmava o art. 1.152 do Código francês que, "quando a convenção incluir

---

jurisdição profana aplicava do mesmo modo os princípios gerais do direito canônico" (*História do direito privado moderno*, p. 76).

14. MONTEIRO, Antônio Pinto. *Cláusula penal e indemnização*, p. 378.

15. POTHIER, Robert Joseph. *Tratado das obrigações*, p. 298.

16. Tradução nossa: "A cláusula penal é a compensação de perdas e interesses que o credor sofre pela inexecução da obrigação principal".

17. POTHIER, Robert Joseph. *Tratado das obrigações*, p. 302.

18. Tradução nossa: "As convenções legalmente formadas têm lugar de lei para aqueles que as elaboraram".

que quem deixe de cumpri-la pagará uma certa soma de dinheiro a título de perdas e danos, não se poderá conceder à outra parte uma soma maior ou menor".

Alexis Jault[19] lembra que a ligação do art. 1.152 com o *pacta sunt servanda* já participava da exposição de motivos do Código francês, pois a força obrigatória dos contratos e o respeito à vontade das partes justificavam que o montante da cláusula fosse preservado, mesmo na ausência de qualquer prejuízo ao credor.

A procura pela certeza do direito que resume o espírito burguês informa a codificação e, desesperadamente, impede qualquer possibilidade de uma intervenção do magistrado naquilo que os contratantes fixaram; afinal, eles são os melhores árbitros de seus interesses. Ao juiz se reserva o papel coadjuvante de la *bouche qui prononce les paroles de la loi*.[20]

Antônio Pinto Monteiro adverte que o art. 1.152 trata-se de uma norma polêmica: seja por não permitir a redução da cláusula penal, por não se harmonizar com a doutrina de Pothier e, principalmente, por estar completamente deslocada do contexto sistemático reservado à cláusula penal (arts. 1.226 a 1.233).

> O art. 1.152 teria sido perspectivado para uma cláusula meramente indenizatória, tanto a respeito de sua natureza como da sua função, ou seja, *para uma cláusula destinada, exclusivamente, à liquidação antecipada do dano*, e não, também, a pressionar o devedor ao cumprimento – ao passo que a cláusula penal, apesar da sua natureza indenizatória, não excluiria que ela pudesse prosseguir, igualmente, uma função coercitiva, aspecto este que o art. 1.226 parece confirmar.[21]

Realmente, enquanto o art. 1.152 parte do respeito absoluto à palavra empenhada – que Denis Mazeaud[22] acentua como *sacro-saint principe de la force obrigatoire du contrat* –, afastando a ideia de uma cláusula cominatória, o art. 1.226 do Código Civil, em sentido oposto, define a obrigação penal como aquela que nasce de uma convenção em virtude da qual uma pessoa se obriga a qualquer coisa em forma de pena para garantir a execução de um primeiro compromisso. Aqui é nítida a noção de cláusula coercitiva, tendo por objeto qualquer prestação.

Não se olvide do já referido art. 1.229, com a seguinte dicção: *La clause pénale est la compensation des dommages-intérêts que le créancier souffre de l'inexecution de l'obligation principale*. A definição desse dispositivo – coincidente com a do art. 1.152 – descreve a cláusula penal como uma avaliação *forfaitaire* de perdas e danos.

O correto seria entender que o Código francês havia sufragado duas modalidades autônomas de cláusulas: uma cláusula de fixação antecipada de indenização – *dommages-intérêts* (arts. 1.152/1.229) – e uma verdadeira cláusula penal, assentada no art. 1.226. A cláusula de pré-liquidação de danos seria de interesse para credor e devedor, tanto por evitar o recurso a uma avaliação do prejuízo pelo judiciário como pela segurança quanto ao valor a ser pago em caso de descumprimento. A seu turno, a cláusula penal

---

19. JAULT, Alexis. *La notion de peine privée*, p. 140.
20. MONTESQUIEU, *O espírito das leis*, p. 176. Tradução nossa: "Mas os juízes da Nação, como dissemos, são apenas a boca que pronuncia as palavras da lei; seres inanimados que não lhe podem moderar nem a força, nem o rigor".
21. MONTEIRO, Antônio Pinto. *Cláusula penal e indemnização*, p. 361.
22. MAZEAUD, Denis. *La notion de clause penale*, p. 6: Tradução nossa: "O princípio sagrado da força obrigatória do contrato".

propriamente dita acautelaria o interesse econômico do credor de obter o adimplemento, de forma a pressionar o devedor com a imposição de uma pena.

Se a doutrina tivesse seguido essa trilha bifurcada, o direito francês teria há muito equacionado a questão. Porém, os tempos eram outros. A *mens legis* ignorou a perplexidade inicial, passando os comentadores a considerar a natureza da cláusula penal apenas pela sua feição indenizatória, como mera avaliação de perdas e danos, assimilando as duas modalidades em termos de figura unitária, simultaneamente regulada pelos arts. 1.152 e 1.226 a 1.233.[23] Em síntese, se a cláusula penal nada mais era que a indenização previamente convencionada, de que adiantaria insistir na distinção sistemática entre as suas funções? Vingou, portanto, um conceito unitário da cláusula penal. Mesmo que a sua finalidade fosse essencialmente coercitiva, de compulsão ao cumprimento da obrigação pelo devedor para a satisfação do interesse do credor, prevaleceu o efeito de ser realizada por um valor indenizatório previamente fixado.

Pior: a doutrina francesa trabalhou para que a função coercitiva perdesse qualquer autonomia em face da indenização e culminasse em se converter em mera eventualidade, para aqueles casos em que o valor estimado pelas partes fosse superior ao prejuízo efetivo do devedor. Só aí haveria um incentivo ao cumprimento. Se isso não se configurasse, de nenhuma espécie de sanção ou poder inibitório contaria a cláusula penal, eis que o seu caráter *forfaitaire* não só impedia a redução judicial da pena excessiva como também elidia a pretensão do credor de pedir a reparação pelo dano excedente ao valor pactuado, pois a liquidação antecipada do *quantum* indenizatório se dava em caráter invariável.

Inaugurava-se a concepção unitária da cláusula penal, pondo-se de lado o embaraçoso art. 1.226 do Código francês – quando muito ele serviria para recordar que a pena acidentalmente poderia prosseguir uma finalidade coercitiva e uma dupla função. Antônio Pinto Monteiro[24] cita *Carbonnier*, que espirituosamente afirma ter a finalidade compulsória da pena se convertido em mero *souvenir* da *stipulatio poena* do direito romano. A função coercitiva seria sempre aleatória, pois a estipulação de uma pena vincularia o credor à soma convencionada, impedindo-o de obter qualquer reparação pelo dano excedente. Essa construção de mais de dois séculos perdura nos modelos francês, italiano, português e brasileiro. Enfim, ainda se sustenta no arquétipo latino.

2.2.2 França

Conforme descrito no item anterior, assentou-se em território francês o conceito de cláusula penal com função indenizatória, com a possibilidade de, eventualmente, gerar eficácia compulsória se a indenização fosse fixada em um patamar superior ao do dano previsível. Nesse caso, em caráter acidental e secundário, a pena também poderia servir de incentivo ao cumprimento fiel da obrigação.

A nítida distinção entre o escopo coercitivo do art. 1.226 do *Code* e a finalidade indenizatória dos arts. 1.152 e 1.229 sobejou por bom tempo ignorada. Há uma razoável explicação para tanto. O sistema liberal erigido pelo Código de 1804 se assentava

---

23. MONTEIRO, Antônio Pinto. *Cláusula penal e indemnização*, p. 385.
24. MONTEIRO, Antônio Pinto. *Cláusula penal e indemnização*, p. 391.

no princípio da incoercibilidade da vontade das partes. A lei não poderia intervir nas relações privadas a fim de prevenir ilícitos, pois isso violaria a liberdade humana. A fé cartesiana na razão e na defesa dos direitos naturais, como espaço de integridade do indivíduo, converte-se em agente motivador do Jusnaturalismo e do Iluminismo, como movimentos iniciados no Renascimento e definitivamente consolidados no século XVIII, especialmente em França.[25]

Destarte, limitar o campo de atuação da cláusula penal ao escopo ressarcitório seria plenamente congruente com o ideal de apenas se tolerar o ingresso do "inconveniente" Estado na relação obrigacional quando do instante patológico do dano. Melhor ainda, o magistrado teria a sua atuação restrita a ordenar o ingresso no patrimônio do devedor, pois de antemão os contratantes já haviam convencionado o valor da indenização na lógica do *pacta sunt servanda*.[26]

Daí que no direito francês, cláusula penal e cláusula de pré-liquidação de danos eram sinônimas, sendo subsumidas em um conceito unitário e neutro.

A trajetória da cláusula penal em França é bem sintetizada por Alexis Jault:

> *Bien qu'ayant fait l'objet de nombreux travaux de grande valeur, la querelle de la nature punitive ou indemnitaire de la clause pénale n'est pás close. On presente généralement la nature juridique de la clause pénale comme évolutive. Celle-ci aurait varié au cours des différents siècles, prenant tour à tour la forme d'une pur peine privée en droit romain, puis d'une simples evaluation conventionnelle des dommages-intérêts dans l'ancient droit, avant de devenir une instituition mixte dans le code civil.[27]*

A teoria da pré-avaliação é adotada pelos mestres da língua francesa, que vêm desde a exegese, com Mourlon e Huc, passando por Planiol e alcançando, os Mazeaud. Em seu clássico *Traité élémentaire de droit civil*, Planiol conceitua a cláusula Penal como *une liquidation conventionelle des dommages – interêts, qui est fait à forfait, puisqu'on ne sait pás d'avance – quel será lê dommage réel*. Prossegue o autor francês afirmando que a finalidade da pena é suprimir toda a dificuldade sobre a avaliação dos danos sofridos pelo credor e sobre o montante da indenização que lhe é devida e evitam um processo.[28]

O panorama só seria acentuadamente alterado com as reformas de 9 de julho de 1975 e 11 de outubro de 1985. Modificam os arts. 1.152 e 1.231 do *Code Civil*. O maior mérito das reformas foi o de acrescentar uma segunda alínea ao art. 1.152, concedendo ao juiz o poder de moderar ou de aumentar a cláusula penal convencionada, quando

---

25. O Iluminismo é uma linha filosófica caracterizada pelo empenho em estender a razão como crítica e guia a todos os campos da experiência humana. Somente pela razão o homem poderia obter o conhecimento e a felicidade. A liberdade individual exigia a limitação do poder do Estado e a tolerância religiosa.

26. « l'évaluation conventionnelle des dommages-intérêts est substituée à l'évaluation judiciaire qu'elle rend inutile » (TERRE, F.; SIMLER, Ph. et Y. *Lequette, Droit civil* : les obligations, 9e éd. Dalloz, coll. « Précis droit privé », 2005, n°624, p. 615).

27. JAULT, Alexis. *La notion de peine privée*, p. 130. "Apesar de objeto de numerosos trabalhos de grande valor, a querela sobre a natureza punitiva ou indenizatória da cláusula penal não está fechada. Tem-se a natureza da cláusula penal como evolutiva. Ela variou ao curso dos séculos, começando como pura pena privada no direito romano, posteriormente uma simples avaliação convencional de perdas e danos, até se converter em um instituto misto no Código Civil." Tradução nossa.

28. Apud FRANÇA, Limongi, *Teoria e prática da cláusula penal*, p. 147. Tradução nossa: "A cláusula penal seria uma liquidação convencional de prejuízos que é feita com preço fixo, pois ninguém sabe de antemão qual será o prejuízo real."

manifestamente excessiva ou irrisória. Só por meio do impulso legislativo a doutrina sentiu a necessidade de delimitar as fronteiras entre a cláusula penal e a cláusula de fixação antecipada de indenização, distinção praticamente ignorada antes da reforma do *Code*.

Destaco a substanciosa contribuição de Geneviève Viney[29] para o melhor entendimento do tema. Primeiramente, a autora acentua o caráter cominatório da cláusula penal do art. 1.226, em contraste com a feição indenizatória do modelo do art. 1.152, para afirmar que aquela seria uma cláusula penal *stricto sensu*, enquanto esta uma convenção antecipada de indenização *forfait* – quer dizer, com preço fixo. A confusão nasceria do fato de o sistema francês aceitar as duas espécies de cláusulas de forma indiferente, apesar de serem completamente distintas as funções de uma cláusula de pré-liquidação de indenização e outra que tende a pressionar o devedor, infligindo-lhe verdadeira sanção.

Denis Mazeaud[30] traz valiosa colaboração ao argumentar que, apesar da inspiração de Jacques Mestre em permitir o poder de revisão judicial da cláusula penal, ele a havia autorizado apenas para a cláusula de indenização prévia do art. 1.152 e não para a cláusula penal *stricto sensu*. O autor entende que o poder de revisão se aplica indistintamente às duas cláusulas. A cláusula penal tem como objeto, não a mera reparação de um prejuízo, mas o meio de repressão de uma inexecução ilícita, que também não pode ser extremamente excessiva.

Aliás, ao introduzir a obra de Mazeaud,[31] François Chabas elogia o doutrinador pelo fato de confrontar as duas definições de cláusula penal do Código francês (arts. 1.152 e 1.226), optando como verdadeira cláusula penal pela segunda concepção, a "penalista", cujo objetivo é incitar a execução da obrigação, e não por aquela de fixação antecipada de perdas e danos. Por antever a cláusula penal como pena privada, é que não há necessidade de se justificar qualquer prejuízo em caso de inexecução. Pela mesma razão, a Corte de Cassação francesa vem entendendo que a pena não será suprimida mesmo que se prove que o prejuízo do credor foi nulo.

Enfim, Denis Mazeaud[32] se coloca em evidente posição de vanguarda na cena francesa ao admitir que tudo que se aplica à cláusula penal é inaplicável a cláusula de indenização. A real cláusula penal seria uma "arma de dois gatilhos", uma instituição que serve a duas funções distintas: cláusula de garantia e pena. Primeiro, garante a execução de uma obrigação principal, estimulando a diligência do devedor pela ameaça de uma pena; segundo, em caso de inexecução, ela será uma pena que sancionará a execução ilícita da obrigação garantida, com o papel de punir o comportamento culpável do devedor por meio de uma perda patrimonial sem contrapartida.

No mesmo sentido, Alexis Jault qualifica a cláusula penal como pena privada pelo simples fato de ser prevista para a inexecução imputável ao devedor, sendo indiferente

---

29. VINEY, Geneviève. Les obligations: la responsabilité: effets. In: GHESTIN, Jacques (Dir.). *Traité de droit civil*, p. 318.
30. MAZEAUD, Denis. *La notion de clause penale*, p. 6.
31. *La notion de clause penale, preface*, XIV.
32. MAZEAUD, Denis. *La notion de clause penale*, p. 7.

a existência de um prejuízo para o credor. Para o autor, *la clause pénale est d'abord une menace adressée au débiteur et destinée à assurer l'execution de l'obligation.*[33]

Com a aprovação da *Ordonnance* n° 2016-131 *du 10 février 2016* e a consequente reforma do direito contratual francês, na *Sous-section 5*, intitulada "La réparation du préjudice résultant de l'inexécution du contrat", inclui-se o artigo 1.231-5, que sintetiza os dispositivos que antes eram autonomamente dedicados a cláusula penal (os antigo artigo 1226 era voltado especificamente às cláusulas penais e o antigo artigo 1152 era devotado a todas as cláusulas de indenização de montante fixo).[34]

De acordo com o artigo 1231-5: "Quando o contrato estipula que aquele que não o executar pagará uma certa quantia por danos, a outra parte não poderá receber uma quantia maior ou menor". "No entanto, o juiz pode, mesmo oficiosamente, moderar ou aumentar a pena assim acordada se for manifestamente excessiva ou irrisória". "Quando a obrigação tiver sido executada em parte, a pena acordada poderá ser reduzida pelo juiz, mesmo oficiosamente, na proporção do interesse que a execução parcial trouxe ao credor, sem prejuízo da aplicação da lei". "Qualquer estipulação contrária aos dois parágrafos anteriores é considerada não escrita". "A menos que a inexecução seja definitiva, a penalidade é incorrida somente quando o devedor é notificado".[35]

O atual regramento valoriza a liberdade contratual[36] e delimita cinco princípios: a) quando as partes concordam com uma medida de danos, isso será o devido, independentemente do prejuízo real;[37] b) O juiz pode se afastar do princípio "a", caso o valor estipulado no contrato seja manifestamente excessivo ou irrisório. É uma exceção ao princípio da liberdade contratual. Esta disposição é importante na prática, permitindo a irresignação contra uma cláusula mal calibrada. Cabe ao devedor da obrigação, cuja inobservância dê origem à aplicação da cláusula penal, apresentar a prova do caráter "manifestamente excessivo" da sanção em relação aos danos sofridos pelo credor, a fim de obter a redução de sua quantidade;[38] c) A *Ordonnance* 2016 permite ao juiz ajustar

---

33. JAULT, Alexis. *La notion de peine privée*, p. 138: Tradução nossa: "A cláusula penal é uma ameaça endereçada ao devedor, destinada a assegurar a execução da obrigação".

34. A *loi de ratification du 20 avril 2018* (em vigor depois de 1 de outubro de 2018), que deu vigência à ordonnance du 10 février 2018 não alterou o regime jurídico das cláusulas penais.

35. Art. 1231-5.-Lorsque le contrat stipule que celui qui manquera de l'exécuter paiera une certaine somme à titre de dommages et intérêts, il ne peut être alloué à l'autre partie une somme plus forte ni moindre. « Néanmoins, le juge peut, même d'office, modérer ou augmenter la pénalité ainsi convenue si elle est manifestement excessive ou dérisoire. « Lorsque l'engagement a été exécuté en partie, la pénalité convenue peut être diminuée par le juge, même d'office, à proportion de l'intérêt que l'exécution partielle a procuré au créancier, sans préjudice de l'application de l'alinéa précédent. « Toute stipulation contraire aux deux alinéas précédents est réputée non écrite. « Sauf inexécution définitive, la pénalité n'est encourue que lorsque le débiteur est mis en demeure.

36. Article 1102 Modifié par Ordonnance n°2016-131 du 10 février 2016 – art. 2 « Chacun est libre de contracter ou de ne pas contracter, de choisir son cocontractant et de déterminer le contenu et la forme du contrat dans les limites fixées par la loi. La liberté contractuelle ne permet pas de déroger aux règles qui intéressent l'ordre public ».

37. No entanto, de acordo com o Tribunal de Cassação, a cláusula de penalidade pode prever que ele pretenda reparar apenas esse dano, com exclusão de outro, de modo que isso será devido ao credor, não apenas ao pacote estipulado, mas também, quando apropriado, indenização por danos não cobertos pela cláusula (*Cass. com. 12 juillet 2011, n° 10-18326* : « *l'arrêt relève que selon l'acte du 5 juin 2006, la clause pénale ne prive ce l'une des parties du droit de demander des dommages-intérêts à l'autre* », *en sorte que la victime peut en plus de la pénalité être indemnisée de « frais matériels » engagés en vain pour la réalisation de l'acte de cession d'un fonds de commerce*).

38. «La situation est exceptionnelle ; en tout état de cause, les juges ne peuvent relever la pénalité prévue au motif qu'elle est inférieure au dommage subi, sans constater son caractère dérisoire » Cass. com. 10 juill. 2001, n. 98-16202).

o valor da penalidade na proporção do interesse que a execução parcial trouxe ao credor; d) O parágrafo 4 estabelece que qualquer estipulação contrária aos parágrafos 2 e 3 é considerada não escrita. De fato, a liberdade contratual não pode impedir o juiz de modificar o valor da indenização prevista contratualmente, se este for excessivo ou irrisório. Como a cláusula contrária é considerada não escrita e não simplesmente nula, não é necessária uma medida judicial para erradicá-la; e) O parágrafo 5 especifica que, a menos que inexecução final seja definitiva, a eficácia da cláusula penal está sujeita a aviso prévio. No entanto, uma cláusula contrária pode ser validamente estipulada, pois o parágrafo em questão não é de ordem pública. De facto, apenas os ns. 2 e 3 são de natureza imperativa, pelo que as partes podem derrogar livremente o último.

2.2.3 Itália

O Código Civil italiano de 1865 reproduziu, nos arts. 1.209 e 1.212, os arts. 1.226 e 1.229 do Código Napoleônico. Assim, da mesma forma que em França, a doutrina italiana não soube trabalhar com a diferenciação produzida pelo Código Civil e incidiu na controvérsia entre uma cláusula penal de natureza compulsória e outra, de caráter meramente indenizatório. Contribuiu para este resultado a redação do art. 1.230, reiterando os termos do art. 1.152 do *Code,* ao dispor que "quando uma convenção estabelece que aquele que faltar ao seu cumprimento pagará uma soma determinada a título de indenização, não poderá atribuir-se à outra parte uma soma maior ou menor".[39]

A seu turno, em seu art. 1.212, o revogado Código italiano enunciava a pena como *compensazione dei dani che soffre il creditore per l'inadempimento dell'obbligazione principale.*[40] A compreensão da cláusula penal com um escopo unicamente indenizatório impediu que a doutrina italiana clássica discernisse a autonomia de uma segunda espécie de cláusula penal.

Com o advento do Código Civil de 1942, a situação de obscuridade não melhorou. Não existem dispositivos capazes de imprimir autonomia a cada figura de cláusula penal. No art. 1.382, dispõe o *Códice Civile* que "a cláusula pela qual se convenciona que, em caso de inadimplemento ou de atraso no cumprimento, um dos contraentes é obrigado a determinada prestação, tem o efeito de limitar o ressarcimento à prestação prometida, se não tiver sido convencionada a ressarcibilidade do dano ulterior". Acrescenta a segunda parte do mesmo art. 1.382: "A cláusula penal é devida independentemente da prova do dano".

A corrente doutrinária apegada à concepção indenizatória concebe a expressão "a uma determinada prestação", como um ressarcimento do dano na medida pactuada pelas partes, afastando o escopo puramente coercitivo da pena. Um dos grandes defensores dessa corrente é Massimo Bianca.[41] Ele aduz que a cláusula penal é o pacto que determina preventivamente o ressarcimento do dano pelo atraso ou pelo inadimplemento da obrigação. Sua função é a prévia liquidação de danos. Ela agiliza o ressarcimento e reforça a posição creditória. Bianca não concorda com a posição daqueles que pretendem

---

39. MAZZARESE, Silvio. *Clausola penale,* p. 28.
40. Tradução nossa: "A cláusula penal era uma compensação dos danos que o credor sofre pelo inadimplemento da obrigação principal".
41. BIANCA, Massimo. *Diritto civile:* la responsabilità, v. 5, pp. 221-226.

que a cláusula desempenhe um papel de coação psicológica sobre o devedor, constrangendo-o ao adimplemento, como uma espécie de segunda função da cláusula, somada à ressarcitória. Para o Professor da Universidade de Roma, seria tal coação uma eventual consequência indireta da liquidação prévia dos danos.

Massimo Bianca[42] examina a posição daqueles que consideram a cláusula penal como uma pena privada – com função punitiva, bem como de outros que defendem a cláusula penal como uma sanção civil – nem ressarcimento, nem pena –, pois o pagamento se dá independentemente da existência do dano. Mesmo faltando o dano, haveria sua aplicação. Já no ressarcimento, o dano é essencial. Para Bianca essas críticas não são suficientes para contestar a função da cláusula de preventiva liquidação do dano, prescindindo-se, pois, da aferição do real prejuízo ao credor. É possível exigir a cláusula mesmo que falte o dano efetivo, pois a causa ressarcitória foi a razão prática da antecipação da definição da reparação devida ao credor.

Em um giro de 180 graus se situa a posição de Michele Trimarchi.[43] O autor faz distinção entre cláusula penal pura e impura. A primeira é utilizada com o fim de pena e a outra, com o objetivo de servir de meio, também, de ressarcimento de dano. A primeira é cláusula penal pura; a segunda é penal e limite de ressarcimento. Deduzida com segurança a distinção assinalada, a cláusula penal passa a ser entendida em sua real estrutura e função. Portanto, o art. 1.382 destina-se à cláusula penal não pura, pois o efeito de limitar a indenização à prestação prometida pressupõe uma consideração positiva do ressarcimento do dano por obra das partes. Mas, se elas não estipulam nenhuma relação de valor ou de limites como ressarcimento do dano, fazem entender que seu objetivo é exclusivamente punitivo e de maneira alguma com finalidade de reparar o prejuízo sofrido.

Fábio de Mattia[44] esclarece que a distinção é também realizada por outros eminentes juristas italianos, como Alberto Trabucci, Andréa Magazzù e Lodovico Barassi. Apesar de essa tese não ser consagrada pela generalidade da doutrina italiana – que em boa medida se mantém fiel à concepção tradicional aqui traduzida na lição de Bianca –, tem seduzido um bom número de autores, que entenderam que a cláusula penal não se identifica com um acordo destinado à liquidação convencional do dano.

Bem por isso, Massimiliano de Luca considera que não é possível admitir uma só cláusula penal, capaz de absorver simultaneamente uma função punitiva e ressarcitória. O autor enfatiza ser

> *sicuramente innovativa e particolare, per l'ottica con cui affronta il problema, la teoria secondo la quale ela funzione della clausola penale si deve ravvisare nella coercizione indiretta che essa eserciterebbe sul contraente obbligato, il quale se trovera pressato psicologicamente e preventivamente dalla minaccia di un danno che gli deriverebbe in caso di inadempimento.*[45]

---

42. BIANCA, Massimo. *Diritto civile*: la responsabilità, v. 5, pp. 221-226.
43. TRIMARCHI, Vincenzo Michele. *La clausola penale*, p. 351.
44. MATTIA, Fábio de. *Cláusula penal pura e cláusula penal não pura*, v. 383, p. 39.
45. LUCA, Massimiliano de. *La clausola penale*, p. 33-34. Tradução nossa: "É seguramente inovadora a teoria segundo a qual a função da cláusula penal se encontra na coerção indireta que ela exercita sobre o contratante, o qual se encontra pressionado psicológica e preventivamente pela ameaça de um dano que lhe será imputado em caso de inadimplemento."

A finalidade coercitiva da cláusula penal, com configuração de reforço da posição do credor, seria a única capaz de explicar o direito à pena independentemente da existência real de qualquer dano (art. 1.382, segunda parte). As mais recentes teorias sobre a função da cláusula penal no direito italiano elevam o seu caráter inibitório à luz da análise econômica do direito. A essencialidade da figura coercitiva impõe diferenciar o seu regime ao da cláusula indenizatória.

Sob outro ângulo, Silvio Mazaresse[46] ressalta um contribuição ainda mais recente da doutrina, à qual adere. Põe-se em destaque uma nova formulação na qual se faz uma análise estrutural e uma valoração da qualificação casuística da cláusula, na qual o intérprete apreciará pela *fattispecie* concreta se o intuito das partes foi ressarcitório ou sancionatório. O autor enfatiza a necessidade de encontrar soluções construtivas para convenções que possuem escopos distintos. É preciso buscar a intenção das partes no momento de estipulação da cláusula. Em outras palavras, cabe perquirir pela concreta função subjetiva que as partes realizaram e não por uma abstrata função objetiva assentada no ordenamento.

A propósito, Massimiliano de Luca[47] também adota tal posicionamento, ao ponderar que são múltiplas as razões pelas quais os contratantes acedem à cláusula penal. As partes podem inserir uma cláusula penal para persuadir o devedor a adimplir. Essa função será exercitada quando a pena for fixada em valor superior ao dano previsível. Outrossim, a finalidade poderá ser a limitação do ressarcimento, sendo suficiente que a pena seja delimitada em valor inferior ao dano previsível. Ainda é possível convencionar a cláusula para evitar controvérsias sobre a medida do dano. Nesse caso, a cláusula será ressarcitória e terá um montante correspondente ao valor dos danos previsíveis para o caso de descumprimento.

Temos aqui um indiscutível avanço. Investe-se contra o modelo unitário da cláusula penal, no qual a finalidade perseguida pelas partes se mostrava irrelevante, por não ser capaz de conduzir a qualquer alteração do regime da cláusula penal. Admite-se que múltiplas possam ser as finalidades perseguidas pelas partes com a delimitação de uma pena. Andréa Zoppini bem esclarece que *nell'analisi della fattispecie concreta assume particolare importanza in vista dei motivi che hanno spinto le parti all'accordo negoziale e dei fine alla realizzazione dei quali la penale è conessa.*[48]

2.2.4 Espanha

Há uma vasta influência da codificação francesa nos projetos pré-codificadores espanhóis e nos arts. 1.152 a 1.155 do vigente Código Civil.

O Código Civil dispõe em seu art. 1.152 que *en las obligaciones con cláusula penal, la pena sustituirá a la indemnización de daños y al abono de intereses en el caso de falta de cumplimiento, si otra cosa no se hubiese pactado.*

---

46. MAZZARESE, Silvio. *Clausola penale*, p. 178.
47. LUCA, Massimiliano de. *La clausola penale*, p. 26.
48. ZOPPINI, Andréa. *La pena contrattuale*, p. 100. Tradução nossa: "A análise do caso concreto assume particular importância em vista dos motivos que impeliram as partes ao acordo e os fins a se realizarem, as quais a pena é conexa".

A parte final do art. 1.152 permite que Alonso Pérez afirme que *el ordenamiento español se muestra 'bastante generoso' con las cláusulas penales, pues se permite estipular cualquier variedad sin limitación.* [49]

Manuel Albaladejo[50] ensina que a cláusula penal desempenha função coercitiva ou de garantia do fiel cumprimento da obrigação principal e também função punitiva em caso de descumprimento. Quando desempenha essas funções, a pena é exigível cumulativamente à indenização pelos danos, como um *plus*. Essa seria a única maneira de reforçar a obrigação e castigar o devedor pelo descumprimento. A pena será qualificada como cumulativa.

Por outro giro, o catedrático de Madrid[51] afirma que a pena pode, ainda, desempenhar a função de liquidação de danos, servindo a cláusula penal como quantidade fixada em caráter convencional, com a vantagem de não ser necessária a prova da existência do dano ou de sua quantidade. A pena aqui será substitutiva, pois não supõe maior garantia para o credor ou um agravamento especial da condição do devedor. Todavia, o caráter só será substitutivo se existirem danos, caso não existam, perde-se o direito a cobrar a pena.

Por último, sugere Albaladejo que a pena poderá desempenhar cumulativamente ambas as funções quando fixada em quantidade superior aos danos previsíveis. A pena poderá ser qualificada como absorvente, pois exclui a indenização, absorvendo o seu verdadeiro papel de pena. [52]

Vê-se que em cada caso a pena terá o papel que verdadeiramente lhe corresponde, segundo as circunstâncias particulares da avença. Sempre o intérprete terá de considerar para que tipo de incumprimento a pena foi prevista, pois só assim será assumida sua fisionomia adequada.

No mesmo sentido se posicionam Castán Tobeñas, Roca Sastre e DíezPicaso. [53] Em comum, consideram a possibilidade de a cláusula penal exercer função coercitiva, reforçando o vínculo e estimulando o cumprimento, pela fixação de uma quantia maior que o importe previsível das perdas e danos; função liquidatória, que impede seja reclamada, além da pena, a indenização pelos danos; e função estritamente penal, caso em que a pena poderá ser cumulada às perdas e danos.

Em monografia dedicada ao tema, Javier Davila Gonzalez[54] considera que apenas existem duas funções exercidas para a cláusula penal: a função coercitiva e a de liquidação. Na primeira já estaria abrangida a função punitiva ou estritamente penal. A única garantia que a cláusula proporciona ao credor é a coerção sobre o ânimo do devedor pelo receio de ver sua responsabilidade agravada. Essa função coercitiva se dará tanto quanto a pena for cumulativa – pois o devedor sofrerá uma ameaça de pagar uma quantia além do devido pela obrigação –, como na modalidade substitutiva de cláusula penal – nos casos

---

49. GONZALEZ, Javier Davila. *La obligación con clausula penal*. Prólogo, p. 16.
50. ALBALADEJO, Manuel. *Derecho civil II*: derecho de obligaciones, p. 266.
51. ALBALADEJO, Manuel. *Derecho civil II*: derecho de obligaciones, p. 266.
52. ALBALADEJO, Manuel. *Derecho civil II*: derecho de obligaciones, p. 266.
53. DÍEZ-PICAZO, Luís. *Fundamentos del derecho civil patrimonial*, p. 396.
54. GONZALEZ, Javier Davila. *La obligación con clausula penal*, pp. 54-55.

em que a pena pactuada for de valor superior ao que previsivelmente corresponderia como indenização em eventual caso de descumprimento.

Já a função liquidatória será cumprida quando a cifra ajustada pretende cobrir fielmente o montante dos prejuízos, evitando questões futuras ligadas à sua determinação judicial. Gonzalez[55] assevera que a função de prévia determinação de danos possui caráter secundário à função coercitiva, que é o fim primordial das partes ao pactuar a cláusula penal é impulsionar o cumprimento devido da obrigação principal. Aliás, historicamente, a função coercitiva teria sido a primeira que surgiu, sendo a "liquidação" bem posterior no tempo.

Mas quem mais avançou no tratamento da matéria foi Espin Cánovas.[56] O autor chega a ponto de postular pela separação entre a verdadeira cláusula penal – de natureza coercitiva –, que surge quando a pena ultrapassar o valor da obrigação e atua de modo eficaz como pressão sobre o devedor, daquela que exerce meramente a função substitutiva da indenização gerada pelo inadimplemento. Esta cláusula indenizatória não poderia ser conhecida como cláusula penal, pois deturpa o instituto, mas como uma simples determinação convencional de antecipação de perdas e danos.

O debate sobre as funções da cláusula penal na Espanha reflete a angústia da doutrina de vários países e demonstra a necessidade de uma percuciente investigação a respeito das várias possibilidades de sua configuração. Frise-se que o Código Civil espanhol admite expressamente a pena convencional cumulativa, ao contrário dos ordenamentos antes citados, nos quais a possibilidade de cumulação da pena com a indenização só seria viável tratando-se de cláusula penal moratória.

Outrossim, discute-se com ênfase sobre uma eventual configuração da cláusula penal como pena privada. O tema possui grande atualidade em França e na Itália e será enfrentado ao longo do trabalho.

2.2.5 Portugal

O Código de Seabra de 1867 concedeu enorme relevo ao Código de Napoleão e à doutrina francesa da época – com destaque para Pothier –, além de beber na fonte dos demais códigos individualistas, entre os quais o Código prussiano, de 1794, e o austríaco, de 1811.

Seguindo tal orientação, herdou-se a concepção indenizatória da cláusula penal, com o caráter de *forfait*, previamente estipulada pelos contratantes. A função coercitiva da pena era secundária, pois exercida mediante quantia indenizatória.

O Código de 1966 se engajou à tese indenizatória, como se verifica desde a noção de cláusula penal constante do art. 810, n. 1: "As partes podem, porém, fixar por acordo o montante da indenização exigível: é o que se chama cláusula penal". Na rigorosa crítica de Antônio Pinto Monteiro,[57] a partir do posicionamento do legislador, a doutrina portuguesa passou a estudar a figura no contexto da obrigação de indenizar, como se

---

55. GONZALEZ, Javier Davila. *La obligación con clausula penal*, p. 58.
56. CÁNOVAS, Espin. *Manual del derecho civil espanol*, v. III, p. 287.
57. MONTEIRO, Antônio Pinto. *Cláusula penal e indemnização*, p. 416.

a pena não possuísse qualquer outra particularidade além da circunstância de ser uma indenização fixada, convencional e, antecipadamente, *à forfait*.

Ademais, em similitude ao preceito que corresponde ao art. 1.382 do *Códice* italiano de 1942, estipulou o art. 811 do Código de 1966 que "o estabelecimento da cláusula penal obsta a que o credor exija indemnização pelo dano excedente, salvo se outra for a convenção das partes". Essa norma afasta qualquer possibilidade de se privilegiar um conceito compulsório à cláusula penal, na qual a pena serviria como medida destinada a reforçar a posição do credor e constrangê-lo ao adimplemento da obrigação principal.

Pelo contrário, a pena seria invariavelmente uma indenização, eventual e aleatoriamente coercitiva, se ao tempo do pagamento alcançasse valor superior ao dano efetivo. Caso seu valor se mantivesse inferior ao dano efetivo, a cláusula funcionaria como limitação de responsabilidade do devedor.

Vê-se que a pena, sem perder seu desiderato indenizatório, poderia, simultaneamente, funcionar como meio de coerção. Mas a eventual finalidade sancionatória dependeria do *quantum* ajustado pelas partes em proporção ao valor dos danos efetivos ao credor, examinados após o inadimplemento. Como esclarece Antônio Pinto Monteiro,[58] esse é o recorte tradicional da figura, na qual não seria a intenção ou escopo das partes que prevalecia para determinar a natureza da pena, mas apenas o resultado a que ela conduzia em um juízo valorativo *a posteriori*. Enfim, o legislador de 1966 concebeu a cláusula penal como figura unitária e bifuncional, de natureza indenizatória, na qual o quantitativo da pena indicava o escopo prosseguido, pois a intencionalidade das partes sequer era indagada.

Em diversos termos, em 1980 e 1983, o legislador alterou, sucessivamente, os arts. 811 e 812 do Código Civil.[59] Deve-se ao legislador de 1980 a regra imperativa que impede a cumulação da obrigação principal com a pena. Assim dispõe o art. 811, no 1:

> O credor não pode exigir cumulativamente, com base no contrato, o cumprimento coercitivo da obrigação principal e o pagamento da cláusula penal, salvo se esta tiver sido estabelecida para o atraso da prestação; é nula qualquer estipulação em contrário.

A reforma de 1983 trouxe o controvertido art. 811, n. 3: "O credor não pode em caso algum exigir uma indemnização que exceda o valor do prejuízo resultante do incumprimento da obrigação principal".

As duas inovações não passaram incólumes a várias críticas dos especialistas na matéria. Para Ana Prata o art. 811, no 3, trata-se de norma de "infeliz redacção".[60] De fato, sua leitura literal consiste em pesado golpe na função coercitiva da cláusula penal – talvez o golpe fatal –, em uma figura já tão fragilizada pela própria sistemática do Código de 1966. Quer dizer: sempre que a cláusula penal fosse estabelecida a fim de liquidar a indenização, eventual função coercitiva seria decotada, pois se ao tempo do inadimplemento a pena fosse superior ao prejuízo real do devedor, mesmo que minimamente, o

---

58. MONTEIRO, Antônio Pinto. *Cláusula penal e indemnização*, p. 418.
59. As reformas se deram por força da harmonização da lei civil de Portugal com as diretrizes estabelecidas pela Comunidade Europeia, em especial a Resolução 78(3), de 20/1/1978.
60. PRATA, Ana. *Cláusulas de exclusão e limitação da responsabilidade contratual*, p. 654.

devedor poderia contestar o valor em juízo e exigir a sua redução ao limite da indenização. Assim, a lei obstou que a cláusula exercesse sua função coercitiva.

Cada qual destes pontos será bem examinado ao evoluir da narrativa, pois o teor dos dispositivos em exame remete a mitos incorretamente trabalhados no estudo da cláusula penal não só pela doutrina estrangeira, como pelo direito brasileiro.

A posição dominante no seio da doutrina portuguesa é a de delimitar a cláusula penal como instituto unitário, bifuncional, de feitio essencialmente indenizatório e eventualmente sancionatório. Ela seria uma figura capaz de comportar duas finalidades, conforme a circunstância concreta indicar que a soma convencionada ultrapassou ou não o dano efetivo do credor. Caso positivo, releva-se a função compulsória; caso a pena seja inferior ao dano real, prevalece a função indenizatória. Mas, em qualquer caso, ela sempre será uma liquidação prévia do dano.

Esta posição clássica é bem defendida por João Calvão da Silva ao asseverar que,

> dada a sua simplicidade e comodidade, a cláusula penal é instrumento de fixação antecipada, em princípio *ne varietur*, da indemnização a prestar pelo devedor no caso de não cumprimento ou mora, e pode ser eficaz meio de pressão ao próprio cumprimento da obrigação. Queremos com isso dizer que, na prática, a cláusula penal desempenha uma dupla função: a função ressarcidora e a função coercitiva.[61]

Podemos ainda trazer a lume outras concepções tradicionais da cláusula penal, por exemplo, com Pereira Coelho: "indemnização fixada antecipadamente, e por acordo entre credor e devedor"; Pessoa Jorge: "convenção que tem como objetivo a fixação antecipada do valor da indemnização devida pelo eventual não cumprimento da prestação"; Galvão Telles: "liquidação convencional antecipada dos prejuízos"; Mota Pinto: "fixação antecipada e convencional do montante da indemnização".[62]

De qualquer forma, essa concepção unitária da cláusula penal, prevista e regulada nos arts. 810 a 812 do Código de Portugal, é objeto de contestação no seio da doutrina atual. Quer dizer, há um movimento que admite a existência de variadas cláusulas penais, em que cada espécie exerce uma função específica, com implicações práticas distintas.

Posta a questão nesses termos, é esclarecedora a posição de Antunes Varela,[63] quando afirma que "diferente da cláusula penal e da sanção para a cláusula de arrependimento é a cláusula de fixação antecipada de indenização". O objetivo da fixação antecipada da indenização é evitar as dificuldades da prova, quanto à existência e ao montante do dano, sem que se crie uma nova sanção contra o devedor inadimplente. O interesse prático na distinção entre a cláusula penal e a cláusula de fixação antecipada de indenização reside no fato de que nesta última, se não houver qualquer dano, faltará justificativa para a liquidação previamente acordada entre as partes. Já a cláusula penal em sentido estrito, de natureza sancionatória, cria uma prestação suplementar em proveito do credor que terá de ser satisfeita ainda que o credor não sofra qualquer dano.

A opção deliberadamente assumida por Antunes Varela significa o abandono da concepção unitária tradicional da doutrina lusitana, na qual a finalidade de fixação

---

61. SILVA, João Calvão da. *Cumprimento e sanção pecuniária compulsória*, p. 248.
62. Apud MONTEIRO, Antônio Pinto. *Cláusula penal e indemnização*, p. 315.
63. VARELA, João de Matos Antunes. *Direito das obrigações*, p. 172.

antecipada de danos ou de coerção era desprezada para fins de qualificação do modelo jurídico e dos efeitos jurídicos daí decorrentes.

De toda sorte, contudo, o marco fundamental para a erupção de uma concepção autonomizada das diversas cláusulas penais é fruto da tese de Antônio Pinto Monteiro, [64] na qual o autor se propõe a rever o entendimento tradicional da dupla função e do perfil unitário da pena. Longe de se tratar de questão meramente acadêmica, aduz o autor que "situar a cláusula penal nos quadros da pena privada ou no âmbito da indenização, atribuir-lhe uma natureza mista ou distanciá-la da liquidação antecipada, e *à forfait*, do dano, são aspectos essenciais para uma resposta fundamentada a vários problemas de regime".

Hoje, autores como Mário Júlio de Almeida Costa[65] e Nuno Manuel Pinto Oliveira[66] seguem a perspectiva multifuncional da cláusula penal. Este último, abertamente admite que a indenização e a pena são distintos instrumentos de proteção do credor, sendo que "a tese da dupla função da cláusula penal foi convincentemente refutada por Pinto Monteiro".

2.3 A CLÁUSULA PENAL NA ALEMANHA E NA *COMMON LAW*

2.3.1 Alemanha

O direito alemão também integra o sistema romano-germânico – a que pertence o direito brasileiro –, comungando do mesmo quadro dogmático em sede de princípios obrigacionais de França, Itália, Espanha e Portugal. Todavia, optamos por uma inversão metodológica, examinando-o em item separado, pelo fato de, em matéria de cláusula penal, encontrar-se o sistema legislativo alemão em estágio de desenvolvimento distinto dos ordenamentos já citados.

Inicialmente, seguindo os passos da escola pandectista, que via na pena convencional um instrumento dirigido ao ressarcimento de danos combinado com um instrumento de coação que atua compulsoriamente sobre o ânimo do devedor, o BGB sufragou o regime da dupla função da cláusula penal – indenizatória e coercitiva –, de natureza unitária. Os próprios motivos que acompanham o Código cuidam de atribuir à pena, simultaneamente, finalidades cominatória e de estímulo ao cumprimento.[67]

Após meio século de calmaria, porém, nas décadas de 1960 e 1970 a jurisprudência alemã consolidou a distinção entre dois modelos jurídicos: a *Vertragsstrafe* e a *Schadenpauschale*. A *Vertragsstrafe* é regulada como verdadeira cláusula penal nos §§ 339 a 345 do BGB. Ela surge sempre que o credor deseja pressionar o devedor ao cumprimento, mesmo que a soma seja destinada a indenizá-lo. Em contrapartida a *Schadenspauschale* é uma cláusula de liquidação prévia do dano não regulada no BGB, mas admitida pelo

---

64. MONTEIRO. Antônio Pinto. *Cláusula penal e indemnização*, p. 11.
65. COSTA, Mario Júlio de Almeida. *Direito das obrigações*, p. 738.
66. OLIVEIRA, Nuno Manuel Pinto. *Cláusulas acessórias ao contrato*, p. 70.
67. BADIA, Maria Dolores Mas. *La revision judicial de las clausulas penales*, p. 194.

princípio da autonomia privada. Cuida-se de acordo que redunda na fixação invariável do montante do dano, limitando-se a regular a extensão da indenização.[68]

O Tribunal Supremo Federal (BGH) considera que a aplicação de um ou outro modelo dependerá basicamente da intenção das partes: caso o montante prometido se destine a reforçar o contrato e a exercer pressão sobre a contraparte e o teor das fórmulas assim o conformar, estaremos diante de cláusula penal; mas o regime será o da fixação antecipada de indenização, se o montante acordado exprimir a mera simplificação de um direito. Mas o critério mais relevante de distinção entre as cláusulas residirá em um juízo do tribunal sobre a adequação do montante acordado em relação ao dano previsível: se claramente a pena exceder o valor do suposto dano, estaremos diante de uma cláusula coercitiva, uma verdadeira cláusula penal.

Dieter Medicus[69] corrobora a distinção entre os dois modelos por considerar que o acordo que envolve uma cláusula penal excede *a la globalización de los danos*, pois sua finalidade é exercer uma pressão eficaz sobre a outra parte para cumprir todas as obrigações assumidas contratualmente, o que será obtido com a maior brevidade quando a soma prometida ultrapassar os danos esperados. A delimitação entre a globalização dos danos e a cláusula penal será aceita se a prestação prometida exceder claramente os danos esperados. Diante disso, pouco importa a denominação dada pelos contratantes.

Sendo a cláusula de mera liquidação prévia, restará facultado ao devedor inadimplente a prova de que não causou qualquer dano ao credor. De fato, não se pode falar em reparação sem que esteja presente o pressuposto do dano. Isso, todavia, não ocorre na vigência de uma cláusula penal *stricto sensu*, eis que esta não possui função compensatória, sendo uma sanção. O § 340 do BGB é elucidativo em seu texto: "Se o devedor prometeu a pena para o caso de descumprimento da obrigação, o credor poderá pedir a pena em que haja incorrido ao invés do cumprimento".

A distinção operada no BGH influenciou o legislador na reforma de dezembro de 1976. A AGB-Gesetz[70] – lei que regula as cláusulas gerais dos contratos – rompeu com o conceito unitário da cláusula penal e diferenciou nominalmente a *Schadenpauschale* da *Vertragsstrafe,* concedendo a cada qual um regime jurídico com inerentes efeitos em razão da função indenizatória daquela e da função sancionatória da última. Em nenhum momento, porém, a lei forneceu critérios de delimitação entre as figuras, reservando-se essa tarefa à jurisprudência e à doutrina.

Karl Larenz[71] também evolui seu posicionamento em conformidade com as alterações proporcionadas pela jurisprudência de seu país. No entender do autor, para que

---

68. Mesmo antes da evolução jurisprudencial, em edição de 1958 de seu manual de obrigações, Karl Larenz já enfatizava que a finalidade da cláusula penal consistia em estimular o devedor ao cumprimento. "Daí que a quantia da pena seja calculada de tal forma que coloque o devedor em situação de evitar de incorrer a ela" (*Derecho de obligaciones*, p. 369).

69. MEDICUS, Dieter. *Tratado de las relaciones obligacionales*, v. 1, p. 212.

70. Na reforma do BGB de 2001 – *Modernisierung* –, o regulamento da cláusula penal não sofreu alterações materiais. Todavia, optou-se pela integração "em bloco" do AGBG de 1976, no Direito geral das obrigações do BGB, vez que a maioria dos contratos passa por cláusulas gerais.

71. Posição defendida pelo autor na 13. ed. Do *Lehrbuch des Schuldrechts*, apud MONTEIRO, Antônio Pinto. *Cláusula penal e indemnização*, p. 533.

exista uma cláusula penal o credor deverá criar um meio de pressão contra o devedor. Para que isso possa ocorrer, propõe um juízo valorativo, no qual é levado em conta o acordo das partes, a fim de apurar se este ultrapassa o montante adequado aos danos previsíveis, circunstância esta que depõe em favor da cláusula penal, e não da cláusula de fixação antecipada de indenização.

A evolução do direito alemão representa um rompimento com a vertente da cláusula penal dotada de papel unitário com bifuncionalidade. Há uma completa inversão em relação ao direito francês, que associa a cláusula penal à pré-estimativa de danos. Em razão de todo esse progresso científico, faz sentido o desabafo de Antônio Pinto Monteiro: "Quão longe nos encontramos, pois, do modelo tradicional – latino, sobretudo –, em que a pena seria a indenização previamente determinada, não passando a finalidade compulsória de função meramente eventual".[72]

2.3.2 Direito anglo-americano

Podemos alcançar uma ampla visão da cláusula penal no direito privado em um viés comparatista, contrapondo três sistemas jurídicos: Europeu, Inglês e Brasileiro. Vimos que em França, Itália, Espanha e Portugal, convivem harmoniosamente dois modelos de cláusula penal: A indenizatória e a punitiva. Como se extraí da nomenclatura, através da primeira as partes prefixam os danos decorrentes de eventual quebra do contrato. Aqui, a cláusula penal indenizatória antecipa um montante compensatório em face da mora ou inadimplemento, evitando que o contratante inocente tenha que dispender tempo, dinheiro e energia com a demonstração em juízo do prejuízo decorrente do descumprimento da prestação. Em contrapartida, a cláusula penal punitiva é um acordo em que os contraentes estipulam uma pena civil como sanção para o descumprimento do negócio. A sua função não é compensatória, porém dissuasória, no sentido de inibir e desencorajar o desrespeito à palavra dada. Para que essa finalidade seja alcançada, evidentemente o valor da pena será superior ao do bem ou o do serviço negociado. Exemplificativamente, se A e B negociam a aquisição de um equipamento para a realização de exames oncológicos, a cláusula penal será de R$ 200.000,00 se esse montante corresponder aos danos emergentes e lucros cessantes da parte frustrada, mas poderá alcançar R$ 400.000,00, se o objetivo de A e B foi o de constituir uma pena que desestimule um ou outro a desistir do contrato, independentemente da concreta aferição de qualquer prejuízo. No Direito Europeu, a imposição de uma pena contratual é considerada legítima à medida em que preserve a proporcionalidade, conforme as circunstâncias do caso. Porém, o seu valor será submetido a uma redução judicial, caso ultrapasse o "quantum" razoável para produzir o efeito de desencorajamento e resvale em abuso do direito.

Enfim, em França, Itália e Alemanha uma vez que uma penalidade tenha sido convencionada – seja para colocar pressão no devedor ou para facilitar a estimação de danos – dispensa-se ao credor o trabalho de provar o montante de suas perdas ou sequer se elas existiram. E como a cláusula penal é formulada nas diversas jurisdições da *common law*?

---

72. MONTEIRO, Antônio Pinto. *Cláusula penal e indenização*, p. 539.

De acordo com John Gilissen,[73] a *common law* é originário da Inglaterra e desenvolvido a partir do século XII, com fundamento nas decisões das jurisdições reais. O seu sentido é muito diferente daquilo que se entende por "direito comum", utilizado nas nações continentais para expressar o direito desenvolvido com base na tradição romana.

Com efeito, como reconhece René David,[74] o direito inglês

> não conheceu nem a renovação pelo direito romano, nem a renovação pela codificação, que são características do direito francês e dos outros direitos da família romano-germânica. Desenvolveu-se de forma autônoma, sofrendo apenas de forma limitada a influência de contatos com o sistema europeu.

A posição do direito anglo-americano é, neste trabalho, inserida logo em seguida à do direito alemão porque ambas possuem em comum algo no tocante à cláusula penal. Os dois sistemas, ao contrário das emanações romanistas, não pretendem ignorar a distinção entre a cláusula penal *stricto sensu* e a cláusula de liquidação de danos. Na *common law* também é realizada a diferenciação entre a cláusula de índole compulsória – *penalty clause* – e a cláusula de prévia indenização – *liquidated damages clause*. A primeira é um mecanismo de coerção ao cumprimento; já a segunda é simples convenção de pré-estimação de danos na qual as partes possam se prevenir de eventuais prejuízos e evitar os custos de um processo judiciário, além da perda de seu bem mais precioso: o tempo.

Na Inglaterra a abordagem é tradicionalmente diversa da Europa continental, pois as cortes inglesas construíram o sistema contratual com base nas práticas comerciais, enquanto a *civil law* prezou mais pelas relações interindividuais. As raízes da "Penalty rule" datam do século XVI, originando-se da preocupação dos tribunais em evitar a exploração de uma parte a outra em uma época em que o crédito era escasso e os mutuários particularmente vulneráveis. "Penalty" significa o pagamento de uma quantia estipulada contratualmente, mas que não é passível de execução quando se revele exorbitante como alternativa aos danos que seriam apurados em juízo. Vale dizer, em respeito a um arraigado apreço pelo iluminismo liberal, juízes e tribunais consideram meritório que as partes queiram evitar conflitos posteriores, constituindo "liquidated damages", como verdadeira estimativa de compensação de danos com base no provável prejuízo dos contratantes. Essa cláusula é perfeitamente executável. Todavia, não se admitem as "penalty clauses", pelas quais qualquer dos contratantes seja punido monetariamente por falhar em sua performance, pois ninguém é obrigado a "se amarrar" a um contrato. Daí a tolerância inglesa com a autonomia da parte em se retirar de contratos, optando por se aventurar em outras relações econômicas que lhe pareçam mais lucrativas, sem que por esse comportamento seja condenado a pagar nada a mais do que uma estimativa dos danos causados à parte ofendida. Diferentemente do contexto da Europa continental, o inadimplemento não é reputado como um fato ilícito, mas um ato de liberdade, por isto, na tradição inglesa a *penalty clause* sequer é reduzida a um montante razoável, sendo simplesmente invalidada, restando ao credor a opção de provar em juízo o seu prejuízo real.[75]

---

73. GILISSEN, John. *Introdução histórica ao direito*, p. 108.
74. DAVID, René. *Os grandes sistemas do direito contemporâneo*, p. 283.
75. No início do século XX, o julgamento no caso Dunlop Pneumatic Tire Co. contra New Garage & Motor Co. Ltd [1915] AC 847 (Dunlop) reafirmou a regra da penalidade, fornecendo quatro testes que foram projetados como

CAPÍTULO 2 • A FUNÇÃO DA CLÁUSULA PENAL NA HISTÓRIA   **25**

Consequentemente, no extremo oposto do direito alemão – no qual as cláusulas de *Vertragsstrafe* e *Schadenpauschale* convivem pacificamente, cada qual em seu território –, na *common law* a *penalty clause* é excluída do ordenamento e tida como nula – e não redutível –, caso seja incluída em uma convenção. A nulidade da cláusula penal não é limitada aos casos de abuso manifesto; trata-se de uma solução generalizada, seja entre profissionais e não profissionais. Há muito prevalece o argumento de que as partes não podem criar formas de coerção privada que permitam ao credor "aterrorizar" o devedor, compelindo-o ao cumprimento. Em contrapartida, as cláusulas de liquidação de danos são válidas e intangíveis aos magistrados.[76]

A chamada *penalty doctrine* reflete uma resistência da *common law* às cláusulas penais que ostentem a natureza de pena. Ao contrário do que ocorre na responsabilidade extracontratual, as suas distintas jurisdições tendem a evitar a introdução de qualquer forma de *punitive damages* pela quebra de um contrato porque, supostamente, a mera disponibilidade de uma pena privada comprometeria seriamente a estabilidade e previsibilidade das transações comerciais, dado vital para o bom e eficiente funcionamento da economia moderna. Se por um lado, a *liquidated damages clause* é bem-vinda por antecipar perdas e danos e evitar um litígio, as *penalty clauses* não são consistentes com a visão arejada da *common law* sobre a liberdade de romper contratos, pela qual as partes não podem ficar perenemente amarradas a uma obrigação e consequentemente punidas pelo descumprimento.[77]

Para Limongi França, "as peculiaridades que a matéria apresenta na *common law* nos levam a considerar que respeitam uma distorção do instituto, imposta pelo excessivo individualismo britânico e pelo sentido exacerbado da *privacy*".[78]

Por trás desse argumento reside uma histórica resistência do direito anglo-americano à possibilidade de o credor buscar a execução específica das obrigações de dar, fazer ou não fazer. A chamada *specific performance* só poderá ser levada a efeito se o tribunal considerar que a ação indenizatória não serve como remédio adequado no caso concreto. Ora, se a tutela inibitória é relegada a segundo plano, justamente por pressionar o devedor ao cumprimento, em linha de coerência o sistema da *common law* não poderia consentir na validação de uma cláusula penal cujo fito fosse justamente o de constranger o devedor a cumprir, *in terrorem*.

"útil ou conclusivo" para determinar se uma cláusula era ou não uma penalidade aplicável. O julgamento da Dunlop fez uma distinção entre *penalty clauses* (que não eram aplicáveis) e *liquidated damages* que seriam aplicáveis desde que a quantia especificada fosse uma pré-estimativa genuína de perdas – essa dicotomia terminológica se popularizou nos contratos comerciais ingleses nos últimos 100 anos.

76. Resumindo as críticas ao sistema inglês, Anne Sinay-Cytermann explica que a interdição generalizada de qualquer cláusula penal, em todos os domínios, torna-se exagerada. Somente as verdadeiras cláusulas abusivas deveriam ser objeto de invalidação. É excessivo condenar a função cominatória da cláusula penal em vez de reprimir o abuso. (Clauses pénales et clauses abusives: vers um rapprochement. In: GHESTIN, Jacques. *Les clauses abusives dans le contrats types en France et en Europe*, p. 209).

77. CARTWRIGHT, John. "In many civil law systems there is a judicial control of penalty clauses: the courts are given the power to reduce manifestly excessive or disproportionate penalties. This is not, however, the approach adopted in English law. Proportionality is now included within the test to determine whether the clause is a penalty, but if the stipulated sum is excessive or disproportionate and is held to be a penalty, it is not reduced (to, for example, a 'reasonable penalty'), but is simply struck out and the claimant is left to prove his actual loss by way of damages". *An introduction to the English law of contract for the civil lawyer., Third Edition*, p. 224.

78. FRANÇA, Rubens Limongi. *Teoria e prática da cláusula penal*, p. 142.

Avulta perceber que a distinção entre *penalty clause* e a *liquidated damages clause* – tal qual a doutrina latina mais moderna sustenta – será realizada à luz das particularidades do caso concreto, em face do teor das cláusulas, notadamente da relação entre o valor fixado pelos contratantes e a estimativa aproximada de danos em caso de eventual inadimplemento. O tribunal, porém, ao perceber que a quantia fixada é extremamente elevada em comparação à previsão de danos, mesmo que as partes tenham dado à cláusula a nomenclatura de *liquidated damages clause,* será ela presumida como *penalty clause* e, consequentemente, invalidada.[79]

Aliás, em matéria de *liquidated damages clause,* Harriet Zitscher ensina que na *common law* não se

> distingue entre não cumprimento, mau cumprimento ou mora. O contrato entende-se como promessa de garantia quanto ao cumprimento da obrigação. Portanto, tudo que não é aquele cumprimento estipulado é considerado como uma quebra da promessa de garantia feita – *breach of contract.*[80]

Todavia, em dois relevantes julgamentos de novembro de 2015, a Suprema Corte Inglesa alterou o seu histórico posicionamento sobre a proibição das *penalty clauses.* O tribunal rejeitou o tradicional teste que avalia se a cláusula penal é uma "genuína estimativa de danos" de natureza compensatória (validade das *liquidated damages*), ou uma cláusula penal que visa desestimular a quebra de contrato (invalidade das *penalty clauses*). Doravante, ficou estabelecido que as *penalty clauses* poderão ser executadas eficazmente, mesmo que o montante supere a estimativa dos prejuízos – ou mesmo que sequer eles existam -, desde que satisfeito o binômio da proporcionalidade entre o valor predeterminado e o legítimo interesse da parte inocente em obter o adimplemento das obrigações contratuais. Prevaleceu o conceito de que as partes – e não os juízes – são as pessoas mais indicadas para definir de que forma os seus interesses serão representados no contrato. Evidentemente, essa maior flexibilidade se aplicará conforme as circunstâncias de cada relação jurídica, sempre sob a premissa de que as partes estejam em posição de relativa igualdade de forças e poder de barganha. O sistema britânico se "europeizou" ao considerar que o importante não é o rótulo da cláusula penal, mas a concreta aferição se ela é o não "grosseiramente excessiva".[81]

Há algum tempo o sistema dos Estados Unidos sofreu uma inovação na matéria. O *Uniform Commercial Code* de 1967, no art. 2-718, substituiu o critério subjetivo da intencionalidade das partes pelo critério objetivo da razoabilidade, no qual deverá ser aferida se a soma convencionada como cláusula penal se mostrou razoável ao dano efetivo

---

79. BADIA, Maria Dolores Mas. *La revision judicial de las clausulas penales,* p. 188.
80. ZITSCHER, Harriet Christiane. *Introdução ao direito civil alemão e inglês,* p. 152.
81. *Cavendish Square Holding BV v Talal El Makdessi (El Makdessi) and ParkingEye Ltd v Beavis [2015] UKSC 67 (ParkingEye).* Dos dois julgamentos que serviram de base ao renovado entendimento da Suprema Corte da Inglaterra, o segundo parece evidentemente problemático, por ultrapassar limites de uma diretiva europeia de proteção ao consumidor. Um estacionamento privado cobrou £85 de um proprietário, que manteve o veículo no local por um período superior ao de 2 horas adicionais de tolerância. Evidentemente, não se tratava de uma cláusula de liquidação de danos, pois o estacionamento não sofreu qualquer prejuízo. Apesar do evidente objetivo de inibir motoristas a permanecer no estacionamento além do período permitido -, o montante não foi considerado extravagante ou exorbitante, posto justificado tanto do ponto de vista comercial – que requer a obtenção de lucros pelo empreendedor –, como pela necessidade de um eficiente uso do local, permitindo que vagas escassas estivessem à disposição de um maior número de pessoas.

e atual do devedor.[82] A lei Norte Americana, grandemente influenciada pelo *Uniform Commercial Code* e o *Restatement 2d Contracts*, formulou duas condições que devem ser atendidas para que o montante estipulado não se enquadre na definição de uma penalty clause: (i) o valor estipulado deve ser razoável (isto é, não desproporcional) à luz dos danos previstos pelas partes; (ii) devido a avaliação subjetiva, incerteza, dificuldade de produzir prova de dano ou qualquer outro problema de medição, é difícil ou impossível medir – e assim provar – a perda presumível. Portanto, hoje os tribunais americanos aplicam um único teste de razoabilidade com dois elementos, a saber: a desproporção da soma acordada e a dificuldade da prova do prejuízo, a fim de determinar se uma cláusula de indenização na verdade não é um disfarce para ima *penalty clause*.[83]

De tudo podemos extrair que o sistema da *common law* dá um passo adiante com relação aos países continentais que ainda não conseguem autonomizar a cláusula compulsória da cláusula indenizatória. Entretanto, apesar de compreendermos as especificidades do sistema anglo-americano, não nos parece adequado suprimir do ordenamento as cláusulas coercitivas, pois a tutela inibitória é um instrumento de grande eficácia em prol do adimplemento e da efetividade das relações obrigacionais.

Com efeito, Fernando Araújo pondera que a análise econômica do direito rejeita com veemência a *penalty doctrine*, dando-a como expressão de um paternalismo, pois desrespeita a autonomia contratual. É que, afinal, as partes podem determinar soberanamente a distribuição do risco contratual, de acordo com as disposições de cada uma para suportar esse risco. A consagração do regime penalizador é uma forma de fomentação das trocas contratuais, que torna as relações mais transparentes e privilegia a superioridade da autodisciplina sobre a heterodisciplina, com expansão da área de consenso entre as partes, permitindo a afirmação de fatores de equilíbrio, que por qualquer razão não possam ser assegurados pelo simples mecanismo de preços de mercado.[84]

Dessa forma, conclui o Professor da Universidade de Lisboa:

> Não admira, pois, que muitos cultores da abordagem económica olhem com indisfarçada simpatia para a tradição romanística e para as soluções dominantes no universo do *'civil law'*, no qual se encontra consagrada, com toda naturalidade, a possibilidade de recurso às cláusulas penais *lato sensu*, quer elas estabeleçam máximos quer mínimos, quer quantias fixas a balizarem ou a substituírem o apuramento empírico dos danos.[85]

2.4 A CLÁUSULA PENAL NA UNIÃO EUROPEIA

Cada jurisdição possui a sua própria compreensão sobre a validade dos tipos de cláusula penal, normalmente oscilando entre a sua ampla aceitação nos países da *civil law*,

---

82. De certa forma, é ofensivo ao intuito das partes conceder ao tribunal o poder de vislumbrar a razoabilidade em comparação ao prejuízo efetivo, em vez de se guiar pelo dano previsível ao tempo da contratação. Não raramente as partes podem estipular uma cláusula válida de liquidação de danos, mas, em virtude de onerosidade excessiva, ao tempo do inadimplemento poderá assumir um valor vultoso, a ponto de ser compreendida como *penalty clause*.

83. VITKUS, Simas. *Penalty clauses within different legal systems. Social Transformations in Contemporary Society'*, 2013, p. 4.

84. ARAÚJO, Fernando. *Teoria econômica do contrato*, p. 932.

85. ARAÚJO, Fernando. *Teoria econômica do contrato*, p. 936.

com ou sem a possibilidade de revisão judicial de cláusulas particularmente onerosas, destacando-se a firme rejeição nos sistemas da common law de cláusulas que operem como desestímulo contra o inadimplemento, as *penalty clauses*.

Cláusulas penais se aplicam em contratos transfronteiriços, pois é de interesse substancial entre contratantes de países distintos mitigar problemas de avaliação de indenizações. Daí o esforço na criação de regras unificadas sobre a cláusula penal.

Em comum, o PECL (*Principles of European Contract Law*), o DCFR (*Draft of Common Frame Reference*) e o UNIDROIT PICC (*Principles of International Commercial Contracts*) tendem a uma leitura da cláusula penal pelo viés da *civil law*, servindo aos propósitos de facilitação à avaliação da indenização e desestímulo ao inadimplemento.

Conforme o artigo 9:509 do PECL: Pagamento acordado por incumprimento (1) Quando o contrato estabelecer que a parte inadimplente pagará uma quantia especificada à parte prejudicada pelo incumprimento, a parte prejudicada receberá essa soma independentemente de seu prejuízo real. (2) No entanto, apesar de qualquer acordo em contrário, a quantia especificada pode ser reduzida a um montante razoável, quando for excessivamente desproporcional em relação à perda resultante do incumprimento e às outras circunstâncias.

Em reforço e com termos muito próximos, o art. 3:712 do DCFR – *Remedies for non--performance* – determina que: III – 3: 712: Pagamento estipulado por incumprimento (1) Quando os termos que regulam uma obrigação preveem que o devedor que não cumpra a obrigação pague uma quantia especificada ao credor por tal não execução, o credor terá direito a essa quantia, independentemente da perda real. (2) No entanto, apesar de qualquer disposição em contrário, a quantia especificada no contrato pode ser reduzida a um montante razoável quando for excessivamente desproporcional em relação à perda resultante do incumprimento e às outras circunstâncias.

Finalmente, em idêntico sentido, preconiza o art. 7.4.13 do UNIDROIT PICC que: (Pagamento acordado por incumprimento) (1) Quando o contrato determinar que a parte que não cumprir pagará uma quantia especificada à parte prejudicada pelo incumprimento, a parte prejudicada terá direito a essa quantia, independentemente de seu prejuízo real. (2) No entanto, não obstante qualquer acordo em contrário, a soma especificada pode ser reduzida a um montante razoável, quando for excessivamente excessiva em relação aos danos resultantes do não desempenho e às outras circunstâncias.

Portanto, em comum aos três modelos, não apenas o *enforcement* da cláusula penal é garantido (seja como pena ou como prefixação de danos), como, em contrapartida, estabelece-se um poder judicial moderador é um dado comum a todos os modelos europeus se e quando a pena for grosseiramente excessiva em relação ao prejuízo real ou outras circunstâncias. Nada obstante, os Princípios de *soft law* da UNIDROIT, PECL e DCFR, não são juridicamente vinculativos para os estados, embora potencialmente úteis porque as partes podem designar um deles como lei aplicável.

Em sentido distinto, e extrapolando o âmbito europeu, as regras do CISG contêm provisões detalhadas sobre indenização, porém não discorrem sobre a cláusula penal. Implicitamente se enquadrariam *a contrario sensu* no artigo 74 da CISG, para situações em que o contrato simplesmente se cala sobre as consequências de uma quebra de contrato, limitando as perdas à soma que a parte deveria ter. previsto "no momento da celebração do contrato".[86] Outrossim, o artigo 4 da CISG estabelece que o direito interno rege a validade de cláusulas de montantes fixos. Assim, devido à falta de regras transnacionais vinculativas no campo da aplicabilidade das cláusulas penais, a solução mais viável consiste na aprovação de regras nacionais, o que protegeria a aplicação de sanções em acordos internacionais. As partes podem ajustar a cláusula penal a um contrato em que a Convenção de Viena das Nações Unidas sobre Contratos de Compra e Venda Internacional de Mercadorias seja aplicável. A validade da cláusula será determinada conforme a legislação nacional aplicável face um conflito normativo. De acordo com a CISG, os mecanismos de proteção doméstica permanecem aplicáveis às cláusulas penais, o que significa que cabe aos Estados membros decidir se negam a aplicabilidade às penas privadas (tal e qual nas jurisdições da common law), ou preveem a redução de montantes excessivos (tal como nas jurisdições da civil law).[87]

Por fim, uma especificidade no universo do futebol. O Regulamento da FIFA sobre transferência de jogadores – *Regulations on the Status and Transfer of Players* – estabelece que o contrato entre um jogador e seu clube somente termina em razão do fim do prazo de vigência contratual ou em decorrência do mútuo acordo entre as partes, de modo que, na hipótese de rompimento abrupto e injustificado do contrato, a parte que tomou tal atitude deverá indenizar a parte inocente. O valor da indenização pode estar previamente estabelecido no contrato entre atleta e clube, o que denota sua feição de "cláusula penal" ou "multa contratual". Em transferências internacionais de jogadores, tal cláusula é comumente denominada *buy-out clause*. O término de um contrato mediante uma cláusula *buy-out* não traduz propriamente um rompimento unilateral da relação contratual, mas uma anuência previa das partes quanto à possibilidade de termino do contrato antes de escoado seu prazo de vigência, mediante o pagamento de um valor já fixado. E dessa forma, a cláusula *buy-out* acaba sendo hoje uma cláusula padrão no cotidiano do futebol internacional. Caso o contrato não disponha de uma cláusula desta natureza *buy-out*, o Regulamento da FIFA estabelece que o valor da indenização/compensação devida pelo término antecipado e injustificado do contrato será calculado sob os ditames da legislação nacional aplicável e de acordo com critérios objetivos relativos às especificidades do desporto em questão, tais como: remuneração do atleta, tempo do contrato e gastos/despesas incorridos pela agremiação.[88]

---

86. Sección II. Indemnización de daños y perjuicios Artículo 74: "La indemnización de daños y perjuicios por el incumplimiento del con- trato en que haya incurrido una de las partes comprenderá el valor de la pérdida sufrida y el de la ganancia dejada de obtener por la otra parte como consecuencia del incumplimiento. Esa indemnización no podrá exceder de la perdida que la parte que haya incurrido en incumplimiento hubiera pre- visto o debiera haber previsto en el momento de la celebración del contrato, tomando en consideración los hechos de que tuvo o debió haber tenido conocimiento en ese momento, como consecuencia posible del incumplimiento del contrato".
87. Não obstante a omissão do CISG, o projeto UNCITRAL de 1983 expressamente permitia que a cláusula penal fosse utilizada tanto como meio de coerção como forma de facilitar a avaliação da indenização. Contudo, o esforço de harmonização das abordagens da *civil law* e *common law* falhou e o projeto não entrou em vigor.
88. Em coluna publicada no periódico Jota, SOUZA, Marcelo Inglez de; BARROS, Pedro Vitor e MACHADO, César Rossi esclarecem que "No Brasil, a usualmente denominada "multa contratual", exigível para que um jogador deixe sua agremiação para atuar por outro clube, tecnicamente denomina-se cláusula indenizatória desportiva. Trata-se de cláusula obrigatória do contrato de trabalho desportivo. A cláusula indenizatória desportiva é um gatilho para

2.5 A CLÁUSULA PENAL NO DIREITO BRASILEIRO

2.5.1 A doutrina contemporânea ao Código Civil de 1916

A evolução do sentido da finalidade da cláusula penal nas nações herdeiras do sistema romano se deu de forma muito próxima, em nível de legislação e doutrina. A discussão quanto ao escopo da cláusula penal reside no campo doutrinário.

Examinando o posicionamento dos grandes nomes do nosso direito privado, percebemos que, em comum, há uma defesa veemente do sistema unitário da cláusula penal, mediante o exercício de dupla função. A natureza eclética da pena convencional seria resumida em uma conjugação de seu escopo de garantir o cumprimento da obrigação principal acrescido à finalidade de pré-liquidar as perdas e danos.

Múcio Continentino,[89] autor de clássica monografia sobre a cláusula penal, paradoxalmente, não se manifestou sobre o tema. Porém, fez questão de destacar a abalizada posição de Lacerda de Almeida, autor que localiza o desiderato da cláusula penal em duas propriedades: "a) estimular o credor ao cumprimento da obrigação, mediante a ameaça de pagar a importância da pena, e nisto participa da natureza da pena em geral; b) servir de sucedâneo da indemnização de perdas e interesses, dispensando o processo da respectiva liquidação."

Apesar de distinguir entre o fim e a utilidade da cláusula penal, Clóvis Beviláqua também se posiciona de forma eclética: "O fim da cláusula é reforçar a obrigação, dando ao credor um meio pronto de coagir o devedor a cumpri-la, no tempo e pela forma devida. A sua utilidade é determinar previamente as perdas e danos".[90]

E não é só. Tito Fulgêncio enfatiza o caráter de pré-avaliação da cláusula penal, inserindo o papel de reforço em termos de eventualidade: "A cláusula penal é uma cominatória tecnicamente dita e a sua função primordial consiste na pré-liquidação convencional do prejuízo do credor. Essa avaliação prévia constitui, a um tempo, claramente, um meio indireto de constrangimento".[91]

Serpa Lopes[92] também percebe a cláusula penal de forma híbrida, como meio de reforço da obrigação principal e pré-estimativa de perdas e danos. Porém, influenciado pelas ideias do jurista uruguaio Jorge Peirano Faccio, deixa escapar a fagulha de uma surpreendente constatação: "Mas, teoricamente apreciada, a cláusula penal estaria a merecer uma categoria autônoma, distinta, atento que de sua estrutura constam elementos radicalmente incompatíveis com a pena ou com a ideia de ressarcimento".[93]

---

a transferência do atleta, uma vez liquidado o seu respectivo valor ao clube, este nada pode fazer para impedir que o atleta se vá para outra agremiação. Caso o destino do atleta seja outra equipe brasileira, o valor da cláusula indenizatória desportiva não poderá exceder o limite máximo de duas mil vezes o valor médio do salário contratual. Caso o destino do jogador seja uma equipe estrangeira, não há limitação quanto a valor da cláusula, o que denota o caráter protetivo da norma em detrimento do assédio de equipes de outros países". Disponível em: https://www.jota.info/opiniao-e-analise/artigos/improvavel-ausencia-de-multa-no-contrato-de-neymar-e-psg-31102017.

89. CONTINENTINO, Múcio. *Da cláusula penal no direito brasileiro*, p. 27.

90. BEVILÁCQUA, Clóvis. *Código civil dos Estados Unidos do Brasil comentado*, v. 4, p. 64.

91. FULGÊNCIO, Tito. *Das modalidades das obrigações*, p. 395.

92. SERPA LOPES, Miguel Maria de. *Curso de direito civil: obrigações em geral*, v. II, p. 156.

93. FACCIO, Jorge Peirano. *La cláusula penal*. Bogotá: Temis, 1982. As ideias desse autor serão apreciadas ao longo do trabalho.

Outro autor clássico que inova com relação aos seus congêneres é Carvalho de Mendonça. Após confirmar o consenso da doutrina quanto à bifuncionalidade da cláusula penal, conclui no seguinte sentido: "A distincção dos fins para que é estipulada a pena convencional é prática, pois que os seus effeitos variam com eles".[94] Ou seja, apesar não admitir a existência de cláusulas penais distintas com finalidades autônomas, o autor se rende à constatação de que as finalidades de ressarcimento e de coerção merecem maior consideração sob o ponto de vista de suas eficácias.

Pontes de Miranda[95] é outro entusiasta da prevalência da função de pré-liquidação de danos. Ele observa que "uma das funções mais prestantes da cláusula penal é assentar a indenizabilidade de danos no caso de não ser pecuniária ou ser de difícil avaliação a prestação prometida".

A rigor, os civilistas que dominaram o último quartel do século XX, com alguma variação em favor da prevalência do elemento indenizatório ou do sancionatório, não discordam ao se filiarem ao sistema unitário.

Após a obra de Múcio Continentino, o único autor que ousou enfrentar como monografista o tema da cláusula penal foi Limongi França. Após coletar vasto histórico sobre o tema, cuidou de sugerir uma orientação, pela qual a cláusula penal exerceria três funções de modo simultâneo. "Não constitui apenas reforço da obrigação, nem somente pré-avaliação dos danos, nem, ainda que excepcionalmente, tão só uma pena. Reveste-se conjuntamente dessas três feições".[96]

Mesmo adotando a orientação eclética, Limongi França realiza uma decisiva colocação:

> É preciso distinguir a natureza da essência da cláusula penal, isto é, o elemento sem o qual ela deixaria de existir, enquanto categoria em si mesma... a essência da cláusula penal está em significar um reforço, uma garantia, da execução exata da obrigação a que está adstrita.[97]

Nenhum outro civilista pátrio foi tão preciso no diagnóstico da cláusula penal, como esse autor, a ponto de concluir que se não houver o elemento de reforço, a cláusula penal "deixa de existir de modo próprio e atuante".[98] Tão somente observamos que ao invés de se referir ao termo "natureza", deveria o autor ter adotado o vocábulo "função", pois a essência de um modelo jurídico é a sua própria natureza.

Natureza e função possuem acepções distintas: aquela se localiza no campo estrutural e corresponde ao fundamento do instituto da cláusula penal, qual seja, a ideia de garantia do cumprimento da obrigação. Ninguém duvida disto. Em outro sentido, a investigação da função da cláusula penal é a meta deste trabalho. Afinal, a grande controvérsia da matéria concerne à identificação do objetivo e desiderato das partes ao inserir a cláusula penal no negócio jurídico.

---

94. CARVALHO DE MENDONÇA. *Tratado geral dos títulos de crédito*, p. 121.
95. PONTES DE MIRANDA. *Tratado de direito privado*, t. XXVI, § 3.112, p. 60.
96. FRANÇA, Rubens Limongi. *Teoria e prática da cláusula penal*, p. 157.
97. FRANÇA, Rubens Limongi. *Teoria e prática da cláusula penal*, p. 158.
98. FRANÇA, Rubens Limongi. *Teoria e prática da cláusula penal*, p. 159.

Caio Mário da Silva Pereira[99] não se aprofunda no tema, mas, mesmo reconhecendo que os juristas sustentam a bifuncionalidade da cláusula penal, é enfático ao enunciar que "a finalidade essencial da pena convencional, a nosso ver, é o reforçamento do vínculo obrigacional, e é com esse caráter que mais assiduamente se apõe a obrigação. A pré-liquidação do *id quod interest* aparece, então, como finalidade subsidiária".

Igualmente eclético, Orlando Gomes coloca-se em posição contrária à de Caio Mário, sustentando uma visão da pena convencional mais tradicional, qual seja,

> sua função é pré-liquidar danos. Insiste-se em considerá-la meio de constranger o devedor a cumprir a obrigação, por sua força intimidativa, mas esse efeito da cláusula penal é acidental. A melhor prova de que não atua essencialmente como arma coercitiva é que, por vezes, sua função é diminuir o montante da indenização que seria devida numa liquidação de perdas e danos conforme as regras comuns que a presidem.[100]

Apesar de reconhecer que a cláusula penal opera com duas funções, sendo a primeira o reforço ao cumprimento da obrigação principal, Sílvio Rodrigues é peremptório ao admitir que

> a função mais importante da cláusula penal, e que se prende à sua origem histórica,[101] é a de servir como cálculo predeterminado das perdas e danos. No contrato encontra-se, não raro, disposição em que o credor se reserva o direito de exigir do devedor uma pena, em caso de inadimplemento. Tal pena representa o montante das perdas e danos preestabelecidos pelas partes, calculados tendo em vista o eventual prejuízo decorrente do descumprimento da obrigação.[102]

Por fim, Maria Helena Diniz cita autores no estrangeiro e no Brasil que defendem a prevalência de uma função compulsória ou de uma função indenizatória e culmina por se colocar entre aqueles que sustentam

> a sua função ambivalente, por reunir a compulsória e a indenizatória, sendo concomitantemente reforço do vínculo obrigacional, por punir seu inadimplemento, e liquidação antecipada das perdas e danos. Oferece pois, dupla vantagem ao credor, por aumentar a possibilidade de cumprimento do contrato e por facilitar o pagamento da indenização das perdas e danos em caso de inadimplemento.[103]

Com exceção de alguns pequenos desvios em favor de um ou outro escopo da cláusula penal – e, especificamente, da abertura preconizada por Limongi França –, a doutrina nacional gerada a partir do Código Civil de 1916 imputou-lhe natureza mista. Construiu-se uma figura unitária capaz de albergar as características de sanção compulsória e indenização – função ambivalente nas palavras de Maria Helena Diniz[104] – sem que nenhum dos autores citados justificasse o predomínio de uma ou outra finalidade da pena convencional com espeque na circunstância concreta, mas apenas em pontos de vista dogmáticos, ligados à tradição e à origem do modelo jurídico.

---

99. PEREIRA, Caio Mário da Silva. *Instituições de direito civil*, v. II, p. 146.
100. GOMES, Orlando. *Obrigações*, p. 186.
101. Quando o autor se refere à origem histórica da cláusula penal como justificativa para enfatizar a função de liquidação de danos, cuida de remeter o leitor para nota de rodapé na qual faz menção ao Código francês. O esclarecimento se faz necessário, pois em sua origem, em Roma, *stipulatio poena* possuía natureza essencialmente coercitiva.
102. RODRIGUES, Silvio. *Direito civil – parte geral das obrigações*, p. 264.
103. DINIZ, Maria Helena. *Curso de direito civil brasileiro*: teoria geral das obrigações, p. 406.
104. DINIZ, Maria Helena. *Curso de direito civil brasileiro*: teoria geral das obrigações, p. 406.

2.5.2 A doutrina contemporânea ao Código Civil de 2002

Repetindo o seu antecessor, o Código Civil de 2002 não emitiu qualquer conceito de cláusula penal, tampouco fez alusão às suas funções. Caberá à doutrina o desenvolvimento do tema, edificando as decantadas diretrizes de Miguel Reale para o Código Civil: socialidade, eticidade e operabilidade.[105]

De qualquer forma, alterou-se a taxinomia da cláusula penal. No Código Civil revogado, ela ocupava lugar entre as modalidades de obrigações, tal qual se verifica no Código Civil alemão (336 a 345 BGB). O Código Civil de 2002 transportou as normas concernentes ao modelo jurídico para o título que versa sobre as consequências do inadimplemento das obrigações, por considerá-la no aspecto de sucedâneo da liquidação de prejuízos.

Contudo, os autores que elaboraram seus manuais com olhos direcionados ao Código em vigor mantiveram uma atitude conformista no tratamento da cláusula penal.

Fábio Ulhoa Coelho aduz que "a função da multa convencional nas obrigações pecuniárias é reforçar o cumprimento da obrigação. A multa convencional torna o inadimplemento altamente gravoso para o devedor e reforça, por esta via, o pagamento tempestivo da obrigação".[106] Apesar de não mencionar se há ou não o escopo indenizatório na pena convencional, inexplicavelmente, o autor finaliza ponderando que "esta função de consectário não tem, contudo, grande relevância jurídica. Se a multa contratada reforça eficazmente ou não o cumprimento da obrigação pecuniária no seu tempo e lugar, é irrelevante para o direito".[107]

Carlos Roberto Gonçalves[108] apenas confirma a tese de dupla função da cláusula penal, sem privilegiar uma ou outra posição.

Já Paulo Nader adota posição semelhante à de Orlando Gomes ao asseverar que "não obstante o *nomen juris* de cláusula penal, não estamos diante de uma sanção ou penalidade, mas de uma indenização previamente fixada e, como as indenizações em geral, visa apenas cobrir o prejuízo do credor na hipótese de incumprimento da obrigação pelo devedor".[109] Todavia, em outro momento, traz um argumento isolado que infelizmente não chega a desenvolver: "Eventualmente a aplicação da cláusula em caso concreto pode assumir conotação de penalidade e isto acontece quando o incumprimento não implique prejuízo concreto ao credor".

Na mesma trilha, Gagliano e Pamplona destacam a precípua função da pena convencional de pré-liquidação de danos em caráter convencional, sendo que "a segunda

---

105. "Todavia, se é dada a devida atenção a valores pretéritos, não se deixa de realçar as novas disposições que, além de representarem as mais avançadas diretrizes do Direito Civil contemporâneo, assinalam a passagem do Código de 1916, destinado a uma sociedade predominantemente individualista e agrária, para um outro em que prevalece a concepção social do Direito, dando-se preferência a cláusulas ou normas gerais que abrem maior campo de ação à Hermenêutica jurídica, conferindo ao juiz poder maior para adequar os casos concretos aos ditames da justiça social" (REALE, Miguel. *História do novo código civil*, p. 12).
106. COELHO, Fábio Ulhoa. *Curso de direito civil*, v. 2, p. 188.
107. Veremos que a constatação da função desempenhada na cláusula penal exercerá fundamental relevo para a qualificação de sua eficácia jurídica.
108. GONÇALVES, Carlos Roberto. *Direito civil brasileiro*, p. 383.
109. NADER, Paulo. *Curso de direito civil*: obrigações, p. 564.

função, não menos importante, atua muito mais no âmbito psicológico do devedor, influindo para que ele não deixe de solver o débito, no tempo e na forma estipulados".[110]

Igualmente, Arnaldo Rizzardo admite que "a função coercitiva é, realmente, a mais importante, apesar das tendências em salientar o caráter reparatório ou compensatório. Sempre predominou esta finalidade, eis que interessa sobretudo ao credor ver atendido o seu crédito. Possui força intimidativa, induzindo o devedor a satisfazer aquilo a que se comprometeu".[111] O autor delineia a sua conclusão: "É de sua índole levar ao cumprimento. Secundariamente, pode expressar a previsão da indenização, mas enseja a sua inclusão no contrato a razão básica: forçar o cumprimento das cláusulas".

Outros doutrinadores de grande envergadura poderiam ser citados neste momento,[112] mas permitimo-nos examinar suas posições adiante, eis que, de certa maneira, elas rompem com o padrão generalizado que ora relatamos – um modelo no qual a cláusula penal se reveste de caráter unitário e bifuncional – com preponderância para uma outra função –, mas sempre abstrato; uma roupagem em que não há espaço para aberturas criativas hábeis a adaptar o perfil funcional da pena convencional às finalidades eleitas pelos contratantes; enfim, um modelo monolítico de cláusula penal que não mais se adapta à hipercomplexidade das relações privadas vigentes e as diretrizes do Código Civil de 2002.

---

110. GAGLIANO, Pablo; PAMPLONA, Rodolfo. *Novo curso de direito civil*: obrigações, p. 342.
111. RIZZARDO, Arnaldo. *Direito das obrigações*, p. 538.
112. Renan Lotufo (*Código civil comentado*, v. II); Judith Martins Costa (*Comentários ao Código Civil*, v. V); Fábio de Mattia (*Cláusula penal pura e não pura*); Marcelo Benacchio (*Cláusula penal*: revisão crítica à luz do código civil de 2002); e Jorge Cesa Ferreira da Silva (*O inadimplemento das obrigações*). Os aludidos autores examinaram a matéria de forma renovada, sem se aterem à visão tradicional do tema.

Capítulo 3
Caracterização da Cláusula Penal

3.1 NATUREZA

3.1.1 Acessoriedade

Conceituamos a cláusula penal como uma convenção acessória que acopla uma pena privada ao inadimplemento de uma obrigação.

É clara na generalidade dos ordenamentos a referência à forçosa acessoriedade da cláusula penal, quer pela expressa alusão à sua dependência da existência e validade da obrigação principal (assim os arts. 1.155 do Código Civil espanhol e 1.227 do Código francês), quer pela indicação clara de que a cláusula penal se deve no caso de inexecução ou mora no cumprimento de uma obrigação – na linha do art. 409 do Código Civil de 2002.

A cláusula penal é uma estipulação negocial aposta a uma obrigação, em que qualquer das partes, ou uma delas apenas, compromete-se a efetuar certa prestação em caso de ilícita inexecução da obrigação principal.

A pena pode acrescer a qualquer relação obrigacional, seja esta positiva ou negativa. Imprescindível é que seu teor seja inequívoco, pois não seria razoável aplicar uma sanção compulsória de forma tácita ou presumida. Como assinala Caio Mário da Silva Pereira, "já que traz em si um objetivo penal, e nenhuma pena é de aplicar-se por inferência, senão por disposição explícita",[1] certamente será dispensada a terminologia sacramental, tão cara ao formalismo da *stipulatio* romana.

A pena é geralmente fixada ao tempo da realização do negócio jurídico, mas nada impede que seja celebrada posteriormente, em instrumento apartado, desde que antes da violação da relação obrigacional. Ou seja, sua estipulação jamais antecederá à da obrigação principal, mas sempre deverá preceder o fato ilícito que ela pretenda sancionar. Ainda com reforço em Caio Mário da Silva Pereira,[2] se a cláusula penal fosse fixada após o descumprimento haveria um desvirtuamento em sua finalidade econômica, "já que o reforçamento da obrigação descumprida pareceria o que a linguagem popular caracteriza no refrão que alude a 'pôr fechadura em porta arrombada'".

Nesse sentido, dispõe o art. 409 do Código Civil: "A cláusula penal estipulada conjuntamente com a obrigação, ou em ato posterior, pode referir-se à inexecução completa da obrigação, à de alguma cláusula especial ou, simplesmente à mora". Mário Júlio de Almeida Costa obtempera que, "tanto na primeira como na segunda hipótese, sempre

---

1. PEREIRA, Caio Mário da Silva. *Instituições de direito civil*, v. II, p. 149.
2. PEREIRA, Caio Mário da Silva. *Instituições de direito civil*, v. II, p. 146.

a cláusula penal se encontra ligada à obrigação de que previne o incumprimento: tem carácter acessório".[3]

Vê-se que a cláusula penal pode incidir apenas sobre uma parte da obrigação a ser cumprida. Dito de outro modo, com espeque na autonomia negocial, em um contrato de locação a multa de três meses do valor locatício poderá ser restrita à desocupação antecipada, e não à hipótese de infração a outra cláusula, tal qual a de vedação a sublocação ou danos causados no imóvel.

Salienta Serpa Lopes que a doutrina distingue com denominações diversas a estipulação da cláusula penal juntamente com a obrigação ou em ato posterior, "denominando de cláusula penal, ao primeiro e pena convencional, ao segundo. Contudo, consoante a sistemática do nosso Código Civil não há fundamento para essa distinção, e a diferença é meramente verbal".[4]

A propósito, a confecção da cláusula penal em instrumento separado não implica desvirtuamento de sua natureza acessória em relação à obrigação principal. A acessoriedade é da essência da cláusula penal. Ela não possui uma causa própria distinta da obrigação principal, a ponto de ser considerada um negócio jurídico autônomo.[5]

Certamente não podemos reduzir a cláusula penal a uma pura e simples cláusula negocial, pois ela possui um esquema causal específico de natureza sancionatória. Mas essa função própria é estritamente coligada à da obrigação que visa assegurar, pois é endereçada a disciplinar as consequências da não realização dos interesses dispostos no contrato. Por tais razões, Silvio Mazzarese traz a lume a doutrina mais recente de Aníbal Marini, que define a cláusula penal como

un negozio accessorio rispetto ad un diverso contratto, principale, nel ben preciso senso che la funzione sanzionatoria propria della stessa non può esplicarsi se non in relazione ad una diversa funzione, precettiva, in senso ampio, realizzata da un diverso negozio che ne viene, pertanto, a costituire il presupposto.[6]

Com efeito, a pena convencional – tal e qual qualquer obrigação acessória – acompanha a obrigação principal na sua trajetória e nas suas vicissitudes. Em regra, a obrigação que visa assegurar é constituída por um contrato. A fonte habitual da obrigação é o negócio jurídico. Mesmo para os defensores da autonomia da cláusula penal, como

---

3. ALMEIDA COSTA, Mário Júlio de. *Direito das obrigações*, p. 738. Em outra passagem, o autor delimita a cláusula penal das convenções disciplinadoras da responsabilidade civil – convenções de limitação, agravamento e exclusão da responsabilidade – pois aquela é uma "cláusula acessória de negócios jurídicos" (p. 730).

4. SERPA LOPES, Miguel Maria de. *Curso de direito civil*, v. II, p. 159.

5. Não podemos deixar de acentuar a existência de divergência doutrinária quanto ao tema. Alicerçado na opinião de valiosos juristas como Massimo Bianca, Massimiliano de Luca e Silvio Mazzarese, Marcelo Benacchio propugna pela localização da cláusula penal como negócio jurídico autônomo, "por não depender da obrigação principal para a sua existência", sendo a sua causa diversa da operação contratual a que visa satisfazer. (*Cláusula penal*: revisão crítica a luz do Código Civil de 2002, p. 12). Para uma crítica a esta posição, Antônio Pinto Monteiro se refere a opinião minoritária do direito italiano, capitaneada por Trimarchi (*La clausola penale*, p. 19) e Magazù (*clausola penale*, p. 189). Porém, a ela se opõe, pois "esta sanção se reporta ao não cumprimento de determinada obrigação, ficando na dependência desta, quer no tocante ao seu nacimento como no que concerne à sua subsistência e exigibilidade" (*Cláusula penal e indemnização*, p. 87).

6. MAZZARESE, Silvio. *Clausola penale*, p. 209. Tradução nossa: "Um negócio acessório respeitante a um contrato diverso, principal, no sentido de que a função sancionatória que lhe é inerente não pode ser explicada se não se relacionar a uma diversa função, preceptiva, realizada por um negócio diverso, que se torna o seu pressuposto".

Denis Mazeaud, *la cause de la clause implique donc une certaine dépendance de celle-ci vis-à-vis de l'obligation garantie.*[7]

Pelo fato da cláusula penal guardar uma relação de dependência com uma obrigação principal, atuando como cláusula de reforço e tutela desta, quando as partes exprimem a sua vontade, estabelecendo a cláusula penal em negócio levado ao cartório, o tabelião de notas verificará qual é a obrigação que as partes querem tutelar com a cláusula penal. Ilustrativamente, em uma escritura pública de compra e venda de bem imóvel, será bastante usual que as partes queiram que a cláusula penal reforce, ou seja, seja acessória à obrigação de pagamento do preço. Mas nada impede que elas queiram estabelecer uma cláusula penal para tutelar o prazo de imissão da posse do imóvel, ou estipular uma cláusula penal para o caso de resolução do contrato. A obrigação assegurada pela cláusula penal, portanto, deverá ser expressamente indicada no ato notarial, cabendo esse cuidado por parte do tabelião de notas.[8]

Eventualmente, a cláusula penal poderá se reportar ao cumprimento de uma obrigação não contratual cuja fonte seja a própria norma jurídica e, em particular, de um ato ilícito. Assim, nada impede que em matéria de direito de vizinhança se convencione que um vizinho será sancionado com a ameaça de uma pena caso perturbe o sossego do morador do prédio próximo depois de determinado horário. Trata-se de modo compulsório, porém pacífico, de reforço de tutela de obrigações *ex lege*. Caio Mário da Silva Pereira ressalta que "nenhuma incompatibilidade existe entre a natureza legal da obrigação e o caráter convencional da multa".[9]

O Código Civil de 2002 não reiterou o texto do art. 922 do Código Civil de 1916: "A nulidade da obrigação importa a da cláusula penal". Todavia, em nenhum momento poderemos inferir que o legislador optou por suprimir de nosso ordenamento a acessoriedade da pena convencional. Ela, invariavelmente, seguirá a sorte da obrigação principal.[10]

---

7. MAZEAUD, Denis. La notion de clause pénale, p. 59. Tradução nossa: "A causa da cláusula penal implica pois uma certa dependência de frente a obrigação principal".

8. SILVEIRA, Marcelo Matos Amaro da. Prossegue o autor, trazendo outra questão que também se liga à acessoriedade da figura e decorre "da noção de prestação futura da pena convencional e do seu fator de eficácia, que é o inadimplemento da obrigação. Como a cláusula penal estabelece uma prestação futura e condicionada à verificação do inadimplemento absoluto ou da mora, ela pode ser estipulada até o momento do vencimento da obrigação. Como ela estabelece uma prestação que só será realizada pelo devedor se ele inadimplir, as partes podem estipulá-la em momento posterior a celebração da obrigação principal. Mas essa estipulação necessariamente deverá ocorrer antes da ocorrência do inadimplemento, uma vez que uma estipulação posterior contraria a natureza e a função da cláusula penal. Além disso, é importante observar que no âmbito dos atos notariais a estipulação posterior da cláusula penal deverá ser realizada na mesma forma do contrato principal, o que significa dizer que ela deverá ser estipulada por escritura pública. In A Cláusula Penal nos Atos Notariais: Cuidados necessários na inserção da cláusula penal nas escrituras públicas. Extraído do site migalhas em 1º.3.23. Disponível em: https://www.migalhas. com.br/coluna/migalhas-notariais-e-registrais/359784/cuidados-na-insercao-da-clausula-penal-nas-escrituras--publicas.

9. PEREIRA, Caio Mário da Silva. *Instituições de direito civil*, v. II, p. 148.

10. STJ, Informativo 613: 8 de novembro de 2017: "a cláusula penal constitui pacto acessório, de natureza pessoal, por meio do qual as partes contratantes, com o objetivo de estimular o integral cumprimento da avença, determinam previamente uma penalidade a ser imposta ao devedor na hipótese de inexecução total ou parcial da obrigação, ou de cumprimento desta em tempo e modo diverso do pactuado. Nos termos do art. 409 do Código Civil de 2002, a cláusula penal, também chamada de pena convencional ou simplesmente multa contratual, pode ser classificada em duas espécies: (i) a cláusula penal compensatória, que se refere à inexecução da obrigação, no todo ou em parte; e (ii) a cláusula penal moratória, que se destina a evitar retardamento no cumprimento da obrigação, ou

É justamente nesse sentido que Fernando Araújo sustenta que a estipulação prévia de um montante fará parte da própria

> causa negocial do contrato: uma das partes obteve uma vantagem a troco de ter assumido o risco de sujeição a uma penalidade pela sua conduta, uma sujeição que, constituindo um reforço da garantia de cumprimento, interfere na disposição da contraparte para se vincular àquela relação contratual. É pois uma questão de equilíbrio contratual, que determina a disposição de uma das partes para sujeitar-se à imposição potestativa de custos pela outra.[11]

Isso significa que, em uma perspectiva de mercado e de direito concorrencial, o uso costumeiro de cláusulas penais alavanca as necessidades do comércio jurídico, pois empresários, indiferentes ao risco de pesadas multas, potencializam a prática de negócios jurídicos e disseminam o crédito, aceitando condições aparentemente desfavoráveis. Em outras palavras, não há como dissociar a função da cláusula penal da relação jurídica que lhe deu origem, pois é a fixação da pena que frequentemente incita a parte avessa ao risco a contratar. Assim, a cláusula penal não pode ser tida como um "fim em si mesmo"; ela é o pressuposto objetivo de uma obrigação principal.[12] A acessoriedade é patente.

Nesse sentido, sendo a obrigação principal pronunciada judicialmente como inválida – por nulidade ou anulabilidade –, via de consequência, haverá o desaparecimento da cláusula penal[13]. Extraordinariamente, admite-se que as partes deliberem uma cláusula penal para a hipótese de ser pronunciada a invalidade da obrigação principal. Serpa Lopes exemplifica com "a venda civil de coisa alheia, se essa circunstância era ignorada do comprador, atento a que, em casos tais, a cláusula penal, sendo o equivalente do dano, é devida, por se tratar antes de matéria inerente ao dano, do que matéria contratual propriamente dita".[14] Assim, tendo o adquirente agido de boa-fé, a nulidade do negócio jurídico deixa substituir uma obrigação de indenizar.

A recíproca, porém, não se sustenta: caso a cláusula penal seja invalidada, a obrigação que visava acautelar permanece íntegra. A pena convencional possui os seus próprios requisitos de validade. Tal qual qualquer outra estipulação negocial, a cláusula penal será objeto de controle judicial de eventual anulabilidade no que concerne à existência de vícios de consentimento, tais quais o erro, o dolo, a coação, a lesão e o estado de perigo (art. 171, II, CC).

---

o seu cumprimento de forma diversa da convencionada, quando a obrigação ainda for possível e útil ao credor" (REsp 1.617.652-DF, Rel. Min. Nancy Andrighi, por unanimidade, DJe 29/09/2017).

11. ARAÚJO, Fernando. *Teoria econômica do contrato*, p. 938.
12. MONTEIRO, Antônio Pinto. *Cláusula penal e indemnização*, p. 87.
13. Processual Civil. Recurso Especial. Ação de reparação por danos materiais e compensação por danos morais. Inadimplemento de contrato. Cláusula penal. Danos morais. Ausência de prequestionamento. Reexame de fatos e interpretação de cláusulas contratuais. Inadmissibilidade. – A nulidade da obrigação principal importa a da cláusula penal, nos termos do art. 922 do CC/16. – O mero inadimplemento contratual não acarreta danos morais. Precedentes. – A distribuição dos ônus sucumbenciais, quando verificada a sucumbência recíproca, deve ser pautada pelo exame do número de pedidos formulados e da proporcionalidade do decaimento das partes em relação a esses pleitos. – A ausência de decisão acerca dos dispositivos legais indicados como violados, não obstante a interposição de embargos de declaração, impede o conhecimento do recurso especial. Súmula 211/STJ. – O reexame de fatos e provas e a interpretação de cláusulas contratuais em recurso especial são inadmissíveis. Súmulas 5 e 7/STJ. Recurso especial não provido. (STJ – REsp 803950 / RJ, rel. Min. NANCY ANDRIGHI, DJe 18/06/2010).
14. SERPA LOPES, Miguel Maria de. *Curso de direito civil*, v. II, p. 157.

Apesar de no Brasil não existir um dispositivo como o art. 1.227 do Código francês – que explicite que a nulidade da pena não produz a nulidade do contrato –, aplicando o princípio geral da conservação dos negócios jurídicos, a solução adequada será a redução do negócio, sem que se prejudique sua parte válida, a teor do exposto no art. 184 do Código Civil.[15] Mantém-se o conteúdo principal da avença, com a realização de sua finalidade, em sintonia com o aforismo latino *utile per inutile non vitiatur.*

A acessoriedade da cláusula penal também é extraída do fato de que, mesmo válida, pode se manter ineficaz por várias razões. Primeiro, caso o devedor cumpra integralmente a obrigação, perde o significado a natureza sancionatória da pena; segundo, mesmo incorrendo o devedor em descumprimento, se não houver culpa em seu comportamento, em razão de o fato ser inimputável à sua conduta, haverá a extinção da relação obrigacional sem que se possa exigir a cláusula penal (art. 408, CC); terceiro, tratando-se a cláusula penal de uma opção em favor do credor, poderá deliberar pela execução específica da obrigação, insistindo no adimplemento da prestação (art. 410, CC).

Em suma, desaparecendo a obrigação principal, seja pela sua execução, seja pela inexecução não imputável ao devedor, ou mesmo pela objeção da prescrição, elimina-se o pressuposto da qual era dependente a cláusula penal.

Quanto ao mais, o art. 810, no 2, do Código Civil português acrescenta que "a cláusula penal está sujeita às formalidades exigidas para a obrigação principal". Ou seja, remetendo a questão para a legislação pátria, para além das questões relativas ao consentimento válido das partes, há de se respeitar eventual solenidade exigida para a obrigação principal. Sendo o negócio solene, a forma prescrita se torna requisito legal (art. 107, CC).

Mas a necessidade de a cláusula penal acompanhar a forma da obrigação principal deve ser entendida em termos. Acompanhamos Renan Lotufo quando observa que se trata de uma noção verdadeira quando no mesmo ato em que se convenciona a obrigação é inserida a cláusula penal. Mas, sendo a obrigação principal solene e a pena estipulada por ato autônomo em instrumento particular, *a posteriori*, não haveria a invalidade, pois

> a exigência da forma solene está vinculada a fins específicos, como ocorre no caso dos negócios imobiliários de certo valor em diante. Já a cláusula penal envolve prestação de direito real, não se refere à transmissão de direitos reais, mas sim, ao cumprimento da prestação estipulada substitutivamente, portanto, geneticamente ligada ao ato jurídico de adimplemento.[16]

Por outro giro, a acessoriedade da cláusula penal pode ser percebida ao tempo da cessão da posição contratual. Seja no polo ativo ou no polo passivo, a transmissão da obrigação implica a cessão da pena. Hamid Charaf Bdine Jr. aduz que "em qualquer fase da evolução da relação contratual original, a cessão implica a transferência integral da posição ocupada pelo cedente para o cessionário, que passa a ser o seu único titular".[17]

---

15. "Art. 184: A invalidade da obrigação principal implica a das obrigações acessórias, mas a destas não induz a da obrigação principal."
16. LOTUFO, Renan. *Código civil comentado*, v. II, p. 471.
17. BDINE, Hamid. *Cessão da posição contratual*, p. 106.

Há uma celeuma capaz de perturbar a constatação da natureza acessória das cláusulas penais. Poderia a pena convencional ser utilizada para assegurar o cumprimento de uma obrigação natural?

A cláusula penal objetiva compelir o devedor a cumprir a denominada obrigação civil, composta por débito e responsabilidade. Isto é, constatado o descumprimento, irrompe a obrigação de indenizar com a possibilidade de as partes previamente pactuarem que haverá uma prestação capaz de substituir o valor alusivo a eventual inadimplemento.

A inexigibilidade de uma obrigação natural impede que seu cumprimento seja assegurado por uma cláusula penal. Cláusula penal e obrigação natural são modelos jurídicos incompatíveis.

De fato, o devedor efetuará a prestação espontaneamente, sem que possa ser inibido por uma sanção compulsória. As obrigações naturais não recebem proteção plena do ordenamento, no sentido de sua coercibilidade. Bem por isso, caso o devedor queira cumprir, o credor usufruirá a *soluti retentio*, advertindo o art. 882 do Código Civil que não se pode repetir o que se pagou para cumprir obrigação judicialmente inexigível.

A partir do momento em que uma cláusula penal é estipulada para o pagamento de uma dívida de jogo ou aposta,[18] a prestação do devedor perde a espontaneidade, em razão da coerção imposta pela pena. Por via oblíqua, o devedor acaba se vinculando à prestação. Antônio Pinto Monteiro explica que aceitar que a cláusula penal pudesse ser aposta à obrigação natural, "significaria permitir que o devedor natural fosse forçado ao cumprimento, o que se mostra contrário ao sentido e ao regime estabelecido para esta modalidade de obrigações".[19]

O cerne do direito das obrigações é a preservação da liberdade do ser humano. Ao vislumbrar a possibilidade de a incoercibilidade da obrigação natural referida assim se pronuncia Antunes Varela: "Não é a constituição posterior da garantia que retira ao devedor a liberdade de cumprir ou não cumprir – a espontaneidade no cumprimento da obrigação".[20]

A resolução dessa questão avulta quando indagamos sobre a licitude de uma cláusula penal independente, vale dizer, uma promessa de pena convencionada para uma ação ou omissão não devida. Em outras palavras, o devedor se compromete a pagar uma pena sem que o credor possa exigir-lhe o cumprimento da obrigação que condiciona a eficácia daquela cláusula penal.

Pois bem, caso se admita a incidência dessa "pena independente", não se admitiria que as obrigações naturais também fossem sancionadas por uma cláusula penal, pelo fato de ambas as situações remeterem a obrigações incoercíveis?

---

18. Reportamo-nos à dívida de jogo ou aposta como obrigações naturais em caso de jogos lícitos, mas que sejam apenas tolerados pela lei. São autênticas obrigações naturais. Mas, se o jogo ou aposta é proibido(a), será sancionada a sua ilicitude pela nulidade; caso seja lícito(a) e permitido(a) (*v.g.*, loterias esportivas), trata-se de obrigação civil coercível e não de obrigação natural (art. 814, CC).

19. MONTEIRO, Antônio Pinto. *Cláusula penal e indemnização*, p. 91.

20. VARELA, João de Matos Antunes. *Das obrigações em geral*, p. 738.

A temática é suscitada inicialmente no direito alemão por expressa previsão legal.[21] Karl Larenz admite a aplicação de uma pena convencional sem que possa o credor reclamar a execução da obrigação. O devedor promete ao credor uma prestação, mas não lhe oferece uma ação para reclamar judicialmente a prestação, pois ele não se vincula a ela. A pena substituirá a prestação prometida ao tempo do inadimplemento. Portanto,

la expresión 'pena' se adapta mal a estos casos de promesa de pena independiente no basada en una obligación principal, porque la no realización de una acción a la que se no está obligado no implica una injusticia, sino únicamente la indemnización por una expectativa no realizada.[22]

Assim, o beneficiário da promessa contará com o reforço da expectativa no cumprimento da obrigação, mas lhe será vedado o acesso à tutela específica da obrigação. Larenz[23] cita a título ilustrativo o artista que se obriga a atuar em determinada festa e promete pagar certa pena se a ela não comparecer. A cláusula penal apenas será devida se voluntariamente se recusou a comparecer, não em caso de ter sofrido um acidente a caminho da festa, descumprimento que não lhe é imputável.

Conclui-se que, apesar da omissão do legislador, a pena independente também é admitida em nosso sistema jurídico, pois é lícita a fixação de cláusula penal para promessas que são insuscetíveis de fundamentar um dever jurídico. Como alude Pontes de Miranda, "a pena, aí, somente é indenização por expectativa que foi frustrada".[24]

Mas o mesmo não se conclua quanto à fixação de pena para gerar coercibilidade às obrigações naturais. A estipulação de um valor para constranger o devedor a cumprir uma obrigação judicialmente inexigível seria uma forma de burla a uma vedação jurídica, uma espécie de conduta que objetiva fraudar lei imperativa, passível de sanção por nulidade, à luz do art. 166, VI, do Código Civil.

Forte em Zeno Veloso, é o caso em que se "fabrica um ato aparentemente lícito para realizar o ilícito; usa-se a própria lei para burlar a lei. O negócio jurídico *in fraudem legis* é nulo, como é nulo o negócio jurídico que descumpre, diretamente, lei imperativa".[25]

Posta a questão nesses termos, acertada a conclusão de Dieter Medicus: *Por la promesa de una pena no pude asegurarse la producción de una prestación, que por si misma no se pueda prometer eficazmente. Así, es nula una promesa de pena, para el incumplimiento de una obligación de apuesta.*[26]

Hipótese diversa, mas que guarda certa similitude com as anteriores, concerne à estipulação de uma cláusula penal visando a um resultado ao qual a lei declaradamente contrária. Em tal caso, o juízo negativo sobre a relação jurídica substancial invalidará a cláusula penal. Com supedâneo em Enrico Moscati, *la nullità della clausola penale per illicetà della causa è consequenziale al fatto che qui la comminazione della pena non*

---

21. O § 343, nº2, do BGB dita que *rige lo mismo, también, al margen de los casos de los §§ 339, 342, si alguien promete una pena para el caso de que realice u omita un acto.*
22. LARENZ, Karl. *Derecho de obligaciones*, p. 373.
23. LARENZ, Karl. *Derecho de obligaciones*, p. 374.
24. PONTES DE MIRANDA. *Tratado de direito privado*, t. XXXVI, § 3.112, p. 61.
25. VELOSO, Zeno. *Invalidade do negócio jurídico*, p. 63.
26. MEDICUS, Dieter. *Tratado de las relaciones obligacionales*, v. I, p. 214.

risponde ad alcun interesse meritevole di tutela, perché è in contrasto con una delle direttive del sistema del diritto privato.[27]

3.1.2 Obrigação facultativa

Começamos demonstrando aquilo que é corrente na doutrina, ou seja, a acessoriedade da cláusula penal. Ela pressupõe uma obrigação principal cujo inadimplemento objetiva sancionar. Destarte, quando é pactuado o negócio jurídico, a pena convencional se qualifica como uma promessa de caráter eventual a cumprir no futuro.

O devedor se vincula a uma única prestação – a que se refere a obrigação contraída –, sendo aleatória a configuração da cláusula penal. Mas, se mais tarde ela se efetiva, o credor terá o poder de escolher entre a pena e a prestação devida.

Isto é, inicialmente, a obrigação principal de dar, fazer ou não fazer é a única devida. Nada mais se pode exigir do devedor. Porém, do ilícito contratual emerge a pena lateralmente à obrigação. Doravante, o cumprimento de uma delas libertará o devedor. Mas esta escolha entre o cumprimento da obrigação e a obtenção da pena é exclusivamente do credor, ao qual caberá deliberar entre a execução específica e a percepção da obrigação acessória.

Do exposto, vê-se que a cláusula penal é uma obrigação facultativa com escolha do credor, ou como prefere boa parte da doutrina, obrigação com faculdade alternativa de cumprimento. Bem explica Arnold Wald que ela possui "uma estrutura parecida com as obrigações alternativas as obrigações com faculdade de substituição, erradamente chamadas obrigações facultativas, pois o que é facultativo não é obrigatório e o que é obrigatório não é facultativo".[28]

Tal qual no diploma revogado, o vigente Código Civil não faz referência a esse modelo jurídico. Agostinho Alvim[29] esclarece que não houve preocupação de introduzir as obrigações facultativas no Código Civil, pois elas sempre foram consideradas como objeto de convenção inominada.

Tradicionalmente, consiste a obrigação facultativa na possibilidade conferida ao devedor de substituir o objeto inicialmente prestado por outro, de caráter subsidiário, mas já especificado na relação obrigacional. A prestação devida é uma só, incidindo unidade de objeto quando da celebração do negócio jurídico, pois a obrigação facultativa é um direito potestativo do devedor de adimplir o débito de forma diversa da prestação originária, sem carecer de consentimento do credor.

Apesar de, ordinariamente, o ordenamento tratar da faculdade de escolha como um direito do potestativo do devedor, nada impede que a obrigação facultativa seja de opção do credor. Nas palavras de Mário Júlio de Almeida Costa, "concebe-se, todavia, que a faculdade alternativa exista em benefício do credor, também derivada de estipulação

---

27. MOSCATI, Enrico. Pena privata e autonomia privata. In: BUSNELLI, Francesco; SCALFI, Gianguido (Org.) *Le pene private*, p. 240. Tradução nossa: "A nulidade da cláusula penal por ilicitude da causa é consequência do fato da cominação da pena não responder a nenhum interesse merecedor de tutela, por se situar em contradição com uma diretiva do sistema de direito privado".
28. WALD, Arnold. *Obrigações e contratos*, p. 51.
29. *Apud* LOTUFO, Renan. *Código civil comentado*, v. 2, p. 57.

das partes ou de preceito legal.[30] Cabe-lhe, então, a possibilidade de exigir, em vez da prestação devida, uma outra".

Ora, a cláusula penal se amolda perfeitamente ao perfil da obrigação com faculdade alternativa em favor do credor. O devedor não deve outra coisa a não ser a prestação, mas o descumprimento por causa a ele imputável concederá ao credor o poder de determinar a pena, ao invés da prestação. O devedor se coloca em estado de sujeição, pois se submeterá à opção do credor. Com Larenz, *si hace uso de este derecho, se coloca otra prestación en el lugar de la hasta ahora debida.*[31]

Segundo Antônio Pinto Monteiro,

> o inadimplemento por causa imputável ao devedor, confere ao credor o direito de optar pela exigência da pena convencionada em lugar da prestação devida, que aquela substitui. E o devedor não pode, feita essa opção, opor-se a ela com oferecimento da prestação inicial. Tal como não pode impedir o credor de continuar a exigir o cumprimento desta, oferecendo-se a prestar a pena, se não for essa a vontade do primeiro.[32]

Em sentido mais amplo, frisa Fernando Araújo, a percepção da cláusula penal como faculdade alternativa "a parte creditoris" revela uma posição "agnóstica" sobre a moralidade da adstrição aos deveres contratuais de indiferença entre o cumprimento e a indenização convencionada, gerando uma assimetria entre o interesse no cumprimento e o valor a suportar pelo inadimplente.[33]

Destarte, não se cogite aqui de uma obrigação alternativa com escolha do credor. As obrigações alternativas já são constituídas em seu plano genético por uma pluralidade de prestações. O devedor, desde o aperfeiçoamento do negócio, deve duas ou mais prestações.[34] Caso uma delas se impossibilite, leciona o art. 253 do Código Civil, "subsistirá o débito quanto a outra". Esse resultado não se verifica nas obrigações facultativas, pois a impossibilidade da prestação principal por fato não imputável ao devedor gera a extinção da obrigação e, consequentemente, da cláusula penal acessória. Antunes Varela[35] comenta que "se a impossibilidade for superveniente, a obrigação extinguir-se-á quando

---

30. COSTA, Mario Júlio de Almeida. *Direito das obrigações*, p. 675. No art. 419 do Código Civil de 2002, há um interessante exemplo de obrigação facultativa com escolha do credor: "A parte inocente pode pedir indenização suplementar, se provar maior prejuízo, valendo as arras como taxa mínima. Pode, também, a parte inocente exigir a execução do contrato, com perdas e danos. Valendo as arras como mínimo da indenização". Dieter Medicus também admite que a faculdade de escolha poderá pertencer ao credor, exemplificando com o § 249, 2 do BGB, no qual a vítima de um dano, ao invés do restabelecimento da situação anterior, poderá pleitear ressarcimento em dinheiro (*Tratado de las relaciones obligacionales*, p. 100).
31. LARENZ, Karl. *Derecho de obligaciones*, p. 172.
32. MONTEIRO, Antônio Pinto. *Cláusula penal e indemnização*, p. 104.
33. ARAÚJO, Fernando. Prefácio a obra de Marcelo Matos Amaro da Silveira, *Cláusula penal e sinal*, XIII. Araújo explica que "deve-se a Oliver Wendell Holmes a "teoria no-fault do contrato", que concebe as obrigações emergentes do contrato como simples faculdades alternativas – conferindo a uma ou a ambas as partes a opção entre cumprir o devido, por um lado, ou indenizar pelo incumprimento por outro – aquilo que se designa como 'contract as option' ou a 'tese disjuntiva' e que, enquadrando-se no campo da 'efficiency theory', se compatibiliza facilmente com a ideia de 'incumprimento eficiente' que mais não seria que o exercício de uma opção com resultados economicamente equivalentes/indiferentes, quando objetivamente avaliados". Op. cit, XIII.
34. Exemplificando: **A** vende a **B** uma motocicleta, cabendo ao credor a escolha entre a BMW e a *Harley Davidson* – obrigação alternativa; A vende a B a moto BMW, cabendo ao credor, em caso de descumprimento culposo, exigir a moto *Harley Davidson* – obrigação com cláusula penal.
35. VARELA, João de Matos Antunes. *Das obrigações em geral*, p. 844.

ela respeitar à prestação devida, nos termos em que, com esse fundamento, se extingue uma obrigação simples".

Ao sustentarmos a cláusula penal como uma espécie de obrigação facultativa com escolha do credor, não só afastamos a pena convencional do modelo da obrigação alternativa, como também devemos apartá-la da ideia de "obrigação condicional".

Na definição de Zeno Veloso, a condição "é a cláusula que deriva exclusivamente da vontade do disponente ou das partes, e que subordina o efeito do negócio jurídico a evento futuro e incerto".[36] Semelhante a esse foi o conceito adotado pelo art. 121 do Código Civil de 2002.[37]

No negócio jurídico condicionado, o que depende do futuro é sua eficácia, a aptidão para produzir os efeitos normais para os quais foi projetada a autonomia das partes. O evento futuro e incerto não condiciona a existência ou a validade do negócio jurídico.

Na cláusula penal não é possível suscitar uma obrigação condicional em sentido próprio. Como bem expõe Serpa Lopes,

> se a pena fosse condicional, a pena passaria a ser objeto da obrigação, e a prestação um evento condicional: pagar-me-ás uma pena de x, se não realizares tal prestação. Na condicional o fato – o evento futuro e incerto – é apenas condição, não prometida, mas posta em incerteza. Além disso, essa diferença sensível: a cláusula penal, se a prestação se tornar impossível por caso fortuito ou força maior, ela igualmente desaparece; ao passo que, na condicional, esse elemento não influi.[38]

Na verdade, a relação obrigacional já existe e sua eficácia não depende de qualquer condição. O inadimplemento, sim, será pressuposto de exigibilidade da pena. A ineficácia superveniente da obrigação principal – descumprimento de uma obrigação válida e até então eficaz – é que propiciará o marco inicial da produção de efeitos da cláusula penal.[39]

Reforçando o escólio de Serpa Lopes, Pinto Monteiro enfatiza que "a ocorrência desta 'condição' não faz com que a pena seja automaticamente devida, uma vez que, dada a sua acessoriedade, ela só é exigível em caso de não cumprimento imputável ao devedor".[40]

Indo além, como mais um argumento que objetiva descolar a condição da cláusula penal, cremos que a pena convencional se assemelha a uma *conditio juris*. Enunciava o art. 117 do Código Civil de 1916: "Não se considera condição a cláusula, que não derive exclusivamente da vontade das partes, mas decorra necessariamente da natureza do direito a que acede".

---

36. VELOSO, Zeno. *Condição, termo e encargo*, p. 18.
37. Art. 121: Considera-se condição a cláusula que, derivando exclusivamente da vontade das partes, subordina o efeito do negócio jurídico a evento futuro e incerto."
38. SERPA LOPES, Miguel Maria de. *Curso de direito civil*, v. II, p. 158.
39. Nesse mesmo sentido, ensina Jorge Cesa Ferreira da Silva que "o que se quer dizer quando se afirma a condicionalidade da cláusula penal não é, pois, a condicionalidade do dever, que já existe, mas sim da pretensão à pena. A promessa da pena já existe e é válida, mas os seus efeitos só ocorrerão em caso de inadimplemento imputável ao devedor" (*Inadimplemento das obrigações*, pp. 236-237).
40. MONTEIRO, Antônio Pinto. *Cláusula penal e indemnização*, p. 101.

Apesar de o Código Civil de 2002 ter omitido o dispositivo, nada muda no plano dogmático. A verdadeira condição é uma cláusula que submete a eficácia do negócio jurídico a uma situação de incerteza por vontade exclusiva das partes. Todavia, se o evento já é componente da figura jurídica e efeito necessário de determinado negócio, não será considerada condição, mas *conditio juris*.

A rigor, não há necessidade de redigir que o pacto antenupcial só produzirá efeitos após o casamento, ou que o testamento só será eficaz após a morte do testador. São questões inerentes aos próprios modelos jurídicos. Da mesma forma, a cláusula penal tem como pressuposto obrigatório o descumprimento da obrigação principal. Seria redundante dizer no contrato que a pena se subordina ao descumprimento. O ato de autonomia se centra na opção dada pelo ordenamento aos particulares, para criar um testamento, um pacto antenupcial ou uma cláusula penal, nada mais.[41]

Enfim, Carlos Ferreira de Almeida aduz que a circunstância da eventualidade tem evidentes semelhanças com a condição, pois ambas são fatos futuros e incertos, mas as diferenças são suficientes para não prevalecer qualquer confusão, pois "a condição determina radicalmente a eficácia ou ineficácia de todo acto, enquanto a circunstância de eventualidade não afecta a vigência do negócio, apenas desencadeia a potencialização de uma eficácia preexistente".[42]

Compreender a cláusula penal no plano de uma obrigação facultativa *a parte creditoris* é o primeiro passo para, posteriormente, justificarmos a natureza coercitiva como a própria essência da pena convencional. A cláusula penal ocupará a posição da obrigação de indenizar não pelo fato de se qualificar com uma pré-estimativa de ressarcimento, mas por consistir em uma "outra prestação" que o credor exigirá em vez da obrigação principal.

Em princípio, a prestação é uma só, mas, em face do descumprimento, desponta a faculdade do credor de exigir a pena como uma prestação mais gravosa que a originária. Aliás, isso explica a impossibilidade de o credor exigir, simultaneamente, o cumprimento e a pena (com exceção da cláusula penal moratória).[43] Daí a necessidade de uma cuidadosa leitura do art. 410 do Código Civil: "Quando se estipular a cláusula penal para o caso de total inadimplemento da obrigação, esta converter-se-á em alternativa a benefício do credor". Impende fugir da mera exegese do texto e compreender a "alternativa" como a faculdade do credor de deliberar entre a prestação e a pena, mesmo por sabermos que a cumulação de ambas implicaria enriquecimento sem causa: ele auferiria a própria prestação e mais o previsto na cláusula penal, justamente confeccionada para o caso da obrigação principal não ser adimplida.

---

41. Renan Lotufo descreve, como exemplo de *conditio juris*, a "ratificação, regulada pelo art. 172 como confirmação, e que no código de 1916 era disciplina pelo art. 148, que expressamente se referia ao efeito retroativo. Não se trata de condição, pois como se vê tem outra denominação e tratamento jurídico". (*Código civil comentado*, v. I, p. 121.)
42. ALMEIDA, Carlos Ferreira de. *Texto e enunciado na teoria do negócio jurídico*, v. 1, p. 559.
43. Isso também explicará o fato da cláusula penal ser exigível independente da existência de qualquer dano em face do devedor.

3.1.3 Negócio jurídico de garantia

Si, como dijera el no tan viejo profesor, las promesas electorales se hacen para ser incumplidas (realidad que los sufridos ciudadanos experimentamos en nuestra carne) las promesas obligacionales, desde la antiquísima stipulatio, se programaron siempre para obtener el resultado contrario: el cumplimiento o satisfacción de los intereses en juego. [44]

As mais que atuais palavras de Mariano Alonso Pérez nos convidam a perceber que o cumprimento da obrigação não se trata de apenas mais um capítulo de sua vida, mas de seu momento mais importante, da "hora da verdade". Para que as promessas sejam mais firmes e consistentes, investe-se na cláusula penal.

Todos os métodos que de alguma forma sejam hábeis a compelir o devedor ao cumprimento da obrigação de prestar devem ser favorecidos pelo ordenamento jurídico.

A cláusula penal é mais do que uma obrigação acessória e facultativa ao credor. Cuida-se de uma forma de garantia *suis generis*. Aí reside a sua natureza e essência. Ao contrário das outras modalidades especiais de garantia, a responsabilidade continua residindo no patrimônio geral do devedor, e não em bens concretos ou em outras pessoas. O fato de a cláusula penal se traduzir em uma obrigação de garantia justifica a rica trajetória histórica e perene atualidade.

Por outro lado, não podemos esquecer que uma pena se aparta de uma garantia pelo fato de que aquela objetiva influenciar um futuro comportamento de um devedor. Todavia, se este promete pagar uma certa quantia de dinheiro em caso de verificação de certos eventos ou circunstâncias que não se relacionam com o seu próprio comportamento, a promessa representará uma garantia e não uma pena, pois aquela se desvincula de qualquer noção de pressão ou penalidade, dispensando a culpa para ser devida. [45]

Não me refiro neste momento à acepção de garantia como quarto e último elemento da relação jurídica. É sabido que, ao contrário de outros sistemas, as relações jurídicas são relações sociais garantidas pelo direito.

Na exata conceituação de Carlos Ferreira de Almeida,

a categoria dos negócios de garantia define-se pela respectiva função econômico-social, ou seja, é constituída por todos os negócios jurídicos que têm como finalidade própria *suprir a frustração de um direito ou de uma expectativa*. São negócios de risco, não um risco procurado (como é no caso dos negócios aleatórios), mas um risco previsto e acautelado, isto é, um risco prevenido que confira segurança ao seu beneficiário. [46]

A circunstância da eventualidade se refere a um fato futuro e incerto que seja desfavorável ao beneficiário do negócio. Na cláusula penal, o referido evento envolve a violação parcial ou total de um direito de crédito. Ainda com espeque em Carlos Fer-

---

44. GONZALEZ, Javier Davila. *La obligacion com cláusula penal*, Introdução, p. 12.
45. BASEDOW, Jurgen; HOPT, Klaus; ZIMMERMANN, Reinhard. *The Max Planck Encyclopedia of European private law*, v. II, p. 1.259.
46. ALMEIDA, Carlos Ferreira de. *Texto e enunciado na teoria do negócio jurídico*, p. 557.

reira de Almeida, "esses eventos se podem designar globalmente como insucessos. Em síntese, a circunstância de eventualidade integra-se no texto negocial como previsão de uma frustração".[47]

Espín Canovas[48] explica que um direito de crédito pode ser garantido por diferentes meios: pela intervenção de um terceiro que se compromete ao cumprimento da obrigação em determinadas circunstâncias (fiança); pela constituição de um direito especial sobre um bem em forma de penhor, hipoteca etc., que lhe assegure a obtenção de um valor para a satisfação de seu crédito. Mas, pode ser que o devedor não possa ou não queira dispor de uma coisa ou recorra a um terceiro, então poderá constituir uma garantia, obrigando-se por um novo vínculo a satisfazer uma prestação em caso de descumprimento da obrigação.

De fato, nas relações negociais existem duas grandes formas de lesão a créditos: a insolvência e o inadimplemento. Enquanto a primeira é mais bem assegurada por cauções reais e pessoais, a cláusula penal se converte em um *plus* de garantia contra o inadimplemento. Ao se agravar a responsabilidade do devedor, o credor reforça o crédito e assegura-se a satisfação do seu interesse. Enquanto nas garantias reais (*v.g.*, penhor, hipoteca) o garantidor pode ser o devedor ou terceira pessoa e na fiança sempre caberá essa função a um terceiro, na cláusula penal o garante será a pessoa do próprio devedor.

Percebe Arnaldo Rizzardo que

> sempre acompanha os contratos um grau de insegurança no atendimento do que neles consta estabelecido, gerando um grau de instabilidade nas relações econômicas e sociais. Quanto maiores as instabilidades de uma economia, e mais fortes as crises que assolam os povos, ou menos evoluída a consciência social das pessoas, geralmente mais cresce a inadimplência das obrigações, ensejando mecanismos de defesa e proteção dos direitos e créditos emanados das convenções e contratos.[49]

A natureza de garantia da cláusula penal é uma constante, mesmo que como tal não configure em vários ordenamentos jurídicos, como no Brasil.[50] Seja a pena fixada a título de convenção de prefixação de danos ou de sanção coercitiva, o credor sempre desejará reforçar o cumprimento da obrigação. Ensina Ana Prata que "a cláusula penal, na sua conformação comum, tem a eficácia prática de uma cláusula de agravamento da responsabilidade do devedor, o que justifica a sua concepção funcional como sendo a de uma garantia de cumprimento ou de reforço da obrigação principal".[51]

---

47. ALMEIDA, Carlos Ferreira de. *Texto e enunciado na teoria do negócio jurídico*, p. 558.
48. CANOVAS, Espín. *Manual del derecho civil*, t. III, p. 462.
49. RIZZARDO, Arnaldo. *Direito das obrigações*, p. 251.
50. Na América do Sul, praticamente todos os códigos civis destacam o papel de garantia da cláusula penal: art. 652 do Código da Argentina: "A cláusula penal é aquela em que uma pessoa, para assegurar o cumprimento de uma obrigação, se sujeita a uma pena ou multa no caso de atrasar ou não executar uma obrigação"; art. 1.535 do Código chileno: "A cláusula penal é aquela em que uma pessoa, para assegurar o cumprimento de uma obrigação, se sujeita a uma pena que consiste em dar ou fazer alguma coisa no caso de não executar ou retardar a obrigação principal"; art. 1.257 do Código da Venezuela: "Há obrigação com cláusula penal quando o devedor, para assegurar o cumprimento da obrigação, se compromete a dar ou fazer alguma coisa no caso de inexecução ou mora no cumprimento"; art. 817 do Código boliviano: "Cláusula penal é aquela pela qual, para segurança de um convênio, uma pessoa é obrigada a alguma coisa no caso de faltar ao seu compromisso".
51. PRATA, Ana. *Cláusulas de exclusão e limitação da responsabilidade contratual*, p. 52. No mesmo sentido, Karl Larenz (*Derecho de obligaciones*, p. 369).

3.1.4 Sujeitos da cláusula penal

Na linha da acessoriedade, identificam-se os sujeitos da cláusula penal como os que figuram na obrigação principal. A identidade entre ambas pressupõe que a pena convencional será invariavelmente subscrita pelo devedor da obrigação que se assegura em favor do credor que nela está inserido[52].

Aliás, se assim não o fosse, a convenção não se trataria de uma cláusula penal propriamente dita, mas de uma caução pessoal qualquer, como uma fiança ou aval, na qual alguém se responsabilizaria patrimonialmente pelo adimplemento de obrigação alheia.[53]

Em linha de simetria, também não cabe no rótulo de pena convencional a cláusula em que o devedor promete satisfazer a pena em favor de terceiro, e não do credor da obrigação principal. Nada impede, porém, que o beneficiário da prestação não seja o credor, mas um terceiro, pessoa natural ou jurídica. Importa é que a promessa seja feita ao credor, independentemente de seu conteúdo se destinar à satisfação alheia na eventualidade do inadimplemento.

Aliás, o art. 791 do Código Civil argentino de 2016 admite expressamente que a pena possa reverter-se em benefício de terceiro. Teria o terceiro a legitimidade para exigir a pena em juízo? Guillermo Borda[54] responde negativamente por considerar que o credor principal é o dono da opção. Se ele optar pela execução específica da obrigação, não poderá o terceiro beneficiário agir diretamente. Ele só poderá atuar se houver uma expressa declaração de vontade do credor de que não exigirá o cumprimento da obrigação e que autoriza o terceiro a reclamar a pena.

Entendemos que a omissão quanto à regulamentação do tema no direito pátrio não impede que possamos alcançar a mesma conclusão. Ora, se no próprio contrato já se reconhecesse o direito do terceiro de reclamar a cláusula penal sem necessidade de qualquer declaração do credor, estaríamos desvirtuando a figura da cláusula penal, convertendo-a em estipulação em favor de terceiro (art. 436, CC),[55] na qual o beneficiário deixa de ser mero destinatário da prestação, convertendo-se em titular do direito subjetivo a vantagem que lhe é dirigida e a correspondente pretensão decorrente de sua violação.

No que tange à capacidade e à legitimação das partes que figurem em uma cláusula penal, não há especificidades no trato da matéria. Prevalecem as regras da parte geral do direito civil. Por isso, parece-nos que os arts. 414 e 415 do Código Civil de 2002 são supérfluos quando contemplam as situações que a obrigação é indivisível com pluralidade de devedores, eis que as normas gerais sobre a matéria já cuidam da questão.

---

52. STJ: Informativo 0713 – Publicação: 18 de outubro de 2021. O devedor solidário responde pelo pagamento da cláusula penal compensatória, ainda que não incorra em culpa (REsp 1.867.551-RJ, Rel. Min. Ricardo Villas Bôas Cueva, Terceira Turma, por unanimidade, julgado em 05/10/2021, DJe 13/10/2021).

53. Aliás, é o que nos afigura da redação do art. 664 do Código Civil argentino. Apesar de localizado no estudo das obrigações com cláusula penal, assim dispõe a norma: *Subsistirá, sin embargo, la obligación de la cláusula penal, aunque la obligación no tenga efecto, si ella se ha contraído por otra persona, para el caso de no cumplirse por ésta lo prometido.*

54. BORDA, Guillermo. *Manual de obligaciones*, p. 122.

55. "Artículo 791. Objeto: La cláusula penal puede tener por objeto el pago de una suma de dinero, o cualquiera otra prestación que pueda ser objeto de las obligaciones, bien sea en beneficio del acreedor o de un tercero".

A questão de maior relevo no tocante aos sujeitos da relação e seu exercício de autonomia concerne à possibilidade de as partes estabelecerem a existência de uma pena, mas convencionarem sua determinação para um instante posterior. Impende saber se as partes podem estipular uma sanção compulsória para eventual inadimplemento, concedendo ao credor o poder de determinar o seu montante, segundo critérios estipulados pelas partes ao tempo da contratação.

Em princípio, a lei permite que um negócio jurídico possua objeto determinável (art. 104, II, CC). Ele é caracterizado por certa imprecisão sobre alguma de suas qualidades ou quantidade, no momento inicial do negócio. A ausência dessas características mínimas conduz a obrigação à indeterminabilidade e faz incorrer o negócio na nulidade prevista no art. 166, II, do Código Civil.

Como obtempera Humberto Theodoro Júnior,[56] os autores estão acordes em que entre os requisitos do objeto do negócio jurídico válido há de figurar "sua determinação ou pelo menos sua possível determinação, atributos que jamais poderão ficar relegados ao arbítrio da parte ou de uma das partes do negócio".

Não podemos confundir o exercício de um direito potestativo com o puro arbítrio do credor. Se as partes houverem estipulado os parâmetros que nortearão a fixação do montante da cláusula penal, acreditamos que a faculdade do credor realizar a escolha, será lícita. Havendo critérios claros para o estabelecimento da pena, a margem de arbítrio do credor ficará muito reduzida.

Se mesmo assim, entretanto, o credor manifestar a sua posição jurídica de forma excessiva, caberá a intervenção judicial no sentido do controle do exercício abusivo do direito potestativo, conforme a cláusula geral de repressão ao ilícito objetivo, consubstanciada no art. 187 do Código Civil. Não há necessidade de a parte lesada recorrer à redução equitativa da cláusula penal a que se refere a norma específica do art. 413 do Código Civil, pois o dispositivo só se aplicará às hipóteses em que a penalidade for "manifestamente excessiva". Já na situação em comento, a intervenção fiscalizadora do magistrado será efetiva em qualquer situação que a avaliação unilateral do credor não condiz com os parâmetros antes fixados pelas partes.

Portanto, endossamos o posicionamento de Antunes Varela, quando considera

> essencial que haja na convenção das partes o mínimo de determinação necessária para evitar que os critérios de equidade utilizáveis supletivamente pelo autor da determinação se convertam em puro arbítrio, capaz de prejudicar o espírito pessoal de liberdade que inspira o regime dos negócios gratuitos ou de perturbar o equilíbrio econômico que caracteriza, por sua vez, a disciplina dos contratos onerosos.[57]

A cláusula penal, como ato de autonomia privada, localiza-se no campo contratual. Sua estrutura é bilateral. A bilateralidade é condizente com o princípio da igualdade, que constitui uma das diretivas do direito privado que encontra explícito reconhecimento em nível constitucional. Ensina Enrico Moscati[58] que a bilateralidade se revela como garantia

---

56. THEODORO JÚNIOR, Humberto. *Comentários ao novo código civil*, v. III, t. I, p. 456.
57. VARELA, João de Matos Antunes. *Das obrigações em geral*, p. 806.
58. MOSCATI, Enrico. Pena privata e autonomia privata. In: BUSNELLI, Francesco; SCALFI, Gianguido (Org.). *Le pene private*, p. 244.

mínima contra um exercício arbitrário da função punitiva dos particulares. Somente o consentimento prévio do devedor legitimará a eventual aplicação de uma sanção. Por isso o consentimento é obtido pela via contratual, excluindo-se a possibilidade de aplicação da pena de maneira unilateral.

Todavia, é lícito que o devedor exercite uma promessa unilateral de determinada obrigação, inserindo no negócio jurídico a previsão de uma cláusula penal para o descumprimento. Trata-se de situação inversa à anterior: ninguém está oprimindo o devedor; ele estará impondo "uma pena sobre si próprio". [59]

Em várias passagens (arts. 409, 410 e 411 do CC), no Capítulo V do Título IV do Livro das Obrigações, a cláusula penal é vinculada ao verbo "estipular", porém, como sintetiza Pontes de Miranda, "tal ocorrência de modo nenhum afasta a cláusula penal nas promessas unilaterais de vontade, ou unilateralmente prometida a respeito de dívidas contratuais".[60] De fato, os arts. 408 a 416 do diploma civil sequer se encontram no título referente aos contratos, mas nas obrigações em geral.

Equívoco corriqueiro consiste na remissão a uma suposta "cláusula penal testamentária". A cláusula penal transita com exclusividade nas relações contratuais. Sendo o consentimento do devedor imprescindível para a incidência de uma sanção, não coaduna com o modelo jurídico da pena convencional um negócio jurídico unilateral testamentário no qual o testador inclua entre as declarações de última vontade, uma sanção que corresponda ao regime da cláusula penal.

Na verdade, poderá o *de cujus* impor a herdeiros e legatários um encargo. Trata-se de uma obrigação de dar, fazer ou não fazer na qual o beneficiário se submeterá a um sacrifício, como reconhecimento do benefício recebido. Na dicção de Francisco Amaral, "o modo tem a função de dar relevância jurídica ou eficácia a motivos ou interesses particulares do autor da liberalidade".[61]

O testador tem a faculdade de acrescer ao encargo uma restrição patrimonial ao herdeiro ou legatário beneficiado em razão do descumprimento da obrigação principal. Sem dúvida, cuida-se de uma sanção com nítida finalidade coercitiva. O sistema de coerção privada não se exaure na figura da cláusula penal, pois outros modelos jurídicos – como o encargo – também poderão exercer esse mister. O regime a ser aplicado, entretanto, será diverso, pois deveremos utilizar o sistema das disposições testamentárias, alicerçado no art. 1.897 do Código Civil: "A nomeação de herdeiro, ou legatário, pode fazer-se pura e simplesmente, sob condição, para certo fim e modo, ou por certo motivo".

Em outras palavras, a disposição testamentária não deixa de ser uma pena negocial, mas não uma cláusula penal propriamente dita. Pelo fato de a disposição unilateral consistir em manifestação de poder autoritário, sem a capacidade de resguardar o princípio da igualdade recíproca, pode-se pensar tal e qual Enrico Moscati, na construção de um sistema híbrido, no qual, *le pene negoziali a struttura unilaterale*

---

59. MONTEIRO, Antônio Pinto. *Cláusula penal e indemnização*, p. 70.
60. PONTES DE MIRANDA. *Tratado de direito privado*, t. XXVI, § 3.112, p. 59.
61. AMARAL, Francisco. *Direito civil*: introdução, p. 494.

sone figure 'tipiche', um numerus clausus insomma, Che si contrappone all' 'attipicità' del modello della clausola penale.[62]

3.1.5 Objeto da cláusula penal

O objeto da cláusula penal é a promessa de uma pena convencional. Uma promessa do devedor ao seu credor de lhe pagar uma prestação no caso de inadimplemento absoluto ou mora.

Cuida-se de pena negocial que substitui o insucesso da obrigação principal como prestação a ser cumprida pelo devedor faltoso. É comum que seja fixada em dinheiro, mas eventualmente as partes poderão estipular que a pena se traduza na entrega do objeto, na prestação de determinada atividade do devedor ou mesmo na perda de uma situação jurídica. Concerne ao âmbito de autonomia negocial a determinação da espécie da pena. Seguindo o raciocínio de Gemma Vives Martinez, *la obligación penal nace de la cláusula penal y, la pena convencional es la prestación objeto de aquella obligación.*[63]

Em alguns ordenamentos, houve expressa tomada de posição a respeito de tal possibilidade. Assim, no art. 1.382 do Código italiano – cláusula pela qual "um dos contraentes é obrigado a determinada prestação" – e no art. 1.226 do Código francês – cláusula através da qual uma pessoa "se obriga a qualquer coisa em caso de inexecução".

Carlos Ferreira de Almeida afirma que o objeto nos negócios de garantia se destina a suprir a frustração prevista e serve como meio substitutivo da desvantagem resultante do evento, "será o objecto da prestação devida pelo garante, se esta função for obrigacional, isto é, uma promessa".[64]

No Brasil, não só o Código silenciou, como em uma interpretação mais precipitada do art. 412 poderia se entender que "o valor da cominação imposta" seria uma indicação de que a pena seria sempre de natureza pecuniária. Resumindo, porém, a opinião generalizada de nossa doutrina, Maria Helena Diniz ensina que "se compromete a satisfazer certa prestação indenizatória, seja ela uma prestação em dinheiro ou de outra natureza, como a entrega de um objeto, a realização de um serviço ou abstenção de um fato".[65]

Pode a pena consistir ainda na perda ou na preclusão de um direito no caso de o devedor descumprir o contrato. Cuida-se da estipulação de uma desvantagem para o devedor, em caráter substitutivo à indenização que lhe seria devida pelo inadimplemento. Múcio Continentino já assinalava que a cláusula penal visa ao ponto de maior interesse para o credor, "por isso, em vez do cumprimento da obrigação, pode referir-se a um prejuízo especial que o credor queira mais particularmente evitar".[66] Exemplificando, a elevação da taxa de juros do contrato e a redução da contraprestação a que o devedor teria direito são hipóteses em que o devedor será sancionado de forma substitutiva à indenização.

---

62. MOSCATI, Enrico. Pena privata e autonomia privata. In: BUSNELLI, Francesco; SCALFI, Gianguido (Org.). *Le pene private*, p. 244.
63. MARTINEZ, Gemma Vives. *El juez y el abogado ante la cláusula penal*, p. 156.
64. ALMEIDA, Carlos Ferreira de. *Texto e enunciado na teoria do negócio jurídico*, p. 559.
65. DINIZ, Maria Helena. *Curso de direito civil brasileiro*, p. 405.
66. CONTINENTINO, Múcio. *A cláusula penal no direito brasileiro*, p. 73.

No particular, examinando uma decisão do Tribunal Supremo da Espanha, que não entendeu como cláusula penal aquela em que os acionistas de uma empresa perderiam suas ações se não adimplissem os dividendos passivos, Limongi França opôs sua irresignação, por considerá-la como uma pena que preenche todas as funções básicas da cláusula penal sendo a caducidade um acessório do inadimplemento que no caso consistia na promessa do acionista que aderia ao contrato de sociedade, "a saber, de abrir mão do direito acionário, em não executando os dividendos passivos".[67]

Manuel Albaladejo[68] admite mesmo que o acordo de venda de um bem a prazo poderá fixar como cláusula penal, a perda das prestações pagas, em caso do exercício do direito à resolução por parte do devedor. O fato de a entrega do valor relativo à pena preceder a falta que ela objetiva sancionar não impede que seja caracterizada como cláusula penal. Apesar de a pena já estar desde o início nas mãos do credor, continua tratando-se de uma promessa a cumprir no futuro – esta é a fisionomia da cláusula penal.

Certamente, há uma proximidade com relação às arras, cabendo ao intérprete aferir quando os valores não forem adiantados a título de sinal, sendo mero fracionamento do preço. Aliás, se os valores perdidos forem excessivos, nada impedirá o recurso do devedor à redução equitativa prevista no art. 413 do Código Civil.

Por sua elasticidade, admite-se que a cláusula penal possa ser pactuada para reforçar o adimplemento de um dever genérico de não causar danos a terceiros. Enrico Moscati[69] narra um exemplo clássico, de autoria de Contardo Ferrini, na qual o caçador que se preparava para ingressar em terreno alheio estipula com o proprietário uma pena para os danos que eventualmente causasse às suas plantações. Teríamos aí uma cláusula penal delitual.

Que a cláusula penal pode ter como objeto prestação pecuniária ou de outra natureza – e até mesmo a estipulação de uma desvantagem para o devedor – não temos dúvida. Em diversos termos, indaga-se se a cláusula penal também poderá consistir em prestação despida de patrimonialidade.

Entendemos como correta a asserção de que o conteúdo da obrigação principal possa ser dotado de natureza extrapatrimonial. Apesar de inexistir em nossa lei civil norma expressa capaz de referendar a tese – como no Código de Portugal (art. 398, no 2)[70] –, fundamental é que o interesse do credor seja digno de tutela jurídica, mesmo que de ordem moral. Trata-se da própria tendência do direito civil contemporâneo de funcionalizar as situações patrimoniais ao cumprimento de deveres extrapatrimoniais. Os interesses extrapatrimoniais valorados como sérios e úteis poderão sustentar obrigações válidas, como evidencia Fernando Noronha.[71] Pode tratar-se de um interesse de beneficência, caridade, fim altruístico ou outro qualquer.

---

67. FRANÇA, Rubens Limongi. *Teoria e prática da cláusula penal*, p. 173.
68. ALBALADEJO, Manuel. *Derecho civil II*: derecho de obligaciones, p. 259.
69. MOSCATI, Enrico. Pena privata e autonomia privata. In: BUSNELLI, Francesco; SCALFI, Gianguido (Org.). *Le pene private*, p. 242.
70. "A prestação não necessita de ter valor pecuniário. Mas deve corresponder a um interesse do credor, digno de proteção legal".
71. NORONHA, Fernando. *Direito das obrigações*, v. 1, p. 46. Aliás, o autor realiza valioso contraponto, ao aduzir que, "inversamente, se o interesse não for digno de tutela, não será a existência de contraprestação ou de cláusula

Nessa senda, Marcelo Benacchio associa a natureza de pena privada da cláusula penal à possibilidade de que a sua fixação "se refira a uma obrigação de caráter não patrimonial, como a apresentação pública de escusas pela mora, por exemplo, o que inclusive, ainda que não tenha caráter patrimonial direto, pode ser útil para justificar atrasos de um fornecedor perante os seus clientes".[72]

Mas, de modo geral, a doutrina não discute a respeito da extrapatrimonialidade da pena. Antônio Pinto Monteiro enfrenta a celeuma e aduz que

> o facto de a pena, em si mesma, ser destituída de valor pecuniário, não obsta, de modo decisivo, a uma indemnização por equivalente, destinada esta a reparar os danos causados pelo seu não cumprimento: é que não há perfeita identidade entre a prestação devida (ainda que só a título de pena) e o dano provocado pelo seu inadimplemento. O facto de a pena não ter valor patrimonial não impede que os danos causados pelo seu não cumprimento revistam outra natureza.[73]

Ressalte-se que atualmente a característica da patrimonialidade está mais ligada à sanção (*Haftung*) do que à prestação (*Schuld*). Aliás, um traço que diferencia as obrigações dos direitos da personalidade é justamente a possibilidade de execução forçada das relações creditícias, sendo impraticável, lado outro, o constrangimento do devedor à cessão ou expropriação de sua privacidade ou dignidade. O comportamento humano pode ser valorado, mas é comportamento humano, infenso a qualquer forma de patrimonialização.

Portanto, se as partes estipularem que o inadimplemento da obrigação implicará um fazer infungível por parte do devedor, em caso de descumprimento da pena, o credor terá o direito de pleitear uma indenização pelo descumprimento da própria cláusula penal. Nem por isso a pena perde sua função compulsória, eis que a indenização terá valor superior ao que ordinariamente importaria no valor da prestação, caso cumprida.

3.2 MODALIDADES

Tanto no direito brasileiro como no direito comparado há uma uniformidade de critério para a definição das modalidades de cláusula penal. Temos a cláusula penal compensatória e a moratória: a primeira estabelece a indenização que o credor tem direito pelo descumprimento da obrigação principal; a segunda objetiva apenas a reparação pelo dano decorrente da mora.[74]

Todavia, veremos que a cláusula penal também poderá resultar da violação positiva da obrigação, decorrente do seu cumprimento imperfeito, com violação a um dever anexo.

---

penal que dará juridicidade a obrigação assumida. Assim, não terá juridicidade o contrato estabelecendo uma mera obrigação de cumprimentar, ainda que tenha uma contrapartida fixa em dinheiro. O simples estabelecimento de um equivalente pecuniário, ou a fixação de uma cláusula penal, não dignificam um interesse".

72. BENACCHIO, Marcelo. *Cláusula penal*: revisão crítica à luz do código civil de 2002, p. 13.

73. MONTEIRO, Antônio Pinto. *Cláusula penal e indenização*, p. 56.

74. Idem no Código Civil Argentino de 2015: Artículo 790. *Concepto La cláusula penal es aquella por la cual una persona, para asegurar el cumplimiento de una obligación, se sujeta a una pena o multa en caso de retardar o de no ejecutar la obligación.*

3.2.1 Cláusula penal compensatória

É a pena convencional estipulada para a hipótese de completa inexecução da relação obrigacional. De acordo com o art. 410 do Código Civil, "quando se estipular a cláusula penal para o caso de total inadimplemento da obrigação, esta converter-se-á em alternativa a benefício do credor".

A referida norma se refere à prerrogativa do credor em, não obstante o descumprimento, insistir na tutela específica da obrigação em vez de exigir o montante da cláusula penal. Cuida-se de um direito potestativo do credor, que conta com a faculdade de prosseguir na perseguição ao seu interesse primário, o cumprimento da prestação (art. 475, CC). Frustrada a tentativa, porém, poderá ainda pretender a cláusula penal. Ou seja, a deliberação do credor não contém eficácia preclusiva, pois lhe é consentida a melhor satisfação de seu interesse. Daí a viabilidade da formulação de pedido sucessivo com pretensão subsidiária deduzida pelo autor na forma do art. 289 do Código de Processo Civil.

Aduz Mário Júlio de Almeida Costa[75] que, "se o credor reclama a restauração natural, o devedor só pode contrapor-lhe a indemnização pecuniária se aquela for impossível ou resultar excessivamente onerosa para ele, devedor".

Aliás, sendo a escolha entre o cumprimento da obrigação e a percepção da cláusula penal uma faculdade do credor, não será dada ao devedor a opção de se desvincular da relação obrigacional pela entrega da pena convencional, a não ser que figure cláusula expressa concedendo ao credor apenas o direito à quantia estipulada, mas não ao cumprimento. Nesse caso, desnatura-se a cláusula penal, desenhando-se a situação como a figura da obrigação alternativa em prol do devedor ou uma cláusula de arrependimento. Na dicção de Fábio de Mattia, "a cláusula penal destina-se a reforçar a posição jurídica do credor, ao qual é reconhecido o meio para pressionar o devedor para que efetue o adimplemento devido, e, pois, em nenhum caso se possa resolver em um meio de enfraquecimento de sua posição".[76]

Outrossim, a cláusula penal compensatória não poderá ser cumulada com a tutela específica da obrigação. Naturalmente, se a obrigação principal foi cumprida pontualmente, não haverá dano indenizável. João Calvão da Silva[77] explica que a cláusula penal ocupa o lugar do dever de prestar não cumprido, operando-se uma modificação objetiva do direito, pois considerado o mesmo direito, apenas modificado em seu objeto.

Sobreleva, ainda, afirmar a harmônica e pacífica convivência da cláusula penal compensatória com honorários advocatícios, custas processuais e juros. Como anota Arnaldo Rizzardo, "nenhuma inconveniência se apresenta para impedir a cumulação, eis que distintas as naturezas e finalidades".[78] Aliás, não há dificuldade em perceber a

---

75. COSTA, Mario Júlio de Almeida. *Direito das obrigações*, p. 716.
76. MATTIA, Fábio de. *Cláusula penal pura e não pura*, p. 45.
77. SILVA, João Calvão da. *Cumprimento e sanção pecuniária compulsória*, p. 255.
78. RIZZARDO, Arnaldo. *Direito das obrigações*, p. 264. Não é outra a posição do Supremo Tribunal Federal na Súmula 616: "É permitida a cumulação da multa contratual com os honorários de advogado, após o advento do CPC vigente".

correção do posicionamento pela simples leitura do art. 404 do Código Civil: "As perdas e danos, nas obrigações de pagamento em dinheiro, serão pagas com atualização monetária segundo índices oficiais regularmente estabelecidos, abrangendo juros, custas e honorários de advogado, sem prejuízo da pena convencional". É irrespondível o argumento de Serpa Lopes: "se o legislador não tivesse pretendido estabelecer, em relação aos juros, uma exceção ao princípio vedativo da acumulação, bastaria ter silenciado, ou então, fazendo-o, tornar o dispositivo restrito à multa moratória".[79]

Há ainda de se elogiar a justiça da regra esculpida no parágrafo único do art. 404: "Provado que os juros de mora não cobrem o prejuízo, e não havendo pena convencional, pode o juiz conceder ao credor indenização suplementar". A regra reforça o dever de cuidado dos contratantes quanto à inserção de penas convencionais nas obrigações em dinheiro. De fato, limitar as perdas e danos ao patamar de 12% ao ano nas relações entre particulares pode gerar iniquidade. Hamid Bdine Jr. adverte que

> é o que ocorre, por exemplo, quando a vítima deixa de receber a remuneração de determinada aplicação financeira superior aos juros de mora. Ou quando a atividade que desenvolveria com a prestação que não lhe foi entregue fosse capaz de produzir o rendimento superior aos juros moratórios.[80]

Por isso, além de o legislador permitir que se postule por uma indenização suplementar, ainda ressaltou a importância da fixação da cláusula penal como um sucedâneo das perdas e danos que em nada se confunde com a natureza dos juros. Comentado o então vigente art. 1.061 do Código Civil de 1916 (atual *caput* do art. 404 do CC/2002), Agostinho Alvim já afirma que "é muito para desejar, portanto, que o legislador não perca a primeira oportunidade que se lhe deparar para estancar aquela fonte de injustiças que é o art.1.061 do Código Civil".[81]

No mais, como alude o artigo 410 do Código Civil, a exigibilidade da cláusula penal compensatória e a faculdade de exigir a resolução do contrato se imbricam com a inexecução absoluta da obrigação, sendo, portanto, fato jurídico infenso às hipóteses de resilição contratual, nas quais, dentro de sua esfera de liberdade negocial, as partes exercem o legítimo interesse à desvinculação da relação obrigacional.[82]

---

79. SERPA LOPES, Miguel Maria de. *Curso de direito civil*, v. II, p. 163.
80. BDINE JÚNIOR, Hamid. *Código civil comentado*, 2006.
81. ALVIM, Agostinho. *Da inexecução das obrigações e suas consequências*, p. 188.
82. STJ. Informativo nº 682. 4 de dezembro de 2020. Contrato de prestação de serviços advocatícios. Revogação unilateral do mandato. Previsão de penalidade consubstanciada no pagamento integral dos valores pactuados. Impossibilidade. Direito potestativo de revogar o mandato. "Ao se levar em conta que a advocacia não é atividade mercantil e não vislumbra exclusivamente o lucro, bem como que a relação entre advogado e cliente é pautada na confiança de cunho recíproco, não é razoável – caso ocorra a ruptura do negócio jurídico por meio renúncia ou revogação unilateral do mandato – que as partes fiquem vinculadas ao que fora pactuado sob a ameaça de cominação de penalidade. Dessa forma, a revogação unilateral, pelo cliente, do mandato outorgado ao advogado é causa lícita de rescisão do contrato de prestação de serviços advocatícios, não ensejando o pagamento de multa prevista em cláusula penal. A mesma lógica pode e deve ser aplicada também quando ocorrer o inverso, na hipótese de renúncia do mandato pelo causídico. Imperioso salientar que cláusula penal existirá nos contratos de prestação de serviços advocatícios, contudo adstrita às situações de mora e/ou inadimplemento, desde que respeitada a razoabilidade, sob pena de interferência judicial. Ademais, ocorrendo a revogação do mandato por parte do cliente, esse estará obrigado a pagar ao advogado a verba honorária de modo proporcional aos serviços então prestados" (REsp 1.882.117-MS, Rel. Min. Nancy Andrighi, Terceira Turma, por unanimidade, DJe 12/11/2020).

3.2.2 Cláusula penal moratória

A cláusula penal moratória é aquela instituída com a finalidade de impedir o retardamento culposo da prestação obrigacional, servindo de reforço ao cumprimento pontual, pois o valor previamente ajustado terá a função de constranger o devedor não só a adimplir, como também a respeitar o tempo, a forma e o local estabelecidos (art. 394, CC).

Este é o conteúdo do art. 411 do Código Civil: "Quando se estipular a cláusula penal para o caso de mora, ou em segurança especial de outra cláusula determinada, terá o credor o arbítrio de exigir a satisfação da pena cominada, juntamente com o desempenho da obrigação principal". Portanto, se o dever primário de prestar é cumprido retardadamente, o dever de indenizar o dano moratório coexiste com a obrigação principal, que remanesce viável ao credor (art. 395, parágrafo único, do CC).

No âmbito da responsabilidade contratual, haverá mora do devedor apenas se o descumprimento da prestação resultar de sua desatenção ou negligência, sendo a culpa entendida em sentido amplo, compreendendo tanto o dolo e a culpa. Contudo, pode haver uma inversão do ônus da prova, ficando a cargo do devedor demonstrar que agiu no limite de sua possibilidade, com toda a cautela e diligência que se poderia exigir de uma pessoa responsável naquelas circunstâncias. No momento em que o devedor incorre em mora surge uma presunção relativa de culpa, cabendo àquele que descumpriu o ônus de provar que a demora no cumprimento decorreu de fatos estranhos à sua conduta e de natureza inevitável, que não podem lhe ser imputados. Só assim se isentará das consequências deletérias da mora. Nesse sentido, observa-se o Enunciado 548, do Conselho de Justiça Federal: "Caracterizada a violação de dever contratual, incumbe ao devedor o ônus de demonstrar que o fato causador do dano não lhe pode ser imputado". Em regra, o devedor não responde pelos prejuízos resultantes de caso fortuito ou força maior (art. 393, CC/02).[83]

O credor não pode cumular o cumprimento com a cláusula compensatória, mas poderá fazê-lo com a cláusula moratória, pois a mora acarreta um dano que não é eliminado pelo ulterior cumprimento da obrigação principal. Mesmo com o posterior adimplemento e sanação da mora, não são eliminados os danos produzidos enquanto essa situação perdurou. Cuida-se de danos autônomos em relação àqueles que o inadimplemento absoluto visa proteger, enfim, duas formas distintas de ilícitos negociais.

Nada obstante, inviável a cumulação da cláusula penal moratória com lucros cessantes. Aquela tem a finalidade de indenizar pelo adimplemento tardio da obrigação, pressupondo o ajuste prévio entre as partes quanto aos estimáveis prejuízos decorrentes do cumprimento

---

83. Em uma visão mais atual do direito das obrigações, há de se admitir a possibilidade do devedor afastar as nefastas consequências da mora, sob o pálio da onerosidade excessiva. Se o credor impõe ao devedor exigências superiores ao valor real do crédito, não incidem os efeitos da mora sobre o devedor até que seja apurado o real montante do débito. No âmbito das relações de consumo há ampla possibilidade de revisão de cláusulas que quebram a base comutativa do negócio jurídico (art. 51, IV, CDC), estabelecendo obrigações iníquas e abusivas ao consumidor que subscreve contratos de adesão (v.g., juros extorsivos e cumulação indevida de cláusulas penais). Nesse sentido, o Enunciado 354 do Conselho de Justiça Federal: "A cobrança de encargos e parcelas indevidas ou abusivas impede a caracterização da mora do devedor." Reconhecido o abuso do direito na cobrança do crédito, resta completamente descaracterizada a *mora solvendi*. Muito pelo contrário, a mora será do credor, pois a cobrança de valores indevidos gera no devedor razoável perplexidade, pois não sabe se postula a purga da mora ou se contesta a ação.

tardio, inclusive absorvendo os valores relativos àquilo que o credor provavelmente obteria na hipótese de o cumprimento ter sido pontual.[84] Se ao credor fosse lícita a cumulação, fatalmente incidiríamos em hipótese de enriquecimento injustificado.[85]

Caio Mário da Silva Pereira descreve as várias formas de fixação de uma cláusula moratória em face do devedor, em razão da falta oportuna da prestação,

> punindo-a com uma certa soma fixa ou percentual sobre o valor da prestação faltosa; pode estabelecer punição continuada ou sucessiva, em que incorre o devedor por dia de atraso no cumprimento da obrigação; pode sofrer aumento gradativo, na medida em que a demora se estende; como pode conjugar a mora com a resolução do contrato, se atingir um lapso de tempo determinado.[86]

Haverá necessidade de promover a interpelação do devedor moroso nos negócios jurídicos que não sejam submetidos a prazo (art. 397, c/c art. 408, do CC). A inexecução somente se caracteriza pela constituição em mora. Porém, inserida a cláusula moratória, diante do descumprimento do devedor não poderá o credor alegar a perda do interesse na prestação e, consequentemente, o inadimplemento absoluto, pois, como pondera Javier Davila Gonzalez, *si se establece una cláusula penal para el retraso, es evidente que la prestación principal es aún útil para las partes, pues en caso contrario habrían pactado una pena para el supuesto de incumplimiento total, y es obvia la relevancia del retraso.*[87]

Não há qualquer razão que impeça a cumulação, em uma mesma relação obrigacional, de cláusulas penais, compensatória e moratória. Figuras jurídicas distintas podem conviver em um contrato que, por exemplo, determine que o atraso do pagamento da locação implicará multa de 10% do valor da locação e que a extinção do contrato antes do prazo de trinta meses por desistência do locatário gere em favor do credor uma pena equivalente a três meses do valor locatício.

Poderá um negócio jurídico ser impreciso no que concerne à distinção entre uma cláusula compensatória ou moratória quando carecer de clareza na terminologia empregada. Basicamente, o intérprete deverá buscar a intenção das partes materializada na declaração de vontade (art. 112, CC) para, das circunstâncias, inferir e proclamar a natureza da pena. Ordinariamente, o valor da pena compensatória será bem superior ao da multa moratória, pois é raro que se ajuste uma cláusula penal de valor tímido, seja para fins de liquidação de perdas e danos ou como coerção.

Essa situação híbrida pode ocorrer nas hipóteses de adimplemento parcial, naqueles casos em que a prestação é efetivada de forma incompleta. Assim, A e B ajustam na entrega de dez veículos e apenas sete chegam ao pátio do adquirente. A opção entre a aplicação de uma pena moratória ou compensatória será determinada pela permanência do interesse do credor no adimplemento total.

---

84. STJ, Informativo nº 651, 2 de agosto de 2019. "Compra e venda de imóvel na planta. Atraso na entrega. Negócio jurídico anterior à Lei n. 13.786/2018. Não incidência. Contrato de adesão. Cláusula penal moratória. Cumulação com lucros cessantes. Inviabilidade". (REsp 1.498.484-DF, Rel. Min. Luis Felipe Salomão, Segunda Seção, por maioria, DJe 25/06/2019)
85. Explicitamente assim dispõe o CC Argentino: *Artículo 793. Relación con la indemnización La pena o multa impuesta en la obligación suple la indemnización de los daños cuando el deudor se constituyó en mora; y el acreedor no tiene derecho a otra indemnización, aunque pruebe que la pena no es reparación suficiente.*
86. PEREIRA, Caio Mário da Silva. *Instituições de direito civil*, v. II, p. 153.
87. GONZALEZ, Javier Davila. *La obligacion con clausula penal*, p. 335.

A finalidade visada pelas partes ao estipularem a cláusula penal é sempre o critério decisivo. Acerta Jorge Cesa Ferreira da Silva ao apontar que serão "as circunstâncias do negócio jurídico concreto que permitirão a classificação".[88] Afinal, se a pena cobre o mesmo interesse a que é destinado o cumprimento da obrigação, não poderá o credor se valer de ambos simultaneamente, pois um excluirá o outro. Porém, se não existir a identidade de interesses, ou seja, se a pena não houver sido fixada como compensação pela falta de cumprimento, haverá fundamento para que o credor possa justificar a cumulação do direito à pena aliado à pretensão à tutela específica da obrigação.

Assim, Antônio Pinto Monteiro menciona a situação em que não há cláusula moratória no negócio jurídico, mas apenas pena compensatória. Na espécie, ocorre o cumprimento da obrigação, porém tardio e com danos ao credor. Pelo fato de a cláusula ser de natureza compensatória, não poderá o credor exigir o cumprimento da obrigação acrescido da pena, mas "pode, sem dúvida, solicitar indemnização pelo dano da mora. Essa indemnização será calculada, porém, nos termos gerais. E isto pela simples razão de que a pena não foi convencionada para esta hipótese, o dano nela prefigurado não fora este".[89]

Em algumas situações é típica a distinção entre as duas modalidades de pena. Caio Mário da Silva Pereira[90] assevera que a pena adjeta a uma obrigação negativa é compensatória, pois, consistindo o inadimplemento em uma conduta proibida, o simples fato do devedor adotar a conduta indevida, constituirá infração integral; o mesmo ocorre na obrigação de fazer, quando a infração resulta de descumprimento culposo do devedor, exceto se as partes queriam punir a impontualidade da execução; já as obrigações de dar serão ordinariamente acauteladas por penas moratórias, pois, em regra, ainda caberá a execução específica – mesmo que o devedor não queira cumprir – tendo a pena a função de sancionar o retardamento, exceto se a recusa de cumprir for insuprível judicialmente ou ocorrer perecimento do bem, situações que induzirão à compensação pelo inadimplemento absoluto.

3.2.3 A violação positiva do contrato

Dispõe o art. 409 do Código Civil que "a cláusula penal estipulada conjuntamente com a obrigação, ou em ato posterior, pode referir-se à inexecução completa da obrigação, à de alguma cláusula especial, ou simplesmente à mora".

Comentando o antigo art. 917 do Código Civil de 1916 (preceito semelhante ao atual art. 409), Antunes Varela explica que

> a cláusula penal ou pena convencional pode ser estipulada pelas partes como sanção contra a não realização definitiva ou temporária, quer da prestação principal, quer das prestações secundárias, ou contra a inobservância de qualquer dever acessório de conduta a cargo do obrigado.[91]

---

88. SILVA, Jorge Cesa Ferreira da. *Inadimplemento das obrigações*, p. 256.
89. MONTEIRO, Antônio Pinto. *Cláusula penal e indemnização*, p. 427.
90. PEREIRA, Caio Mário da Silva. *Instituições de direito civil*, v. II, p. 154.
91. VARELA, João de Matos Antunes. *Direito das obrigações*, p. 170.

A norma explicita a intenção das partes de estipularem pena capaz de impedir o cumprimento defeituoso da prestação ou para a violação positiva do contrato. Cuida-se de hipóteses distintas, porém próximas, em que o devedor cumpre a obrigação, mas com déficit qualitativo, ou lesando bens do credor, enfim por não observar o projeto contratual definido pelas partes. Nas palavras de Renan Lotufo, "estamos diante de alusão clara ao conceito de obrigação complexa, ou como processo, já feita desde o início do presente livro, daí a referência aos deveres acessórios, também denominados laterais".[92]

Essas observações denotam que, ao contrário do exposto na orientação clássica, devemos recusar a perspectiva da obrigação que se esgota no dever de prestar e no correlato direito de exigir ou pretender a prestação. Compreendemos a situação jurídica de forma globalizante, acrescida de direitos potestativos, sujeições, ônus jurídicos e expectativas jurídicas. Todos os aludidos elementos se coligam em atenção a uma identidade finalística: a relação obrigacional complexa.

O ponto de partida para a compreensão dos deveres de conduta é a constatação da relação jurídica como totalidade, no qual credor e devedor compartilharão de lealdade e confiança para, recusando a posição clássica de "antagonistas", assumirem uma postura colaboracionista rumo ao adimplemento e ao bem comum, como finalidade que polariza todo o "processo" da obrigação.

O conteúdo da relação obrigacional é dado pela vontade e integrado pela boa-fé. Com isso estamos afirmando que a prestação principal do negócio jurídico (dar, fazer e não fazer) é um dado decorrente da vontade. Mario Júlio de Almeida Costa afirma que na relação obrigacional complexa avultam os

> deveres principais ou primários da prestação. Constituem estes e os respectivos direitos o fulcro ou núcleo dominante, a alma da relação obrigacional, em ordem à consecução de seu fim. Daí que sejam eles que definem o tipo do contrato, sempre que se trate de uma relação dessa natureza.[93]

Todavia, outros deveres se impõem na relação obrigacional, completamente desvinculados da vontade de seus participantes. Trata-se dos deveres de conduta, também conhecidos na doutrina como deveres anexos, deveres instrumentais, deveres laterais, deveres acessórios, deveres de proteção ou deveres de tutela.[94]

Carneiro da Frada adverte que os "deveres laterais que se referem são por natureza rebeldes a qualquer enumeração ou descrição definitivas. O seu conteúdo é diversificado, podendo descobrir-se deveres de informação e conselho, de cooperação, de segredo e não concorrência, de custódia e vigilância, de lealdade etc.".[95]

---

92. LOTUFO, Renan. *Código civil comentado*, v. II, p. 469.
93. COSTA, Mario Júlio de Almeida. *Direito das obrigações*, p. 65.
94. Antunes Varela, ao justificar a terminologia adotada, expõe que "H. Stoll foi o primeiro autor a distinguir nitidamente entre os deveres de prestação e os demais deveres que comporta a relação obrigacional. Dava a estes últimos o nome de deveres de protecção (*schultzpflichte*). A expressão é, porém, inadequada, por abranger apenas um dos múltiplos fins que os deveres de conduta podem ter em vista. Mais adequada é a expressão *weitere verhaltenspflichten*, usada por Larenz. É certo que todo dever de prestação se traduz num dever de conduta; mas nem todos os deveres de conduta são deveres de prestação (principal ou secundária)". (*Das obrigações em geral*, p. 123).
95. FRADA, Manuel Carneiro da. Contrato e deveres de proteção. *Boletim da Faculdade de Direito da Universidade de Coimbra*, p. 40.

De acordo com o professor da Faculdade de Direito de Lisboa, "mais importante, porém, do que a descrição da fisionomia do comportamento que normativizam é o indagar da função que eles desempenham no âmbito da relação obrigacional". Nesse sentido, no mosaico de deveres de conduta existem dois grupos bem apartados: aqueles que objetivam coadjuvar as partes para que se alcance o interesse perseguido pelo credor (finalidade positiva) e outros que objetivam defender as partes de intromissões danosas na sua esfera de vida pessoal e patrimonial, durante todo o ciclo vital da relação obrigacional (finalidade negativa).[96]

Diante do exposto, será legítima a inserção de uma cláusula penal na relação obrigacional capaz de estabelecer uma pena que não se vincule ao incumprimento ou cumprimento moroso da prestação em si, mas ao cumprimento defeituoso da prestação ou a violação positiva do contrato, em razão da atividade do devedor causar danos independentes da prestação principal.

Karl Larenz[97] exemplifica com a hipótese de que alguém arrenda uma padaria e garante ao arrendatário o uso e fruição da coisa durante o contrato – respeitando pois a prestação avençada –, porém, culmina por reduzir os rendimentos do arrendatário ao abrir uma outra padaria na loja vizinha. Esta conduta infringe a boa-fé, pois desvirtua a finalidade do negócio jurídico. Cuida-se de infração a um dever de conduta que, caso previsto em cláusula penal para esta hipótese, poderá ser exigido sem obstáculos. Na ausência da pena convencional, o credor provará a violação positiva ao contrato para fins de obter indenização.

Hipóteses mais graves serão observadas quando a prestação defeituosa acarreta danos ao credor que não existiriam se o adimplemento não fosse ruim. Antônio Pinto Monteiro exemplifica:

> A reparação de um computador foi deficiente e, por via disso, causou grave avaria em todo sistema informático do credor; a entrega de animais doentes contagiou outros, que eram sãos; a construção da casa foi de tal modo defeituosa que logo no primeiro dia de chuva entrou água pelo telhado; a oficina que consertou o automóvel fê-lo em termos deficientes, razão por que o credor sofreu grave acidente.[98]

Se em nenhuma dessas hipóteses houver previsão específica para o cumprimento imperfeito, mas apenas para o ordinário inadimplemento da obrigação principal, restará ao credor o ingresso no Judiciário para obter indenização, com todos os seus percalços ou a tutela específica. Havendo a pena para os danos específicos derivados do mau cumprimento, o credor terá direito à obrigação principal – sem defeitos –, além da pena. Vale dizer, ela não só substituirá a indenização, como será passível de cumulação com a exigência do cumprimento na forma desejada. Judith Martins-Costa ensina que se "foi usada no contrato a expressão 'cláusula penal para o caso de inadimplemento inconveniente', ou 'para o caso de qualquer infração contratual', o suporte fático fica

---

96. FRADA, Manuel Carneiro da. Contrato e deveres de proteção, *Boletim da Faculdade de Direito da Universidade de Coimbra*, p. 41.
97. LARENZ, Karl. *Derecho de obligaciones*, p. 364.
98. MONTEIRO, Antônio Pinto. *Cláusula penal e indemnização*, p. 430.

CAPÍTULO 3 • CARACTERIZAÇÃO DA CLÁUSULA PENAL **61**

completo com qualquer infração, seja da prestação principal, secundária ou de deveres de proteção".[99]

Do exposto infere-se que será constante o recurso à via interpretativa para alcançarmos qual o dano a que a pena se reporta. Nos exemplos figurados, que cuidam de um deficiente cumprimento da prestação principal ou da violação de um dever lateral, o credor não ficará impedido de exigir a pena ao mesmo tempo em que reclama a obrigação. Imprescindível é que a finalidade visada pelos contraentes ao estipularem a pena não tenha identidade de interesse com o cumprimento da própria obrigação principal.[100]

Com efeito, excepcionalmente a pena para o descumprimento de uma cláusula especial pode revestir caráter de essencialidade no contrato, a ponto de seu descumprimento frustrar completamente as legítimas expectativas de confiança do credor. Nesses casos, mesmo que no perfil estrutural da obrigação aquela cláusula não se confunda com a obrigação principal, a cláusula penal será compensatória em razão da destruição da finalidade do negócio jurídico. Há de se perquirir a intencionalidade das partes. Esta situação revela que o art. 411 do Código Civil deve ser interpretado cuidadosamente, para que o descumprimento de uma cláusula determinada não seja sempre associado à cláusula penal moratória.[101]

Comentando a grande reforma do BGB de 2001/2002, Antônio Menezes Cordeiro considera que o cerne da modernização do direito das obrigações reside na construção sistemática do gênero "perturbação da relação obrigacional", abrangendo diversas eventualidades que implicam a falta de cumprimento: "um sentido estrito, que abrange a impossibilidade, a mora e a violação positiva do contrato; um sentido amplo que inclui, além dos três institutos mencionados, a culpa *in contrahendo*, a alteração das circunstâncias e os contratos com efeito protector de terceiros".[102]

Com a recente reforma do Código alemão, o atual § 241-1 foi acrescido da seguinte forma: "A relação obrigacional pode obrigar, conforme o seu conteúdo, qualquer parte com referência aos direitos, aos bens jurídicos e aos interesses da outra". Ora, as diversas hipóteses de perturbação das prestações são reconduzidas a "violação de deveres". Situação

---

99. MARTINS-COSTA, Judith. O adimplemento e o inadimplemento das obrigações. In: FRANCIULLI NETTO; Domingos; MENDES, Gilmar Ferreira; SILVA, Ives Gandra da (Coord.). *O novo código civil*: estudos em homenagem ao professor Miguel Reale. A autora elabora interessante situação na qual "numa prestação de serviços de elaboração de um parecer jurídico, pode ser estabelecida a pena para o caso de o parecer não responder à totalidade dos quesitos formulados (descumprimento parcial da obrigação principal de responder integralmente à consulta); ou para a violação do dever de sigilo, ínsito à relação fiduciária entre o advogado e o consulente; ou para a quebra da obrigação negativa de não publicar o parecer enquanto não expressamente autorizado pelo consulente (cláusula concernente a deveres de proteção, e não à obrigação principal); ou, simplesmente, para o caso de atraso na entrega do parecer, desde que o advogado entregue o parecer que instruir ação judicial antes do proferimento da decisão (pois, se entregue após, será inútil ao credor, já que os argumentos expendidos pelo jurisconsulto não servirão à sua função típica, qual seja, a de convencer o magistrado acerca do direito defendido)" (p. 440).
100. MONTEIRO, Antônio Pinto. *Cláusula penal e indemnização*, p. 432.
101. Jorge Cesa Ferreira da Silva comunga deste entendimento, ao enunciar que "no que pertine à cláusula especial, tal classificação dependerá da análise do negócio jurídico concreto... um exemplo melhor esclarece. Na compra e venda de um automóvel, pode-se fixar cláusula penal relativa à cor dos bancos do veículo (cláusula especial). A cláusula penal pode determinar que o credor, ao receber o bem com bancos de cor distinta, possa cobrar a pena e possa exigir a prestação conforme prevista, ou possa exigir a pena ou a prestação conforme prevista. No primeiro caso a multa será moratória; no segundo compensatória". (*Inadimplemento das obrigações*, pp. 255-256).
102. CORDEIRO, Antônio Manuel da Rocha Menezes. *Da modernização do direito civil*, pp. 101-102.

referenda pela nova redação do § 280, n. 1: "Quando o devedor viole um dever proveniente de uma relação jurídica, pode o credor exigir a indemnização do dano daí resultante. Esta regra não se aplica quando a violação do dever não seja imputável ao devedor".[103]

Em suma, mesmo que a reforma do BGB não tenha alterado diretamente qualquer dispositivo sobre a cláusula penal, certamente as normas referidas autorizam a fixação de uma pena, na qual o devedor prometa uma prestação em caso da prática de qualquer ato que implique perturbação da relação obrigacional. O mesmo se diga em nosso direito positivo, pela aplicação das cláusulas gerais dos arts. 187 e 422 do Código Civil.

3.3 FUNÇÕES

O escopo deste trabalho é a rediscussão do recorte tradicional da cláusula penal e de seu próprio conceito a partir de sua funcionalização. Urge relacionar a pena convencional com a obrigação de indenizar. A cláusula penal é uma indenização, ou nada tem a ver com ela?

Ao passarmos pelos diversos enfoques da cláusula penal ao longo sua evolução no direito comparado e no Brasil, situamos a prevalência inconteste de um modelo de natureza híbrida na qual ela assume um perfil unitário e bifuncional, como um misto de sanção e indenização, capaz de, simultaneamente, antecipar a liquidação dos danos e compelir o devedor a adimplir.[104]

É praticamente consensual a definição da natureza e das modalidades da cláusula penal. O mesmo não se pode afirmar quanto ao seu papel no ordenamento jurídico, o seu "para quê". A oscilação doutrinária e jurisprudencial[105] reside na determinação da finalidade preponderante da cláusula penal. Para uns, predomina a função compensatória de danos, sendo a sancionatória meramente eventual. Para outros, prevalece o inverso, sendo a prefixação de danos secundária diante do intuito de constranger o devedor ao fiel cumprimento da obrigação.

Todavia, o surpreendente é constatar que a diversidade de conclusões em nada abala o plano operativo da cláusula penal. Seja ela qualificada como indenizatória ou compul-

---

103. CORDEIRO, Antônio Manuel da Rocha Menezes. *Da modernização do direito civil,* pp. 103-104.
104. Jorge Cesa Ferreira da Silva pondera que "talvez influenciada pelo movimento histórico de extinção das penas de natureza civil, a doutrina viu e acostumou-se a ver na cláusula penal um instituto unitário, mas de função dúplice ou híbrida: ela seria um misto de pena e de indenização. Por um lado, ela coage psicologicamente, atuando para que o devedor, temeroso dos efeitos da cláusula penal, pague corretamente. Por outro lado, caso houvesse inadimplemento, os danos já estariam pré-liquidados, de modo que o credor não precisaria ocupar-se com a demonstração da existência de prejuízo e do montante deste, o que lhe poupa muito trabalho e, por outro lado, torna seu crédito mais efetivo. Como dito: um instituto com função dúplice ou híbrida" (*Inadimplemento das obrigações,* p. 237).
105. STJ, Informativo 651: 2 de agosto de 2019. "Registre-se, nesse sentido, que a natureza da cláusula penal moratória é eminentemente reparatória, ostentando, reflexamente, função dissuasória. A reparação civil como também a punição, ostentam função dissuasória. A dissuasória, no âmbito da responsabilidade civil (contratual ou extracontratual), diferencia-se da meramente punitiva por buscar dissuadir condutas futuras mediante reparação/compensação dos danos individuais. Tanto é assim que o art. 412 do CC/2002, em linha com as mais modernas legislações que se extraem do direito comparado e com a natureza meramente reparatória da cláusula penal moratória, estabelece, prevenindo o enriquecimento sem causa do lesionado, que o valor da cominação imposta na cláusula penal não pode exceder o da obrigação principal" (REsp 1.498.484-DF, Rel. Min. Luis Felipe Salomão, Segunda Seção, por maioria, DJe 25/06/2019).

sória, no momento em que se verifica o inadimplemento a sua eficácia será invariável, pois as consequências de sua irrupção serão aquelas abstratamente definidas pela pauta unificada do Código Civil.

Surpreendentemente, o intuito dos contratantes na elaboração da cláusula penal não é considerado pelo direito, pois o seu perfil invariavelmente é unitário e bifuncional, sem qualquer hierarquia, *a priori*, entre as duas funções. Esse sistema é empobrecedor, pois se fecha às várias possibilidades que a autonomia negocial possa conceber ao fixar a cláusula penal. Entretanto o mecanismo asséptico da pena não foi questionado por muito tempo, provavelmente pela predominância de uma concepção formal de justiça, avessa a ponderações e técnicas de resolução de conflitos baseadas na aferição das circunstâncias concretas dos litígios.[106]

Talvez o equívoco corrente da doutrina brasileira tenha sido o de valorizar excessivamente a discussão em torno das modalidades de cláusulas penais, relegando suas funções a um plano secundário. Com a palavra, Javier Davila Gonzalez:

> *en nuestra opinión es preciso deslindar claramente los conceptos de 'modalidades' y 'funciones'. Por modalidades entendemos los diversos tipos de cláusula penal que se dan en el tráfico, y por funciones, los fines o cometidos que la cláusula cumple, esto es, para qué sirve, o la incidencia que pueda tener en la práctica.*[107]

De fato, Darcy Bessone já advertia que a distinção entre a natureza moratória e a compensatória da cláusula "não apresenta significação decisiva no tocante ao tema, uma vez que, enquanto apenas moratória, ela pode exercer ainda função compensatória, não coercitiva, no sentido de que pode destinar-se a compor os prejuízos decorrentes da impontualidade".[108]

Posta a questão nesses termos, felizmente identificamos uma tendência de se redefinir o significado da cláusula penal, conciliando a finalidade prosseguida pelas partes com as diretrizes da eticidade e concretude. Nesses novos rumos, não haverá um modelo monolítico de cláusula penal, pois a identificação da sua função será aferida de acordo com o título, a qualidade e outros fatores que determinaram a estipulação da soma.

Valorada a função que as partes desejaram conferir à cláusula penal e submetida a um juízo de merecimento, poderemos delinear suas consequências jurídicas, conforme seja ela uma cláusula penal em sentido estrito ou uma cláusula de perdas e danos.

Para que possamos construir estruturas e apartar modelos jurídicos, primeiramente teremos de situar cada uma das possíveis funções da cláusula penal. Só assim teremos condições de avaliar os problemas que ela tenciona resolver. Na lição de Fábio de Mat-

---

106. Lenio Luiz Streck, em tom crítico, adverte que, "se o modelo exsurgente da revolução burguesa tinha a lei (vontade geral) como categoria (premissa) para a tomada de decisões do juiz, que, politicamente, estava impedido de imiscuir-se na interpretação da vontade do povo, ficando restrito à análise dos fatos, tem-se agora, na teoria do discurso, em pleno Estado Democrático de Direito, a substituição da 'categoria-lei' para a 'categoria-discurso-de--fundamentação-prévia'. Ou seja, na teoria do discurso, ao que tudo indica, resta ao juiz a 'autonomia' da tomada de decisões nas 'zonas cinzentas que surgem entre a legislação e a aplicação do direito', devendo, entretanto, sempre serem complementados pelos discursos de fundamentação" (*Verdade e consenso*: constituição, hermenêutica e teorias discursivas, p. 253).

107. GONZALEZ, Javier Davila. *La obligacion com clausula penal*, p. 53.

108. BESSONE, Darcy. *Do contrato*: teoria geral, p. 188.

tia, "só o fato de ter desempenhado no decorrer de sua evolução várias funções justifica a permanência de um critério, digamos assim, puramente histórico? Absolutamente não. O elemento histórico tem importância, porém, isolado da realidade constituiria arqueologia jurídica".[109]

3.3.1 Função compensatória

A prática de um ato ilícito que repercuta em um dano, de natureza patrimonial ou extrapatrimonial, gera a obrigação de indenizar quando constatado o nexo causal entre a conduta do agente e a lesão ao interesse do ofendido. Aquele que estiver obrigado a reparar o dano deverá reconstituir a situação que existiria se não se verificasse o evento danoso.

Como bem assinala Aguiar Dias, a reparação do dano

é uma forma de restabelecer esse equilíbrio em cuja conservação se interessa essencialmente uma civilização avançada 'que receia a decadência'. É também o modo de satisfazer, para cada membro da sociedade, sua aspiração de segurança, comprometida e ameaçada pela vida moderna.[110]

A obrigação de indenizar tem como fonte não apenas um ilícito extracontratual (art. 186/187, c/c 927, do CC), como também um ilícito contratual, decorrente da violação de uma prévia relação obrigacional (arts. 389 e segs. do CC). No primeiro caso, os bens tutelados são os direitos da personalidade e o direito de propriedade, relações jurídicas absolutas, nas quais não há um sujeito passivo identificado, prevalecendo um dever geral de abstenção; já no ilícito relativo, alguém viola uma relação jurídica relativa e preexistente. Sendo ela de caráter negocial, o ilícito relativo é qualificado como inadimplemento.

Com a constatação do dano, o ato ilícito gera eficácia indenizatória. A obrigação de indenizar exerce a função de restituir o lesado a uma situação de equivalência ao momento anterior ao dano. O ordenamento jurídico faculta duas formas reparatórias: a reconstituição natural ou a indenização pelo equivalente em dinheiro.

O art. 947 do Código Civil elege a reparação *in natura* como opção preferencial, consistindo a indenização em dinheiro uma forma subsidiária de satisfação do lesado. Em comum, ambas atuam sobre as consequências prejudiciais ao credor, resultantes do ilícito cometido pelo devedor ao não cumprir a obrigação. A primeira é prioritária, por afastar e remover integralmente o dano real ou concreto, reconstituindo o estado de coisas anterior à lesão e concedendo à vítima aquilo da qual foi privada. É o modelo ideal de ressarcimento.

No escólio de João Calvão da Silva,

o ressarcimento do dano *in natura*, porque se funda na lógica do próprio crédito, constitui a sanção perfeita e ideal do dano (proveniente do não cumprimento), dada a sua superioridade sobre a reparação (por equivalente) monetária, referida ao dano abstracto e, por isso, subsidiária. O cumprimento constitui a garantia (sanção) ideal do direito, porque realiza o próprio direito, actuando a prestação originária a que o credor tem direito.[111]

---

109. MATTIA, Fábio de. *Cláusula penal pura e cláusula penal não pura*, p. 54.
110. DIAS, Aguiar. *Da responsabilidade civil*, p. 24.
111. SILVA, João Calvão da. *Cumprimento e sanção pecuniária compulsória*, p. 154.

Não obstante ser a reintegração natural – *restitutio in integro* – o caminho desejado pelo sistema jurídico, em diversas situações essa via será impenetrável, pelas dificuldades naturais e práticas de recondução do lesado ao exato ponto em que se colocava antes do ilícito. Nesses casos, prevalecerá a indenização em dinheiro, até mesmo por sua natural aptidão em substituir qualquer violação de obrigação.

O cálculo da indenização terá em consideração o prejuízo que o credor sofreu. Agostinho Alvim[112] explica que a teoria chamada "do interesse" ou "da diferença" é a que se harmoniza com o nosso Código, que manda levar em consideração aquilo que o credor perdeu ou deixou de ganhar. A teoria acolhe a ideia do dano subjetivo em relação ao desfalque do patrimônio de quem o sofreu. A verificação do dano resultará de uma investigação da situação real do patrimônio depois de se ter verificado o evento danoso, com o estado imaginário que apresentaria se este se não houvesse produzido. A diferença negativa encontrada revela a existência do dano e exprime a sua extensão (art. 402, CC).

Todavia, a aplicação da teoria da diferença pressupõe a inexistência de qualquer acordo entre as partes sobre o montante da indenização, sendo necessária a intervenção do Poder Judiciário para o arbitramento da indenização.

Daí a importância de as partes estipularem a cláusula penal em momento anterior à verificação do dano negocial. Trata-se de meio prático de prevenir dificuldades de toda ordem.

A vantagem evidente da cláusula penal é dispensar o credor de realizar a prova do dano, seja em sua própria existência como em sua extensão. Evita o recurso ao litígio, com sua natural morosidade e resultados incertos. Todos sabemos da complexidade da definição de lucros cessantes e daquilo que pode ser ou não considerado como dano, desdobramento da conduta lesiva do devedor. Caio Mário da Silva Pereira observa que o nexo causal "é o mais delicado dos elementos da responsabilidade civil e o mais difícil de ser determinado".[113]

Agostinho Alvim reconhece haver situações difíceis e provas quase impossíveis de serem produzidas com precisão, dada a natureza dos fatos e, porventura, a malícia dos interessados. Quando houver o dano "cuja prova seja dificílima, ou mesmo impossível. Para estes casos há o preventivo da cláusula penal".[114]

Acresça-se, ainda, eventual discussão sobre o dano extrapatrimonial. A possibilidade de o magistrado fixar dano moral em relações creditícias sempre foi controversa na doutrina e jurisprudência.[115]

Na verdade, negar a configuração de danos extrapatrimoniais no ambiente contratual é um sério desvio de perspectiva, aliás, muito bem assinalado por Paulo Nalim, ao

---

112. ALVIM, Agostinho. *Da inexecução das obrigações suas consequências*, p. 214.
113. PEREIRA, Caio Mário da Silva. *Responsabilidade civil*, p. 76.
114. ALVIM, Agostinho. *Da inexecução das obrigações e suas consequências*, p. 192,
115. "O inadimplemento do contrato, por si só, pode acarretar danos materiais e indenização por perdas e danos, mas, em regra, não dá margem ao dano moral, que pressupõe ofensa anormal à personalidade. Embora a inobservância das cláusulas contratuais por uma das partes possa trazer desconforto ao outro contratante – e normalmente o traz – trata-se, em princípio, do desconforto a que todos podem estar sujeitos, pela própria vida em sociedade" (STJ, REsp 338162-MG, *DJU* 18/2/2002, 4. T. Min. Sálvio de Figueiredo Teixeira).

observar que "a possibilidade de reparação de dano extrapatrimonial pelo não cumprimento do contrato, está ofuscada pela óbvia reparabilidade do dano patrimonial nesta idêntica situação. O fenômeno se dá em face do conteúdo patrimonialista absoluto dos contratos".[116]

A nosso viso, nada impede que surja um dano moral negocial como decorrência do inadimplemento, desde que se constate grave violação de bens da personalidade (vida, integridade física, honra, reputação etc.) Concordamos com Rámon Daniel Pizarro[117] quando observa a fundamental distinção entre a patrimonialidade da prestação e a extrapatrimonialidade do interesse do credor. Evidente que a dignidade da pessoa humana pode ser vulnerada no cenário contratual, merecendo a tutela do ordenamento jurídico.

Explica Fernando Noronha que,

considerando os reflexos patrimoniais ou extrapatrimoniais das ofensas que atinjam pessoas ou coisas, o que podemos dizer é que os prejuízos infligidos a coisas normalmente terão como reflexo, danos de natureza patrimonial, ao passo que os prejuízos à pessoa andam normalmente associados a danos extrapatrimoniais. Mas os danos a coisas podem ter repercussões extrapatrimoniais, enquanto os danos pessoais com frequência terão também reflexos patrimoniais.[118]

A reparabilidade dos danos morais em matéria negocial é absolutamente viável. O dano moral não perde tal natureza apenas porque proveniente desta ou daquela fonte.[119] Se alguém for lesado em seus direitos da personalidade, pouco importa que a origem do dano seja contratual ou não contratual. Forte nos irmãos Mazeaud, Wilson Melo da Silva indaga "Por que determinar-se a reparação quando se trata dos sofrimentos a nós impostos por culpa de terceiros e não por culpa de nosso próprio médico, por exemplo do nosso transportador?"[120]

Lembra André Gustavo Corrêa de Andrade que o dano moral é ainda perfeitamente identificável em casos de mora ou atraso no cumprimento obrigacional, relacionando-se a "aborrecimentos e constrangimentos sofridos pelo contratante em consequência do retardamento do cumprimento da obrigação convencional".[121]

Superada a premissa e admitindo-se a violação da dignidade humana em sede contratual, pergunta-se: é possível a estipulação de uma cláusula penal de prefixação de prejuízos que englobe a eventual reparação do dano moral derivado do ilícito?

A resposta é positiva e merece breve explanação.

---

116. NALIM, Paulo. *Responsabilidade civil*, p. 118.
117. PIZARRO, Rámon Daniel. *Dano moral*, p. 143.
118. NORONHA, Fernando. *Direito das obrigações*, v. 1, p. 571.
119. Yussef Said Cahali ilustra com o seguinte exemplo: "o fotógrafo que deixa de comparecer à cerimônia para a qual fora contratado deve indenizar perdas e danos não patrimoniais decorrentes do seu incumprimento" (*Dano moral*, p. 530).
120. SILVA, Wilson Melo da. *O dano moral e sua reparação*, p. 637.
121. ANDRADE, André. Dano moral em caso de descumprimento de obrigação contratual. *Revista de Direito do Consumidor*, nº 53, p. 61. O autor traz interessante julgado de dano moral decorrente da mora: "A não entrega de apartamento no prazo convencionado, quando em meio aos sonhos e ilusões, às noites maldormidas, vivem os adquirentes, num misto de angústias e de revolta, as expectativas da entrega do bem que um dia sonharam ocupar" (TJRJ ApCiv. 2002.001.17310, 13. CC, Rel. Des. Ademir Pimentel).

Um aspecto evidente concerne à impossibilidade de acordos ou convenções que transacionem direitos da personalidade. Cuida-se de regra geral do art. 11 do Código Civil, que só poderá ser superada em hipóteses excepcionais. Porém, não é raro que em obrigações contratuais existam interesses outros que não patrimoniais que devam ser salvaguardados. Daí o apelo à cláusula penal.

Wilson Melo da Silva bem distingue "que imorais sejam, e impossíveis, os acordos a respeito dos bens imateriais *extra commercium*, não se pode pôr em dúvida".[122] Isso é certo e muito certo. Uma coisa, porém, seria o objeto mesmo dos ajustes e outra as consequências danosas, oriundas do descumprimento desses mesmos ajustes.

Segundo o autor, em tais casos os danos morais não seriam objeto de reparação autônoma se houvesse a previsão em sede de cláusula penal,

> e isto porque, consoante o ensinamento dos doutos, a cláusula penal, nos contratos, assume comumente um caráter de prefixação, pelos contratantes, de todas as perdas e danos pelo descumprimento do ajuste. E quem assim age, aceita, de antemão, todas as consequências daí decorrentes. No *quantum* reparador da cláusula penal estão compendiados, à *forfait* e a *priori*, todos os prejuízos a serem experimentados pelo lesado, inclusive os de natureza não patrimonial.[123]

De fato, a antecipação de um montante para a reparação por danos extrapatrimoniais evita qualquer discussão sobre a árdua questão da extensão do dano moral e sua consequente quantificação. O caráter aleatório da pena pode até mesmo propiciar ao credor um montante inferior aos danos morais que seriam fixados em juízo a título de compensação, mas, eventualmente, podem até mesmo lhe propiciar algo superior à reparação pelas vias ordinárias, sem que o devedor possa alegar a tese do enriquecimento sem causa.

Não obstante, uma dúvida permanece no ar: não havendo no contrato qualquer menção a reparação por danos morais pelo incumprimento, mas apenas estipulação de indenização de danos patrimoniais decorrentes do inadimplemento, poderia o credor ofendido em sua personalidade renunciar à cláusula penal e optar pela ampla reparação, ou então cumular a cláusula penal com a reparação pelo dano moral?

Para a doutrina clássica, a existência de cláusula indenizatória na relação contratual implicaria a impossibilidade de reparação por danos extrapatrimoniais. Múcio Continentino é enfático:

> Sem que a vontade das partes acorde no tocante ao *quantum* da indenização, o credor não terá ação contra o devedor, pela impossibilidade de determinar-se a prestação pecuniária relativa ao interesse moral do credor. Nas obrigações, cujo conteúdo consiste em interesses não econômicos, é a única salvaguarda dos direitos do credor.[124]

Na ordem civil-constitucional, pautada pelo prestígio incondicional da defesa das situações existenciais, porém, há de se conceder um giro hermenêutico ao tratamento do tema. Segundo Paulo Nalim,

---

122. SILVA, Wilson Melo da. *O dano moral e sua reparação*, p. 638.
123. SILVA, Wilson Melo da. *O dano moral e sua reparação*, p. 640.
124. CONTINENTINO, Múcio. *Da cláusula penal no direito brasileiro*, p. 36.

poderá muito bem o prejudicado abrir mão da cláusula penal, na medida de seu constrangimento, e, em procedimento ordinário, constituir título contendo a parcela do dano não patrimonial, além do patrimonial, conforme permissivo do art. 918 (atual art. 410 do CC/2002).[125]

Acreditamos que a resposta do ordenamento jurídico deva ser outra. Sendo a prefixação da liquidação de danos o motivo que impeliu o devedor ao ajuste da pena, ele não poderá substituir o montante ajustado pela indenização na via ordinária, pois a faculdade de escolha que lhe atribui o art. 410 do Código Civil coaduna apenas com a opção pelo cumprimento específico da obrigação em vez da percepção da cláusula penal. Não há outra indenização a não ser aquela que foi estimada consensualmente pelas partes para fazer as vezes do ressarcimento.

Assim, afigura-se-nos plenamente possível a cumulação da cláusula penal – restrita aos danos patrimoniais – com o recurso a ação de reparação pelos danos extrapatrimoniais que não foram ajustados em convenção. Qualquer outra interpretação implicaria a restrição a direitos fundamentais e a afirmação do princípio da dignidade humana nas relações privadas pela via da responsabilidade civil. Nesse passo, Gustavo Tepedino[126] observa na noção de dignidade uma verdadeira "cláusula geral", capaz de condicionar e conformar todo o tecido normativo – da qual não se podem excluir as relações jurídicas privadas –, definindo nova ordem pública com funcionalização da atividade econômica aos valores existenciais e sociais definidos na Constituição.

Prosseguindo, o caráter de pré-liquidação de danos da cláusula penal também é vantajoso nas hipóteses em que a prestação negligenciada pelo devedor não possua patrimonialidade. Quando se insiste na patrimonialidade como requisito de validade da obrigação, os autores fundam o raciocínio na hipótese de o devedor não cumprir espontaneamente. Assim, partem da premissa de que o patrimônio do devedor apenas será atingido se a prestação tiver valor pecuniário, mediante a sua conversão em dinheiro.

A doutrina qualificada admite a validade da prestação não patrimonial. Afirma Antunes Varela ser suficiente que: "a) a prestação corresponda a um interesse real do credor; b) que o interesse do credor seja digno da protecção legal".[127] A função disciplinar da vida social atribuída ao direito não se confina aos valores de pura expressão econômica. Assim como o comércio jurídico atribui certo valor econômico a prestações que satisfazem puros interesses ideais, também as partes podem fixar pela via da cláusula penal o valor da compensação patrimonial que o devedor entregará ao credor no caso de descumprir a prestação despida de patrimonialidade.

Enfim, tanto na hipótese de danos extrapatrimoniais como de prestação sem patrimonialidade, a cláusula penal supera os obstáculos de uma árdua e custosa operação de avaliação de quantitativo de danos.

No mais, são conhecidos os custos econômicos do processo. O tempo é um bem precioso e escasso, possuindo um valor que extrapola sua dimensão econômica. Os custos

---

125. NALIM, Paulo. *Responsabilidade civil*, p. 122.
126. TEPEDINO, Gustavo. Direitos humanos e relações jurídicas privadas. *Temas de direito civil*, p. 67.
127. VARELA, João de Matos Antunes. *Das obrigações em geral*, p. 107.

do litígio – custas e honorários – são acrescidos aos da indenização e, paradoxalmente, estimulam o devedor ao inadimplemento, na esperança de obter boas condições de acordo diante do cálculo do credor sobre as suas perdas financeiras decorrentes de uma arrastada demanda, de resultado imprevisível.[128]

É uma tarefa hercúlea conciliar os princípios da segurança jurídica e da justiça. Há um amplo consenso de que a ordem jurídica seja uma função desses dois valores principais: de um lado, a previsibilidade das relações sociais; de outro, as legítimas expectativas de justiça.[129] Na sua exata ponderação se assenta o Estado Democrático de Direito. Talvez a cláusula penal consiga razoavelmente essa aproximação, pois serve tanto ao interesse do credor e do devedor o prévio conhecimento do valor do eventual descumprimento. Com espeque em Antônio Pinto Monteiro, temos que

> subtraem-se ambas as partes às incertezas, custos e delongas de uma discussão judicial sobre o montante do dano, e previnem-se contra valores inesperados, ao mesmo tempo em que, por seu intermédio, o credor ladeia as dificuldades inerentes ao exercício da prova. Nisto consiste, numa palavra, a chamada função indenizatória da cláusula penal, cuja verificação, em concreto, dependerá de as partes a haverem estipulado a tal título, ou seja, a fim de liquidarem antecipadamente o montante do dano.[130]

3.3.2 Função coercitiva

O desenvolvimento da teoria das obrigações se direcionou a uma solução de compromisso entre dois princípios fundamentais: assegurar o cumprimento das prestações livremente assumidas, com o respeito intangível à dignidade, e à liberdade da pessoa, centro de referência do ordenamento. De um lado o respeito à força obrigatória do contrato; de outro, acautelar os direitos fundamentais do ser humano.

O grande interessado no cumprimento da obrigação é o credor, que busca a satisfação da finalidade econômica a que visa o negócio jurídico. Mas o ser humano não pode ser instrumentalizado pelo seu semelhante. Destarte, o ordenamento jurídico não concede ao credor a "justiça privada" – salvo hipóteses excepcionais previstas em lei – diante da repressão à anarquia e à defesa do Estado de Direito, único agente capaz de triunfar diante da inércia e relutância do devedor ao cumprimento do avençado.

Antes de versarmos sobre sua preciosa função coercitiva, temos de destacar que a pena convencional apenas atinge eficácia no momento patológico da consumação do dano. Não havendo o inadimplemento, inexiste o dano e nem se cogite de indenização ou do substitutivo da cláusula penal.

Ocorre que, por uma perspectiva desviada da noção de efetividade do direito, acostumamos a embaralhar as noções de ato ilícito e dano acreditando que a tutela reparatória seria a única forma de combater a falta do devedor, fosse ela contratual ou extracontratual.

---

128. A cláusula penal não impede o acesso do devedor ao Judiciário, seja para discutir a causa do inadimplemento, quando não for imputável a sua conduta negligente ou nos casos em que postulará a redução da pena por considerá-la manifesta excessiva (art. 413, CC).
129. LARENZ, Karl. *Derecho justo*, pp. 42 *et seq.*
130. MONTEIRO, Antônio Pinto. *Cláusula penal e indemnização*, p. 35.

O Código Napoleônico sacralizou a incoercibilidade do comportamento humano, sendo que o célebre art. 1.142 enuncia que *toute obligation de faire ou de ne pas faire se résout en dommages et intérêts, en cas d'inexécution de la part su débiteur.*[131]

Essa perspectiva repressiva – de intervenção do Judiciário após a consumação da lesão – era adequada à ideologia liberal, que objetivava afastar o Estado das relações privadas, preservando os particulares em sua privacidade e liberdade negocial. A excepcional aparição do Estado se localizaria no momento do inadimplemento, como forma de se permitir ao credor o acesso ao patrimônio do devedor. Sintomáticas no particular as normas dos arts. 247 e 389 do Código Civil de 2002.

Todavia, como argumenta Felipe Peixoto Braga Netto,

atualmente, inverte-se, progressivamente, o prisma da análise. O ilícito passa a contar com uma nova dimensão, que é a dimensão prospectiva, com fecundas possibilidades normativas, porquanto se descortina um leque instrumental desconhecido para os padrões clássicos, que só atuavam após a verificação por assim dizer física do ato violador.[132]

O princípio da efetividade do direito não pode ser frustrado por uma regulamentação de direito material anacrônica. A partir do momento em que se constata que o dano é apenas um efeito possível de um ato ilícito e que a responsabilidade civil não lhe é algo indissociável, podemos pensar em técnicas capazes de inibir a prática do ilícito evitando, assim, a consumação do dano e, por conseguinte, abolindo a necessidade de remeter a questão à esfera da responsabilidade civil ou da cláusula penal.

Sendo o ato ilícito uma conduta antijurídica e contrária ao ordenamento jurídico, podemos cogitar de uma tutela antecedente ao dano, de caráter nitidamente preventivo. Luiz Guilherme Marinoni aduz que "se o dano não é elemento constitutivo do ilícito, podendo este último existir independentemente do primeiro, não há razão para não se admitir uma tutela que leve em consideração apenas o ilícito, deixando de lado o dano".[133]

Em matéria contratual, a tutela inibitória é atuada na execução específica das obrigações mediante mecanismos que se incorporaram ao nosso ordenamento processual em três grandes reformas iniciadas em 1994.[134] O credor buscará o mesmo resultado prático, a mesma utilidade que o cumprimento voluntário lhe teria proporcionado.

Em sede de obrigações de dar coisa certa ou incerta, fazer ou não fazer, pelo mecanismo coercitivo das *astreintes*,[135] o credor constrangerá o devedor a lhe entregar o próprio objeto da prestação, o bem da vida ou o comportamento originariamente esperado. Com efeito, se a relação de direito material é criada para atender a uma finalidade econômica esperada pelo credor, um provimento jurisdicional que lhe conceda uma quantia a título de ressarcimento será considerado como "meia-justiça", pois a jurisdição tem o dever

---

131. Tradução nossa: "Toda obrigação de fazer ou de não fazer se resolve em perdas e danos, em caso de inexecução da parte devida".
132. BRAGA NETTO, Felipe Peixoto. *Teoria dos ilícitos civis*, p. 17.
133. MARINONI, Luiz Guilherme. *Tutela inibitória*, p. 37.
134. As três grandes ondas reformistas em matéria de tutela específica são: a) Lei n° 8.952/94 – art. 461, CPC – obrigações de fazer e não fazer; b) Lei n°10.444/02 – art. 461-A CPC – obrigações de dar coisa certa e incerta; c) Lei n° 11.232/05 – art. 475-I CPC – obrigação de dar quantia certa.
135. Posteriormente situaremos as distinções entre a cláusula penal e as *astreintes*.

de conceder ao particular o resultado mais próximo possível daquele que o devedor espontaneamente haveria de cumprir.

Mas concordamos com Antônio Pinto Monteiro quando conclui que

a execução específica não constitui uma panaceia capaz de resolver todos os problemas. O cumprimento coativo só é possível em face de situações de simples mora; não já, porém, em caso de incumprimento definitivo, ou por impossibilidade superveniente da prestação, ou pelo desaparecimento do interesse do credor no cumprimento retardado.[136]

Outrossim, nas obrigações infungíveis, a execução específica será afastada por ser insubstituível e não sub-rogável a pessoa do devedor, dada a natureza *intuitu personae* da obrigação. Não se pode inibir o dever a agir de forma a penetrar no núcleo de seus direitos fundamentais, coarctando a sua liberdade e dignidade. É incensurável, no particular, o provérbio inglês *one can bring a horse to the water, but nobody can make him drink.*

Em todas as situações em que o credor encontra dificuldades em obter a tutela específica e não quer se contentar com o equivalente pecuniário, haverá um espaço reservado às partes para prevenir o inadimplemento das obrigações e salvaguardar seus interesses legítimos, sem que a autoridade tenha de intervir. Trata-se de meios indiretos de constrangimento sobre a vontade do devedor que lhe façam sentir ser mais vantajoso cumprir a prestação e respeitar os seus compromissos, diante das pesadas consequências do inadimplemento.

João Calvão da Silva a eles se refere como "meios de pressão privada",[137] que encontram a sua legitimidade no objetivo direto de incitar e determinar o devedor a cumprir a palavra empenhada e suas obrigações. Dentre tais mecanismos, o autor elenca, além da cláusula penal, o sinal, a cláusula de resolução expressa, o direito de retenção e a *exceptio non adimpleti contractus.*

O caráter privado do meio de pressão significa que o credor se arma, pois intervém sem auxílio do juiz no momento em que realiza a ameaça, a compulsão, diferentemente do que sucederá se a coerção se revelar ineficaz, momento em que o magistrado exercitará um controle *a posteriori,* podendo corrigir eventuais excessos e abusos.

A característica da coerção privada é o constrangimento indireto, a ameaça, a intimidação do devedor, destinada a infundir-lhe receio e medo. Se a advertência não for eficaz, se não prevenir o descumprimento, surgirá o elemento sanção como característica do meio de pressão: o devedor rebelde que não se deixou intimidar, sofre consequências sancionadoras de seu comportamento ilícito.[138]

Calvão da Silva,[139] inspirado em Demogue e Gerbay, distingue a coerção ofensiva e a coerção defensiva. A cláusula penal – assim como o sinal e a cláusula resolutiva expressa – é modalidade de coerção ofensiva na qual o credor atua ativamente para prevenir o descumprimento, efetivando a sanção prevista na hipótese de ineficácia do meio de

---

136. MONTEIRO, Antônio Pinto. *Cláusula penal e indemnização,* p. 38.
137. SILVA, João Calvão da. *Cumprimento e sanção pecuniária compulsória,* p. 231.
138. SILVA, João Calvão da. *Cumprimento e sanção pecuniária compulsória,* p. 240.
139. SILVA, João Calvão da. *Cumprimento e sanção pecuniária compulsória,* p. 244.

pressão. Já a *exceptio non adimpleti* e o direito de retenção estariam na esfera da coerção privada defensiva, na qual o credor atua passivamente, reagindo com a recusa de cumprir em caso de descumprimento do devedor.

Assegurar o cumprimento é a prioridade dos meios de tutela, pois é o adimplemento que propiciará a satisfação do interesse do credor, não sendo nada mais do que a própria finalidade da relação obrigacional em sua concepção como processo.[140]

Há também uma forte motivação para a compreensão da função coercitiva da cláusula penal: a necessidade de tutela da confiança gerada pelo contrato, que a pena visa assegurar.

Segundo Karl Larenz[141] a confiança é o princípio imanente de todo o direito e merece proteção como fonte autônoma de responsabilidade. Cláudia Lima Marques encontra inspiração em Niklas Luhman para afirmar que "em uma sociedade hipercomplexa como a nossa, quando os mecanismos de interação pessoal ou institucional, para assegurar a confiança básica na atuação, não são mais suficientes, pode aparecer uma generalizada 'crise de confiança' na efetividade do próprio direito. Em outras palavras, o Direito encontra legitimidade justamente no proteger das expectativas legítimas e da confiança dos indivíduos".[142]

Confiar é acreditar (*credere*) e agir de acordo com a boa-fé (*fides*). Esse paradigma de comportamento ético reforça o mecanismo contratual e exige que as partes tenham o máximo respeito pelo cumprimento da palavra dada.

Portanto, ao situarmos o escopo das obrigações em seu cumprimento, verificamos que a cláusula penal é um dos mecanismos de realização plena desse processo. Sua função de constranger, pressionar e inibir o devedor recalcitrante e inerte a satisfazer a prestação, demonstra a opção do ordenamento pelo adimplemento como princípio e o declínio da reparação do dano, sobejando em caráter residual e subsidiário para o momento patológico do inadimplemento.

---

140. A questão será debatida adiante com decisiva influência da obra de Clóvis do Couto e Silva.
141. LARENZ, Karl. *Metodologia da ciência do direito*, p. 424.
142. MARQUES, Claudia Lima. *Confiança no comércio eletrônico e a proteção do consumidor*, p. 31.

Capítulo 4
A Superação do Modelo Unitário
da Cláusula Penal

4.1 O MODELO UNITÁRIO

No estudo levado a efeito no item 4 do Capítulo I, constatamos que a doutrina brasileira pré e pós-Código Civil de 2002, salvo raras exceções, mantém aceso debate sobre a finalidade da cláusula penal. Ora acentuando sua função indenizatória, ora a finalidade coercitiva. No primeiro caso, acaba por confundir a cláusula penal com uma pré-estimativa convencional de indenização. No segundo, o montante ajustado é tido como uma prestação que impõe uma pena ao devedor, uma sanção de caráter compulsório, revelando-se secundária a função de estimativa de danos. Para um terceiro grupo de autores, aos quais poderíamos chamar de sincréticos, a pena convencional seria, simultaneamente, pena e coerção, uma espécie de indenização sancionatória. Ainda há aqueles que relevam a função indenizatória, atribuindo à coerção uma posição secundária e eventual.[1]

Em Portugal, França, Espanha e Itália, há certa concordância sobre a bifuncionalidade da cláusula penal: figura unitária, com perfil de indenização sancionatória; um misto de pré-liquidação de danos e coerção ao cumprimento da prestação.[2]

A cláusula penal, seja ela uma penalidade, uma pré-avaliação de danos ou uma convenção de limitação de responsabilidade, apresentará uma feição de quantia indenizatória, estabelecida previamente por convenção e de modo invariável,[3] atuando contra ou a favor do devedor, dependendo de sua eventual superioridade ou inferioridade ao dano concreto.

Nessa linha, argumenta João Calvão da Silva que

a vontade das partes desempenha um papel determinante na função cominatória da cláusula penal que é tanto maior quanto mais o seu montante ultrapassar o das perdas e danos calculados pelas regras gerais. Se bem que a fixação do *forfait* revista um caráter aleatório – podendo essa álea aproveitar ao devedor, se o montante da cláusula penal for menor que o prejuízo sofrido pelo credor, ou a este, se aquele montante for maior".[4]

---

1. Como representantes do primeiro grupo: Tito Fulgêncio e Pontes de Miranda; do segundo grupo: Caio Mário da Silva Pereira, Fábio Ulhoa e Arnaldo Rizzardo; do terceiro grupo: Clóvis Beviláqua e Maria Helena Diniz e Carlos Roberto Gonçalves; no quarto grupo: Orlando Gomes e Sílvio Rodrigues, Gagliano & Pamplona (cf. Cap. I, item 4).
2. "Penalty clauses are known and enforced in all civil law jurisdictions. The individual rules within the national jurisdictions allow the adoption of penalty clauses for both purposes, i.e. the purpose of putting pressure in the debtor to perform his obligation or deterring him from non-performance as well as the purpose of making it easier for the creditor to recover his damages suffered" BASEDOW, Jurgen; HOPT, Klaus; ZIMMERMANN, Reinhard. *The Max Planck Encyclopedia of European Private law*, v. II, p. 1260.
3. Com exceção das hipóteses em que se mostrar desproporcional ao dano produzido (art. 413, CC).
4. SILVA, João Calvão da. *Cumprimento e sanção pecuniária compulsória*, p. 269.

Para os que comungam de tal raciocínio, isso significa que a cláusula penal será invariavelmente reconhecida como indenização. Dito de outro modo, na eventualidade de o valor estabelecido pelas partes ter excedido ao dano efetivo do credor, além de pre-fixação de ressarcimento, a pena atenderia a uma função coercitiva, sancionatória. Isso implica afirmar que o caráter compulsório da pena convencional seria de cariz aleatório, dependendo da constatação *a posteriori* ao inadimplemento, se o montante convencio-nado superou a extensão do dano sofrido.

Assim, A e B estipulam uma obrigação cuja cláusula penal é de R$1.000,00. Caso o dano sofrido pelo credor em razão do ato ilícito esteja na ordem de R$500,00, o fato de a pena ter excedido o dano efetivo em R$500,00 implicará uma sanção – uma inde-nização sancionatória. Mas, se o dano real alcançou a soma de R$1.000,00, será apenas indenização. É despiciendo o intuito das partes ao contratar.

Em crítica ao referido discurso, praticamente um "mantra jurídico", Antônio Pinto Monteiro assevera que sob este ângulo, a cláusula penal não teria qualquer autonomia em relação à obrigação de indenizar, pois ainda que a pena fosse devida na ausência de qualquer dano, isto consistiria em "uma simples particularidade da figura, explicável porque a pena constitui uma indemnização antecipadamente convencionada".[5]

De fato, adotando-se a concepção abstrata da cláusula penal, torna-se irrelevante perquirir a feição que as partes aspiraram lhe imprimir, seja com o intuito de indeni-zação, seja com o de coerção. Vale dizer, por mais que os contratantes tenham fixado o valor da pena em um *quantum* consideravelmente superior à expectativa de danos, em caso de descumprimento a cláusula penal sempre seguirá o regime da pré-liquidação de ressarcimento. A índole coercitiva e compulsória da pena não afetará o seu manequim de indenização. É a prevalência de uma elaboração neutra e asséptica da cláusula penal, na qual a preponderância de uma ou outra finalidade em nada altera o seu raio de eficácia no mundo concreto.

Essa adesão maciça ao enquadramento da cláusula penal como substitutivo de ressarcimento é reforçada pelo próprio legislador. A cláusula penal é tida com a fixação antecipada e invariável – *à forfait* – do montante de indenização exigível pelo credor. Na arquitetura legislativa vigente, a cláusula penal está localizada no capítulo do inadimple-mento das obrigações (Livro I, Título IV), conjugado com o exame das perdas e danos.

Sintoma deste raciocínio é a própria letra do art. 416: "Para exigir a pena con-vencional, não é necessário que o credor alegue prejuízo". Isto é, se a pena é devida independentemente do montante do dano real, nada mais ela é do que uma cláusula de prévia liquidação de danos. Segundo a perspectiva corrente na doutrina, caso a pena convencional tenha valor claramente superior ao do dano efetivo, surgirá a função co-ercitiva, que (paradoxalmente!) atuará por meio da função indenizatória. A coerção se situa em plano secundário e eventual.

Essa linha de pensamento é percebida claramente nas palavras de João Calvão da Silva:

---

5. MONTEIRO, Antônio Pinto. *Cláusula penal e indemnização*, p. 293.

CAPÍTULO 4 • A SUPERAÇÃO DO MODELO UNITÁRIO DA CLÁUSULA PENAL

Porém, a função indenizatória não é a única desempenhada pela cláusula penal. Ela funciona também como poderoso meio de pressão de que o credor se serve para determinar o seu devedor a cumprir a obrigação, desde que o montante da pena seja fixado numa cifra elevada, relativamente ao dano efetivo.[6]

Ou seja, mesmo que o contratante queira ameaçar, pressionar e inibir o credor ao pagamento pela fixação de uma soma superior ao dano previsível, essa função coercitiva só será importante enquanto a obrigação não vencer, pois alcançado o termo contratual e tendo a admoestação falhado em razão do inadimplemento, os efeitos jurídicos daquela cláusula penal em nada variarão dos efeitos de uma pena de valor reduzido em que as partes não esboçassem qualquer intuito coercitivo, mas apenas o projeto de delimitar uma liquidação de indenização.

Enfim, seja lá qual foi o desiderato das partes, a cláusula penal será uma única figura, submetida a uma mesma disciplina. Como bem argumenta Antônio Pinto Monteiro, "isso é indiferente aos olhos da lei, não relevando, para efeitos de qualificação ou de regime, essa diferenciada intencionalidade das partes, que não carece, sequer, de ser indagada".[7]

4.2 UM NOVO OLHAR SOBRE A CLÁUSULA PENAL

Ao reproduzirmos respeitáveis posições da doutrina, tivemos a convicção que prevalece no Brasil uma linha de pensamento com dois desvios. Das dezesseis opiniões transcritas, sete privilegiam a bifuncionalidade da cláusula, sem conceder posição de proeminência a qualquer delas; cinco autores, contudo, revelam sua nítida preferência pelo escopo ressarcitório; outros quatro consideram a finalidade coercitiva como da essência da pena convencional.

Prepondera, portanto, uma orientação mais inclinada a uma solução intermediária: não se considera a cláusula penal somente como penal – como fazem os alemães –, nem somente como ressarcimento de danos, como se verifica na doutrina francesa.

Mas, como vimos, as quinze posições revelam algo em comum: uma concepção em abstrato da cláusula penal, na qual a preponderância de uma ou outra finalidade em nada altera o seu raio de eficácia no mundo concreto. Apesar da heterogeneidade de posicionamentos, todos eles confluem para um só destino: seja qual for a motivação da estipulação da cláusula penal, reparação ou sanção, para fins de qualificação de regime, nada muda em sua modelagem jurídica e nas consequências práticas decorrentes do ilícito negocial. Seja a cláusula penal uma indenização ou uma coerção, quando desencadeada pelo inadimplemento, as repercussões serão invariavelmente aquelas elencadas pelos arts. 408 a 416 do Código Civil.

Muito se estuda no direito brasileiro sobre as modalidades de cláusula penal: a pena convencional moratória e a compensatória. De fato, é relevante conhecer o perfil de cada cláusula penal e sua incidência prática no tráfego jurídico. Porém, concordamos com Jorge Peirano Facio quando taxativamente afirma que *la más importante de todas*

---

6. SILVA, João Calvão da. *Cumprimento e sanção pecuniária compulsória*, p. 250.
7. MONTEIRO, Antônio Pinto. *Cláusula penal e indemnização*, p. 421.

las modalidades que se pueden presentar al pactarse la cláusula penal y que ha tenido un desarrollo más trascendente en la doctrina, es la que mira principalísimamente a la finalidad que persiguen las partes estableciendo la cláusula penal. [8]

A premissa de nosso trabalho é exatamente ir além. Relacionar o perfil funcional de cada cláusula penal em seu contexto e peculiaridades, para dela extrair as suas consequências jurídicas. Nas pegadas da doutrina alemã, de autores portugueses, como Antônio Pinto Monteiro e Nuno Manuel Pinto, espanhóis como Espin Cánovas e o uruguaio Jorge Peirano Facio, teremos o intuito de resgatar o papel da cláusula penal em nosso sistema jurídico e autonomizá-la de figuras próximas, que guardam escopo distinto.

Um único modelo jurídico – cláusula penal – não pode ao mesmo tempo atuar como indenização e sanção. Cogitar de uma "indenização sancionatória" é uma impossibilidade lógica, uma contradição em termos. Ou a cláusula penal será uma sanção compulsória ou funcionará como pré-estimativa convencional de danos.

A cláusula de liquidação antecipada de danos objetiva compensar o prejuízo causado ao credor da obrigação pelo descumprimento da obrigação. Essencial à satisfação do prejuízo é a noção de equivalência entre o dano causado e a indenização. Por outro lado, o âmago da ideia da pena não se relaciona com o conceito de equivalência, mas de atribuição de uma sanção ao causador do dano.

A cláusula penal em sentido estrito constitui, na acepção de Enrico Moscati, *il primo, ed il principale punto di riferimento normativo per impostare un discorso sulla funzione punitiva dei privati.*[9] Se a finalidade sancionatória é de sua essência, isso não exclui a autonomia privada para a efetivação de cláusulas de perdas e danos, em que o interesse dos contratantes se situe no campo da liquidação de prejuízos, sem qualquer preocupação com a persuasão ao adimplemento.

Jorge Peirano Facio[10] sintetiza os dois momentos do processo existencial da pena: em uma primeira etapa – antes da produção do evento que se procura sancionar –, ela atua de forma preventiva, exercendo uma coação psicológica sobre o agente, evidenciando o temor pelas consequências da pena que seguirão ao ilícito contratual; em um segundo momento – após a produção do evento sancionado –, a pena terá a finalidade de produzir um castigo a quem atuou de forma não consentida, além de servir de prevenção contra futuras condutas antijurídicas.

Assim, não se pode entender como verdadeira pena a obrigação do devedor de pagar um valor equivalente ao dano pelo descumprimento. Não há aí qualquer coação psicológica, pois, ao estabelecer o ato negocial, o agente já sabe que pagará o mesmo valor que aquele correspondente à obrigação principal. Outrossim, inexiste uma sanção ou castigo, eis que o devedor apenas se obriga a compensar um dano que causou, nem um centavo a mais.

---

8. FACIO, Jorge Peirano. *La cláusula penal*, p. 206.
9. MOSCATI, Enrico. Pena privata e autonomia privata. In: BUSNELLI, Francesco; SCALFI, Gianguido (Org.). *Le pene private*, p. 242. Tradução nossa: "A cláusula penal constitui o primeiro e principal ponto de referência normativa para encaminhar um discurso sobre a função punitiva privada".
10. FACIO, Jorge Peirano. *La cláusula penal*, p. 124.

A essência da cláusula penal reside em uma sanção compulsória, cujo objetivo será garantir o cumprimento da obrigação principal, pressionando o devedor ao adimplemento por meio da ameaça de uma outra prestação cujo valor seja superior ao do dano previsível ao tempo da contratação. A pena não cabe na indenização. A pena supõe algo mais. Vale dizer, uma prestação que se situa acima da indenização ordinária de danos. Daí a evidente contradição de se atribuir a uma quantidade única os títulos de indenização e pena. Trata-se de conceitos opostos, jamais assimiláveis um ao outro.

Por tais imperativos, concluímos que não há alternativa a não ser conceder autonomia à pena. A solução razoável que se compadece com o desenvolvimento lógico dos conceitos e, também, com as exigências práticas das relações humanas é afirmar que, para além da liquidação de danos, o direito deve regulamentar de modo diverso o sistema da pena convencional, pois ele não guarda qualquer relação com as consequências patrimoniais do ilícito, mas com o mesmo desígnio que atribui como infração qualquer proceder contra o direito.

A verdadeira cláusula penal é a pena. A função coercitiva se aproxima da própria natureza/estrutura de garantia que é ínsita à cláusula penal. Não se cuida de indenização, mas de ameaça e sanção. A pena foca-se na repulsa ao ofensor; a indenização, na reparação em prol da vítima.

Verificando-se o inadimplemento, o credor lançará mão de seu direito potestativo de exigir a pena convencional como prestação facultativa, que surgirá lateralmente à prestação inicial e poderá substituí-la caso seja esse o desejo do credor. É justamente por se tratar de uma sanção, não de uma indenização, que a cláusula penal será devida independentemente da existência de qualquer prejuízo. Ademais, pelo fato não se tratar de uma indenização, e sim de coerção ao cumprimento, a pena será estabelecida em um valor superior ao do eventual dano. Enfim, não se cuida de ressarcimento, pois se o credor chegar à conclusão de que o valor convencionado como coerção foi tímido, poderá prosseguir na indenização por perdas e danos, provando o prejuízo real, sem que o devedor possa lhe constranger a receber o valor da cláusula penal, eis que se cuida de direito potestativo em prol do credor.

Essa, em perfunctório exame, seria a cláusula penal em sentido estrito. Mas é possível falar em uma cláusula penal imprópria, em sentido amplo, se o intuito das partes não tiver sido o da coerção ao cumprimento, mas o de mera prefixação de liquidação de danos. Na verdade, essa será a denominada "cláusula de fixação antecipada de indenização".

O desiderato dos contratantes não é capaz de alterar a natureza ou a essência da cláusula penal, mas é fundamental para lhe atribuir os efeitos práticos, conforme uma ou outra finalidade que lhe seja atribuída. Na medida em que o desejo dos contratantes for apenas adiantar o valor de uma eventual infração à convenção, liquidando previamente os prejuízos, os efeitos jurídicos decorrentes da quebra do contrato serão distintos dos efeitos jurídicos da cláusula penal *stricto sensu*. Assim, se do ilícito não decorrer dano algum, poderá o devedor se eximir do cumprimento da pena; a indenização não poderá exceder aos prejuízos do credor a não ser que haja cláusula expressa de indenização suplementar; o credor não poderá optar pelas perdas e danos em caso de inadimplemento, pois a pena convencionada previamente é a indenização ajustada. A única opção do credor que se recusar a perseguir a cláusula penal será obter a tutela específica, se possível.

A pena poderá oscilar entre outra finalidade. Muito da interpretação dependerá do montante convencionado para a cláusula penal. Assim, se o quantitativo da pena for aquém ou similar ao dano efetivo estimado, há claro indício de uma cláusula de indenização prévia. Mas, se o valor estipulado no contrato for superior ao previsto para a soma de eventuais prejuízos, as partes, provavelmente, entabularam uma cláusula compulsória, de natureza coercitiva. Enfim, a medida da pena é uma forte pista para a aferição do escopo prosseguido pelas partes.

Nuno Manuel Pinto Oliveira explica que

> o problema da classificação das cláusulas penais é um problema de interpretação de declarações negociais: a correspondência entre a pena e os prejuízos previsíveis constitui apenas um indício de que os contraentes decidiram atribuir à cláusula penal uma função indemnizatória, a não correspondência entre a pena e os prejuízos previsíveis constitui apenas um indício de que os contraentes decidiram atribuir-lhe uma função compulsória. [11]

Aliás, um bom indicador sobre a nova modelagem plurifuncional da cláusula penal é refletido na redação do art. 1o da Resolução 78(3) do Conselho da Europa, nos termos da qual a cláusula penal será ajustada *à titre de peine ou d'indemnité* – Resolução inspirada na Convenção Benelux, cujo art. 1o consagra idêntica fórmula alternativa (*à titre de peine ou d'indemnité*) –, quer da redação do art. 1º das regras uniformes da CNUDCI (de 1983) – relativas às cláusulas contratuais estipulando o pagamento de uma quantia em caso de incumprimento –, nos termos da qual o credor fica com o direito de exigir do devedor a quantia acordada, "seja a título de penalidade seja a título indenizatório". [12]

Em todas essas disposições da Comunidade Europeia percebe-se o intuito de conceder autonomia a diferentes modelos de cláusula penal. Não se trata de um padrão unitário e bifuncional, mas de figurinos diversos, preponderando, aqui e ali, a finalidade das partes.

É positivo o raciocínio operado pela finalidade das partes ao determinar o montante da pena, como linha distintiva entre uma eventual função indenizatória ou coercitiva da cláusula penal. Mas isto não encerra o problema.

A opção por uma ou outra das figuras dependerá não apenas do escopo das partes, como também dos interesses merecedores de tutela. Avulta a interpretação do negócio jurídico, sob o ponto de vista conjugado da autonomia privada e boa-fé objetiva. A qualificação da cláusula penal em uma visão prospectiva será decisiva para a definição do seu plano de eficácia e adequação ao regime implantado pelo Código Civil.

O caminho para essa travessia já teve o traçado enunciado na doutrina brasileira. Podemos citar seis autores que ousaram iniciar essa tarefa dentro dos limites de seus trabalhos:

---

11. OLIVEIRA, Nuno Manuel Pinto. *Cláusulas acessórias ao contrato*, p. 64.
12. Aliás, uma solução inovatória, diante do sistema *common law* – que considera nula a cláusula penal coercitiva (*penalty clause*) e os países da Europa continental, que sempre enalteceram a função indenizatória, tornando secundária e eventual a finalidade coercitiva.

CAPÍTULO 4 • A SUPERAÇÃO DO MODELO UNITÁRIO DA CLÁUSULA PENAL

• Gustavo Tepedino[13] faz referência à obra de Antônio Pinto Monteiro para negar que a cláusula penal seja uma síntese de indenização e coerção. A partir desse prisma, busca critérios para elucidar a segunda parte do art. 413 do Código Civil.

• Judith Martins Costa também exibe uma compreensão plural da cláusula penal ao acertadamente argumentar que "a perspectiva funcional evidencia o fato de a eficácia da cláusula penal poder ser inserida, de maneira variada e complexa, em diversas funções jurídicas que – como sabemos – constituem funções econômico-sociais dotadas de relevância jurídica".[14]

• Renan Lotufo evoca amplo conhecimento da matéria e faz a distinção entre a cláusula penal pura – cujo caráter sancionatório está de acordo com a sua origem etimológica –, "uma vez que se originou da *stipulatio poenae,* ou seja, de estipulação da pena",[15] com a cláusula penal não pura, cuja finalidade é de prefixação do *quantum.*

Certamente, em território nacional, a maior ousadia no enfrentamento ao tema coube a Fábio de Mattia, em trabalho publicado há mais de trinta anos. Com subsídio em farta doutrina estrangeira, o autor argumenta que a percepção diversificada da cláusula penal avulta tanto por respeito às fontes romanas geradoras do instituto, como por corresponder às necessidades cotidianas da vida jurídica. Assim, faz a distinção entre a cláusula penal pura e a impura. Explica o doutrinador que "a cláusula penal serve de reforço à obrigação. E isto significa apenas que a estipulação da cláusula e a ameaça da sanção levam o devedor à conclusão da inconveniência da violação da obrigação e a adimpli-la a fim de evitar a pena".[16]

Jorge Cesa Ferreira da Silva ofereceu grande contribuição neste debate ao hostilizar abertamente a visão tradicional da cláusula penal, "aceitando-se a separação conceitual entre cláusula penal e cláusula de perdas e danos, restam mais claras as funções e os mecanismos de cada uma. A cláusula penal tem por finalidade precípua gerar pressão no devedor, de modo a conduzi-lo ao adimplemento".[17]

Os três primeiros autores não penetraram na *vexata quaestio* – pelo simples fato de o objeto de seus trabalhos não se traduzir em monografias sobre cláusula penal –, mas demonstram que já se exauriu o modelo monolítico e, por que não dizer, apequenado da cláusula penal. A seu turno, nos idos da década de setenta, Fábio de Mattia[18] teve o inegável mérito de recepcionar no Brasil um pensamento em célere evolução no exterior e que pode ser adaptado à nossa sistemática, pois a legislação brasileira respeitante à cláusula penal é similar ao berço europeu. Jorge Cesa Ferreira da Silva[19] tratou da matéria com absoluta propriedade e atualidade, deixando apenas de desenvolver os temas pelo próprio foco de seu trabalho em que aborda o inadimplemento das obrigações de maneira generalizada.

---

13. TEPEDINO, Gustavo. Notas sobre a cláusula penal compensatória. *Temas de direito civil,* t. II, p. 48.
14. MARTINS-COSTA, Judith. *Comentários ao novo código civil,* v. V, t. II, p. 423.
15. LOTUFO, Renan. *Código civil comentado,* v. 2, p. 469.
16. MATTIA, Fábio de. *Cláusula penal pura e cláusula penal não pura,* p. 39.
17. SILVA, Jorge Cesa Ferreira da. *Inadimplemento das obrigações,* p. 241.
18. MATTIA, Fábio de. Cláusula penal pura e cláusula penal não pura. *Revista dos Tribunais.*
19. SILVA, Jorge Cesa Ferreira da. *Inadimplemento das obrigações.*

Marcelo Benacchio concede à cláusula penal natureza de pena privada, partindo da premissa de que a compreensão daquele modelo jurídico se encontra

> Na interação de seus aspectos estático (ou concreto) e dinâmico (ou abstrato), tendo-se por aspecto estático o outrora, único e totalizante conceito legal, mantido no Código Civil de 2002 como conquista histórico-cultural, ou seja, a concepção de cuidar-se de um instituto destinado a convenção de fixação de uma pena privada imposta a quem culposamente descumpriu aquilo a que se obrigou: e, por aspecto dinâmico, a interpretação e aplicação dos ditames legislativos segundo os valores e funções impostas pelos princípios do Código Civil e da Constituição Federal. [20]

Recentemente, Marcelo Matos Amaro da Silveira[21] publicou a sua dissertação de mestrado pela Universidade de Lisboa, tratando das penas privadas convencionais na perspectiva do direito português e brasileiro. O autor analisou a cláusula penal pelo prisma dualista, examinando a função específica de cada modelo: a cláusula penal *stricto sensu* e a cláusula penal como liquidação antecipada de danos.[22]

Em 2022 André Silva Seabra publicou a sua tese de doutoramento na USP, **igualmente frisando que** o Código Civil não conceituou a cláusula penal, adotando um modelo aberto, sem restrição quanto às funções do instituto. Segundo o autor, "A cláusula penal exerce diversas finalidades na formatação da operação econômica contratada, atuando como mecanismo de alocação dos riscos do programa contratual. Inexiste no direito brasileiro qualquer vedação à estipulação de cláusulas penais punitivas, entendidas como aquelas devidas em conjunto dos prejuízos advindos do inadimplemento ao qual estão vinculadas".[23]

Enfim, assim como não se pode cogitar de um só modelo de propriedade ou de família, mas de diversas propriedades e entidades familiares, cada qual com seu perfil e circunstâncias, reserva-se à cláusula penal um labor reconstrutivo, firmemente comprometido com as circunstâncias de uma sociedade complexa, na qual não mais cabem as soluções únicas do positivismo jurídico.

É sabido e já referido que uma característica destacada do século XXI concerne à crescente complexidade das relações humanas.[24] Não existe mais nada singelo neste mundo – sendo evidente que na pós-modernidade os problemas não podem ser assumi-

---

20. BENACCHIO, Marcelo. *Cláusula penal*: revisão crítica à luz do código civil de 2002, p. 8.
21. SILVEIRA, Marcelo Matos Amaro da. *Cláusula penal e sinal*, GZ Edit, 2019. Conforme expõe o autor, "Em Portugal, grande parte dos doutrinadores modernos parecem ter acolhido a visão dualista preconizada por PINTO MONTEIRO. No Brasil, tal noção incialmente apresentada por LIMONGI FRANÇA e mais recentemente desenvolvida por ROSENVALD, parece ainda um pouco embrionária, mas já é reconhecida por alguma doutrina". Op. cit., p. 25.
22. No próprio prefácio à obra de Marcelo Matos Amaro da Silveira, o seu orientador, Fernando Araújo, reconhece quanto à cláusula penal que "resulta da análise que eram maiores os inconvenientes do que as vantagens nesse desenvolvimento de uma figura 'unitária e bifuncional' ". Op. cit., XV.
23. SILVA, André Seabra. *Limitação e Redução da Cláusula Penal*. São Paulo: Almedina, 2022, p. 551.
24. Ana Paula de Barcellos relata que "na esfera mais íntima da experiência humana, considerando países ocidentais democráticos, é frequente conviverem hoje, em uma mesma casa, filhos de dois, três e até quatro pares de pais diferentes; a clonagem passou a ser uma realidade próxima, assim como a manipulação genética. Do ponto de vista global, o terrorismo, o tráfico de drogas, a criminalidade em geral, o desrespeito a direitos humanos elementares, pelas autoridades públicas ou pela ausência de qualquer autoridade, são outras questões complexas, próprias do nosso tempo" (Alguns parâmetros normativos para a ponderação constitucional. In: BARROSO, Luís Roberto. *A nova interpretação constitucional*, p. 50).

dos sob um único ponto de vista – capaz de oferecer um receituário para cada conflito instalado. O mundo da segurança plena não mais subsiste, e com ele desaparece um sistema jurídico unicamente formado por regras aplicadas sob o signo da subsunção.

Grande parte da resistência da doutrina a qualquer modificação no tratamento do tema da cláusula penal pode ser debitada à recepção, tanto pelo Código Civil de 1916 como de 2002, do princípio derivado do sistema francês da incoercibilidade da vontade do devedor – princípio superado paulatinamente desde a primeira grande reforma processual de 1994. Pelo fato de o liberalismo não admitir que o ser humano fosse constrangido a um comportamento, prevaleceu o aspecto reparatório da cláusula penal, sendo o argumento suficiente para fundamentar uma construção redutora da cláusula penal como convenção de perdas e danos.

A finalidade de nosso trabalho é justamente rediscutir o recorte tradicional da cláusula penal e seu próprio conceito. Convém verificar qual é a relação entre a cláusula penal e a obrigação de indenizar. A cláusula penal é indenização ou nada tem a ver com ela?

Para que possamos avançar, comprometidos com a visão solidarista do sistema constitucional e as diretrizes do Código Civil de 2002, procuraremos compatibilizar a chancela à autonomia negocial das partes com a abertura dada pelo ordenamento jurídico para introduzir esse diferente modo de perceber o modelo jurídico da cláusula penal.

4.3 A IMPLOSÃO DO MODELO UNITÁRIO NO PERFIL FUNCIONAL DAS OBRIGAÇÕES

4.3.1 A relação obrigacional

John Gilissen descreve o desenvolvimento histórico do direito das obrigações demonstrando o seu papel essencial nas sociedades modernas em razão da liberdade individual de disposição de bens. A partir da teoria desenvolvida no Código Napoleônico de 1804, o prestigiado historiador fornece o conceito tradicional da obrigação como um vínculo jurídico que adstringe uma das partes (o credor) a exigir um certo fato da outra (devedor).[25]

Com efeito, mediante as obrigações de dar, fazer ou não fazer, desenvolve-se grande parte das relações jurídicas patrimoniais modernas. Os contratos são consubstanciados em relações obrigacionais. Nas relações consumeiristas, o fornecimento profissional de produtos e serviços envolve prestações de dar e fazer. Da violação do dever genérico de cuidado – *neminem laedere* – decorre o ato ilícito e a obrigação de indenizar, não se esquecendo de que idêntica obrigação também pode resultar de danos decorrentes do risco de uma atividade ou mesmo do abuso do direito como ilícito objetivo (art. 187, CC).

A renovação da cultura jurídica que determinou a substituição das matrizes filosóficas e dogmáticas do direito privado é assim versada por Orlando Gomes:

---

25. GILISSEN, John. *Introdução histórica ao direito*, p. 729. O Código Civil de Portugal percute na mesma tecla ao conceder o seguinte conceito (art. 397): "Obrigação é o vínculo jurídico por virtude do qual uma pessoa fica adstrita para com outra à realização de uma prestação".

Repercutiram tais ideias no Direito das Obrigações, sem embargo de ser essa parte do Direito Civil a que, por sua estruturação técnica, recebe, com maior atraso, o impacto da transformação cultural. Dele não se preservou, entretanto, porque abalados foram, e comovidos, os próprios fundamentos do Direito Privado, que passou a ter orientação social e ética suficientemente vigorosa para provocar a erosão nos seus princípios basilares, e determinar a reformulação de conceitos e tratamento diverso a várias relações.[26]

Nesse sentido releva demonstrar a perfeita crítica de Antunes Varela sobre os conceitos doutrinários que há muito não prevalecem. Assim, a concepção savigniana de *obrigação como poder do credor sobre a pessoa do devedor,* que remete ao direito romano anterior à *lex poetelia papiria,* época em que se admitia a atuação corpórea sobre a pessoa do devedor inadimplente.[27] As relações obrigacionais experimentaram largos avanços. A pessoalidade era a tônica das obrigações em seus primórdios, com submissão corpórea do devedor. Atualmente, a patrimonialidade é característica irrefutável das relações obrigacionais.

O professor de Coimbra critica ainda os que vislumbram a *obrigação como poder do credor sobre os bens do devedor.* Trata-se de noção apenas aplicável aos direitos reais, em que se opera poder direto e imediato da pessoa sobre bens, vazado em preferência e sequela, sendo certo que o direito de crédito não opera com tais prerrogativas. A teoria patrimonial da obrigação confunde a substância da obrigação – direito à prestação – com a sua sanção (responsabilidade), que é subsidiariamente cominada para o caso de descumprimento.[28]

Finalmente, Antunes Varela se posiciona contrariamente àqueles que situam a *obrigação como relação entre patrimônios.* A obrigação não pode ser reduzida a um nexo entre dois patrimônios, pois toda relação jurídica postula a existência de dois sujeitos. "São os sujeitos, como elemento soberano da relação, que dispõem dos meios de tutela concedidos pelo direito".[29] A obrigação tem sido concebida estruturalmente pela maior parte dos autores contemporâneos como um direito do credor a um comportamento do devedor, ou seja, como um direito à prestação de dar, fazer ou não fazer.

Parece-nos que a melhor forma de iniciar a demonstração da estrutura da relação obrigacional é, conforme a construção de Brinz,[30] decompondo-a em dois elementos: o débito (*Schuld)* e a responsabilidade (*Haftung).* O débito consiste na prestação, no comportamento a ser efetuado pelo devedor, como essência da obrigação. Já a responsabilidade se refere à sujeição do seu patrimônio, em caso de descumprimento do débito, pela utilização da força cogente estatal. Apenas nesse momento o equilíbrio originário se rompe, pela possibilidade de constrangimento decorrente do surgimento da pretensão, subsequente à violação do direito subjetivo ao crédito. A responsabilidade se mantém em potencial em caso de cumprimento espontâneo da obrigação, mesmo assim exercendo evidente função preventiva, compelindo o devedor ao adimplemento.

---

26. GOMES, Orlando *Transformações gerais do direito das obrigações,* p. 6.
27. VARELA, João de Matos Antunes. *Das obrigações em geral,* p. 134.
28. VARELA, João de Matos Antunes. *Das obrigações em geral,* p. 141.
29. VARELA, João de Matos Antunes. *Das obrigações em geral,* p. 143.
30. Em contraposição à teoria unitária ou monista de Savigny, pela qual a essência da obrigação está no poder do devedor sobre determinado ato do credor.

Tal classificação põe em relevo os três elementos necessários à configuração da relação obrigacional: sujeito, objeto e garantia. Ademais, possibilita o fracionamento de seus elementos para as hipóteses de débito sem responsabilidade – nas obrigações naturais e dívidas prescritas – e responsabilidade sem débito –, quando uma pessoa oferece seus bens como garantia de débito alheio.

Pelo fracionamento entre *Schuld* e *Haftung* é também possível visualizar que a patrimonialidade hoje está mais ligada à sanção do que à prestação. Eventualmente, admite-se uma prestação de conteúdo não patrimonial, sendo suficiente que corresponda a um interesse do credor, digno de proteção legal.[31] É um fenômeno da modernidade a despersonalização das relações obrigacionais como consequência do desenvolvimento do tráfico jurídico da massificação social. Apesar das transformações ou vicissitudes das obrigações,[32] com a faculdade de substituição das partes originárias da relação, não se há de cogitar de patrimonialização das obrigações (algo bem distinto da patrimonialidade). É fato que o comportamento do indivíduo pode ser valorado, mas, mesmo assim, continua sendo comportamento de um ser humano.

4.3.2 A relação obrigacional complexa

Ao estudarmos as obrigações decorrentes da vontade, aperfeiçoadas por meio de negócios jurídicos, observamos que o sistema individualista desenvolvido nas codificações liberais enfatizou o dogma da autonomia da vontade como forma de construção de um Estado mínimo, com espeque no princípio da liberdade contratual.

Na ampla autonomia concedida aos contratantes para a fixação do conteúdo da avença, conferia-se poder real apenas a uma das vontades: a do credor. Não raramente, o devedor era subjugado, escravizado na relação obrigacional, a ponto de jamais recuperar a liberdade cedida ao tempo da contratação.

Na ideologia burguesa, o bem comum era infelizmente havido como a soma dos bens materiais de toda uma comunidade. Para Adam Smith, a felicidade das nações é erigida pela capacidade de cada indivíduo de alcançar sua felicidade. Enfim, a sociedade era uma miragem, e a solidariedade poderia apenas se apresentar de maneira deturpada, por isolados gestos de caridade. Essa concepção materialista sufoca a visão humana, pois não concilia as pessoas, mas as opõe e desune.

Coube a Heinrich Siber o mérito da inicial divulgação da complexidade intra-obrigacional. Partindo da concepção de Savigny – da relação como organismo –, o autor visualizou a obrigação como uma multiplicidade de pretensões, encontrando-se o todo unificado em decorrência do conjunto orgânico da relação global. Siber sugeriu, ainda, a distinção entre a relação obrigacional em sentido estrito (abran-

---

31. COSTA, Mário Júlio Almeida. *Direito das obrigações*, p. 655. O autor dá o seguinte exemplo: "A vincula-se a não tocar piano, mas apenas com o objectivo de garantir a tranquilidade ou o bemestar de B".

32. BETTI Emilio. *Teoria generale delle obbligazioni*, p. 6. O autor usa a interessante expressão *vicende dell'obbligazione* para descrever as transformações das relações obrigacionais, com destaque para os processos nos quais elas se desenvolvem.

gendo apenas a prestação) e em sentido amplo, envolvendo o conjunto de situações jurídicas coordenadas.[33]

Karl Larenz demonstrou que a obrigação deve ser vista como uma relação complexa, formada por um conjunto de direitos, obrigações e situações jurídicas, compreendendo uma série de deveres de prestação, direitos formativos e outras situações jurídicas. A obrigação é tida como um processo – uma série de atos relacionados entre si –, que desde o início se encaminha a uma finalidade: a satisfação do interesse na prestação.[34]

Clóvis do Couto e Silva pondera que o tratamento da relação obrigacional como totalidade define uma ordem de cooperação em que credor e devedor não ocupam posições antagônicas. Hodiernamente, não mais prevalece o *status* formal das partes, mas a finalidade a qual se dirige a relação dinâmica. "É precisamente a finalidade que determina a concepção da obrigação como processo".[35]

Constata-se a superioridade axiológica do sentido da totalidade e do fim comum da obrigação sobre a pura soma de suas partes ou elementos (débito e crédito). Para além da perspectiva tradicional de subordinação do devedor ao credor existe o bem comum da relação obrigacional, voltada ao adimplemento, da forma mais satisfativa ao credor e menos onerosa ao devedor.

O bem comum, na relação obrigacional, traduz a solidariedade mediante a cooperação dos indivíduos para a satisfação dos interesses patrimoniais recíprocos, sem comprometimento dos direitos da personalidade e da dignidade de credor e devedor.

Assevera o Professor Renan Lotufo:

> No estudo das obrigações não se vê exclusivamente a figura proeminente do credor, posto que se está diante de uma relação jurídica entre dois sujeitos de igual valor. Assim, não se pode admitir a visão de prisão pelo vínculo, mas a ideia de que a liberdade do devedor é que é o fundamento, como já antevisto por Carnelluti, pois a liberdade é que ficou afetada pela relação obrigacional nascida, relação que, com o adimplemento pelo devedor, vai ser dissolvida, e a plenitude da liberdade juridicamente garantida restabelecida para quem a conquistou por sua própria atividade.[36]

A diversificação dos interesses deduzidos na relação obrigacional e a complexidade das situações debitórias e creditórias postulam a reconstrução do esquema obrigacional com esteio em situações subjetivas complexas. Há necessidade de releitura axiológica de toda a disciplina no entender de Pietro Perlingieri, pela "apresentação de uma noção de obrigação sensível aos valores e aos princípios fundamentais e, portanto, orientada a atuar-se em função constitucional".[37]

"A liberdade de contratar será exercida em razão e nos limites da função social do contrato."[38] A cláusula geral do art. 421 do Código Civil indica que a funcionalidade da

---

33. SIBER, Heinrich. *Rechtszwang im schuldverhältnis*, p. 92, apud CORDEIRO, Antônio Manuel da Rocha Menezes. *Da boa-fé no direito civil*, p. 588.
34. LARENZ, Karl. *Derecho de obligaciones*, p. 38.
35. SILVA, Clóvis do Couto e. *A obrigação como processo*, p. 8.
36. LOTUFO, Renan. *Código civil comentado*, v. 2, p. 9.
37. PERLINGIERI, Pietro. *Perfis do direito civil*, p. 211.
38. O mais exato seria a substituição da expressão *liberdade de contratar* por *liberdade contratual*. Com efeito, enquanto a primeira resume a liberdade de realizar contratos, a liberdade contratual traduz a livre disposição do seu conteúdo pelas partes.

relação obrigacional reside na preservação da harmonia de seus participantes. A intervenção da sociedade sobre o contrato tem a finalidade de estimular o adimplemento da relação obrigacional, mediante a cooperação dos contratantes, para que seja possível o resgate da liberdade que foi cedida em razão do contrato.

Exatamente pela tutela da liberdade, as obrigações serão efêmeras, de natureza puramente transitória. Enquanto as relações jurídicas ligadas à atribuição de bens (direitos reais) subsistem no tempo, *las relaciones de obligación, por estar encaminadas a un fin determinado, están desde un principio destinadas a extinguirse.*[39]

O Código Civil de 1916, de feição marcadamente individualista, visualizava a obrigação apenas pelo olhar do credor, pois o devedor era mero coadjuvante. Hoje, percebemos a ideia de solidariedade e responsabilidade até mesmo perante a sociedade, pois ela demanda o cumprimento da obrigação como forma de pacificação do tecido social e incremento do tráfico negocial.[40] Aliás, esse dado demonstra a ênfase na distinção entre os termos "dever" e "obrigação"[41] Enquanto o dever impõe comportamentos genéricos por parte de todos em sociedade, a obrigação seria uma espécie de dever consubstanciada em uma prestação. Por isso, adverte o Professor Renan Lotufo,[42] a obrigação está ligada à liberdade, seja em seu nascimento – pela opção da vontade de contratar – quanto em seu término – mediante o resgate da liberdade pelo adimplemento. Daí a transitoriedade da relação obrigacional, com a ideia de liberdade como meio de promoção do valor bem comum.

4.3.3 A relação obrigacional no Código Civil de 2002

O Código Civil de 2002 é pautado por três paradigmas: socialidade, eticidade e concretude. Segundo Miguel Reale, tais paradigmas "nortearam toda a construção do Código Civil enquanto instrumento histórico-cultural de resguardo da pessoa humana em sua esfera privada".[43]

A diretriz da concretude merece enfoque, por sua íntima vinculação com o tema da cláusula penal e a necessidade de desconstrução do modelo abstrato e unitário que foi consagrado pelos Códigos liberais.

O Código Civil de 1916 seguia a ideologia marcadamente individualista da era oitocentista, na qual a vontade humana poderia atuar com total liberdade. Para que a liberdade econômica fosse plena, a legislação apreciava cada integrante de uma relação jurídica como um abstrato sujeito de direitos patrimoniais, titulares prévios de uma igualdade formal.

Nesse sentido, o constitucionalismo e a codificação são contemporâneos do advento do Estado liberal. Cada um cumpriu o seu papel: um, o de limitar profundamente

---

39. LARENZ, Karl. *Derecho de obligaciones*, p. 40.
40. De forma diversa ao CC/1916, o CC/2002 enunciou o Título III do Livro das Obrigações como "do *adimplemento e extinção das obrigações*".
41. Em boa hora o CC/2002 alterou a redação do art. 1o: "Toda pessoa é capaz de direitos e *deveres* na ordem civil", substituindo-se o termo *obrigação*.
42. LOTUFO, Renan. *Código civil comentado*, v. 2, p. 12.
43. REALE, Miguel. *O projeto do novo código civil*, p. 10.

o Estado e o poder político; o outro (Código), o de assegurar o mais amplo espaço de autonomia ao cidadão dotado de patrimônio, vale dizer, o burguês livre de controles.[44]

Em suma, negava-se a especificidade e a concretude de cada pessoa, de cada ser humano, prestigiando-se apenas o *status* formal de cada integrante da relação jurídica em um puro esquema conceitual de neutralidade. Não havia João ou Maria, mas o contratante, o proprietário. A norma se aplicava genericamente a quem quer que se titularizasse em determinada situação patrimonial, excluindo-se grande parte da sociedade do acesso ao Código.

O Código Civil de 2002 guarda outras pretensões. Afinado com a centralidade do ser humano no ordenamento jurídico-constitucional, pretende demonstrar que, de forma subjacente ao indivíduo abstrato dos códigos liberais, existe uma pessoa concreta, que deve ser examinada em suas múltiplas peculiaridades.

O objetivo atual do ordenamento jurídico é alcançar a pessoa como destinatária direta da norma, verificando-se a "ética da situação", na conhecida acepção de Larenz. As desigualdades materiais e o contexto real da pessoa serão decisivos para que a tutela jurisdicional consiga "dar a cada um o que é seu". Alcançaremos a chamada *norma do caso*, que propiciará a verdadeira segurança jurídica ao jurisdicionado. Aliás, não podemos confundir segurança com imobilismo.

Para tanto, o legislador não mais exercita o preciosismo gramatical do Código Beviláqua. As novas normas perdem em estética, mas ganham em efetividade, pois adquirem o atributo cirúrgico da precisão. O direito não existe para ficar na altura das abstrações, mas, sim, para ser executado com praticidade.

O Código Civil de 2002 deseja afastar toda a forma de conceituação estéril que não revele efetividade. Temos de nos desvincular da velha herança francesa de preencher o desenho da norma em todos os seus poros. Muitas vezes, a prática de conceituar à exaustão é uma forma de esconder a nossa própria ignorância ou um temor de trabalhar com modelos abertos e mutáveis.

No direito das obrigações, há um manancial de normas reveladoras da disposição da comissão elaboradora em transformar o partícipe de uma relação obrigacional em uma pessoa real. Basta remeter o estudioso a conceitos flexíveis, como "circunstâncias do caso", "natureza da situação" e "usos do lugar".

Estávamos acostumados a perceber a relação obrigacional por sua feição externa, ou seja, uma relação entre credor e devedor, consubstanciada em uma prestação. Nada mais. Já é hora de atinarmos para a feição interna da relação e percebermos que cada vínculo obrigacional guarda influxos distintos da boa-fé objetiva e dos deveres de conduta, merecendo um exame em sua concretude. Carlyle Popp explica que "esta nova forma de ver o fenômeno negocial é fruto da chamada objetivação do contrato, em que o elemento vontade perde significado jurídico, estando mais destacados os problemas gerados pelo tráfico social, mormente o econômico".[45]

---

44. NETTO LÔBO, Paulo Luiz. *Constitucionalização do direito civil*, p. 32.
45. POPP, Carlyle. Responsabilidade civil pré-negocial, p. 94.

Em recente trabalho sobre o adimplemento das obrigações no Código Civil de 2002, Judith Martins-Costa[46] elogia a nova arquitetura da disciplina, por ensejar um método diverso do tradicional, capaz de superar o individualismo – que desde a modernidade tem sido imputado ao direito privado, como se a ele fosse inerente.

Releva da leitura do texto da Professora da Universidade Federal do Rio Grande do Sul a necessidade de ultrapassarmos a análise externa da relação obrigacional e penetrarmos em sua análise interna. Ou seja, a análise externa, centrada na metodologia tradicional, capta apenas a obrigação como um vínculo estruturado de forma abstrata, entre dois sujeitos que são vistos como polos patrimoniais (credor e devedor), unidos por respectivos direitos e deveres. A análise interna, todavia, vislumbra o princípio da concretude no adimplemento do programa obrigacional. Para tanto, o fenômeno obrigacional será examinado como uma totalidade, em que direitos, deveres, faculdades e ônus estão finalisticamente interligados. Assim, não há mais espaço para uma tutela jurídica baseada em juízo de plana subsunção. Devemos investigar as peculiaridades das pessoas que vivenciam a relação, a materialidade da hipótese e os diferentes graus de intensidade de atuação do ordenamento diante da riqueza de situações existenciais que concretamente serão detectadas.[47]

Por isso, Agostinho Alvim teve o cuidado de distinguir o adimplemento dos demais modos de extinção das obrigações. No Título III, trata o Código Civil da forma adequada de extinção da relação obrigacional, pelo adimplemento; já no Título IV, residualmente são normatizadas as formas patológicas de extinção das obrigações em face do inadimplemento. Essa autonomização do adimplemento revela uma concepção atual da complexidade obrigacional diante do Código Civil de Beviláqua, que, sob a genérica denominação "Dos Efeitos das Obrigações", englobava o adimplemento e o inadimplemento como formas de desaparecimento da relação (Título II, do Livro III, do CC/1916).

4.3.4 A situação jurídica: do estruturalismo ao funcionalismo

As transformações do cenário jurídico há muito já eram anunciadas. Norberto Bobbio[48] asseverou que o predomínio da teoria pura do direito de Kelsen orientou o estudo do direito por um longo tempo para a análise da estrutura do ordenamento jurídico em detrimento a sua função. Mas o direito não é um sistema fechado e independente como se coloca do ponto de vista de sua estrutura formal. Fundamental não é averiguar como o direito é produzido, mas, sim, perceber as consequências sociais para as quais se dirige o direito subjetivo, ou seja, a sua finalidade (função), para tanto se impondo a abertura do sistema jurídico para outros sistemas de igual relevância.

Em toda relação jurídica encontramos uma estrutura e uma função. O seu perfil funcional é a disciplina do caso concreto, a harmonização de opostos centros de interesses. Esse momento dinâmico dos interesses é tido como situação jurídica.

---

46. MARTINS-COSTA, Judith. O adimplemento e o inadimplemento das obrigações. In: FRANCIULLI NETTO; Domingos; MENDES, Gilmar Ferreira; SILVA, Ives Gandra da (Coord.). *O novo código civil*: estudos em homenagem ao professor Miguel Reale, pp. 331-332.
47. MARTINS-COSTA, Judith. O adimplemento e o inadimplemento das obrigações, p. 339.
48. BOBBIO. Norberto. *Dalla strutura alla funzione*, p. 8.

Torquato Castro ensina que

> toda operação jurídica incide sobre sujeitos concretos, sempre certos, e sobre a realidade de uma *res certa*, que é objeto de atribuição. O direito revela-se, assim, no plano fenomênico, como um *concretum* situacional, consistente em uma disposição normativa de objetos certos ou medidos, enquanto referidos a sujeitos individuados. Sujeito será aquele que for referido ou posicionado ao objeto, ocupando, assim, uma posição. Esse *concretum* situacional se denomina situação jurídica.[49]

Em denso estudo sobre o conceito de situação jurídica, André Fontes imprime uma atitude funcionalista, na "busca da realização do sentido final do conceito de situação jurídica subjetiva, e não a sua acomodação estruturalista, de se limitar a ordenar objetivamente as situações normadas".[50]

O objeto restrito da situação jurídica, visto até aqui na doutrina tradicional, não permite a exata dimensão da abrangência das situações jurídicas subjetivas. O viés funcionalista deseja redimensionar a área de incidência das situações jurídicas, de maneira a ampliar o seu objeto, renovando velhas figuras e abrangendo novas figuras.[51]

Nesse sentido, Pietro Perlingieri[52] trabalha com a contribuição da constitucionalização do direito civil no reexame de institutos clássicos. O professor de Camerino acredita que em seu perfil funcionalizado a situação jurídica pode qualificar comportamentos com diversas manifestações, de acordo com a complexidade das soluções dos problemas de convivência na construção de um equilíbrio de poder e dever. As situações jurídicas são marcadas pela atipicidade. São abertas e gerais.

Enfim, o cerne do reexame da estrutura com base na função das situações jurídicas é o da oxigenação do sistema, eliminando-se a estagnação vigente, com a possibilidade de revisão dos mais variados modelos jurídicos.

Aliás, no escólio de Gerson Luiz Carlos Branco, a diferença entre o conceito de modelo adotado por Miguel Reale e os institutos jurídicos é a natureza prospectiva do modelo, enquanto os institutos jurídicos têm um caráter estático adequado ao método exegético.

> Nessa lógica, a propriedade, a resolução por inadimplemento e a teoria da imprevisão deixam de ser estudadas na perspectiva de algo dado pelo legislador, mas como modelos cuja consagração legislativa e aplicação dependerá de atos de escolha que formam a norma, conforme os valores que se quer realizar, em razão de fatos sociais e naturais anteriores.[53]

Bem por isso, exalta-se o especial papel do intérprete, que terá de definir os contornos "das cláusulas penais", predispondo-se a abandonar os elementos clássicos da

---

49. CASTRO, Torquato. *Teoria da situação jurídica em direito privado nacional*, p. 50.
50. FONTES, André. *A pretensão como situação jurídica subjetiva*. O autor ensina que "para melhor dimensionar a contribuição da ideia de função, deve-se considerar que por estrutura de um órgão entende-se a configuração espacial das partes que o constituem; já por função o papel assumido por esse órgão. A estrutura refere-se à anatomia, à arquitetura e à geometria; a função mostra de modo preciso como todas as partes de um órgão ou de uma máquina contribuem para o cumprimento do fim a que se destina" (p. 124).
51. FONTES, André. *A pretensão como situação jurídica subjetiva*, p. 125.
52. PELINGIERI, Pietro. *Manuale de diritto civile*, p. 68.
53. BRANCO, Gerson Luiz Carlos. O culturalismo de Miguel Reale e sua expressão no código civil. In: BRANCO, Gerson Luis Carlos; MARTINS-COSTA, Judith (Coord.). *Diretrizes teóricas do novo código civil brasileiro*, p. 32.

hermenêutica, para organizar parâmetros preferenciais de delineamento das penas convencionais, para a orientação da jurisprudência.

4.3.5 O perfil funcional da cláusula penal – Um instrumento de gestão do risco

Em um ordenamento jurídico cuja finalidade da relação obrigacional é conduzir o negócio jurídico ao adimplemento, Emilio Betti[54] explica que releva na prestação – para além da indispensável cooperação intersubjetiva (momento subjetivo) – a utilidade econômica que ela proporcionará ao credor. Esse é o "momento objetivo" da obrigação, que concerne ao respeito ao programa econômico negocial como causa objetiva do ajuste.

O sistema jurídico afirma que é útil para a sociedade que as relações obrigacionais alcancem os resultados que as partes projetaram ao tempo de sua celebração. Daí a utilidade na preservação do sentido dado à obrigação e na satisfação dos interesses nela referidos. Atendidos esses interesses, rompem-se os vínculos, alcançando o credor os objetivos econômicos perseguidos e o devedor recuperando a sua liberdade, alforriando-se da prisão que ameaçava a integridade de seu patrimônio. Esse é o segredo da transitoriedade das obrigações. Essa é a noção de obrigação em sentido amplo, apoiada em um enfoque relacional em que seja possível delimitar os interesses imediatos em trânsito e a diversidade de vínculos, para que alcance sua finalidade em uma ordem de cooperação.

Ingressando na cláusula penal, como poderíamos ajustá-la à conformação principiológica do direito das obrigações de modo a vencer os obstáculos criados pelo legislador ao traçar as linhas gerais do tema nos arts. 408 a 416 do Código Civil? Em outras palavras, de que forma podemos inserir a pena convencional em diversas funções se o legislador codificador manteve o quadro unitário do modelo jurídico?

Judith Martins-Costa elogia o Código Civil de 2002 por não ter definido o conceito de cláusula penal. Opção acertada, "pois permite à doutrina construir, progressivamente, o conceito, sob a perspectiva funcional, conforme o complexo das funções efetivamente desempenhadas pela figura".[55]

Com efeito, a cláusula penal assume a condição de modelo jurídico com vocação prospectiva, possibilitando solução de problemas presentes e novos, de acordo com padrões valorativos contemporâneos. Tal qual a cláusula geral, para Miguel Reale, o modelo jurídico se desvincula da pessoa do legislador para que possa atender a "fatos e valores supervenientes suscetíveis de serem situados no âmbito de validez das regras em vigor tão somente mediante o seu novo entendimento hermenêutico".[56]

A perspectiva funcional evidencia o fato de que a cláusula penal pode ser inserida, de maneira variada e complexa, em diversas funções jurídicas que constituem funções econômico-sociais dotadas de relevância jurídica. Há uma fragmentação da cláusula penal, a qual se presta a desempenhar as funções ressarcitória, garantista e sancionatória.[57]

---

54. BETTI, Emílio. *Teoria generale delle obbligazioni*, pp. 37-43.
55. MARTINS-COSTA, Judith. *Comentários ao novo código civil*, v. V, t. II, p. 419.
56. REALE, Miguel. *Fontes e modelos do direito*, p. 31.
57. MARTINS-COSTA, Judith. *Comentários ao novo código civil*, v. V, t. II, pp. 425-249.

Nesse cenário, avulta contextualizar a cláusula penal. Se antes a doutrina havia atingido relativo consenso quanto à natureza e modalidades da cláusula penal, impende agora verificar seu conteúdo, a correspondência entre o seu quantitativo e os danos previsíveis, a qualidade dos sujeitos da relação obrigacional e o tipo de negócio jurídico ajustado, para que possamos aferir a função que ela desempenhará na hipótese.

O redimensionamento do fenômeno contratual já foi aqui percorrido com a explanação do viés obrigacional como "Programa de cumprimento", a partir das lições de Clóvis do Couto e Silva, sobre a obrigação como processo. Todavia, há um dado adicional. Na redação conferida pela LLE aos incisos I e II do art. 421-A (Lei 13.874, de 2019), surge vigoroso estímulo ao instrumento da gestão de riscos. Preceitua-se que "as partes negociantes poderão estabelecer parâmetros objetivos para a interpretação das cláusulas negociais e de seus pressupostos de revisão ou de resolução" (inc. I) e que "a alocação de riscos definida pelas partes deve ser respeitada e observada (inc. II). A abertura legislativa à gestão de riscos atualiza o sentido do vocábulo "contrato" no contexto de relações intercivis e interempresariais. Doravante, não mais enucleado em sua gênese voluntarista de ato jurídico fundante – consubstanciado em declarações de vontade – porém, na noção abrangente de "atividade contratual", que confere conteúdo ao contrato em seu dinamismo e repercussões práticas. O contrato como realidade em permanente construção, como um sistema.[58] Assim, surge uma compreensão arejada do fenômeno contratual, agora revisitado como instrumento jurídico posto à disposição da autonomia privada para alocação de riscos economicamente previsíveis abrangendo variações de diversos fatores entre a celebração e a execução. Na medida em que o contrato se traduz em *locus* privilegiado para a afetação convencional do risco, a cláusula penal reforça a sua função de instrumento tendente a proteger o interesse do credor, nada obstante tenha o Código Civil timidamente reduzido este importante modelo jurídico a uma cláusula de prefixação indenizatória.[59]

O ensinamento de Pietro Perlingieri se ajusta exatamente ao caminho que desejamos trilhar:

> A obrigação pecuniária caracteriza-se por ter como conteúdo a prestação de uma quantia em dinheiro; ela, no seu aspecto estrutural é relacionamento entre a situação creditória e aquela debitória. Esta relação, porém, é neutra, não exprime ainda o porquê da sua existência, a função prático-social à qual responde. Falta o aspecto causativo da obrigação principal, o seu regramento, a disciplina que a caracteriza. Se se limitasse ao aspecto estrutural, isto é, à relação entre as situações, não seria possível individuar efetivamente a disciplina, a função daquela obrigação. Ela assume uma disciplina segundo a sua causa, a qual é expressão de sua disciplina: o aspecto funcional e aquele causativo exprimem a mesma exigência, isto é, individuar e completar uma relação entre situações subjetivas. O credor,

---

58. Paulo Mota Pinto explica que "o contrato é sempre um instrumento de afetação e domínio convencional do risco, pelo que existe, em certa medida, uma álea que é conatural a toda a assunção de vinculações contratuais. Tem, pois, sempre de ser tomada em conta a afetação do risco feita pelo contrato – por cláusulas específicas, pelo tipo de contrato escolhido etc." *O contrato como instrumento de gestão do risco de "alteração das circunstâncias*, p. 82.

59. Em matéria de gestão convencional do risco, Antonio pinto Monteiro sistematiza as seguintes relações: a) entre o contrato e o tempo, com as cláusulas de *hardship*...; b) entre o contrato e o risco (stricto sensu), que podemos exemplificar através das cláusulas de garantia, resolutivas e de força maior equiparada; c) entre o contrato e a responsabilidade civil, com as cláusulas limitativas e de exclusão de responsabilidade; d) entre o contrato e os meios de autotutela, onde avulta a cláusula penal". *O contrato na gestão do risco e na garantia da equidade*, p. 13.

CAPÍTULO 4 • A SUPERAÇÃO DO MODELO UNITÁRIO DA CLÁUSULA PENAL

segundo seja a causa uma outra, tem ou não determinados poderes, obrigações: poderá agir para a resolução, poderá defender-se excepcionando a inadimplência da outra parte.[60]

A adequada compreensão da polissemia da cláusula penal pressupõe a redescoberta do conceito da autonomia privada.

Apesar do silêncio do Código Civil de 2002 – sobremaneira no art. 104, ao eleger os requisitos de validade do negócio jurídico –, podemos justificar o reencontro do direito privado com a noção de causa, entendida esta como as razões que as partes perseguem com o contrato e as suas finalidades perante o meio social. Percebemos que, no negócio jurídico, a causa – ou a especificação da função que desempenha – é o elemento que o define, que lhe é próprio e único, e que serve a diferenciá-lo de qualquer outro negócio, típico ou atípico. É, portanto, também o elemento que lhe dá – ou nega – juridicidade. A gestão da álea pelos contratantes integra a causa dos contratos, um efeito essencial que as partes almejam alcançar.

Aqui surge em potência a função social do contrato. Não para coibir a "liberdade de contratar", como erroneamente se extraia da literalidade da redação original do art. 421 do Código Civil de 2002 ("a liberdade de contratar será exercida em razão e nos limites da função social do contrato), mas para legitimar a liberdade contratual. A liberdade de contratar é plena em uma ordem econômica pautada pela livre iniciativa, pois não existem restrições ao ato de se relacionar com o outro. Todavia, cláusulas autorregulatórias nascidas da plena autodeterminação das partes e integradas pela boa-fé objetiva serão em casos extremos sancionadas negativamente pelo ordenamento – em sua validade ou eficácia –, face à violação de interesses dignos de proteção no sistema jurídico.

Há muito criticávamos a redação do art. 421 do Código Civil. Não apenas no que diz respeito ao equivocado uso da expressão "liberdade de contratar" ao invés de "liberdade contratual, mas também pelo fato de que o texto original do Código Reale frisava que a liberdade de contratar se exercia "em razão e nos limites da função social do contrato." Em tese, a expressão "em razão" se destinaria precipuamente a conformar a autonomia privada à dimensão social. Porém, isso não significa que a liberdade contratual se desprenderá, como em um passe de mágica, de sua origem na vontade privada", para se curvar à uma pretensa função social que o negócio jurídico atenderá. O direito privado é o reduto de liberdade do indivíduo e as normas de ordem pública limites negativos às suas iniciativas econômicas. Permite-se tudo aquilo que não é expressamente proibido, mas não se constrange o particular a efetivar negócios jurídicos com fins que lhe sejam heterônomos.

O perfil funcional da cláusula penal guiará o intérprete no conflito de interesses, permitindo a partir da identificação da mínima unidade de efeitos essenciais do fato, a sua interpretação e qualificação e, após o seu confronto com o inteiro ordenamento jurídico, a definição da disciplina jurídica aplicável. Destarte, em matéria de risco negocial avulta a repartição de riscos efetuada pela autonomia privada no concreto regulamento de interesses que define o sinalagma contratual.[61]

---

60. PERLINGIERI, Pietro. *Perfis do direito civil*, pp. 116-117.
61. BANDEIRA, Paula Greco. *Contrato incompleto*, p. 232. Aduz a autora que "no procedimento unitário de interpretação e qualificação do fato jurídico, há de se investigar a causa *in concreto*, ou seja, a função econômico-individual

A partir de agora, nossa missão será investigar a disciplina da cláusula penal segundo a sua causa, o seu perfil funcional. A cada finalidade será atribuída uma distinta conformação jurídica. Cada qual das espécies de cláusula penal será individualizada em correspondência à função a que visa exercitar. A cláusula penal em sentido amplo se divide em duas espécies: a) cláusula penal *stricto sensu*; b) cláusula de fixação antecipada de indenização ou, simplesmente, cláusula de perdas e danos.

Com base nessa divisão, responderemos às situações práticas que envolvem a delimitação entre os referidos modelos jurídicos. A rigor, são várias as indagações sobre o regime da cláusula penal. A cláusula penal pode ser acrescida à indenização? A pena é devida ainda que não existam danos? Pode o credor optar pelo ressarcimento ordinário, desprezando a cláusula penal? A cláusula penal é suscetível de redução? Em que termos? Quando o credor poderá obter o dano excedente? Para cada uma das perguntas teremos possibilidades diversas de respostas, pois múltiplos são os interesses que propiciam a fixação da cláusula penal.

4.3.6 A cláusula penal em um cenário de fragmentação

Dieter Medicus pontua que *el más importante cometido de regulación en la cláusula penal lo constituye la protección del deudor*. [62]

A preocupação com o dimensionamento das penas convencionais intensifica-se sobremaneira no início do terceiro milênio. O paradigma pós-moderno ainda está em construção, mas certamente enaltece a fragmentação e a pluralidade, não sendo crível que imposições morais de conduta – como o receio à coercibilidade –, possam frear a liberdade na esfera privada.

O filósofo Zygmunt Bauman explica que a era da superioridade do sedentarismo sobre o nomadismo acabou. No estágio fluido da pós-modernidade, a elite global é formada por "senhores ausentes", nômades e extraterritoriais, que dominam "sem se ocupar com a administração, gerenciamento, bem-estar, ou, ainda, com a missão de elevar moralmente. O engajamento ativo na vida das populações subordinadas não é mais necessário". [63]

Esse desprezo pelo Estado com a rápida desintegração da rede social indica o desejo da "fuga" por parte daqueles que desfrutam alguma parcela de poder. Véra Maria Jacob de Fradera admite que no plano das relações entre indivíduo e Estado ocorre uma feudalização do direito privado, na qual "o indivíduo dotado de uma mínima autossuficiência perante o Estado busca desvencilhar-se da sua tutela, criando ele mesmo estrutura e mecanismos aptos a dar-lhe segurança, bem-estar, saúde, garantias para a velhice etc."[64]

Isso significa que parcela da sociedade quer transitar pelo universo jurídico livre de cercas, barreiras e fronteiras. É também essa a preocupação de Judith Martins-Costa, ao externar que

---

ou função prático-social considerada objetivamente e identificada no caso concreto que exprime a racionalidade desejada pelos contratantes".

62. MEDICUS, Dieter. *Tratado de las relaciones obligacionales*, p. 212.
63. BAUMAN, Zygmunt. *Modernidade líquida*, p. 21.
64. FRADERA. Véra Maria Jacob de. O direito dos contratos no século XXI. In: DINIZ, Maria Helena (Coord.). *O direito civil no século XXI*, p. 549.

> a multifuncionalidade da cláusula penal adquire exponencial importância na época atual, na qual cresce um renovado 'direito dos mercadores', direito dos grandes empresários: fugindo do judiciário, procuram as grandes empresas resolver os seus litígios por meios como a negociação e a arbitragem pois entre os 'grandes contratantes' é a própria economia que se serve de meios de pressão sobre o devedor. Entre esses meios está a cláusula penal, em suas diversas modalidades.[65]

Nesse cenário de dispersão e desagregação, no qual o mercado se afasta do Estado, edifica-se uma progressiva tendência a uma concepção metanacional do contrato. A ênfase é posta na *lex mercatoria* e na desvinculação a uma ordem jurídica determinada.

Sendo essa a única via, fatalmente a cláusula penal deixa de ser um lícito meio negocial de pressão ao adimplemento, convertendo-se em via de opressão. É um mito acreditar que o direito privado seja o campo por excelência dos "iguais", apenas incidindo assimetria nas relações trabalhistas, consumeiristas etc. Há muito já implodiu a célebre figura metafórica da "praça e do jardim" a que alude Nelson Saldanha.[66] O jardim não é o local lúdico em que os privados convivem de forma harmoniosa. Trata-se de uma arena povoada por desiguais.

Em vez de pensarmos que a resposta está na pós-modernidade, ela está na modernidade. Devemos posicionar o ser humano no centro do ordenamento jurídico e submeter as relações patrimoniais à tutela existencial da pessoa humana. Urge efetivar a dignidade humana e os direitos fundamentais, em um diálogo entre a Constituição e o direito privado, no qual a cláusula penal e os negócios jurídicos sejam submetidos à pauta solidarista do ordenamento (art. 3o, inciso I, da CF) e as cláusulas gerais da boa-fé objetiva e função social do contrato (arts. 421 e 422, CC).

Daniel Sarmento comenta a descrença do pós-modernismo jurídico com as possibilidades emancipatórias do direito e defende a extensão dos direitos humanos à esfera das relações entre particulares, para que os indivíduos não fiquem desprotegidos diante de atores privados cada vez mais poderosos.

> Não convém 'embarcar' na onda da neutralização axiológica da Constituição e do direito, proposta por certas correntes do pós-modernismo, pois a adoção dessa perspectiva prejudicaria ainda mais a posição dos excluídos numa sociedade já tão desigual e assimétrica como a brasileira.[67]

O fenômeno da eficácia horizontal dos direitos fundamentais ou da eficácia dos direitos fundamentais nas relações privadas é o grande tema do direito constitucional brasileiro do início do século XXI. Os direitos fundamentais protegem o ser humano em duas esferas: em primeiro lugar, contra o Estado, e, em seguida, na esfera privada, pois criam deveres para as partes. Esse efeito dá-se mediante a interpretação das cláusulas gerais (aplicabilidade mediata) ou da incidência direta da Constituição sobre a relação intersubjetiva (aplicabilidade imediata), à luz do sistema de valores do nosso ordenamento.

Ao desencadearmos a força normativa da Constituição Federal, personalizando e despatrimonializando o direito privado, será possível efetuar um juízo de merecimento

---

65. MARTINS-COSTA, Judith. *Comentários ao novo código civil*, v. V, t. II, p. 430.
66. SALDANHA, Nelson. *O jardim e a praça*, p. 6.
67. SARMENTO, Daniel. *Direitos fundamentais e relações privadas*, p. 370.

e licitude às cláusulas penais. O seu perfil funcional será determinado, simultaneamente, pela persecução aos interesses econômicos das partes e pela preservação da boa-fé e da função social do contrato, combatendo-se firmemente o abuso do direito (art. 187, CC).

Em suma, cumpre manter vivas as palavras de Judith Martins-Costa, quando aduz que não se admite "numa ordem econômica normativamente regulada, que o poderio econômico prevaleça sem freios, a ponto de se concluir que 'a natureza do mercado' seja não apenas dominante, mas, por igual, absolutamente determinante".[68]

---

68. MARTINS-COSTA, Judith. *Comentários ao novo código civil*, v. V, t. II, p. 431.

CAPÍTULO 5
A DUALIDADE DA CLÁUSULA PENAL

5.1. ESPÉCIES DE CLÁUSULAS PENAIS

Em breve retrospectiva, a construção tradicional, e ainda predominante, concede à cláusula penal a natureza de liquidação antecipada de danos, sem que se indague a respeito da finalidade que concretamente as partes imprimiram à relação jurídica. É sabido e já referido que há ampla adesão à convicção de ser despiciendo averiguar se a motivação da pena foi a de compelir o devedor ao cumprimento ou de pré-liquidar a indenização. No final, tudo se resume a uma só figura, com um exclusivo regime jurídico da cláusula penal. A sua função coercitiva é secundária e eventual.

De toda sorte, no sistema da *common law* e na Alemanha já resta traçada a distinção entre uma cláusula penal propriamente dita – de natureza compulsória – e a cláusula de pré-avaliação de danos. Na Europa continental, a doutrina aponta claramente para esse caminho dualista, no qual se valoriza o escopo e a intencionalidade intersubjetiva, delimitando-se a opção pela finalidade coercitiva daquela indenizatória para fins de construção de regimes jurídicos diferenciados.[1]

O Código Civil de Macau de 1999 instituiu a dualidade das cláusulas penais. As alterações não foram feitas por mera razão de localização formal do Código, isto é, não visando servir ao efeito de ter o Código que ser aprovado por um órgão legislativo local, antes satisfazer às necessidades da sua localização substancial, recodificação e atualização, no sentido de responder às exigências essenciais de modernização do sistema e da sua adaptação às características da sociedade de Macau neste virar de milênio.[2]

Ao abandonarmos o sistema unitário, bifuncional e eclético da cláusula penal, podemos justificar a incompatibilidade de uma mesma figura consistir em sanção e indenização. Cada modelo jurídico se destina a cumprir suas próprias finalidades, sem desvios. Em atenção à essência da cláusula penal, será possível resgatar a função coercitiva como seu elemento nevrálgico e típico tal como se procedeu no Código Civil da Argentina de 2015.[3] Todavia, isso não elide a configuração de outra cláusula penal, em

---

1. "la cláusula penal sería aquella que posee carácter estrictamente compulsivo, es decir, solo la pena privada. Otro instituto sería la "cláusula de liquidación anticipada de daños y perjuicios, cuya finalidad es estrictamente resarcitoria". Ambas cláusulas son similares en su origen voluntario, pero diferentes en cuanto a "causa final, en su función económica y jurídica, y específicamente en los parámetros que deben computarse para su interpretación y para su eventual revisión por resultar excesivas o ínfimas", In Pizarro, Ramón D. y Vallespinos, Carlos G. Instituciones de derecho privado – Obligaciones, p. 46/7.
2. Prefácio do Decreto-lei nº 39/99, de 3 de agosto, diploma que aprova o Código Civil de Macau.
3. Artículo 790. "Concepto La cláusula penal es aquella por la cual una persona, para asegurar el cumplimiento de una obligación, se sujeta a una pena o multa en caso de retardar o de no ejecutar la obligación".

sentido *lato,* emanada de hipóteses em que, pela via da liberdade contratual, o intuito das partes é o de unicamente pré-estimar danos.[4]

Alexis Jault assevera que *en raison de son caractère contractuel, la peine qu'institue la clause pénale est soumise à la créativité des parties, dont l'imagination a permis l'aménagement plus ou moins important du forfait.*[5] Diga-se que da vontade das partes segue o temperamento da cláusula penal.

5.1.1 A cláusula penal *stricto sensu*

Sabemos que a nota típica de qualquer forma de coerção privada é o constrangimento indireto, a ameaça, a pressão do devedor, destinada a infundir-lhe receio e temor. Se a ameaça não for eficaz, se não prevenir o descumprimento, surgirá o elemento sanção como característica do meio inibitório: o devedor insurgente, que não se deixou intimidar, sofre consequências sancionadoras de seu comportamento ilícito.

Isso implica afirmar que a cláusula penal quer compelir o devedor a cumprir a obrigação de forma a satisfazer o interesse primário do credor. A pena funcionará como uma sanção que substituirá a indenização, sem a ela acrescer.

Aliás, o maior argumento em defesa à clássica tese da bifuncionalidade da cláusula penal é justamente o fato de que a pressão sobre o devedor consiste na via pela qual o devedor será condenado a uma indenização. A título ilustrativo se A contrata com B, estipulando uma pena de R$20.000,00 (vinte mil reais) para o caso de descumprimento, quando os danos previsíveis giravam em torno de R$12.000,00 (doze mil reais), a doutrina[6] entende que a finalidade compulsória da cláusula penal – eis que fixada com cunho coercitivo – será garantida por uma "indenização sancionatória". Enfim, com o fracasso da pressão sobre o devedor, a soma de R$20.000,00 (vinte mil reais) será o próprio ressarcimento do credor. Em um raciocínio simplório: se o elemento compulsório é exercido por meio da indenização, a cláusula penal é indenização.

Ora, há uma gritante incompatibilidade. A doutrina tradicional não refletiu sobre uma distinção básica: o ressarcimento e a pena operam com finalidades distintas. A compensação deseja reparar os danos sofridos pela vítima; a pena quer punir o ofensor. O foco da reparação está na recomposição do credor a uma situação de equivalência ao momento anterior ao inadimplemento. Em contrapartida, a pena quer infligir uma sanção ao devedor, sem preocupação com qualquer estima de proporcionalidade com os danos que possam ser infligidos ao credor.

---

4. Explica Jorge Cesa Ferreira da Silva que "a admissão do caráter coativo, como o núcleo conceitual da cláusula penal, não acarreta a negação de suas outras eficácias que, do ponto de vista prático, possuem especial relevância" (*Inadimplemento das obrigações*, p. 244).
5. JAULT, Alexis. *La notion de peine privée,* p. 142. Tradução nossa: "Em razão de seu caráter contratual, a pena que institui a cláusula penal é submetida à criatividade das partes, na qual a imaginação permite a sua ordenação de forma maior ou menor que os prejuízos".
6. Trata-se da visão intermediária cujo cerne consiste em afirmar que a verdadeira função da cláusula penal é a de fixação prévia e *à forfait* da indenização por inadimplemento, mas esta, podendo ser determinada arbitrariamente, pode ser propositadamente exagerada com o fim de constituir-se em meio coercitivo indireto.

Essa nódoa que paira sobre a natureza da cláusula penal é bem percebida por Espín Cánovas,[7] ao argumentar que no momento em que a pena substitui a indenização, a cláusula penal passa a ter maior complexidade, colocando-se vários problemas derivados da relação entre a indenização e a pena, servindo mesmo de base para a elaboração de um conceito errôneo de cláusula penal, considerada como mera fixação convencional e antecipada de perdas e danos que derivam do descumprimento.

> Darcy Bessone captou com sensibilidade o problema ao enunciar que não conseguimos compreender a razão da exclusão da multa como meio direto de reforçar a obrigação. Preferimos, logo se vê, acompanhar aqueles que admitem que a cláusula penal pode constituir instrumento coercitivo, como pode destinar-se apenas à liquidação convencional prévia de possíveis perdas e danos.[8]

A cláusula penal em sentido estrito exerce uma função exclusivamente coercitiva. O fundamento da fixação de uma pena é exatamente o de afastar a discussão sobre a obrigação de indenizar. A cláusula penal destituirá a obrigação de indenizar não pelo fato de consistir em uma indenização predeterminada, mas por se tratar de uma prestação diferenciada. Diante do inadimplemento, o credor terá a faculdade de deslocar a prestação inicial e exigir a pena acessória. Isso explica a incongruência de o credor perseguir, ao mesmo tempo, o cumprimento da obrigação e a cláusula penal, pois a opção pela pena convencional elide a prestação anteriormente devida.

Na dicção de Antunes Varela,

> a cláusula penal extravasa, quando assim seja, do prosaico pensamento da reparação ou retribuição que anima o instituto da responsabilidade civil, para se aproximar da zona cominatória, repressiva ou punitiva, onde pontifica o direito criminal.[9]

Quando sua finalidade é eminentemente coercitiva, o credor não está interessado em predizer ou deduzir quais serão os possíveis danos pelo inadimplemento. Ele quer apenas garantir outra prestação, por isso o valor da pena será invariavelmente superior àquele que possa ser estimado para o prejuízo. Concluindo com Jorge Cesa Ferreira da Silva, "desse modo, o juízo de proporcionalidade entre a pena prevista e o prejuízo experimentado pelo credor não é de igualdade".[10]

Daí a nossa defesa incondicional à tese da cláusula penal como obrigação facultativa pela possibilidade conferida ao credor de substituir o objeto inicialmente prestado por outro, de caráter subsidiário, mas já especificado na relação obrigacional. A prestação devida é uma só, incidindo unidade de objeto quando da celebração do negócio jurídico, pois a pena convencional é um direito potestativo do credor de adimplir o débito de forma diversa da prestação originária, sem carecer de consentimento do devedor.

A cláusula penal se amolda ao perfil da obrigação com faculdade alternativa em favor do credor. O devedor não deve outra coisa a não ser a prestação, mas o descumprimento por causa a ele imputável concederá ao credor o poder de determinar a pena, em vez da

---

7. CÁNOVAS, Espin. *Manual del derecho civil español*, p. 186.
8. BESSONE, Darcy. *Do contrato*: teoria geral, p. 188.
9. VARELA, João de Matos Antunes. *Das obrigações em geral*, II, p. 140.
10. SILVA, Jorge Cesa Ferreira da. *Inadimplemento das obrigações*, p. 241. Eventuais abusos ou excessos serão combatidos pela via da cláusula geral do art. 413 do Código Civil.

prestação. O devedor se coloca em estado de sujeição, pois se submeterá ao exercício do direito potestativo do credor. O devedor não poderá, feita a opção pelo credor, opor-se a ela com oferecimento da prestação inicial. Tal como não pode impedir o credor de continuar a exigir o cumprimento desta, oferecendo-se a prestar a pena se não for essa a vontade do primeiro.

Pela adesão à tese da pena como obrigação facultativa com escolha do credor, Antônio Pinto Monteiro aduz:

> O que estranhamos é não ter havido a percepção de que configurada a cláusula penal nesses termos, pode explicar-se a finalidade coercitiva sem recorrer à função indemnizatória. Melhor: concebendo a pena como prestação que o credor poderá exigir, em alternativa àquela que era inicialmente devida, isso permite compreender a razão por que a cláusula penal funciona como meio de pressão ao cumprimento e, simultaneamente, como forma de o credor, através dessa outra prestação – isto é, repete-se, da pena – satisfazer o interesse que o levara a contratar.[11]

À luz dessas considerações, a satisfação econômica do interesse do credor, como corolário do descumprimento da obrigação, é mero efeito econômico da pena, sem qualquer conotação de indenização. Aliás, satisfeita a pena, o credor não poderá buscar a indenização, pois ela já foi excluída.[12]

A pena é devida independentemente da existência de qualquer prejuízo para o credor. O fato que desencadeia a cláusula penal é a ilicitude do comportamento do devedor, representando uma forma de tutela contra o incumprimento com regras próprias e excludentes daquelas que se aplicam a tutela ressarcitória. Como enfatiza Denis Mazeaud *la peine é due même en l'absence de préjudice subi et non pas simplement prouvé... La clause pénale édicte donc un principe de responsabilité sans préjudice.*[13] O eventual prejuízo desempenha um papel subalterno.[14]

Ao contrário do Código Civil italiano, que expressamente admite a natureza da pena como uma prestação – art. 1.382, "cláusula pela qual um dos contraentes é obrigado a uma determinada prestação" – o nosso Código Civil não se pronunciou a respeito. Isso não impede, porém, que a própria doutrina avance e conclua que não se trata de indenização a prestação que o credor aspira.

> Pontes de Miranda, enfaticamente, conceitua a cláusula penal como prestação, de ordinário em dinheiro, que alguém, devedor ou não, promete, como pena a que se submete, para o caso de não cumprir a obrigação, ou não a cumprir satisfatoriamente, ou para o caso de se dar algum fato, concernente ao negócio jurídico, ou não se dar.[15]

---

11. MONTEIRO, Antônio Pinto. *Cláusula penal e indemnização*, p. 616-617.
12. Exceto tratando-se de cláusula penal moratória, em que, pela sua própria natureza, a prestação será cumulada com a obrigação principal.
13. MAZEAUD, Denis. *La notion de clause pénale*, p. 324. Tradução nossa: "A pena é devida mesmo na ausência de prejuízo suportado, pois a cláusula penal se submete a um princípio de responsabilidade sem prejuízo."
14. Em recente obra abordando a cláusula penal no direito peruano, Gastón Fernández Cruz esclarece que "el pago de una penalidad no buscar restituir el status quo alterado por la conducta dañosa. Pagada la penalidad, no se ha 'reparado' al acreedor, ni se han mitigado los efectos del daño. Simplemente se ha propiciado el pago de un desembolso económico generado por haber ocurrido en la realidad el supuesto de hecho previsto en la clausula penal: el incumplimiento imputable de una obligación asegurada". In *La clausula penal*, p.61.
15. LARENZ, Karl. *Tratado de direito privado*, t. XXVI, § 3.112, p. 62.

Com efeito, George Ripert há muito já enunciava que o respeito pela promessa feita é uma das bases da ordem social. A promessa não é, sem dúvida, obrigatória senão por ser sancionada pela lei civil, mas esta lei pede à regra moral o segredo da força da promessa e os caracteres que a tornam respeitável.[16]

Associar a essência da cláusula penal a uma sanção compulsória é exatamente retornar às suas origens romanas de *stipulatio poena*, como importante mecanismo de prevenção contra o inadimplemento, reforço ao cumprimento de obrigações, com a preservação da confiança e da palavra empenhada. Essa coerção ao adimplemento oferece ao credor uma via alternativa em caso de fracasso da ameaça: a satisfação de seu interesse pela percepção de uma prestação chamada de cláusula penal.

No universo das cláusulas penais *stricto sensu* é possível distinguir ainda, as eficientes e as ineficientes. Explica Fernando Araújo que as primeiras são aquelas "que fornecem seguros de forma barata, facilitam a partilha de riscos e desencorajam o incumprimento ineficiente. As ineficientes são as que assentam numa desigualdade negocial ou na aposição de uma álea aos resultados contratuais".[17] Caberá ao ordenamento jurídico qualificar as penalidades ineficientes como cláusulas abusivas concentrando nelas forte reação normativa, com o objetivo de desestimular o proponente de abusar da leviandade de aderentes, sendo inaceitável uma disposição de sujeição voluntária à servidão.[18]

5.1.2 A cláusula penal de prefixação de indenização

A cláusula de prévia estipulação do quantitativo de perdas e danos é uma modalidade de cláusula penal em sentido amplo, concebida pelos contratantes com finalidade distinta da cláusula penal *stricto sensu*. A cláusula de perdas e danos certamente não é o alvo preferencial do credor, pois sua meta não é persuadir para obter o adimplemento, mas tão somente estabelecer uma soma indenizatória, sobremaneira para os casos em que a determinação judicial do montante seja difícil, custosa e demorada.

Enquanto o núcleo da cláusula penal reside na pressão ao cumprimento pela imposição de uma sanção aflitiva ao devedor, a cláusula de prefixação de indenização, como o próprio nome já explicita, preocupa-se com a manutenção de um grau de equilíbrio entre o montante ajustado e o dano sofrido pelo credor.

Aqui as partes desejam apenas determinar um valor invariável, *à forfait*, que corresponderá ao dano futuro. Os parceiros querem minimizar a incerteza propiciando certo planejamento, prevenindo-se quanto à demora, aos riscos e à incerteza de um pronunciamento judicial sobre a extensão de danos emergentes, lucros cessantes e, até mesmo, a compensação do dano moral. Nesse sentido, leciona Karl Larenz[19] que *por medio de esta institución se garantiza al acreedor una indemnización por los daños originados por la infracción contractual de naturaleza no patrimonial o cuya cuantía en su caso lo seria difícil probar.*

---

16. RIPERT, Georges. *A regra moral nas obrigações*, p. 385.
17. ARAÚJO, Fernando. *Teoria econômica do contrato*, p. 935.
18. Ver, *infra*, item 10.1.2.
19. LARENZ, Karl. *Derecho de obligaciones*, p. 369.

O credor é beneficiado, pois a existência da cláusula o dispensa de produzir provas sobre a extensão do dano – muitas vezes de árdua constatação. O devedor, a seu turno, elide o perigo de sucumbir a uma indenização excessiva, que ultrapasse suas expectativas negociais. Com isso, ambos os contratantes aceitam partilhar uma álea: o risco de o prejuízo efetivo ser superior ou inferior ao montante acordado a título de prefixação de danos. Desencoraja-se o oportunismo, pois a indenização é aquilo que se acordou, como resultado de um ajuste comum às partes. Tende-se a assegurar um equilíbrio que não é nem sub, tampouco sobreindenizatório.

Fernando Araújo, entusiasticamente, alardeia que "são tantas as vantagens da estipulação contratual dos montantes indenizatórios que pode chegar a estranhar-se a resistência de algumas ordens jurídicas às 'stipulated damages'".[20] Realmente, as *liquidated damages* não apenas reduzem tempo e custos, mas neutralizam os equívocos na eventual apreciação judicial da questão, poupando aos magistrados o esforço do cálculo *ex post* dos danos, tarefa que se torna angustiante no que respeita ao cômputo dos danos subjetivos, vale dizer, aqueles que se prendem às insondáveis preferências do credor, dificilmente verificáveis e quantificáveis.[21]

Não se pode negar que a liquidação antecipada do dano exerce certa eficácia compulsória sobre o devedor. Mas ela é meramente um efeito indireto – e mais do que natural –, uma simples consequência de o montante da indenização ser predeterminado. Esse fator inibitório acidental não se confunde com aqueles casos em que o fator determinante da contratação tenha sido a coerção (cláusula penal em sentido estrito) que, como vimos, é incompatível com a ideia de indenização.

Destarte, verificado o inadimplemento, não poderá o credor abrir mão da prefixação de danos e exigir a indenização na forma ordinária do art. 402 do Código Civil. Essa opção é vedada por se traduzir em quebra do acordo prévio, no qual as partes haviam empenhado a palavra em apenas se ressarcir pelo valor ajustado. Nada mais e nada menos.[22] A cláusula nasceu do interesse compartilhado pelas partes, e não do arbítrio do credor. Dispensá-la seria uma traição à confiança do devedor.

Tal e qual na cláusula penal *stricto sensu*, o credor só terá direito à percepção do montante ajustado se incidir descumprimento imputável ao devedor. O advérbio "culposamente" é inserido no art. 408 do Código Civil.[23] Cuida-se de uma presunção de culpa, pois, para elidir a incidência da pena, caberá ao devedor diligenciar para demonstrar ter agido com a máxima cautela para cumprir – em uma linha objetiva de previsibilidade.

No direito comparado, é usual a distinção entre a cláusula penal pura e a cláusula penal impura. A primeira é aquela que tratamos como cláusula penal *stricto sensu*. Já a

---

20. ARAÚJO, Fernando. *Teoria económica do contrato*, p. 920.
21. Apreciando o direito inglês, frisa John Cartwright que "A liquidated damages clause is enforceable – indeed, it is a good thing, because instead of claiming for damages and having an assessment of the loss in fact caused by the breach, it allows a pre-agreed sum to be claimed against the party in breach simply as a debt". In *Contract law*, p. 225.
22. Por isso que a norma do art. 413 do Código Civil apenas prevê o recurso à equidade, quando o valor da cláusula penal for *manifestamente* excessivo. Se não fosse assim, por via oblíqua seria afastado da cláusula o seu caráter de liquidação invariável de danos.
23. Aliás, o elemento subjetivo da culpa é inerente a qualquer das funções da cláusula penal.

cláusula penal impura corresponde ao modelo que ora ilustramos. Ao invés da finalidade de constranger o devedor ao cumprimento (pena pura), a finalidade da cláusula penal impura é de servir de meio de ressarcimento ao dano. As duas espécies são distintas, pois na primeira hipótese falta um elemento (o dano), que, ao contrário, é decisivo na segunda. A eficácia típica da cláusula de prefixação de danos deriva da lei, sob o pressuposto de que exista um dano imputável ao agente.[24]

Mas no Brasil essa fundamental distinção é praticamente ignorada pela doutrina, que restringe qualquer comparação exclusivamente às cláusulas moratória e compensatória. Na verdade, a perplexidade causada pela sistemática posição da doutrina nacional foi a de resumir a cláusula penal a uma cláusula convencional de fixação invariável de indenização. Nada mais do que isso. Entroniza-se a função de ressarcimento como modelo único. Sílvio Rodrigues afirma com veemência que está é a "função mais importante da cláusula penal".[25]

Podemos dizer, que pela redação de seus dispositivos, a pré-liquidação de danos foi a opção preferencial do Código Civil de 2002 para a cláusula penal, mas esta deliberação legislativa por um figurino não afasta a interpretação prospectiva do modelo jurídico.

De enorme importância será a demonstração pelo devedor da ausência de qualquer dano. A falta do prejuízo retira qualquer fundamento para a exigência da liquidação prefixada.[26] Afinal, onde não há dano, inexiste indenização.

Talvez, estejamos na iminência de uma necessária revisão jurisprudencial da funcionalidade da cláusula penal. Em julgado de 2021, o STJ aparentemente mantém a postura tradicional quanto ao hibridismo da cláusula penal: "Prevalece nesta Corte o entendimento de que a cláusula penal possui natureza mista, ou híbrida, agregando, a um só tempo, as funções de estimular o devedor ao cumprimento do contrato e de liquidar antecipadamente o dano". Contudo, mais adiante, o Relator implicitamente extraiu no caso concreto o modelo jurídico da cláusula penal stricto sensu: "Hipótese em que, diante da preponderância da função coercitiva da cláusula penal, não se poderia reduzi-la ao valor de uma única prestação ao fundamento de que essa seria a quantia que mais se aproximava do prejuízo suportado pela autora. A preponderância da função coercitiva da cláusula penal justifica a fixação de uma pena elevada para a hipótese de rescisão antecipada, especialmente para o contrato de patrocínio, em que o tempo de exposição da marca do patrocinador e o prestígio a ela atribuído acompanham o grau de desempenho da equipe patrocinada. Em tese, não se mostra excessiva a fixação da multa convencional no patamar de 20% (vinte por cento) sobre o valor total do contrato

---

24. MATTIA, Fábio de. *Cláusula penal pura e não pura*, p. 39, citando doutrinadores que compartilham deste posicionamento como os "eminentes juristas italianos: Alberto Trabucchi, Andrea Magazzú, Lodovico Barassi, além do eminente jurista espanhol Cánovas".

25. *Direito civil*: parte geral das obrigações, p. 85. Nesse sentido, ao apontar a finalidade da cláusula penal, Orlando Gomes aduz que "sua função é pré-liquidar danos. Insiste-se em considerá-la meio de constranger o devedor a cumprir a obrigação, por sua força intimidativa, mas esse efeito da cláusula penal é acidental. É em verdade uma convenção sobre perdas e danos" (*Obrigações*, p. 186).

26. Ao contrário do que ocorrerá na cláusula penal em sentido estrito, na qual, mesmo não havendo dano algum, o credor fará jus à pena como outra prestação.

de patrocínio, de modo a evitar que, em situações que lhe pareçam menos favoráveis, o patrocinador opte por rescindir antecipadamente o contrato".[27]

5.2. INTERPRETAÇÃO DAS CLÁUSULAS PENAIS

A finalidade da interpretação, segundo célebre colocação de Savigny, é fazer surgir o pensamento vivo consignado na letra morta.

Como manifestação da liberdade de contratar, explica André Seabra Silva, a cláusula penal demanda adequado *design* contratual, que demonstre de forma clara as intenções comuns na estipulação da penalidade. Os principais problemas decorrentes da estipulação da cláusula penal decorrem da necessidade de intepretação do contrato para apurar se o caso é realmente de cláusula penal, a natureza cumulativa ou substitutiva com que a penalidade foi pactuada, bem como as finalidades e os interesses que nortearam a formação do seu conteúdo.[28]

Cláusula penal e prefixação de indenização não se confundem em um só conceito com nomes distintos. São relevantes as distinções entre os dois modelos jurídicos, com eficácias jurídicas diferenciadas.[29]

A aferição do escopo concreto das partes é o ponto de partida para qualificarmos o regime jurídico adequado a cada cláusula penal e suas diversas consequências práticas. Aliás, ciente da importância da caracterização exata da cláusula penal, a própria Resolução n. (78)3 do Conselho da Europa considera como tal, aquela em que o devedor se obriga, a *titre de peine ou d'indemnité*, ao pagamento de uma soma em dinheiro. A exposição de motivos que fundamenta a Resolução afirma, peremptoriamente que a definição da expressão "cláusula penal" foi um dos problemas fundamentais a resolver.

Daí a essencialidade de buscar, em cada caso concreto, a que título e qualidade a cláusula penal foi estipulada. Galvão Telles prioriza a necessidade de se diligenciar pela via interpretativa, "que natureza e alcance pretendem as partes atribuir à cláusula penal estipulada".[30]

---

27. STJ, Informativo 717, 16 de novembro de 2021: "Quando na estipulação da cláusula penal prepondera a finalidade coercitiva, a diferença entre o valor do prejuízo efetivo e o montante da pena não pode ser novamente considerada para fins de redução da multa convencional com fundamento na segunda parte do art. 413 do Código Civil" (REsp 1.803.803-RJ, Rel. Min. Ricardo Villas Bôas Cueva, Terceira Turma, por maioria, julgado em 09/11/2021). O caso versava sobre contrato de patrocínio, em que a cláusula penal tinha essencialmente função coercitiva, de modo que justificar a fixação de uma pena elevada para a hipótese de rescisão antecipada, especialmente em que o tempo de exposição da marca do patrocinador e o prestígio a ela atribuído acompanham o grau de desempenho da equipe patrocinada. Decidiu-se que não se mostrava excessiva a fixação da multa contratual no patamar de 20% sobre o valor total do contrato de patrocínio, com o escopo de evitar que, em situações que lhe parecem menos favoráveis, o patrocinador optasse por rescindir antecipadamente o contrato, especialmente em se tratando de contrato empresarial celebrado por empresas de grande porte, inexistindo assimetria entre os contratantes que justificasse a excepcional providência da revisão judicial dos seus termos, a chancelar o prevalecimento da autonomia privada.
28. SILVA, André Seabra. *Limitação e Redução da Cláusula Penal*. São Paulo: Almedina, 2022, p. 551.
29. No direito alemão, é a distinção entre a *Vertragsstrafe* (cláusula penal) e a *Schadenspauschale* (prefixação de indenização); em França, a distinção da *clause pénale* para a *clause de dommagesintérêts*; na Itália, *clausula penal pura e non pura*.
30. TELLES, Galvão. *Direito das obrigações*, p. 448.

A importância do momento interpretativo para a existência de um negócio jurídico é atualmente um consenso. É pela interpretação que se determina o alcance e o sentido da atuação dos particulares. É com base nos resultados interpretativos que se produzirão os efeitos do negócio jurídico. A propósito, os contratos devem ser interpretados de acordo com a sua finalidade econômica, eis que é impossível concebê-los distanciados da necessidade econômica que buscavam satisfazer.[31]

Em uma cláusula penal *stricto sensu,* as partes não dispõem sobre o ressarcimento do dano. Inexiste relação de equivalência entre a pena e os danos previsíveis para a hipótese de inadimplemento. Se a finalidade concreta do credor é pressionar o devedor ao cumprimento mediante a imposição de uma sanção, a pena será de valor consideravelmente superior ao prejuízo esperado.

Observa Fabio de Mattia que as partes não dispõem a respeito do ressarcimento do dano eventual pois ele "não é sequer hipotisável".[32] Não há relação de valor ou de limites como ressarcimento do dano. Isso implica afirmar que o dano é algo despiciendo na elaboração da cláusula penal pura, eis que o ilícito contratual, automaticamente, desencadeia a faculdade do credor de exigir uma prestação autônoma a obrigação de indenizar. A prestação suplementar é absolutamente desvinculada da extensão do ressarcimento.

Em compensação, na cláusula de prefixação de danos a finalidade concreta visada pelos contraentes é distinta. Ao contrário da cláusula penal *stricto sensu* – em que a pena objetiva satisfazer o interesse do credor de pressionar o devedor –, na cláusula de teor indenizatório haverá um juízo objetivo de adequação entre o valor ajustado em relação ao dano previsível. A inserção da cláusula remete à satisfação comum de credor e devedor, pois evitarão litígios sobre a extensão do prejuízo efetivo. Assim, A e B ajustam a seguinte estipulação: em caso de inadimplemento, os danos serão liquidados na medida de R$ 1.000,00 (mil reais). As partes se limitam a regular o montante da reparação.

Em outras palavras: se o montante estipulado estiver em linha de proporcionalidade com o dano a reparar, resta induvidoso o desejo de apenas facilitar a obtenção da indenização pela sua antecipada delimitação. A cláusula é compensatória.

Evidenciando a fundamentalidade da interpretação das circunstâncias do caso concreto, Roberto Pardolesi exemplifica com uma contratação em que o promitente é indiferente a respeito dos riscos, mas o promissário possui uma grande aversão ao risco. Este não terá o interesse desembolsar um prêmio alto para garantir uma contrapartida exuberante – maior que o dano que poderia derivar do inadimplemento. Assim, é improvável que a cláusula penal seja realizada em montante exagerado. Mas, se imaginarmos dois contratantes indiferentes aos riscos, eles serão repartidos entre as partes, com a utilização da cláusula penal como agressivo meio aflitivo".[33]

---

31. FORGIONI, Paula A. *Contratos empresariais.* 4. ed. São Paulo: Ed. RT, p. 118.
32. MATTIA, Fábio de. *Cláusula penal pura e cláusula penal não pura,* p. 41.
33. PARDOLESI, Roberto. *Liquidazione contrattuale del danno,* p. 254.

Ao pretender a indenização, o credor se orientará pelo critério dos "danos prováveis", sem a finalidade sancionatória. Se, ao contrário, este for o seu intuito, o montante, necessariamente, excederá o valor que seria adequado à reparação.

Certamente, o teor das declarações será um valioso elemento investigativo. O emprego de vocábulos como "pena", "sanção" ou, de outro lado, "indenização" e "liquidação de danos" servem como primeiro indício. Mas não se mostra um critério transcendente.

Nesse sentido, imaginemos uma cláusula que, expressamente, estipule um montante a título de liquidação antecipada de danos ou outra expressão que indique a ideia de ressarcimento. Não obstante o teor aparentemente indenizatório, se a soma exceder claramente ao valor do dano previsível, o intérprete deverá considerá-la como cláusula penal *stricto sensu*, atendendo à finalidade compulsória perseguida no acordo.

De fato, se A e B estipulam uma cláusula de não concorrência, cuja infração caracterizará uma pena equivalente a R$ 10.000,00, quando os danos previsíveis seriam de R$ 1.000,00, percebemos que o escopo não foi liquidar danos, mas constranger o devedor a adimplir sob a ameaça indireta de uma vultosa sanção correspondente ao décuplo do prejuízo estimado.

Na lição de Dieter Medicus, *con ello, se muestra como criterio para la delimitación entre globalización de los daños y la promesa de la pena: la cláusula penal se acepta tanto más, cuanto que la prestación prometida, exceda verdadera y claramente de los daños esperados. Frente a esto, importa poco, la denominación elegida por los participantes.*[34]

O magistrado terá de valorar a cláusula consoante a concepção a ela dada no tempo da contratação, sem levar em consideração a evolução real do dano. O juízo de adequação não deverá considerar o prejuízo efetivo – *a posteriori* –, mas os danos previsíveis de acordo com as circunstâncias vigentes ao tempo da contratação. Pondera Werner Flume[35] que o valor de uma declaração de vontade é aferido ao momento de seu aperfeiçoamento, e esse valor independe de ulteriores acontecimentos. Uma declaração de vontade não pode ter um sentido no momento de seu nascimento e outro diferente depois. Segundo o Professor Emérito da Universidade de Bonn,

> *los acontecimientos futuros, en cuanto tales, no pueden por eso jugar ningún papel en la interpretación, sino en todo caso en la medida en que fueran aceptados por la conciencia (contemporánea) de los partícipes como posibles o imposibles, ciertos o inciertos.*[36]

No direito inglês, onde tradicionalmente as *penalty clauses* não são admitidas pela ofensa à ampla liberdade de quebra contratual, o magistrado analisar se a soma convencionada se tratou de uma válida cláusula de liquidated damages ou de uma inválida penalty clause, por uma perspectiva *ex ante*, do ponto de vista contemporâneo à elaboração do contrato. No primeiro caso, a indenização será devida, independentemente do fato de o dano real ser maior ou menos que o convencionado. Caso se conclua terem as partes ajustado uma pena contratual, será invalidada, sem possibilidade de

---

34. MEDICUS, Dieter. *Tratado de las relaciones obligacionales*, v. I, p. 212.
35. FLUME, Werner. *El negócio jurídico*, p. 373.
36. FLUME, Werner. *El negócio jurídico*, p. 373.

redução, restando ao credor uma pretensão indenizatória com base nas regras gerais do inadimplemento.[37]

Em sede interpretativa, impende averiguar quais eram os "danos esperados", entendida a expressão como os danos médios normais da atividade em causa, ou seja, os danos típicos daquela espécie de violação negocial em casos análogos. Mas, independentemente de tais considerações, se o dano real decorrente do inadimplemento exceder consideravelmente o valor ajustado o judiciário poderá exercer atividade sindicante, aplicando a cláusula geral da equidade (art. 413, CC), seja a cláusula penal *stricto sensu* ou de prefixação de danos.

Antônio Pinto Monteiro enfatiza que a determinação da espécie de cláusula penal constitui um problema de interpretação negocial. Isso significa que podendo determinar quais os danos efetivamente previstos pelas partes, será em função desses que terá de perspectivar-se a soma fixada, e não em função dos que seriam previsíveis a um declaratário razoável. Assim, "pode acontecer que o credor haja querido, efetivamente, compelido o devedor, criar um mecanismo de coerção ao cumprimento e este saiba disso mesmo, apesar de o montante estabelecido, por qualquer razão, ser inferior ao dos danos que um declaratário razoável teria previsto: tal facto, por si só, não impedirá a sua qualificação como cláusula penal em sentido estrito".[38]

Enfim, se o devedor teve conhecimento da vontade real do credor, é esta que será apurada para fins de qualificação da cláusula penal, mesmo que o valor acordado para ela não pareça, ao olhar de um intérprete, objetivamente aquilo que efetivamente presidiu a intenção das partes. Mas, não sendo possível identificar o escopo das partes, o intérprete deverá recorrer ao critério de razoabilidade.

Na abalizada lição de Renan Lotufo, "numa declaração receptícia, o significado decisivo é o que deram coincidentemente o declarante e o destinatário, pois dessa forma há correspondência ótima do propósito de ambos".[39] Com efeito, não se pode olvidar que o negócio jurídico possui dois elementos estruturais: um interno, que é a vontade; e outro externo que é a declaração. Ambos se complementam em relação de causa e efeito, pois a declaração de vontade deve ser somada à vontade de declarar. O ato de interpretação é a reconstrução do significado da declaração e consiste em partir do "texto para o contexto". Nenhuma forma de hermenêutica pode dar lugar a uma brusca separação do preceito negocial do seu processo de formação, nem da totalidade espiritual em que ele se enquadra como manifestação de autonomia privada.

Carlos Maximiliano ressalta que a vontade a ser interpretada não se traduz naquilo que uma pessoa quis, porém deixou fora do alcance da percepção do destinatário, mas apenas naquilo que aparece como aceito por uma das partes e proposto pela outra, pois "pode-se alimentar, em silêncio, um desejo; daí não abrolham deveres para o indivíduo, nem direitos para terceiros. Não se castigam intenções".[40]

---

37. BASEDOW, Jurgen; HOPT, Klaus; ZIMMERMANN, Reinhard. *The Max Planck Encyclopedia of European private law, v. II, p.* 1.262

38. MONTEIRO, Antônio Pinto. *Cláusula penal e indemnização*, p. 641.

39. LOTUFO, Renan. *Código civil comentado*, v. 1, p. 308.

40. MAXIMILIANO, Carlos. *Hermenêutica e aplicação do direito*, p. 275.

São manifestos os efeitos da distinção entre a pena e a indenização. Primeiro, pelo fato de a demarcação de territórios consistir na via efetiva de desconstrução do conceito unitário e bifuncional da cláusula penal que persiste em identificar em sinonímia as duas figuras e reconduzi-las a um único destino. Distinguindo acordos meramente indenizatórios do sentido compulsório da cláusula penal, poderemos extrair relevantes consequências práticas no plano da eficácia de cada qual das figuras. Talvez as mais relevantes sejam: o direito do devedor inadimplente se eximir da satisfação da cláusula de prefixação de indenização se demonstrar inexistência de prejuízo para o credor; a diferenciação quanto aos critérios para a redução da pena manifestamente excessiva; a possibilidade de o credor optar pela indenização – nos termos da lei – ao invés da pena. Daí a importância de o intérprete qualificar corretamente a cláusula penal.

Capítulo 6
Eficácia das Cláusulas Penais

6.1 LINHAS GERAIS

Distinguimos a cláusula penal em sentido estrito da cláusula penal como prefixação de indenização. Sabemos que a essência da pena é a coerção ao cumprimento e deixamos de identificar a cláusula penal com a prefixação de danos. Verificamos a função que cada uma objetiva concretizar, o título pela qual são estipuladas e o escopo que dirige a intencionalidade das partes – seja ele coercitivo ou indenizatório.

Essa aptidão emancipatória da cláusula penal, que a liberta do jugo do paradigma unitário e bifuncional, possibilita a edificação de regimes diferenciados com base nas características específicas de cada uma das espécies de cláusula penal. Porém, essas duas figuras não possuem autonomia dogmática, trata-se de espécies de cláusulas penais derivadas da liberdade contratual.

Denis Mazeaud[1] salienta que o debate sobre a natureza jurídica da cláusula penal é algo que *il ne s'agit pas là d'une controverse purement théorique, elle met, en effet, en jeu des intérêts purement pratiques relatifs au régime de la peine et, notamment, l'étendue du pouvoir de révision judiciaire.*

Ingressando em nossa legislação, isso significa que as normas dos arts. 408 a 416 do Código Civil podem se aplicar a ambas as espécies da cláusula penal. Todavia, alguns dispositivos, como o art. 412 e a primeira parte do art. 413, apenas se aplicam à cláusula de prefixação de indenização. Em contrapartida, o art. 416 se ajusta exclusivamente à cláusula penal *stricto sensu*.

Cumpre ao legislador definir o regime jurídico da cláusula penal e à doutrina a aptidão de construir, captando as dimensões da eticidade, socialidade e concretude. O Código Civil de 2002 é mais o alicerce do que o telhado. E, por isso, tanto o legislador quanto o jurista possuem liberdade para atuar e definir exatamente o seu conteúdo, preservando a sistemática, mas ao mesmo tempo abrindo caminho para a aplicação tópica do direito.[2]

Aliás, nem mesmo é possível afirmar que a cláusula penal seja uma categoria dogmática, *sino una categoría histórica, lo que vale decir que su esencia y naturaleza se deben determinar de modo diverso, según sea el momento en que el investigador realice el estudio de las mismas.*[3]

---

1. MAZEAUD, Denis. *La notion de clause pénale*, p. 290. Tradução nossa: "Não se trata de uma controvérsia puramente teórica; ela encontra um jogo de interesses práticos relativos ao regime da pena e, notadamente, sobre a extensão do poder de revisão judicial".
2. BRANCO, Gerson Luiz Carlos. *Diretrizes teóricas do novo código civil brasileiro*, p. 80.
3. FACIO, Jorge Peirano. *La cláusula penal*, p. 105.

Assim, foi conveniente às codificações liberais negar a origem coercitiva romana das cláusulas penais, em nome do progresso de um direito privado racional e independente de qualquer estigma penal, eis que a noção de sanção poderia reconduzir a civilização à barbárie. Nada mais importante que a preservação da incoercibilidade da vontade humana. Para tanto, foi conveniente colar a cláusula penal à prefixação de perdas e danos como liquidação *forfaitaire*.

Nada obstante, do ponto de vista metodológico, acreditamos que é prejudicial o amálgama entre ressarcimento e cláusula penal, por reduzir as perspectivas hermenêuticas na formulação da solução adequada ao caso. Não apenas ignora o escopo das partes, ofendendo o princípio da autonomia privada, como encobre as potencialidades prospectivas desse rico modelo jurídico.

A resposta precisa para a variedade de casos que se apresentam requer um método de raciocínio voltado para o problema e não para o sistema normativo isoladamente. No método tópico, preconizado por Viehweg,[4] qualquer solução ou decisão deve se basear no exame de um conjunto de elementos, de *topoi* (pontos de vista) relevantes para o caso – além da norma, os fatos, as consequências, os valores – que, dialeticamente ponderados, permitem a solução justa para a situação concreta examinada.

Via de consequência, seja o intuito negocial das partes de caráter ressarcitório ou coercitivo, estaremos diante de uma cláusula penal, apesar da diversidade de manifestações e de efeitos. Haverá, invariavelmente, uma obrigação de natureza acessória cuja essência é garantir o cumprimento da obrigação principal, reforçando o adimplemento.

Ao tratarmos da eficácia da cláusula penal, desejamos demonstrar que sua fisionomia não pode ser desenhada em abstrato, mas em conformidade com o direito positivo. Se efetivamente desejamos abandonar a tese unitária da dupla função em apoio a uma modelagem plural da cláusula penal, precisamos revelar sua aptidão concreta para a resolução de problemas legais que a concepção anterior era incapaz de solucionar, a não ser pelo recurso a uma série de ficções.

6.2 A CONSTATAÇÃO DO DANO

6.2.1 O dano na cláusula penal *stricto sensu*

É corriqueira na doutrina a identificação entre o ilícito civil e o dano. A responsabilidade civil seria o repositório natural de toda conduta antijurídica. Resumindo esse pensamento dominante, adverte Felipe Peixoto Braga Netto, "inicia-se tratando dos ilícitos, passa-se à responsabilidade, ou vice-versa, como se fosse uma única realidade".[5]

Na verdade, a obrigação de indenizar é apenas uma das eficácias possíveis decorrentes da prática de um ilícito civil. O cerne da ilicitude reside na antijuridicidade (elemento

---

4. VIEHWEG, Theodor. *Tópica e jurisprudência*, p. 3.
5. BRAGA NETTO, Felipe Peixoto. *Teoria dos ilícitos civis*, p. 86.

objetivo) do comportamento do agente e em sua imputabilidade (elemento subjetivo).[6] Tal qual a culpa, o dano é um componente eventual do ato ilícito.

A perspectiva equivocada da doutrina jurídica perpassa pelo próprio art. 186 do Código Civil, que confunde o ato ilícito como gênero com uma de suas espécies, o ilícito de eficácia ressarcitória. Trata-se de paradigma metodológico que demanda ampla revisão. Marcos Bernardes de Mello pontua que "quando a doutrina se refere à culpabilidade, ao dano ou ao dever de indenizar como dados caracterizadores do ilícito, comete o equívoco de confundir elementos completantes do núcleo do suporte fático com o seu próprio cerne".[7]

Realmente, a conjugação da conduta antijurídica de um agente imputável com a culpa e o dano implicará a obrigação de indenizar pela via da responsabilidade civil (art. 186, c/c art. 927, do CC). Cuida-se do *ato ilícito stricto sensu*, ou ilícito indenizante.[8]

Todavia, um ato ilícito pode gerar outras três eficácias: caducificante, autorizante e invalidante. No ilícito caducificante, o efeito será a perda de um direito daquele que praticou um ato contrário ao ordenamento (*v. g.*, a perda do poder familiar daquele que abandonar o filho – art. 1.638, CC); no ilícito invalidante, a conduta antijurídica do agente será sancionada pela nulidade ou anulabilidade, pois o sistema inibirá os efeitos desejados pelo agente com o seu comportamento; por fim, no ilícito autorizante, o ordenamento autorizará o ofendido a praticar determinada conduta como efeito do ato ilícito (*v. g.*, o poder do doador de revogar a doação diante do ato de ingratidão do donatário – art. 557, CC).[9]

Enfim, as sanções decorrentes do ilícito civil não se resumem ao ressarcimento ou à reparação. Luiz Guilherme Marinoni bem sintetiza a questão ao afirmar que o dano não é elemento constitutivo do ato ilícito, e que a confusão ocorre "porque o dano é o sintoma sensível da violação da norma".[10]

É neste momento que introduzimos a cláusula penal *stricto sensu*. Sua natureza coercitiva em nada se compadece com a indenização. São conceitos inconciliáveis. A sanção é derivada do descumprimento de cláusula de compulsão ao cumprimento. Nada que possa ser confundido com o efeito típico e normal da obrigação de indenizar.

Na cátedra de Fernando Noronha, o montante convencionado como pena se diferencia do ressarcimento, pois aquela "olha essencialmente o ato danoso, em si mesmo, com uma finalidade sancionatória, enquanto o segundo olha sobretudo as consequências do ato danoso, com uma finalidade indenizatória".[11]

Na cláusula penal *stricto sensu*, o devedor terá de arcar com a pena ajustada mesmo provando a inexistência de qualquer dano pelo descumprimento da obrigação. Exem-

---

6. MELLO, Marcos Bernardes de. *Teoria do fato jurídico*: plano da existência, p. 219.
7. MELLO, Marcos Bernardes de. *Teoria do fato jurídico*: plano da existência, p. 228.
8. Nada impede, contudo, que o ato ilícito indenizatório decorra do abuso do direito (art. 187, CC).
   Em sentido contrário, a reparação do dano poderá abstrair a discussão de culpa, nas hipóteses em que se aplica a teoria objetiva (art. 927, parágrafo único, do CC).
9. BRAGA NETTO, Felipe Peixoto. *Teoria dos ilícitos civis*, pp. 102-106.
10. MARINONI, Luiz Guilherme. *Tutela inibitória*, p. 35.
11. NORONHA, Fernando. *Direito das obrigações*, v. 1, p. 509.

plificando: A e B pactuam que, em caso de inadimplemento, a parte culpada pagará à outra a quantia de R$ 10.000,00 (dez mil reais), sendo que os danos previsíveis para a infração ao contrato seriam de aproximadamente R$ 2.000,00 (dois mil reais). A interpretação remete a uma cláusula penal em sentido estrito, na qual o desejo do credor é pressionar o devedor a cumprir sob pena de uma ameaça que proporcionará àquele um valor nitidamente superior ao da prestação original.

Equivocam-se os que pensam que a norma é de natureza meramente procedimental – uma espécie de inversão do ônus da prova que autorizaria o devedor a se eximir da pena quando provasse a ausência de prejuízo pelo fato do descumprimento. Na arguta observação de Jorge Cesa Ferreira da Silva, o *caput* refere-se à função penal da multa,

> aliás, não fosse assim, o caráter penal se perderia, tornando-se a cláusula penal uma mera estimativa de indenização, o que se afasta das linhas básicas do instituto. Por isso, muito mais do que afirmar que o credor não precisa alegar prejuízo, o texto está a dizer que o prejuízo não é relevante para que a cláusula penal se faça aplicável. Mesmo se inexistir dano, nasce o direito à pena, na medida em que ela se constitui para evitar que o inadimplemento ocorra.[12]

A partir da compreensão da cláusula penal como uma obrigação facultativa *à parte creditoris*, as incertezas se dissolvem. No momento do inadimplemento, nascerá para o credor o direito potestativo de substituir a prestação inicial por uma prestação supletiva (a pena). O credor terá a faculdade de deliberar entre o cumprimento da prestação pela via da tutela específica da obrigação de dar, fazer ou não fazer, ou, então, exigir a cláusula penal (art. 410, CC). A pena não ocupa o lugar da indenização, apenas enseja ao credor, em caráter alternativo, o poder de optar entre insistir na prestação ou receber o valor ajustado como cláusula penal.

Como ensina Antônio Pinto Monteiro, a compreensão da cláusula penal como obrigação facultativa com eleição do credor permite assim explicar – sem recorrer a ficções ou conceitos contraditórios – que a pena seja exigível independentemente da existência ou do montante do dano. Tal como o credor pode recorrer à execução específica sem que, para esse efeito, a eventualidade de o incumprimento não gere danos ou assuma qualquer significado ou relevância, poderá ele, igualmente, mercê da estipulação da cláusula penal, exigir uma prestação – a pena –, que substitui a prestação inicial, mesmo que o devedor prove que o inadimplemento desta não causa prejuízos.[13]

A sanção é desencadeada pelo inadimplemento, independentemente da aferição de dano. O descumprimento da obrigação é um ato ilícito que resulta da antijurídica conduta de violação de deveres negociais. Se as partes inseriram a cláusula penal *stricto sensu*, constitui-se o "ilícito autorizante". O sistema autorizará (facultará) o credor a sancionar o comportamento faltoso do devedor pela exigência de prestação que lhe proporcionará benefício econômico superior ao da obrigação, sem que aí haja qualquer conotação de indenização. Aliás, trata-se do mesmo mecanismo pelo qual nascerá para o credor o direito formativo extintivo à resolução contratual (art. 475, CC).

---

12. SILVA, Jorge Cesa Ferreira da. *Inadimplemento das obrigações*, 2006.
13. MONTEIRO, Antônio Pinto. *Cláusula penal e indemnização*, p. 630. Retomamos, assim, a *stipulatio poena* dos romanos, que dispensava a indenização, pois a prestação não cumprida era substituída por outra, que superava o valor da primeira e satisfazia o interesse do credor.

O art. 416 do Código Civil enuncia que, "para exigir a pena convencional, não é necessário que o credor alegue prejuízo". A norma dispensa a constatação do dano para a aplicação da pena, sendo suficiente o cometimento do ilícito. É um dispositivo perfeitamente aplicável à cláusula penal *stricto sensu*, compulsiva e sancionatória. Acerta Marcelo Benacchio ao rejeitar a ideia de que "haveria um dano presumido por termos em que todas as oportunidades em que se faz uma presunção legal absoluta de algum requisito, em verdade, está se excluindo aquele componente dos elementos necessários à configuração da hipótese legal".[14]

Ora, as cláusulas penais que sancionam a violação de uma obrigação de não concorrência ilustram perfeitamente essa afirmação. O montante definido pela pena é contratualmente previsto em razão do número de infrações cometidas pelo devedor.

Ao comentar o art. 1.382 do Código Civil italiano – "a pena é devida independentemente da prova do dano", Silvio Mazaresse enuncia que "na obrigação 'penal' a ilicitude do evento é suficiente para aperfeiçoar a eficácia da pena: o inadimplemento da obrigação prescinde de um evento realmente danoso".[15] De fato, a existência de danos não concede ao credor o poder de exigir a pena; a inexistência de danos não lhe retira esse poder de exigir.[16]

Ao concluir pelo caráter cominatório da pena, Denis Mazeaud afirma que ela se instala pelo fato objetivo da inexecução culposa pelo devedor. Trata-se de uma responsabilidade que exorbita o direito comum, pois a questão do prejuízo não é sequer levada em consideração para a fixação da pena. "A ilicitude de sua execução justifica, no espírito dos contratantes, o fato de que a pena seja devida mesmo na ausência de prejuízo ao credor e que ela seja integralmente devida, mesmo se de valor superior ao prejuízo real".[17]

Da mesma forma que o dano não é pressuposto para se exigir a pena, também não o é para o recurso à execução específica da obrigação, caso ainda seja viável, apesar de não ter sido voluntariamente cumprida.

A assimilação da noção de obrigação facultativa como marco teórico da pena convencional também nos permite alcançar outra importante conclusão: caso o devedor resista ao adimplemento e o credor prossiga na tentativa de cumprimento da prestação, sem que tenha êxito, nada o impedirá de exigir a própria indenização em vez da pena.

Concordamos com Guillermo Borda quando frisa que, ao eleger a pena como opção, o credor não poderá mais persistir na tutela específica do cumprimento, mas, se demandado a esta e o devedor não cumpre, conservará o direito a exigir a pena, pois é a interpretação

> *que más se compagina con la naturaleza subsidiaria de la cláusula penal; el camino normal que sigue un acreedor de buena fe es reclamara el cumplimiento; y solo en caso de que el deudor siga resistiéndose hace valer el derecho, siempre excepcional, de exigir el pago de la pena. No se ve motivo para negar la legitimidad de esta conducta.*[18]

---

14. BENACCHIO, Marcelo. *Cláusula penal*: revisão crítica à luz do código civil de 2002, p. 18.
15. MAZARESSE, Silvio. *Il códice civile*: comentario – clausola penale, p. 522.
16. Como pontua Gastón Fernandez Cruz, "el daño es elemento constitutivo del supuesto de hecho del cual deriva la pretensión resarcitoria del acreedor mientras que la cláusula penal restringe el supuesto de hecho al simple incumplimiento" In *La clausula penal*, p. 62.
17. MAZEAUD, Denis. *La notion de clause pénale*, pp. 397-398.
18. BORDA, Guillermo. *Manual de obligaciones*, p. 121.

Certamente o credor não poderá exigir a pena mais a indenização. Uma prestação (supletiva) pode ocupar o lugar da outra prestação (originária), mas é vedada a cumulação.

Insistimos em afirmar que o credor tem o poder de sujeitar o devedor à escolha entre pena e indenização. Ele pode prescindir da faculdade de exigir a pena, caso perceba que poderá obter em juízo um quantitativo de perdas e danos superior ao que se ajustou como coerção. O devedor se encontra em posição de sujeição e não poderá evitar a pretensão do devedor oferecendo-lhe o valor da pena, eis que ela não representa a indenização em si, mas apenas uma outra prestação que poderia servir ao credor, se fosse de seu interesse.

Depõe contra a própria natureza da cláusula penal uma convenção na qual se concederia ao devedor a faculdade de se eximir do cumprimento da obrigação mediante o pagamento da pena. Seria uma verdadeira cláusula de arrependimento. Em vez de medida de reforço da obrigação, a pena se converteria em uma técnica hábil a fragilizá-la.[19]

Preconiza o art. 410 do Código Civil que, "quando se estipular a cláusula penal para o caso de total inadimplemento da obrigação, esta converter-se-á em alternativa a benefício do devedor". Em sede de cláusula penal *stricto sensu*, o termo *alternativa* significará a persistência na tutela específica e, em caso de insucesso, o nascimento da pretensão indenizatória como opção ao emprego da pena.[20]

Não há de se falar em enriquecimento sem causa em proveito do credor. O fato de a pena superar o valor dos danos previsíveis é fruto de sua própria causa. Trata-se de uma pena privada cujo fundamento se encontra em uma prévia convenção e que não guarda razão de proporcionalidade com os danos. Ou seja, há causa jurídica para a inexistência de equivalência entre a sanção e o prejuízo real do credor, pois é da essência da coerção privada que exerça mecanismo inibitório ao inadimplemento. Certamente, sendo a pena de valor manifestamente excessivo, aplicar-se-á a redução judicial, a teor da norma do art. 413 do Código Civil.

6.2.2 O dano na cláusula penal de prefixação de indenização

Se a cláusula penal foi ajustada com o intuito de liquidação convencional de prejuízos, em caso de inadimplemento o credor ficará liberado do ônus de provar o montante

---

19. Não há disposição em nosso ordenamento semelhante a do art. 658 do Código argentino, pela qual "o devedor não poderá se eximir de cumprir a obrigação, pagando a pena, senão quando expressamente se houver reservado este direito".

20. CIVIL E PROCESSUAL CIVIL. RECURSO ESPECIAL. MULTA A TÍTULO DE CLÁUSULA PENAL. INEXECUÇÃO TOTAL DO CONTRATO. ALTERNATIVA A BENEFÍCIO DO CREDOR. PREVISÃO LEGAL. CUMULAÇÃO DE PEDIDOS. OBRIGAÇÃO DE FAZER COM MULTA CONTRATUAL. IMPOSSIBILIDADE. INEXEQUIBILIDADE ANTE A CONVENÇÃO DE CLÁUSULA DE EXCLUSIVIDADE. ANÁLISE DE CLÁUSULA CONTRATUAL. NÃO CONHECIMENTO. SÚMULAS N. 5 e 7 DO STJ.1. Reconhecida a inexecução total e culposa dos réus pela quebra do contrato, é devida ao autor, alternativamente, a multa prévia e contratualmente convencionada a título de cláusula penal. Inteligência do art. 918, CC/16; e vigente art. 410, CC/02.2. Não se conhece de recurso especial fundado na aferição de cumulatividade de obrigação de fazer por inexecução total do contrato, uma vez inexequível a obrigação, ante a existência de cláusula de exclusividade inerente aos contratos dessa natureza. O escritor contratante que agindo por vontade e atos próprios celebra contrato com rede de televisão, quando pré-existente e em vigência outro com empresa concorrente, convencionando-se cláusula de exclusividade na realização dos trabalhos literários e não os cumpre, não lhe autoriza esse procedimento, posteriormente, alegar culpa da outra parte, ante os fundamentos do princípio do *venire contra factum proprium*.5. Recursos especiais não conhecidos. (STJ, REsp 332048/SP, rel. Min. HONILDO AMARAL DE MELLO CASTRO – DJe 05/10/2009).

ou a extensão dos danos. A pena é o que previamente se acordou, nem mais nem menos. Os contratantes, de antemão, já conhecem a extensão invariável de uma eventual indenização. Ou seja, a indenização coincidirá com a pena prefixada, pois esse foi o interesse comum das partes ao adiantar o seu montante. Se o credor optasse pelo ajuizamento de uma demanda ressarcitória em detrimento da soma prefixada, lesaria o acordo que vinculou a ambos e trairia a confiança do devedor.

Poderíamos dizer que haveria uma violação ao princípio da boa-fé objetiva e uma espécie de abuso do direito (art. 187, CC) na modalidade do *venire contra factum proprium*, eis que a deliberação do credor pela indenização seria uma conduta contraditória e incoerente, por lesar a legítima expectativa de confiança do devedor na vinculação das partes à cifra ajustada.

Nuno Manuel Pinto Oliveira[21] aduz que no plano do direito probatório são invertidos os critérios gerais que colocam a cargo do credor o ônus de alegar e demonstrar a existência dos prejuízos provocados pelo descumprimento, pois "os critérios especiais de distribuição do ônus da prova decorrentes da estipulação de uma cláusula penal indemnizatória dispensam-no do ônus de alegar e demonstrar a existência e extensão desses prejuízos". Aliás, o art. 416 do Código Civil é enfático: "Para exigir a pena convencional, não é necessário que o credor alegue prejuízo".

Nesse caso, a pena será o substitutivo da indenização. Mesmo que o valor da cláusula penal seja tímido em relação aos danos causados ao credor, ele não terá a faculdade de optar pelas perdas e danos judiciais. Em sentido inverso, será ineficaz eventual alegação pelo devedor quanto à configuração de dano em montante inferior ao pactuado. O caráter aleatório da pena demonstra que ela atende ao interesse de credor e de devedor. Ambos se submetem ao risco de um dano real maior ou menor que o valor da cláusula penal. Por isso que o art. 413 do Código Civil apenas permite a redução judicial da pena em caso de excesso manifesto. Há de se respeitar a convenção, mas não se admite o abuso do direito pela desproporção evidente e grave entre a pena e o dano.

Por isso, além da interdição à pretensão indenizatória, o credor estará impedido de exigir a pena e ainda reivindicar qualquer valor para igualar o ressarcimento que receberá com o prejuízo real. Exemplificando, A e B ajustaram o valor de R$ 10.000,00 como prefixação de indenização por ser essa a expectativa de valor que coincidiria com o eventual descumprimento. Caso os danos alcancem o *quantum* de R$ 12.000,00, não poderá o credor exigir o acréscimo de R$ 2.000,00. Excetuam-se os casos em que existir convenção em contrário (art. 416, parágrafo único, do CC).

Tal qual na cláusula penal *stricto sensu*, poderá o credor persistir na tutela específica da obrigação. Trata-se de um concurso eletivo: o credor tem a faculdade de exercer um dos dois direitos de crédito concorrentes: exigir o cumprimento da obrigação ou reclamar a pena. Qualquer convenção que atribua ao credor a faculdade de cumular o direito à indenização convencional com o de executar a prestação em espécie será considerada como imposição contratual abusiva[22] – exceto tratando-se de cláusula penal puramente

---

21. OLIVEIRA, Nuno Manuel Pinto. *Cláusulas acessórias ao contrato*, p. 75.
22. PRATA, Ana. *Cláusulas de exclusão e limitação da responsabilidade contratual*, p. 653.

compulsória, na qual não haverá identidade entre os interesses perseguidos com a pena e a pretensão ao cumprimento.

Há de se ressalvar, naturalmente, a possibilidade de concurso cumulativo entre o direito ao cumprimento e a pena, nas hipóteses em que ela for fixada para prevenir a mora[23] (art. 411, CC).

Quando, porém, estipulada a pena para o descumprimento definitivo, ao contrário da cláusula penal *stricto sensu*, aqui não se defere ao credor a terceira via: a pretensão indenizatória. A alternatividade é afastada, pois o acesso aos prejuízos sofridos em sua extensão resta precluso ante a existência da cláusula que os delimitou a um montante certo e invariável.

Por outro giro, em matéria de cláusula de prefixação de danos, resta-nos enfrentar o tema nevrálgico: a pena incidirá se o credor não sofrer dano algum?

Provando o devedor que o credor não sofreu danos, ficará exonerado da pena. De fato, o dano é pressuposto inarredável da obrigação de indenizar. A prova do devedor quanto à inexistência de qualquer prejuízo é decisiva.

As regras de distribuição do ônus da prova implícitas na cláusula penal colocam a cargo do devedor a alegação e a prova da inexistência do dano ou da inexistência de nexo causal entre o dano e o descumprimento. Cuida-se de fato impeditivo ao direito do credor.

Consistindo fundamentalmente na obrigação de reparar o dano causado, a responsabilidade não tem como medida a gravidade da conduta do lesante, tampouco outros fatores subjetivos, mas unicamente a extensão do dano causado.

Denis Mazeaud se refere ao critério distintivo entre a cláusula penal e a cláusula de indenização convencionada – *forfaitaire*:

> *Nous savons déjà que la cause de cette clause réside dans l'évaluation anticipée de la réparation du préjudice subi du fait de l'inexécution. L'effet de l'indemnité qu'elle fixe de manière forfaitaire n'est donc pas de réprimer une inexécution illicite mais de réparer le préjudice engendré para cette inexécution. Par conséquent, la condamnation au paiement d'une telle indemnité se résout uniquement par son autonomie par rapport à l'importance du dommage effectif.[24]*

---

23. PROCESSUAL CIVIL. EXECUÇÃO POR DESCUMPRIMENTO DO TAC. DISPOSITIVOS EM COMANDO PARA INFIRMAR O ACÓRDÃO RECORRIDO. SÚMULA 284/STF.1. Trata-se, originariamente, de Execução por descumprimento de TAC destinado à recuperação ambiental e adequação de empreendimento às normas de proteção ambiental. Pediu-se a interdição liminar do estabelecimento, o que foi indeferido em decisão mantida pelo Tribunal de origem2. O recorrente alega violação do art. 411 do CC, que dispõe: "quando se estipular a cláusula penal para o caso de mora, ou em segurança especial de outra cláusula determinada, terá o credor o arbítrio de exigir a satisfação da pena cominada, juntamente com o desempenho da obrigação principal".3. O acórdão examina a questão pelo enfoque eminentemente processual (impossibilidade de cumulação de execução de fazer com a de pagamento de quantia certa por incompatibilidade procedimental, descabimento da providência cominatória requerida em execução). O art. 411 do CC não tem comando suficiente para infirmar o acórdão recorrido. Súmula 284/STF.4. Recurso Especial não conhecido. (STJ, REsp 1322146/RS, rel. Min. HERMAN BENJAMIN, DJe 20/03/2013). Ressalta-se que esse é um posicionamento atual do STJ, o qual aponta incompatibilidade de execução, no mesmo ato, da obrigação de fazer e da obrigação de pagar quantia certa, tendo em vista se tratarem de procedimentos com suas diferenças.

24. MAZEAUD, Denis. *La notion de clause pénale*, p. 324. Tradução nossa: "É sabido que a causa de certas cláusulas reside na avaliação antecipada da reparação de prejuízos resultantes da inexecução; o efeito da indenização fixada

A cláusula penal não derroga as regras sobre os pressupostos da responsabilidade negocial. O credor só poderá exigir a pena se estiver preenchida a previsão normativa do art. 389 do Código Civil. A cláusula de prefixação de indenização apenas derroga as regras sobre a eficácia da responsabilidade, pois os critérios convencionais de liquidação de danos substituem os critérios legais.

Com Antônio Pinto Monteiro, "A álea a que as partes se sujeitam, inerente a uma liquidação prévia da indenização, reporta-se ao valor da mesma, não a um pressuposto fundamental, que, a não existir, faz com que a liquidação careça de sentido: o dano".[25]

O art. 402 do Código Civil exige a demonstração de danos emergentes e lucros cessantes para que seja aferido o montante da indenização, "salvo as exceções expressamente previstas em lei". A parte final do dispositivo se aplica à cláusula de prefixação de indenização, que torna supérflua a mensuração dos danos. Já na cláusula penal *stricto sensu*, a pena não se prende sequer ao dano causado – como consequência do ilícito –, mas ao ato ilícito em si mesmo, como uma violação antijurídica ao contrato, sancionando-se a falta do devedor e imputando-lhe uma prestação mais gravosa do que aquela prevista no negócio jurídico.

Nesse sentido caminha a lição de Fábio de Mattia, ao comparar a cláusula penal *stricto sensu* com a cláusula de prefixação de danos:

> Em um caso a eficácia jurídica é atribuída pela vontade das partes a um acontecimento distinto com um nexo de causalidade direta e no outro, ao invés, a eficácia típica deriva diretamente da lei, sob o pressuposto de que exista um dano imputável: na primeira hipótese falta um elemento (o dano) que, ao invés, é decisivo na segunda.[26]

6.2.3 A perplexidade do Código Civil brasileiro

Sabemos que a doutrina tergiversou a respeito das funções da cláusula penal. Essa "distração" pode ser debitada à influência da doutrina dualista, que sempre laborou com a visão bifuncional e eclética da pena, caracterizada como uma indenização sancionatória.

À medida que distinguimos as várias espécies de cláusulas penais de acordo com as finalidades concretas desejadas pelas partes, podemos perceber as contradições evidentes do Código Civil – que já existiam no Código Civil de 1916 e, de certa forma, foram atenuadas, mas permanecem na nova legislação de 2002.

Enquanto a parte final do art. 927 do Código Civil de 1916 estabelecia que "o devedor não pode eximir-se de cumpri-la a pretexto de ser excessiva", o art. 920 do Código Civil de 1916 preceituava que "o valor da cominação imposta na cláusula penal não pode exceder o da obrigação principal". A leitura dos dois dispositivos remete-nos a uma perplexidade.

---

antecipadamente não é reprimir uma inexecução ilícita, mas reparar o prejuízo dela derivado. Por consequência, a condenação ao pagamento de tal indenização é autônoma em relação à importância do prejuízo efetivo".

25. MONTEIRO, Antônio Pinto. *Cláusula penal e indemnização*, p. 584.
26. MATTIA, Fábio de. *Cláusula penal pura e cláusula penal não pura*, p. 39.

Ao examinar as normas sobre cláusula penal no direito comparado, Jorge Peirano Facio detecta que *es difícil precisar claramente cuál es el alcance de los textos brasileros en la materia, ya que son contradictorios y han dado lugar a profundas divergencias en torno a su interpretación.*[27]

A primeira norma era um dispositivo que objetivava assegurar o respeito à palavra dada – *pacta sunt servanda* – tal qual o orientava o Código Civil francês de 1804. Foi ela incluída no projeto Beviláqua. A Comissão Revisora, porém, cuidou de acrescer o dispositivo contraditório ao projeto original, limitando a cominação da pena ao valor da obrigação principal.

No Código Civil de 2002, a parte final do art. 927 do Código Civil de 1916 foi definitivamente excluída. Aqui há um acerto, pois em situações excepcionais poderá o devedor pleitear a redução judicial da pena como manifestamente excessiva, na dicção do art. 413 do Código Civil. Atenua-se o *pacta sunt servanda* em nome da equidade.

O art. 920, porém, foi mantido, na configuração do art. 412 do Código Civil de 2002, com a mesma redação: "O valor da cominação imposta na obrigação principal não pode exceder o da obrigação principal". No regime do revogado Código Civil, Carvalho de Mendonça já havia percebido o equívoco e criticado o dispositivo:

> É um erro combatido em muitas outras fontes. No direito moderno leis existem que concedem às partes plena liberdade na estipulação do *quantum* da pena. Em nosso direito se a pena pecuniária do contrato exceder o valor da obrigação principal, é nula no excesso. Não encontramos razão plausível para essa fixação positiva no direito moderno. Sua origem histórica era o antigo ódio à usura, hoje recalcado para o domínio exclusivo da moral.[28]

Caio Mário da Silva Pereira criticou a perpetuação do referido dispositivo no Código Civil de 2002:

> O novo código mantém um princípio que no regime de 1916 já não tinha justificativa. E, na sistemática do atual, menos cabimento traz. A manutenção é fruto da pura inércia. Uma vez que estava, ficou. Somente as partes são interessadas em reforçar o cumprimento da obrigação com uma pena convencional. E, do mesmo modo que são livres de inseri-la ou não, no texto ou em apartado, devem ter o arbítrio de graduá-las nos limites de suas conveniências, estimando-a em cifra mais ou menos elevada.[29]

De fato, a manutenção do art. 920 no texto do atual art. 412 do Código Civil de 2002 empobrece o modelo da cláusula penal, pois acaba por reduzi-la a uma cláusula de prefixação de danos. Mais nada. Fábio de Mattia afirma que,

> condicionada ao valor da prestação principal, a pena coercitiva perde a sua eficácia, confundindo-se com o ressarcimento. O devedor que não poderá sofrer com a cominação da pena mal maior do que o decorrente do adimplemento da prestação não se sentirá coagido à execução específica da obrigação.[30]

A limitação do art. 412 do Código Civil é uma forte restrição à liberdade das convenções, que mais perturba do que tutela interesses individuais. Certamente, ela atendia ao

---

27. FACIO, Jorge Peirano. *La cláusula penal*, p. 241.
28. MENDONÇA, Carvalho de. *Tratado geral dos direitos de crédito*, p. 378.
29. PEREIRA, Caio Mário da Silva. *Instituições de direito civil*, v. II, p. 158.
30. MATTIA, Fábio de. *Cláusula penal pura e cláusula penal não pura*, p. 52.

ideário clássico da incoercibilidade das obrigações, pois apenas a multa que excedesse o valor da prestação poderia influenciar a vontade do devedor, constrangendo-o a adimplir.

Temos de perceber que a autonomia privada permite que a pena seja delimitada em valor maior, igual ou maior que a obrigação principal. Em cada caso poderemos extrair da função perspectivada pelas partes um modelo prospectivo e diferenciado. Entendimento contrário frustraria a autonomia negocial e a finalidade coercitiva da pena, anulando seu próprio sentido sancionatório. Em verdade, a pena convencionada pelas partes norteia o quantum indenizatório, independente daquilo que se ajustou como obrigação principal.[31]

Não há qualquer problema da pena ser estabelecida em montante maior do que o eventual prejuízo, apenas em caráter excepcional haverá a intervenção do Judiciário para reduzi-la, evitando-se o ilícito do abuso do direito (art. 187, CC). Não por outra razão, o art. 412 se coloca em colisão frontal com o art. 413. Se a pena não é "libertadora, de que serviria o poder judicial de modulação? Justamente por ser a pena o único valor que o credor pode reivindicar é que se permite excepcionalmente ao magistrado atenuar a dureza excessiva do contrato.

6.3 A REPARAÇÃO PELO DANO EXCEDENTE

6.3.1 A convenção de reparação pelo dano excedente

É inequívoco que o objeto da cláusula de prefixação de indenização é a estipulação de um valor ressarcitório fixo e invariável para o caso de descumprimento culposo da obrigação. A relação obrigacional é desconflitualizada no momento subsequente ao descumprimento. A imutabilidade da indenização convencional é característica essencial dessa espécie de cláusula penal, implicando vantagens e riscos para ambas as partes, eis que o *quantum* antecipado é aleatório, já que as partes não podem prever as consequências econômicas de um eventual descumprimento.

Em princípio, se o dano efetivo alcançar montante superior ao da pena, esta será a única indenização exigível, sendo negado ao credor o acesso ao regime comum da indenização.

Nada obstante, o parágrafo único do art. 416 – seguindo orientação preconizada em outros sistemas jurídicos[32] – é vazado nos seguintes termos:

> Ainda que o prejuízo exceda ao previsto na cláusula penal, não pode o credor exigir indenização suplementar se assim não foi convencionado. Se o tiver sido, a pena vale como mínimo de indenização, competindo ao credor provar o prejuízo excedente.

Assim, o preceito inovador admite que as partes ajustem convenção permitindo a indenização do dano excedente. Nada mais fez o legislador do que adaptar a sistematização

---

31. Melhor neste ponto é a redação do Código Civil peruano: "Articulo 1341 – el pacto por el que se acuerda que, en caso de incumplimiento, uno de los contratantes queda obligado al pago de una penalidad, tiene el efecto de limitar el resarcimiento a esta prestación y a que se devuelve la contraprestación, si la hubiere".

32. Como, por exemplo, o nº 2, do art. 811 do Código de Portugal: "O estabelecimento da cláusula penal obsta a que o credor exija indemnização que exceda o valor do prejuízo resultante do incumprimento da obrigação principal".

da pena a sua característica funcional de garantia do crédito. Não é por outra razão que a cláusula penal dispensa o credor da prova de verificação dos danos e de sua respectiva extensão. Pelo fato de a cláusula penal consistir em um instrumento privilegiado de proteção ao credor, permite-se que da mesma forma que seja convencionada, possa ser convencionalmente excluída quando no caso concreto se mostre inapta a exercer a sua finalidade.

Ana Prata explica a cláusula de indenização por dano excedente como um ajuste hábil a consentir que "por convenção das partes, a cláusula penal seja afastada, quando da sua aplicação não resulta um benefício para o credor, mas uma desvantagem, por o seu montante não alcançar o dos danos verificados".[33]

De fato, a índole da cláusula penal é a mesma que norteia todo o direito das obrigações: o acesso ao adimplemento de forma direta e simplificada, com a satisfação do interesse do credor. Por isso, não há previsão legal (nem seria de admitir pacto em tal sentido) que conceda às partes a opção de acrescer uma convenção segundo a qual, sendo o valor da cláusula penal superior a dos danos, a indenização do credor seja reduzida ao limite da pena. Sabemos que o legislador só aceita a intervenção judicial corretiva diante de uma manifesta excessividade da pena (art. 413, CC).

A convenção de reparação pelo dano excedente permite ao credor optar pela indenização integral nos termos gerais, apesar de existir um montante prefixado de indenização. Contudo, temos de apartar essa hipótese daquela que é característica da cláusula penal em sentido estrito: uma obrigação facultativa em prol do credor.

Enquanto na cláusula penal *stricto sensu* a faculdade de o credor substituir a pena pela pretensão indenizatória é da essência da sua função sancionatória e coercitiva,[34] na cláusula de prefixação de indenização essa opção só será concedida ao credor na presença de uma cláusula expressa.

De fato, na cláusula penal em sentido estrito o credor quer compelir o devedor a cumprir com a ameaça de lhe exigir uma ou outra prestação. Pelo fato de a pena não representar, tampouco remeter à indenização, é o credor que decidirá qual dos caminhos seguirá. Não é outra coisa o que prevê o art. 410 do Código Civil de 2002. Da mesma forma que lhe é natural optar pela tutela específica, poderá entender que, inviabilizada a via do cumprimento, o seu benefício será maior com a obtenção da indenização.

Lembre-se de que na cláusula penal em sentido estrito o valor da pena será superior ao do dano previsível, pois inexiste qualquer relação de equivalência entre o valor ajustado e a indenização. Assim, se A e B ajustam uma pena de R$ 20.000,00 quando o prejuízo estimado para o inadimplemento era de aproximados R$ 10.000,00, caso o prejuízo real seja de R$ 30.000,00, o credor poderá abandonar a pena e migrar para a indenização nos termos comuns.

Em contrapartida, na cláusula de prefixação de indenização essa deliberação do credor entre a pena e a indenização não é da sua essência. Imprescindível a convenção

---

33. PRATA, Ana. *Cláusulas de exclusão e limitação da responsabilidade contratual*, p. 647.
34. O BGB é correto ao dispor, no n. 2, do § 340, que o credor terá direito a uma ação para o ressarcimento, funcionando a pena um importe mínimo.

prévia nesse sentido a que alude o inovador dispositivo do Código Civil de 2002.[35] Só com ela nascerá o direito potestativo do credor de ignorar a cláusula penal, pois o seu interesse se deslocará para a obtenção do ressarcimento em sua plenitude. Assim, se A e B fixaram uma cláusula penal de R$ 10.000,00 na suposição de que os danos seriam de tal extensão, caso o prejuízo real alcance a quantia de R$ 20.000,00, simplesmente o credor poderá prescindir da vantagem que a cláusula penal lhe concede, em termos de prova do prejuízo. É o credor quem terá o ônus de demonstrar o importe dos danos, exatamente como em qualquer obrigação de indenizar.

Tendo em vista que os contratos de adesão – inclusive nas relações civis – são caracterizados pela predeterminação unilateral do conteúdo e por vezes conduzem ao desequilíbrio contratual, estabelece o Enunciado 430 do Conselho de Justiça Federal que "No contrato de adesão, o prejuízo comprovado do aderente que exceder ao previsto na cláusula penal compensatória poderá ser exigido pelo credor independentemente de convenção". Oferecemos nossa crítica ao enunciado por afastar qualquer incentivo a estipulação de uma cláusula de liquidação antecipada de danos nas relações interprivadas e em cláusulas gerais de contratação. Eventualmente uma convenção pela reparação do dano excedente pode ser invalidada caso se revista de abusividade, todavia não concordamos com a possibilidade de inserção no contrato de uma regra heterônoma à vontade dos contratantes que suprima a eficácia da cláusula penal compensatória.

Adiante, Deniz Mazeaud[36] argumenta que em França as partes podem fixar um *plancher* (piso). Trata-se de uma cláusula de um mínimo, na qual os contratantes fixam previsão de que se o prejuízo real for superior ao montante da pena a sua execução não excluirá a reparação integral do prejuízo. Assim, se o prejuízo for inferior à pena, continuará a exigi-la. Solução semelhante se encontra no direito civil alemão quando as partes explicitamente se reservam a opção pela reparação integral, não obstante a existência de uma cláusula penal. Por certo, o valor a pena será deduzido da indenização para evitar uma sobrecompensação.[37]

Tanto a PECL (*Principles of European Contract Law*), como o DCFR (*Draft Common Frame of Reference*) e o UNIDROIT *Principles of International Commercial Contracts* (PICC) silenciam sobre o tema, todavia, são interpretados no sentido de que as partes sempre serão livres para estipular que a pena seja apenas uma soma mínima a ser paga pela parte diante do descumprimento da obrigação, reservando-se à parte agravada uma alternativa ampliada se ele puder provar que a sua perda exorbitou a quantia mínima.[38]

A cláusula de indenização pelo dano excedente permite ao credor optar pela percepção da indenização em detrimento da pena, porém não será lícita a convenção que lhe defira a possibilidade de obter um montante superior ao prejuízo efetivo. Exemplificando: A e B estipulam uma pena de R$ 10.000,00, pois esse é o valor aproximado dos

---

35. Demonstraremos, porém, que, mesmo não havendo cláusula de reparação pelo dano excedente, sendo o prejuízo substancialmente superior a pena, o credor poderá pleitear em juízo a revisão da pena manifestamente irrisória.

36. MAZEAUD, Denis. *La notion de clause pénale*, p. 337.

37. BGB: Section 340 "Promise to pay a penalty for nonperformance (2) If the obligee is entitled to a claim to damages for nonperformance, he may demand the penalty payable as the minimum amount of the damage. Assertion of additional damage is not excluded".

38. *The Max Planck Encyclopedia of European private law*, v. II, p. 1262.

prejuízos que o descumprimento causaria. Não será lícita a inclusão de cláusula que defira ao credor a faculdade de substituir a pena por uma indenização integral acrescida de 10% de seu montante. Se assim fosse, haveria um desvio na figura convencionada, eis que o intuito compulsório da pena a remeteria ao modelo da cláusula penal em sentido estrito. A coerção reside no fato de que se o credor não se contentar com a indenização, ele ameaça o devedor com um valor superior.

Mais uma vez, sobeja demonstrado que cogitar de uma "indenização sancionatória" é uma contradição em termos; ou a cláusula penal se compraz de uma função ou de outra. A figura híbrida sempre nos remeteria resultados práticos indesejáveis.

Enfim, temos de focar a controvérsia do dano excedente na cláusula de prefixação de indenização, quando a estimativa prévia de prejuízos não se mostrou suficiente para agasalhar a totalidade dos danos. O art. 416, parágrafo único, em nada afeta as duas outras espécies de cláusula penal.

Talvez a maior celeuma sobre a convenção de danos excedentes seja aquela colacionada por Nuno Manuel Pinto Oliveira ao discutir a hipótese em que

> os contraentes convencionam uma pena de 10.000; o credor invoca a convenção sobre o dano excedente e exige 15.000; o devedor contesta e demonstra que os danos decorrentes do incumprimento não excedem 7.500. O tribunal deverá condená-lo a pagar a indenização (de 7.500) ou a pena (de 10.000)?[39]

Ninguém duvida de que, se sobejasse demonstrado o prejuízo de 15.000, o credor poderia exigir o pagamento da diferença entre a pena e o prejuízo. E se não conseguir demonstrá-los? Ficaria apenas com o valor de 7.500, mesmo que essa quantia seja inferior à pena (10.000)? Duas vias se abrem: a) pela forma simétrica, se o credor demonstrar a existência de prejuízo superior à pena, obterá uma vantagem; mas, se não demonstrar, terá uma desvantagem, pois a indenização coincidirá com os danos provados. Nada mais; b) pela forma assimétrica, o credor sempre terá a vantagem de obter indenização superior ao valor da pena, mas mesmo sendo os prejuízos inferiores à cláusula penal, não sofrerá qualquer desvantagem.[40] Nuno Manuel Pinto[41] chega à conclusão da prevalência da segunda opção, pela qual o credor terá acesso à indenização quando preencher, cumulativamente, dois pressupostos: "a escolha de uma indenização nos termos gerais e a prova de um prejuízo superior à pena".

No ordenamento brasileiro, podemos chegar a idêntica conclusão por duas razões: primeiro, sendo a cláusula penal um instrumento protetivo ao credor, de caráter invariável e fixo, qualquer que seja o dano real – obviamente, desde que existam danos – terá o credor direito àquela garantia como inerente à função da pena; segundo, a própria parte final do parágrafo único do art. 416 do Código Civil alude à cláusula de dano excedente como um "mínimo da indenização".

Essa proximidade da convenção de dano excedente com um "mínimo indenizatório" não prejudica o ressarcimento do valor que exceda à pena, mas impedirá que o devedor possa se exonerar do pagamento da pena sob o argumento de o dano real nem sequer ter

---

39. OLIVEIRA, Nuno Manuel Pinto. *Cláusulas acessórias ao contrato*, p. 94.
40. OLIVEIRA, Nuno Manuel Pinto. *Cláusulas acessórias ao contrato*, pp. 96-97.
41. OLIVEIRA, Nuno Manuel Pinto. *Cláusulas acessórias ao contrato*, p. 97.

alcançado seu montante. Assim, a cláusula implicará agravamento da responsabilidade do devedor, pois proporcionará ao credor mais do aquilo que as regras normais de responsabilidade contratual lhe proporcionariam, uma vez que terá garantido o montante prefixado, independentemente da extensão de seu prejuízo efetivo.

Nesse sentido, Antônio Pinto Monteiro enfatiza que

> o credor não tem de prescindir, verdadeiramente, da pena fixada. Ele pode exigir, de imediato, o pagamento desta, uma vez que não tem de provar o dano sofrido, sem embargo de, provando esse dano, nos termos gerais, e apurando-se que este é maior do que a soma já paga ao credor vir a obter a diferença que lhe compete, a fim de ser integralmente indemnizado.[42]

Nas palavras de Ana Prata,

> não se quer dizer, no entanto, que o credor haja de optar, previamente à propositura da acção, por uma das vias, deduzindo o respectivo pedido em conformidade com a escolha que tenha feito. Bem pode o credor – e é isso o que normalmente sucede – intentar a acção, deduzindo, como pedido principal, o da indemnização legal e formulando como pedido subsidiário, o da pena convencional.[43]

Adaptando o ensinamento para a nossa ordem jurídica, aplicaríamos o art. 326 do Código de Processo Civil,[44] que alude à cumulação subsidiária de pedidos, também chamada em doutrina de "cumulação eventual ou sucessiva". Dois pedidos serão formulados, cada um deles correspondendo a um pedido mediato (indenização ou pena). Estabelece-se, assim, uma relação de subsidiariedade, na qual a cláusula penal será aplicada se a indenização não alcançar o montante pré-estimado pelas partes a título de pena.

Por fim, o Enunciado n. 67 da II Jornada de Direito Comercial do Conselho de Justiça Federal proclama que: "Na locação *built to suit,* é válida a estipulação contratual que estabeleça cláusula penal compensatória equivalente à totalidade dos alugueres a vencer, sem prejuízo da aplicação do art. 416, parágrafo único, do Código Civil". A justificativa do Enunciado consiste em que na locação *built to suit* a cláusula penal pode ser cobrada até a soma dos valores dos aluguéis a receber até o final do contrato. Ocorre que tal denúncia pode produzir danos que ultrapassam o próprio valor dos alugueres a vencer, fruto da sofisticação e complexidade deste contrato. Seria o caso de denúncia no princípio da locação, frustrando expectativa de retorno, influente na estipulação do coeficiente e preço, por esperar-se valorização do ponto e consequente incremento do fundo empresarial do locador em virtude do seu interesse no sucesso da atividade empresarial desenvolvida pelo locatário, tudo de acordo com o arranjo de interesses concretos que for definido e pactuado livremente no exercício da livre iniciativa privada constitucional, realizadora da autonomia privada. Em suma, o valor da cláusula penal está limitado pelo art. 54-A, § 2º, da Lei 8.245/91, mas tal regra não é incompatível com o art. 416, parágrafo único, do Código Civil.[45]

---

42. MONTEIRO, Antônio Pinto. *Cláusula penal e indemnização,* p. 450.
43. PRATA, Ana. *Cláusulas de exclusão e limitação da responsabilidade contratual,* p. 634.
44. Art. 326 CPC/15: É lícito formular mais de um pedido em ordem subsidiária, a fim de que o juiz conheça do posterior, quando não acolher o anterior. Parágrafo único. É lícito formular mais de um pedido, alternativamente, para que o juiz acolha um deles.
45. Art. 54-A. "Na locação não residencial de imóvel urbano na qual o locador procede à prévia aquisição, construção ou substancial reforma, por si mesmo ou por terceiros, do imóvel então especificado pelo pretendente à locação, a

6.3.2 O dano excedente e a culpa grave e o dolo do devedor

Temos ciência de que o princípio geral da não reparação do dano excedente confere à cláusula penal indenizatória uma função de limitação da responsabilidade do devedor. Se A e B ajustam uma pena de R$ 10.000,00 em vista do dano previsível oscilar entre R$ 8.000,00 e R$ 12.000,00, mas os danos reais alcançam o montante de R$ 20.000,00, terá o credor de se contentar com os R$ 10.000,00.

Certamente, excepcionaremos os casos em que os contratantes pactuaram cláusula de reparação pelo dano excedente. Não havendo qualquer previsão, caberá ao credor apenas o importe consubstanciado na pena. É a álea que a caracteriza.

Mas cabe uma indagação: e se o inadimplemento for imputável ao devedor por culpa grave ou dolo? Mesmo assim, será mantida a limitação de responsabilidade do devedor ao valor da pena?

A controvérsia é própria à cláusula de prefixação de indenização, pois em matéria de cláusula penal *stricto sensu* a pena privada sempre será uma prestação facultativa ao credor. Ele poderá se socorrer da indenização integral toda vez que o prejuízo for superior ao valor da pena, independentemente do grau de culpa do devedor para o descumprimento.

Nenhum dispositivo do Código Civil cobre especificamente a temática. Todavia, devemos nos apoiar nos princípios gerais do direito. Fernando Noronha explica que

> são princípios superiores do ordenamento (de ordem pública, ou fundamentais) que exigem que as hipóteses de exoneração de responsabilidade por danos causados a outrem não alcancem nunca as situações de atuação dolosa ou com culpa grave. Estas situações têm de ser sempre objeto de reparação. [46]

Esta é a lição de Massimo Bianca,

> a interpretação das disposições sobre a cláusula penal deve efetuar-se no sistemático respeito pelos princípios inderrogáveis do ordenamento jurídico e, em particular, pelo princípio que proíbe as cláusulas de exclusão ou de limitação da responsabilidade por dolo ou culpa grave. A cláusula penal liquida e limita preventivamente o dano, mas não constitui um instrumento adequado para subtrair o devedor às consequências da sua responsabilidade: por dolo ou culpa grave, o devedor é sempre integralmente responsável. [47]

Ora, o descumprimento imputável ao devedor em virtude de culpa grave ou dolo fragilizaria a cláusula penal em sua própria essência preventiva de responsabilidade contratual e eticizante de evitar a violação impune aos negócios jurídicos. Se em tais casos o devedor só arcasse com a pena, o ordenamento estaria desvirtuando-a, eis que em um cálculo de custo e benefício o devedor se sentiria estimulado a descumprir, com base nas vantagens econômicas da limitação de responsabilidade. Na feliz conclusão de

---

fim de que seja a este locado por prazo determinado, prevalecerão as condições livremente pactuadas no contrato respectivo e as disposições procedimentais previstas nesta Lei" (Incluído pela Lei nº 12.744, de 2012) § 2o "Em caso de denúncia antecipada do vínculo locatício pelo locatário, compromete-se este a cumprir a multa convencionada, que não excederá, porém, a soma dos valores dos aluguéis a receber até o termo final da locação"(Incluído pela Lei nº 12.744, de 2012).

46. NORONHA, Fernando. *Direito das obrigações*, v. 1, p. 523.
47. BIANCA, Massimo. *Diritto civile*: la responsabilitá, p. 235.

Nuno Manuel Pinto Oliveira, "o devedor que decidisse não cumprir ou impossibilitasse culposamente o cumprimento encontrar-se-ia protegido pela pena".[48]

Enfim, não é possível cogitar de uma situação em que o devedor esteja obrigado a cumprir e, paradoxalmente, desobrigado da responsabilidade pelo não cumprimento – seja intencionalmente, seja por uma negligência grosseira. Por isso, voltando ao nosso exemplo, mesmo que a pena tenha sido previamente liquidada em R$ 10.000,00, o credor terá a alternativa de provar o prejuízo excessivo e obter uma indenização de R$ 20.000,00. A regra geral de limitação do direito ao valor da pena, com exclusão do direito a indenização pelas regras comuns, aplica-se somente às hipóteses em que o devedor seja responsável por culpa leve.

Com amparo nas palavras de Ana Prata,

> sempre que a tal incumprimento tenha havido adesão da vontade do devedor (elemento que caracteriza o dolo, em qualquer dos seus graus), não deve este poder liberar-se pelo mero cumprimento da pena, insuficiente para ressarcir os prejuízos que desencadeou. Aí sempre se imporá a aplicação das regras gerais, segundo as quais a lei estabelece que o objecto da obrigação de indemnizar é medido pela integral reconstituição da situação que existiria se não se tivesse verificado o incumprimento.[49]

A conduta do devedor que dolosamente induz a obrigação ao descumprimento para elidir um ressarcimento portentoso mediante o pagamento de uma pena em valor diminuto, em muito se assemelha ao *tu quoque*. Importa dizer que quem viola determinada norma jurídica não poderá exercer a situação jurídica que essa mesma norma lhe atribui. Com efeito, fere a sensibilidade ética e jurídica que alguém desrespeite um comando legal e posteriormente venha, de forma abusiva, exigir a outrem o seu acatamento.[50]

Para Franz Wieacker, a exceção de aquisição de direitos de má-fé tem seu fundamento na conhecida regra de ouro da tradição ética: "Não faça aos outros aquilo que não quer que lhe façam".[51] Ou, então, com base no brocardo inglês, *equity must come in clean hands*. Por isso, quem não cumpre os seus deveres, também não pode exigir os seus direitos com base na norma violada, sob pena de abuso. Imprescindível é que sempre exista um nexo entre a obtenção indevida do direito e o seu posterior exercício abusivo.[52]

Enfim, evitar as consequências da própria conduta dolosa mediante o aproveitamento de uma norma que prefixou a indenização em patamares módicos, compatibiliza com a dimensão que Teresa Negreiros concede ao *tu quoque* como uma contradição que reside na adoção indevida de uma primeira conduta que se mostra incompatível com um

---

48. OLIVEIRA, Nuno Manuel Pinto. *Cláusulas acessórias ao contrato*, p. 90.
49. PRATA, Ana. *Cláusulas de exclusão e limitação da responsabilidade contratual,* p. 635.
50. CORDEIRO, Antônio Manuel da Rocha Menezes. *Da boa-fé no direito civil*, p. 837.
51. WIEACKER, Franz. *El principio general de la buena fe*, p. 67. Apesar de Bernard Shaw lembrar que não é raro que o outro goste daquilo que você não aprecie.
52. Exemplo clássico do *tu quoque* está na conduta dolosa do menor que oculta a sua menoridade e, posteriormente, dela pretende se aproveitar para afastar os efeitos da obrigação (art. 180, CC); outrossim, o beneficiário de uma condição não pode aproveitar-se de sua verificação quando maliciosamente levada a efeito por aquele a quem aproveita (art. 129, CC).

comportamento posterior. Isto é, há uma injustiça da valoração que o indivíduo confere ao seu ato e, posteriormente, ao ato alheio. [53]

6.4 A EXIGIBILIDADE DA PENA CONVENCIONAL

6.4.1 Cláusula de prefixação de indenização

As vantagens da diferenciação da espécie de cláusula penal que estipula liquidação de danos para aquela que constrange ao adimplemento – sem qualquer função indenizatória – não se resumem na relevância ou não do dano efetivo ou da possibilidade de a pena ser fixada em montante superior aos danos, bem como na possibilidade de opção pela indenização em detrimento da pena. Há também a importante definição de qual será o momento por excelência em que nascerá para o credor a pretensão à pena. Mais uma vez, o regime jurídico que prevalecerá levará em consideração o diferente escopo que os contratantes destinaram à cláusula.

Tratando-se de cláusula penal criada para a liquidação antecipada do dano, o objetivo da pena compensatória é a reparação dos prejuízos derivados do descumprimento definitivo. O inadimplemento absoluto é pressuposto para a exigibilidade da pena, pois a simples mora não o autoriza a tanto.

O raciocínio é singelo: se o art. 389 do Código Civil associa o direito às perdas e danos pelo regime comum ao descumprimento da obrigação, enquanto perdura a mora subsiste o interesse do credor no cumprimento. Se não é legítimo pretender danos emergentes e lucros cessantes, também carece o credor de legitimidade para receber o montante da indenização prefixada.

Enquanto o inadimplemento absoluto conduz à resolução da relação obrigacional (art. 475, CC) em razão da completa impossibilidade de sua manutenção, a seu turno, a mora pode ser caracterizada como o imperfeito cumprimento de uma obrigação, tanto pelo devedor (mora *solvendi*) como pelo credor (mora *accipiendi*). Apesar da falha no adimplemento da obrigação, ela ainda poderá ser cumprida de maneira proveitosa.

Segundo a fórmula tradicionalmente acolhida em nossa legislação (art. 394, CC), a mora não se caracteriza apenas pelo pagamento extemporâneo pelo devedor ou pela recusa injustificada de receber no prazo devido pelo credor. Alternativamente, também dará ensejo à mora o pagamento que contenha uma falha no tocante ao lugar ou à forma previamente estabelecidos. Isso significa que em nosso ordenamento a mora não é apenas sinônimo de "demora" no pagamento, mas de qualquer situação em que a prestação não for cumprida de forma exata.[54]

---

53. NEGREIROS, Teresa. *Teoria do contrato,* p. 142. Seria o exemplo do contratante que já estivesse em mora quando da ocorrência de circunstâncias supervenientes que alteram a base do negócio, ao pretender a sua resolução ou revisão em razão da onerosidade excessiva.

54. Jorge Cesa Ferreira da Silva adverte: "Conclui-se, desse modo, que a mora ocorre quando a prestação, por qualquer motivo, não realiza, no momento adequado, a satisfação dos interesses do credor na prestação, sendo essa satisfação ainda possível. O atraso, portanto, não é do ato de prestar em si, mas diz respeito à satisfação dos interesses objetivos do credor na prestação, que se protrai" (*Inadimplemento das obrigações,* p. 72).

Adverte Judith Martins-Costa:

> Se toda relação obrigacional está ordenada em função do cumprimento é porque este constitui o momento no qual se realiza o interesse do credor, tendo o devedor realizado a conduta concretamente devida, que é aquela lícita, válida, possível, determinada ou determinável (art. 166, II), útil ao credor (art. 395, parágrafo único, *a contrario*), conforme ao seu fim econômico-social, à boa-fé e aos bons costumes (art. 187), realizando-se no lugar, tempo e forma que a lei ou a convenção estabelecer (art. 394).[55]

Ao contrário do inadimplemento absoluto – que implica a substituição da prestação que se impossibilitou pela condenação às perdas e danos –, a sanção ao devedor moroso corresponde à própria prestação originária – que ainda se conserva útil e proveitosa ao credor –, acrescida dos consectários legais descritos no art. 395 do Código Civil.

O devedor arcará com as perdas e danos decorrentes do atraso que, a teor dos arts. 402 e 403 do Código Civil, compreendem os danos emergentes e lucros cessantes decorrentes de forma direta e imediata do atraso. Para evitar a liquidação das perdas e danos, poderão as partes, previamente, fixar uma cláusula penal moratória (art. 411, CC), definindo antecipadamente o valor de eventuais prejuízos.

Mais uma vez, devemos insistir na fundamentalidade do art. 395, parágrafo único, do Código Civil: "Se a prestação, devido à mora, se tornar inútil ao credor, este poderá enjeitá-la e exigir a satisfação das perdas e danos". Quer dizer, caso o credor comprove, no caso concreto, que o atraso no cumprimento acarretou o fim do seu interesse no adimplemento da prestação, mesmo que devidamente somada aos acréscimos legais, poderá exercer o direito potestativo de resolver o negócio jurídico (art. 475, CC). Temos aí uma hipótese de conversão da mora em inadimplemento absoluto. Na mora, o termo é acidental; no inadimplemento absoluto é essencial.

É certo supor que o interesse econômico do credor determine a conversão da mora em inadimplemento absoluto, mas não se pode cogitar de arbítrio do credor. Somente há inadimplemento absoluto se o atraso gerou o desaparecimento da necessidade do credor na obtenção da prestação. Em suma, toda vez que o devedor desejar pagar e, objetivamente, a prestação ainda se revela viável ao credor, deverá este aceitá-la. O adimplemento é um direito subjetivo do devedor, e o magistrado deverá garanti-lo quando possível. Ensina Mário Júlio de Almeida Costa que a perda do interesse do credor é apreciada objetivamente

> em função da utilidade concreta que a prestação teria para o credor, não se determina de acordo com o seu juízo arbitrário, mas considerando elementos susceptíveis de valoração pelo comum das pessoas. Além disso, exige-se uma efetiva perda do interesse do credor e não uma simples diminuição.[56]

Afinando-se à diretriz da concretude, insistimos em que o magistrado deverá analisar as especificidades do caso para avaliar se, de fato, o credor razoavelmente não teria mais razões para manter acesa "a chama da obrigação". Na demanda de resolução do contrato, o juiz não buscará pela atitude provável de um homem médio na sociedade, mas examinará a "ética da situação" para concluir pela preservação da relação obrigacional ou por sua extinção, caso provada a inutilidade superveniente da prestação. Forte

---

55. MARTINS-COSTA, Judith. *Comentários ao novo código civil*, V. v, t. II, p. 66.
56. COSTA, Mario Júlio de Almeida. *Direito das obrigações*, p. 984.

em Agostinho Alvim, a prestação deve ser inútil para aquele credor específico no caso concreto, e não para qualquer pessoa.[57]

Certamente a cláusula penal de prefixação de indenização será devida naqueles casos em que, desde logo, ocorra a impossibilidade da prestação por fato imputável ao devedor. A pena será exigida de imediato, sem necessidade da conversão da mora em inadimplemento absoluto.

6.4.2 Cláusula penal *stricto sensu*

Considerando que a cláusula penal em sentido estrito não é indenização prefixada, mas outra prestação – de cunho sancionatório – que se faculta ao credor em caso de descumprimento da obrigação principal, basta que ocorra a mora para que se torne exigível a pena. Nesse instante, o credor terá o direito potestativo de deliberar pela pena ou pelo cumprimento, sem que possa o devedor arguir que subsiste a utilidade da obrigação.

Tendo a pena a finalidade compulsória, o simples fato de o devedor não cumprir no momento convencionado – ou, nos contratos sem prazo, quando ultrapassado o prazo deferido na interpelação – já é razão suficiente para ativar a cláusula penal, sem necessidade de o credor demonstrar a perda de qualquer interesse. Ora, se lhe é facultado prosseguir a execução específica perante a injustificada resistência do devedor ao cumprimento, ele pode deliberar por exigir a pena.

Aqui, o descumprimento em si já consiste no ilícito contratual, no ato antijurídico e imputável ao devedor, independentemente de qualquer aferição sobre a permanência do interesse do credor no cumprimento. Excetuam-se os casos em que o negócio jurídico deva ser interpretado de forma a se reconhecer um acordo (expresso ou tácito) destinado a restringir a aplicação da pena aos casos de inadimplemento absoluto. Cuida-se de interesse disponível das partes.

Com Dieter Medicus, *una cláusula penal prometida, para el caso de incumplimiento se imputa por mora del deudor. El deudor tiene, por tanto, que responder de la falta de cumplimiento.*[58]

Poder-se-ia indagar, no âmbito de uma cláusula penal *stricto sensu*, qual seria a diferença entre a pena compensatória e a pena moratória, uma vez que ambas são exigíveis a partir da mora. Corroborando as palavras de Antônio Pinto Monteiro

> a diferença entre elas reside no seguinte: a primeira, dado que constitui uma prestação que substitui a que era devida, obsta a que o credor faça valer a pena e o cumprimento da prestação, ou aquela juntamente com a indemnização pelo não cumprimento; a segunda, pelo contrário, já não impede o credor de prosseguir, ao mesmo tempo, o cumprimento ou a indemnização pelo não cumprimento.[59]

---

57. ALVIM, Agostinho. *Da inexecução das obrigações*, p. 67.
58. MEDICUS, Dieter. *Tratado de las relaciones obligacionales*, p. 213. Aliás, o § 339 do BGB consagra expressamente a referida regra: "Se o devedor promete ao credor o pagamento de uma quantia de dinheiro como pena, para o caso de não cumprimento da obrigação ou de pagamento em forma inadequada, incorre em pena quando se constitui em mora".
59. MONTEIRO, Antônio Pinto. *Cláusula penal e indemnização*, p. 637.

6.5 O DIREITO À PENA E A RESOLUÇÃO DO CONTRATO

6.5.1 A natureza da resolução contratual

É lugar comum conceituar a resolução como um fato extintivo da relação obrigacional edificada pelo inadimplemento do contrato bilateral.[60] Aliás, a própria topografia na qual é inserido o art. 475 do Código Civil localiza a resolução – com o distrato e a resilição unilateral – como espécie de extinção contratual (Seção II, Capítulo II, Título V – Dos Contratos em Geral).

Mas esse posicionamento pode ser contestado se conectarmos o fenômeno da resolução à visão sistêmica da relação obrigacional complexa, na qual se inclui, para além da obrigação principal, deveres secundários e anexos, além de direitos formativos e correspectivos estados de sujeição.

Clóvis do Couto e Silva aborda o direito à resolução decorrente do inadimplemento em hipótese na qual se entregou o bem, mas o comprador recusa o pagamento. Conclui o jurista:

> Afirma-se que se trata, na hipótese, de direito formativo extintivo, mas, como ponderou E. Seckel, a dificuldade de adoção dessa nomenclatura é a de que o ato que extingue também forma direitos, bastando visualizar os efeitos do negócio jurídico pelo lado de quem o exerce.[61]

Com efeito, o exercício do direito formativo de resolução é também fonte geradora de relações jurídicas, pois a relação originária extinta será substituída por uma relação de liquidação, na qual o dever primário de prestação será convertido em deveres secundários de indenização ou restituição.

Explica Ruy Rosado de Aguiar Júnior

> Como a resolução não elimina senão a relação obrigacional afetada pelo incumprimento, o contrato que existiu continua existindo e serve de fundamento para a nova situação que se coloca de modo que a resolução é um momento, uma etapa no processo do contrato total, e determina o surgimento de nova fase, durante ao qual serão acertados os pontos relativos à restituição e à indenização.[62]

Sendo a relação obrigacional polarizada pelo adimplemento como finalidade, a extinção da obrigação principal pela resolução não corresponderá à extinção do contrato como totalidade. As partes remanescem unidas até a adequada satisfação do interesse do credor, mesmo que mediante a indenização que substitua a prestação que se impossibilitou.[63]

---

60. Nesse sentido, Maria Helena Diniz aduz que a resolução "extingue o contrato retroativamente, visto que opera *ex tunc*, se o contrato for de execução única, apagando todas as consequências jurídicas produzidas, restituindo-se as prestações cumpridas, e *ex nunc*, se o contrato for de duração ou de execução continuada, caso em que não se restituirão as prestações já efetivadas, pois a resolução não terá efeito relativamente ao passado" (*Teoria das obrigações contratuais e extracontratuais*, p. 166).
61. SILVA, Clóvis do Couto e. *A obrigação como processo*, p. 87.
62. AGUIAR JÚNIOR, Ruy Rosado de. *Extinção dos contratos por incumprimento do devedor*, p. 48.
63. Pontes de Miranda ensina que "às vezes, o direito formativo extintivo junta-se ao direito formativo gerador ou modificativo; ou, ao efeito daquele, efeito gerador ou modificativo. Com a resolução, em virtude do exercício de direito formativo, surge a pretensão à restituição das prestações pagas" (*Tratado de direito privado*, v. V, p. 307).

Assim, ao se referir à resolução contratual, Karl Larenz enfatiza que podemos considerar como se não houvessem existido *únicamente las obligaciones contractuales propiamente dichas en que se establece la prestación.*[64] Ao contrário, subsiste a indenização dos danos causados pela infração, por uma relação de liquidação que, de certo modo, representa a reversão da obrigação principal. Aliás, seria um contrassenso afirmar que a resolução teria uma força retroativa tal a ponto de suprimir toda eficácia do contrato, pois *la obligación de indemnizar daños por infracción de una obligación contractual presupone necesariamente que la obligación infringida ha existido.*[65]

Destarte, sendo a resolução apenas um *iter* do processo obrigacional – e não a sua extinção –, podemos afirmar que ela apenas modifica e transforma a obrigação. As novas prestações surgidas depois da resolução decorrem do simultâneo exercício do direito formativo gerador e do direito formativo extintivo e que, segundo Ruy Rosado, "uma vez aceito pela sentença, cria 'o direito formado' de restituir e de indenizar".[66]

6.5.2 O concurso entre a pena e a resolução contratual

Em princípio, parece-nos natural que ao direito do credor à pena deva corresponder o direito do devedor à prestação. Quer se trate de cláusula penal *stricto sensu* ou de cláusula de liquidação antecipada de danos, temos um contrato bilateral na qual a pena substituirá a prestação. Portanto, ao exigi-la, terá o credor de satisfazer a prestação a que se obrigou reciprocamente. Todavia, nada impede a configuração de uma cláusula penal que dispensa o credor de efetuar a contraprestação, desde que do montante da pena já seja previamente descontado o valor correspondente à prestação não realizada.

O exercício do direito formativo de resolução gera efeito liberatório, pois o credor se exonera de efetuar sua prestação (caso ainda não a tenha cumprido), ou, tendo efetuado a sua prestação, acarreta a necessidade de recomposição da situação com a restituição e a reparação dos danos. Destarte, a resolução possui índole preventiva, pois impede que a prestação do credor remanesça no patrimônio do devedor inadimplente, fato que ocorreria se aquele tivesse de se contentar apenas com a ação de cumprimento ou com a responsabilidade civil.

Abre-se, porém, a seguinte dúvida: ao se desvincular o lesado do contrato pela resolução, sua indenização será calculada pelos critérios gerais de responsabilidade civil ou será ajustada ao valor da pena de prefixação de danos?

Inicialmente, há de se esclarecer que o prejuízo do contratante não constitui efeito necessário do remédio resolutório, tampouco o seu pressuposto. Araken de Assis pontua que "o mecanismo resolutório jamais se assentou na culpa. É somente efeito, à semelhança da resolução em contratos bilaterais, do inadimplemento, tanto que também se ostenta cabível na demanda de cumprimento, conforme o art. 389 do CC-02".[67]

---

64. LARENZ, Karl. *Derecho de obligaciones*, p. 394.
65. LARENZ, Karl. *Derecho de obligaciones*, p. 393.
66. AGUIAR JÚNIOR, Ruy Rosado de. *Extinção dos contratos por incumprimento do devedor*, p. 49.
67. ASSIS, Araken de. *Resolução do contrato por inadimplemento*, p. 148.

Destarte, em matéria de cláusula penal *stricto sensu,* o problema da resolução contratual é solucionado sem maiores percalços. A pena é uma sanção compulsória, funcionando como obrigação facultativa a cargo do credor e desvinculada da aferição de qualquer dano. Daí, o credor que deseja a pena como outra prestação mais gravosa, necessariamente, terá de efetuar sua contraprestação. Mas, se prefere exercer o direito extintivo resolutório, não poderá exigir a pena, pois seu objetivo é, justamente, libertar-se da sua obrigação.

A dificuldade maior é suscitada na cláusula de liquidação antecipada do dano. De fato, a indenização representa direito autônomo. É uma consequência do ilícito que provoca a investigação do dano. Portanto, nem toda demanda resolutória sustentará um pleito sucessivo ressarcitório. Luiz Roldão de Freitas Gomes sintetiza muito bem essa questão:

> Pela ação de resolução ninguém procura uma satisfação de danos; sua finalidade principal é a de liberar a parte prejudicada. Assim, com a finalidade específica de socorrer o credor, a resolução se justifica pelo simples fato material do inadimplemento com ou sem culpa.[68]

Antônio Pinto Monteiro desenvolve a temática e suscita três objeções à tese do cúmulo entre a resolução contratual e a pena:

> primeiro: a resolução do contrato envolveria a ineficácia do negócio jurídico e, consequentemente, a caducidade da cláusula penal; segundo: a indenização que pode ser cumulada à resolução contratual destina-se a ressarcir os interesses negativos – dano que o credor não teria se o contrato não fosse celebrado –, mas não repararia os interesses positivos – danos que o credor não sofreria se o contrato tivesse sido cumprido; terceiro: o cúmulo entre a resolução e a pena acarretaria um desequilíbrio entre as posições de credor e devedor, pois o credor estaria alforriado da contraprestação mas poderia exigir a pena como indenização prefixada pelo dano do não cumprimento.[69]

Portanto, discute-se qual seria a extensão do ressarcimento à luz do art. 475 do Código Civil, nos seguintes termos: "A parte lesada pelo inadimplemento pode pedir a resolução do contrato, se não preferir exigir-lhe o cumprimento, cabendo em qualquer dos casos indenização por perdas e danos".

Houve o inadimplemento, um ilícito contratual. O ressarcimento compreende os interesses positivos e os interesses negativos. Há uma clássica distinção entre as duas categorias.

Explica Fernando Pessoa Jorge que

> os prejuízos positivos são os que derivam do não cumprimento do contrato (ou melhor, das obrigações contratuais); os prejuízos negativos (ou interesse contratual negativo) são os que derivam de se ter celebrado um contrato inválido ou que veio retroactivamente a perder eficácia. A indemnização dos primeiros tende a colocar o lesado na situação que o contrato teria se o contrato tivesse sido cumprido; a indemnização dos segundos visa colocar o lesado na situação que teria se o contrato não tivesse sido celebrado.[70]

---

68. GOMES, Luiz Roldão de Freitas. *Curso de direito civil:* contrato, p. 152.
69. MONTEIRO, Antônio Pinto. *Cláusula penal e indemnização,* p. 694.
70. JORGE, Fernando Pessoa. *Ensaio sobre os pressupostos da responsabilidade civil,* p. 380.

Karl Larenz[71] esclarece que o interesse negativo é o "dano à confiança", pois o credor foi lesado em sua confiança na celebração do contrato, realizando despesas e abrindo mão de outras oportunidades negociais. Essa indenização tem o condão o colocar na situação em que estaria se não houvesse confiado na eficácia do contrato. Já o interesse positivo é o do cumprimento, pois corresponde ao acréscimo patrimonial que o credor teria se o contrato fosse objeto de adimplemento.

Pois bem, voltando à indagação inicial, qual dos interesses é mencionado no art. 475 do Código Civil, para Pinto Monteiro[72] tudo seria uma questão de decisão do credor de resolver ou não o negócio jurídico. Se o contrato não for resolvido, o credor continua adstrito à prestação e, portanto, poderá pleitear os interesses positivos, sendo colocado na situação em que estaria se o contrato tivesse sido cumprido; mas, se o credor exerce o direito resolutório

exonerando-se de entregar a contraprestação ou reavendo a mesma –, só poderá pleitear os interesses negativos, como indenização tendente a coloca-lo na situação em que estaria se o contrato não fosse celebrado.

No mesmo sentido, Almeida Costa[73] afirma que, optando o lesado pela resolução contratual, soaria contraditório pleitear a indenização pelo não cumprimento. No máximo poderia pretender reaver a situação em que se encontraria se o contrato não fosse celebrado (dano à confiança).

No direito brasileiro, porém, prevalece solução diversa da que é preconizada no direito alemão e português. Pontes de Miranda admite que, no Código Civil, a amplitude da expressão "perdas e danos" abrange além do que efetivamente se perdeu, o que razoavelmente se deixou de lucrar, nessa parcela também compreendido o ganho que não se teve em razão do incumprimento e da resolução. Nessas amplas disposições estão inseridas as vantagens que o credor não inadimplente auferiria com o recebimento da prestação. "O valor que há de cobrir os danos tem de ser o do adimplemento".[74]

A solução preconizada na legislação e na doutrina brasileira é justificável. Se o credor ficasse limitado a auferir o interesse positivo quando pretendesse resolver o contrato, a única chance de ser colocado na situação em que estaria se o contrato fosse pontualmente cumprido (interesse positivo) seria se deliberasse por cumprir a sua prestação, exigindo a indenização integral ou a cláusula penal. Porém, conceder ao credor o direito de desconstituir a relação contratual e ainda obter a cláusula penal na íntegra pode se mostrar excessiva.

Assim, cremos que é possível alcançar um balanceamento ou ponderação entre os interesses conflituosos do credor e do devedor. De acordo com Nuno Manuel Pinto Oliveira, o credor inocente tem interesse em alcançar a vantagem patrimonial que lhe traria o cumprimento pela via da indenização. Esse interesse poderá ser realizado de duas formas:

---

71. LARENZ, Karl. *Derecho de obligaciones*, p. 195.
72. MONTEIRO, Antônio Pinto. *Cláusula penal e indemnização*, p. 695.
73. COSTA, Mario Júlio de Almeida. *Direito das obrigações*, p. 966.
74. LARENZ, Karl. *Tratado de direito privado*, v. 38, p. 340.

se o credor está interessado em realizar a sua contraprestação, alcançará a expressão pecuniária de seu interesse no cumprimento através de uma indemnização de todos os danos decorrentes da falha na execução do programa contratual ('grande indenização'); se, porém, o credor não está interessado em realizar a sua contraprestação, tendo, p. ex, resolvido o contrato, alcançará a expressão pecuniária do seu interesse no cumprimento através de uma indemnização deduzida do valor da contraprestação ('pequena indenização').[75]

Pinto Oliveira recomenda que o aplicador do direito determine se a cláusula penal será destinada a delimitar a "pequena indenização" ou a "grande indenização", eis que

se a pena se destina a fixar a 'pequena indenização', o credor poderá resolver o contrato e reclamar a pena, sem mais; caso o juiz conclua, por interpretação do contrato, que a pena se destina a fixar a 'grande indemnização', o credor poderá resolver o contrato e reclamar a pena, subtraindo-lhe o valor da contraprestação.[76]

Adotando-se o decisivo critério, será possível alcançar a finalidade das partes no caso concreto, perquirindo-se se a satisfação da pena envolve ou não o direito à contraprestação. Eventualmente, o credor cumulará a faculdade de resolver o contrato com a cláusula penal – na modalidade de prefixação de danos.

Aplicando-se uma linha de razoabilidade, porém, admitiremos que a cumulação induz a uma pena destinada apenas a fixar o dano subsequente à resolução do contrato, ou seja, a "pequena indenização". Nessa linha, Massimo Bianca[77] ressalta que o remédio da resolução contratual pode ser cumulado com a pena, pois a prestação a ela correspondente por inadimplemento se refere ao dano subsequente à resolução.

Essa ponderação dos interesses contrapostos é também observada por Ruy Rosado de Aguiar. Recomenda-se ao credor lesado que se comporte "de modo a mitigar os danos, mantendo-os nos limites imediatamente decorrentes da existência do ato ilícito. O princípio da boa-fé objetiva impõe ao lesado o dever de diligência, para circunscrever o prejuízo e impedir a sua eventual expansão".[78]

De forma pioneira, a Lei n. 13.786/18 – que disciplina a resolução do contrato por inadimplemento do adquirente de unidade imobiliária em incorporação imobiliária e em parcelamento de solo urbano – demarcou limites entre a cláusula penal compensatória e a resolução contratual, evitando o enriquecimento injustificado do fornecedor, ao acrescer o artigo 67-A a Lei 4.591/64 – incorporação imobiliária -, nos seguintes termos: "Em caso de desfazimento do contrato celebrado exclusivamente com o incorporador, mediante distrato ou resolução por inadimplemento absoluto de obrigação do adquirente, este fará jus à restituição das quantias que houver pago diretamente ao incorporador, atualizadas com base no índice contratualmente estabelecido para a correção monetária das parcelas do preço do imóvel, delas deduzidas, cumulativamente: I – a integralidade da comissão de corretagem; II – a pena convencional, que não poderá exceder a 25% (vinte e cinco

---

75. OLIVEIRA, Nuno Manuel Pinto. *Cláusulas acessórias ao contrato*, p. 104.
76. OLIVEIRA, Nuno Manuel Pinto. *Cláusulas acessórias ao contrato*, p. 108.
77. BIANCA, Massimo. *Diritto civile*: la responsabilità, p. 231.
78. AGUIAR JÚNIOR, Ruy Rosado de. *Extinção dos contratos por incumprimento do devedor*, p. 270.

por cento) da quantia paga".[79] Em reforço, a Lei 6.766/79 – parcelamento do solo urbano – recebeu um novo artigo 32-A, com o seguinte texto: "Em caso de resolução contratual por fato imputado ao adquirente, respeitado o disposto no § 2º deste artigo, deverão ser restituídos os valores pagos por ele, atualizados com base no índice contratualmente estabelecido para a correção monetária das parcelas do preço do imóvel, podendo ser descontados dos valores pagos os seguintes itens: I – os valores correspondentes à eventual fruição do imóvel, até o equivalente a 0,75% (setenta e cinco centésimos por cento) sobre o valor atualizado do contrato, cujo prazo será contado a partir da data da transmissão da posse do imóvel ao adquirente até sua restituição ao loteador; II – o montante devido por cláusula penal e despesas administrativas, inclusive arras ou sinal, limitado a um desconto de 10% (dez por cento) do valor atualizado do contrato..."[80-81]

6.6 A CLÁUSULA PENAL E A TUTELA EXTERNA DO CRÉDITO

6.6.1 A responsabilidade civil de terceiro por lesão ao crédito

A nota específica das obrigações negociais – em comparação com os demais direitos patrimoniais – é o seu objeto. O direito de crédito tem por objeto uma prestação consistente no bem da vida, no fato ou na abstenção a cargo do devedor. É lição corrente que os contratos possuem eficácia relativa, no sentido de que terceiros não podem ser credores ou devedores por força de relações jurídicas alheias em que não foram partes.

O princípio da relatividade do contrato, porém, não pode ser confundido com a exigência de que negócio jurídico – em toda a sua trajetória – seja respeitado por terceiros,

---

79. Nas incorporações com submissão ao regime do patrimônio de afetação, a cláusula penal pode ser livremente convencionada, mas observado o limite de até 50% da quantia do preço até então paga pelo adquirente (artigo 67-A, parágrafo 5º da Lei Federal 4.591/64). E, naquelas sem patrimônio de afetação, esse limite é reduzido a 25% dessa mesma quantia até então paga (artigo 67-A, II, da Lei Federal 4.591/64).

80. A estipulação de tetos de cláusula penal para a resolução contratual nas incorporações imobiliária e parcelamentos de solo urbano, acarreta ainda um debate sobre a aplicação do artigo 413 do CC/2002 a esta temática. Poderá o juiz reduzir de ofício a penalidade estabelecida em contrato, se entendida no caso concreto como desproporcional e excessiva ao consumidor? Abordaremos o assunto no Capítulo 9.

81. No processo de n. 1070803-55.2018.26.0100 que tramitou perante a 7ª Vara Cível do Foro Central, a questão foi assim dirimida: o Magistrado entendeu pela aplicação do percentual de retenção previsto na nova lei para incorporações imobiliárias (25% dos valores pagos pelo comprador), ressaltando que tal retenção era mais benéfica ao consumidor do que o percentual previsto no contrato em discussão. A justificar seu entendimento, ponderou ainda que "Tendo em conta que a lei posterior não traz gravame demasiado ao consumidor é possível a sua aplicação de plano, não havendo que se falar na aplicação de tal regra somente nos contratos instituídos a posteriori da publicação e vigência da nova redação trazida pela lei 13786/2018.". Concluiu dizendo que "Ressalto que não vislumbro, de momento, qualquer inconstitucionalidade formal ou material- para a não aplicação imediata da lei. Inclusive por estar-se diante, no entendimento deste magistrado, de norma de retroatividade média, qual seja, se opera quando a nova lei, sem alcançar os atos ou fatos anteriores, atinge os seus efeitos ainda não ocorridos (efeitos pendentes). Desse modo, embora a lei não alcance a data da assinatura do contrato, a rescisão ou mais tecnicamente, a resilição contratual é efeito pendente, por isso alcançando assim a presente lide.". Em 12/06/2019 a decisão foi revertida pelo Tribunal de Justiça do Estado de São Paulo, que manteve o posicionamento do STJ (REsp 1.498.484-DF, Rel. Ministro Luis Felipe Salomão), decidindo pela impossibilidade de aplicação da lei nova, em razão da vedação constitucional à retroatividade da lei e também em respeito ao ato jurídico perfeito. Muito embora tenha afastado a aplicação da Lei do Distrato a contrato antigo, o Tribunal manteve o percentual fixado pela sentença, justificando que a retenção de 25% era adequada a compensar a vendedora pelas despesas administrativas e fiscais realizadas com a celebração do contrato.

CAPÍTULO 6 • EFICÁCIA DAS CLÁUSULAS PENAIS **133**

no sentido de que devam se abster da prática de atos que possam interferir nas relações alheias. Vale dizer, apesar de sua relatividade, os contratos produzem oponibilidade perante terceiros – como projeção de sua eficácia –, resultando em um dever geral de abstenção.

De acordo com a atual redação do Art. 1200 do Código Civil Francês (*Ordonnance n. 2016-131 du 10 février 2016*) "Les tiers doivent respecter la situation juridique créée par le contrat". Então, qual é o lugar do terceiro em um contrato do qual ele não é parte?[82]

Enfrentando o tema com propriedade, Jacques Ghestin sustenta que *l'opposabilité est un complément nécessaire de la force obligatoire du contrat*.[83] Isto é, a oponibilidade é destinada a assegurar a produção dos efeitos normais do contrato, nada além de seus efeitos. A oponibilidade não é capaz de atribuir um direito absoluto aos contratantes, pois o contrato apenas tem como objeto um direito relativo.

Ao reconhecermos a autonomia dos deveres anexos (laterais, instrumentais ou de conduta) em relação à prestação primária, no âmbito de uma relação obrigacional complexa e dinâmica, vislumbramos que não há necessária coincidência temporal entre o nascimento e o recesso da obrigação principal e dos deveres laterais, eis que estes afloram mesmo antes da contratação como depois do cumprimento do dever de prestar. A efetividade da boa-fé é flagrante nos momentos pré e pós-negocial.

Mas não é apenas aí que há um desencontro. A consciência da independência dos deveres de conduta em relação ao nível da obrigação principal viabiliza uma verticalização dos sujeitos ativos e passivos dos deveres de conduta, sobremaneira aqueles que se relacionam à modalidade do dever anexo de proteção.

Todo dever de cuidado envolve, em maior ou menor grau, uma forma de cooperação para com o *alter*. Nessa cooperação é afirmada a ideia solidarista veiculada no art. 3º, I, da Constituição Federal. Em interessante projeção, Luis Renato Ferreira da Silva[84] considera que o binômio cooperação/solidariedade pode ser considerado de duas maneiras: *a)* na relação contratual ele atua por meio do princípio da boa-fé (art. 422, CC); *b)* já os reflexos externos das relações contratuais, que podem afetar a esfera de terceiros, impõem um comportamento solidário cooperativo, pautado pela função social do contrato (art. 421, CC).

De fato, boa-fé e função social possuem um ancestral comum: o princípio da solidariedade. Mas, como seres autônomos, guardam suas particularidades. A boa-fé passa pela necessária consideração e estima entre os entabulantes, contratantes e pós-contratantes. Já a cláusula geral da função social se refere à necessária colaboração entre os

---

82. O terceiro é considerado neutro em relação ao desempenho ou não desempenho, do contrato. Essa leitura, clássica no direito civil, no entanto, não leva em conta uma realidade manifesta, a de que o terceiro pode estar interessado na execução de um contrato, estando ele sujeito a ele (contrato de distribuição exclusiva) ou reivindicando-o (o corretor tem interesse no contrato que está sendo realizado). Por outro lado, no caso de quebra de uma obrigação contratual, surge a questão de saber se o descumprimento de uma obrigação contratual comprovada pode, *ipso facto*, qualificar um delito para o terceiro que sofre as consequências relacionadas ao contrato. violação do contrato.

83. GHESTIN, Jacques. Le prínpe d'opposabilité. *Traité de droit civil*: les effets du contrat, p. 418. Tradução nossa: " A oponibilidade é complemento necessário da força obrigatória do contrato"

84. SILVA, Luis Renato Ferreira da. A função social do contrato no novo código civil. In: SARLET, Ingo Wolfgang (Org.). *O novo código civil e a constituição*, p. 133.

contratantes e a sociedade que os permeia. Na boa-fé, comanda a diretriz da eticidade; na função social, aflora a diretriz da socialidade, com espeque no ideal do bem comum.

Nessa senda, Humberto Theodoro Júnior noticia que

> A função social do contrato consiste em abordar a liberdade contratual em seus reflexos sobre a sociedade (terceiros) e não apenas no campo das relações entre as partes que o estipulam (contratantes). Já o princípio da boa-fé fica restrito ao relacionamento travado entre os próprios sujeitos do negócio jurídico.[85]

Com efeito, a melhor forma de conceder efetividade a um princípio é dimensionando exatamente sua área de atuação. Por mais atraente que seja o remédio da boa-fé, ele não pode ser visto como um elixir, supostamente milagroso para a cura de todas as patologias. Assim, há necessidade de administrar a sua dosagem com exatidão e prudência, pois a efetividade é uma dimensão que se realiza gradualmente.

Os deveres de proteção[86] foram sugeridos por Heinrich Stoll – em obra de 1932 – como forma didática de contraposição aos demais deveres de conduta. Segundo Manoel Carneiro Frada,[87] os deveres de proteção pretendem proteger a contraparte dos riscos de danos a sua pessoa e patrimônio, na constância da relação complexa.

Tendo presente o mandamento de consideração para com o parceiro contratual, a jurisprudência observa deveres de proteção aos bens e à integridade da contraparte, salvaguardando a higidez de ambos e evitando que as partes se inflijam danos mútuos.[88]

Para o que nos interessa, a violação ao dever lateral de proteção é igualmente visualizada quando um terceiro contribui para o descumprimento de uma relação obrigacional em curso, mediante a realização de um segundo contrato – incompatível com o primeiro –, frustrando as finalidades do credor por propiciar o inadimplemento e consequente destruição da obrigação inicial.

A tutela externa do crédito tem por objetivo, segundo Fernando Noronha, "a proteção destes direitos contra ofensa por parte de terceiros, que impeçam o devedor de adimplir a obrigação assumida".[89] Sublinha Jacques Ghestin que *pour qui les tiers ne sont pas liés para le contrat, mais comme le contrat s'impose à eux, ils commettent une faute en prétendant le nier.*[90]

Obtempera Cláudio Godoy que a função social do contrato ocupa relevante papel *ultra partes*, espraiando efeitos sobre terceiros não integrantes da relação. É o que se poderia dizer "uma eficácia social do contrato, corolário de sua inserção no tecido social

---

85. THEODORO JÚNIOR, Humberto. *O contrato e sua função social*, p. 29.
86. Os franceses denominam esse dever anexo de *securité*. Cláudia Lima Marques opta pela terminologia "dever de cuidado", destacando seu aspecto preventivo (*Contratos no código de defesa do consumidor*, p. 198).
87. Manuel Carneiro Frada alude à obra de Stoll: *Abschied Von der lehre der positiven vertragsverletzung* (Contrato e deveres de proteção. *Boletim da Faculdade de Direito da Universidade de Coimbra*, p. 41).
88. "O cliente de estabelecimento comercial que estaciona o seu veículo em lugar para isso destinado pela empresa não celebra um contrato de depósito, mas a empresa que se beneficia do estacionamento tem o dever de proteção, derivado do princípio da boa-fé objetiva, respondendo por eventual dano" (STJ, 4ª Turma, REsp 107.211-SP, Rel. Min. Ruy Rosado, *DJ* 3 fev. 1997).
89. NORONHA, Fernando. *Direito das obrigações*, v. 1, p. 462.
90. GHESTIN, Jacques. *Le príncipe d'opposabilité*, p. 426. Tradução nossa: "Os terceiros não são ligados ao contrato, mas, como o contrato se impõe a eles, cometem uma falta ao pretender negá-lo".

CAPÍTULO 6 • EFICÁCIA DAS CLÁUSULAS PENAIS **135**

[...]; significa flagrante corte no elastério clássico de um dos tradicionais princípios do contrato, o de sua relatividade".[91]

Na linha da função social do contrato e da prevalência da eticidade, propugna-se por uma "tutela externa do crédito", pela qual o terceiro seja responsabilizado não propriamente pela prestação convencionada, mas pela ofensa a dever de conduta nela consubstanciada.[92] Como bem aborda Antônio Junqueira de Azevedo, "os terceiros não podem se comportar como se o contrato não existisse".[93]

E. Santos Júnior trata da responsabilidade civil de terceiro por lesão do direito do crédito como solução equilibrada ao valor da justiça, harmonizando os princípios da reparação do dano e da liberdade contratual, o que resulta em aumento na confiança nos contratos e em sua estabilidade, por evitar interferências materiais de terceiros sobre o crédito.

O autor admite que, em princípio, os terceiros não têm o dever de conhecer a existência do crédito alheio, mas

> quando o conheça na sua existência e configuração mínima, então aquele dever geral de respeito concretiza-se, passa a configurar como um concreto dever de respeito, que se incrusta na esfera jurídica desse terceiro e limita então a sua liberdade de agir. O conhecimento do crédito constitui uma condição de oponibilidade efetiva do direito de crédito a terceiros.[94]

Com esteio na concepção social do contrato (art. 421, CC) e na quebra do dogma de sua relatividade, Teresa Negreiros alude à atual distinção entre a eficácia das obrigações contratuais e a sua oponibilidade, nos seguintes termos:

> O princípio da função social condiciona o exercício da liberdade contratual e torna o contrato, como situação jurídica merecedora de tutela, oponível *erga omnes*. Isto é, todos têm o dever de se abster da prática de atos (inclusive a celebração de contratos) que saibam prejudiciais ou comprometedores da satisfação de créditos alheios.

> A oponibilidade dos contratos traduz-se, portanto, nesta obrigação de não fazer, imposta àquele que conhece, ou tenha a aptidão para conhecer o conteúdo de um contrato,[95] embora dele não seja parte. Isto não implica tornar as obrigações contratuais exigíveis em face de terceiros (é o que a relatividade impede), mas impõe a terceiros o respeito por tais situações jurídicas, validamente constituídas e dignas da tutela do ordenamento (é o que a oponibilidade exige).[96]

---

91. GODOY, Cláudio. *Função social do contrato*, p. 132.
92. Na *I Jornada de Direito Civil*, o Conselho de Justiça Federal produziu o Enunciado nº 21: "A função social do contrato constitui-se em cláusula geral que impõe a revisão do princípio da relatividade dos efeitos do contrato, em relação a terceiros, implicando a tutela externa do crédito".
93. AZEVEDO, Antônio Junqueira de. Princípios do novo direito contratual e desregulamentação do mercado. *Revista dos Tribunais*, p. 116.
94. SANTOS JÚNIOR, E. *Responsabilidade civil de terceiro por lesão do direito de crédito*, p. 582.
95. Há de se ressalvar a opinião contrastante de Marcelo Benacchio, admitindo a responsabilização de terceiro mesmo sem o conhecimento da situação jurídica contratual precedente, por entender que o conhecimento do contrato não é pressuposto genérico para que ocorra a lesão à situação jurídica contratual: "De outro lado, se a norma de responsabilidade civil for de cunho em que isso seja irrelevante, independentemente do conhecimento do contrato, haverá a proteção de sua tutela externa, como pode ocorrer quando da queda de um avião, em relação de consumo, venha se ter a morte de um alto executivo, impedindo o empregador do recebimento da prestação laboral, decorrente do contrato de trabalho e, inclusive a substituição daquela pessoa por outra, se acrescido hipoteticamente, para a atuação do falecido em políticas empresariais que reestruturaram a empresa" (*Responsabilidade civil de terceiro por lesão à situação jurídica contratual*, p. 166).
96. NEGREIROS, Teresa. *Teoria dos contratos*, p. 265. A autora traz excelente exemplo da quebra de dever de conduta. No filme *O informante*, discute-se o risco de uma emissora de TV ser processada por uma companhia de cigarros,

Percebe-se não se tratar de extensão de eficácia contratual aos terceiros, mas de oponibilidade geral, que exigirá da coletividade um dever de *neminem laedere*, por imposição de solidariedade nas relações entre contratantes e sociedades. O crédito é um valor, um bem que integra o patrimônio de uma pessoa. Da mesma forma que se interdita a qualquer um a possibilidade de violar direitos reais ou os direitos da personalidade de quem quer seja, é considerada ilícita a ofensa aos ativos do credor. Reprime-se a interferência do terceiro, em nome da tutela da legítima expectativa de confiança, contra o colapso das relações cooperativas.

Para que se impute a responsabilidade civil ao terceiro nem ao menos se exige que o contrato já tenha sido celebrado. Marcelo Benacchio explica que é suficiente a existência de uma situação jurídica em formação, com concreta expectativa de sua consecução, na qual "terceiros venham a impedir a formação do contrato, por interferência ilícita na fase pré-negocial".[97]

Terceiros não podem ser credores ou devedores de prestações em contratos que não foram partes. Todavia, quanto aos deveres de conduta, a complexidade de qualquer obrigação exige que no processamento da relação jurídica as partes não lesem a sociedade ou sejam lesadas por ela. Há uma via de mão dupla que demanda um atuar dos contratantes para o bem comum, assim como um agir da sociedade que não sacrifique o bem individual, considerado solidário em relação aos bens dos demais. Como observa Cláudio Godoy, "trata-se, aqui, da expansão da oponibilidade dos ajustes, de resto nada mais senão o reverso da possibilidade de um terceiro adimplir obrigação alheia".[98]

O princípio da relatividade dos contratos não pode mais ser elevado à condição de dogma. Dogmas são verdades incontestáveis e sabemos que o direito é instrumento transformador que atua com apoio na experiência – fator cambiante –, não tolerando posições imutáveis.

Nesse sentido, bem se posiciona Marcelo Benacchio:

> Aclara-se como superada a distinção dos direitos reais e pessoais pelo critério da oponibilidade, uma vez que ambos podem ser opostos a todos, sendo aquela distinção fruto de um momento social, e, por consequência científico, por estabelecer que os conceitos e classificações jurídicas deveriam ser sobrepostos à realidade social, a qualquer custo, o que é, exatamente, o oposto do pensamento atual, em que a realidade social é que conforma o direito.[99]

---

pelo fato de um ex-executivo revelar publicamente informações sigilosas, objeto de contratação de confidencialidade em razão de seu antigo trabalho na empresa.

97. BENACCHIO, Marcelo. *Responsabilidade civil de terceiro por lesão à situação jurídica contratual*, p. 107. O autor ilustra o tema com as seguintes situações: "desde o terceiro que mente acerca da existência de falta do poderio econômico da vítima e, desse modo, afasta aquele que se encontrava em negociações preliminares com aquela para a consecução de uma avança com fins patrimoniais, quer seja o exemplo de uma compra e venda; como o que de forma fraudulenta evita que determinado atleta venha a se vincular, contratualmente, a uma agremiação em que não haveria troca econômica entre as partes, senão interesses não patrimoniais" (p. 110).

98. GODOY, Cláudio. *Função social do contrato*, p. 134. A teoria econômica do direito tende a censurar a legitimidade da repressão da interferência de terceiro pela via extracontratual, pelo puro incitamento ao incumprimento. Segundo Fernando Araújo, "Por muito censurável que possa parecer a interferência de terceiro no cumprimento do contrato, não podemos esquecer, contudo, que a oferta de condições contratuais mais vantajosas é própria da concorrência, e é uma via normal para a promoção das soluções mais eficientes no seio do mercado; sem embargo de outras ponderações, mormente em sede de incentivos contratuais, temos que ter cautela de não embarcarmos numa precipitada condenação da prática da 'melhor oferta'". *Teoria econômica do contrato*, p. 766.

99. BENACCHIO, Marcelo. *Responsabilidade civil de terceiro por lesão à situação jurídica contratual*, p.147. Há de se esclarecer que o autor constitui a caracterização do contrato no atual perfil de uma situação jurídica, para fun-

CAPÍTULO 6 • EFICÁCIA DAS CLÁUSULAS PENAIS   **137**

A necessidade de preservar a ordem econômica e a fidelidade às convenções demanda que terceiros se abstenham de violar contratos em andamento. O abuso no exercício da liberdade contratual gera responsabilidade de quem induz outrem à violação de contrato. A conduta ilícita consistente em lesão a uma situação jurídica contratual – reconhecida e tutelada pelo ordenamento como um bem jurídico – acarretará dano a uma das partes. A colaboração em grau mínimo da sociedade já é suficiente para preservar a confiança na circulação econômica dos créditos. Assim, há uma necessidade de "relativização" do próprio princípio da relatividade contratual.

6.6.2 O terceiro ofensor e a pena convencional

A lesão ao direito de crédito por parte de terceiro se efetiva quando este, apesar de conhecer ou poder conhecer a titularidade de um crédito de terceiro, se conduz como se a situação jurídica contratual não existisse.[100] Assim, mediante uma interferência jurídica ou material, age sobre a pessoa do devedor, impossibilitando o cumprimento do contrato com o seu credor. O terceiro "predador" celebra um contrato com o devedor que é incompatível com o cumprimento da avença que ele havia estipulado anteriormente com o seu credor. Via de consequência, induz-se o negócio jurídico ao inadimplemento.[101]

Discute-se se a responsabilidade do terceiro cúmplice pela indução ao descumprimento da relação obrigacional seria contratual ou aquiliana. Consideramos tratar-se de responsabilidade extracontratual, pois, forte na lição de Antônio Junqueira de Azevedo,[102] a função social determina a oponibilidade como sendo a regra, mas não que, por conta de sua atuação danosa, o terceiro se torne contratante.[103]

---

damentar a sua projeção como objeto de direito e proteção perante terceiros. Para o doutrinador, a função social do contrato não seria o exato alicerce da oposição externa da posição contratual, pois "ainda que guiada pela solidariedade, tem o aspecto de limitar a autonomia privada e, também conformar as linhas gerais dos comportamentos contratuais, no sentido da impossibilidade de um efeito antissocial e não na criação de um dever geral de respeitar a posição contratual, o que, lembremos, principalmente, é um interesse individual. Aliás, se assim fosse, a propriedade e empresa, também dotadas de função social, seriam protegidas, unicamente, desde a função social, o que, sabidamente, não é o caso. Além disso, a compreensão da função social encerra um elemento variável, a ser aplicado à luz de casos concretos, sempre no sentido do aproveitamento social do direito, que, por óbvio, se ofender a coletividade não poderá gerar os efeitos jurídicos pretendidos por seu titular. Parece-nos ser excessiva a compreensão de que tudo se resolveria pela função social unicamente, seria como afirmar que o direito sempre objetiva o bem comum, ora isso não significa a não aplicação das demais disposições normativas existentes" (p. 91).

100. O professor Renan Lotufo explica que "diante das profundas divergências entre os doutrinadores quanto aos conceitos do direito subjetivo, dever, obrigação, relação jurídica etc., o tema situações jurídicas vai ganhando relevo, em razão da análise conjunta, que enseja uma visão global. Procura-se estabelecer na relação intersubjetiva o que delimita o sujeito ativo em termos de direitos, de possibilidade de exigir comportamentos do sujeito passivo, deveres que são imputados ao mesmo, bem como qual a sanção aplicável, na hipótese de descumprimento desses deveres prescritos na norma". *Curso avançado de direito civil*, p. 137.

101. Cláudio Godoy traça a hipótese de "atores ou esportistas ligados a determinada empresa ou clube serem, na vigência de seus contratos, assediados por terceiros que, malferindo a avença, de que são cientes, procuram cooptá-los a uma nova contratação" (*Função social do contrato*, p. 140).

102. AZEVEDO, Antônio Junqueira de. Princípios do novo direito contratual e desregulamentação do mercado. *Revista dos Tribunais*, p. 117.

103. E. Santos Júnior comunga deste entendimento, "porque o terceiro não está adstrito a qualquer dever de prestar, que apenas incumbe ao devedor, o sujeito passivo da relação obrigacional, apenas este podendo, pois, incorrer em responsabilidade contratual" (*Da responsabilidade civil de terceiro por lesão do direito de crédito*, p. 501).

De fato, o direito de crédito cujo objeto é a prestação, parte da evidente noção da exclusão de terceiros no seu aproveitamento. Mas os específicos direitos e deveres que emanam da obrigação apenas beneficiam ou comprimem as partes. A relatividade das obrigações mantém sua relevância. Assim, quando terceiro ofende a relação negocial da qual era conhecedor, descumpre a cláusula geral do ato ilícito do art. 186 do Código Civil, pois se esquece de respeitar o dever geral de abstenção, consistente em não interferir na órbita contratual alheia.[104] A lesão ao crédito induz à responsabilidade civil pela teoria subjetiva, no limite dos prejuízos causados ao credor (art. 927, CC).

Outrossim, quando restar configurada a responsabilidade entre o devedor e o terceiro – pluralidade de responsabilidades –, haverá uma solidariedade passiva entre ambos perante o credor, que poderá exigir a indenização de um ou de outro, ou de ambos.

Mas os fundamentos de responsabilidade são distintos. O devedor responde pelas normas relativas ao inadimplemento (arts. 389 e segs., CC). Cuida-se de responsabilidade negocial. A seu turno, o terceiro é responsável extracontratual. Fazendo a analogia com o direito na *common law*, seria a diferença entre o *breach of contract* (quebra do contrato) para a responsabilidade baseada nos *torts* (prática de delitos civis).[105]

Menezes Cordeiro[106] explica que temos dois responsáveis perante o credor e a títulos distintos. Um, por não realizar a prestação; outro, por instigar o devedor a não cumprir, sendo, pois, partícipe no mesmo ato lesivo. Cuida-se de um concurso subjetivo de imputações de responsabilidade em que o credor, certamente, não poderá ser duplamente ressarcido pelo mesmo dano, não sendo possível obter a reparação a um dos responsáveis se o outro houver reparado integralmente o dano.

E. Santos Júnior acredita que a unicidade intercorrente na participação no mesmo ato lesivo e no mesmo dano (ainda que em inobservância de deveres distintos), postula um nexo unitário da obrigação de indenizar, "por outro lado, está é também a solução que, de modo evidente, dado o regime da solidariedade, melhor protege o credor lesado".[107]

Não é outra a solução do direito brasileiro a teor do art. 942, parágrafo único, do Código Civil: "São solidariamente responsáveis com os autores os coautores e as pessoas designadas no art. 932". Quando o terceiro colabora como cúmplice com o devedor na lesão ao crédito, impõe-se a solidariedade e aquele dos responsáveis que pagar a indenização ao credor terá direito de regresso contra o outro, no âmbito de sua responsabilidade.

Há, até mesmo, dispositivo específico sobre a tutela externa do crédito no Código Civil em que o legislador estipula uma verdadeira pena privada contra o aliciador. Nesse sentido, o art. 608: "Aquele que aliciar pessoas obrigadas em contrato escrito a prestar

---

104. Há que se destacar a opinião divergente de Marcelo Benacchio, eis que se insurge contra a tese dominante ao defender que a única hipótese em que a responsabilidade de terceiro será de natureza contratual, dar-se-á no caso de terceiro que auxilia, participa, com o devedor no inadimplemento da obrigação contratual: "O ilícito a ser examinado em sua unidade é o inadimplemento do devedor, que, todavia, contou com o comportamento do terceiro, que, nessa linha, responderá pelo regime contratual perante o credor, ante a unicidade do ilícito decorrente do inadimplemento da obrigação" (*Responsabilidade civil de terceiro por lesão à situação jurídica contratual*, p. 153).
105. ZITSCHER, Harriet Christiane. *Introdução ao direito civil alemão e inglês*, p. 152.
106. CORDEIRO, Antônio Manuel da Rocha Menezes. *Direito das obrigações*, v. II, p. 411.
107. SANTOS JÚNIOR, E. *Responsabilidade civil de terceiro por lesão do direito de crédito*, p. 557.

serviço a outrem pagará a este a importância que ao prestador de serviço, pelo ajuste desfeito, houvesse de caber durante 2 (dois) anos".[108]

Antônio Junqueira de Azevedo situa o art. 608 do Código Civil como uma pena privada para os atos por ele chamados de "negativamente exemplares" e que provocam um dano social. O autor exemplifica com

> o recente caso, relativamente divertido do cantor Zeca Pagodinho, se tudo se tivesse passado até o fim nos exatos termos queridos pelo contrato que consubstanciava aliciamento do cantor, o segundo contrato, é ilustrativo. O desrespeito doloso do primeiro contrato, e o mau exemplo, no comportamento do cantor – sempre raciocinando por hipóteses e considerando que tudo se passou como publicado – em conluio com a Ambev, não deveria levar somente à indenização das perdas e danos da primeira contratante. Na verdade, se não houvesse um *plus* de indenização – pago por ele e pela Ambev – tendo por causa o segundo acordo, estaríamos diante da falta de consequência para um ato doloso e diante de um evidente estímulo ao descumprimento dos contratos. A tolerância para com o dolo e o descumprimento da palavra são os piores males para a sociedade.[109]

Porém, é possível que no contrato entabulado entre o credor e o devedor exista uma cláusula penal – de natureza indenizatória ou compulsória – prevendo um montante para a hipótese de inadimplemento. Ora, havendo solidariedade passiva entre o devedor e o terceiro interferente, poderá o credor exigir o montante da cláusula penal também contra o terceiro ofensor?

Para respondermos à indagação, vale capturar o interessante julgado colacionado por E. Santos Júnior na França:

> *Helène Dutrieu* era uma famosa ciclista belga, que tinha sido campeã do mundo em ciclismo em 1898. Em 1903 ela executava, juntamente com seu irmão *Eugène*, um número acrobático de ciclismo, conhecido por 'a flecha humana'. Em setembro desse ano, os diretores do Cassino de Paris, *Borney* e *Desprez*, lançaram uma grande campanha publicitária anunciando a reabertura do cassino. *Dutrieu* tinha sido justamente contratada por *Borneu* e Desprez para logo a partir da noite da reabertura e durante dois meses, executar o seu número ciclista. Os diretores do cassino pagaram adiantadamente a Dutrieu o montante de 47.500 francos tendo estabelecido no contrato uma cláusula penal de 18.000 francos para o caso de cancelamento do número. Dois dias antes da data de reabertura do cassino, *Dutrieu* recebeu dos irmãos *Isola* uma proposta mais vantajosa, tendo acordado com eles que, no período em causa, executaria o seu número no teatro Olympia, de que aqueles eram diretores. *Dutrieu* cancelou assim a sua atuação no cassino de Paris, o que, dada a pouca antecedência, obrigou os seus diretores a adiarem por três dias a noite de reabertura e a fazerem apressadas alterações à programação. Finalmente, o Cassino viria a reabrir, mas com um sucesso diminuto. Em face disso, os diretores do cassino intentaram uma ação contra os irmãos Isola e *Dutrieu*, solicitando a indenização de 100.000 francos, além dos 18.000 francos que lhes seriam devidos nos termos do contrato que haviam celebrado com *Dutrieu*. Conforme se insistiu, no aresto de 24 de novembro de 1904, do Tribunal de Paris, os réus eram bem conhecedores
>
> – dada a campanha publicitária levada a cabo pelos diretores do cassino – que o seu contrato com *Dutrieu* conflituava com o anterior contrato celebrado entre esta e os diretores do cassino. Consequentemente, ao oferecerem vantagens a *Dutrieu*, para, no período em que era suposto ela atuar no cassino, atuar, em vez, no Olympia, os réus tinham 'facilitado', tinham induzido Dutrieu a faltar ao seu compromisso

---

108. Para não sermos injustos com o Código Civil de 1916, dita norma já existia, porém restrita aos contratos de locação de serviços agrícola (art. 1.235).
109. AZEVEDO, Antônio Junqueira de. Por uma nova categoria de dano na responsabilidade civil: o dano social. *Revista Trimestral de Direito Civil*, p. 216.

contratual anterior e, desse modo, cooperaram e participaram, com uma falta própria, de natureza não contratual, mas delitual, com a falta, esta de natureza contratual, cometida por *Dutrieu*. O tribunal fixou a indenização em 35.000 francos, correspondendo 18.000 francos à falta de *Dutrieu*, de acordo com a cláusula penal estabelecida no contrato por ela violado, e 17.000 francos à falta dos irmãos *Isola*, mas considerando estes e *Dutrieu* solidariamente responsáveis, pela quantia total, perante os queixosos.[110]

O litígio descrito no tópico anterior evidencia que há mais de cem anos as cortes francesas já tratavam da interferência ilícita nos contratos, aplicando a obrigação de indenizar em regime de solidariedade. A decisão, porém, não foi clara quanto à questão da eficácia da cláusula penal perante o terceiro interferente.

Boris Starck[111] considera a cláusula penal aplicável ao terceiro ofensor, pois ele tinha o dever de respeitar os direitos do contratante anterior e, estando esses direitos determinados na cláusula penal, esta fixa também a medida da responsabilidade dos terceiros que os lesam.[112]

Em sentido contrário, Genevive Viney,[113] manifesta-se favorável à invocação do princípio da relatividade para excluir a eficácia da cláusula penal em relação ao terceiro interferente. A autora propõe que a jurisprudência considere ao menos o valor da pena como elemento indicativo para determinar a indenização a ser aplicada contra o terceiro.

Concordamos com G. Viney. O princípio da relatividade contratual atrai a pena apenas para a esfera obrigacional do devedor. A cláusula penal é ineficaz perante o terceiro, que não a estipulou, pois não restringiu sua liberdade em razão do cumprimento de uma prestação. A responsabilidade do terceiro, lembre-se, é aquiliana e não contratual como a do devedor.

Nessa senda, vale reproduzir o ensinamento de Jacques Ghestin:

La responsabilité délictuelle du tiers complice de la violation d'une obligation contractuelle est, en effet, la sanction la plus adéquate. Dans la mesure où le tiers ne peut opposer au contractant victime de l'inexécution les clauses pénales ou limitatives de responsabilité, le juge peut accorder des dommages et intérêts proportionnels au préjudice véritablement subi par le contractant. De cette façon, le tiers ne peut évaluer à l'avance le coût de sa turpitude et déterminer s'il trouve ou non un avantage à violer les engagements d'autrui.[114]

Assim, enquanto o devedor se responsabiliza pelo valor exato da pena independentemente do montante dos danos efetivos, o terceiro apenas se responsabilizará pelos

---

110. SANTOS JÚNIOR, E. *Responsabilidade civil de terceiro por lesão do direito de crédito*, pp. 322-323.
111. Apud SANTOS JÚNIOR, E. *Responsabilidade civil de terceiro por lesão do direito de crédito*, p. 561.
112. No mesmo sentido implicitamente se posiciona Marcelo Benacchio, pelo fato concluir "no sentido de que a responsabilidade civil do terceiro, quando pratica atos conjuntos com o devedor para o inadimplemento do contrato, é de cunho contratual" (*Responsabilidade civil de terceiro por lesão à situação jurídica contratual*, p. 181).
113. VINEY, Genevive. *Les obligations*: la responsabilité, p. 330.
114. GHESTIN, Jacques. *Le principe d'opposabilité*, p. 426. Tradução nossa: "A responsabilidade delitual do terceiro cúmplice da violação de uma obrigação contratual será, de fato, a sanção mais adequada. Uma vez que os terceiros não podem opor ao contratante vítima da inexecução as cláusulas penais ou limitativas de responsabilidade, o juiz pode definir a indenização proporcional verdadeiramente sofrida pelo contratante. De certo modo, terceiros não podem avaliar antecipadamente o custo de sua torpeza e determinar se há uma vantagem em violar os compromissos alheios".

CAPÍTULO 6 • EFICÁCIA DAS CLÁUSULAS PENAIS

prejuízos que o credor comprove ter sofrido em razão do descumprimento insuflado pela interferência ilícita. Segundo E. Santos Júnior,

> a solidariedade entre ambos os responsáveis existe apenas até o limite do valor por que ambos devem responder. Assim, se o montante de prejuízos exceder a cláusula penal, o devedor e terceiro são solidariamente responsáveis até o limite do valor fixado na cláusula penal, mas, para além desse valor, só o terceiro responde individualmente. Por outro lado, se o montante dos prejuízos ficar aquém do valor fixado na cláusula penal, o terceiro e o devedor só respondem solidariamente até o limite do valor efetivo dos prejuízos; para além dele, até o montante definido na cláusula penal, apenas o devedor responderá individualmente.[115]

Para a exata compreensão da mecânica da solidariedade passiva entre fontes distintas de responsabilidade – inadimplemento e ato ilícito –, descreveremos a síntese da condenação, prosseguindo o exemplo ocorrido na França.

O tribunal fixou a indenização em 35 mil francos. Dezoito mil relativos à pena ajustada contra *Dutrieu* e 17 mil pelo ilícito praticado pelos irmãos *Isola*. Lembre-se de que o cassino adiantou a *Dutrieu* o valor de 47 mil francos. Isso significa que a cláusula avençada não é de natureza compulsória, mas apenas uma liquidação prévia de prejuízos, *à forfait*. Assim, a solidariedade se efetivaria nos 17 mil francos. Os irmãos *Isola* não responderiam pela diferença de mil francos.[116]

Caso a pena culminasse por superar o montante dos danos efetivos, a situação se inverteria. Assim, se a indenização calculada pelo juiz alcançasse 30 mil francos, tudo que excedesse a 18 mil francos (valor da cláusula penal) seria de exclusiva responsabilidade dos irmãos *Isola*. Em suma, a cláusula de prefixação de indenização oferece uma álea que repercutirá na solidariedade, seja em favor do devedor ou de terceiro, conforme a oscilação entre o valor da pena e os danos reais.[117]

Tratando-se de uma cláusula de cunho coercitivo e inibitório a diferença entre a responsabilidade contratual e a aquiliana se acentuaria, sempre em prejuízo do devedor. Assim, se a pena alcançasse o patamar de 37 mil francos, mantendo-se a indenização pelo delito em 17 mil francos, tudo que excedesse esse valor estaria excluído da solidariedade, pois recairia apenas sobre a devedora.

Vale dizer, o credor nunca poderá obter um centavo a mais do terceiro além do prejuízo que efetivamente sofreu, ainda que a instigação ao descumprimento tenha partido de uma conduta dolosa (art. 403, CC). Com relação ao devedor, o prejuízo real é despiciendo, pois é bitolado pela pena. Enfim, para o credor a situação será cômoda, pois contará sempre com duas variáveis: ou será ressarcido pelo valor da

---

115. SANTOS JÚNIOR, E. *Responsabilidade civil de terceiro por lesão do direito de crédito*, p. 562.
116. SANTOS JÚNIOR, E. *Responsabilidade civil de terceiro por lesão do direito de crédito*, p. 562
117. No direito civil brasileiro, Humberto Theodoro Neto enfrenta o tema e alcança a seguinte conclusão: "Destarte, em princípio, a cláusula penal como objeto de uma pactuação de efeitos relativos somente pode valer em face do devedor. Quando os prejuízos efetivos forem inferiores ao valor da cláusula penal, incide o princípio da relatividade do contrato, não ficando o terceiro obrigado a observá-la, mas somente o devedor, pois, em face do outro contratante, segundo o previsto no art. 416 do Código Civil, para o credor exigir a pena convencional, não é sequer necessário que alegue prejuízo. O terceiro, a seu turno, somente pode ser responsabilizado pelo dano efetivo. A solidariedade irá, nessas circunstâncias, até o valor efetivo do prejuízo. A partir daí, suplantando-lhe o valor da cláusula penal, a responsabilidade é exclusiva do devedor, não havendo mais responsabilidade solidária do terceiro" (*Efeitos externos do contrato*, p. 194).

cláusula penal – se os danos ficarem aquém de seu *quantum* –, ou então será indenizado pelos prejuízos efetivos, quando estes exorbitem a soma convencionada como cláusula penal.

Realmente, quando tivermos dois regimes específicos de responsabilidade civil, valerá a lição de Fernando Noronha:

> o lesado poderá optar pela aplicação daquele que lhe seja mais favorável, salvo se houver clara previsão legal em contrário. Em princípio é de se pressupor que o ordenamento se incline no sentido da solução que garanta ao lesado uma efetiva reparação do dano sofrido, ou a reparação que seja mais abrangente, no caso de divergência a este respeito entre os dois regimes.[118]

---

118. NORONHA, Fernando. *Direito das obrigações*, v. 1, p. 498.

CAPÍTULO 7
DELIMITAÇÃO PERANTE
MODELOS JURÍDICOS PRÓXIMOS

7.1 A OBRIGAÇÃO ALTERNATIVA

O art. 410 do Código Civil determina: "Quando se estipular a cláusula penal para o caso de total inadimplemento da obrigação, esta converter-se-á em alternativa a benefício do credor" – redação idêntica ao do art. 918 do Código Civil de 1916.

A leitura apressada do dispositivo pode conduzir o estudioso do direito a confundir a cláusula penal como uma espécie de obrigação alternativa a favor do credor. Mas há claras distinções entre os dois modelos jurídicos.

Tem-se a obrigação alternativa quando várias coisas estão submetidas ao vínculo obrigacional de tal modo, porém, que só uma entre elas pode ser objeto do pagamento. Ou seja, no momento genético da constituição da relação obrigacional as duas ou mais prestações são devidas disjuntivamente, pois com o adimplemento de uma delas a obrigação será cumprida. Segundo Renan Lotufo, "como é a esfera de liberdade do devedor que sofre a carga da obrigação, em geral cabe a este a escolha".[1]

Vimos que a cláusula penal é uma obrigação facultativa com escolha do credor. É uma figura singular e bem apartada das obrigações alternativas. Ao contrário destas, o objeto da obrigação facultativa é determinado desde a origem. O devedor só deve uma prestação. Mas, caso ocorra o descumprimento da obrigação, terá o credor a faculdade de substituir a prestação originária por outra, de caráter supletivo, que já estava previamente convencionada.

Como bem exemplifica Serpa Lopes,

> nas alternativas, duas ou mais coisas são objeto da obrigação: devo uma saca de milho ou uma de feijão; o devedor, se lhe competir a escolha, realiza a obrigação elegendo uma das duas prestações. Na facultativa, tudo se passa de maneira diversa: só uma coisa se encontra vinculada: obrigo-me a entregar uma partida de açúcar, sendo que, se me convier, poderei substituí-la por tantas outras de café.[2]

Na cláusula penal, a pena é a outra prestação que se configura em favor do credor ao tempo do inadimplemento. Por se tratar de um direito potestativo, o credor poderá deliberar por insistir no cumprimento da obrigação pela via da tutela específica.

Quando o art. 410 do Código Civil se refere a uma "alternativa em benefício do credor", quis apenas dizer que a cláusula penal é uma obrigação com faculdade alter-

---

1. LOTUFO, Renan. *Código civil comentado*, v. II, p. 252.
2. SERPA LOPES, Miguel Maria de. *Curso de direito civil*: obrigações em geral, v. 2, p. 81.

nativa em favor do credor. A pena constitui uma prestação que o credor pode exigir em alternativa à prestação devida, uma vez que esta não seja satisfeita.[3]

Pinto Monteiro leciona que

ao exercer a sua faculdade alternativa o credor está a colocar a pena no lugar da prestação inicial, pelo que o cumprimento daquela, impedi-lo-á, obviamente, de exigir a indemnização. O que significa, portanto, que a sanção, que a pena traduz, não é exercida através da indemnização, antes por meio de uma outra prestação, que o credor tem a faculdade de exigir, em vez da prestação inicial ou da indemnização pelo seu não cumprimento.[4]

A única observação que se impõe concerne ao alcance da pena como obrigação facultativa na cláusula penal *stricto sensu* e na cláusula de prefixação de indenização.

Na cláusula penal em sentido estrito, sua localização como fonte de obrigação facultativa explica como a pena goza de eficácia coercitiva, sendo simultaneamente meio de satisfação do credor, sem que possa ser rotulada como uma indenização propriamente dita. Por isso, o fato de as partes convencionarem uma pena de valor superior ao da prestação não constitui fato impeditivo ao pleno acesso do credor à pretensão indenizatória pelas regras comuns. Cuida-se de uma tríplice opção: o credor pode exigir a pena ou dela não fazer uso, sendo que, nesse caso, terá duas vias: insistir no cumprimento ou, configurado o descumprimento, pleitear o ressarcimento em detrimento da pena.

Já na cláusula de liquidação antecipada de dano, sua natureza de indenização fixa e invariável – um *forfait* – impede ao credor lesado o recurso às vias indenizatórias, mesmo que o dano real seja superior ao valor ajustado para a pena. Aqui, o fator determinante para o ajuste não foi de ordem compulsória, portanto o ressarcimento se traduz na cláusula penal. Assim, a obrigação facultativa se traduzirá na opção do credor entre o cumprimento e a pretensão à pena. Nada mais.

7.2 A MULTA PENITENCIAL

A multa penitencial reveste-se de considerável importância prática, dado o seu frequente emprego no tráfego jurídico.

Sua característica marcante consiste em ser uma estipulação por meio da qual os contratantes estipulam uma soma que, em caso de o devedor exercitar a faculdade de arrependimento, serviá como forma de pagamento ao credor. Em virtude da multa penitencial, o devedor pode desistir livremente do negócio jurídico, oferecendo o pagamento da multa convencionada sem que o credor tenha o direito de insistir na execução específica da obrigação ou de pretender qualquer coisa a título de indenização por perdas e danos.

---

3. Marcelo Matos Amaro da Silveira pondera que "alguma doutrina tem rejeitado o enquadramento da cláusula penal nas obrigações com faculdade alternativa. Essa rejeição muitas vezes ocorre, pois, tais autores somente consideram que essa espécie de obrigação possa facultar a escolha do devedor, que é a concepção tradicionalmente apresentada. Mas não procedem as críticas pois a estipulação de uma cláusula penal significa a criação de uma opção de ação para o credor. Com a ocorrência de sua "condição de funcionamento", qual seja, o incumprimento, ela não necessariamente irá ser exercida, abrindo-se uma faculdade de agir para o credor, que poderá tutelar seu direito de crédito de diversas maneiras". In Cláusula *penal e sinal*, p. 9.

4. MONTEIRO, Antônio Pinto. *Cláusula penal e indenização*, p. 648.

As diferenças entre a cláusula penal e a multa penitencial são nítidas e corretamente descritas por Jorge Peirano Facio:

La primera, se establece en utilidad del acreedor con el fin de dispensarle de la prueba de los daños y perjuicios (si la cláusula penal es una liquidación convencional y anticipada de daños), o con el de amparar las seguridades de cumplimento de la obligación del deudor (si la cláusula penal es una verdadera pena). En cambio, la multa penitencial está siempre pactada en utilidad del deudor, ya que tiene por fin salvaguardar sus intereses en caso de que produzca su arrepentimiento, permitiéndole retractarse de lo pactado sin más trascendencia que la pérdida de la cantidad o cosa que se había establecido como multa penitencial.[5]

O Código Civil de 2002, à semelhança de seu antecessor e dos códigos que seguiram o sistema francês, nada dispôs acerca da multa penitencial. Porém, não há óbice em sua estipulação, tanto por se mostrar uma densificação do princípio da autonomia privada, como pelo fato de nada possuir de ilícito – seja por ilegal ou por ilegítimo – a aposição de cláusula que faculte ao devedor a exoneração do negócio jurídico.

Adiante, o art. 1.153 do Código Civil espanhol prevê expressamente a possibilidade de se conceder ao devedor, mediante pacto expresso, a faculdade de se libertar da obrigação pagando uma pena. Javier Davila Gonzalez se refere ao dispositivo como *lo que se denomina multa poenitencialis o pena de arrepentimiento.*[6] Acrescenta, ainda, que, ao se conceder ao devedor a faculdade de escolher entre cumprir a obrigação principal e a pena, estar-se-á diante de uma espécie de obrigação facultativa.

Essa observação também é apresentada na doutrina brasileira por Judith Martins-Costa:

se as partes estipularam que o devedor se pode liberar da dívida principal, prestando a pena, também não haverá cláusula penal, mas *facultas alternativa* em benefício do devedor: o credor só pode exigir o adimplemento e o devedor ou adimple, ou presta a alternativa.[7]

Salta aos olhos a aproximação entre as obrigações facultativas – em cujo contexto se situa a cláusula penal – e a multa penitencial. Mas a distinção pode ser vista na iniciativa da escolha: a multa penitencial é uma cláusula que dispõe ao devedor um direito de arrependimento. Karl Larenz acentua que o termo "pena" não se adapta a essa figura, pois o descumprimento da prestação não implica uma injustiça, *sino únicamente la indemnización por una expectativa no realizada.*[8]

Portanto, a multa penitencial fragiliza a relação obrigacional. Em contrapartida, a pena é uma faculdade alternativa concedida ao credor, eis que a cláusula penal é uma prestação que reforça o cumprimento da obrigação, seja por constranger ao adimplemento (cláusula penal *stricto sensu*), seja por liquidar antecipadamente os danos. Algo incompatível com a função de uma cláusula de arrependimento.[9]

---

5. FACIO, Jorge Peirano. *La cláusula penal*, p. 154.
6. GONZALEZ, Javier Davila. *La obligacion com clausula penal*, p. 171.
7. MARTINS-COSTA, Judith. *Comentários ao novo código civil*, v. V, t. II, p. 454.
8. LARENZ, Karl. *Derecho de obligaciones*, p. 373.
9. Como exemplo de prefixação de multa penitencial, podemos assinalar a quantia que uma das partes terá de pagar a outra, na hipótese do art. 463 do Código Civil: "Concluído o contrato preliminar, com observância do disposto

Ao suscitar a figura da multa penitencial como efeito convencional de uma cláusula de arrependimento, Caio Mário da Silva Pereira explica que "ela autoriza o arrependimento do obrigado, enquanto que a penal reforça o vínculo, de vez que em razão desta o devedor tem de cumprir, e é punido se não o faz, ao passo que, em razão daquela lhe fica facultado faltar à prestação".[10]

7.3 CLÁUSULAS DE LIMITAÇÃO E EXCLUSÃO DE RESPONSABILIDADE

O surgimento no princípio do século XIX das cláusulas de exclusão ou limitação de responsabilidade e a sua multiplicação no decurso dele são evidentemente explicados pelo fato de elas responderem a uma necessidade do processo de industrialização, de segurança na exploração económica de inúmeras atividades, criadoras de vastos riscos e de consequentes custos de responsabilidade, insuportáveis pela maior parte das empresas.[11]

A racionalidade econômica busca a eficiência e o lucro, tomando o risco como elemento de definição de preço, que funciona como uma espécie de autosseguro privado, diante de eventual obrigação de indenizar. Em oposição, a racionalidade jurídica anseia pela harmonização de direitos e a garantia do princípio da reparação integral. Contudo, a racionalidade dos agentes econômicos é limitada pela incapacidade humana de processar todas as informações atinentes ao cenário de uma atividade. Em contratos incompletos e sem o controle sobre eventos futuros, quando a incerteza não atinge o nível da imprevisibilidade – a ponto de desobrigar as partes pela impossibilidade, seja por onerosidade excessiva ou força maior – resta a possibilidade convencional de atuar no plano da eficácia, pela alocação de riscos (art. 393, CC), evitando ou mitigando o risco com eficiência, para as hipóteses de danos que uma parte possa causar à outra em decorrência de comportamento a ela imputável. Enfim, a transferência do risco a outro sujeito (cláusula exoneratória) ou o seu compartilhamento (cláusula limitativa), representam formas de alocação efetiva dos riscos, exteriorizando uma função econômico-social da responsabilidade contratual.[12]

Atualmente, as estipulações sobre responsabilidade são particularmente significativas e frequentes no mundo dos negócios jurídicos. Jacques Ghestin[13] enfatiza que elas não se encontram apenas em contratos de adesão, mas *aussi dans les grands contrats negocies par de enterprises avec des firmes privées ou de personnes morales de droit public,*

---

no artigo antecedente, e desde que dele não conste cláusula de arrependimento, qualquer das partes terá o direito de exigir a celebração do definitivo, assinando prazo à outra parte para que o efetive".

10. PEREIRA, Caio Mário da Silva. *Instituições de direito civil*, v. II, p. 155.

11. PRATA, Ana. *Cláusulas de exclusão e limitação da responsabilidade contratual*, p. 23.

12. FERNANDES, Wanderley. *Cláusulas de exoneração e de limitação de responsabilidade*, p. 85-95. Como explica o autor, "A negociação de um nível adequado de ressarcimento possível dos danos pode significar, assim, benefícios mútuos às partes. De um lado dando previsibilidade ao possível causador do dano, o que lhe permite, igualmente, a contratação de seguros em condições mais favoráveis, e , de outro, propiciando também à outra parte uma eficiente equação de riscos, pois não terá incorporado ao preço o custo da contingência de um evento que poderá u não ocorrer, ao mesmo tempo que poderá ter ressarcido os danos em níveis julgados adequados no momento da formação do contrato", p. 96.

13. GHESTIN, Jacques. *Les clauses limitatives ou exonératoires de responsabilité en France et Europe*, p. 2. Tradução nossa: "Também nos grandes contratos negociados por empresas com firmas privadas ou as pessoas morais de direito público, compreendidos os Estados estrangeiros".

y compris des etats étrangers. Principalmente nos contratos de grande vulto, as partes convencionam aspectos que produzem um desvio em relação às normas que tratam dos ilícitos contratuais. Ressalvados os limites de ordem pública, nada impede a realização dos referidos acordos.[14]

Segundo Almeida Costa, as cláusulas sobre responsabilidade podem ser reconduzidas em três grupos: "a) convenções de limitação ou agravamento da responsabilidade; b) convenções de exclusão da responsabilidade; c) cláusula penal".[15]

No campo do agravamento da responsabilidade, por meio de uma alteração convencional do regime geral da responsabilidade, o devedor assume um dever de garantia, incorporando os riscos dos eventos inerentes ao art. 393 (fortuito ou força maior). Alternativamente, ao invés de assumir integralmente os riscos do aleatório, o devedor aquiesce em se responsabilizar por certos eventos necessários e inevitáveis, alocando o risco para si. Ainda se cogite de agravamento quando o devedor se responsabiliza mesmo quando a inexecução decorra de fato de terceiro, ou aquiesça na conversão de obrigação de meio em obrigação de resultado.

Diversamente, cláusulas de não indenizar (ou cláusulas de exclusão de responsabilidade) são cláusulas destinadas a excluir antecipadamente a responsabilidade em que, sem elas, incorreria o devedor, pelo não cumprimento (ou pela mora ou cumprimento defeituoso) da obrigação. Assim definidas, o seu âmbito circunscreve-se à responsabilidade contratual. Contudo, excepcionalmente podem surgir no âmbito da responsabilidade extracontratual, sendo então definidas como convenções destinadas a excluir antecipadamente a responsabilidade pela prática de determinado ato ilícito. Em contrapartida, as cláusulas limitativas da responsabilidade podem dizer respeito aos fundamentos ou pressupostos da responsabilidade ou aos seus efeitos. No primeiro caso, assume especial relevo a cláusula respeitante ao grau de culpa; no segundo caso, é a cláusula limitativa do montante da indenização que é a mais frequente.[16]

Em apertada síntese, com Wanderley Fernandes[17]preferimos o conceito de "convenções pelas quais as partes, em certos termos, previamente a ocorrência de um dano, excluem o dever de indenizar ou estabelecem limites, fixos ou variáveis, ao valor da indenização". O acordo de regramento da indenização ou a eliminará integralmente ou estipulará um limite ao seu valor. A convenção deverá integrar um contrato ou se inserir em um contexto cuja responsabilidade, mesmo aquiliana, possa ser tratada de modo convencional.

---

14. Pontes de Miranda adverte que "o critério da ordem pública é o único que pode servir, enquanto não se procede a estudo profundo das relações sociais, a fim de serem induzidas, cientificamente, as regras concernentes à possibilidade e à impossibilidade das cláusulas de exoneração" (*Tratado de direito privado*, v. XXVI, n. 323, p. 500).
15. COSTA, Mario Júlio de Almeida. *Direito das obrigações*, p. 790.
16. MONTEIRO, Antônio Pinto. Dano e acordo das partes. *Responsabilidade civil. 50 anos em Portugal e 15 anos no Brasil*, p. 19.
17. FERNANDES, Wanderley. *Cláusulas de exoneração e de limitação de responsabilidade*, p. 106-110, "em outras palavras, entendemos que as cláusulas de exoneração, ou de limitação de responsabilidade, dizem sempre respeito a relação preexistente, seja de natureza contratual ou não – como a responsabilidade pré-contratual, as relações de vizinhança e outras hipóteses".

Poderia soar inusitado uma limitação ou exclusão de responsabilidade no universo aquiliano, onde não há um prévio contato social entre as partes. Inimaginável uma cláusula de irresponsabilidade sobre qualquer dano resultante de acidente automobilístico, violando o próprio postulado do *neminem laedere* que permeia a tutela da segurança comunitária e restringe o mau exercício da liberdade de atuação.

Nada obstante, algo distinto é uma convenção na qual as partes predeterminam o afastamento da responsabilidade extracontratual para a eventualidade de danos à integridade psicofísica – modificando-se o regime geral da responsabilidade civil –, conquanto que, observada a natureza dos interesses merecedores de tutela, a limitação se resuma ao âmbito dos danos patrimoniais e não inclua comportamentos qualificados pelo dolo ou culpa grave. Se essa convenção é compreensível quanto à responsabilidade aquiliana produzida no curso de um contrato válido entre as partes (acidente durante uma empreitada) ou mesmo em uma situação de fato que as vincule sem que haja um contrato (v.g relações de direito de vizinhança), o mesmo não se diga quando inexiste qualquer relação prévia entre ofensor e ofendido. De fato, no exemplo de dois proprietários vizinhos, as partes se encontram em uma situação que as possibilita prever a ocorrência de danos mútuos, já um pedestre não ostenta qualquer contato prévio com o proprietário do veículo atropelador.

As cláusulas de exoneração e limitação também incidem na fase das negociações preliminares, haja vista que a prática comercial já incorporou o afastamento da responsabilidade pela corriqueira desistência do processo negocial ao curso das tratativas, por cláusulas incorporadas em memorandos de entendimento. Como fase intermédia entre o simples contato social e a relação contratual, o contato negocial demanda tempo, energia e despesas, que aumentam intensamente conforme a complexidade do contrato que se quer alcançar. Independente da discussão quanto a natureza da ruptura das tratativas – responsabilidade contratual, extracontratual ou terceira via –, no campo das relações privadas as convenções de mitigação ou exclusão de indenização são dignas de proteção jurídica.

Característica importante das cláusulas limitativas do dever de indenizar é a imposição de balizas à indenização sem, contudo, retirar a ilicitude do ato, não se equiparando, portanto, às excludentes de antijuridicidade. Assim, se o devedor tem o consentimento válido do credor para descumprir o contrato, o comportamento do devedor não é ilícito; ao passo que, se existir no contrato, cláusula limitativa do dever de indenizar o devedor praticará ato ilícito se, apesar desta cláusula, faltar ao cumprimento da obrigação contratual, ainda que o credor não possa, por força da cláusula limitativa, exigir-lhe indenização equivalente ao prejuízo.[18]

Ao contrário da experiência de outros países,[19] legislação brasileira se omite na regulamentação sistemática da temática, com exceção de um escasso tratamento no Código de Defesa do Consumidor e uma menção no âmbito do contrato por adesão no Código

---

18. TEPEDINO, Gustavo; TERRA, Aline de Miranda Valverde; GUEDES, Gisela Sampaio da Cruz. *Fundamentos de direito civil*, v. 4. Responsabilidade civil, p. 332.
19. Código Civil Italiano: Art. 1229: "Cláusulas de exoneração da responsabilidade: É nulo qualquer acordo que exclua ou limite preventivamente a responsabilidade do devedor por dolo ou culpa grave. É nulo também qualquer acordo prévio de exoneração ou limitação de responsabilidade para os casos em que o fato do devedor ou de seus auxiliares constituir uma violação de obrigações decorrentes de normas de ordem pública".

CAPÍTULO 7 • DELIMITAÇÃO PERANTE MODELOS JURÍDICOS PRÓXIMOS

Civil. Portanto, a discussão sobre a sua validade ressoa na teoria geral do negócio jurídico e em regramentos específicos, conforme o contrato em que tais cláusulas são utilizadas.

7.3.1 Modalidades de cláusulas de limitação de responsabilidade

As cláusulas de limitação da responsabilidade são aquelas em que se convencionam aspectos ligados aos próprios fundamentos ou pressupostos da responsabilidade ou ao montante da indenização em si. No primeiro caso, a responsabilidade é limitada quanto aos seus efeitos, ajustando-se a exclusão de toda a responsabilidade a certas categorias de prejuízos.

Em rápida digressão, apontamos as seguintes formas de cláusulas que limitam o dever de indenizar, restringindo ou excluindo um específico efeito do inadimplemento da obrigação:

a) Inicialmente podemos citar aquela que restringe os pressupostos ou fundamentos da responsabilidade civil, delimitando a obrigação de indenizar do devedor apenas por culpa grave ou dolo, – excluindo a obrigação de indenizar em caso de culpa leve – ou mesmo, elidindo a presunção de culpa ínsita a responsabilidade contratual que incidirá sobre a parte faltosa.

Nas relações privadas não há impedimento à estipulação de uma cláusula desta natureza, pois o credor só ficará prejudicado de obter a indenização em caso de culpa leve, mas subsistem todas as outras pretensões para a reação contra o inadimplemento, tais quais: a ação de cumprimento; a resolução do contrato; a exceção de contrato não cumprido e o direito de retenção. "Verifica-se, portanto, uma restrição dos pressupostos da responsabilidade, ao nível da culpa do devedor, e não propriamente uma renúncia à indenização".[20]

No direito brasileiro, a solução será a mesma. A autonomia privada chancela a liberdade de tais ajustes. Reza o art. 424 do Código Civil que "nos contratos de adesão, são nulas as cláusulas que estipulem a renúncia antecipada do aderente a direito resultante da natureza do negócio". Mesmo em contratos de adesão interprivados será legítima a cláusula de limitação da obrigação de indenizar, pois em momento algum a fixação de um *plafond* implica renúncia à indenização. O mesmo se diga de uma cláusula que restrinja a obrigação de indenizar à culpa leve. Ela não acarreta uma renúncia à indenização, porém condiciona a responsabilidade à culpa grave ou dolo do devedor.

Ofensa à ordem pública só haveria se o devedor se prevalecesse de uma cláusula exoneratória de responsabilidade mesmo para as hipóteses de dolo ou culpa grave.[21] Jorge

---

20. COSTA, Mario Júlio de Almeida. *Direito das obrigações*, p. 734. A questão é controversa no direito português. Com apoio em Antunes Varela e Ribeiro de Faria, Luis Manoel Teles de Menezes Leitão argumenta que "se se admitisse uma convenção de exclusão da responsabilidade do devedor pela culpa leve, a posição jurídica do credor ficaria extremamente debilitada, ao mesmo tempo que se permitiria ao devedor atuar com incúria no cumprimento de suas obrigações, só o responsabilizando em caso de comportamentos intencionais ou gravemente negligentes. Ora, essa situação apresentar-se-ia como contraditória com o fim que preside ao vínculo obrigacional, enfraquecendo gravemente os direitos do credor, pelo que se justifica que a lei venha afastar a possibilidade de o credor renunciar a esse direito". (*Direito das obrigações*, v. II, p. 276.)

21. Assim, o art. 449 do Código Civil: "não obstante a cláusula que exclui a garantia contra a evicção, se esta se der, tem direito o evicto a receber o preço que pagou pela coisa evicta se não soube do risco da evicção ou, dele informado, não o assumiu". (Grifo nosso). O alienante não se exime de responsabilidade ao agir de má-fé.

Peirano Facio aduz que *el pacto de no prestar dolo asegura la absoluta irresponsabilidad por el voluntario incumplimiento, y por esto no solo es ilícito, sino también contrario a la existencia misma del vínculo obligatorio.*[22] De fato, Sergio Cavalieri expõe que "tolerar a culpa grave ou o dolo é assegurar a impunidade às ações danosas de maior gravidade, o que contradiz a própria ideia de ordem pública".[23] Para além das considerações genéricas sobre a imoralidade de tais pactos, particularmente relevante é a própria destruição da estrutura da obrigação, pois o vínculo jurídico falece quando o acordo subtrai o devedor da obrigação de adimplir, mesmo omitindo grave dever de diligência. De forma enfática, pronuncia Guido Alpa que estas cláusulas são desprovidas de "toute intention sérieuse de s'obliger et que, par conséquent il était juridiquement inexistant parce qu'il lui manquait les éléments essentiels".[24]

Os comentários realizados sobre a licitude de cláusulas de limitação de *quantum* indenizatório e de responsabilização circunscrita à culpa grave e ao dolo não se aplicam às relações de consumo. Conforme o art. 25 da Lei no 8.078/90, "é vedada a estipulação contratual de cláusula que impossibilite, exonere ou atenue a obrigação de indenizar prevista nesta e nas seções anteriores". As normas de ordem pública do Código de Defesa do Consumidor são emanadas do direito fundamental de tutela ao consumidor (art. 5o, XXXII, CF), como parte assimétrica da relação obrigacional de fornecimento de produtos e serviços. A tutela constitucional do consumidor impede que qualquer relação patrimonial possa comprimir excessivamente situações existenciais, convertendo a reparação em algo "desprezível".[25]

b) Igualmente cabíveis são as convenções limitativas que concernem às espécies de danos indenizáveis. Neste sentido, válida a cláusula que delimite a responsabilidade do devedor ao dano emergente, excluindo a indenização de eventuais lucros cessantes – a recíproca também é cabível – ou mesmo de danos indiretos. Conforme cada situação, concreta, o resultado oscilará entre a exclusão ou limitação. Ilustrativamente, se as partes estabelecem indenização restrita aos danos emergentes, caso o inadimplemento apenas materialize lucros cessantes, neutraliza-se o dever de indenizar, contudo, se da inexecução obrigacional forem produzidos lucros cessantes e danos emergentes, a convenção redundará em uma limitação, pois ao credor restará aberta a via da compensação pelos danos emergentes.

---

22. FACIO, Jorge Peirano. *La cláusula penal*, p. 296.
23. CAVALIERI FILHO, Sérgio. *Programa de responsabilidade civil*, p. 506. O autor traz à colação um caso por ele julgado em "relacionado com extravio de cheque especial onde o banco, invocando cláusula exonerativa, procurou-se eximir de qualquer responsabilidade pelo pagamento de cheques grosseiramente falsificados. A tese, a toda evidência, não encontrou acolhida, para que não se concedesse ao banco e aos seu agentes um Bill de impunidade, estimulador de negligência e até da má-fé".
24. ALPA, Guido. Droit italien. *Les clauses limitatives ou exonératoires de responsabilité en europe*, p. 139. Tradução nossa: "Toda intenção séria de se obrigar e que, por consequência, ela é juridicamente inexistente pois carece de elemento essencial." Em interessante aproximação entre as cláusulas limitativas e a cláusula penal, o doutrinador italiano adverte que se as partes recorrerem à estipulação de uma cláusula penal como expediente para escamotear a interdição a um pacto de limitação de responsabilidade por dolo ou culpa grave, estaremos diante de uma tentativa de violação a lei, pois é de sua própria essência que ela não permite ao devedor se subtrair das consequências de seus comportamentos geradores de responsabilidade.
25. Todavia, abre-se uma exceção à limitação da obrigação de indenizar, tratando-se de consumidor pessoa jurídica (art. 51, I, CDC).

Em comum às convenções que restringem pressupostos ou espécies de danos, consistindo ambas em exceções ao princípio da reparação integral em sentido amplo, haverá interpretação restrita no momento em que forem discutidas judicialmente. Como aconselha a doutrina, manter ambiguidades ou estipular cláusulas por demais genéricas para deixar a discussão quanto ao seu conteúdo para o juiz ou árbitro não nos parece ser uma boa estratégia em matéria de cláusulas de limitação ou exoneração de responsabilidade.[26]

c) Ainda na seara das modalidades de cláusulas limitativas temos as cláusulas que estabelecem situações equiparadas, por convenção, a casos de força maior, que sem o acordo das partes, não possuiriam eficácia liberatória. De alguma forma, a convenção materializa o conteúdo do art. 393 do Código Civil, pois para além de afirmar a ausência de responsabilidade em certa *fattispecie*, determina efetivamente qual será o conteúdo jurídico da força maior. Aqui, os eventos listados demandam o atributo da irresistibilidade e inevitabilidade e necessitam de clara determinação, não devendo ser vinculadas única e exclusivamente ao alvedrio do devedor, já que o risco da ocorrência dos fatos passa a ser assumido pelo credor. Assim, como ilustra PERES, em contrato de compra e venda que não seja disciplinado pelo CDC, é possível que se convencione que o vendedor não se responsabilizará por atrasos ou impossibilidade de efetuar fornecimentos dentro dos prazos previstos por atrasos de seus fornecedores, ou outra hipótese, convencionalmente equiparada à força maior.[27]

d) É possível incluir dentre as cláusulas limitativas da responsabilidade aquelas que restrinjam a responsabilidade patrimonial do devedor, ou seja, as partes poderão acordar que somente um bem responderá pela inadimplência do devedor. Neste caso, os prejuízos do credor somente poderão ser ressarcidos até o limite do valor de um bem dado em garantia, seja na forma de penhor ou de hipoteca, conforme o caso. O efeito será o mesmo da cláusula de limitação do valor de indenização, com a diferença de que o *plafond* torna-se variável de acordo com a apreciação do valor de mercado do bem dado em garantia.[28]

Podemos fracionar em "positiva" e "negativa" as modalidades de limitação de garantia patrimonial. Na modalidade positiva certos bens integrantes do devedor são especificados para eventual garantia indenização por inadimplemento. O credor não apenas indica, mas previamente avalia os ativos, assegurando-se de seu risco. A seu turno, na modalidade negativa, o devedor sinaliza sobre quais bens não recairá a obrigação de indenizar no caso de inadimplemento. Responderão pela dívida todos os demais bens, com a exceção daqueles determinados pelas partes.

7.3.2 A cláusula de limitação de indenizar *stricto sensu*

A cláusula de incidência mais comum será aquela em que simplesmente haverá uma limitação do *quantum* indenizatório, mesmo que este ultrapasse o montante dos danos efetivamente experimentados pelo credor na ocorrência do inadimplemento.

---

26. FERNANDES, Wanderley. *Cláusulas de exoneração e de limitação de responsabilidade.*
27. PERES, Fábio Henrique. *Cláusulas contratuais excludentes e limitativas do dever de indenizar*, p. 96-8.
28. FERNANDES, Wanderley. *Cláusulas de exoneração e de limitação de responsabilidade*, p. 106-110.

Não se olvide que idêntica delimitação poderá ter como objeto a exclusão de juros, correção monetária e honorários de advogado, ou seja, elementos que o legislador acresce à indenização em caso de inadimplemento da obrigação, assim como não se recusará a validade de cláusula de não indenizar que tenha por objeto afastar o pagamento de danos surgidos por conta da mora (art. 395, CC).

Como alude Viney, o conteúdo destas cláusulas é eminentemente variável, podendo-se tratar da imposição de um *plafond* de prejuízos ou ainda da extensão das possibilidades de exoneração do devedor ou da redução do prazo prescricional, ou de uma repartição de todos os riscos do contrato, *mais quelles que solent leur forme et leur portée, elles ont toutes pour effet d'edulcorer la sanction des obligations contractuelles.*[29]

É razoável vislumbrar uma questão de fundo econômico nas cláusulas limitativas, afinal o profissional tende a oferecer uma garantia mais elevada por um preço mais elevado, ou restringe a garantia como compensação pela redução de seu preço. A intervenção do legislador não pode ignorar esses fatores econômicos, porém, torna-se cada vez mais raro – mesmo nas relações privadas, salvo os grandes contratos – o ajuste contratual que repousa em uma negociação livre em que as partes discutem cada cláusula.

Diz-se que[30] tais cláusulas seriam elementos perturbadores do equilíbrio do contrato em detrimento do credor, pois privam-no das garantias normais de responsabilidade ou limitam o seu montante. Além disso, é afetado o princípio da segurança das relações contratuais, devendo ser condenadas todas as tentativas de ligar a um contrato as cláusulas limitativas que não foram consentidas pelos contratantes.

Contudo, as cláusulas que têm como objetivo limitar a indenização devida podem se mostrar como um eficiente meio de racionalizar a distribuição de riscos em contratos vultosos, em que há a necessidade de contratação de várias empresas para a execução de um projeto, e que concordam em compartilhar o risco do empreendimento. Nesses casos, as prestações dos entes contratantes podem apresentar um elevado grau de dependência funcional entre si, de modo que a execução de cada um deles gere efeitos recíprocos. Em tais circunstâncias, a distribuição dos riscos pelo inadimplemento pode ser feita entre as partes por meio de cláusulas limitativas, em que cada uma delas estabeleceria, conforme a participação de seu contrato no volume total da obra, o valor ou porcentagem máxima que poderiam suportar pela indenização total devida no caso de inadimplemento.[31]

Adiante, cuida a cláusula de limitação da obrigação de indenizar, de espécie do gênero das cláusulas de responsabilidade, com a qual a cláusula penal apresenta manifesta similitude. A cláusula limitativa estabelece um *plafond*, um teto de ressarcimento. O devedor apenas responderá até o montante previamente ajustado pelas partes. Se ao tempo do descumprimento o dano for maior que aquele limite, o credor apenas recebe o valor fixado sem ter acesso à diferença, mesmo pela via judicial. Todavia, se o dano

---

29. VINEY, Geneviève. Rapport de synthèse. *Les clauses limitatives ou exonératoires de responsabilité en europe*, p. 329. Tradução nossa: "Qualquer que seja a sua forma e alcance, todas têm o efeito de atenuar as sanções das obrigações contratuais".

30. VINEY, Geneviève. *Rapport de synthèse*, p. 331.

31. Bandeira, Luiz Octávio Villela de Viana. *As cláusulas de não indenizar no direito brasileiro*. São Paulo: Almedina, 2020.

efetivo for inferior ao valor estimado como *plafond*, será a indenização paga pelo dano real em detrimento daquele limite.

Exemplificando, A e B ajustam um limite de R$ 10.000,00 para o caso de descumprimento da obrigação principal, quando os danos previsíveis seriam da ordem de R$ 12.000,00. Caso o prejuízo efetivo do credor seja de R$ 20.000,00, só poderá obter os R$ 10.000,00. Mas, se os danos apurados nos termos gerais ficarem restritos a R$ 5.000,00, será esse o valor que perceberá o credor. Assim, a essência da cláusula de limitação da obrigação é apenas produzir eficácia quando o prejuízo real excede o teto estabelecido. Caso contrário, o credor deverá se contentar com os danos reais.

Para que se chegue à conclusão de qual caminho seguir, invariavelmente será calculada a indenização para posterior comparação com o valor clausulado como teto. Ou seja, ao contrário da cláusula penal – que dispensa a prova quanto à dimensão dos danos –, estamos com Galvão Telles quando conclui que a cláusula que limita um máximo de indenização tem como consequência, "a particularidade de se inverter o encargo probatório quanto ao valor dos danos, pois não cabe ao credor provar esse valor, que se presume igual ao máximo convencionado, antes ao devedor compete provar que ele fica aquém".[32]

A cláusula que limita a indenização não passa de uma convenção de inversão do ônus da prova do prejuízo. Ilustrativamente, se ajustada no valor de R$ 100.000,00, poderá o devedor se dirigir ao juiz para provar que o prejuízo real do credor só alcançou a soma de R$ 50.000,00. Com a cláusula penal isso não acontecerá, pois ela só poderá ser reduzida quando manifestamente excessiva (art. 413, CC). Fato é que que a cláusula de limitação do valor da indenização atenua o princípio da reparação integral (944, CC), tal como a cláusula penal poderá servir para a prefixação do valor devido, ainda que o dano seja superior ao valor da penalidade.

A separação entre as duas figuras é apreendida por Antônio Pinto Monteiro, ao vislumbrar que a cláusula limitativa de indenização constitui, de modo típico, um *plafond*, fixa o limite máximo da indenização, ao passo que a cláusula penal é um *forfait*, estabelece um montante invariável. Daí que a cláusula limitativa não dispense a determinação efetiva, nos termos gerais, do montante da indenização, ao passo que a cláusula penal, na modalidade referida, visa, essencialmente, evitar dúvidas futuras e litígios entre as partes a esse respeito, não tendo o credor, para fazer jus à pena, que provar quaisquer danos ou a sua efetiva extensão.[33]

Dispara Alexis Jault que *la stipulation d`un plafond ne bénéficie em effet qu`au seul débiteur alors que celle d'un forfait presente un intéret pour chacun des contractants*.[34] Em outros termos, a cláusula de indenização prefixada é um risco para ambas as partes. Se A e B ajustam o valor da pena em R$ 10.000, na convicção de que eventuais prejuízos oscilem entre R$ 8.000,00 e R$ 12.000,00, seja o dano efetivo de 8 ou de 12, o credor exigirá os R$ 10.000,00. Na limitação de indenização, em sentido inverso, os riscos de

---

32. TELLES, Inocêncio Galvão. *Direito das obrigações*, p. 404.
33. MONTEIRO, Antônio Pinto. *Cláusula penal e indemnização*, p. 260.
34. JAULT, Alexis. *La notion de peine privée*, p. 144. Tradução nossa: "A estipulação de um teto apenas beneficia o devedor; de modo diverso, a determinação de um preço fixo beneficia ambas as partes".

perda são exclusivamente do credor, pois poderá se sujeitar a receber um valor aquém do dano real experimentado.

Ana Prata admite que o máximo indenizatório também pode ser convencionado pelo estabelecimento de uma percentagem de reparabilidade do valor dos danos verificados, enquanto na cláusula limitativa de indenização o credor receberá o integral ressarcimento se o prejuízo estiver abaixo do *plafond*, se o máximo for fixado por recurso à indicação como indenizáveis de uma percentagem dos prejuízos totais, então, qualquer que seja a situação quanto à extensão destes, nunca haverá uma reparação integral, mas, por outro lado, por mais dilatados que sejam, a indenização respeitará sempre a proporcionalidade convencionalmente estabelecida.[35]

O art. 412 do Código Civil adverte que o valor da cominação imposta na pena não pode exceder o da obrigação principal. Sabemos que a norma se refere à cláusula de pre-fixação de danos, na qual há uma proporcionalidade entre a pena e os danos previsíveis. Entretanto, e isto que importa, nada impede que as partes, propositadamente, estipulem uma soma aquém dos danos previsíveis. Ora, admitindo a lei a fixação de uma soma in-variável (cláusula penal), não há óbice a uma cláusula que estipule um valor máximo de ressarcimento nas relações privadas. Isso implica concluir que a limitação do montante indenizatório tanto pode ser consequência de um risco ao qual as partes se submetem (cláusula de liquidação de danos), ou da intencional finalidade de ajustar uma soma menor do que aquela que porventura fosse aferida nos termos gerais.

7.3.3 A validade das cláusulas de exclusão de responsabilidade

Em que medida o dano é acessível ao acordo das partes? A final, tratar do problema da validade das cláusulas de responsabilidade civil requer indagar se ela poderá ser objeto de convenções antecipadas quando as pessoas que receiam poder a sua atividade vir a ser fonte de danos acordar previamente com os presumíveis lesados a disciplina de sua eventual responsabilidade.[36]

No direito português, o Art. 800, n. 2, do Código Civil prevê que "A responsabilidade pode ser convencionada excluída ou limitada, mediante acordo prévio dos interessados, desde que a exclusão ou limitação não compreenda actos que representem a violação de deveres impostos por norma de ordem pública".

No horizonte brasileiro, examinando os três incisos do art. 421-A,[37] a autonomia privada viabiliza que, em contratos paritários interempresariais e intercivis, os contratan-tes envidem uma gestão de riscos, precavendo-se contra eventuais vicissitudes ao longo do iter obrigacional, estabelecendo a equação econômica que fundamenta a correspec-

---

35. PRATA, Ana. *Cláusulas de exclusão e limitação da responsabilidade contratual*, p. 86.
36. PINTO MONTEIRO, Antonio. *Dano e acordo das partes*, p. 22.
37. Art. 421-A CC: "Os contratos civis e empresariais presumem-se paritários e simétricos até a presença de elementos concretos que justifiquem o afastamento dessa presunção, ressalvados os regimes jurídicos previstos em leis especiais, garantido também que: I – as partes negociantes poderão estabelecer parâmetros objetivos para a interpretação das cláusulas negociais e de seus pressupostos de revisão ou de resolução; II – a alocação de riscos definida pelas partes deve ser respeitada e observada; e III – a revisão contratual somente ocorrerá de maneira excepcional e limitada".

tividade do contrato. A Lei n. 13.874/2019 (Lei da Liberdade Econômica) revigorou a autodeterminação em termos de primazia de soluções consensuais em detrimento da heteronomia judicial, valorizando a alocação de riscos. Seguindo a noção de Enzo Roppo do contrato como vestimenta das operações econômicas, o art. 421-A captura um redimensionamento do sentido de contrato, que não mais se exaure no negócio jurídico bilateral que lhe deu origem, convertendo-se em uma "atividade contratual", realidade em permanente construção. Assim, é lícito às partes a delimitação consensual das esferas de responsabilidade para que possam se precaver contra eventuais vicissitudes. O contrato passa a ser tido como um instrumento jurídico posto à disposição das partes para a alocação de riscos economicamente previsíveis, para hoje e para o futuro. Com a gestão de riscos, as partes convertem a causa abstrata do contrato em uma causa concreta. Assim, mal ou bem gerido, o risco superveniente não ensejará intervenção externa sobre o que se convencionou. Diversamente da causa abstrata, consiste a causa concreta no objetivo prático visado pelas partes quando da celebração do negócio jurídico, sendo esse um fim a que se dirige dado negócio jurídico específico. Esse fim é imantado pelo que se pode denominar de função econômica do contrato, ou seja, quais os contributos econômicos que as partes razoavelmente podem esperar como advindos da relação negocial celebrada. A definição desse fim econômico prático que integra a causa concreta é correlata ao exercício da liberdade econômica.

Por sinal, inexiste distinção entre uma cláusula de indenizar e uma cláusula de indenizar "só um pouco". A cláusula limitativa da indenização deve ser censurada "quando a soma arbitrariamente fixada resulte em verdadeira lesão para o credor".[38] A jurisprudência brasileira não costuma aceitar as chamadas indenizações irrisórias, mesmo que não tenham parâmetros objetivos para definir o que seria exatamente o "irrisório". Nada obstante, Se estivermos diante de bem jurídico de índole meramente privada e natureza disponível, o lesado poderá dispor de um eventual montante indenizatório. Isso significa que, se por um lado há vedação de convenções limitativas ou exoneratórias de responsabilidade por culpa grave e dolo, lado outro, pode haver restrição voluntária a indenização de danos. A determinação *ex ante* dos danos indenizáveis reduz os custos de transação *ex post* associados à dificuldade de qualificação e quantificação dos danos para litígios, somando incentivos ao cumprimento das obrigações pelas partes.

Os limites de validade da cláusula de não indenizar coincidem com os mutáveis limites legais da liberdade de contratar conferida aos indivíduos pelo ordenamento jurídico. No tocante às cláusulas de exclusão de responsabilidade – convenção que exclui por completo a obrigação de indenizar – salientamos que, se não lhe opuser um princípio de ordem pública, elas serão admitidas nas relações entre particulares, pois apenas afetam o direito do credor de ter acesso à indenização, mas não excluem a exigibilidade da prestação.[39]

---

38. DIAS, José de Aguiar. *Cláusula de não-indenizar*. Rio de Janeiro: Forense, 1980, p. 129.
39. Por isso, corroboramos o pronunciamento de CAVALIERI, quando acrescenta que a cláusula em exame não suprime o dever primário, nem o dever secundário consequente à violação do primeiro. "se assim não fosse, nem seria possível falar em responsabilidade. Ela apenas afasta a indenização, a reparação, o ressarcimento do dano. Daí entendermos que a melhor denominação é aquela consagrada pelo insigne Aguiar Dias, em sua notável

Assim, mesmo na fase patológica do inadimplemento contratual, subsiste a possibilidade de se exigir o cumprimento, pela tutela específica da obrigação ou a demanda de resolução contratual, para obtenção da restituição da prestação, ou até mesmo a obtenção do valor da prestação devida, caso a opção seja pela execução do contrato pelo equivalente (art. 475, CC). No mais, não há de se falar que a inclusão de uma convenção de tal natureza implica a formação de uma obrigação natural, pois persiste para o credor a exigibilidade do cumprimento, apenas excluída a tutela ressarcitória. Como explica José de Aguiar Dias: "A cláusula não suprime a responsabilidade, porque não a pode eliminar, como não se elimina o eco. O que se afasta é a obrigação derivada da responsabilidade, isto é, a reparação". [40]

Em reforço ao argumento, ilustre-se com o art. 448 do Código Civil: "Podem as partes, por cláusula expressa, reforçar, diminuir ou excluir a responsabilidade pela evicção". A eficácia da cláusula que elide completamente a garantia da evicção se restringe às perdas e danos, pois receberá o evicto a restituição pelos valores pagos. A admissibilidade da cláusula de não indenizar também se extraí do art. 946: "Se a obrigação for indeterminada, e não houver na lei ou no contrato disposição fixando a indenização devida pelo inadimplente, apurar-se-á o valor das perdas e danos na forma que a lei processual determinar". Recente posicionamento do Conselho da Justiça Federal no Enunciado 631 dispõe que "como instrumento de gestão de riscos na prática negocial paritária, é lícita a estipulação de cláusula que exclui a reparação por perdas e danos decorrentes do inadimplemento (cláusula excludente do dever de indenizar e cláusula que fixa valor máximo de indenização (cláusula limitativa do dever de indenizar)".

A delimitação de um teto ou valor fixo é estabelecido pela manifestação das partes, podendo inclusive consistir em declaração unilateral de valor aceita pela contraparte. Este é o caso da declaração do valor da bagagem no transporte de pessoas, conforme o art. 734 do Código Civil brasileiro.[41]O referido dispositivo preconiza a nulidade da convenção que exclua a responsabilidade do transportador pelos danos causados à pessoa transportada e suas bagagens. Contudo, o seu parágrafo único abre exceção para que o transportador exija a declaração do valor da bagagem para estabelecer o limite da indenização devida, sobejando integra a indenização consequente a qualquer lesão sofrida pela pessoa transportada.[42] As cláusulas limitativas não podem excluir ou restringir obrigações essenciais do contrato de transporte, tal como o devedor de incolumidade, verdadeira obrigação de resultado que acompanha o transportado. Ademais, a lei apenas admite a limitação, por meio da declaração do valor dos bens, mas não a exclusão total do

---

monografia sobre o tema: cláusula de não indenizar, e não cláusula de irresponsabilidade, ou, ainda, exonerativa de responsabilidade". CAVALIERI FILHO, Sérgio. *Programa de responsabilidade civil*, p. 503.

40. DIAS, José de Aguiar. *Cláusula de não-indenizar*. Rio de Janeiro: Forense, 1980, p. 38.

41. Art. 734 CC. "O transportador responde pelos danos causados às pessoas transportadas e suas bagagens, salvo motivo de força maior, sendo nula qualquer cláusula excludente da responsabilidade. Parágrafo único. É lícito ao transportador exigir a declaração do valor da bagagem a fim de fixar o limite da indenização".

42. O Código Brasileiro de Aeronáutica, no mesmo sentido, possui dispositivos que permitem limitações ao dever de indenizar por danos ocorridos durante a execução do contrato de transporte, sem autorizar a exoneração da responsabilidade: "Art. 246. A responsabilidade do transportador (artigos 123, 124 e 222, Parágrafo único), por danos ocorridos durante a execução do contrato de transporte (artigos 233, 234, § 1º, 245), está sujeita aos limites estabelecidos neste Título (artigos 257, 260, 262, 269 e 277)".

dever de indenizar, permanecendo a viabilidade de uma demanda por lucros cessantes ou danos extrapatrimoniais.

A cláusula que somente limita o montante indenizatório deixa aberta a possibilidade de que entre as partes surja o dever de indenizar – ainda que reduzido – ao passo que a cláusula exoneratória inibe totalmente o surgimento desse feixe da responsabilidade civil. Enquanto a cláusula de exoneração priva o credor por completo da indenização, na hipótese de limitação do dever de indenizar o credor poderá até mesmo receber o valor integral da indenização se o teto definido para o compartilhamento dos riscos for superior ao dano efetivamente devido.

Essa situação pode apresentar importantes consequências na análise do sinalagma da relação contratual diante da distribuição dos riscos entre as partes, além de servir como um importante suporte para função preventiva da responsabilidade civil, uma vez que o devedor inadimplente não ficará totalmente livre de responder por perdas e danos. Aliás, a depender da situação que se apresente, a diferença entre limitação e exclusão do dever de indenizar os danos decorrentes do inadimplemento pode ser bastante sutil. Realmente, é improvável que se possa identificar de antemão que uma determinada limitação da responsabilidade possa se tornar, em seu efeito prático, uma verdadeira exclusão, caso o valor a ser indenizado seja considerado irrisório se contrastados com os danos efetivamente experimentados pelo credor. Em tais casos, no entanto, indica--se que somente em aparência a cláusula poderá ser considerada limitativa, pois elas encartariam somente um "simulacro de perdas e danos", o que equivaleria à exclusão. Algumas manifestações jurisprudenciais, nomeadamente as que versam sobre contrato de transporte, indicam que na situação de a limitação atingir um grau muito elevado, a cláusula limitativa fica equiparada à cláusula de exclusão do dever de indenizar, devendo ser considerada inválida, a rigor do entendimento exarado na Súmula 161 do Supremo Tribunal Federal ("em contrato de transporte, é inoperante a cláusula de não indenizar").[43]

No que concerne à validade da estipulação de cláusulas de irresponsabilidade, Aguiar Dias responde afirmativamente desde que não se aplique qualquer das quatro situações de nulidade, a saber: a) exonerem o agente em caso de dolo; b) vão diretamente contra norma cogente, às vezes dita de ordem pública; c) isentem de indenização o contratante, em caso de inadimplemento da obrigação principal; e d) interessem diretamente à vida e à integridade física da pessoa natural.[44] Podemos atualizar a referida disciplina para os dias atuais, concretizando o requisito da ordem pública em três principais hipóteses de aferição de validade dos pactos: a) quando existir concreta vulnerabilidade do credor; b) quando atingir lesão a aspecto existencial; c) se em violação a regras que disciplinam a limitação do dever de indenizar.[45]

Certo é que haverá uma evidente negativa ao exercício da autonomia privada em certos confins do ordenamento jurídico. Se, em princípio, o conceito jurídico indeterminado do respeito à ordem pública sugere a invalidade da cláusula de não indenizar em termos

---

43. Bandeira, Luiz Octávio Villela de Viana. *As cláusulas de não indenizar no direito brasileiro*. São Paulo: Almedina, 2016.
44. DIAS, Aguiar. *Da responsabilidade civil*, p. 917.
45. CASTRO, Diana Loureiro Paiva de. *Potencialidades funcionais das cláusulas de não indenizar*, p. 176.

vagos e imprecisos, não se pode duvidar de sua ineficácia quando há vulnerabilidade apta a nulificar a cláusula (v.g cláusula que limite o dever de indenizar nas relações de trabalho ou de consumo) ou em se tratando de indenização por danos extrapatrimoniais, considerando-se a inviabilidade de convenções que cerceiem a cláusula geral de tutela da pessoa em suas múltiplas emanações existenciais.

Entretanto, a par da árdua discussão sobre a súmula 227 do STJ e a exata exegese do artigo 52 do Código Civil, para a doutrina que defende a diferenciação da tutela dos aspectos imateriais da pessoa jurídica com relação à ontologia da inerente dignidade da pessoa natural, o feixe principiológico de ordem pública já não seria uma obstáculo a eficacização de uma cláusula que limite ou exonere o montante indenizatório em matéria de danos extrapatrimoniais que porventura sejam devidos a uma empresa ou pessoa jurídica de direito público.

Em síntese, as cláusulas de limitação e de exclusão se inserem no âmbito da eficácia horizontal de direitos fundamentais, sendo a específica convenção submetida aos limites de merecimento do ordenamento, conforme as contingências históricas, considerando-se o grau de assimetria entre as partes (contratos de adesão ou de consumo) e o bem jurídico em jogo (situações existenciais ou bens relacionados ao mínimo existencial). Estas estremas alimentam o fluido conceito de ordem pública na mensuração do ponto desejável entre a liberdade das partes e exigências de igualdade material e solidariedade.

Dessa maneira, sendo válida, a cláusula de exclusão afasta o direito do credor à indenização tanto em sede de responsabilidade contratual como extracontratual que resulte do mesmo fato, mas não compromete os seus demais direitos, desde que se verifiquem os respectivos requisitos – atente-se que a cláusula ostenta eficácia relativa, não exonerando o lesante de eventual obrigação de indenizar terceiros. Lado outro, sendo nula a cláusula limitativa ou de exclusão de responsabilidade terá o credor direito a ser indenizado em termos gerais, observando-se que eventual nulidade parcial conduzirá à redução do contrato ou mesmo, redução da própria cláusula quando ela for nula pois se destinava a exonerar o devedor mesmo em caso de dolo ou culpa grave.[46]

7.4 A CLÁUSULA DE GARANTIA

Podemos conceituar como cláusula de garantia aquela pela qual o devedor promete assegurar ao credor determinado resultado, responsabilizando-se pelo não implemento deste resultado, mesmo que o insucesso ocorra sem sua culpa. O devedor assume os danos decorrentes do risco do fracasso da prestação.

Na cláusula de garantia, o devedor responderá pelo resultado lesivo até mesmo na ausência de nexo causal entre a sua conduta e o dano, ou seja, mesmo que o resultado tenha sido causado por fatos exteriores à conduta do agente e de natureza inevitável – força maior ou pelo fato de terceiro –, o credor tem a garantia de que o devedor responderá pela não obtenção do resultado prometido.

---

46. MONTEIRO, Antônio Pinto. *Dano e acordo das partes. Responsabilidade civil. 50 anos em Portugal e 15 anos no Brasil*, p. 19.

Avulta perceber que, mediante uma cláusula contratual, incidirá um agravamento da responsabilidade do devedor, eis que um dos pressupostos da responsabilidade civil negocial – culpa do ofensor (art. 392, CC) – é simplesmente afastado pela convenção.

Pode parecer que a cláusula de garantia seja uma espécie de "responsabilidade objetiva" do devedor. Porém, ela vai além. Na teoria objetiva da responsabilidade civil, não se perquire a existência ou não da culpa, mas o ofensor poderá demonstrar a interrupção do nexo causal, pela ocorrência de fatores externos como a força maior e o fato de terceiro. Na garantia contratual, o devedor agrava a sua responsabilidade por meio de um mecanismo de imputação objetiva pelo qual lhe será atribuída a garantia por todos os danos.

O princípio da autonomia privada defere às partes a estipulação de cláusulas de tal jaez. Nada há de ofensivo à ordem pública em um ato de liberdade negocial na qual o devedor delibera por ampliar o fundamento de sua responsabilidade. Aliás, nada impede que os contratantes delimitem as espécies de fortuito que exonerem ou mantenham a responsabilidade do devedor.[47]

Atente-se para o fato de que o devedor apenas assume os riscos previsíveis ao tempo da consumação do negócio jurídico. Caso a inexecução decorra de causa imprevisível àquele tempo, não se verificará a transferência dos riscos.

Ao comentar sobre a cláusula de garantia, Antunes Varela afirma que o devedor assume o risco da não verificação do resultado previsto qualquer que seja a sua causa, "contanto que esta não seja imputável ao próprio credor".[48] A observação é arguta, pois as circunstâncias que impossibilitam o cumprimento são todas aquelas que não se prendem a fatos imputáveis ao credor. Haveria um *venire contra factum proprium* na conduta incoerente e contraditória do credor que, primeiro, subscreve cláusula alargando a responsabilidade do devedor e, posteriormente, contribui para a produção do dano, praticando ato incompatível com a convenção e postula o ressarcimento.[49]

Realmente, quando o resultado danoso é consequência direta e imediata da atuação exclusiva do credor, ele próprio sofrerá o prejuízo.[50] Da mesma forma, apenas serão assumidos os riscos previsíveis ao tempo da celebração do negócio jurídico. Se a inexecução se consumar por uma causa imprevisível àquele tempo, a garantia não poderá ser exigida pelo devedor.

O art. 393 do Código Civil, assim dispõe: "O devedor não responde pelos prejuízos resultantes de caso fortuito ou força maior, se expressamente não se houver por eles responsabilizado". Isto significa que o devedor poderá assumir os prejuízos resultantes do fortuito através de convenção, sem necessidade de fórmulas sacramentais. Segundo J. M. Carvalho Santos,

---

47. Em princípio, a cláusula não terá validade se inserida em contrato de adesão e promover a inversão de riscos contra o aderente (art. 424, CC).
48. VARELA, João de Matos Antunes. *Das obrigações em geral*, v. II, p. 74.
49. Na responsabilidade extracontratual, o agente não será obrigado a indenizar, mesmo em sede de teoria objetiva, quando provado o fato exclusivo da vítima como causa adequada à produção do dano.
50. "Quando alguém experimenta dano, por culpa sua, não se entende que sofra dano" (Pomponius – Digesto 50, 17, 203).

verificada a hipótese de o devedor assumir expressamente a responsabilidade dos prejuízos resultantes do caso fortuito ou força maior, não tem essa cláusula efeitos demasiados amplos, e, em caso de dúvida acerca de sua verdadeira extensão, deve interpretar-se em favor do devedor, entendendo-se, em suma, que o devedor responsabilizou-se apenas pelos casos fortuitos previstos e ordinários.[51]

A cláusula de garantia tangencia a cláusula penal no ponto em que o devedor, além de assumir o risco integral pelo resultado lesivo, concorda em predeterminar uma soma para o caso de não realização da prestação. Nesse momento, as partes ajustam que pena será paga independentemente da culpa e da mensuração dos danos efetivos.

O toque distintivo entre a cláusula penal e a cláusula de garantia, porém, assenta-se no pressuposto da culpa. Se um devedor promete pagar certa quantia em caso de ocorrência de um determinado evento ou de certas circunstâncias que independem de seu comportamento, a promessa representará uma garantia e não uma cláusula penal. Como um princípio geral, a garantia dispensa qualquer noção de pena ou pressão.

É cediço que a cláusula penal pode ser revelar com diversas funções: tipicamente, é uma pena destinada a pressionar o devedor ao cumprimento, sendo este sancionado com outra prestação; eventualmente, a pena pode assumir a feição de liquidação convencional de danos, hipótese em que a finalidade compulsória perde a centralidade e se torna mera eventualidade

Em qualquer dos seus figurinos, a cláusula penal exige a culpa. É um dado relativamente estável no direito comparado, que é frisado na legislação pátria no art. 408 do Código Civil. De fato, sendo a cláusula penal uma obrigação acessória, fenecendo a obrigação principal por um fato não imputável à pessoa do devedor, igualmente decairá a cláusula penal.

Invariavelmente, caberá ao devedor a demonstração de que o ilícito relativo (inadimplemento) não decorreu de sua conduta culposa. O art. 923 do Código Civil de 1916 aduzia que, "resolvida a obrigação, não tendo culpa o devedor, resolve-se a cláusula penal". A referida regra não foi prestigiada no Código Civil de 2002. Todavia, de há muito, Múcio Continentino[52] já dizia que "o dispositivo seria ocioso em si". Entretanto, podem as partes convencionar que o devedor terá de arcar com determinado montante em razão do inadimplemento, independentemente de sua culpa? Se admitida essa cláusula, ela poderia ser tida como uma variante da cláusula penal?

Concordamos com Antônio Pinto Monteiro quando enfatiza que há espaço de autonomia para uma previsão capaz de imputar uma pena ao devedor, mesmo não sendo verificada sua culpa. Contudo, "o que nos parece duvidoso é que seja de qualificar como cláusula penal, pese embora a designação escolhida pelas partes, aquela em que se estipula que a soma acordada (a 'pena') será devida ainda que não haja culpa do devedor".[53]

Ora, esta figura é desprovida de sentido . De um lado se assemelha a uma cláusula penal de prefixação de indenização, pois ajusta um valor invariável – *à forfait* – para o

---

51. SANTOS, J. M. Carvalho. *Código civil brasileiro interpretado*, v. 14, p. 238.
52. CONTINENTINO, Múcio. *Da cláusula penal no direito brasileiro*, p. 123.
53. MONTEIRO, Antônio Pinto. *Cláusula penal e indemnização*, p. 277.

inadimplemento. De outro lado, os contratantes elidem o pressuposto da culpa do devedor, característica inata das cláusulas de garantia.

O poder punitivo dos particulares não se concilia com o risco assumido pelo devedor pelo simples fato objetivo do inadimplemento. Daí a acertada conclusão de Enrico Moscati:

> considerare irrilevante il profilo della non imputabilità dell'inadempimento o del ritardo significherebbe snatura la funzione della clausola penale, poiché si eliminerebbe ogni correlazione con la violazione di una regola comportamentale, pattizia o di legge.[54]

Apesar de seu caráter híbrido, essa construção da autonomia privada não pode ser taxada como uma legítima cláusula penal, eis que a culpa – em qualquer de suas modalidades e funções – é condição de exigibilidade da pena. Na verdade, cuida-se de uma cláusula de garantia que foi acrescida de uma função penal pelo fato de as partes delimitarem uma quantia para a eventualidade do descumprimento da prestação.

7.5 ARRAS

O modelo jurídico das arras foi valorizado no Código Civil de 2002. Da mesma forma que a cláusula penal, o tema passou por alteração topográfica, sendo transferido das disposições gerais dos contratos (arts. 1.094 a 1.097, CC/1916) para penetrar no último capítulo do Título IV do Livro do Direito das Obrigações, onde se estuda o inadimplemento das obrigações.

A modificação é sadia, já que as arras servem como forma de prefixação convencional de indenização, à semelhança da cláusula penal, a qual é tratada no capítulo imediatamente anterior. Não seria justo aprisionar as "arras as amarras" dos contratos, quando é evidente que o seu fundamento e a sua construção homenageiam o inadimplemento das obrigações. Assim, com arrimo em Pontes de Miranda,[55] aceita-se a aposição de arras em negócios jurídicos unilaterais, como em uma promessa de recompensa, na qual aquele que oferece o prêmio culmine por depositar valores a título de arras em favor de quem venha a obter o direito.

Não podemos negar, porém, a especial vinculação entre as arras e os contratos, notoriamente os contratos preliminares de promessa de compra e venda em matéria imobiliária.

Com fundamento na definição de Sílvio Rodrigues,[56] podemos conceituar as arras, ou sinal, como a importância em dinheiro ou a coisa dada por um contratante ao outro, por ocasião da conclusão do contrato, com o escopo de firmar a presunção de acordo final e tornar obrigatório o ajuste; ou ainda, excepcionalmente, com o propósito de assegurar a cada um dos contraentes o direito de arrependimento.

---

54. MOSCATI, Enrico. Pena privata e autonomia privata. In: BUSNELLI, Francesco; SCALFI, Gianguido (Org.). *Le pene private*, p. 241. Tradução nossa: "Considerar irrelevante o requisito da não imputabilidade do inadimplemento significa desnaturar a função da cláusula penal, pois elimina-se toda correlação com a violação de uma regra de comportamento, convencionada ou legal."

55. PONTES DE MIRANDA. *Tratado de direito privado*, t. XXIV, p. 161.

56. RODRIGUES, Sílvio. *Direito civil*: contratos, p. 83.

Um dos contratantes adiantará determinado bem móvel ao outro – fungível ou infungível – com dois objetivos sensivelmente diferentes: para garantir o cumprimento da obrigação principal, ou como prefixação de perdas e danos para o caso de desistência. Avulta perceber que a entrega do bem se aperfeiçoa ao tempo do nascimento da relação jurídica, mesmo que as suas consequências só sejam vistas quando do adimplemento ou do inadimplemento da obrigação.

Assim, as arras exercitam duas grandes funções: penitencial (direito francês) e confirmatória (direito alemão). Segundo José Dionizio da Rocha,

> o Direito brasileiro adotou a primeira por vocação e, a segunda, por convicção, pois, no nosso direito, as arras sempre exerceram a função penitencial e só excepcionalmente a função confirmatória, apesar de a doutrina, em geral, afirmar ser esta a sua principal função.[57]

O legislador cuida da matéria nos arts. 417 a 420 do Código Civil. Nos três primeiros artigos, disciplina as arras confirmatórias, deixando ao último dispositivo o tratamento das arras penitenciais. Pela leitura do art. 420, percebe-se que em caso de obscuridade quanto ao sentido imprimido a cláusula, ela será interpretada como de arras confirmatórias, sendo a eficácia penitencial restrita às hipóteses em que a cláusula de arrependimento é expressa.

Em comum, nas arras confirmatórias ou penitenciais, as arras exercerão a função econômica de início de pagamento, eis que o contratante que as adianta prontamente iniciará a execução de sua prestação.

7.5.1 Arras confirmatórias

Estipula o art. 417 do Código Civil:

> Se, por ocasião da conclusão do contrato, uma parte der à outra, a título de arras, dinheiro ou outro bem móvel, deverão as arras, em caso de execução, ser restituídas ou computadas na prestação devida, se do mesmo gênero da principal.

Trata-se das arras confirmatórias. Elas atuam como cláusulas acessórias de garantia e reforço da execução de um contrato, sem que se admita o arrependimento. É a popular "entrada" ou sinal, termo que torna ainda mais evidente que o contrato está por ser celebrado. Caso o contrato efetivamente venha a ser executado, elas serão restituídas a quem as adiantou, mas, se a sua natureza for a mesma da obrigação principal, basta abater o valor correspondente do *quantum* da obrigação principal.

Seja na modalidade das arras confirmatórias ou penitenciais, o sinal só se constitui mediante o ato material da entrega da coisa: as arras possuem natureza real. Isso não ocorre com a cláusula penal, que possui índole convencional, eis que a pena é uma promessa a ser cumprida no futuro. Nas palavras de Manuel Albaladejo, a distinção entre as arras e a pena convencional é que, *aquéllas aseguran el cumplimiento de la obligación*

---

57. ROCHA, José Dionísio da. *Das arras ou sinal*, p. 545.

mediante la entrega de una cosa, que se perderá si no se cumple, y ésta mediante la promesa de una prestación que, si no se cumple, habrá que realizar.[58]

Indaga-se sobre a possibilidade de os contratantes utilizarem sua liberdade negocial para a constituição da obrigação sem a entrega de arras. Parece-nos que a licitude da avença é evidente, mas já não mais trataríamos de arras, porém de outra figura jurídica. Parece-nos sensata a afirmação de Jorge Cesa Ferreira da Silva no sentido de que "há que se aceitar a validade de um acordo acerca das arras sem a efetiva entrega do sinal, mas a eficácia própria das arras deverá condicionar-se a entrega subsequente e, sempre, anterior ao início da execução pela outra parte".[59]

De acordo com o art. 418 do Código Civil, se o contrato em que se adiantaram as arras não for objeto de cumprimento, poderá a parte inocente – que se manteve firme no contrato – agir de duas formas, conforme sua posição no negócio jurídico: a) se foi quem recebeu as arras, exercitará o direito de retenção sobre os valores como antecipação da indenização pela infidelidade da outra; b) se foi quem as pagou, além do desfazimento do contrato, poderá exigir sua devolução, além do equivalente, acrescendo-se os consectários da atualização monetária, juros e honorários de advogado.[60]

Bem observa Rodrigo Toscano de Brito, que o art. 418 não se refere expressamente ao direito de arrependimento, mas, sim, à não execução do contrato. Dessa forma, "a partir deste dispositivo, pode-se dizer que o legislador se preocupou, na primeira hipótese, qual seja, a do art. 418, com os contratos firmados em caráter irretratável".[61] Portanto, as consequências jurídicas que se imputam ao faltoso derivam do inadimplemento e da consequente resolução contratual (art. 475, CC), e, não, do exercício do poder de resilição unilateral, eis que vedada tal opção por cláusula de irretratabilidade.

Se o faltoso foi quem adiantou as arras, bastará a demonstração de sua inexecução culposa para ser sancionado por sua infidelidade. Aqui há uma espécie de autoexecutoriedade no exercício da pretensão daquele que recebeu as arras. Com efeito, não precisará recorrer ao Poder Judiciário, pois da lesão ao seu direito subjetivo decorre imediata retenção dos valores adiantados a título de arras.

A norma é clara ao reservar às arras o papel de pena. Ela representará uma sanção contra o faltoso, em razão de sua inexecução culposa. As arras não servem como estimativa de perdas e danos, pois a prova do dano é dispensada. O sinal não se compreende na indenização, dada sua independência relativamente ao dano efetivo.

Nesse ponto, as arras confirmatórias em muito se assemelham à cláusula penal, como modelos jurídicos que objetivam assegurar o cumprimento da obrigação. Ambas exercem função coercitiva, pois, em caso de inadimplemento, tanto a retenção da

---

58. ALBALADEJO, Manuel. *Derecho civil II*: derecho de obligaciones, p. 277.
59. SILVA, Jorge Cesa Ferreira da. *Inadimplemento das obrigações*, p. 294.
60. STJ: "De acordo com o disposto no art. 418, mesmo que as arras tenham sido entregues com vistas a reforçar o vínculo contratual, tornando-o irretratável, elas atuarão como indenização prefixada em favor da parte "inocente" pelo inadimplemento do contrato, a qual poderá reter a quantia ou bem, se os tiver recebido, ou, se for quem os deu, poderá exigir a respectiva devolução, mais o equivalente" (REsp 1617652/DF, Rel. Ministra Nancy Andrighi, 3. T. DJe 29/9/2017).
61. BRITO, Rodrigo Toscano de. Função social dos contratos como princípio orientador. *Questões controvertidas do novo código civil*, v. 2, p. 377.

quantia adiantada como a devolução em dobro demonstram a feição sancionatória do sinal. Tal e qual na cláusula penal, o montante prefixado não se relaciona com os danos efetivos.[62]

Como acentua Antônio Pinto Monteiro, a entrega imediata de certa coisa nas arras, "implicará uma eficácia psicológica superior à da cláusula penal, na medida em que essa entrega da coisa manifestará, de modo patente, a sua eficácia intimidativa".[63]

Renan Lotufo resume a opção do legislador diante do dissídio doutrinário que imperava no âmbito do Código de 1916:

> é que, quando do estudo das confirmatórias, parte da doutrina entendia que se estava diante de prévia determinação das perdas e danos, como se vê de Serpa Lopes, em seu *Curso de direito civil*, p. 211, e de Washington de Barros Monteiro, em seu *Curso de direito civil*: direito das obrigações, p. 42. No sentido de que não se estava diante de hipótese de prévia estimativa de perdas e danos, tinha-se Agostinho Alvim, Silvio Rodrigues, Caio Mário da Silva Pereira e Orlando Gomes.[64]

O art. 419 do Código Civil prestigiou a última corrente, ao dispor que "a parte inocente pode pedir indenização suplementar, se provar maior prejuízo, valendo as arras como taxa mínima". Como bem alude Massimo Bianca,[65] apesar da analogia com a cláusula penal, há uma distinção clara com as arras confirmatórias: a pena estipulada a título de cláusula penal é vinculante para ambas as partes; em compensação, as arras predeterminam o dano apenas para a parte infiel, sem vincular a parte fiel que pode ignorar as arras e exigir o ressarcimento pelas normas gerais. O valor das arras será retido por ele, servindo como mínimo indenizatório.

Nota-se uma grande aproximação entre as arras confirmatórias e a cláusula penal *stricto sensu*. A partir do momento em que o montante entregue como sinal puder ser desprezado pela parte inocente, a fim de que persiga legitimamente a indenização (art. 419, CC), o legislador terá clarificado sua posição preferencial de aproximação entre as arras e uma espécie de pena. Daí a impossibilidade de incidência cumulativa de ambos os modelos jurídicos.[66]

Com efeito, se as arras simbolizassem uma indenização prefixada, o credor só teria acesso a qualquer complemento caso antecipadamente houvesse uma cláusula expressa

---

62. STJ, Informativo 613, Publicação: 8 de novembro de 2017. "Na hipótese de inexecução do contrato, revela-se inadmissível a cumulação das arras com a cláusula penal compensatória, sob pena de ofensa ao princípio do non bis in idem" (REsp 1.617.652-DF, Rel. Min. Nancy Andrighi, por unanimidade, DJe 29/09/2017).

63. MONTEIRO, Antônio Pinto. *Cláusula penal e indemnização*, p. 204.

64. LOTUFO, Renan. *Código civil comentado*, v. II, p. 487.

65. BIANCA, Massimo. *Diritto civile*: la responsabilità, v. 5, p. 364.

66. "Se previstas cumulativamente para o inadimplemento contratual, entende-se que deve incidir exclusivamente a pena de perda das arras, ou a sua devolução mais o equivalente, a depender da parte a quem se imputa a inexecução contratual. Em primeiro lugar porque as arras, por constituírem prestação já realizada mediante a entrega de uma soma em dinheiro ou outro bem móvel, possuem natureza real, que prevalece sobre a natureza meramente pessoal da cláusula penal. As arras representam prestação entregue, enquanto a cláusula penal é prestação apenas prometida]. Além disso, a incidência das arras em detrimento da cláusula penal outorga efetividade à disposição constante no art. 419 do CC, segundo o qual as arras valem como "taxa mínima" da indenização à parte inocente pela inexecução do contrato, a qual, ainda, pode pedir indenização suplementar se provar maior prejuízo do que o valor previamente estimado, independentemente de previsão contratual nesse sentido" (REsp 1.617.652/DF, Rel. Ministra Nancy Andrighi, 3. T, DJe 29/09/2017).

em tal sentido. Caso contrário não lhe seria autorizado reivindicar uma indenização suplementar.[67]

Basta lembrar que, enquanto na cláusula penal *stricto sensu* a faculdade do credor substituir a pena pela pretensão indenizatória é da essência da sua função sancionatória e coercitiva, na cláusula de prefixação de indenização essa opção só será concedida ao credor na presença de uma cláusula expressa.

De fato, na cláusula penal em sentido estrito, o credor quer compelir o devedor a cumprir a ameaça de lhe exigir uma ou outra prestação. Pelo fato de a pena não representar, tampouco remeter à indenização, é o credor que decidirá qual dos caminhos seguirá. Não é outra coisa que prevê o art. 410 do Código Civil de 2002. Da mesma forma que lhe é natural optar pela tutela específica, poderá entender que, inviabilizada a via do cumprimento, seu benefício será maior com a obtenção da indenização.

Apesar das pequenas distinções, há uma grande proximidade entre a cláusula penal e as arras confirmatórias. Essa analogia permite a aplicação do art. 413 do Código Civil ao sinal.[68] Ou seja, o contratante faltoso, que perde ou tem de restituir em dobro a importância recebida, poderá solicitar ao magistrado a redução equitativa da quantia se esta se mostrar excessiva. Essa conclusão também é alcançada no direito alemão por Dieter Medicus, que, ao se referir às arras, explica:

> Estas alcanzan entonces la función de una pena convencional. Por ello, se pueden aplicar también algunas disposiciones correspondientes a la pena convencional, en especial pueden moderarse judicialmente unas arras devenidas desproporcionalmente altas por analogía.[69]

Nas arras confirmatórias, o negócio jurídico passa a dispor de cláusula resolutória (art. 475, CC), pois, não havendo execução por fato imputável à outra parte, o contrato será dado por desfeito (art. 418, CC), com a retenção das arras ou devolução mais o equivalente do valor adiantado. Há de se observar que a resolução não se verifica de pleno direito, sendo imprescindível a manifestação expressa de vontade do credor. Caso a parte inocente exercite o direito potestativo resolutório, haverá a extinção do contrato, simbolizando a pena (arras) a liquidação antecipada do prejuízo.

Em sentido diverso, a simples menção a uma cláusula penal não produz imediata resolução expressa do negócio, sendo esta, simplesmente, uma opção concedida ao credor (art. 410, CC). Daí, o credor que deseja a pena como outra prestação mais gravosa, necessariamente, terá de efetuar sua contraprestação. Mas, se prefere exercer o direito extintivo resolutório, não poderá exigir a pena, pois o seu objetivo é justamente libertar-se da sua obrigação.

---

67. Marcelo Matos Amaro da Silveira compreende que a função de reforço da vinculação entre as partes, comum à cláusula penal e ao sinal confirmatório, permite uma nova compreensão dessa figura, dividida em duas subespécies: a) o sinal confirmatório-indenizatório com função de liquidação antecipada de danos (em caso de incumprimento por parte do accipiens, este devolverá o sinal em dobro. Se por parte do tradens, aquele poderá reter o sinal a título indenizatório); b) o sinal confirmatório-coercitivo, com natureza de pena privada, estabelecendo uma coerção sobre as partes direcionada à realização da prestação acordada. O tradens será sancionado por seu incumprimento com a perda do sinal. Se for o accipiens p culpado, devolverá o sinal em dobro como punição. In *Cláusula penal e sinal*, p. 197.

68. III Jornada de Direito Civil – Enunciado 165 – Em caso de penalidade, aplica-se a regra do art. 413 ao sinal, sejam as arras confirmatórias ou penitenciais.

69. MEDICUS, Dieter. *Tratado de las relaciones obligacionales*, p. 210.

7.5.2. Arras penitenciais

Dispõe o art. 420 do Código Civil:

> Se no contrato for estipulado o direito de arrependimento para qualquer das partes, as arras ou sinal terão função unicamente indenizatória. Neste caso, quem as deu perdê-las-á em benefício da outra parte; e quem as recebeu devolvê-las-á, mais o equivalente. Em ambos os casos não haverá direito a indenização suplementar.

O dispositivo alude às arras penitenciais. O valor prestado como sinal funciona como correspondente ao direito de arrependimento de qualquer das partes.[70] Enquanto as arras confirmatórias desejam reforçar a execução da obrigação, as arras penitenciais pretendem justamente o contrário; isto é, concedem uma espécie de autoexecutoriedade para que a parte desistente possa praticar o recesso do contrato (como faculdade alternativa) sem necessidade de propositura de ação.[71]

Aliás, as arras penitenciais tangenciam a figura da multa penitencial. Em comum, ambas facultam a qualquer das partes o poder de se libertar do negócio jurídico. Só que na primeira as partes constituem um sinal mediante certa importância; já na multa penitencial, os contratantes se limitam a estipular esse valor, a ser pago no futuro. Enquanto o montante não for pago, a outra parte ainda poderá exigir o cumprimento.

Exemplificando, preceitua o art. 465 do Código Civil que, "se o estipulante não der execução ao contrato preliminar, poderá a outra parte considerá-lo desfeito e pedir perdas e danos". Duas convenções poderiam ser realizadas para afastar a pretensão às perdas e danos pelas regras comuns: o adiantamento de um valor a título de sinal ou uma cláusula fixando uma multa penitencial.

Por outro giro, é cristalina a distinção entre a cláusula penal e as arras penitenciais. A cláusula penal fortalece a posição do credor na relação obrigacional, pois constrange o devedor a cumprir, sem facultar ao credor uma livre desistência. Mesmo sendo o devedor inadimplente, o credor poderá insistir no cumprimento (art. 410, CC). Já as arras penitenciais concedem a qualquer dos contratantes o direito potestativo de resilir unilateralmente o contrato, sem necessidade de motivação. Em suma, enquanto as arras são qualificadas no quadro das obrigações facultativas com opção do devedor, a cláusula penal é também uma obrigação facultativa, mas com faculdade de eleição exclusiva do credor.

A título ilustrativo, A adianta a B a quantia de R$ 5.000,00, como sinal e início de pagamento de promessa de compra e venda, com inserção de cláusula de retratação. Se o

---

70. STJ: "Esta Corte Superior perfilha o entendimento de que as arras confirmatórias não se confundem com a prefixação de perdas e danos, tal como ocorre com o instituto das arras penitenciais, visto que servem como garantia do negócio e possuem característica de início de pagamento, razão pela qual não podem ser objeto de retenção na resolução contratual por inadimplemento do comprador" (AgInt no REsp 1789091/DF, Rel. Ministro Marco Buzzi, Quarta Turma, julgado em 19/08/2019, DJe 23/08/2019).

71. Obtempera Fernando Araújo que Apesar da doutrina usualmente firmar o caráter de enfraquecimento do vínculo decorrente do sinal "penitencial", por propiciar as partes a opção entre o cumprimento e o arrependimento, deve-se ponderar que um sinal de valor elevado envolve um sacrifício imediato (o de sua perda pelo *tradens* ou sua devolução em dobro pelo *accipiens*) que, contrariamente, pode ser dissuasor imediato do arrependimento: bastando pensar que o valor descontado de um cumprimento devido num futuro mais longínquo, ou o valor descontado da indenização pelo incumprimento nas mesmas condições, podem ser ultrapassados pelo valor imediato representado pelo sinal. In Prefácio a obra de Marcelo Matos Amaro da Silveira, *Cláusula penal e sinal*, XX.

comprador A se arrepender, perderá para B as arras adiantadas. Mas, se partir a desistência do vendedor B, terá este de restituir o valor em dobro (R$ 10.000,00) para A. A título de preservação do sinalagma, o direito potestativo de recesso requer como condicionante a devolução do que se recebeu.

Nada obstante as distinções já enfatizadas, há uma evidente semelhança entre as arras penitenciais e a cláusula penal. Massimiliano de Luca[72] explica que a função prática das duas é análoga, pois em ambas é previamente determinada a soma devida a título de princípio de pagamento, seja em caso de recesso (arras) ou de inadimplemento (cláusula penal). De fato, ao contrário do que ocorre nas arras confirmatórias, na modalidade penitencial, o sinal entregue por uma das partes é o valor máximo de indenização, sem possibilidade de cumulação com perdas e danos ou indenização suplementar, mesmo que o prejuízo do contratante seja maior que o valor das arras. Qual seria a justificativa?

O valor das arras penitenciais não pode ser extrapolado em sequer um centavo, pois ele é tudo aquilo que as partes ajustaram para o caso de uma delas futuramente deliberar por não celebrar o contrato com a outra, reavendo sua liberdade. Enfim, o sinal é o preço adiantado para o contratante se exonerar de um vínculo, nada mais podendo dele ser exigido pela parte inocente.

Por outro lado, a perda do sinal ou a sua restituição acrescida do equivalente não constitui uma sanção a um inadimplemento – como nas arras confirmatórias ou na cláusula penal –, mas uma compensação econômica que a parte inocente recebe pela frustração de suas legítimas expectativas negociais em razão do exercício da faculdade de recesso utilizado pela contraparte. Explica Lia Palazzo Rodrigues:

> o contratante que se retrata, é forçoso repetir, não comete ato ilícito ao fazê-lo. A perda do sinal ou a sua devolução em dobro significa, pois, uma compensação, uma satisfação previamente acordada que o contratante arrependido efetua em prol daquele que, atingido pelos efeitos do retrato, vê o acordo ser descumprido, frustrando-se, assim.[73]

Nesse sentido, Anne Sinay-Cyterman cuida de idêntica polêmica nos tribunais franceses, assinalando que

> *Pourtant cette assimilation de la clause de dédit à la clause pénale ne peut être juridiquement admise. En effet, malgré les analogies, la différence entre les deux clauses est essentielle : la clause pénale suppose l'inexécution fautive d'une obligation pour l'une des parties contractantes. Or la clause de dédit accorde à une partie contractante le droit de se dégager de ses obligations contractuelles moyennant le versement d'une somme d'argent forfaitaire. Le paiement de l'indemnité de dédit ne sanctionne en rien un manquement contractuel. Le débiteur qui exerce la faculté de dédit ne commet pas de faute; il exerce simplement son droit.[74]*

---

72. LUCA, Massimiliano de. *La clausola penale*, p. 46.
73. RODRIGUES, Lia Palazzo. *Das arras*, p. 56.
74. SINAY-CYTERMAN, Anne. *Clauses pénales et clauses abusives*. In: GHESTIN, Jacques (Dir.). *Les clauses abusives dans les contrats types en France et en Europe*, p. 177. Tradução nossa: "A assimilação da cláusula de arrependimento a uma cláusula penal não pode ser admitida juridicamente. Com efeito, apesar das analogias, a diferença entre as duas classes é essencial: a cláusula penal supõe a inexecução culposa de uma obrigação por um dos contratantes. Já a cláusula de arrependimento concede a uma das partes o direito de se desligar de suas obrigações contratuais mediante o ajuste de uma soma prefixada. O pagamento da indenização pelo arrependimento não sanciona uma falta contratual. O devedor que exerce a faculdade de retratação não comete um delito: ele simplesmente exerce seu direito".

Tampouco poderá o contratante inocente exigir o cumprimento do negócio jurídico. Pelo contrário, deverá se contentar com o correspectivo financeiro pelo exercício do recesso.

João Calvão da Silva enfatiza que as afinidades funcionais entre o sinal e a cláusula penal se verificam quando as arras possuem natureza confirmatória. O mesmo não se diga do sinal penitencial, pois "onde esta convenção exista, o sinal não reforça o contrato e não garante o seu cumprimento, antes legitima a retratação unilateral do contrato".[75]

Todavia, vamos supor que em uma promessa de compra e venda o promitente vendedor adiante vultosa quantia ao promitente comprador a título de arras. Exemplificando, em um contrato de R$ 120.000,00, o sinal corresponde a R$ 80.000,00, com cláusula de arrependimento. Caso o comprador exercite o direito de recesso, o vendedor reterá consigo mais que 60% do valor total do contrato, com a possibilidade de realizar nova alienação do imóvel.

Instala-se um paradoxo, pois nos parece contraditório que o Judiciário possa moderar o montante de uma importância equivalente à inexecução ilícita de uma obrigação (arras compensatórias) enquanto ele é vedado o controle do preço pago pela liberdade. Isto é, não há qualquer evidência racional que justifique a intangibilidade de uma cláusula manifestamente excessiva, a ponto de ofender o princípio da justiça contratual. Mesmo que se cuide do exercício regular do direito de arrependimento, há uma vulneração ao equilíbrio negocial que demanda correção. Como pontua Rodrigo Toscano de Brito, sendo certo que o sistema jurídico está voltado para a preservação do sinalagma,

> o que não foi diferente com o novo regramento sobre as arras, pode ocorrer a hipótese de os dispositivos específicos sobre a matéria não serem suficientes para manutenção do equilíbrio nas prestações, gerando, portanto, a necessidade de interpretação conforme os princípios sociais do contrato.[76]

Daí o inegável acerto do Enunciado no 165 da *III Jornada de Direito Civil do Conselho de Justiça Federal*, ao afirmar que "em caso de penalidade, aplica-se a regra do art. 413 ao sinal, sejam as arras confirmatórias ou penitenciais". Isso implica afirmar que uma cláusula de arrependimento tida como abusiva pode sofrer sindicância pelo Poder Judiciário, sendo reduzida, e não simplesmente invalidada.

Vê-se que, independentemente da natureza que se conceder às arras, fundamental será a apuração de seu montante em cotejo com o total do contrato, para a aferição da aplicação do princípio do abuso do direito, aqui materializado na cláusula geral do art. 413 do Código Civil.[77]

---

75. SILVA, João Calvão da. *Cumprimento e sanção pecuniária compulsória*, p. 308.
76. BRITO, Rodrigo Toscano de. *Função social dos contratos como princípio orientador*, p. 379.
77. STJ, Informativo 577, 2 de março de 2016. "Se a proporção entre a quantia paga inicialmente e o preço total ajustado evidenciar que o pagamento inicial englobava mais do que o sinal, não se pode declarar a perda integral daquela quantia inicial como se arras confirmatórias fosse, sendo legítima a redução equitativa do valor a ser retido. Quanto às arras, deve-se destacar que elas têm duas funções: a) confirmatória (principal); e b) penitencial (secundária). As arras confirmatórias podem significar princípio de pagamento, na medida em que o negócio efetivamente se concretizar. Marcam, portanto, o início da execução do negócio. Convém esclarecer que o valor dado a título de arras confirmatórias deve ser integralmente perdido, ou seja, quando a parte que deu as arras não executar o contrato, não terá direito à devolução do "sinal" por ter dado causa à rescisão. Mas, se o valor do pagamento inicial englobava mais do que o sinal, o percentual de retenção deve ser reduzido. Isso porque não é razoável o entendimento de que

Por fim, a Lei n 13.786/18 – que disciplina a resolução do contrato por inadimplemento do adquirente de unidade imobiliária em incorporação imobiliária e em parcelamento de solo urbano – não apenas estabeleceu percentuais máximos de restituição pelo adquirente quanto à cláusula penal compensatória, mas também no tocante as arras. De acordo com o art. 3. do referido diploma, a Lei n. 6766/79 passa a incorporar um Art. 32-A, vazado nos seguintes termos: "Em caso de resolução contratual por fato imputado ao adquirente, respeitado o disposto no § 2º deste artigo, deverão ser restituídos os valores pagos por ele, atualizados com base no índice contratualmente estabelecido para a correção monetária das parcelas do preço do imóvel, podendo ser descontados dos valores pagos os seguintes itens: I – os valores correspondentes à eventual fruição do imóvel, até o equivalente a 0,75% (setenta e cinco centésimos por cento) sobre o valor atualizado do contrato, cujo prazo será contado a partir da data da transmissão da posse do imóvel ao adquirente até sua restituição ao loteador; II – o montante devido por cláusula penal e despesas administrativas, inclusive arras ou sinal, limitado a um desconto de 10% (dez por cento) do valor atualizado do contrato".

7.6 ASTREINTES

7.6.1 Noções gerais

Nas palavras de Alexandre Freitas Câmara,

> denomina-se astreintes a multa periódica pelo atraso no cumprimento de obrigação de fazer ou de não fazer, incidente em processo executivo (ou na fase executiva de um processo misto), fundado em título judicial ou extrajudicial e que cumpre a função de pressionar psicologicamente o executado, para que cumpra a sua prestação.[78]

As *astreintes,* na formulação adotada pelo ordenamento brasileiro, tiveram como inspiração o direito francês. Sua finalidade é nitidamente compulsória, pois por meio desse eficaz mecanismo o devedor renitente será constrangido indiretamente a satisfazer a prestação. Na conhecida citação de Jean Carbonier, "agride-se a carteira para forçar a vontade".

Insta acentuar a total independência das *astreintes* para com qualquer finalidade compensatória ou de ressarcimento pelos danos sofridos pelo credor diante do inadim-

---

todo o referido valor inicial pago seja enquadrado como sinal ou arras confirmatórias e, em consequência, sujeite-se ao perdimento em prol do vendedor. Entender de forma diversa implicaria onerar excessivamente a parte que deu as arras, ainda que a ela tenha sido atribuída culpa pela rescisão do contrato, e beneficiar a parte que as recebeu. Em outras palavras, seria uma fonte de enriquecimento desproporcional. Observe-se que a orientação jurisprudencial do STJ é no sentido de que a fixação das arras confirmatórias se dá em percentual inferior a 20% do valor do bem, variando, mais precisamente, entre 10% e 20%. Nessa linha intelectiva, convém mencionar o Enunciado n. 165 da III Jornada de Direito Civil do CJF: "Em caso de penalidade, aplica-se a regra do art. 413 ao sinal, sejam as arras confirmatórias ou penitenciais". Esclareça-se que o art. 413 do CC estabelece que "a penalidade deve ser reduzida equitativamente pelo juiz se a obrigação principal tiver sido cumprida em parte, ou se o montante da penalidade for manifestamente excessivo, tendo-se em vista a natureza e a finalidade do negócio". (REsp 1.513.259-MS, Rel. Min. João Otávio de Noronha, julgado em 16/2/2016, DJe 22/2/2016).

78. CÂMARA, Alexandre Freitas. *Lições de direito processual civil*, v. II, p. 263.

plemento. Em seu caráter essencialmente psicológico, a multa não se confunde com a indenização que será paga pelo devedor. Ambas serão cumuladas.

A história das *astreintes* é relativamente recente. O art. 1.142 do Código francês decretava a conversão das perdas e danos pelo descumprimento das obrigações. Prestigiava-se a incoercibilidade das obrigações, pois qualquer forma de tutela específica implicaria ilegítima restrição à liberdade dos particulares. Era conveniente ao modelo liberal a não interferência do Estado – particularmente do Poder Judiciário – nas relações privadas. A tutela ressarcitória era a única reação possível em face do inadimplemento, pois no patrimônio do devedor poderia o credor ser compensado pelos seus danos.

Segundo Alexis Jault[79] a evolução da *astreinte judiciaire* é caracterizada por uma emancipação constante do instituto para com a teoria da reparação.[80] Concebida como uma simples condenação por perdas e danos, o modelo das *astreintes* adquiriu autonomia na França, em 1959, quando a Corte de Cassação a considerou um meio de pressão inteiramente autônomo da indenização, sendo que sua função não seria a de compensar o prejuízo, mas de vencer a resistência oposta ao cumprimento. Na França, as leis de 5 de julho de 1972 (n. 72-226) e de 09 de julho de 1991 (n. 91-650) normatizaram as soluções jurisprudenciais. Acentuando a sua distinção perante as perdas e danos, atualmente, as astreintes são disciplinadas pelo Código de Processo Civil desde a vigência da *Ordonnance 2011-1895 du 19 décembre 201*.[81]

Não apenas é possível o cúmulo entre as *astreintes* e a medida de reparação de danos, como é interditado a qualquer juiz deduzir do montante das *astreintes* o valor do ressarcimento obtido pela vítima.[82] Em nosso sistema jurídico, as *astreintes* foram profundamente valorizadas pelas ondas reformistas iniciadas em 1994 (Lei 8.952/94; Lei 10.444/02; Lei no 11.232/05) até o elogiável aperfeiçoamento do Código de Processo Civil de 2015. Cândido Dinamarco assinala que

> a consciência da necessidade de uma conduta ao obrigado para que o resultado seja atingido e a debilidade e insuficiência do sistema tradicional inspiraram ao legislador a conveniência de excogitar novas técnicas aceleradoras, entre as quais a das multas periódicas pelo descumprimento.[83]

Elas constituem um instrumento para a efetivação da obrigação consubstanciada na decisão que antecipa os efeitos da tutela. Para tanto, a multa coercitiva será eficaz e

---

79. JAULT, Alexis. *La notion de peine privée*, p. 9.
80. Andrè Tunc narra o *leading case* jurisprudencial das *astreintes* na França, em caso célebre no qual a princesa de Bauffremont não restituía ao seu antigo marido os filhos do casal. Ela foi condenada a pagar 1.000 francos por dia de atraso, a título de simples ameaça (*La pena privata nel diritto francese*, p. 355).
81. *Article L131-1 Tout juge peut, même d'office, ordonner une astreinte pour assurer l'exécution de sa décision. Le juge de l'exécution peut assortir d'une astreinte une décision rendue par un autre juge si les circonstances en font apparaître la nécessité. Article L131-2 L'astreinte est indépendante des dommages-intérêts. L'astreinte est provisoire ou définitive. L'astreinte est considérée comme provisoire, à moins que le juge n'ait précisé son caractère définitif. Une astreinte définitive ne peut être ordonnée qu'après le prononcé d'une astreinte provisoire et pour une durée que le juge détermine. Si l'une de ces conditions n'a pas été respectée, l'astreinte est liquidée comme une astreinte provisoire. Article L131-4 Le montant de l'astreinte provisoire est liquidé en tenant compte du comportement de celui à qui l'injonction a été adressée et des difficultés qu'il a rencontrées pour l'exécuter. Le taux de l'astreinte définitive ne peut jamais être modifié lors de sa liquidation.*
82. JAULT, Alexis. *La notion de peine privée*, p. 160.
83. DINAMARCO, Cândido Rangel. *A reforma da reforma*, p. 243.

atual, pois sua eficácia como mecanismo de pressão é garantida pela possibilidade de sua imediata execução. A independência para com o ressarcimento é tão evidente que o art. 500 do CPC, estabelece que "A indenização por perdas e danos dar-se-á sem prejuízo da multa fixada periodicamente para compelir o réu ao cumprimento específico da obrigação".

Admitir que os meios executivos apenas possam incidir sobre o patrimônio do devedor pela vedação ao constrangimento à prestação de um fato pessoal, consiste em equívoco. Segundo Alexandre Freitas Câmara,

> a vontade primária do direito objetivo é que o cumprimento da obrigação se dê por ato do próprio obrigado. Por esta razão, prevê o sistema, como meio de permitir a atuação desta vontade do direito, a utilização de meios de coerção, ou seja, meios de pressão psicológica que incidem sobre o executado, como forma de obter o cumprimento (por ato seu) da obrigação.[84]

A aplicação da multa periódica só será afastada quando o credor deliberar pela tutela ressarcitória, prescindindo do cumprimento específico, ou nos casos em que houver impossibilidade material de acesso à obrigação *in natura* (art. 499, CPC/15).

Enfim, pelas *astreintes* é edificada uma tutela inibitória em face do devedor inadimplente, a fim de que execute *in natura* a prestação devida, evitando seu perecimento pela indesejada conversão em perdas e danos. Ao mesmo tempo em que se concede relevo ao interesse fundamental do credor no cumprimento – como finalidade da "obrigação como processo" –, prestigia-se a observância das ordens judiciais.

Nesse sentido, assumimos como desvio de perspectiva entender as *astreintes* como uma forma de preservação de autoridade do Poder Judiciário. Essa é uma eventualidade das astreintes, pois a ordem judicial é apenas o instrumento do exercício de sua função precípua, de garantia do cumprimento das obrigações. A instrumentalidade do processo consiste em deferir ao particular por meio da jurisdição, na medida do possível, aquilo que ele obteria de forma espontânea.

Explica Antônio Pinto Monteiro que o sistema do *contempt of court*, vigente nos países do *common law*, considera qualquer ofensa à autoridade judicial como um ato de desprezo pelo tribunal. Cuida-se de um sistema que "assume natureza mais publicística do que o das 'astreintes'. A pessoa que seja declarada incursa em *contempt of court* sujeita-se ao pagamento de sanções pecuniárias e/ou à condenação à prisão".[85]

O *contempt of court* existe no direito brasileiro, mas não corresponde à multa coercitiva, todavia a uma diferente espécie de multa preconizada no art. 14 do Código de Processo Civil. Como acentua Cândido Dinamarco, "essa multa tem caráter puramente repressivo, como reação da ordem jurídica a condutas qualificadas como atos atentatórios à jurisdição, e reverte sempre ao Estado, que a exerce".[86]

---

84. CÂMARA, Alexandre Freitas. *Lições de direito processual civil*, v. II, p. 262.
85. MONTEIRO, Antônio Pinto. *Cláusula penal e indenização*, p. 122.
86. DINAMARCO, Cândido Rangel. *A reforma da reforma*, p. 236.

7.6.2 Distinções entre astreintes e cláusula penal

Existem fortes pontos de contato entre os modelos das *astreintes* e cláusula penal *stricto sensu*: ambos são prestigiados meios de coerção privada. A pena convencional, como cediço, exerce função compulsória de imprimir ao devedor um temor quanto ao inadimplemento pela aplicação de uma sanção consistente em outra prestação cujo valor será superior ao da obrigação originária.

Os pactos nascem para o cumprimento. A cláusula penal quer acentuar a confiança na palavra empenhada pelo devedor de que honrará o compromisso assumido.

Mas o ordenamento jurídico não pode delegar essa tarefa exclusivamente ao desígnio dos particulares. Ao sistema jurídico se impõe a grave missão de conceder efetividade às relações de direito material. A renitência ao cumprimento atinge primariamente o credor, mas reflexamente o próprio sentimento coletivo quanto ao desprestígio das instituições. Com precisão, Deniz Mazeaud[87] assevera que os contratantes não podem ordenar as *astreintes*, da mesma forma que o juiz não possui autoridade para impor uma cláusula penal.

As *astreintes* bem cumprem a função de persuasão ao cumprimento, traduzindo-se em sanção patrimonial – exatamente como a cláusula penal –, que não se confunde com medidas de coerção pessoal como eventual prisão por descumprimento da multa, que não podem ser admitidas em nosso sistema sob pena de violação à proibição constitucional da prisão por dívida, restaurando-se a odiosa penhora sobre o corpo.

Barbosa Moreira acentua que o terreno principal em que os ordenamentos costumam recorrer a medidas coercitivas é o dos deveres de fazer ou não fazer, não cumpridos espontaneamente. Tais medidas podem ser de duas espécies: pessoais e patrimoniais. No direito brasileiro é tradicional a preferência pelas medidas patrimoniais. A legislação pátria sempre abriu espaço a cominações daquele tipo, notadamente em matéria de execução de obrigações com prestação infungível, como nos exemplos clássicos do pintor famoso que se recusa a pintar o quadro prometido, ou o do pianista renomado que reluta em dar o concerto a que se obrigara.[88]

A cláusula penal pode ser considerada como "*astreintes* convencional", pois a coerção privada é de sua essência, enquanto as *astreintes* serão pronunciadas pelo juiz, por provocação do interessado ou de ofício (art. 537, CPC/15).[89] Certamente a cláusula penal é de grande utilidade para o credor, pois, se lograr êxito em cumprir a sua função intimidante, o credor não necessitará do recurso ao magistrado pela via das *astreintes*. Uma grande diferença entre pagamento de multa periódica e cláusula penal reside no fato de que aquela existe por pronúncia do juiz, mantendo o poder de modificá-la até que seja liquidada. Para além da fonte contratual, na cláusula penal o juiz não tem poder de apreciação, mas um poder moderador quanto à sua quantidade

---

87. MAZEAUD, Denis. *La notion de clause pénale*, p. 113.
88. BARBOSA MOREIRA, José Carlos. Reformas processuais e poderes do juiz. *Revista jurídica Notadez*, p. 14.
89. Art. 537 CPC: "A multa independe de requerimento da parte e poderá ser aplicada na fase de conhecimento, em tutela provisória ou na sentença, ou na fase de execução, desde que seja suficiente e compatível com a obrigação e que se determine prazo razoável para cumprimento do preceito".

Com acerto enuncia Eduardo Talamini que "a multa contratual e a imposta pelo juiz, conquanto tenham mediatamente os mesmos objetivos, diferenciam-se no que tange à sua estrutura e função imediatas".[90] A primeira é meio de coerção privada; a segunda, meio de coerção processual. Portanto, a cláusula de um contrato que prevê uma "multa diária" em caso de atraso no cumprimento de uma obrigação prevista no contrato pode ser executada sem a necessidade de liquidação prévia pelo juiz, pois apesar de uma aparência de astreintes, o que surge que na verdade é uma cláusula penal, com feição de sanção pecuniária periódica indutora do cumprimento.

Aliás, a configuração de uma cláusula penal não impede que o credor tenha acesso à *astreinte*. Ao se referir a ela, Sérgio Cruz Arenhart observa que "não é esta medida uma forma de indenização arbitrada judicialmente. Ao contrário, tem a *astreinte* a função própria e específica de agregar coerção à ordem judicial".[91] Com efeito, sendo a pena convencional uma prestação com faculdade alternativa de escolha reservada ao credor, ele poderá optar por insistir na tutela específica da obrigação de dar, fazer ou não fazer. Para tanto, constrangerá o devedor a cumprir pela via das *astreintes*, conforme previsão processual. Mas, se for impossível a obtenção da tutela específica, o credor deliberará pela pena, acrescida do valor das *astreintes*.

Adverte Eduardo Talamini:

> seria paradoxal que, só porque já existe a previsão da multa contratual, o juiz ficasse de mãos atadas para estabelecer outra, jurisdicional. Portanto, é perfeitamente possível que o juiz, diante da insuficiência do mecanismo de tutela material, acresça outro, de natureza processual.
>
> Assim, o que ocorre não é propriamente a 'majoração' da multa contratual, mas o acréscimo de outra, de índole processual.[92]

Pela absoluta autonomia entre a cláusula penal e as *astreintes*, não é possível entender que a fixação daquela implica limitação convencional do teto da multa judicial a esse valor. A autonomia privada das partes é incapaz de orientar a liberdade do magistrado na fixação das *astreintes*. Outrossim, excepcionalmente, é possível cumular-se a cobrança das astreintes, perdas e danos e cláusula penal. Em princípio, não, sob pena de haver *bis in idem*, vez que a cláusula penal compensatória é a própria fixação prévia das perdas e danos. Assim, somente será possível cobrar *astreintes* com o valor das perdas e danos ou *astreintes* com o valor da cláusula penal. Contudo, havendo previsão contratual expressa autorizando a cobrança do valor da cláusula penal sem prejuízo do valor das perdas e danos, será possível cumular a cobrança das duas verbas. Essa possibilidade decorre do disposto no art. 416, parágrafo único do Código Civil, que prevê que "Ainda que o prejuízo exceda ao previsto na cláusula penal, não pode o credor exigir indenização suplementar se assim não foi convencionado. Se o tiver sido, a pena vale como mínimo da indenização, competindo ao credor provar o prejuízo excedente".

---

90. TALAMINI, Eduardo. *Tutela relativa aos deveres de fazer e de não fazer*, p. 246.
91. ARENHART, Sérgio Cruz. *A tutela inibitória da vida privada*, p. 193.
92. TALAMINI, Eduardo. *Tutela relativa aos deveres de fazer e de não fazer*, pp. 246-247.

Nos dois modelos jurídicos, o valor da multa é destinado integralmente ao credor exequente,[93] não ao Estado – como ocorre no *contempt of court* (art. 81, CPC/15). Em comum ainda, mesmo provando o devedor que o descumprimento não provocou qualquer dano ao credor, terá de arcar com as *astreintes*, pois ela sanciona o ilícito do responsável, independentemente do prejuízo concreto. A final, a *astreinte* tem por fim forçar o réu a adimplir, enquanto o ressarcimento diz respeito ao dano. Não por outra razão, frisa o parágrafo único do art. 497 do CPC/15 que a tutela inibitória se dirige ao ilícito, dispensando tanto a ocorrência do dano, como a existência de culpa ou dolo (critérios para imputação da sanção ressarcitória).

Mas há uma distinção clara. A pena convencional não subsiste se a inexecução da obrigação principal não for imputável a culpa do devedor (art. 408, CC). O mesmo não se diga, porém, quanto as *astreintes*. Ensina Luiz Guilherme Marinoni que "o valor da multa, ao contrário do valor do ressarcimento, não tem nada a ver com o dano, mas apenas com a sua função inibidora, que obviamente prescinde da culpa".[94] De fato, voltando-se a inibitória ao futuro, à prevenção de um ilícito, não há possibilidade de valoração do elemento subjetivo do devedor.

Ainda no campo distintivo, ao contrário do que sucede na cláusula penal, lembra Daniel Amorim Assumpção Neves que pelo fato de a *astreinte* trabalhar sobre a vontade do devedor como meio de coerção para que a obrigação seja cumprida, não há "justificativa para uma fixação *a priori* do valor da multa, que deverá ser fixada pelo juiz levando-se em conta as peculiaridades do caso concreto".[95]

Voltando às semelhanças, da mesma forma que na cláusula penal em sentido estrito, as *astreintes* serão fixadas em valor alto, pois possuem natureza inibitória. De acordo com o art. 537 do CPC/15, ostentará valor suficiente ou compatível com a obrigação. Por *suficiente*, temos o valor que é compulsório a ponto de convencer o devedor a cumprir; por *compatível*, um montante que seja razoável dentro das possibilidades econômicas do devedor. Se o *quantum* não for relevante, poderá ser conveniente ao devedor permanecer na postura de resistir ao cumprimento.

Como asseveram Nelson Nery Junior e Rosa Maria de Andrade Nery,

> o juiz não deve ficar com receio de fixar o valor em quantia alta, pensando no pagamento. O objetivo das *astreintes* não é obrigar o réu a pagar o valor da multa, mas obrigá-lo a cumprir a obrigação na forma específica.[96]

---

93. Art. 537, § 2º "O valor da multa será devido ao exequente".
94. MARINONI, Luiz Guilherme. *Tutela inibitória*, p. 40.
95. NEVES, Daniel Amorim Assumpção. *Reforma do CPC*, p. 219. O doutrinador aponta a natureza variável das *astreintes* como de sua essência e, fator de sucesso nas obrigações de fazer, não fazer e de entrega de coisa, para criticar a recente reforma processual do art. 475-J, *caput,* do CPC, que criou uma multa no percentual de 10%, diante do não cumprimento da obrigação de pagar quantia certa no prazo de 15 dias, pois "deveria ter o legislador, ancorado nesse sucesso, ter também permitido a *astreinte* nas obrigações de pagar, em vez de prever uma multa fixa, de natureza sancionatória. Quem sabe numa próxima reforma". (p. 220.)
96. NERY JÚNIOR, Nelson; NERY, Rosa Maria de Andrade. *Código de processo civil comentado*, p. 588.

Portanto, a restrição do art. 412 do Código Civil não se aplica às *astreintes*, mas apenas à cláusula penal de prefixação de indenização, na qual as partes realizam uma liquidação antecipada de danos em valor semelhante ao dos prejuízos prováveis.[97]

Com bastante propriedade, esclarece Arruda Alvim:

> A pena pecuniária não é forma de reparar o prejuízo do credor, de sorte que não representa as perdas e danos decorrentes do inadimplemento da obrigação de fazer ou de não fazer. Pune-se o devedor, através da multa, com o intuito de coagi-lo moralmente a cumprir a sentença. Por isso a multa não encontra limite temporal, nem tampouco fica restrita ao valor da obrigação. A pena só cederá quando a obrigação for cumprida, isto é, a coação durará enquanto durar o inadimplemento.[98]

7.7 CLÁUSULA *TAKE-OR-PAY*

7.7.1 Noções gerais

A cláusula *take-or-pay* pode ser conceituada como sendo a cláusula que estabelece a obrigação de uma das partes pagar por determinado volume mínimo do bem ou serviço objeto do contrato, em determinada periodicidade, mesmo que tal quantidade mínima não seja utilizada.[99] Vale dizer, o comprador deverá adquirir uma quantidade mínima a cada determinado período, independentemente de ter ou não retirado o produto.

Não se trata de modelo legalmente típico, pois este se reserva às operações econômicas recorrentes no direito brasileiro, na medida em que os tipos são forjados pela prática e posteriormente regrados pelo legislador. Contudo, não se pode falar de uma atipicidade, na medida em que estamos diante de uma cláusula socialmente típica, até mesmo pela reiteração em contratos internacionais, sem olvidarmos que os usos e costumes são importante fontes de integração no regramento convencional.

A cláusula take-or-pay encontra a sua origem no setor econômico do gás natural, onde até hoje encontra o seu nicho principal. Trata-se de mercado exposto à flutuações de demanda, produção e precificação, servindo a referida cláusula para preservar o equilíbrio da disponibilidade de determinada quantidade mínima do produto contratado sob preço fixo com a garantia de pagamento de determinado valor mínimo. Assim, como mecanismo de gestão de riscos em contratos de longo prazo, a *take-or-pay* é capaz de diluir os riscos envolvidos em cada etapa da cadeia produtiva, assegurando a compensação dos investimentos do vendedor, propiciando-lhe fluxo financeiro constante, consistente

---

97. "Na linha de jurisprudência dessa corte, não se confunde a cláusula penal, instituto de direito material vinculado a um negócio jurídico em que há acordo de vontades, com as *astreintes*, instrumento de direito processual, somente cabíveis na execução, que visa compelir o devedor ao cumprimento de uma obrigação de fazer ou não fazer, e que não correspondem a qualquer indenização por inadimplemento. A regra da vedação ao enriquecimento sem causa permite a aplicação do art. 920 do Código Civil de 1916, nos embargos à execução de sentença transitada em julgado, para limitar a multa decendial ao montante da obrigação principal, sobretudo se o título exequendo não mencionou o período de exigência da multa" (STJ, Rel. Min. Sálvio de Figueiredo Teixeira, 4. Turma, REsp 422.966/SP, *DJ* 1/3/2004).

98. ALVIM, Agostinho. Preceito cominatório. *Direito privado*, v. 1, p. 146.

99. VIEIRA, Vitor Silveira. *A cláusula de take or pay no direito privado brasileiro: qualificação, regime e aplicação*. Revista de Direito Privado, v. 106, pp. 101 – 150, out./dez. 2020, p. 101.

com os investimentos envolvidos na praticabilidade do negócio jurídico. Lado outro, beneficia-se o comprador, pela mitigação do risco de oscilações do preço do produto ou serviço no transcurso do contrato.

A cláusula *take-or-pay* atende, em regra, às seguintes finalidades: (i) garantir a disponibilidade de determinada quantidade minima do produto ou serviço sob um preço fixo; (ii) assegurar o pagamento de determinado valor mínimo, em certa periodicidade, garantindo fluxo de caixa, bem como o incentivo e a compensação aos investimentos necessários ao contrato; (iii) repassar os custos de investimento aos elos da cadeia contratual; (iv) evitar o exercício abusivo do direito de utilização de quantidades variáveis do bem ou serviço objeto do contrato; (v) incentivar a performance do contrato e do sistema mercadológico em que está inserido; e, ainda, (vi) figurar como mecanismo de alocação de riscos, conferindo certa segurança e previsibilidade ao contrato perante variações mercadológicas de preço e demanda.[100]

Atualmente, a tipicidade social da *take-or-pay* abraça diversos campos de fornecimento de produtos e serviços, como o de comercialização de energia elétrica, fornecimento de oxigênio, de transporte e logística, de compra e venda de combustíveis, operação portuária e utilização de equipamentos.

Em síntese, a partir da previsibilidade do recebimento de uma receita mínima, a cláusula take-or-pay performa um incentivo ao dispêndio dos investimentos necessários à produção do produto ou prestação do serviço, vez que uma remuneração adequada ao empreendimento é garantida. Não se olvide que a cláusula *take- or-pay* elide possível comportamento oportunista do comprador de ameaçar "interromper suas retiradas de gás para aumentar seu poder de barganha e, com isso, obter a renegociação de parâmetros contratuais dessa aquisição".[101]

7.7.2 Natureza jurídica e distinção perante a cláusula penal

No campo eficacial, o fundamental é a determinação da natureza jurídica da cláusula *take-or-pay*. Os magistrados examinarão litígios relacionados à revisão dos valores da cláusula, ou, no limite, a sua invalidade, conforme a sua qualificação jurídica. Seria ela uma cláusula penal, obrigação alternativa ou cláusula de garantia? Esta querela não é um problema especificamente brasileiro e se agrava em jurisdições do common law que rejeitam a cláusula penal *stricto sensu*, de natureza coercitiva.[102]

---

100. MARQUEZ, Rafael Batista. *Cláusula take or pay em contratos de longo prazo*. 2018. Dissertação de Mestrado em Direito – Escola de Direito de São Paulo da Fundação Getulio Vargas, São Paulo, 2018, p. 35. Disponível em: https://bibliotecadigital.fgv.br/dspace/handle/10438/22992.

101. BALERONI, Rafael. Aspectos econômicos e jurídicos das cláusulas de ship-or-pay e take-or-pay nos contratos de transporte e fornecimento de gás natural. *Revista Trimestral de Direito Civil*. ano 7, v. 27, p. 253-254, Rio de Janeiro, jul.-set. 2006.

102. No caso *Lake River v. Carborundum,* o réu concordou em pagar uma quantia mínima em três anos, mas honrou com a promessa apenas pela metade. do tempo. O autor argumentou que a quantia mínima era uma cláusula de indenização prefixada (liquidated damages) e deveria ser honrado. O réu alegou que a aplicação das cláusulas renderia uma indenização superior aos danos reais e, portanto, a cláusula deveria ser tratada como uma penalidade, o que é vedado no sistema norte-americano. O juiz Posner, apesar de sua hostilidade à cláusula penal, aceitou a versão do réu e rejeitou a cláusula contestada. Contudo. entendida corretamente a linguagem em questão, não se tratava nem de uma penalidade e nem de uma cláusula de indenização. O contrato dava ao comprador

No Brasil, é comum a qualificação da cláusula take-or-pay como uma cláusula penal pelos Tribunais. Esse é o entendimento que vem sendo predominante no TJSP, onde há a maior base de julgados para análise do tema. Conforme consignado pelo referido Tribunal, "o consumo mínimo da cláusula take-or-pay, não passa de cláusula penal, como ficou reconhecido em precedente desta Câmara". Os julgados analisados, contudo, não exploram em juízo aprofundado os elementos que levariam a essa qualificação, apenas partem da premissa de que a cláusula *take-or-pay* é uma cláusula penal, seguindo à aplicação de seu regime, para fins de redução equitativa da penalidade e o possível afastamento da incidência da pena contratual pelo descumprimento do pagamento da cláusula take-or-pay, frente à caracterização de *bis in idem*.[103]

Na doutrina, Rafael Batista Marquez, postula pela qualificação da cláusula *take-or-pay* como cláusula penal, sob o pálio de que o pagamento decorrente do descumprimento da cláusula atua como incentivo para o cumprimento do contrato", servindo como uma prefixação dos danos em caso de descumprimento contratual. Ademais, tanto a cláusula penal como a cláusula *take-or-pay* não demandam a demonstração de prejuízo. Destarte, no que concerne à caracterização da obrigação principal e do inadimplemento, o autor compreende a existência de uma obrigação de consumo mínimo, sendo que quando não consumida a quantidade mínima em determinado período, verifica-se o inadimplemento.[104]

Contudo, não há interesse do credor no efetivo consumo ou utilização de sua produção ou de seus serviços. Em verdade, o interesse do credor nestes contratos reside na contraprestação pecuniária pela disponibilização do produto ou serviço, de forma que a prestação, em sentido técnico, corresponde unicamente ao pagamento, que deve ser feito independentemente do consumo ou utilização. Assim, uma vez que inexiste obrigação de consumo ou utilização do patamar mínimo, não se cogite de inexecução como pressuposto para a aplicação dessa disposição contratual.[105]

Por conseguinte, ao afastarmos a noção de obrigação principal de consumo ou utilização cujo inadimplemento daria azo a incidência da cláusula penal, já descolamos a cláusula *take-or-pay* da pena privada, cujo mecanismo de acionamento em qualquer de suas funções é a inexecução culposa. Aqui não há inexecução e nem culpa. Some-se a isso que o adimplemento do valor mínimo em certa periodicidade – independente do efetivo consumo ou utilização – não apresenta o caráter de acessoriedade imanente à cláusula penal, pois, diferentemente, figura como núcleo do contrato.

---

considerável poder de decisão sobre quando e quanto usaria os serviços do vendedor. Ao conceder flexibilidade ao comprador, o vendedor fornece um serviço valioso e incorre em alguns custos ao fornecer esse serviço. A cláusula de quantidade mínima (*take-or-pay*) foi um fator chave na definição da obrigação e na precificação do serviço. Dado o entendimento adequado, um tribunal razoável poderia facilmente ter encontrado uma cláusula válida". In, Goldberg, Victor Paul, Cleaning Up Lake River (August 2007). *Columbia Law and Economics Working Paper* n. 317, Available at SSRN: https://ssrn.com/abstract=1010986 or http://dx.doi.org/10.2139/ssrn.1010986.

103. TORRES, Giovana Durli. *A determinação da natureza jurídica da cláusula take-or-pay e seus efeitos no direito brasileiro*"

104. MARQUEZ, Rafael Batista. *Cláusula take or pay em contratos de longo prazo*. 2018. Dissertação de Mestrado em Direito – Escola de Direito de São Paulo da Fundação Getulio Vargas, São Paulo, 2018, p. 32.

105. VIEIRA, Vitor Silveira. A cláusula de take or pay no direito privado brasileiro: qualificação, regime e aplicação. *Revista de Direito Privado*, v. 106, p. 101, out./dez. 2020.

Nesta senda caminhou o precedente do STJ ao decidir que a cláusula *take or pay* diz respeito à própria obrigação principal, porquanto contempla obrigação de pagar quantia, "Diversamente da cláusula penal, a cláusula take or pay não pressupõe a inexecução da obrigação principal, mas compõe a própria obrigação, já que define o valor a ser pago pela disponibilização de um volume específico de produtos e serviços. Portanto, a cláusula de *take or pay* tem natureza obrigacional e não de cláusula penal, motivo pelo qual está sujeita ao regime geral do direito das obrigações".[106]

---

106. STJ REsp 1984655/SP REsp 2021/0331872-0. Rel.Min. Nancy Andrighi 3.T DJe 1/12/2022 "A cláusula take or pay diz respeito à própria obrigação principal, porquanto contempla obrigação de pagar quantia. Não ostenta "nem feição indenizatória, nem coercitiva. Ao contrário, compõem o preço do contrato" (MEDEIROS, Pedro Lins Conceição de. A (não) incidência do regime jurídico das cláusulas penais compensatórias a obrigações de take or pay: uma análise à luz do direito inglês e nacional. Revista de Direito Privado. Vol. 98, ano 20. São Paulo: RT, mar.-abr./2019, p. 207). Diversamente da cláusula penal, a cláusula take or pay não pressupõe a inexecução da obrigação principal, mas compõe a própria obrigação, já que define o valor a ser pago pela disponibilização de um volume específico de produtos ou serviços".

Capítulo 8
A Cláusula Penal como Pena Privada

8.1 A PENA PRIVADA

8.1.1 A refundação das penas privadas

Em 1904, Louis Hugueney publicou o seu ensaio intitulado *L'idée de peine privée en droit contemporain*. O autor procurava revisar o conceito da cláusula penal e de outros modelos do direito privado com um enfoque dissociado da ideia de reparação e conectado a um cunho sancionatório.

Em sua obra, o doutrinador utilizou três critérios para apartar a pena privada da reparação de danos: a) critério objetivo – a pena não será vinculada à medida do prejuízo; b) critério subjetivo – trata-se de uma sanção civil que atinge o autor do ilícito. A culpa do ofensor/devedor será um elemento característico na pena privada; c) critério teleológico – a pena visa ao autor do prejuízo, enquanto a reparação se preocupa com a vítima. A pena será estabelecida em proveito particular da vítima do ilícito.[1]

Por muitos anos as ideias semeadas por Hugueney permaneceram adormecidas na doutrina francesa.[2] Não é difícil explicar: havia um claro esforço em discriminar as finalidades do direito penal e do direito civil. A função penalista seria prevenir e punir condutas ilícitas, censurando a conduta antijurídica do agente; já o direito privado teria o foco na reparação do dano sofrido pela vítima.

Pena e reparação seriam duas noções compartimentadas. Essa distinção, segundo Denis Mazeaud, repousa em um critério de qualificação tangível, mais precisamente no fundamento da condenação, *alors que la condamnation à une réparation suppose exclusivement la réalisation d'un préjudice, la condamnation à une peine privée suppose nécessairement et uniquement l'existence d'une faute.*[3]

No Brasil, a formulação da cláusula geral do ilícito seguiu o modelo francês. A contraposição entre público-privado, com a rigorosa separação entre o direito civil e o penal, seria a garantia do cidadão de liberdade e autonomia perante o jugo estatal. Maria Celina Bodin de Moraes, com arrimo na lição de Hans Hattenhauer, incisivamente afirma que

---

1. Apud MAZEAUD, Denis. *La notion de clause pénale*, p. 311.
2. Exceto pela contribuição de Boris Starck em 1947, com a obra *Essai d'une théorie génerale de la responsabilité civile considérée em as double fonction de garantie e de peine privée.*
3. MAZEAUD, Denis. *La notion de clause pénale*, p. 312. Tradução nossa: "Enquanto a condenação a uma reparação supõe exclusivamente a realização de um prejuízo, a condenação a uma pena privada requer única e necessariamente a existência de um delito".

a separação entre pena e indenização foi, assim, uma consequência dessa mentalidade, e bem se justificava, tendo em vista os objetivos a serem alcançados: era, então, imprescindível retirar da indenização qualquer conotação punitiva; a pena dirá respeito ao Estado e a reparação, mediante indenização, exclusivamente ao cidadão.[4]

Realmente, estamos acostumados a identificar a responsabilidade civil como uma obrigação de reparar danos. Somos preconceituosos e rotulamos de atrasados todos os que valorizam o ato ilícito e a culpa nessa matéria, principalmente com o *status* atualmente deferido à teoria objetiva, que dispara os seus holofotes para o risco da atividade em detrimento da responsabilização pessoal do lesante e da aferição da gravidade do seu comportamento. A pena privada poderia soar aos nossos ouvidos como um retorno à barbárie, época em que direito civil e o direito penal se confundiam e qualquer responsabilidade recaía sobre a pessoa do ofensor.

O direito, porém, é pendular e as necessidades sociais demonstram ao jurista a fragilidade da eficácia de determinadas pautas legislativas. De fato, percebemos com nitidez que apenas o escopo ressarcitório não é capaz de atuar sob o ponto de vista preventivo-sancionatório para desestimular condutas ilícitas. É muito cômodo para o potencial causador de um dano ter o conhecimento de que o descumprimento do dever de conduta – seja por um ato ilícito como por um inadimplemento – ficará limitado ao montante dos prejuízos causados, e nada mais. O agente percebe que a retribuição do sistema será inferior ao proveito auferido pelo ilícito. O ordenamento jurídico não oferece razões suficientes para que alguém se abstenha e não incida em inadimplemento ou se converta em agente de um ilícito.[5]

A insuficiência das soluções oferecidas pelos meios ressarcitórios de responsabilidade implica a necessidade de o ordenamento jurídico ir além da reparação propriamente dita e investir em outros meios repressivos, sem que com isso tenha de recorrer ao extremo do direito penal. Referindo-se às penas privadas, Paolo Gallo[6] aduz que a redescoberta do instituto por parte da doutrina italiana é um fenômeno extremamente recente, situado nos últimos vinte anos.

As razões de tal redescoberta são plurais e devem ser imputadas à crescente expansão da responsabilidade civil no setor dos direitos da personalidade e na gradativa tendência de despenalização da tutela da honra e da reputação. Massimo Bianca atinge o ponto fulcral ao constatar que

> *l'attualità del tema nasce dall'esigenza di ricercare altri rimedi di tutela privata al di fuori di quello tradizionale del risarcimento del danno, che costituisce spesso una risposta insufficiente di fronte alle varie vicende lesive degli interessi giuridicamente rilevanti.*[7]

---

4. MORAES, Maria Celina Bodin de. *Danos à pessoa humana*, p. 202.
5. Para Marcelo Benacchio "no direito moderno vemos o renascimento das penas privadas e mesmo da função punitiva da responsabilidade civil como uma forma de efetividade de tutela, onde não é possível a quantificação do dano ou o seu mero ressarcimento não é apto a desencorajar o potencial autor do fato ou do ilícito" (*Cláusula penal*: revisão crítica à luz do código civil de 2002, p. 20).
6. GALLO, Paolo. *Pene private e responsabilità civile*, p. 57.
7. BIANCA, Massimo. Riflessioni sulla pena privata. In: BUSNELLO, Francesco; SCALFI, Gianguido (Org.). *Le pene private*, p. 407. Tradução nossa: "A atualidade do tema nasce da exigência de busca de outros remédios de tutela privada, distintos do tradicional ressarcimento de danos, que constitui uma resposta insuficiente diante de vários acontecimentos lesivos a interesses juridicamente relevantes".

Este estado de coisas nos remete a um debate sobre as funções da responsabilidade civil, seja ela contratual ou extracontratual. Afinal, não haveria um otimismo exagerado de todos nós ao acreditarmos que os seus mecanismos sejam capazes de, simultaneamente, reparar o lesado, censurar o lesante, minimizar riscos e assegurar a prevalência da pessoa humana sobre o mercado?

O fundamental da pena privada é reagir contra a perspectiva em voga que invariavelmente remete à pessoa da vítima e ao dano, abstraindo-se do agente, da culpa e, principalmente, de qualquer aptidão preventiva. A pena privada atua como uma resposta a essa lacuna na teoria da responsabilidade civil. Em certos domínios ela se faz necessária, deferindo ao credor ou ao lesado a percepção de um montante superior ao dano efetivo. Mais do que reparação, cuida-se de um misto de prevenção de atuações ilícitas e punição pela ofensa a um dever ou obrigação. Mais do que acautelar e sancionar, ela reafirma a prevalência da pessoa e de sua especial dignidade como referenciais do Estado Democrático de Direito.

As penas privadas receberam desenvolvimento distinto no direito comparado. Enquanto os tribunais franceses desenvolveram as *astreintes*, a experiência da *common law* evidenciou a antiga e ainda atualíssima categoria dos *punitive damages*.[8]

Em aprofundado estudo sobre o tema, Francesco Donato Busnelli[9] enfatiza a redescoberta da pena privada. Um antigo instituto que se colocava em estado de letargia, vítima de injusta hostilidade e hoje se converte em alternativa civil à tutela penal, para restituir credibilidade a um sistema que encontrava o seu frágil equilíbrio em uma artificial união entre a intransigência penal e a tolerância civil.

A noção exata de pena privada é incerta. Para André Tunc, cuida-se de uma ideia que aparece em situações diversas e atende a necessidades distintas, mas que pode ser reconhecida

> *Chaque fois que nous trouvons la volonté (du législateur, du juge ou même d'un contractant) de punir, de réprimer, sans avoir recours aux moyens du droit pénal classique et para la simple allocation d'une somme d'argent à la victime d'un comportement illicite.*[10]

Cogitar da pena privada não significa associá-la com exclusividade à cláusula penal. Cuida-se de um propósito bem mais amplo e difuso que permeia vários setores do direito privado, identificados por um conjunto de características com uma relativa homogeneidade. Segundo Silvio Mazzarese, a pena privada consiste *nella privazione di un*

---

8. A dimensão de nosso trabalho não permite comentar o relevante tema da pertinência dos *punitive damages* no âmbito do dano moral no direito brasileiro. Por todos, Maria Celina Bodin de Moraes. (*Danos à pessoa humana*, 2003.) A autora, de forma crítica, considera que "os critérios que não devem ser utilizados são aqueles próprios do juízo de punição ou de retribuição, isto é, as condições econômicas do ofensor e a gravidade da culpa. Tais elementos dizem respeito ao dano causado, e não ao dano sofrido" (p. 332).
9. BUSNELLI, Franceso Donato. Riscoperta delle pena private? In: BUSNELLO, Francesco; SCALFI, Gianguido (Org.). *Le pene private*, p. 4.
10. TUNC, Andrè. La pena privata nel diritto francese. In: BUSNELLO, Francesco; SCALFI, Gianguido (Org.). *Le pene private*, p. 350. Tradução nossa: "Toda vez que nós encontramos a vontade (do legislador, do juiz, ou mesmo de um contratante) de punir, de reprimir, sem utilizar os recursos ou meios do direito penal clássico e para a simples alocação de um montante em dinheiro em favor da vítima do ilícito".

diritto privato o nella determinazione di una obbligazione privatistica a scopo di punizione del trasgressore di una norma.[11]

Nas pegadas de Tullio Padovani, é possível definir o conceito em sentido amplo de sanção jurídica, *come quel particolare tipo di conseguenza che è stabilita per l'inosservanza di una norma.*[12] Quando a sanção é prevista para a violação de uma obrigação, duas perspectivas distintas se abrem como reação ao ilícito: surgem as sanções restituitórias e as sanções punitivas. No primeiro grupo inserem-se todas as sanções capazes de restabelecer a situação jurídica anterior ao ilícito, dentre elas as sanções ressarcitórias, em que o retorno ao estado originário é alcançado por um equivalente econômico. Já no grupo das sanções punitivas a ameaça precede a violação da norma. A sua previsão corresponde a uma forma generalizada de prevenção, exercitada quer mediante dissuasão (a ameaça de um mal como consequência do ilícito), quer mediante persuasão (ao intimidar com uma sanção punitiva o ordenamento comunica uma valoração negativa do comportamento objeto de proibição).[13]

Vê-se que a função de prevenção está intimamente associada às sanções punitivas, eis que as sanções ressarcitórias miram apenas o equilíbrio da esfera patrimonial, não se propondo essencialmente a evitar o ilícito, mas em eliminar suas consequências danosas. Fato é que a compensação econômica pode incidir sobre uma pessoa distinta da do autor do ilícito, a respeito do qual não se pode cogitar de sua dissuasão ou persuasão em caráter preventivo. Enquanto as sanções punitivas visualizam o ilícito como indevida ruptura da ordem jurídica, as sanções restituitórias o enfrentam como injusta alteração de uma proporção quantitativa, que merece restabelecimento.

As sanções punitivas são utilizadas em todos os quadrantes do ordenamento jurídico. As sanções punitivas civis são as penas privadas. O liame unificador de todas as punições, sejam elas civis, penais, administrativas ou fiscais, reside em seu escopo aflitivo. Eduardo Talamini explica que há de se punir "como reprovação pelo ilícito, e não com o escopo primordial de obter situação equivalente a que existiria se não houvesse a violação".[14]

Na classificação sugerida por Paolo Gallo,[15] a pena privada em sentido estrito seria subdividida em pena privada negocial, legislativa e judicial. A pena negocial conduziria à autonomia privada das partes, como a cláusula penal, penas testamentárias e sanções disciplinares previstas em estatutos de pessoas jurídicas privadas; a pena legislativa poderia ser ilustrada nas sanções ambientais e na violação de regulamentos condominiais; a pena judicial é a cominada pelo magistrado independentemente de um ato de autonomia privada ou uma disposição legislativa. Prepondera aqui a fixação dos danos extrapatrimoniais punitivos ou das *astreintes*.

---

11. MAZZARESE, Silvio. *Clausola penale*, p. 196. Tradução nossa: "A pena privada consiste na privação de um direito privado ou na determinação de uma obrigação privada com o escopo de punição pela transgressão de uma norma".
12. PADOVANI, Tullio. Lectio brevis sulla sanzione. In: BUSNELLO, Francesco; SCALFI, Gianguido (Org.). *Le pene private*, p. 56. Tradução nossa: "A sanção é o particular tipo de consequência que é previsto para a inobservância de uma norma".
13. PADOVANI, Tullio. *Lectio brevis sulla sanzione*, p. 60.
14. TALAMINI, Eduardo. *Tutela relativa aos deveres de fazer e de não fazer*, p. 179.
15. GALLO, Paolo. *Pene private e responsabilità civile*, p. 33-35.

Avaliando a referida classificação, percebemos que o modelo da pena privada não é algo singelo, mas um rol de medidas heterogêneas e procedentes de fontes diversas. Na trilha de Enrico Moscatti, *forse più realisticamente concludere che non esiste un concetto unitario di pena privata.*[16]

A título ilustrativo, enquanto a cláusula penal é uma espécie de pena negocial contratual, estipulada em momento anterior ao dano, as *astreintes* decorrem do poder judicial e dependem de uma prévia ofensa ao direito. De qualquer forma, em comum a todas as medidas há o traço punitivo a um comportamento grave de particulares, que é realizado pelo direito privado com a finalidade de conceder um benefício a outros particulares, mesmo quando a pena privada não for fruto de um ato de autonomia, mas de uma decisão judicial. Há um propósito punitivo pela via da atuação do direito privado.

Ao delimitar os fins da pena privada, explica André Tunc:

> Sempre que se depare com a vontade (do legislador, do juiz ou mesmo do contraente) de punir, de reprimir, sem recorrer aos meios do direito penal clássico, e pela simples atribuição de uma soma de dinheiro (ou excepcionalmente de um bem) à vítima de um comportamento ilícito, constituindo ela um elemento de moralização e de disciplina da vida social, que parece não dever ser descurado.[17]

A pena privada corresponde a uma profícua alternativa civil à justiça criminal, que supera a bitola indenizatória. Entre todas as sanções punitivas, a sanção penal é a mais grave, pois, de forma direta ou indireta, incide sobre a liberdade pessoal: diretamente no caso de prisão e indiretamente quando a medida restritiva deriva da inexecução de uma condenação à obrigação pecuniária.[18]

É fato que o direito penal contemporâneo quer se justificar como *extrema ratio*. Sua atuação será subsidiária, para hipóteses em que a via administrativa e a cível forem insuficientes, quando não houver outro remédio. Confiam-se tarefas ao direito privado que antes eram privativas do direito penal. Existem comportamentos antijurídicos que não são graves a ponto de merecer a tutela penal, mas que não podem se curvar ao mero plano reparatório. A pena privada ingressa aqui como uma terceira via, conferindo efeito dissuasivo à responsabilidade civil.

A sanção punitiva também é aplicada no âmbito civil. Oliveira Ascensão explica que a pena é uma espécie de sanção, uma sanção punitiva "imposta de maneira a representar simultaneamente um sofrimento e uma reprovação para o infrator. Já não interessa reconstituir a situação que existiria se o fato se não tivesse verificado, mas aplicar um castigo ao violador".[19]

Esse é o pensamento convergente no atual estágio evolutivo do direito. Suzanne Carval explica que um ponto favorável a pena privada é o fato dela não possui caráter estigmatizante:

---

16. MOSCATI, Enrico. Pena privata e autonomia privata. In: BUSNELLI, Francesco; SCALFI, Gianguido (Org.). *Le pene private*, p. 249.

17. Apud MONTEIRO, Antônio Pinto. *Cláusula penal e indemnização*, p. 666.

18. Em outras palavras, sintetiza José de Aguiar Dias que "o ilícito civil acarreta coação patrimonial e o ilícito pessoal determina coação pessoal" (*Da responsabilidade civil*, p. 14).

19. ASCENSÃO, José de Oliveira. *O direito*: introdução e teoria geral, p. 57.

La peine privée est certes infligée à raison d'une faute et n'a donc pas la neutralité d'une condamnation à dommages et intérêts purement compensatrice mais elle n'est pas, pour autant assimilable à la sanction pénale, dont le caractère afflictif et infamant est fortement marqué. Cela tient, tout d'abord, à ce qu'elle ne peut jamais atteindre le fautif dans sa liberté d'aller e venir. Elle ne 'suit' pas le condamné, enfin, comme le fait la peine inscrite au casier judiciaire. [20]

Em uma visão garantista, Luigi Ferrajoli se refere ao direito penal mínimo como aquele

condicionado e limitado ao máximo, corresponde não apenas ao grau máximo de tutela das liberdades dos cidadãos frente ao arbítrio punitivo, mas também a um ideal de racionalidade e certeza. Com isso resulta excluída de fato a responsabilidade penal todas as vezes que sejam incertos ou indeterminados seus pressupostos.[21]

Rogério Felipeto aborda os fenômenos da patrimonialização da sanção penal e do emergir do fenômeno social da descriminalização. O processualista das Minas Gerais alerta para o fato de que

deve ser aprofundado o estudo dos chamados crimes de menor potencial ofensivo, para auferir se realmente chegam, nos dias de hoje, a influenciar a esfera penal ou se, na realidade, não ultrapassam sítios de questão meramente civil. A despeito dos pontos positivos que a transação penal trouxe para a reparação da vítima, em alguns casos, corre-se o risco de transformar o juízo criminal em sede comercial de interesses muito menores que a honra, a liberdade e a dignidade. Assim, dando guarida ao direito penal de mínima intervenção, há de se atentar para a despenalização de muitas das pequenas infrações penais que não justificam mais ultrapassar a esfera administrativa ou civil.[22]

O mesmo raciocínio impele Marcos Paulo Dutra Santos a se referir a um movimento em voga no Brasil, conhecido como "Nova Defesa Social", no qual se busca a humanização da atividade punitiva com ênfase na despenalização. De acordo com o autor,

é iniludível que o ordenamento processual penal reservou às infrações de pequeno e de médio potencial ofensivo soluções que passam ao largo da imposição de uma sanção privativa de liberdade. Tornou-se imprescindível separar o joio do trigo, ou seja, distinguir, a partir da natureza do delito em foco, os infratores verdadeiramente temíveis dos criminosos de pequena e média periculosidade.[23]

De fato, há uma tendência reparatória no direito penal brasileiro. A Lei dos Juizados Especiais (Lei no 9.099/95) instituiu a composição civil de danos (art. 74) e a transação penal. É profícuo o mecanismo das multas reparatórias e da prestação pecuniária. As multas viabilizam a reparação civil de danos na ação penal. A prestação pecuniária é uma pena restritiva de direitos que, de acordo com o art. 45, § 1º, do Código Penal, "consiste no pagamento em dinheiro à vítima, a seus dependentes ou a entidade pública ou privada com destinação social, de importância fixada pelo juiz, não inferior a 1 (um) salário mí-

---

20. CARVAL, Suzzane. *La responsabilité civile dans as fonction de peine privée*, p. 259. Tradução nossa: "A pena privada é aplicada em razão de um delito e não possui a neutralidade de uma condenação meramente compensatória de perdas e danos, mas ela não pode ser equiparada a uma sanção penal, cujo caráter aflitivo e aviltante é fortemente assinalado. Aquela, ao contrário, não pode atingir o culpado em sua liberdade de ir e vir. Ela não segue o condenado, como a pena inscrita na ficha policial".
21. FERRAJOLI, Luigi. *Direito e razão*: teoria do garantismo penal, pp. 83-84.
22. FELIPETO, Rogério. *Reparação do dano causado por crime*, p. 145.
23. SANTOS, Marcos Paulo Dutra. *Transação penal*, p. 3.

nimo nem superior a 360 (trezentos e sessenta) salários mínimos". O dispositivo ainda explica que o valor pago será deduzido do montante de eventual condenação em ação de reparação civil, se coincidentes os beneficiários.

A reforma processual de 2008 acabou por aproximar as jurisdições cível e criminal: até então a lei não permitia que o juiz criminal se manifestasse sobre o dano e sua compensação, havendo uma separação absoluta do conteúdo material das duas sentenças, diante de um único e mesmo fato. Antes da reforma do CPP, mesmo sendo reconhecida a obrigação de se indenizar a vítima pelo art. 91 do CP ("an debeatur"), a sentença criminal condenatória não poderia estipular o valor da compensação de danos ("quantum debeatur"). Ela era um título executório incompleto, que apenas servia como base para uma ação de liquidação, momento em que se discutiriam fatos novos incompatíveis com o objeto do processo penal, tais como a capacidade econômica do ofensor e a extensão dos danos sofridos pela vítima. A tradição do sistema brasileiro era a de atribuir ao lesado a ação civil "ex delicto" para a obtenção de indenização, ainda na pendência da ação penal (art. 64 do Código de Processo Penal), ou a execução da sentença penal condenatória. Mesmo após a reforma do CPP, se o juiz criminal não fixar a reparação civil mínima, prevalecerá a necessidade de "assessment" dos danos no juízo cível. Com a alteração do art. 387 do CPP, houve uma mitigação nessa autonomia, pois ao fixar uma compensação mínima de danos o juiz criminal simultaneamente se pronunciará sobre questões penais e civis. Em complemento, o parágrafo único do art. 63 do CPP (também modificado pela reforma de 2008), agora dispõe que, transitada em julgado a sentença condenatória, a execução poderá ser efetuada pelo valor fixado nos termos do inciso IV do caput do art. 387, sem prejuízo da liquidação para a apuração do dano efetivamente sofrido. A partir de então, ampliam-se as possibilidades de execução no juízo cível: ou ela será subsequente à condenação em uma ação civil "ex delicto" na justiça cível, ou então a execução cível será aberta imediatamente após a obtenção de uma decisão condenatória que apure a parcela mínima reparatória, sem prejuízo da liquidação dos valores que ultrapassem o valor mínimo fixado pelo juiz criminal. Essa alteração no panorama legislativo está em plena conformidade com a tendência internacional de direitos humanos de valorização da vítima, aliada, no âmbito interno, a uma preocupação com a efetiva compensação do dano em um país marcado por graves desigualdades sociais e ainda difícil e custoso acesso à justiça cível, agravado por uma percepção generalizada de que o sistema processual brasileiro oferece muitas oportunidades de recurso contra as decisões proferidas pelos magistrados, o quê contribui decisivamente para a demora na prestação jurisdicional.[24]

---

24. ROSENVALD, Nelson. *O direito civil em movimento*, 3. Ed, p. 253. Lado outro, é fundamental perceber que o valor mínimo da reparação não se converteu em uma sanção penal: trata-se de sanção civil compensatória, substancialmente submetida aos parâmetros do direito privado. Não se adotou a união de instâncias, como se vê em vários países europeus – a exemplo de Portugal, Espanha, Itália e Alemanha -, pois será necessária uma complementação do valor da indenização pela jurisdição cível. Porém, a realidade processual brasileira mudou. Há uma aproximação maior entre as esferas cível e criminal no momento em que o juiz criminal fixa um valor mínimo a título de indenização, pois a reparação de danos deixa de ser um efeito acessório e genérico da condenação criminal, a medida em que a lei possibilita, de forma inédita, que uma sanção penal e uma sanção civil sejam cumuladas em uma só sentença. O Brasil se insere em um modelo de separação mitigada de instâncias. Ao fixar, o Juiz Criminal, a reparação civil mínima dos danos sofridos na sentença, dispensado está o ofendido de realizar a liquidação dessa parcela específica, em razão da formação de título executivo judicial, imediatamente executável no âmbito cível, caso o condenado não a pague voluntariamente. O título executivo será executado (quanto ao mínimo) e liquidado

Cláudio do Prado Amaral adota as proposições de Claus Roxin, situando a reparação do dano como uma terceira via do direito penal, que ao lado das penas e medidas de segurança podem constituir adequada forma de reação penal ao delito. De acordo com o magistrado paulista, "a reparação como terceira via é valiosa alternativa ao sistema tradicional de respostas penais ao delito, ao mesmo tempo em que é apta a reduzir as contradições internas, a deslegitimação do direito penal e a violência do sistema punitivo".[25]

Apesar da natureza reparatória, tais indenizações não se confundem com as penas civis, que devem assumir caráter punitivo. As penas civis também são sanções (tais quais as penais), mas possuem suas características específicas. Além de a coação ser estritamente patrimonial – e não pessoal –, o fato marcante é que a pena privada tem o indivíduo como o seu beneficiário. Nas palavras de Jorge Peirano Facio, *de este modo queda establecido el carácter de la pena civil contemporánea con solo especificarse que ella aprovecha al individuo, o, más exactamente, a la victima.*[26]

No Código Civil de 2002 existem algumas interessantes combinações da ideia penal de punição do lesante com a finalidade civil de reparação concedida ao lesado. Trata-se de recursos legislativos para potencializar o dever de não causar danos. Em comum a todas as penas há um denominador mínimo representado por sua natureza de sanção civil com finalidade punitiva e preventiva.

Os arts. 939 e 940 do Código Civil cuidam das sanções legislativas aos credores que demandarem judicialmente os seus devedores antes de vencida a dívida ou quando ela já houver sido paga. Dentre elas, destaca-se a pretensão do devedor de haver o dobro do que lhe foi cobrado. O art. 941, corretamente por sinal, refere-se às aludidas sanções como "penas". Não por outro motivo, Pontes de Miranda[27] aduz que a possibilidade de o prejudicado pela cobrança indevida postular indenização suplementar revela "uma pena privada, com presunção de culpa".

Seria possível cumular a sanção dos arts. 939 e 940, com uma pretensão de perdas e danos pelos prejuízos que o demandado demonstrar haver sofrido? Cláudio Godoy responde afirmativamente, salientando que quantias previstas nos referidos dispositivos

> encerram verdadeira pena privada, então por consequência a indenização, com diversa finalidade, poderia ser sempre cumulada, tal qual, de resto, ocorre com a litigância de má-fé no sistema processual civil, revertendo multa e indenização em favor do demandante inocente.[28]

O art. 608, ao tratar da interferência ilícita de terceiros sobre a relação de crédito – com indução ao inadimplemento da obrigação pela via do aliciamento –, estipula que o aliciador será condenado a pagar uma importância "que ao prestador

---

(quanto ao excedente) ao mesmo tempo. Exemplificando, se o juiz criminal entender que A sofreu danos que giram em torno de 100, fixará um valor mínimo que será executado no juízo cível. O restante, que corresponderá à "restitutium in integrum", será determinado pelo juízo cível em um processo de liquidação, como fase intermediária entre a decisão criminal e a execução civil (art. 515, VI, CPC/15). Op. cit., p. 254.

25. AMARAL, Cláudio do Prado. *Despenalização pela reparação de danos*, p. 413.
26. FACIO, Jorge Peirano. *La cláusula penal*, p. 6.
27. PONTES DE MIRANDA. *Tratado de direito privado*, t. LIV, p. 47.
28. GODOY, Cláudio. *Código civil comentado*, p. 786.

CAPÍTULO 8 • A CLÁUSULA PENAL COMO PENA PRIVADA

de serviço, pelo ajuste desfeito, houvesse de caber durante 2 (dois) anos". Cuida-se de imposição de pena privada em face do aliciador, ao atrair ou recrutar pessoas já comprometidas contratualmente com outras. Podemos afirmar, com Teresa Negreiros,[29] que a justificativa para o mencionado dispositivo é a tutela da função social dos contratos (art. 421, CC).

No âmbito dos direitos reais, o art. 1.336 do Código Civil prevê uma multa – não superior a cinco vezes o valor da contribuição condominial – para o condômino que não observar os deveres alinhavados na norma. O legislador não utilizou o vocábulo "pena", mas a natureza de sanção civil é evidente, pois a multa é devida independentemente das perdas e danos que se apurarem. Percebe Francisco Eduardo Loureiro que o preceito deve ser lido em dois sentidos: "primeiro, de que não há correlação entre o valor da multa e o real dano causado ao condomínio. Segundo, de que o condômino infrator paga a multa moratória e as perdas e danos, sem compensação ou abatimento entre as duas verbas".[30]

O art. 1.220 do Código Civil censura o possuidor de má-fé, tolhendo-lhe mesmo a possibilidade de levantar as benfeitorias voluptuárias. Trata-se de uma punição contra aquele que possuiu a coisa tendo ciência dos vícios que inquinavam a posse.

Em matéria de direito das sucessões, a exclusão dos sucessores por indignidade e deserdação nos casos em que atentam contra a vida, honra e liberdade do *de cujus* ou de outros familiares próximos (arts. 1.814 e 1.961, CC) consiste em pena privada. O patrimônio que seria destinado aos sucessores excluídos por sentença reverterá em favor de outros herdeiros. Enquanto a indignidade é uma pena exclusivamente judicial, a deserdação é uma sanção civil emanada de um testamento – negócio jurídico unilateral emanado da autonomia privada – posteriormente confirmada em juízo.[31]

Sendo a indignidade uma pena de natureza civil, seus efeitos não passam da pessoa do indigno. Assim, a teor do art. 1.816 do Código Civil, os descendentes do herdeiro excluído sucedem, como se ele morto fosse antes da abertura da sucessão.

Outra pena privada de caráter negocial, com fundamento ético semelhante, é a revogação da doação por ingratidão do donatário (art. 555, CC).

Marcelo Fortes Barbosa Filho explica que

> os fundamentos éticos da revogação da doação e da exclusão da sucessão são assemelhados, e a doutrina chega, na perquirição da natureza da revogação da doação pelo advento da ingratidão do donatário, a conclusão que não diferem muito daquelas derivadas do exame da indignidade: os autores têm a revogação como uma pena civil.[32]

---

29. NEGREIROS, Teresa. *Teoria do contrato*, p. 265.
30. LOUREIRO, Francisco Eduardo. *Código civil comentado*, pp. 1.201-1.202.
31. José de Oliveira Ascensão exemplifica: "Suponhamos que Artur, com o fim de vir a beneficiar da sucessão de outrem, engana o autor da sucessão e mediante esse engano o leva a fazer, a revogar ou a modificar um testamento, ou lhe impede qualquer desses atos. Morto o autor da sucessão, aparentemente é ele quem deve ser chamado a suceder. Mas repugnaria que alguém pudesse beneficiar de uma conduta reprovável dessa ordem. A lei dispõe que aquele que praticou aqueles fatos é indigno e como tal será afastado daquela sucessão. Assim, se castiga a infração, cometida independentemente da reconstituição de uma situação. Trata-se efetivamente de uma pena civil visto que, ao contrário do que acontece com as restantes sanções civis, tem função repressiva" (*O direito*: introdução e teoria geral, p. 58).
32. BARBOSA FILHO Marcelo Fortes. *A indignidade no direito sucessório brasileiro*, p. 23.

O que não falar, então, do instituto da "sonegação de bens" envolvendo o ato do herdeiro que omite bens do *de cujus* que deveriam ser levados ao inventário ou bens pessoais que deveriam ser colacionados (art. 1.992, CC)? O art. 1.993 do Código Civil se refere à perda do direito de propriedade dos bens em favor dos demais herdeiros como uma "pena" imposta ao sonegador.

A Medida Provisória 2.172-32, de 23/8/2001 – que praticamente se tornou definitiva com a edição da Emenda Constitucional no 32/01 –, decreta a nulidade das "estipulações usurárias" prevendo a restituição em dobro das quantias pagas em excesso nos contratos de mútuo ou recebidas em excesso em negócios jurídicos celebrados em situação de vulnerabilidade da parte.

As *astreintes* também são penas privadas judiciais que se revertem em favor de titulares de obrigações de dar, fazer ou não fazer (art. 537, CPC/15), sendo acrescidas à verba indenizatória decorrente do ilícito contratual ou aquiliano. Segundo Suzanne Carval,[33] trata-se de medida particularmente apta para garantir o respeito aos direitos da personalidade com um possante efeito dissuasivo.

Em reforço, o §1º do art. 523 do CPC/15[34] aplica multa de 10% sobre o valor da condenação ao pagamento de quantia certa quando o devedor não efetuar o cumprimento no prazo de quinze dias. Vê-se que o legislador instituiu uma nova espécie de pena privada, de caráter sancionatório, que não se confunde com as *astreintes* (cuja fixação é judicial), apesar de ambas reverterem em proveito do credor.[35]

Também é possível perscrutar a pena privada no art. 42 do Código de Defesa do Consumidor. O dispositivo preceitua que o consumidor que for cobrado por quantia indevida tem o direito de exigir, além da repetição do indébito, um valor igual "ao dobro" do que pagou em excesso.

Diante de tantas situações de aplicação da pena privada em nossa legislação, só nos resta prestigiar Antônio Junqueira de Azevedo, quando enfatiza "que não é verdade que o direito civil não puna". Pelo contrário, o Professor da Universidade de São Paulo adverte que

---

33. CARVAL, Suzanne. *La responsabilité civile dans sa fonction de peine privée*, p. 40.
34. Art. 523. No caso de condenação em quantia certa, ou já fixada em liquidação, e no caso de decisão sobre parcela incontroversa, o cumprimento definitivo da sentença far-se-á a requerimento do exequente, sendo o executado intimado para pagar o débito, no prazo de 15 (quinze) dias, acrescido de custas, se houver. §1º Não ocorrendo pagamento voluntário no prazo do caput, o débito será acrescido de multa de dez por cento e, também, de honorários de advogado de dez por cento.
35. O processualista Daniel Amorim Assumpção Neves explica que "a doutrina, que já se manifestou sobre o tema da natureza da multa prevista pelo dispositivo legal ora comentado, foi unânime em apontar a sua natureza punitiva, servindo, portanto, como uma sanção processual ao sujeito que se nega a cumprir a sua obrigação de pagar quantia certa já reconhecida em sentença. Esse entendimento é o mais correto, não sendo adequado acreditar se tratar a multa prevista em lei de *astreinte*, medida de pressão psicológica para que o próprio devedor cumpra suas obrigações e prevista como forma de execução indireta nas condenações de fazer, não fazer e entregar coisa" (*Reforma do CPC*, pp. 218-219). Pelo fato de não se reverter em proveito do credor, mas do Estado, e que não podemos alinhar entre as penas privadas, o instituto do *contempt of court* (art. 14, parágrafo único, CPC), que implica multa de 20% do valor da causa como sanção em face de ato atentatório ao exercício da jurisdição pelo descumprimento de provimentos judiciais.

o momento que estamos vivendo, especialmente no Brasil, de profunda insegurança quanto á própria vida e incolumidade física e psíquica, deveria levar todos os juristas, independentemente de seu campo de atuação, a refletir e procurar soluções para aquilo que poderíamos afirmar, pedindo desculpas, se for o caso, aos penalistas, como ineficiência do direito penal para impedir crimes e contravenções – atos ilícitos, na linguagem civilista. Segue-se daí que a tradicional separação entre o direito civil e o direito penal, ficando o primeiro com a questão da reparação e o último com a questão da punição, merece ser repensada.[36]

Aliás, haveria enriquecimento sem causa em favor da vítima nas referidas hipóteses? Ao comentar a repetição do indébito em dobro na cobrança indevida de débito oriundo de relação de consumo, Luiz Cláudio Carvalho de Almeida remete o art. 42 do Código de Defesa do Consumidor ao sistema dos *punitive damages* – não por haver um "dano" propriamente dito, mas por uma indenização com o propósito de sancionar o ofensor. A indenização civil pode ser utilizada como forma de pena desde que exista previsão legal nesse sentido, "caso contrário estar-se-ia violando o princípio basilar da legalidade (*nulla poena sine lege*)". Para o autor, o pseudolucro do consumidor seria irrelevante diante do benefício social trazido pela aplicação da norma, afinal

negar a indenização nesses casos, seria imputar ao consumidor o ônus de suportar os danos decorrentes do equívoco, o que não se coaduna com os princípios vetores do Código de Defesa do Consumidor, dentre os quais se destacam os princípios da vulnerabilidade e o da confiança.[37]

Mesmo para os doutrinadores que recebem com reservas as penas privadas no direito brasileiro, há espaço para a sua aplicação. Em matéria de danos punitivos derivados de lesão à dignidade humana, Maria Celina Bodin de Moraes – em nome da lógica do razoável – pugna para que se atribua caráter punitivo a hipóteses taxativamente previstas em lei ou hipóteses excepcionais, pois "já se disse que o caráter punitivo somente deve ser aplicado em situações particularmente sérias, porque esta é a única maneira de levá-lo, efetivamente, a sério".[38]

A professora da Universidade do Estado do Rio de Janeiro admite, como exceção, uma figura semelhante à do dano punitivo em sua função de exemplaridade,

quando for imperioso dar uma resposta à sociedade, isto é, à consciência social, tratando-se, por exemplo, de conduta particularmente ultrajante, ou insultuosa, em relação à consciência coletiva, ou, ainda, quando se der o caso, não incomum, de prática danosa reiterada. Requer-se a manifestação do legislador tanto para delinear as estremas do instituto, quanto para estabelecer as garantias processuais respectivas, necessárias sempre que se trate de juízo de punição.[39]

---

36. AZEVEDO, Antônio Junqueira de. *Por uma nova categoria de dano na responsabilidade civil*: o dano social, p. 212.
37. ALMEIDA, Luiz Cláudio Carvalho de. A repetição do indébito em dobro no caso de cobrança indevida de dívida oriunda de relação de consumo como hipótese de aplicação dos *punitive damages* no direito brasileiro. *Revista do direito do consumidor*, p. 170. Cláudia Lima Marques é enfática quanto à inexistência de locupletamento indevido: "Tal posição não deve prosperar, pois retira do CDC todo o seu potencial pedagógico: a devolução em dobro tem sim causa. A causa do enriquecimento é a própria lei tutelar, o art. 42 do CDC, pois há ilicitude no descumprimento dos deveres de conduta leal e correta perante os consumidores, que, frise-se, são uma coletividade, sendo assim, aquele consumidor representa todos e a devolução em dobro para ele é como uma 'gota de água em um oceano de lucro', este sim 'sem causa' ou com causa ilícita, por pequenos erros de cobrança" (*Contratos no código de defesa do consumidor*, p. 1.052).
38. MORAES, Maria Celina Bodin de. *Danos à pessoa humana*, p. 263.
39. MORAES, Maria Celina Bodin de. *Danos à pessoa humana*, p. 263.

No mesmo sentido, Antônio Junqueira de Azevedo[40] enfatiza que

um ato, se doloso ou gravemente culposo, ou se negativamente exemplar, não é lesivo somente ao patrimônio material ou moral da vítima, mas sim, atinge a toda a sociedade, num rebaixamento imediato do nível de vida da população. Causa dano social.

A dificuldade da doutrina em definir as hipóteses de aplicação das penas privadas decorre exatamente do grande elastério de figuras heterogêneas que poderiam ser subsumidas em seus contornos. Essa relativa insegurança abre espaço para as mais variadas críticas quanto à sua aplicação, sobremodo no que tange aos danos punitivos, prevalecendo os argumentos da ausência de previsão legal para a punição pelo dano moral, desvio da perspectiva ressarcitória da esfera privada, mercantilização da justiça e, o mais grave, a conversão da responsabilidade civil em instrumento para o enriquecimento sem causa.[41]

Com entusiasmo, alguns autores procuram legitimar a "postura criativa" da reversão de parte da indenização – daquilo que exceda à reparação – em prol de entidades de fins sociais ou beneficentes, aplicando-se analogicamente o art. 883, parágrafo único, do Código Civil, evitando-se a crítica quanto ao locupletamento indevido da vítima. Na França, Suzanne Carval comenta que *l'affectation des dommages et intérêts à des organismes de bienfaisance occupe en la matière une place de premier rang.*[42]

Para Diogo Leonardo Machado de Melo, a aplicação analógica da norma que se encontra no capítulo destinado ao estudo do pagamento indevido deriva da cláusula geral e princípio da solidariedade, propiciando à sociedade uma resposta efetiva a uma ofensa à dignidade. Portanto,

o juiz, ao julgar uma ação que envolva danos morais, não está simplesmente resolvendo um conflito individual. Ainda que esteja resolvendo um conflito de direito privado, não pode o julgador ignorar os horizontes e as premissas constitucionais desse ramo do direito: não pode ignorar a dignidade humana, a solidariedade social e a justiça distributiva como vetores de interpretação e aplicação.[43]

Apesar do acerto do posicionamento e do mérito de conciliar a função de reparação do dano com a exemplar punição do ofensor pelo dano social, culminamos por solucionar um problema e criar outro: por um lado, evita-se o enriquecimento sem causa, pois qualquer montante que exceda o dano efetivo não será destinado à vítima, mas a instituições beneficentes. Nesse caso, porém, o dano punitivo ao ofensor já não mais se caracterizará como uma pena privada nos moldes ordinariamente delineados. Com efeito, o valor a maior servirá a beneficiar um número amplo de pessoas, tal qual já ocorre na previsão do art. 13 da Lei no 7.347/85, que determina a reversão dos danos ambientais a

---

40. AZEVEDO, Antônio Junqueira de. *Por uma nova categoria de dano na responsabilidade civil: o dano social*, p. 215.
41. Quanto aos danos punitivos, Giovanni Ettore Nanni é peremptório em afirmar que por serem "quantia adicional às perdas e danos, que incorporam os danos emergentes e os lucros cessantes, nota-se que a sua eventual aplicação perante o direito brasileiro também violaria o art. 944, *caput*, do Código Civil de 2002, pois a indenização deve ser medida pela extensão do dano, no que os *punitive damages*, estariam além de tal medida, tipificando locupletamento indevido, que é um princípio norteador do direito obrigacional e moderador de tal prática ilegal" (*Enriquecimento sem causa*, p. 353).
42. CARVAL, Suzanne. *La responsabilité civile dans as fonction de peine privée*, p. 37. Tradução nossa: "A destinação de perdas e danos a entidades beneficentes ocupa na matéria um local de primeira colocação".
43. MELO, Diogo Leonardo Machado de. Ainda sobre a função punitiva da reparação dos danos morais. *Revista de Direito Privado*, p. 142.

um fundo gerido pelo Conselho Federal ou Conselhos Estaduais, sendo os seus recursos destinados à reconstituição dos bens lesados.[44]

O recrudescimento das penas privadas implica a contração da esfera de intervenção pública e a corresponde remessa da gestão de conflitos a particulares.

Discussão da maior atualidade concerne à legitimidade de aplicação por particulares de penas privadas disciplinares quando o exercício do poder implica lesão a direitos fundamentais como o da igualdade e o da ampla defesa. Com efeito, a pena privada pode apresentar um conteúdo que oscila entre uma intimidação ao pagamento de uma soma em dinheiro ou uma ameaça incidente sobre uma situação jurídica de relevância privada.

De acordo com Tullio Padovani,[45] quando o conteúdo de uma pena negocial se resolver em sanções disciplinares, como a perda ou a suspensão de determinada posição jurídica (por exemplo, expulsão de uma associação), a intervenção jurisdicional exercerá a função de controle da legitimidade e do peso da medida sobre a pessoa atingida.

É sabido que qualquer associação tem autonomia para gerir sua vida e sua organização. É certo, ainda, que no direito de se associar está incluída a faculdade de escolher com quem se associar, o que implica poder de exclusão. O direito de associação, entretanto, não é absoluto e comporta restrições, orientadas para o prestígio de outros direitos, também fundamentais. A legitimidade dessas interferências dependerá da ponderação a ser estabelecida entre os interesses constitucionais confrontantes. Assim, as associações que detêm posição dominante na vida social ou econômica ou que exercem funções de representação de interesses gozam liberdade mais restrita na fixação das causas de sanção e na imposição delas.

Quando se insinua o desprezo à garantia Constitucional de direito de defesa do associado expulso – defesa que há de abranger a notificação das imputações feitas e o direito a ser ouvido –, admite-se a eficácia dos direitos fundamentais no âmbito das associações particulares. Mesmo tratando-se de relações interprivadas, sem realização de qualquer atividade estatal propriamente dita, o Supremo Tribunal Federal,[46] em abalizada

---

44. Antônio Junqueira de Azevedo defende que a indenização por dano social deve ser entregue à própria vítima que foi parte no processo, e não ao estabelecimento de beneficência, pois "foi ela quem de fato trabalhou. O operário faz jus ao seu salário. Os danos sociais, em tese, poderiam ir para um fundo como ressarcimento à sociedade, mas aí deveria ser por ação dos órgãos da sociedade, como o Ministério Público [...]. O autor, vítima, que move a ação, age também como um 'promotor público privado' e, por isso, merece a recompensa. Embora esse ponto não seja facilmente aceito no quadro da mentalidade jurídica brasileira, parece-nos que é preciso recompensar, e estimular, aquele que, embora por interesse próprio, age em benefício da sociedade. Trata-se de incentivo para um aperfeiçoamento geral" (*Por uma nova categoria de dano na responsabilidade civil: o dano social*, p. 217).
45. PADOVANI, Tullio. *Lectio brevis sulla sanzione*, p. 65.
46. RE 201.819-8/RJ – Rel. p/acórdão, Min. Gilmar Mendes, DJ 27/10/2006. "I – *Eficácia dos direitos fundamentais nas relações privadas*. As violações a direitos fundamentais não ocorrem somente no âmbito das relações entre o cidadão e o Estado, mas igualmente nas relações travadas entre pessoas físicas e jurídicas de direito privado. Assim, os direitos fundamentais assegurados pela Constituição vinculam diretamente não apenas os poderes públicos, estando direcionados também à proteção dos particulares em face dos poderes privados.

    II *Os princípios constitucionais como limites à autonomia privada das associações*. A ordem jurídico-constitucional brasileira não conferiu a qualquer associação civil a possibilidade de agir à revelia dos princípios inscritos nas leis e, em especial, dos postulados que têm por fundamento direto o próprio texto da Constituição da República, notadamente em tema de proteção às liberdades e garantias fundamentais. O espaço de autonomia privada garantido pela Constituição às associações não está imune à incidência dos princípios constitucionais que asseguram o respeito aos direitos fundamentais de seus associados. A autonomia privada, que encontra claras limitações

decisão conduzida pelo Min. Gilmar Mendes, entendeu que o caráter público ou geral da atividade se tornou decisivo para legitimar a aplicação direta dos direitos fundamentais concernentes ao devido processo legal, ao contraditório e à ampla defesa (art. 5º, LIV e LV, da CF) ao processo de exclusão de sócio de entidade.

Pela importância do assunto, é imperioso ressaltar as palavras de André Rufino do Vale:

> O direito de autodeterminação das associações encontra seus limites precisamente no conteúdo da relação privada determinado pelas regras estatutárias que a própria associação elabora, assim como nas normas e nos princípios de ordem pública, mormente os direitos fundamentais assegurados constitucionalmente aos sócios. Como se vê, a autonomia estatutária, quando se trata de matéria de poder sancionador, não é ilimitada, podendo sofrer certo controle de conteúdo. Esse controle pode ser levado a efeito com base não somente na legislação civil, mas diretamente em face das normas constitucionais. Os estatutos, portanto, deverão regular o procedimento sancionador e delimitar os órgãos competentes para impor as sanções, sempre de acordo com os preceitos de ordem pública e assegurando direitos fundamentais do sócio, como a ampla defesa. Assim, certo é que o direito fundamental de associação estará sempre limitado pelos direitos fundamentais de seus próprios membros. Essa limitação concretiza-se em algumas regras. A ideia de um ordenamento jurídico invadido pela Constituição faz transparecer a noção de associações privadas responsáveis pelos direitos fundamentais de seus associados. Constitucionalizar a ordem jurídica privada significa também submeter o ordenamento jurídico interno dos organismos privados aos princípios constitucionais. Não se trata de restringir ou anular a autonomia privada das associações, mas de reafirmar que a liberdade de associação, assegurada pelo art. 5o, incisos XVII a XX, da Constituição, não pode e não deve ser absoluta, mas sim precisa estar em harmonia com todo o sistema de direitos fundamentais. Diante disso, os princípios constitucionais devem operar como limites à capacidade de autorregulação dos grupos, na medida em que se faça necessário assegurar a eficácia de direitos fundamentais dos indivíduos em face do poder privado das associações. Servem, nessa perspectiva, como fundamento para justificar o controle judicial de atos privados atentatórios às liberdades fundamentais.[47]

Em síntese, com a devida cautela de trabalharmos o tema sempre na ótica da Constituição Federal, aliando o poder negocial dos privados ao pleno respeito à dignidade da

---

de ordem jurídica, não pode ser exercida em detrimento ou com desrespeito aos direitos e garantias de terceiros, especialmente aqueles positivados em sede constitucional, pois a autonomia da vontade não confere aos particulares, no domínio de sua incidência e atuação, o poder de transgredir ou de ignorar as restrições postas e definidas pela própria Constituição, cuja eficácia e força normativa também se impõem, aos particulares, no âmbito de suas relações privadas, em tema de liberdades fundamentais.

III *Sociedade civil sem fins lucrativos. Entidade que integra espaço público, ainda que não estatal. Atividade de caráter público. Exclusão de sócio sem garantia do devido processo legal. Aplicação direta dos direitos fundamentais à ampla defesa e ao contraditório.* As associações privadas que exercem função predominante em determinado âmbito econômico e/ou social, mantendo seus associados em relações de dependência econômica e/ou social, integram o que se pode denominar de espaço público, ainda que não estatal. A União Brasileira de Compositores – UBC, sociedade civil sem fins lucrativos, integra a estrutura do ECAD e, portanto, assume posição privilegiada para determinar a extensão do gozo e fruição dos direitos autorais de seus associados. A exclusão de sócio do quadro social da UBC, sem qualquer garantia de ampla defesa, do contraditório, ou do devido processo constitucional, onera consideravelmente o recorrido, o qual fica impossibilitado de perceber os direitos autorais relativos à execução de suas obras. A vedação das garantias constitucionais do devido processo legal acaba por restringir a própria liberdade de exercício profissional do sócio. O caráter público da atividade exercida pela sociedade e a dependência do vínculo associativo para o exercício profissional de seus sócios legitimam, no caso concreto, a aplicação direta dos direitos fundamentais concernentes ao devido processo legal, ao contraditório e à ampla defesa (art. 5º, LIV e LV, CF/88)."

47. VALE, André Rufino do. Drittwirkung de direitos fundamentais e associações privadas. *Revista de Direito Público*, p. 53-74.

pessoa humana e aos direitos fundamentais dele decorrentes, talvez estejamos diante de um *revival* ponderado das penas privadas.

Há certo consenso sobre a necessidade do direito de conciliar o fim puramente prático de assegurar os interesses da vida privada contra lesões que não constituam crimes e o fim ético de restaurar o senso de justiça lesado pela conduta culposa do ofensor. O recurso às penas privadas tende a aumentar, como explica Francesco Busnelli,[48] *tanto più in un epoca, come quella attuale, in cui il risarcimento del danno tende sempre più a sganciarsi dalla colpa come necessario presupposto per assumere finalità essenzialmente 'riparatorie', mentre la colpa giuoca, nella teoria della pena privata, un ruolo caratterizzante.*

Em sua luta pelo direito, Rudolf Von Ihering demonstra perplexidade com a incapacidade do direito de atender à exigência de justiça:

> Mas o que pode o direito oferecer à pessoa lesada, quando se trata do meu e do teu, senão o objeto da disputa ou o seu valor? Se isso fosse justo, poder-se-ia soltar o ladrão, desde que ele devolvesse o objeto roubado. Mas, objeta-se, ele não só agrediu a vítima, como também as leis do Estado, a ordem jurídica e a lei moral. Será que o devedor, que discorda do preço estabelecido com o vendedor, o locador, que não cumpre o contrato, o mandatário, que trai minha confiança, enganando-me, não fazem o mesmo? Será uma satisfação pra mim, se após longa luta com todas essas pessoas, eu nada mais obtiver, senão aquilo que me pertencia desde o início? O perigo que a saída desfavorável do processo lhe trouxe existe para uma perda do que lhe pertence, e para o outro apenas em ter de devolver aquilo que injustamente tomou. A vantagem que a saída possibilita, para um, é o fato de não perder nada, e, para o outro, o de se enriquecer às custas do adversário. Não se estará, assim, exatamente a estimular a mentira mais desavergonhada e dar um prêmio à celebração da deslealdade?[49]

8.1.2 A pena privada e a cláusula penal

Enrico Moscati[50] demonstra que a cláusula penal e a pena privada desenvolveram vidas paralelas, condicionando-se reciprocamente. O escasso interesse pela atribuição de um papel autônomo da cláusula penal na teoria do contrato foi determinante para afastar qualquer discurso reconstrutivo sobre a pena convencional. O sucessivo silêncio sobre a pena, como manifestação do poder da autonomia privada, não pode ser considerado ocasional em sistemas jurídicos em que se considera a finalidade tipicamente sancionatória da cláusula penal como um "corpo estranho". Na melhor das hipóteses, essa função coercitiva seria meramente eventual. Nessa ótica, a cláusula penal seria mera técnica de liquidação convencional e preventiva do dano. Segundo Moscati, *la diffidenza, per cosi dire, epidermica nei confronti di una funzione punitiva dei privati ha pertanto inevitabilmente a sottovalutare le potenziali capacità espansive della clausola penale.*[51]

---

48. BUSNELLI, Francesco Donato. *Riscoperta delle pene private?*, p. 4. Tradução nossa: "Tanto mais em uma época como a atual, em que o ressarcimento do dano se distancia da culpa como pressuposto necessário, para assumir finalidade essencialmente reparatória, enquanto a culpa assume um papel decisivo na teoria da pena privada".
49. VON IHERING, Rudolf. *A luta pelo direito*, p. 86.
50. MOSCATI, Enrico. Pena privata e autonomia privata. In: BUSNELLI, Francesco; SCALFI, Gianguido (Org.). *Le pene private*, p. 236.
51. MOSCATI, Enrico. Pena privata e autonomia privata. In: BUSNELLI, Francesco; SCALFI, Gianguido (Org.). *Le pene private*, p. 236. Tradução nossa: "A desconfiança, pode-se dizer, epidérmica, nos confrontos de uma função punitiva dos particulares, inevitavelmente desvalorizou a capacidade expansiva da cláusula penal".

Ao permitir ao juiz revisar as penas manifestamente excessivas, o Código Civil de 2002 reanimou a discussão sobre a natureza jurídica da cláusula penal.[52] A determinação da medida do poder do magistrado, necessariamente, passará por saber se a cláusula penal é uma variedade de reparação de danos, uma expressão da noção de pena privada ou, ainda, um instituto original cujo conceito escapa às categorias tradicionais.

A cláusula penal há de ser compreendida em uma perspectiva histórica.

Jorge Cesa Ferreira da Silva sustenta que

a família romano-germânica, a partir do direito moderno, afastou-se paulatinamente da imposição de penas de natureza privada. Nada obstante, o pêndulo parece se conduzir, atualmente, no sentido oposto. Ao menos no Brasil, o modo como se tem entendido e praticado as condenações referentes a danos morais, assim como a recente e vasta expansão das chamadas sanções pecuniárias compulsórias (astreintes), demonstra como o caráter sancionatório de certos institutos vem ganhando força visando a conduzir as partes à realização do acordado.[53]

É indubitável que a pena privada ocupa posição relevante na legislação privada, devendo ser afastada a ideia de que a pena repugna ao direito civil, até pela própria inexistência de qualquer fundamento sólido que permita sua sustentação.

Ao defender em 1904 a ideia de pena privada, Hugueney[54] não deixou de considerar que os preconceitos contra essa figura prejudicaram fortemente a concepção da cláusula penal, lamentavelmente reduzida a mero cálculo do dano ressarcível.

Cabe-nos perquirir se há uma relação de gênero e espécie entre a pena privada e a cláusula penal. Afinal, a cláusula penal não é concebida diretamente pelo ordenamento, mas, sim, por acordo entre as partes. No mais, sua eficácia se limita ao âmbito do adimplemento do negócio jurídico para a qual foi pactuada.

Denis Mazeaud é peremptório: *La clause pénale est comminatoire par essence [...] est un trait essentiel, un élément constitutif de la clause pénale.*[55] Para o autor, as cláusulas que tenham por objetivo único a avaliação da reparação, não podem ser qualificadas como cláusulas penais. Somente aquelas que se revestem de um aspecto preventivo, dissuasivo, e que constituem ainda uma ameaça que garante a execução, merecem tal qualificação.

---

52. Constatado o caráter manifestamente excessivo da cláusula *penal* contratada, o magistrado deverá, independentemente de requerimento do devedor, proceder à sua redução. A cláusula *penal*, em que pese ser elemento oriundo de convenção entre os contratantes, sua fixação não fica ao total e ilimitado alvedrio deles, porquanto o atual Código Civil introduziu normas de ordem pública, imperativas e cogentes, que possuem o escopo de preservar o equilíbrio econômico financeiro da avença, afastando o excesso configurador de enriquecimento sem causa de qualquer uma das partes. A redução da cláusula *penal* pelo magistrado deixou de traduzir uma faculdade restrita às hipóteses de cumprimento parcial da obrigação e passou a consubstanciar um poder/dever de coibir os excessos e os abusos que venham a colocar o devedor em situação de inferioridade desarrazoada. Nesse sentido, é o teor do Enunciado 356 da IV Jornada de Direito Civil, o qual dispõe que "nas hipóteses previstas no art. 413 do Código Civil, o juiz deverá reduzir a cláusula *penal* de ofício". Do mesmo modo, o Enunciado 355 da referida Jornada consigna que as partes não podem renunciar à possibilidade de redução da cláusula *penal* se ocorrer qualquer das hipóteses previstas no artigo 413 do Código Civil, por se tratar de preceito de ordem pública. (REsp 1.447.247-SP, Rel. Min. Luis Felipe Salomão, por unanimidade, julgado em 19/04/2018, DJe 04/06/2018).

53. SILVA, Jorge Cesa Ferreira da. *Inadimplemento das obrigações*, p. 243.

54. Apud MONTEIRO, Antônio Pinto. *Cláusula penal e indemnização*, p. 335.

55. MAZEAUD, Denis. *La notion de clause pénale*, pp. 85-86. Tradução nossa: "A cláusula penal é cominatória por essência. É um traço essencial, um elemento constitutivo da cláusula penal".

Para Mazeaud, a cláusula penal é uma pena privada por quatro fundamentos, sendo que o último deles é o decisivo: 1) exerce o papel de garantia de execução da obrigação principal; 2) o seu montante é fixado sem qualquer relação de equivalência com o prejuízo previsível; 3) há uma função repressiva prioritária, pois o objetivo de punição do autor da inexecução prevalece sobre a indenização da vítima do prejuízo; 4) o fundamento da condenação é a culpa do devedor: *le concept de faute donc l'elément essentiel de la notion de peine privée. C'est lui qui lui confere sa spécificité.*[56]

A cláusula penal não quer apenas constranger o devedor ao cumprimento, mas também castigá-lo por sua conduta. A pena inicialmente persegue uma função inibitória e, posteriormente, exibe um papel repressivo, de índole penitencial. Ao contrário da pena pública, a pena privada resulta da autonomia privada e o seu produto se reverte ao credor.

A inserção da cláusula penal entre as espécies de pena privada certamente se localiza naquelas que definimos como cláusula penal *stricto sensu*. Esse raciocínio é alimentado por constatações práticas: o fato de a pena ser devida independentemente da existência de qualquer dano ao credor, sendo suficiente a inexecução da obrigação; a possibilidade de fixação do montante da pena para um valor superior aos danos previsíveis, o direito potestativo de o credor abandonar a pena e exigir a indenização e, finalmente, o fato de o poder judicial de redução da pena excessiva só atuar em casos extremos, sempre levando em consideração a finalidade do credor ao estipular o *quantum*.

No direito italiano há ainda uma concepção da pena convencional com acento em sua função punitiva. Os doutrinadores partem de uma distinção entre a cláusula penal pura e a cláusula penal não pura. A dessemelhança parte da dificuldade de se conciliar no mesmo instituto jurídico o seu aspecto ressarcitório e penal. A cláusula penal pura é caracterizada pelo fato de ter uma função exclusivamente sancionatória, alheia de forma completa ao aspecto ressarcitório. Já a cláusula penal não pura é caracterizada pela simultaneidade de uma função ressarcitória e de uma punitiva.

Trimarchi ensina:

> *Se si considera l'ipotesi (limite) in cui manchi totalmente o sai (convenzionalmente o in fatto) esclusa la considerazione del profilo del risarcimento del danno, è possibile individuare una clausola penale pura, in cui la penale à prevista (o comminata) solo come sanzione per l'inadempimento o per il ritardo. Questa à certamente l'ipotesi tipica.*[57]

Quanto à cláusula penal não pura – estipulada com finalidades punitiva e indenizatória –, Trimarchi explica que a pena já não mais acresce à indenização, porém a substitui, mas quando o credor dela não queira se valer *è sempre in grado di invocare il risarcimento dell'intero dano.*[58] Mesmo a cláusula penal não pura mantém a sua essência punitiva pela ameaça produzida ao ofensor quando da transgressão da regra de conduta. Por isso ela está inserida dentre as fontes da pena privada.

---

56. MAZEAUD, Denis. *La notion de clause pénale*, pp. 315-316. Tradução nossa: "O conceito de sanção é o elemento essencial da noção de pena privada. É ele que confere a sua especificidade".
57. TRIMARCHI, Vincenzo Michele. *La clausola penale*, p. 352. Tradução nossa: "Se considerarmos a hipótese em que falta totalmente a consideração ao perfil de ressarcimento, é possível individuar uma cláusula penal pura, cuja pena é prevista somente como sanção pelo inadimplemento ou atraso. Essa é, certamente, a hipótese típica".
58. TRIMARCHI, Vincenzo Michele. *La clausola penale*, p. 352.

A postura firme de Trimarchi quanto à típica causa punitiva da cláusula penal encontra em Fabio de Mattia ampla guarida. Para o jurista, a distinção entre a cláusula penal pura e a impura procede

> porque as partes ao elaborarem um negócio jurídico com cláusula penal estarão fazendo uma opção: se escolhem apenas a cláusula penal pura, exteriorizam a intenção de coagir o devedor a cumprir a obrigação. Se não adimplir o prometido será onerado pela multa que o castigará. Neste caso se houver algo a pleitear em decorrência de perdas e danos, encontrará o caminho natural ao prová-los através das vias judiciais. É a cláusula penal pura. Não se fazendo referência ao problema das perdas e danos só se pode tratar de cláusula penal pura. Se as partes contratam negócio jurídico em que seja difícil avaliar os possíveis danos ou as partes queiram abreviar o recebimento da indenização evitando a morosidade e dificuldades da prova ao resolver o caso judicialmente, surge a figura da cláusula penal não pura.[59]

Acreditamos que a aproximação da cláusula penal à ampla noção de pena privada produz interessantes vantagens para o próprio reconhecimento da autonomia do modelo jurídico da cláusula penal no ordenamento civil.

Ora, associar indiscriminadamente a cláusula penal a uma liquidação convencional de prejuízos é reduzi-la a uma modalidade de obrigação. Significa menosprezar a própria natureza da cláusula penal, concentrando-se apenas em seu efeito de convenção substitutiva de indenização.

Se de maneira prospectiva, porém, considerarmos a cláusula penal como meio de garantia e fortalecimento da relação obrigacional – como salvaguarda dos direitos do credor – acabamos por inverter a equação, pois encontraremos nela uma finalidade sancionatória. Se a pena correspondesse simplesmente a um ressarcimento, a convenção das partes em nada contribuiria para conferir autonomia e eficácia à cláusula penal. A ideia de pena se conecta à noção de sanção, enquanto a ideia de indenização, à concepção de equivalência. Por isso, uma prestação não pode, simultaneamente, exercer as duas funções. Ou se cuida de uma avaliação convencional de danos, ou de uma pena.

Por meio de uma pena privada é exercitada a autonomia privada. Aos contratantes se reservará a liberdade de decidir o montante adequado da cláusula penal tendo em vista suas finalidades.[60] Quanto mais importante se tornar a consecução do negócio jurídico para o credor, mais justificada se torna a elevação da pena. Pouco importa se a inexecução causará ou não um prejuízo, pois o dano é supérfluo. Na acepção de pena privada, o âmago da cláusula penal está na ilicitude do comportamento do ofensor. As consequências que o ilícito produz são secundárias. A pena será executada apesar da ausência de prejuízo.

Por tais razões, a cláusula penal *stricto sensu* jamais poderá ser analisada como uma forma de burla, por vias oblíquas, do disposto no art. 944, do Código Civil: "A indenização mede-se pela extensão do dano". Esta norma não se aplica à função punitiva da pena privada.

---

59. MATTIA, Fábio de. *Cláusula penal pura e cláusula penal não pura*, p. 54.
60. Marcelo Benacchio assevera que a cláusula penal encerra a natureza jurídica de pena privada "(i) por ser criada pelos contratantes, o que revela seu caráter privado; e também (ii) por ter a finalidade principal de apenar o inadimplemento culposo, seja ele absoluto ou relativo, o que comprova o aspecto penal" (*Cláusula penal*: revisão crítica à luz do código civil de 2002, p. 21).

Não há receio de abusos, pois o art. 413 do Código Civil concede ao magistrado o poder de reduzir as penas manifestamente excessivas, de forma a evitar o aniquilamento patrimonial do devedor e proteger a sua dignidade, sem desrespeitar o intuito que presidiu a elaboração da cláusula.[61] De qualquer forma, para respeitar a autonomia da pena privada do conceito de indenização, qualquer intervenção moderadora do juiz será tão somente para resgatar a equidade, não para reduzir a pena ao valor do dano, ou, como sintetiza Massimiliano de Luca *essendo impossibile pensare ad un ripristino di una rigida correlazione tra riparazione e danno effettivamente subito dal creditore*.[62]

Em obra dedicada à pena privada, Maria Grazia Baratella afasta um equivocado entendimento que avizinha o poder punitivo dos particulares à barbárie ou incivilidade, pois a autotutela é controlada pelos limites dados pelos princípios postos pelo ordenamento jurídico. Em feliz abordagem, salienta que

> *la potestà punitiva, attuata tramite lo schema della clausola penale, può, dunque, qualificarsi quale potere astrattamente delineado dal legislatore, concretamente definito ed attuato (nel contenuto) dai contraenti, sottoposto ad un controllo giudiziale di adeguatezza.*[63]

A pena privada não conduz ao enriquecimento sem causa. Pelo contrário, reveste-se em valoroso instrumento moralizador das relações privadas, pois reforça os compromissos e a confiança no cumprimento. Trata-se de imprescindível elemento de estabilização das relações sociais e incremento no tráfego jurídico.

Referindo-se às "penas privadas" – hábeis a perseguir um inadimplemento contratual ou um ilícito aquiliano –, Grazia Baratella[64] explica que esta diversidade de elementos não mina a autônoma relevância da categoria, pois o gênero das sanções civis comunga um mesmo denominador: a tutela do credor/ofendido através da punição do devedor/ofensor, pela iniciativa e em benefício dos primeiros.

A razoabilidade da pena privada no Código Civil decorre da configuração de limites ao exercício do poder punitivo dos particulares, evitando a arbitrariedade. *A priori*, a autonomia privada define o quantitativo da cláusula penal. Ela será previamente aceita pelo seu destinatário e apenas incidirá sobre seus direitos disponíveis; *a posteriori*, atua um controle judicial equitativo hábil a inibir sanções manifestamente excessivas, garantindo o direito fundamental à igualdade material entre os privados (art. 413, CC). Negar aos contratantes, pura e simplesmente, a liberdade de fixação de penas seria uma indevida compressão sobre a autonomia negocial. Por outro lado, não estabelecer limites ao seu

---

61. Nesse sentido, aduz Jorge Cesa Ferreira da Silva que "há que restar claro que uma tal aceitação não traz consigo a liberdade de abuso ou a possibilidade de sanção desmedida. Ter por assente a predominância do caráter coativo da cláusula penal, não significa admitir que ela sirva para, em uma economia assentada na autonomia privada, se cometerem excessos. O caráter coativo da cláusula penal não se afasta, por óbvio, do juízo de proporcionalidade, sempre passível de se pôr diante da sindicância judicial" (*Inadimplemento das obrigações*, p. 244).

62. LUCA, Massimiliano de. *La clausola penale*, p. 18. Tradução nossa: "É impossível pensar em uma restauração judicial de uma rígida correlação entre a reparação e o dano efetivamente sofrido pelo credor".

63. BARATELLA, Maria Grazia. *Le pene private*, p. 42. Tradução nossa: "O poder punitivo atuado pela cláusula penal é abstratamente delineado pelo legislador, concretamente definido pelas partes e submetido a um controle judicial de adequação".

64. BARATELLA, Maria Grazia. *Le pene private*, p. 216.

exercício configuraria aquilo que Andrea Zoppini descreve como *a realizzare un abuso ai danni del debitore, e in sostanza, a violare il principio di buona fede.*[65]

Parcela da doutrina reluta em qualificar a cláusula penal como espécie de pena privada. Antônio Pinto Monteiro[66] considera que a função coercitiva da pena, como fator de prevenção do ilícito, deve ser posta em primeiro plano, pois produz incentivo e estímulo superior ao adimplemento.

A ênfase na função coercitiva não permite, na opinião do autor,

> considerá-la como pena privada. O seu fim é de induzir o devedor ao cumprimento, através da ameaça, que sobre este impende de ter de vir a satisfazer, caso não cumpra uma prestação mais gravosa. Não se trata, portanto, de reprimir ou castigar o devedor, mas de o compelir ou pressionar, daí, justamente, que a pena seja acordada e definida antes da violação, procurando evitá-la e não após o acto ilícito. Numa palavra, a cláusula penal é estipulada para que o devedor cumpra, e não porque não cumpriu, destina-se a constrangê-lo a adoptar o comportamento devido, e não a infligir-lhe um castigo, estabelece-se em relação ao futuro, e não sobre um acto ilícito passado. O que significa, portanto, tratar-se de uma medida de tutela jurídica de natureza compulsória, não de índole punitiva, qualificação essa que, por isso, achamos preferível à de pena privada.[67]

A um primeiro olhar, é tentador desvincular a cláusula penal do gênero das penas privadas. É como se fosse um ato comedido de "fugir da confusão". A princípio, a pena privada remete a uma categoria jurídica difusa, cujas fontes são o Poder Legislativo, o Poder Judiciário e o poder negocial. Não podemos negar que na maior parte dos exemplos citados no direito positivo a pena privada age como medida aflitiva, punitiva e repressiva.

É assim, por exemplo, nos já comentados arts. 608, 939, 940, 1.220, 1.336, 1.814 e 1.961 do Código Civil. Em comum, o prejuízo do autor do ilícito será superior ao dano que causou e, em alguns casos, nem considerando se efetivamente houve dano.

A nosso ver, o inegável mérito da aproximação da cláusula penal com a pena privada foi o de contestar o modelo monolítico da teoria unitária, pelo qual a pena convencional não passaria de uma essencial prefixação de indenização com uma acidental carga coercitiva. Mas, com a fragmentação da cláusula penal em duas "cláusulas penais" de acordo com o intuito prático dos contratantes, podemos afirmar, com Silvio Mazzarese, que *la clausola penale, in astratto, non si identifica necessariamente nella pena privata, ma che, in concreto, puó essere tale.*[68]

No instante em que as partes ajustam um montante para a cláusula penal francamente superior ao dos danos previsíveis, evidencia-se uma pena privada. Apartamo-nos da essência da ideia de indenização – que é a equivalência entre o dano sofrido e o que se pagará de indenização – e ingressamos na noção da pena como sanção. A ideia da pena não cabe no conceito de indenização, pois *la pena supone algo más que la indemni-*

---

65. ZOPPINI, Andréa. *La pena contrattuale*, p. 256. Tradução nossa: "a realização de um abuso com danos ao devedor, com violação ao princípio da boa-fé".
66. MONTEIRO, Antônio Pinto. *Cláusula penal e indemnização,* p. 670.
67. MONTEIRO, Antônio Pinto. *Cláusula penal e indemnização,* p. 670.
68. MAZZARESE, Silvio. *Cláusula penal,* p. 198. Tradução nossa: "A cláusula penal em abstrato não se identifica necessariamente com a pena privada, mas, em concreto, pode ser como tal".

zación.[69] Os dois conceitos são opostos e traduzem situações incompatíveis e desígnios contratuais diversos.

Ao encontrarmos no conceito de sanção civil um referencial seguro para a pena, podemos dividi-la em dois momentos existenciais: a primeira etapa é a da coerção. Ela ocorre antes da produção do evento que se procura sancionar. A pena atua de maneira preventiva, exercendo uma coação psicológica sobre o agente, pelo temor incutido quanto às consequências danosas da eventual prática do ilícito. A finalidade é garantir o cumprimento da obrigação. Em um segundo momento, ou seja, logo após a produção do dano, a pena terá a finalidade de castigar o devedor inadimplente ou, como expressa Jorge Peirano Facio, servirá para impor *una aflicción infligida a aquel que debe ser penado, cuya aflicción se traduce en un perjuicio que se causa al sujeto*.[70]

Dessa forma, a coerção e a punição são as duas faces da pena privada. A coerção, *ex ante*, é perseguida por uma persuasão e um desestímulo à prática do ilícito. A punição, *a posteriori*, situa-se na condenação do devedor por meio de uma prestação que não guarda relação econômica com um equivalente ao dano que o descumprimento produziu ou com o mero retorno ao *status quo*. Nas palavras de Massimiliano de Luca, *nelle sanzione punitive, il soggetto responsabile viene colpito in un bene diverso da quello offeso, che non è con quest'ultimo in alcuno rapporto funzionale*.[71]

Não é outra a percepção de Alexis Jault quando afirma que

> *La clause pénale vise donc essentiellement à agir avant la réalisation de l'inexécution en dissuadant les contractants de ne pas exécuter leurs obligations. En cas d'inexécution consommée, la fonction punitive de la peine prend alors le relais, que celle-ci ait ou non causé un préjudice au créancier.*[72]

De fato, a feição punitiva é ainda mais nítida no instante em que a pena deve ser paga, mesmo que o credor não tenha sofrido qualquer prejuízo ou, então, quando o credor deliberar por exigir a indenização, pelas vias ordinárias, abdicando do montante da pena. Ora, ao prestigiar essa faculdade, nada mais faz o credor do que tacitamente admitir que a sanção convencional foi mal calculada e culminou no abandono da sua própria essência.

Em contrapartida, quando a cláusula penal é convencionada como mera liquidação antecipada de danos, o ressarcimento não será uma "pena" na acepção do termo, eis que inexiste tanto a coerção (momento primário da pena privada) como a punição (momento secundário da pena privada). De fato, não há coação psicológica em uma cláusula de perdas e danos, pois o devedor sabe que eventual ilícito negocial lhe imputará um valor aproximado ao da indenização que seria apurada em juízo. Também falece o caráter punitivo, eis que a redução patrimonial real do devedor não será um castigo, apenas uma

---

69. FACIO, Jorge Peirano. *La cláusula penal*, p. 125.
70. FACIO, Jorge Peirano. *La cláusula penal*, p. 124.
71. LUCA, Massimiliano de. *La clausola penale*, p. 17. "Na sanção punitiva o responsável é atingido em um bem diverso do que ofendeu, que não guarda qualquer relação funcional com este último."
72. JAULT, Alexis. *La notion de peine privée*, p. 144. Tradução nossa: "A cláusula penal objetiva essencialmente agir antes da realização da inexecução, dissuadindo os contratantes da inexecução de suas obrigações. Em caso de inexecução consumada, a função punitiva da pena entra em revezamento, independentemente de haver ou não prejuízo ao credor".

compensação pela ofensa causada. Outrossim, se a pena se colocar em valor inferior ao dano real do credor, exceto na hipótese de estipulação de convenção de indenização suplementar, o credor não poderá abdicar do montante ajustado para perseguir a indenização, pois ela consistirá exatamente na medida convencionada na cláusula penal, *à forfait*, nem mais nem menos.

Por tais razões admitimos que a cláusula penal *stricto sensu*, como pena negocial, segue a sorte do gênero das penas privadas. Afinal, como posto por Andrea Zoppini,

> *Dopo un lungo periodo di indifferenza degli operatori del diritto, essa è tornata ad essere oggetto di attenzione, come reazione convenzionale predeterminata dai privati alla commissione di un illecito ed è essenzialmente volta a superare le inefficienze di sistema per realizzare l'effettività della tutela.*[73]

O renovado interesse pela pena privada demonstra que o direito civil procura alternativas para a realização da função plena dos contratos, que é a de conferir segurança e certeza relativamente a transações econômicas e seus efeitos futuros. Se essa margem de garantia se situa além da simples indenização e aquém do rigor do direito penal, talvez tenhamos na sanção civil uma via satisfatória para o incentivo ao cumprimento das obrigações, sempre com o cuidado de se conferir ao Poder Judiciário o controle do montante da pena, em uma exata ponderação de interesses. A pena deve constranger ao adimplemento, mas a autonomia privada não pode se converter em opressão.

8.1.3 A dicotomia: pena civil e pena privada: os *punitive damages*[74]

Consistindo o nosso objetivo na identificação das sanções punitivas como um modelo homogêneo de reações ao ilícito, em termos estruturais e funcionais, recorremos à classificação preconizada por Paolo Benazzo.[75] As sanções punitivas de direito civil se articulam em dois grupos: (a) penas privadas e (b) penas civis. Basicamente, a distinção entre uma e outra categoria dependerá de a circunstância da finalidade punitiva ser primária ou secundária. Nas penas privadas, o momento aflitivo sempre revestirá uma posição auxiliar na exigência de elidir os efeitos do ilícito. Apesar da autonomia entre a pena privada e a reparação, aquela será instrumental a esta, no sentido de que a pena será desencadeada pelo dano e assegurará a neutralização das consequências da ofensa. A pena atua sucessivamente ao preceito com finalidade executiva. Já as penas civis possuem finalidade punitiva primária, pois o essencial da sanção será uma função preventiva de dissuasão da conduta em si. Desrespeitado o preceito pela mera prática da conduta haverá a retribuição do ilícito pela imposição da pena, sem qualquer subordinação à verificação de um dano ou de seus efeitos. O ilícito poderá ser tratado pelo ordenamento de duas formas diferentes: pelo seu valor *sintomático* ou por seu valor causal. No primeiro caso, a valoração considera o ato de ruptura do ordenamento jurídico, a violação de um pre-

---

73. ZOPPINI, Andréa. *La pena contrattuale*, p. 305. Tradução nossa: "Depois de um longo período de indiferença dos operadores do direito, a pena volta a ser objeto de atenção, como reação convencional predeterminada dos privados à prática de um ilícito, sendo essencialmente voltada a superar a deficiência do sistema para realizar a efetividade da tutela".

74. Este item foi incluído nesta 2. Edição, tendo sido completamente extraído da minha obra de pós-Doutorado: ROSENVALD, Nelson. *As funções da responsabilidade civil*. 3. ed. São Paulo: Saraiva, 2018.

75. BENAZZO, Paolo. *Le "pene civili" nel diritto privato d'impresa*, p. 93-112.

ceito por si só; enquanto no segundo caso, o desvalor do comportamento é diretamente proporcional à consideração e à relevância dos efeitos que derivam do ilícito no plano do ordenamento. Na pena civil a sanção se prende a um ilícito sintomático; na pena privada, a um ilícito causal.

De uma forma aproximada, Francesco Galgano[76] conceitua a pena privada como uma medida aflitiva, cuja ameaça é constituída e aplicada pelos particulares no confronto com outros particulares, legitimada por um contrato ou um *status*: seriam um exemplo as medidas disciplinares irrogadas pela associação aos associados ou a pena negocial. Ao contrário, o doutrinador nomeia como "sanção civil punitiva (ou indireta)" a medida patrimonial cominada pela lei e aplicada pela autoridade judiciária. Ao contrário da sanção penal ela não incide nem mesmo indiretamente sobre a liberdade pessoal do agente (a falta de pagamento não enseja a conversão em medida restritiva de liberdade), é aplicada por iniciativa do particular e diretamente persegue uma vantagem patrimonial. Pela sua própria conformação extrapenal, a insolvência do ofensor não converterá a pena pecuniária em pena de detenção.

Coincide este posicionamento com o do direito francês. Evidencia Alexis Jault[77] que uma pena privada que ostenta uma função de proteção de interesses coletivos, nada tem de privada a não ser o nome. Ela é na realidade uma sanção punitiva de ordem social ou coletiva, que será designada como "pena civil". Podemos qualificá-la como toda sanção penal de direito privado, ou seja, distinguem-se das penas públicas pela utilização das técnicas de direito privado.

Complementando, ensina Aurelio Candian que o uso fungível entre os termos pena civil e pena privada não é correto, pois a pena privada é uma sanção à tutela de interesses privados e a pena civil é uma sanção à tutela de interesses coletivos. Isto explica a razão pela qual a lei civil predispõe algumas espécies de penas: trata-se de uma política legislativa como alternativa *a intransigência penal e a tolerância civil*.[78]

Para não ficarmos no plano do abstrato, apenas em uma primeira abordagem – por hora sem pretensão exauriente –, vejamos dois decisivos modelos jurídicos de sanções civis punitivas: cláusula penal e *punitive damages*. Aquela uma pena privada; esta uma pena civil.

A cláusula penal é uma pena privada estabelecida por um ato de autonomia privada, que objetiva atender única e exclusivamente aos interesses individuais das partes, o que implica conduzir todos os benefícios econômicos ao patrimônio do credor. É uma pena, pois no momento em que o contrato é realizado o devedor já conhece o teor de uma ameaça da imposição de uma obrigação pecuniária (ou da perda de um direito) para o caso de descumprimento de uma obrigação. Todavia, a cláusula penal mantém um vínculo hierárquico de dependência a um dano, não no aspecto genético da pena – que

---

76. GALGANO, Francesco. Alla ricerca delle sanzioni civili indirette. *Contrato e impresa*, p. 532.
77. JAULT, Alexis. *La notion de peine privée*, p. 262-265. Complementa, o autor, aduzindo que "a diferença mais evidente entre os regimes da pena privada e da pena civil resulta, indubitavelmente, da afetação do produto da sanção" (p. 268).
78. CANDIAN, Aurelio Donato. *La funzione sanzionatoria nel testamento*, p. 226. O autor exemplifica a pena civil pela via das sanções previstas na lei de condomínio edilício, que contemplam a responsabilidade de uma múltipla categoria de sujeitos.

independe de um eventual prejuízo –, mas no tocante a uma relação de proporcionalidade entre a ofensa e a sanção. A pena fixada no negócio jurídico é abstratamente autônoma à medida dos danos; porém, concretamente se materializará com eficácia executiva, como medida sucessiva à de reintegração – para substituir a reparação ou a tutela específica –, sendo vedada a cumulação entre ambas pelo mesmo ilícito, mas nada impedindo que o credor possa renunciar à pretensão à pena, optando por pleitear a medida reintegratória. A relação de dependência entre a cláusula penal e a lesão é aferida pelo poder do magistrado de reduzir proporcionalmente o valor da pena em caso de seu manifesto excesso em cotejo com os reais prejuízos suportados pelo credor. Em síntese, o abuso do direito não enseja a nulidade da cláusula, mas a sua adequação a um parâmetro de razoabilidade perante a reparação, o que demonstra que a autonomia da pena perante o prejuízo é relativa, evidenciado até o momento em que aquela não ultrapasse limites tidos como extremos perante o ordenamento.

No que pertine aos *punitive/exemplary damages* – modelo jurídico celebrado na experiência das jurisdições da *common law,* especialmente nos Estados Unidos –, eventual pena civil fixada pelo magistrado em razão de ilícitos aquilianos, não se restringirá a atender interesses particulares da vítima. Muito pelo contrário, para além de uma mera lesão a uma obrigação pré-constituída, a finalidade primária da pena civil é preventiva e dissuasiva, objetivando tutelar o interesse geral de evitar que o potencial ofensor pratique qualquer comportamento de *perigo social*, isto é, o interesse do particular só será relevante enquanto coincidir com o interesse público de intimidar uma pessoa natural ou jurídica, por medida de desestímulo, a adotar um comportamento que não coloque em risco interesses supra individuais. Por isso, a vítima não poderá se apropriar da totalidade da pena civil, sendo que uma parte do montante será destinada ao Estado ou a instituições assistenciais. Ademais, os *punitive damages* serão arbitrados independentemente da existência dos *compensatory damages*. Vale dizer, se além da prática da conduta proibida surgirem danos patrimoniais ou morais, a responsabilidade civil incidirá de duas formas distintas.

Não obstante a distinção conceitual, a perplexidade surge da forma pela qual as jurisdições da *civil law e common law* disciplinam a cláusula penal e a sanção punitiva extracontratual.

Já tivemos oportunidade de estudar o tradicional repúdio das nações da *common law* à uma cláusula penal de natureza punitiva. A tradicional *penalty doctrine* apenas admite as *liquidated damages clauses*, ou seja, cláusulas penais compensatórias – com função de liquidação antecipada de danos – rechaçando as puras "penalty clauses", tidas como inválidas. Um paternalismo que não se justifica na tradição liberal inglesa/norte-americana, que, lado outro sempre se sentiu confortável com a admissão de penas civis no setor da responsabilidade civil pela via dos *exemplary/punitive damages*.[79]

---

79. Contudo, desde 2015, com a decisão *Cavendish Square Holding BV v talal El Makdessi -2015] UKSC 67 – a "penalty doctrine" é questionada pela Suprema Corte da Inglaterra, admitindo-se para algumas situações que uma cláusula penal possa transcender a função de liquidação antecipada de danos. Há um horizonte em aberto para uma eventual aproximação com as jurisdições da civil law, onde, ao invés da invalidade da pena privada contratual, o controle atua no plano eficacial de uma eventual redução da cláusula penal.

Em sentido diverso, as várias jurisdições da *civil law* são mais abertas a uma bi-funcionalidade da cláusula penal, com admissão de um espaço próprio para a cláusula penal *stricto sensu*, moderando eventuais excessos pela via da redução dos montantes indenizatórios, tornando-se a invalidade da pena privada uma sanção reservada às relações consumeiristas, em que prevalece a assimetria econômica e informacional.[80] Paradoxalmente, há uma ojeriza quase que generalizada à adoção de sanções punitivas extranegociais semelhantes aos *punitive/exemplary damages*, sob a alegação de que a responsabilidade civil se limita à função compensatória de danos.

O fato é que as penas civis se dirigem à ordem de mercado de um modo diferenciado das penas privadas. Estas levam em consideração os contratos que podem ser realizados sobre diversas atividades econômicas e as suas implicações sobre o cálculo econômico futuro das consequências de negócios jurídicos em relações interempresariais e inter-privadas. As penas civis, por sua vez, não contemplam atos jurídicos, mas a tutela de sujeitos e bens que se inserem na ordem de mercado.

A nosso ver, as penas civis encontram assento dentro daquilo que Natalino Irti[81] considera como *direito do mercado*, que pode ser disciplinado em três classes de normas: proibitivas, atributivas e conformativas. As normas atributivas conferem posição de relevância a sujeitos e bens para a prática de operações econômicas. Em contrapartida, as normas proibitivas individuam bens, sujeitos e negócios que devem permanecer fora do mercado. A transgressão a estas proibições – seja por parte de sujeitos que atuem sem legitimação, ofereçam bens ao público tidos como incomercializáveis e concluam negócios jurídicos apesar de abstratamente reprimidos – será a sanção da nulidade, ou seja, não há a necessidade de recurso ao aparato coercitivo ou executivo, pois haverá a desconstituição dos referidos atos.

Por fim, as chamadas *normas conformativas* são regras que conferem ao mercado uma disciplina, conferindo-lhe regularidade e previsibilidade, através de instrumentos funcionais que produzam efeitos constantes, impedindo que cada agente atue de acordo com os seus desejos e necessidades. Trata-se de estruturas formais postas à disposição das partes, conferindo aquilo que Max Weber define como *racionalidade objetiva* ao capitalismo. Ao modelar o obscuro *"groviglio"* dos interesses individuais, o mercado é despersonalizado, protegendo-se todos aqueles que intervêm nas relações de consumo em massa, por uma generalização de um senso de responsabilidade e cálculo de riscos.[82]

As sanções civis de natureza preventiva primária atuam como um relevante ins-trumento pedagógico e de índole "conformativa" da ordem de mercado. Elas objetivam promover o *individualismo responsável*. Pressupondo-se a autonomia privada não como um dado natural do indivíduo, mas como um poder de autodeterminação situado no interior do ordenamento jurídico, suscetível, portanto, de harmonização com princípios como o da solidariedade e igualdade material, reserva-se ao direito a escolha das funções

---

80. Como pontua Fernando Araújo: "essa tensão entre o laissez-faire" da Liberdade contratual e a tradição antiliberal é, portanto, meramente latente nos modernos sistemas da *civil law*, mas era plenamente assumida na tradição da *penalty doctrine*, tal como ela começou a ser aplicada nos *courts of equity*". In Prefácio a obra de Marcelo Matos Amaro a Silveira, *Cláusula penal e sinal*, p. XII.

81. IRTI, Natalino. *L'ordine giuridico del mercato*, p. 50-51.

82. IRTI, Natalino. *L'ordine giuridico del mercato*, p. 54-55.

merecedoras de tutela das atividades econômicas. A pena civil conforma as práticas do mercado às aspirações sociais ao inibir atividades que vulnerem a expectativa coletiva quanto a comportamentos confiáveis. Ela disciplina parâmetros mínimos de cooperação, proteção e informação e estabelece uma sanção que – antes de repristinar o estado de coisas anterior (como a nulidade) – golpeará de maneira exemplar o agente econômico que optou por se eximir de manter uma conduta séria e praticar o ilícito, devendo, portanto, assumir as consequências de suas decisões.

Trata-se de um paternalismo libertário, na dicção de Thaler & Sunstein.[83] O aspecto paternalista reside na afirmação de que é legítimo que os arquitetos de escolhas tentem influenciar o comportamento das pessoas para orientar as escolhas rumo a direções que irão melhorar sua vida, segundo o seu próprio julgamento. Os autores utilizam o vocábulo *nudge* para definir uma cutucada ou orientação, que altera a conduta das pessoas de maneira previsível, sem proibir nenhuma opção nem mudar significativamente os seus incentivos econômicos.

Transplantando a discussão para a doutrina constitucional, trata-se de uma inevitável questão de inclusão ou exclusão, sobre as opções que a Constituição assumirá. Indaga Zagrebelsky:[84] estaremos dispostos a incluir no Estado constitucional a absolutização do mercado, livre de regras e dominado pela força do dinheiro, multiplicada pela tecnologia em que se apoia? Se não estamos dispostos a incluir isto no conceito de *cultura* e, então, no de Estado constitucional, é porque não nos subtraímos a escolhas fundamentais de valores e queremos defender uma certa ideia, uma certa cultura de Constituição em detrimento de outra ideia e cultura.

Estas escolhas demandam modelos jurídicos definidos em seus conceitos e atributos. A democracia pluralista requer a segurança jurídica – não mais em seu conceito liberal de *imobilismo* ou de *certeza* – no sentido de que as regras jurídicas se apoiem em princípios que se reconheçam mutuamente, para que na concretude do caso possa ser eleita a norma mais adequada a sua resolução. Por conseguinte, como espécies de sanções punitivas de direito civil, pena privada e pena civil guardam estrutura e funções distintas. Em razão da primariedade das finalidades preventiva e punitiva, tal como as sanções do direito penal, as penas civis serão marcadas, objetivamente pela reserva legal, taxatividade, indisponibilidade e excepcionalidade e subjetivamente pela pessoalidade e intransmissibilidade. Em contrapartida, na pena privada há uma relativa liberdade de conformação das partes, pois o controle judicial no caso concreto apenas se realizará *ex post* (sucessivamente), no que tange à proporcionalidade da pena com relação aos danos. Eventualmente a pena privada recairá no patrimônio de outra pessoa que não o do devedor.

Apesar das características da pena privada não serem delineadas pela doutrina com uniformidade de critérios, Fondaroli[85] a sintetiza por seu caráter aflitivo, mas mantendo a natureza civil. Medidas, portanto, estranhas ao âmbito de operatividade do direito penal, pelo qual a sua disciplina não reclama adequação aos princípios garantistas impostos em matéria de direito penal na carta constitucional.

---

83. THALER, Richard e SUNSTEIN, Cass. *Nudge*, p. 5.
84. ZAGREBELSKY, Gustavo. *Fragilità e forza dello stato costituzionale*, p. 23.
85. FONDAROLI, Désirée. *Illecito penale e riparazione del danno*, p. 352.

A bipartição pena civil × pena privada, no cenário das sanções punitivas de direito privado permite a concessão de uma feição homogênea a cada um dos sintagmas e a inserção dos diversos modelos jurídicos punitivos civis em um ou outro, conforme o escopo e efeitos. Em comum, pena privada e pena civil são medidas reativas de direito civil exclusivamente destinadas à solução de conflitos privados; por iniciativa dos particulares; com benefícios aos particulares (mesmo que indiretos, como na sanção civil).

Para André Tunc, cuida-se de uma ideia que aparece em situações diversas e atende necessidades distintas, mas que pode ser reconhecida

Chaque fois que nous trouvons la volonté (du législateur, du juge ou même d'un contractant) de punir, de réprimer, sans avoir recours aux moyens du droit pénal classique et par la simple allocation d'une somme d'argent à la victime d'un comportement illicite.[86]

Cuida-se de uma definição que sublinha tanto o perfil formal como o material da pena.[87] O formal, que será examinado a seguir, tem o mérito de realçar a particularidade das penas do direito civil com relação às penas criminal e administrativa – quanto à legitimação e aos efeitos –, afinal, a pena privada consiste na privação de um direito ou na determinação de uma obrigação civil a partir de uma imposição de iniciativa privada. Por outro turno, o perfil substancial da pena civil é criminal – apesar de situada no direito privado –, diante do protagonismo das funções preventiva e punitiva, por meio do qual o sistema jurídico objetivo precificar uma conduta censurável à ordem social, prescindindo absolutamente de liame com o aspecto reparatório dos efeitos desta conduta.

O dado específico da pena civil é a constatação da capacidade do direito privado se servir da justiça retributiva (punição ao autor da conduta reprovável) para afirmar a justiça distributiva (pela tutela de interesses coletivos). Ela vai além da pena privada, que se contenta com o primeiro momento. A pena civil reveste um perfil transformador de uma sociedade plural e complexa, cujo ordenamento deseja inibir danos que ofendam interesses transindividuais (meio ambiente, consumidor, concorrência etc.). Em comum a ambas, o caráter de sanções civis punitivas, que pode ser conceituado como "a supressão de um direito privado ou a determinação de uma obrigação privatística, com o escopo de punição do transgressor da norma".

A confirmação da dualidade de sanções civis punitivas é adequadamente vislumbrada por Benazzo[88] como a razão pela qual a dita *redescoberta da pena privada* por Huguney foi em verdade uma redescoberta da pena civil – aplicada nos primórdios pelo direito romano –, especificamente atrelada ao ilícito extracontratual, com uma inegável aptidão para reforçar o aparato punitivo do sistema legal de forma bem mais eficiente e menos estigmatizante que o direito penal, com a *capacidade de acertar o alvo, com menores danos colaterais.*

---

86. TUNC, Andrè. *La pena privata nel diritto francese.* In: BUSNELLI, Francesco e SCALFI, Guido (Orgs.), *Le pene private.* Em livre tradução, lê-se que "toda vez que encontramos a vontade (do legislador, do juiz, ou mesmo de um contratante) de punir, de reprimir, sem utilizar os recursos ou meios do direito penal clássico e para a simples alocação de um montante em dinheiro em favor da vítima do ilícito".

87. Segundo Silvio Mazzarese, a sanção punitiva civil consiste "nella privazione di un diritto privato o nella determinazione di una obbligazione privatistica a scopo di punizione del trasgressori di una norma" (*Clausola penale*, p. 196).

88. BENAZZO, Paolo. Le "pene civili" nel diritto privato d'impresa, p. 118 e 238.

Capítulo 9
O Controle da Cláusula Penal

9.1 NOÇÕES INTRODUTÓRIAS

Ao longo deste estudo evidenciamos a grande contribuição da cláusula penal para a eticização das relações contratuais. Quando delimitada como meio de coerção ao cumprimento, atua como mecanismo de persuasão, pela ameaça de uma sanção ao devedor por uma prestação de um valor suficientemente elevado, a ponto de estimular a consciência do adimplemento. Quando estimada como cláusula de liquidação antecipada de danos, permite aos contratantes o prévio conhecimento do montante da indenização, independentemente da extensão real dos prejuízos.

Ou seja, na cláusula penal *stricto sensu*, o credor quer fortalecer a confiança na palavra empenhada pelo devedor; já na cláusula de prefixação de prejuízo, evita-se o recurso às incertezas de uma avaliação judicial, com prevenção de litígios. Enfim, a autonomia privada conspira no sentido de reforçar a relação obrigacional.

Todavia, a mesma liberdade contratual que confere plasticidade ao modelo jurídico pode ser um perigoso instrumento de opressão negocial. Neste diapasão, Cristiano Chaves de Farias pondera entre os princípios colidentes ao ressaltar

> a importância da cláusula penal nas relações obrigacionais, por lhe conferir maior segurança e, via de consequência, às próprias relações socioeconômicas. Atente-se, todavia, que essa maior garantia não poderá, no entanto, desrespeitar as garantias conferidas pelo sistema legal ao devedor. Em outras palavras, não pode violar a dignidade da pessoa humana do devedor.[1]

Ao ingressar na relação contratual, os particulares possuem expectativas otimistas quanto ao cumprimento de suas finalidades. Nesse momento psicológico de euforia, não raramente o devedor aceitará cláusulas penais excessivas, por acreditar que alcançará o adimplemento, e a sanção se tornará uma hipótese distante. Já em outras situações, a pena é determinada em parâmetros razoáveis, mas, em razões de eventos futuros, previsíveis ou não, ela se torna gravosa ao tempo do inadimplemento.

Em qualquer desses casos, o cumprimento da cláusula penal em sua integralidade conduzirá a abusos e iniquidades. A intervenção do Poder Judiciário será no sentido de prestigiar a equidade, reduzindo a cláusula penal quando manifestamente excessiva. Nas palavras de Harm Peter Westermann, "de um modo global, a pena convencional, como fenômeno marginal e caso fronteiriço da autonomia privada, é encarada com crescente desconfiança".[2]

Há tempos já abandonamos a concepção de ser o devedor invariavelmente a parte mais frágil da relação obrigacional. Se na maior parte dos casos será ele o contratante

---

1. FARIAS, Cristiano Chaves de. *Miradas sobre a cláusula penal no direito contemporâneo*, p. 246.
2. WESTERMAN, Harm Peter. *Código civil alemão*: parte geral – Direito das obrigações, p. 36.

tutelado, em algumas hipóteses será o credor que se encontrará em posição de fragilidade, diante de uma cláusula penal de valor irrisório. Cuida-se, também, de uma situação em que o juiz será convocado para reforçar equitativamente a pena.

Enfim, o controle judicial da cláusula penal será dimensionado como uma das mais interessantes ponderações entre o princípio da autonomia privada e da solidariedade. Uma forma de harmonizar a autodeterminação dos privados com a necessária correção de cláusulas desproporcionadas ou excessivas. Daí a necessária preocupação doutrinária em estabelecer parâmetros razoáveis para o acolhimento do poder moderador do Judiciário, para evitar, segundo Maria Dolores Mas Badia, *el temor de acoger una regla tan amplia o tan ambigua que fomente los litigios y frene, por tanto, la marcha de los negocios.*[3]

9.2 O CONTROLE GERAL DA CLÁUSULA PENAL

Para que possamos cogitar da redução da cláusula penal, temos de primeiramente, indagar pela sua validade. É fato que só após o exame da conformidade da cláusula penal ao ordenamento é que podemos avaliar o seu plano de eficácia e a moderação de sua exigibilidade pelo Poder Judiciário.

Inicialmente, há que se investigar a fase de formação do acordo. A cláusula penal não pode ser unilateralmente imposta a uma das partes. Trata-se de um modelo jurídico vinculado às obrigações contratuais, por isso a aquiescência do devedor à pena deve ocorrer antes da inexecução, mesmo que obtida em ato autônomo e posterior à realização do negócio jurídico que objetiva garantir.

Em seguida, observamos o consentimento das partes. A ela se aplica a teoria dos defeitos do negócio jurídico. Pode a pena ser viciada por erro, dolo e coação como a generalidade dos negócios jurídicos.

Até aí não há qualquer dificuldade. As referidas figuras se relacionam ao voluntarismo e à abstração de ordenamentos jurídicos formalmente fundados na autonomia da vontade. Ao contrário do que sucede na "penalty doctrine" – na qual se nega o *enforcement* de *penalty clauses* por invalidade – a abordagem das jurisdições da *civil law* remete a discussão das sanções punitivas contratuais nas relações interprivadas ao campo de sua eficácia. Excepcionalmente, apenas os vícios do consentimento poderiam questionar aquilo que a soberania da vontade "justamente" determinou.

José de Oliveira Ascensão refere-se a este período como aquele em que

> o fundamento da vinculatividade jurídica será encontrado em critérios voluntarísticos, portanto individualistas e subjectivos. *Pacta sunt servanda* passa a ser a chave da validade e eficácia dos contratos. Os negócios, tal como as leis ou os tratados, produzem efeitos porque foram queridos. Não interessa o conteúdo dos contratos ou o objeto da vontade, ou a matéria regulada. Não interessa o que se escolheu, interessa apenas que tenha havido liberdade de escolha. Por isso, naqueles limites muito amplos, os vícios só poderiam ser referidos à própria vontade.[4]

---

3. BADIA, Maria Dolores Mas. *La revision judicial de las clausulas penales*, p. 164.
4. ASCENÇÃO, José de Oliveira *Alteração das circunstâncias e justiça contratual no novo código civil*, v. 2, p. 169.

No século XX, houve uma reação generalizada a esse estado de coisas. Há um renovado interesse pela justiça do conteúdo. Diversos modelos jurídicos procuram preservar o equilíbrio econômico das relações negociais, tais como o controle dos contratos de adesão, a repressão às cláusulas abusivas, o combate à lesão e a redução da cláusula penal.

O vício da lesão (art. 157, CC) se aproxima da ideia da redução da pena manifestamente excessiva do art. 413 do Código Civil. Renan Lotufo ensina que

> a lesão é caracterizada como uma situação de desequilíbrio entre a prestação e a contraprestação, grave, que autoriza o prejudicado a anular o negócio, pela simples existência da lesão. Por outro lado, a comutatividade requer o equilíbrio dessas obrigações recíprocas, chegando-se a falar em igualdade de sacrifícios. Ocorre que a lesão destrói o equilíbrio das obrigações no nascedouro do negócio. [5]

Todavia, duas diferenças são evidentes: a) a lesão é identificada como uma enorme desproporção entre as prestações ao tempo da contratação. É causa de invalidade por anulabilidade do negócio jurídico (art. 171, II, CC) ou revisão judicial do negócio jurídico (art. 157, § 2º, CC);[6] já a redução da pena excessiva pressupõe um negócio jurídico válido, mas que se mostra desproporcional ao tempo do inadimplemento, pois a pena é largamente superior aos danos efetivos. Na primeira, ofende-se o sinalagma genético; na segunda, o sinalagma funcional; b) a lesão no Código Civil é subjetiva. Não basta a desproporcionalidade gritante entre as prestações, sendo necessária a demonstração pelo devedor de sua inexperiência ou necessidade econômica;[7]

> a redução judicial da pena, a seu turno, contenta-se com a aferição do elemento objetivo da manifesta excessividade da cláusula penal, sem se cogitar da situação subjetiva do devedor.

Caso o devedor inadimplente possa demonstrar os elementos da lesão, a invalidade do negócio jurídico poderá lhe ser mais útil do que a mera redução da cláusula penal. De fato, obtempera Antônio Pinto Monteiro que, quanto aos negócios usurários,

> entendemos que, preenchidos os respectivos pressupostos, nada obsta a que o devedor, em vez de solicitar a redução da pena, peça a anulação da cláusula penal. A sua aplicação favorecê-lo a mais do que a redução judicial da pena, uma vez que esta pode deixar subsistir algum excesso, em relação ao valor do dano causado, ao passo que a anulação da cláusula força o credor a ter de socorrer-se da indemnização, nos termos gerais, carecendo, para o efeito, de provar o dano sofrido e não obtendo mais do que o necessário à reparação deste.[8]

Em outra passagem, examinaremos situações em que a cláusula será nulificada por lesão à ordem pública, em razão da tutela especial que determinados contratantes merecem pela sua posição de assimetria negocial. Nesses setores, não podemos preservar a mesma liberdade contratual das relações privadas.

---

5. LOTUFO, Renan. *Código civil comentado*, v. 1, p. 439.
6. Cada vez mais a doutrina tende a especializar contratos interprivados e interempresariais: I Jornada de Direito Comercial – Enunciado 28: "Em razão do profissionalismo com que os empresários devem exercer sua atividade, os contratos empresariais não podem ser anulados pelo vício da lesão fundada na inexperiência".
7. IV Jornada de Direito Civil – Enunciado 290: "A lesão acarretará a anulação do negócio jurídico quando verificada, na formação deste, a desproporção manifesta entre as prestações assumidas pelas partes, não se presumindo a premente necessidade ou a inexperiência do lesado".
8. MONTEIRO, Antônio Pinto. *Cláusula penal e indemnização*, p. 719.

Por outro giro, também não podemos identificar a redução da cláusula penal exorbitante com o fenômeno da onerosidade excessiva. A alteração das circunstâncias é referida à base do negócio. O Código Civil, porém, recepciona no art. 478 a teoria da imprevisão, oriunda da cláusula *rebus sic stantibus*. Diante da configuração de um evento extraordinário e imprevisível que acarrete onerosidade excessiva ao contratante, este poderá pleitear a resolução do negócio jurídico.[9]

Em comum com a lesão, a proteção quanto à onerosidade excessiva quer preservar a legitimidade material do equilíbrio, a equivalência material entre as prestações. Enquanto a lesão rompe o sinalagma genético da obrigação, a onerosidade excessiva frustra o sinalagma funcional contratual, pois a alteração das circunstâncias pressupõe a efetivação de negócio jurídico válido, cujo equilíbrio é ameaçado por um fato superveniente.

Oliveira Ascensão enfatiza que o fato extraordinário é aquele que não se insere nos riscos normais do contrato e quebra a equação econômica do negócio jurídico. A verificação dos riscos próprios do contrato não pode justificar a resolução ou revisão por onerosidade excessiva. Ademais, o termo "imprevisível" será compreendido em uma perspectiva objetiva, como um fato anômalo ou anormal, pois

> servir a justiça consiste assim em preservar a manifestação concreta de autonomia que foi substancialmente consentida, e não em impor uma cega subordinação aos preceitos que a exprimiram em circunstâncias históricas diferentes.[10]

O art. 413 do Código Civil – da mesma forma que o art. 478 – apenas permite a adequação da base do negócio diante de uma desproporção manifesta entre as prestações que seja muito significativa. Ambos relativizam o absolutismo do *pacta sunt servanda*.

O fundamento da alteração das circunstâncias, porém, não coincide com o da redução das penas exorbitantes. Naquela está em causa o gravame ao equilíbrio contratual, seja pela aplicação da teoria da base do negócio jurídico (de matriz alemã), da teoria da imprevisão (de criação francesa) ou da teoria da onerosidade excessiva (de origem italiana).

Em sentido diverso, a moderação da cláusula penal é uma técnica de controle interno do seu valor, na qual a redução do excesso terá como fundamento o abuso do direito e o limite ao exercício de direitos subjetivos, não estando em jogo a questão da lesão à proporcionalidade ante o desequilíbrio superveniente da justiça do conteúdo diante de acontecimentos extraordinários.

Justamente nessa direção foi editado o Enunciado no 358 do Conselho de Justiça Federal nos seguintes termos:

> O caráter manifestamente excessivo do valor da cláusula penal não se confunde com a alteração de circunstâncias, a excessiva onerosidade e a frustração do fim do negócio jurídico, que podem incidir autonomamente e possibilitar sua revisão para mais ou para menos.[11]

---

9. Cuida-se de regime propositadamente mais exigente do que o do art. 6, V, do Código de Defesa do Consumidor. Nas relações de consumo, a vulnerabilidade do consumidor impõe que a revisão de cláusulas contratuais demande apenas a onerosidade excessiva em virtude de fatos supervenientes.
10. ASCENSÃO, José de Oliveira. *Alteração das circunstâncias e justiça contratual no novo código civil*, p. 178.
11. JORNADA DE DIREITO CIVIL, IV. Brasília, 15 a 17/10/2006.

CAPÍTULO 9 • O CONTROLE DA CLÁUSULA PENAL **211**

Em outras palavras, é possível compatibilizar o controle interno da cláusula penal (art. 413, CC) e o controle externo da cláusula penal (art. 478, CC) sem que se confunda o sentido da expressão "manifestamente excessiva" do art. 413 com a figura da onerosidade excessiva do art. 478 do Código Civil.

9.3 A REDUÇÃO JUDICIAL DA CLÁUSULA PENAL

Determinada a validade da cláusula penal, é necessário examinar o exercício do direito à pena. Pode ocorrer de a pena não ser nula, tampouco anulável, mas carecer de eficácia, por ser considerada exagerada em comparação com o prejuízo real do credor.

Explica Dieter Medicus que na maioria das vezes o devedor promete a cláusula penal com a confiança de que cumprirá com sua obrigação e que não incorrerá na pena. Quando essa esperança se esvai, o devedor poderá ingressar em situação crítica pela aplicação rigorosa da pena prometida. Por isso que para o professor da Universidade de Munique *el mas importante cometido de regulación en la cláusula penal lo constituye la protección del deudor.*[12]

9.3.1 Da imutabilidade à mutabilidade judicial da pena

Seguindo a tradição do direito romano de respeito à autonomia das partes, nas legislações que se seguiram ao Código francês de 1804, prevaleceu o princípio da imutabilidade da cláusula penal. O art. 1.152 do *code* prescrevia que a quantia fixada na convenção a título de perdas e danos será aquela devida ao tempo da inexecução, sem que se possa pretender um montante maior ou menor.

A autonomia da vontade informava que a cláusula penal era a lei dos contratantes, e o credor não poderia julgá-la insuficiente, tampouco o devedor considerá-la excessiva. A intangibilidade da cláusula penal só admitia restrição em caso de cumprimento parcial da obrigação (art. 1.231).

De acordo com esse regime, *la indemnización convencional, que es la pena, tiene por únicos jueces al acreedor y al deudor.*[13] Aceitar a redução da pena implicaria aniquilar sua própria finalidade de oferecer ao credor um meio de coerção contra o devedor.

Anote-se que nesse ponto a legislação francesa ignorou o posicionamento de Pothier, então favorável à redução da pena:

> Esta redução da pena deverá aplicar-se aos contratos comutativos porque a equidade que neles deve reinar, não permitindo que uma das partes se enriqueça às expensas da outra, ao exigir-lhe uma pena excessiva em demasia, e de um modo claramente superior ao dano que sofreria pela inexecução da obrigação primitiva.[14]

Nessa esteira liberal se localizou o nosso Código Civil de 1916. Na parte final do art. 927, afirmava-se a respeito da cláusula penal que "o devedor não pode eximir-se

---

12. MEDICUS, Dieter. *Tratado de las relaciones obligacionales*, p. 212.
13. FACIO, Jorge Peirano. *La cláusula penal*, p. 234.
14. POTHIER, Robert Joseph. *Tratado das obrigações*, p. 303-304.

de cumpri-la, a pretexto de ser excessiva". A imutabilidade da pena era unicamente derrogada na hipótese do art. 924 do Código revogado: "Quando se cumprir em parte a obrigação, poderá o juiz reduzir proporcionalmente a pena estipulada para o caso de mora ou de inadimplemento". Clóvis Beviláqua defendia a tese da intangibilidade da cláusula penal, citando o magistério de Pisanelli, para o qual qualquer redução no seu valor implicaria "sub-rogar o legislador a sua vontade ao consenso dos contratantes".[15]

Praticamente, porém, antevendo a tendência a se consolidar, em 1926, Múcio Continentino já advertia que "seria mais equitativo permitir aos *tribunaes* moderar, ao *quantum satis*, o montante da indenização convencionada, nos casos em que lhe parecesse *ella* excessiva".[16] O anteprojeto do Código das Obrigações de 1941 já expressava a redução judicial na hipótese de excesso de pena (art. 341).

O art. 413 do Código Civil de 2002 propiciou a maior inovação em sede de cláusula penal ao dispor que

> Art. 413. A penalidade deve ser reduzida equitativamente pelo juiz se a obrigação principal tiver sido cumprida em parte, ou se o montante da penalidade for manifestamente excessivo, tendo-se em vista a natureza e finalidade do negócio.

Bem constata Cristiano Chaves de Farias que

> a celebração de contratos é uma necessidade do homem moderno, e não apenas uma faculdade limitada à sua liberdade de escolha. Já não se cogita da liberdade de estipular cláusulas e convenções, dada a imperiosidade de contratar para sobreviver na sociedade contemporânea, porosa, aberta, plural e globalizada.[17]

Assim, no Estado Democrático de Direito, a estipulação de cláusulas contratuais será sempre ordenada ao atendimento dos objetivos fundamentais da República. Sacrifica-se a liberdade negocial de uns em prol do atendimento a situações existenciais de outros. A concessão ao magistrado da autoridade moderadora de cláusula penal é apenas mais um avanço da legislação pátria na concretização de direitos fundamentais de contratantes.

O reconhecimento do poder judicial de redução de cláusulas penais foi uma conquista tardia, em comparação com a previsão do § 343, I, do BGB, art. 1.384 do Código Civil italiano de 1942, art. 812 do Código Civil de Portugal de 1967 e da Lei de 9 de julho de 1975 que, modificando os citados arts. 1.152 e 1.231 do Código francês, permite ao magistrado reduzir as cláusulas penais manifestamente excessivas e aumentar as manifestamente irrisórias.

Aliás, o pioneirismo do BGB no trato da matéria nasceu daquela percepção de um Estado social na qual, segundo Dieter Medicus, *la inmoralidad se toma especialmente en consideración, cuando la amenaza de la cuantiosa pena, ya en contra de toda posibilidad, conduce, asimismo, por una insignificante infracción, a una mordaza para el deudor.*[18]

---

15. BEVILÁQUA, Clóvis. *Direito das obrigações*, p. 74.
16. CONTINENTINO, Múcio. *Da cláusula penal no direito brasileiro*, p. 160.
17. FARIAS, Cristiano Chaves de. *Miradas sobre a cláusula penal no direito contemporâneo*, p. 262.
18. MEDICUS, Dieter. *Tratado de las relaciones obligacionales*, p. 213.

Pode-se dizer que o poder judicial de reduzir cláusulas penais excessivas é uma conquista recente em diversas legislações, que em comum reconhecem que não raramente o devedor anui a uma cláusula penal em uma posição inferior de barganha. Consequentemente, Alemanha e Áustria rejeitam a possibilidade de mitigação de cláusulas penais em contratos comerciais.[19]

Em comum, o PECL (*Principles of European Contract Law*),[20] o DCFR (*Draft of Common Frame Reference*),[21] o UNIDROIT PICC (*Principles of International Commercial Contracts*)[22] asseguram não apenas o *enforcement* da cláusula penal (seja como pena ou como prefixação de danos), como, estabelecem um poder judicial moderador se e quando a pena for grosseiramente excessiva em relação ao prejuízo real ou outras circunstâncias. Estes modelos legislativos não detalham o que seria uma cláusula penal "grosseiramente excessiva", todavia parece justo supor que uma penalidade apenas não será reduzida se isto for *contra bonos mores* (contra os bons costumes), mas já com um certo grau de irracionalidade abaixo desse limite.

A inovação legislativa do Código Reale veio ao encontro de uma tendência das codificações mais modernas de frear os abusos praticados por credores no exercício da pretensão ao valor da cláusula penal. A tarefa dos magistrados será reduzir as penas manifestamente excessivas a um valor equitativo. Judith Martins-Costa enfatiza que a novidade "exprime as diretrizes da concretude, da equidade e da socialidade no campo operativo do instituto da cláusula penal, constituindo em mais uma manifestação, no Direito das Obrigações, da diretriz constitucional da solidariedade social".[23]

Não se trata de uma prerrogativa judicial de invalidar a cláusula penal, mas de apenas reduzi-la, eliminando o excesso que resultou no exercício abusivo do direito. Cuida-se de uma forma razoável de conciliar a autonomia privada com os ditames da boa-fé objetiva. A cláusula geral do art. 413 do Código Civil harmoniza a autodeterminação dos particulares com as exigências éticas do ordenamento jurídico. Por isso, a redução judicial da pena convencional demandará pressupostos rigorosos e só atuará em caráter excepcional.

---

19. *The Max Planck Encyclopedia of European private law*, v. II, p. 1260
20. Conforme o artigo 9:509 do PECL: Pagamento acordado por incumprimento (1) Quando o contrato estabelecer que a parte inadimplente pagará uma quantia especificada à parte prejudicada pelo incumprimento, a parte prejudicada receberá essa soma independentemente de seu prejuízo real. (2) No entanto, apesar de qualquer acordo em contrário, a quantia especificada pode ser reduzida a um montante razoável, quando for excessivamente desproporcional em relação à perda resultante do incumprimento e às outras circunstâncias.
21. O art. 3:712 do DCFR – *Remedies for non-performance* – determina que: III – 3: 712: Pagamento estipulado por incumprimento (1) Quando os termos que regulam uma obrigação preveem que o devedor que não cumpra a obrigação pague uma quantia especificada ao credor por tal não execução, o credor terá direito a essa quantia, independentemente da perda real. (2) No entanto, apesar de qualquer disposição em contrário, a quantia especificada no contrato pode ser reduzida a um montante razoável quando for excessivamente desproporcional em relação à perda resultante do incumprimento e às outras circunstâncias.
22. Preconiza o art. 7.4.13 do UNIDROIT PICC que: (Pagamento acordado por incumprimento) (1) Quando o contrato determinar que a parte que não cumprir pagará uma quantia especificada à parte prejudicada pelo incumprimento, a parte prejudicada terá direito a essa quantia, independentemente de seu prejuízo real. (2) No entanto, não obstante qualquer acordo em contrário, a soma especificada pode ser reduzida a um montante razoável, quando for excessivamente excessiva em relação aos danos resultantes do não desempenho e às outras circunstâncias.
23. MARTINS-COSTA, Judith. *Comentários ao novo código civil*, v. V, t. II, p. 468.

Quando afirmamos a natureza de cláusula geral do art. 413 do Código Civil, pretendemos aplicar o dispositivo não apenas como moderador de cláusulas penais manifestamente excessivas, mas em toda e qualquer situação em que a equidade deva se afirmar diante de uma pena privada que se afigure intensamente desproporcional ao dano praticado.[24]

Cláudio Godoy, ao se referir às penas privadas dos arts. 939 e 940 do Código Civil – impostas a credores que demandam devedores antes de vencido o débito ou já tendo sido este adimplido –, enfatiza a possível cumulação entre as condenações civis e a litigância de má-fé do sistema processual (art. 18, CPC), ressalvando que "aí caberia a redução equitativa de que se deve cogitar, de resto bem ao sabor da eticidade que, no Código Civil de 2002, se revela muito claramente com a constante remissão à equidade".[25]

Na mesma trilha, ao comentar o art. 1.336 do Código Civil – respeitante aos deveres dos condôminos –, Francisco Eduardo Loureiro explica que a multa de cinco vezes o valor da contribuição imposta ao proprietário que desrespeita os deveres de abstenção estabelecidos nos incisos II a IV do aludido dispositivo nem sempre será adequada, então "eventual desproporção entre a sanção e o dano deve sofrer a redução prevista no art. 413 do Código Civil, que consagra o princípio do equilíbrio contratual, presente também nas relações entre condôminos".[26]

É da natureza das penas apresentar vulto superior a eventuais prejuízos causados pela inexecução da conduta devida. Isso não é censurável. Não há proporcionalidade nem igualdade, pois pena e indenização são conceitos distintos. A pena reforça o adimplemento, a indenização compensa o dano. Assim, sempre que a pena privada ultrapassar o necessário para exercer o seu papel persuasivo e propiciar abuso, o art. 413 do Código Civil funcionará como filtro capaz de reter o excesso e preservar o "equilíbrio dentro do desequilíbrio".

Impende ressaltar que um dos inegáveis méritos da inovação substancial que acompanha o art. 413 é o de forçar o intérprete a qualificar as diversas cláusulas penais para descobrir sua função. Doravante, haverá um objetivo determinado para a conformação da cláusula, seja como prefixação de perdas e danos, seja como pena negocial. Só a partir dessa avaliação será possível admitir o cabimento do poder moderador judicial e, se positivo, em qual extensão.

Por outro lado, a tendência comparatista à um controle quantitativo da cláusula penal revela uma progressiva desconfiança do legislador, doutrina e jurisprudência quanto à liberdade econômica e uma consequente tomada de posição tendente a um paternalismo jurídico e uma hetero-regulação contratual – maximizada nas relações civis pela função social do contrato e boa fé objetiva -, que como agudamente coloca Fernando Araújo, "clarifica as necessárias tomadas de posição no seio das persistentes controvérsias sobre

---

24. Uma das principais marcas do Código Civil de 2002 foi a inserção estrutural de princípios, conceitos indeterminados e cláusulas gerais, como opção metodológica capaz de erigir um sistema relativamente aberto, no sentido de uma ordem axiológica que defere ao intérprete maior poder de criação do direito para os casos concretos, conforme o significado que lhes concede Karl Engish (*Introdução ao pensamento jurídico*, p. 232).

25. GODOY, Cláudio. *Código civil comentado*, p. 786.

26. LOUREIRO, Francisco Eduardo. *Código civil comentado*, pp. 1.201-1.202.

este ponto do 'controle'... a questão, numa formulação muito esquemática, consiste em saber se o sistema jurídico confia no mecanismo da 'justiça comutativa' (*property rules* de Calabresi e Melamed) ou se pelo contrário lança mão da justiça distributiva para substituir, retificar ou complementar os resultados espontâneos das transações livres (as *liability rules*)".[27]

9.3.2 Pressupostos para a redução judicial da pena

O art. 413 do Código Civil adverte que o controle judicial da cláusula penal dependerá da aferição de um montante manifestamente excessivo. É a orientação estabelecida de maneira uniforme no direito comparado.[28]

A absoluta irredutibilidade da cláusula penal era um artifício injusto, pois servia de porta de ingresso a abusos praticados por credores inescrupulosos. O direito, paradoxalmente, convertia-se em mecanismo de instrumentalização da parte débil da relação contratual.

Todavia, não podemos nos esquecer de que na essência da cláusula penal há o legítimo interesse do credor de compelir o devedor ao adimplemento. A pena é uma sábia expressão de coerção privada cujo objetivo nada mais é do que reforçar o *pacta sunt servanda*. A legitimidade da cláusula penal se acentua por consistir em meio de pressão puramente patrimonial, jamais implicando restrição à liberdade do devedor ou ofensa aos seus direitos da personalidade.

Calvão da Silva alerta para o risco da intervenção judicial excessiva, que comporta o "perigo da neutralização do valor coercitivo da cláusula penal, privando o credor de salutar, desde que não abusivo, meio de pressão sobre o devedor recalcitrante. É esta passagem do oito aos oitenta que importa evitar".[29]

Isso significa que o intérprete, necessariamente, levará em consideração que a cláusula penal detém efeito moralizador de assegurar a confiança na execução da palavra dada. A atividade sindicante não pode converter o credor em vítima. Por isso a intervenção judicial de controle do montante da pena não pode ser sistemática; antes, deve ser excepcional e em condições e limites apertados. Ademais, casuisticamente, a Cláusula Penal deverá ser avaliada in concreto e de forma «objetiva», de sorte que a excessividade não pode ser acolhida ou rechaçada porque ao intérprete assim lhe pareceu subjetivamente, mas, sim, porque «objetivamente» se lhe percebe o excesso manifesto.[30]

Por conseguinte, coligar a redução da pena com a sua qualificação como "manifestamente excessiva" requer considerar, como Judith Martins-Costa que "o novo

---

27. ARAÚJO, Fernando. Prefácio à obra de Marcelo Matos Amaro da Silveira, *Cláusula penal e sinal*, XVII. Como bem indaga o autor, "confia-se ou não na capacidade das partes de elaborarem estipulações contratuais suficientemente completas e sólidas para fazerem frente às assimetrias de informação e de poder negocial entre elas, ou para contrabalançarem efeitos de vieses cognitivos para lá dos limiares tradicionais dos vícios e faltas de vontades", op. cit., p. XVII.
28. Por exemplo, o § 343 do BGB: penalidade "desmedidamente elevada"; o art. 1.384 do Código italiano: montante "manifestamente excessivo"; o art. 812 do Código de Portugal: "manifestamente excessiva".
29. SILVA, João Calvão da. *Cumprimento e sanção pecuniária compulsória*, p. 272.
30. RODOVALHO, Thiago. Cláusula penal: natureza jurídica, função e poder/dever de redução equitativa. *RJLB*, ano 7, n. 6, 2021; 2245-2273 extraído em: https://www.cidp.pt/revistas/rjlb/2021/6/2021_06_2245_2273.pdf.

Código introduziu dois *topoi* da maior relevância, quais sejam, o da proporcionalidade e o da vedação ao excesso. Estes *topoi* foram apreendidos na cláusula geral da redução da cláusula penal estatuída no art. 413".[31] Nas cláusulas de prefixação de indenização o fator objetivo de maior preponderância para a aferição da exorbitância da pena concerne à diferença entre o valor da cláusula penal e o montante do prejuízo efetivo. A simples superioridade do valor da pena sobre o dano não é fato gerador da intervenção judicial. É evidente que só grandes desproporções entre o prejuízo causado e a cláusula penal são passíveis de eliminação na parte abusiva. É necessário, no dizer de Carbonnier,[32] que esta desproporção *saute aux yeux*. Inicialmente, não deve o julgador reduzir a cláusula manifestamente excessiva ao prejuízo efetivamente sofrido pelo credor. Explica João Calvão da Silva que a redução deverá manter a cláusula penal em um montante razoavelmente superior ao dano efetivo, "pois de outro modo, não se estará a reduzi-la mas a suprimi-la".[33] De fato, reduzir a cláusula penal ao dano efetivamente sofrido pelo credor seria ferir letalmente a função coercitiva da cláusula penal e estimular o inadimplemento como garantia ao devedor desleal de que o Poder Judiciário jamais lhe condenará a uma pena superior ao prejuízo que causou.

Não é qualquer excesso da pena que será redutível. Isso significaria uma excessiva intervenção na autonomia privada. Só o "excesso manifesto" é passível de moderação. Se assim não fosse, ou seja, se o mero excesso já gerasse redução, estaríamos desnaturando a figura da cláusula penal a ponto de convertê-la em uma cláusula de limitação de obrigação de indenizar. Ou seja, se A e B fixam uma pena de R$ 500.000,00 e os danos efetivos alcançam R$ 300.000,00, bastaria ao devedor ingressar em juízo para pedir a redução da pena. Vale dizer, teríamos a legalização daquilo que antes só seria possível pela inserção de uma cláusula de inversão do ônus da prova.

Mas assim não se procede em matéria de cláusula penal: ela só poderá ser reduzida se manifestamente excessiva. A pena pode ser superior ao dano e não ser manifestamente excessiva. Correta, pois, a intervenção de Jorge Cesa Ferreira da Silva:

> É próprio da cláusula penal que ela imponha devido um valor superior ao da obrigação cujo inadimplemento busca evitar. Não fosse assim, a cláusula penal teria função exclusivamente pré-liquidatória do dano, posição que não adotam nem aqueles que defendem ser essa a sua função principal.[34]

Por outro giro, o art. 412 do Código Civil é inócuo e, provavelmente, mantém-se no Código pela força da inércia do legislador que, inadvertidamente, deferiu sobrevida ao art. 920 do Código Civil de 1916. Ao proclamar que "o valor da cominação imposta na cláusula penal não pode exceder o da obrigação principal", o dispositivo não só sacrifica qualquer forma de aplicação do art. 413 do Código Civil, como aniquila a autonomia privada e institui uma cláusula de limitação de obrigação de indenizar. Clóvis Beviláqua,

---

31. MARTINS-COSTA, Judith. *Comentários ao novo código civil*, v. V, t. II, p. 468.
32. Apud MONTEIRO, Antônio Pinto. *Cláusula penal e indemnização*, p. 742. Caio Mário da Silva Pereira afirma que o juiz somente reduzirá a pena "se for manifesto, ostensivo, perceptível a todo surto de vista" (*Instituições de direito civil*, v. II, p. 160).
33. SILVA, João Calvão da. *Cumprimento e sanção pecuniária compulsória*, p. 277.
34. SILVA, Jorge Cesa Ferreira da. *Inadimplemento das obrigações*, p. 277.

crítico da norma, há muito já alertava que "como está prescrito neste artigo, cabe ao juiz, perante o qual correr o pleito, reduzir a pena ao valor da obrigação, independentemente de solicitação da parte interessada. É uma disposição de ordem pública".[35]

Portanto, um vetor de razoabilidade conduz a um juízo de ponderação entre a proteção ao direito do credor e o apelo à equidade. Nada mais natural, então, do que eliminar a parte abusiva da pena – tida como ilegítima – sem sacrificar a pretensão do credor naquilo que excede o dano, mas se insere na índole compulsória da cláusula penal.[36]

O art. 413 do Código Civil remete a redução da penalidade manifestamente excessiva à "natureza e à finalidade do negócio". A norma dá um tiro certeiro, pois remete o intérprete à imprescindível qualificação da cláusula penal como medida preliminar de aferição da redução da pena.

Tivemos a oportunidade de apreciar todas as vantagens em diferenciar a cláusula penal *stricto sensu* da cláusula de liquidação antecipada de danos. Ao aclararmos o escopo de cada uma das espécies de cláusula penal, conseguimos respostas razoáveis para uma série de dilemas tradicionais desse modelo jurídico: a questão da existência do dano como pressuposto ou não para a incidência da pena; a possibilidade de a pena ser estipulada em valor superior ao dano previsível; a possibilidade de o credor optar pela indenização nos termos gerais em vez da pena; o momento da exigibilidade da pena; dentre outros.

Essa mesma qualificação é o ponto de partida para a investigação dos limites e possibilidades de redução da cláusula penal. Antônio Pinto Monteiro explica que "é a necessidade de resolver de forma diferenciada vários problemas, consoante o escopo das partes e, assim, a espécie acordada que implica, *rectius*, obriga o tribunal a uma tarefa prévia de qualificação".[37]

Haverá alteração no padrão de referência do julgador de acordo com a concretude do caso. Com Marcelo Benacchio, "sem e reconhecendo a finalidade da pena privada, isso orientará o julgador para a fixação dos limites e métodos para o estabelecimento do paradigma da redução".[38]Tratando-se de cláusula penal de índole indenizatória, o critério de redução será distinto daquele empregado para uma cláusula de escopo coercitivo. Cuida-se de uma tarefa de interpretação negocial que resultará em juízo de adequação.

Pinto Monteiro adianta

> que o critério por que se afere a legitimidade do tribunal para moderar a pena e, bem assim, o grau da mesma, assenta, sobretudo, no interesse do credor, tratando-se de uma pena compulsória, ou no valor do dano efectivo, sendo ela uma pena indemnizatória. Numa palavra, os factores a considerar pelo tribunal, num caso e no outro, não são exactamente os mesmos ou, pelo menos, não assumirão o mesmo grau de importância.[39]

---

35. BEVILÁQUA, Clóvis. *Código civil dos Estados Unidos do Brasil*, v. 4, p. 57.
36. De acordo com Mário Júlio de Almeida Costa, "não se trata, sem dúvida, de fazer coincidir o montante fixado pelas partes com os prejuízos reais do lesado. O que, na verdade, se impõe é uma revisão da pena convencional manifestamente excessiva, de molde a torná-la equitativa" (*Direito das obrigações*, p. 744).
37. MONTEIRO, Antônio Pinto. *Cláusula penal e indemnização*, p. 638.
38. BENACCHIO, Marcelo. *Cláusula penal*: revisão crítica a luz do código civil de 2002, p. 24.
39. MONTEIRO, Antônio Pinto *Cláusula penal e indemnização*, p. 639.

Na cláusula penal em sentido estrito, o valor da pena será propositadamente superior ao valor máximo dos danos previsíveis ao tempo da contratação. É o seu cariz compulsório que se avulta no momento em que a cláusula foi estipulada, sem qualquer consideração em relação ao dano efetivo. Ao contrário, se o valor ajustado era adequado ao montante previsível de danos, as partes perseguiram uma cláusula de prefixação de indenização.

Ou seja, o escopo dos contratantes e as circunstâncias objetivas do negócio jurídico qualificam a espécie de cláusula penal. O determinante é a pesquisa do momento genético de constituição do negócio jurídico, e não o instante patológico do dano, na qual se dispara a eficácia da cláusula penal. No entanto, conforme jurisprudência do STJ existem tipos contratuais em que se exige uma análise pormenorizada da autonomia privada à luz das especificidades da execução do contrato.[40]

Em abstrato, tanto a cláusula penal coercitiva como a indenizatória são passíveis de redução judicial. O art. 413 do Código Civil não exclui de sua esfera qualquer das espécies de pena. Mas as circunstâncias que presidem a situação é que determinarão se efetivamente vingará a redução da pena.

Mas, se é certo que a qualificação da cláusula penal se prende ao dano que razoavelmente poderia ser previsto ao tempo da contratação, o mesmo não se pode dizer da aferição da excessividade da cláusula penal: aqui, não mais prepondera a celebração do negócio, mas o momento em que se produziu o descumprimento da obrigação. Ou seja, a excessividade da pena não será captada em confronto com o dano previsível, porém com o prejuízo real do credor.

Com Judith Martins-Costa,

> a questão tem importância fundamental nos contratos que se prolongam no tempo, em relação aos quais o fluir do tempo e a variação das circunstâncias têm um peso especial. O momento em que se produz o incumprimento, é o momento em que o devedor incorre na pena, seja porque a cláusula penal caracteriza-se como promessa condicional, seja porque a excessividade diz respeito ao sinalagma funcional, ou dinâmico, e não ao sinalagma genético ou estático.[41]

A atividade do magistrado será compartimentada em duas fases estanques: a) aferição da natureza da cláusula penal – momento genético do negócio jurídico; b) aferição da excessividade da pena – momento funcional ou dinâmico do inadimplemento. A justificativa e os limites para a concretização da redução da pena se submetem a uma adequada e racional fundamentação da decisão (art. 93, IX, CF) quanto à finalidade da cláusula penal estipulada.

---

40. Ilustrativamente, a multa prevista no contrato de locação sob medida (built to suit) visa a atender as peculiaridades do uso do bem, como o retorno do investimento feito pelos locadores, pelo que deve ser prestigiada (TJSP, AC 1067234-44.2016.8.26.0576); em contrato de fornecimento de produtos celebrados entre distribuidora e revendedora, não se afigura possível haver a redução de multa moratória de 10% para 2% (AgInt no REsp 1.136.463-PR, relator ministro Raul Araújo); em se tratando de contrato de transporte marítimo, é responsabilidade do importador o pagamento de sobre-estadia pelo atraso na devolução do container, que, além de válida, se encontra em consonância com os usos e costumes do comércio internacional (AREsp 1.654.774-SP, relator ministro João Otávio de Noronha); em hipótese de rompimento de contrato de distribuição comercial, a multa prevista para ruptura imotivada, amparada na legislação de regência, afigura-se inadmissível a sua redução (AgRg no AREsp 214.880/SP, relator ministro Luis Felipe Salomão).

41. MARTINS-COSTA, Judith. *Comentários ao novo código civil*, v. V, t. II, p. 475.

CAPÍTULO 9 • O CONTROLE DA CLÁUSULA PENAL

Na cláusula penal de figurino meramente indenizatório, o magistrado terá de centrar sua atenção para a comparação entre o valor prefixado para o prejuízo e os danos efetivos. Assim, A e B convencionam uma pena de R$ 10.000,00 justamente por acreditarem que esses seriam os danos que o credor sofreria em razão de um eventual inadimplemento. Caso o dano real do credor seja na faixa de R$ 7.000,00, cremos que o magistrado não poderá reduzir a pena, pois pequenas variações estão embutidas na álea das partes e se inserem nos riscos inerentes à prefixação. Se os danos reais, porém, estiverem na ordem de R$ 2.000,00, acreditamos que restou seriamente prejudicado o caráter de liquidação *à forfait*. Ou seja, fere a razoabilidade cogitar de uma liquidação prévia de prejuízos em que a pena culminou por representar o quíntuplo do montante dos prejuízos reais.

A redução da cláusula penal, entretanto, não poderá transformar uma pena de R$ 10.000 em R$ 2.000,00. O poder moderador do juiz conduzirá a um decote na pena, pois "a boa regra – e boa regra porque concilia a exigência da redução equitativa da cláusula abusiva e a necessidade da preservação do valor cominatório – é a de que o juiz não pode reduzir a cláusula penal manifestamente excessiva ao dano efectivo".[42]

Por isso, concordamos inteiramente com Roberto Pardolesi, quando aduz que a jurisprudência italiana é uníssona quando nega relevo decisivo ao parâmetro da importância efetiva do dano, pois o poder de redução da pena não visa restringir o *forfait* aos limites do dano real. A margem de manobra do juiz não é condicionada àquela discrepância; ele é chamado apenas para conservar o equilíbrio contratual sob o prisma da equidade, *che intento manifesto del legislatore era quello di mettere in corto circuito pattuizioni alla Shylock*.[43]

Em outro giro, aproveitando o mesmo exemplo, vamos supor que A e B estimaram a pena em R$ 10.000,00, apesar de à época da contratação o dano previsível oscilar em torno de R$ 2.000,00. Caso o prejuízo real do credor tenha efetivamente se mantido na conta dos R$ 2.000,00, poderá o devedor obter em juízo a redução da pena?

Nessa situação, a finalidade do credor foi compelir o devedor ao cumprimento. Por isso, o valor da pena se mostrou propositadamente superior ao suposto prejuízo. Trata-se de cláusula penal *stricto sensu*. Cumpre investigar a adequação entre o montante da pena e o escopo visado pelas partes não mais pelo ângulo da simples liquidação dos danos, mas pela aptidão da pena em exercer persuasão sobre o devedor.

Enrico Moscati[44] assinala que a específica previsão de um poder moderador pelo juiz não significa que a lei subtraiu da cláusula penal o seu cariz de ato de autonomia privada, mas apenas instituiu um controle posterior capaz de impedir que a pena exorbite de sua função institucional, cujo merecimento reside estritamente no

---

42. SILVA, João Calvão da. *Cumprimento e sanção pecuniária compulsória*, p. 278.
43. PARDOLESI, Roberto. Liquidazione contrattuale del danno. In: BUSNELLI, Franceso; SCALFI, Gianguido (Org.). *Le pene private*, p. 252. Tradução nossa: "O intuito manifesto do legislador era o de implodir pactos ao estilo de Shylock" (polêmico personagem de Shakespeare que, no papel de agiota, convencionou o inadimplemento de obrigação com a cláusula penal de obtenção de uma libra de carne do corpo do devedor em o "mercador de Veneza").
44. MOSCATI, Enrico. Pena privata e autonomia privata. In: BUSNELLI, Francesco; SCALFI, Gianguido (Org.). *Le pene private*, p. 239.

interesse do credor pelo adimplemento, como limite da função punitiva concedida aos particulares.

Quando a cláusula penal for uma pena privada, a medida da redução judiciária repousará sobre a gravidade da inexecução ilícita e não sobre a importância do prejuízo real do credor. Bem aponta André Tunc que *Il reste que le juge ne doit pas réduire les dommages-intérêts au montant du dommage, il doit lui conserver un aspect répressif s'ajoutant à la aspect indemnitaire.*[45] Mais importante: a pena poderá ser integralmente preservada, mesmo sem a configuração de um centavo de danos, em razão da avaliação da importância de se punir a conduta antijurídica do devedor.

Maria Dolores Mas Badia vai ao ponto exato da redução da pena coercitiva quando aduz que o excesso de pena não se produz no momento em que a pena ultrapassa os danos reais, mas no momento em que é ultrapassada a função de garantia que é a sua razão de ser. Ou seja, haverá um momento em que a quantidade da pena já não significa maior garantia, *a partir de ese momento, consideramos que la pena es excesiva.*[46]

De acordo com Antônio Pinto Monteiro, nesse caso,

> não será o prejuízo real o factor mais importante a considerar, antes o interesse do credor no cumprimento. Do que se trata, então, fundamentalmente, é de perguntar pelo montante necessário para estimular o devedor a cumprir e, assim, em último termo, de uma ponderação de interesses que, partindo do prioritário interesse do credor ao cumprimento, para o reforço e proteção do qual a cláusula foi estipulada, se preocupe em averiguar se o montante que se convencionou era adequado, segundo um juízo de razoabilidade, à eficácia da ameaça, que a pena consubstancia.[47]

Alexis Jault explica que quando a cláusula penal atua como pena privada, mesmo na ausência de prejuízo efetivo ao credor, a pena será aplicada pelo simples fato da inexecução culposa do devedor. O juiz deverá considerar e respeitar a vontade das partes, imprimindo à cláusula penal uma característica cominatória e repressiva acentuada. Ele deve conhecer o limite de suas atribuições, pois

> il n'est, en effet, pas nécessaire de consulter un dictionnaire pour remarquer qu'il existe une différence sensible entre la modération d'une peine, autorisée par l'art 1.152 et la suppression de celle-ci. La modération ne peut conduire qu'à la seule disparition de l'excès et pas à l'anéantissement de la peine.[48]

Consideramos que uma pena não pode ser considerada excessiva apenas pelo fato da ausência de prejuízo para o credor. Denis Mazeaud considera sem qualquer sentido as decisões que, nesses casos, reduzem a pena ao "franco simbólico".[49] A vontade repressiva exprimida na cláusula se evidencia em razão do descumprimento da obrigação, independentemente das consequências do comportamento culposo perante o credor. Há de se enfatizar a autonomia da pena privada perante os prejuízos.

---

45. TUNC, André. *La pena privata nel diritto francese*, p. 353.
46. BADIA, Maria Dolores Mas. *La revision judicial de las clausulas penales*, p. 211.
47. MONTEIRO, Antônio Pinto. *Cláusula penal e indemnização*, p. 645.
48. JAULT, Alexis. *La notion de peine privée*, p. 153. Tradução nossa: "Não é necessário consultar um dicionário para definir que há uma sensível diferença entre a moderação da pena e a sua supressão. A moderação conduzirá ao desaparecimento do excesso, e não à aniquilação da pena".
49. MAZEAUD, Denis. *La notion de clause penale*, p. 331.

Com referência ao direito alemão, Dieter Medicus[50] assinala que a redução da pena também será aplicada quando estiver em jogo uma cláusula penal ligada à satisfação de um interesse imaterial do credor que se mostre desproporcional perante o valor do dano real. O § 343, 2, do BGB refere-se ao pedido do devedor para a redução de pena no caso em que a prestação consistir na realização ou omissão de um fato. No nosso direito positivo também caberá a intervenção judicial no sentido de reduzir penas excessivas quando demonstrado que o prejuízo sofrido pelo credor é ínfimo em comparação com a exigência da pena pelo descumprimento da obrigação relativa à prática ou abstenção de um ato *intuitu personae.*

Percebe-se que o grau de redução da pena está umbilicalmente atrelado ao intuito do escopo dos contratantes quando estipulam a cláusula penal. Qualificada a pena como compulsória, o juiz terá especial consideração para com o interesse do credor; já em matéria de pena indenizatória, a atenção deve ser voltada ao valor do dano efetivo. No primeiro caso, apenas flagrantes desproporções determinarão a redução da pena, sob pena de supressão de sua eficácia coercitiva; no segundo caso, pequenas diferenças não serão suficientes para a intervenção moderadora do magistrado, sob pena de se ofender a álea que é inerente a qualquer prefixação de danos em comparação com o prejuízo final.[51]

Quando o art. 413 do Código Civil se refere à "natureza e à finalidade do negócio" como marcos regulatórios do poder moderador do juiz, evidencia que a qualificação da cláusula penal é decisiva, mas não pode ser vista isoladamente. Qualquer julgamento plasmado na equidade demanda uma atividade de ponderação de outros fatores que a concretude do caso exige. Será a apreciação global de todas as circunstâncias objetivas e subjetivas envolvidas no episódio que propiciará uma segura consideração sobre a real necessidade da redução e, em caso afirmativo, em que grau.

Após evidenciar o estágio atual da jurisprudência francesa em matéria de qualificação da cláusula penal para fins de moderação de penas excessivas, Anne Sinay-Cyterman admite que

> *la qualification de clause pénale n'est pás neutre, technique, seule résultante d'exigences juridiques, précises et vérifiées systématiquement. Il s'agit d'une qualification 'tactique' : Soit les juges qualifient la clause de clause pénale aux fins de réduire une peine qui leur paraît excessive, soit à l'inverse, les juges refusent la qualification de clause pénale pour ne pas avoir à réduire une pénalité dans certaines hypothèses.*[52]

---

50. MEDICUS, Dieter. *Tratado de las relaciones obligacionales*, v. I, p. 213.
51. Em sentido contrário, Marcelo Matos Amaro da Silveira propugna que para a cláusula de liquidação antecipada de dano, "o julgador deve sim reduzir a pena ao valor dos prejuízos que foram provados. Se a função dessa sanção é indenizatória, não se pode cogitar que o julgador verifique que a pena é excessiva, mas reduza para um montante que supere o valor dos danos. O juízo de controle deve, portanto, vidar à igualdade com o dano efetivamente verificado". In *Cláusula penal e sinal*, p. 71.
52. SINAY-CYTRERMAN, Anne. *Clauses pénales et clauses abusives*, p. 182. Tradução nossa: "A qualificação da cláusula penal não é neutra, técnica, somente resultante de exigências jurídicas sistematicamente verificadas. Trata-se de uma qualificação 'tática': ou os juízes qualificam a cláusula de cláusula penal, para fins de reduzir uma pena que lhes pareça excessiva ou, ao contrário, os juízes recusam a qualificação de cláusula penal para não ter de reduzir a penalidade em certas hipóteses".

A advertência é lúcida, pois a criatividade humana é praticamente ilimitada quanto à criação de inúmeras figuras que não recebem a denominação explícita de cláusula penal, mas a ela se assemelham, seja na finalidade indenizatória, seja na compulsória. Nesses casos, o Judiciário terá de se posicionar sobre o âmbito de aplicação do art. 413.

Exemplificamos com a cláusula de indenização por devolução antecipada de empréstimos. Nos contratos de mútuo que não envolvam relações de consumo,[53] ajusta-se uma cláusula prefixando indenização na hipótese em que o mutuário queira restituir o empréstimo antes do prazo convencionado. Normalmente, a indenização é estipulada em valores elevados, para desestimular o devedor a efetuar a amortização antecipada. Em França, situações como essa são frequentemente levadas às Cortes de Apelação, e a posição dominante é de que se cuida de convenção em que as partes utilizaram a autonomia privada para compensar prejuízos ao mutante, decorrentes do pagamento antecipado. Assim, não seria aplicada a redução judicial do montante convencionado, pois não se pode qualificar como cláusula penal um acordo que não se destina a sancionar uma inexecução contratual, mas apenas uma obrigação alternativa do devedor de pagar as mensalidades nos prazos e condições avençadas, ou então reembolsar antecipadamente pagando uma soma prefixada.[54]

Parte da doutrina francesa se pronunciou contrariamente aos tribunais, seguindo o entendimento de Jacques Mestre por considerar a fixação de uma multa contratual incompatível com a natureza das obrigações alternativas, eis que a cláusula significava um meio de pressão destinada a incitar o devedor a pagar conforme exigia originariamente o contrato de mútuo. Ou seja,

> *il est artificiel de considérer que le débiteur se trouve en face de deux modes d'exécution. Il faute considérer que coexistent un mode normal et un mode toléré mais pénalisé – celui du remboursement anticipé – et que le pouvoir modérateur doit donc s'exercer.*[55]

Ademais, a cláusula penal não será examinada apenas pela qualificação jurídica, mas pela realidade econômica subjacente.

Por isso, com um sentido globalizante, João Calvão da Silva lembra que

> o juiz não deverá deixar de atender à natureza e condição de formação do contrato (por exemplo, se a cláusula foi contrapartida de melhores condições negociais); à situação respectiva das partes, nomeada-

---

53. Quando o mutuário atender ao perfil de consumidor, será adotado o regime do Código de Defesa do Consumidor, especificamente o art. 52, § 2º: "É assegurada ao consumidor a liquidação antecipada do débito, total ou parcialmente, mediante redução proporcional dos juros e demais acréscimos".

54. SINAY-CYTERMAN, Anne. *Clauses penales et clauses abusives*, p. 186. A autora cita interessante decisão em processo no qual uma pessoa recebeu empréstimo bancário de 900.000 F para a aquisição de um fundo de comércio. O empréstimo seria pago em dez anos, à taxa de 15,25%, e devolvido em 40 parcelas trimestrais iguais. Três anos depois do contrato, o mutuário revendeu seu comércio e restituiu o empréstimo. O banqueiro reclamou uma indenização de 133.000 F. A corte de Cassação negou a redução do montante, entendendo não se tratar de cláusula penal, que demanda inexecução culposa da obrigação, mas, ao contrário, de execução do contrato em que o mutuário apenas optou pela alternativa de reembolso antecipado.

55. *Apud* SINAY-CYTERMAN, Anne. *Clauses penales et clauses abusives*, p. 186. Tradução nossa: "É artificial considerar que o devedor se encontra em face de dois modos distintos de execução. É preciso considerar que coexiste um modo normal e um modo tolerado, porém penalizado – o de pagar antecipadamente – e que o poder moderador deve ser exercido".

mente a sua situação econômica e social, os seus interesses legítimos, patrimoniais e não patrimoniais; às causas explicativas do não cumprimento da obrigação, em particular à boa ou má-fé do devedor (aspecto importante, se não mesmo determinante, parecendo não se justificar geralmente o favor da lei ao devedor de manifesta má-fé e culpa grave, mas somente ao devedor de boa-fé que prove a sua ignorância ou impotência de cumprir). [56]

Acrescemos ao rol elaborado por Calvão da Silva, a importância da percepção do comportamento culposo do credor como fator concorrente para a excessividade da pena. Apesar de o Código Civil não possuir qualquer norma geral sobre a influência do comportamento culposo do credor para a redução das perdas e danos – ou da cláusula penal que a substitua –, podemos aplicar por analogia a norma que permite a redução da indenização pelo ato ilícito em razão de fato concorrente da vítima (art. 944, parágrafo único).

Em acréscimo, Gustavo Tepedino adverte que a espécie negocial é também relevante para a valoração da excessividade da cláusula penal:

Os contratos comutativos, em que as partes têm já por certo o dispêndio com suas prestações, podem autorizar cláusula penal superior a certas modalidades de contratos aleatórios, em que o recebimento da prestação alheia encontra-se já sob algum risco. Contratos fiduciários podem, igualmente, justificar cláusulas penais mais elevadas, diante de o inadimplemento atingir não apenas o dever jurídico, mas também a confiança depositada na contraparte. [57]

Em uma época de fragmentação e grande complexidade das relações humanas, já não é possível observar as relações humanas sob um único ponto de vista. Isso também se aplica às relações negociais. Amplia-se o espaço decisório reservado ao intérprete. Com Fernando Araújo, o controle da cláusula deixa de ancorar-se no valor objetivo dos danos e passa a avaliar um pano de fundo de considerações de racionalidade e de estratégia na interação entre as partes, de ponderações sobre os "usos do comércio" e sobre as tradições e normas em cada setor de atividades. [58]

Por outro lado, deve-se conceder a devida importância do trabalho de Teresa Negreiros ao abordar o *paradigma da diversidade*. [59] Fundamental será – ao lado da avaliação das características da espécie de contrato – a avaliação do bem cuja utilização ou aquisição seja contratada. De acordo com a doutrinadora,

na tentativa de abordar esta problemática, sugere-se sejam os bens classificados em atenção à sua função, mais ou menos necessária, no que respeita à dignidade da pessoa humana. Daí resulta uma classificação que toma como critério a sua utilidade existencial, e os divide em bens essenciais, úteis e supérfluos. Tal construção hermenêutica é aqui intitulada *paradigma da essencialidade*. [60]

Via de consequência, devemos examinar quais as necessidades humanas a que o bem contratado visa satisfazer. Negócios jurídicos incidentes sobre bens essenciais devem ser perspectivados de maneira diversa às relações contratuais que recaiam em bens supérfluos. Exemplificando, haverá uma intervenção considerável do magistrado no

---

56. SILVA, João Calvão da. *Cumprimento e sanção pecuniária compulsória*, p. 274.
57. TEPEDINO, Gustavo. *Notas sobre a cláusula penal compensatória*, p. 57.
58. ARAÚJO, Fernando. Prefácio a obra de Marcelo Matos Amaro da Silveira, *Cláusula Penal e Sinal*, XVIII.
59. NEGREIROS, Teresa. *Teoria do contrato*: novos paradigmas, p. 514.
60. NEGREIROS, Teresa. *Teoria do contrato*: novos paradigmas, p. 515.

controle de cláusula penal em contrato de locação para moradia. Em sentido contrário, prevalecerá a autonomia negocial na fixação de uma pena convencional para a aquisição de um helicóptero por um particular. Mesmo não havendo relação de consumo em qualquer dos exemplos, a ponderação privilegiará a aplicação dos direitos fundamentais às relações entre particulares sempre que se verifique tensão entre direitos existenciais e patrimoniais no bojo de uma relação obrigacional.

Por meio do paradigma da essencialidade, Teresa Negreiros evidencia que "o direito civil e o seu estudioso talvez possam contribuir para a construção de um sistema jurídico voltado para a pessoa e para a satisfação de suas necessidades básicas".[61]

Com base em todos os fundamentos utilizados neste tópico, compreendemos que a tarifação legislativa da cláusula penal na hipótese de resolução do contrato de aquisição de unidade imobiliária por inadimplemento da obrigação de pagamento do preço em incorporações e loteamentos (Lei 13.786/18) dificulta, porém não afasta peremptoriamente a incidência do art. 413 do CC, mesmo quando a cláusula penal for ajustada pelas partes dentro dos limites previstos na referida lei.[62] Por mais que se respeite a especificidade de um regramento redigido sob medida para a estabilização do mercado imobiliário, a lei 13.786/18 não disciplina a questão da redução da cláusula penal. Conforme enfatizam André Abelha e Alexandre Gomide,[63] se o adquirente alegar e demonstrar um "excesso manifesto" no caso concreto, ilustrativamente, que a cláusula penal estabeleceu a retenção de corretagem mais 50% dos valores pagos, e se para o juiz a multa lhe parecer exagerada, estará aberta a porta para a inversão do ônus da prova. Significa dizer: em tais situações – que provavelmente serão ampla maioria –, caberá ao incorporador comprovar que a multa contratual não é manifestamente excessiva.

Concluindo, sempre teremos de examinar três pressupostos para nos definirmos pela incidência ou não da segunda parte do art. 413 do Código Civil: a) a qualificação de uma cláusula penal pela sua finalidade em qualquer de suas dimensões: indenizatória ou coercitiva; b) a aferição da natureza do negócio jurídico e dos bens que lhes servem de objeto; c) a comparação do valor da pena com o dano real em vista da aferição de uma manifesta excessividade da cláusula penal.

9.3.3 A equidade como razoabilidade

Em Aristóteles[64] encontramos os primeiros contornos sobre a equidade. A ele remonta a definição de equidade como justiça do caso concreto. Ela serviria como

---

61. NEGREIROS, Teresa. *Teoria do contrato*: novos paradigmas, p. 518.
62. Conforme a Lei 13.786/18, nas incorporações com submissão ao regime do patrimônio de afetação, a cláusula penal pode ser livremente convencionada, mas observado o limite de até 50% da quantia do preço até então paga pelo adquirente (artigo 67-A, parágrafo 5º da Lei Federal 4.591/64). E, naquelas sem patrimônio de afetação, esse limite é reduzido a 25% dessa mesma quantia até então paga (artigo 67-A, II, da Lei Federal 4.591/64). Por outro lado, nos parcelamentos do solo urbano, esse limite para o livre ajuste é de 10% do preço da venda e compra, então compromissada, corrigido monetariamente (artigo 32-A da Lei Federal 6.766/79).
63. ABELHA, André e GOMIDE, Alexandre. Lei 13.786/18: *Pode o juiz reduzir a cláusula penal?* Disponível em: [https://www.migalhas.com.br/Edilicias/127,MI301063,71043-Lei+1378618+Pode+o+juiz+reduzir+a+clausula+penal]. Acesso em: 16.01.2020.
64. ARISTÓTELES, *Ética a Nicômaco*, item 10, p. 109.

uma correção da justiça legal. Enquanto a lei é universal, não é possível regulamentar determinadas situações por meio de enunciados universais corretos. A equidade do juiz paliará a imperfeição da lei, válida para os casos habituais, mas não para os casos aberrantes.

O desejável é evidentemente que leis e justiça caminhem no mesmo sentido. Mas seria um equívoco sonhar com uma legislação absolutamente justa, aplicável a qualquer caso. Aristóteles já mostrara que a justiça não poderia estar toda contida nas disposições necessariamente gerais de uma legislação. É por isso que, em seu ápice, ela é equidade. Só assim é possível adaptar a generalidade da lei à complexidade cambiante das circunstâncias e à irredutível singularidade das situações concretas.

Oliveira Ascensão[65] explica que a resolução dos casos segundo a equidade contrapõe-se à resolução dos casos segundo o direito estrito. Mas pode haver regras e haver equidade quando o juiz estiver autorizado a afastar-se da solução legal e a decidir segundo as circunstâncias do caso singular.

Segundo o Professor de Lisboa,

> a decisão dos casos pela equidade foi de há muito comparada à utilização da régua lésbia. Esta, ao contrário das regras vulgares, que são rígidas, era maleável, permitindo a adaptação dos objetos a medir. Também a norma é uma régua rígida que abstrai das circunstâncias por ela não consideradas relevantes. Já a equidade é uma regra maleável. Ela está em condições de tomar em conta circunstâncias do caso que a regra despreza, como a força ou a fraqueza das partes, as incidências sobre o seu estado de fortuna etc., para chegar a uma solução que se adapta melhor ao caso concreto – mesmo que se afaste da solução normal estabelecida por lei.[66]

Essa noção tradicional de equidade é uma reação ao positivismo jurídico e a uma concepção formal de justiça. Pelo formalismo jurídico haveria uma ordem jurídica tão bem elaborada que o magistrado poderia atuar como um autômato. O juiz perfeito seria uma máquina sem defeito que não julgaria pessoas, mas seres que se enquadram nesta ou naquela categoria jurídica. Subsunção, silogismo e exegese são termos que resumem essa visão estática de justiça. Uma máquina perfeita pode administrar uma justiça formalmente correta, mas não pode julgar com equidade.[67]

Quando o art. 413 do Código Civil concita o magistrado a utilizar a equidade para moderar penas manifestamente excessivas ou reduzir a obrigação parcialmente cumprida, surge a seguinte indagação: de onde vem esse sentimento de equidade que guiará o juiz que deseja elaborar um direito justo?

As respostas fluem com o tempo. Para as escolas clássicas de direito natural o papel do magistrado seria evidenciar estruturas prefiguradas pela natureza das coisas, conforme critérios metafísicos e universalmente válidos. No positivismo, o juiz não questiona a

---

65. ASCENSÃO, Oliveira. *O direito*: introdução e teoria geral, p. 238.
66. ASCENSÃO, Oliveira. *O direito*: introdução e teoria geral, p. 238.
67. Luis Roberto Barroso aponta, em síntese simplificadora, algumas das principais características do direito nas perspectiva clássica: "a) caráter científico; b) emprego da lógica formal; c) pretensão de completude; d) pureza científica; e) racionalidade da lei e neutralidade do intérprete. Tudo regido por um ritual solene, que abandonou a peruca, mas conserva a tradição e o formalismo" (Fundamentos teóricos e filosóficos do novo direito constitucional brasileiro. In: BARROSO, Luis Roberto (Org.). *A nova interpretação constitucional*, p. 13).

lei. Essa concepção, inaceitável em moral, é fundamentada na doutrina da separação de poderes, que concede ao Legislativo o direito exclusivo de legislar. Já no pós-positivismo,[68] o aplicador deverá utilizar um processo argumentativo mais rigoroso, pautado no princípio da razoabilidade.

Chaïm Perelman qualifica a equidade como "muleta da justiça",[69] pois o recurso a ela só é permitido quando a lei parece manca. Quando o legislador percebe que as situações que ele deseja resolver são variadas e movediças, mas que não pode regulamentá-las de modo preciso, remete à equidade judicial sua aplicação em cada contexto. Para evitar a arbitrariedade e a quebra da segurança jurídica, porém, ele terá de motivar especialmente as decisões que se afastam da jurisprudência habitual.

Perelman encontra o substrato da equidade no chamado "senso comum" e na razoabilidade. Para o filósofo o desarrazoado não pode ser admitido em direito, o que torna fútil qualquer tentativa de reduzir o direito a um formalismo, pois

> o razoável é vinculado ao senso comum, ao que é aceitável em dada comunidade. As condições de coexistência numa sociedade justa dependem, portanto, de nossa ideia de justiça, que contém exigências múltiplas e em geral incompatíveis. Daí resulta que não se pode pretender que se fará necessariamente um acordo sobre a elaboração razoável de uma estrutura justa da sociedade, pois várias soluções poderiam ser igualmente razoáveis.[70]

Destarte, qualquer teoria da justiça é sempre historicamente situada e depende do senso comum, de lugares-comuns, de determinada sociedade. Ao contrário do direito racional, plasmado em verdades universalmente eternas e imutáveis, o razoável é uma noção vaga, com conteúdo condicionado pela história, pelas tradições, pela cultura de uma comunidade. Por isso que a teoria pura do direito de Kelsen não concede explicação suficiente do funcionamento do direito, uma vez que insiste em separá-lo do meio em que ele funciona.

Em sentido contrário, o nexo entre cultura e experiência é decisivo no conjunto de obras de Miguel Reale, que critica a concepção de experiência Kantiana em razão de sua falta de vinculação com a realidade, para afirmar que "a experiência é o resultado de um processo histórico de experimentação que revela a dimensão dinâmica e temporal do direito".[71]

A noção do razoável é vaga e não remete a uma solução única, mas implica uma pluralidade de situações possíveis. Mas a solução deve ser encontrada no direito em vigor. Em seu giro hermenêutico pela teoria da argumentação jurídica, Perelman propõe uma nova retórica na qual o magistrado tenha extrema sensibilidade perante os valores de

---

68. Expressão utilizada por Paulo Bonavides para representar a terceira fase da juridicidade dos princípios (as duas primeiras seriam, respectivamente, a jusnaturalista e a positivista) em que se acentua a "hegemonia axiológica dos princípios convertidos em pedestal normativo sobre o qual se assenta todo o edifício jurídico dos novos sistemas constitucionais" (*Curso de direito constitucional*, p. 264).

69. PERLEMAN, Chaim. *Ética e direito*, pp. 160-166.

70. PERELMAN, Chaim. *Ética e direito*, p. 243. No mesmo sentido transita Francisco Amaral, ao reconhecer que a equidade "tem uma função básica e geral de natureza interpretativa, no sentido de adequar a regra ao caso concreto, recorrendo aos critérios da igualdade e da proporcionalidade, de modo não a realizar a justiça do caso concreto, mas o direito do caso concreto" (A equidade no código civil brasileiro. *Aspectos controvertidos do novo código civil*, p. 208).

71. REALE, Miguel. *Experiência e cultura*, p. 21.

CAPÍTULO 9 • O CONTROLE DA CLÁUSULA PENAL **227**

determinada sociedade, em busca de um consenso (senso comum). Para tanto, devemos aprender a trabalhar com as "noções confusas", como a equidade. Assim,

as noções confusas constituem, na teoria e na prática da ação, instrumentos de comunicação e de persuasão, que não podem ser eliminados. Quando se trata da aplicação de uma noção confusa não existe procedimento unanimemente admitido referente ao seu manejo, o que não quer dizer que este seja inteiramente arbitrário. Mesmo então há um limite que não se deve transgredir, é o do uso desarrazoado.[72]

Nesse contexto, a equidade será percebida como razoabilidade, como diretriz que exige a relação da norma geral com a individualidade do caso concreto. Ao tratar da razoabilidade como equidade, Humberto Ávila afirma que ela "impõe, na aplicação das normas jurídicas, a consideração daquilo que normalmente acontece. É preciso diferenciar a aplicabilidade de uma regra da satisfação das condições previstas em sua hipótese".[73]

A outra conclusão não chega Milton Paulo de Carvalho Filho, ao enfatizar que a equidade confere ao juiz um poder discricionário para apreciar "segundo a lógica do razoável, interesses de fatos não determinados *a priori* pelo legislador".[74]

O Código Civil de 2002 é marcado por cláusulas gerais em que o princípio da razoabilidade exerce papel fundamental em sua aplicação no caso concreto. Segundo Luiz Edson Fachin, a delimitação do conteúdo de conceitos imprecisos busca preponderantemente consagrar a ideia de justiça e tem "por finalidade trazer para o fenômeno jurídico, aquilo que foi denominado válvula para exigências ético-sociais".[75]

A equidade como razoabilidade poderá ser vista no art. 413 do Código Civil como "proibição de excesso no caso concreto". Para que possamos retirar da razoabilidade o melhor resultado possível, repetimos Rafael de Carvalho Rezende Oliveira, ao lecionar que a aplicação das cláusulas abertas

significa uma ampliação do ativismo judicial, mas com exigências procedimentais argumentativas e de motivação típicas de um Estado Democrático de Direito. Neste ponto, as decisões dos tribunais superiores funcionariam como importante instrumento de estabilidade do ordenamento jurídico, notadamente após a consagração da súmula vinculante pela Emenda Constitucional no 45/04, ao estabelecerem o significado de determinados conceitos jurídicos, e para preservação do princípio democrático.[76]

Para que a cláusula geral da redução equitativa da pena seja aplicada de forma razoável, devemos afastar a insegurança do decisionismo judicial para evitar descrições externas ao sistema jurídico. Por isso concordamos com Teresa Negreiros quando elege a boa-fé como fundamento próximo e imediato do art. 413 do Código Civil:

O caso da redução da cláusula penal poderia perfeitamente ter sido solucionado com o recurso ao princípio da boa-fé. Contraria a boa-fé permitir que, em nome da intangibilidade da vontade negocial,

---

72. PERELMAN, Chaim. *Ética e direito*, pp. 682-684.
73. ÁVILA, Humberto. *Teoria dos princípios*, p. 97.
74. CARVALHO FILHO, Milton Paulo de. *Indenização por equidade no novo código civil*, p. 115.
75. FACHIN, Luiz Edson. *Teoria crítica do direito civil*, p. 305.
76. OLIVEIRA, Rafael de Carvalho Resende. Aplicação dos princípios da proporcionalidade e da razoabilidade no direito civil. *Revista da EMERJ*, p. 193.

uma dada conjuntura que leve a distorções no que se refere à finalidade econômico-social do contrato ou de dada cláusula contratual deixe de ser considerada pelo julgador.[77]

Com efeito, com arrimo no princípio da boa-fé objetiva é possível encontrar um modelo de interpretação construtiva que nos permita fundamentar sempre a melhor resposta para as hipóteses de moderação da cláusula penal. O apelo à boa-fé é uma forma de justificar uma decisão no próprio ordenamento jurídico[78] e em coerência ao princípio constitucional da solidariedade.

John Rawls considera que todas as obrigações se originam da equidade, pois as pessoas que cooperam e restringem voluntariamente a sua liberdade não podem lucrar com os esforços alheios sem fazer a parte que lhes cabe. O princípio da fidelidade é uma particularização do princípio da equidade aplicado à prática social do prometer:

> uma promessa *bona fide* é uma promessa que se origina em conformidade com a regra do prometer quando a prática que ela representa é justa. Daí decorre que o princípio da fidelidade é o princípio segundo o qual as promessas *bona fide* devem ser cumpridas.[79]

Aliás, o art. 422 do Código Civil destaca que "os contratantes são obrigados a guardar, assim na conclusão do contrato, como em sua execução, o princípio da probidade e boa-fé". Para John Rawls, "o sentido mais abrangente da probidade como equidade deve ser entendido como um substituto de concepções correntes".[80]

A aproximação das noções de razoabilidade com equidade e boa-fé nas relações obrigacionais remete à máxima de que nenhum direito pode ser exercido de forma desarrazoada, pois o que é desarrazoado não é do direito. Com acento em Perelman,

> toda vez que um direito ou poder é concedido a uma autoridade ou pessoa de direito privado, esse direito ou esse poder será censurado se for exercido de uma forma desarrazoada. Esse uso inadmissível do direito será qualificado como abuso de direito. Essa aplicação não resulta da não conformidade a regras, mas de uma apreciação do resultado, do fim buscado, ao qual a ação desarrazoada ou abusiva é manifestamente oposta.[81]

Assim, cremos que o abuso do direito – como especialização do princípio da boa-fé objetiva – é o verdadeiro fundamento da intervenção do Poder Judiciário no controle do exercício das cláusulas penais. Só assim a decisão se conformará a uma teoria da argumentação, pois, como ensinam Luis Roberto Barroso e Ana Paula de Barcellos,

---

77. NEGREIROS, Teresa. *Teoria do contrato*, p. 136.
78. Lúcio Antônio Chamon Júnior afirma com propriedade que o aplicador do direito há que assumir na construção de sua decisão, "o Direito como um sistema idealmente coerente de princípios *prima facie* aplicáveis e que devem ser interpretados à luz da melhor compreensão acerca do Direito e da Política na modernidade. Esta há que ser a pré-compreensão problematizada em casos difíceis, de maneira a evitar que a interpretação do Direito seja corrompida por argumentos morais, econômicos, políticos, enfim, pragmatista-éticos que, de vez, romperiam com a imparcialidade pois, estar-se-ia assumindo uma postura determinada sempre parcial e não respeitadora do caráter institucional do próprio direito" (*Teoria geral do direito moderno*, p. 69).
79. RAWLS, John. *Uma teoria da justiça*, pp. 382-383.
80. RAWLS, John. *Uma teoria da justiça*, p. 119.
81. PERELMAN, Chaim. *Ética e direito*, p. 682.

não basta o bom senso e o sentido de justiça pessoal, é necessário que o intérprete apresente elementos da ordem jurídica que referendem tal ou qual decisão. A argumentação jurídica deve preservar exatamente o seu caráter jurídico – não se trata apenas de uma argumentação lógica ou moral.[82]

9.3.4 O abuso do direito como fundamento da redução judicial da pena

A nosso ver, o poder conferido pelo art. 413 do Código Civil é uma forma de controle do exercício do direito à pena que impede a prática do abuso do direito por parte do credor. Cuida-se de uma cláusula geral que especifica a função de controle do princípio da boa-fé objetiva, consubstanciada na limitação de penas manifestamente excessivas e ofensivas à equidade.

Em uma visão sistêmica do direito civil, não poderíamos qualificar o excesso da cláusula penal como uma emanação do instituto da lesão. A lesão é um vício do negócio jurídico coevo à sua gênese. Ou seja, uma hipótese em que negócio jurídico já nasce substancialmente desequilibrado, pois a prestação de uma das partes é manifestamente desproporcional à contraprestação auferida (art. 157, CC). Não se trata, pois, como observa Cláudio Godoy, "de erro, dolo ou coação, mas de instrumento de preservação da justiça substancial das contratações, evitando-se que elas sejam manifestamente desproporcionais, desequilibradas e desiguais".[83]

Se ao tempo da contratação a obrigação principal for maculada por esse defeito do negócio jurídico, a ofensa ao ordenamento será sancionada pela invalidade, na modalidade da anulabilidade (art. 171, II, CC). Desconstituída a relação obrigacional, cairá a cláusula penal em razão da sua acessoriedade.

O poder de redução judicial não se localiza no plano genético da validade do negócio jurídico, mas no exercício desequilibrado da cláusula penal. Isso significa que, *ab initio*, a pena poderia até mesmo ter sido estipulada em bases proporcionais, sem que o credor tivesse se aproveitado da inexperiência ou necessidade do devedor.

Nos contratos de execução sucessiva, porém, esse equilíbrio originário pode ser rompido, sem qualquer intervenção do credor, em razão de eventos futuros que transformam aquela pena inicialmente razoável em um verdadeiro "massacre" para o devedor. Ocorre uma agressão ao princípio da equivalência material das prestações e, como enfatiza Paulo Luiz Neto Lobo,

> esse princípio preserva a equação e o justo equilíbrio inicial seja para manter a proporcionalidade dos direitos e obrigações, seja para corrigir os desequilíbrios supervenientes, pouco importando que as mudanças de circunstâncias pudessem ser previsíveis. O que interessa não é mais a exigência cega de cumprimento do contrato, da forma como foi assinado ou celebrado, mas se sua execução não acarreta vantagem excessiva para uma das partes e desvantagem excessiva para outra, aferível objetivamente, segundo as regras da experiência ordinária.[84]

---

82. BARROSO, Luis Roberto; BARCELLOS, Ana Paula de. O começo da história: a nova interpretação constitucional e o papel dos princípios no direito brasileiro. In: BARROSO, Luis Roberto (Org.). *A nova interpretação constitucional*, p. 352.
83. GODOY, Cláudio. *Função social do contrato*, p. 44.
84. NETTO LÔBO, Paulo Luiz. Constitucionalização do direito civil. In: FARIAS, Cristiano Chaves de (Org.). *Leituras complementares de direito civil*, p. 35.

O excesso da pena só será caracterizado ao tempo do inadimplemento, no cotejo entre o seu valor e a dimensão do prejuízo efetivamente sofrido pelo credor. As circunstâncias presentes, muitas vezes, não refletem as circunstâncias passadas. Assim, ao moderar a cláusula penal excessiva, nada mais faz o julgador do que frear o exercício abusivo de um direito, mitigando a eficácia da pena, jamais a invalidando. A pretensão do credor não será neutralizada, mas a exigibilidade será controlada a limites equitativos.

O critério que legitima e pauta o procedimento de redução judicial é a equidade. Todavia, o fundamento que sustenta o art. 413 do Código Civil é o princípio da boa-fé objetiva no âmbito do exercício abusivo de determinado direito. Nuno Manuel Pinto Oliveira admite que "o enlace entre a cláusula de redução da pena desproporcionada ou excessiva e o princípio da proibição do abuso do direito é amplamente consensual".[85]

No mesmo sentido, Luis Moisset de Espanes refere-se à sistemática do direito civil argentino para concluir que

> *por nuestra parte hemos expresado que el art. 656 debe concordarse para su aplicación, con el nuevo art. 1.071, que niega amparo al ejercicio abusivo de los derechos, y considera que adquiere ese carácter cuando se exceden los límites de la buena fe, la moral y las buenas costumbres. Esta corriente ha recibido un espaldarazo con la recomendación votada por las cuartas jornadas Sanrafaelinas de Derecho civil, en las que se expresó que 'el agregado del art. 656 se relaciona con la figura de la lesión y también, entre otras, con el abuso del derecho'.*[86]

Com efeito, o Código Civil argentino de 2015 incorporou o ensinamento: "Artículo 794 Los jueces pueden reducir las penas cuando su monto desproporcionado con la gravedad de la falta que sancionan, habida cuenta del valor de las prestaciones y demás circunstancias del caso, configuran un abusivo aprovechamiento de la situación del deudor".

Corroborando a advertência de Carlyle Popp, não há como negar que "as noções de boa-fé objetiva e equidade estão umbilicalmente ligadas e caminham juntas, na maioria dos casos. Separam-se e ficam de mais fácil visualização quando esta é vista como um critério de julgamento do magistrado".[87]

Judith Martins-Costa enfatiza que a boa-fé funciona como modelo capaz de nortear o teor geral da colaboração intersubjetiva, devendo o princípio ser articulado de forma coordenada às outras normas integrantes do ordenamento, a fim de lograr adequada concreção. A autora sugere profícua sistematização da boa-fé mediante sua divisão em três setores operativos: o primeiro, como "função de otimização do comportamento contratual"; o segundo, relativo à "função de limite" no exercício de direitos subjetivos; e o terceiro, correspondente à "função de reequilíbrio" do contrato.[88]

---

85. OLIVEIRA, Nuno Manuel Pinto. *Cláusulas acessórias ao contrato*, p. 160.
86. ESPANES, Luis Moisset de. *Reducción de cláusula penal por abuso del derecho. Semanário Jurídico*, p. 322.
87. POPP, Carlyle. *Responsabilidade civil pré-negocial*, p. 114.
88. MARTINS-COSTA, Judith. *Diretrizes teóricas do novo código civil brasileiro*, p. 199.

Relativamente à chamada "função de limite" ao exercício de direitos subjetivos, declara o art. 187 do novo Código Civil que o abuso do direito é a prática de um ato ilícito por aquele que, ao exercer o seu direito, excede manifestamente os limites impostos pela boa-fé. O princípio atua como máxima de conduta ético-jurídica.

É exatamente esse cenário que se descortina na espécie. A *ratio* da redução judicial da pena está na necessidade de controle da autonomia privada no que concerne ao exercício do direito à pena, e não no momento de sua fixação. Não se indaga sobre a boa-fé ao tempo da contratação, mas se o credor agiu conforme esse princípio ao exigir a pena de forma manifestamente excessiva.

A natureza convencional da pena comanda o sistema da cláusula penal. Por isso, como explica Alexis Jault, *il n'a jamais été question de faire triompher l'équité sur la volonté individuelle, mais uniquement de supprimer les excès engendrés para cette volonté.*[89]

O vocábulo "manifestamente" é compartilhado pelos arts. 187 e 413 do Código Civil de 2002. O abuso do direito requer uma pena gravemente, desmesuradamente excessiva. Se o magistrado pudesse reduzir qualquer pena pelo simples fato de ser "excessiva", ocorreria a quebra de segurança jurídica e a redução do tráfego negocial. Nenhum credor concederia créditos em larga escala em um ordenamento que conferisse amplitude demasiada a uma norma de redução de penas, obstaculizando gravemente a autonomia privada.

Por isso, Menezes Cordeiro[90] afirma que a redução da cláusula penal só será possível quando a sua exigência atentar gravemente contra o princípio da boa-fé e não fizer parte da própria álea do contrato.

O verdadeiro critério do abuso do direito no campo das obrigações, por conseguinte, parece se localizar no princípio da boa-fé, pois em todos os atos geralmente apontados como de abuso do direito estará presente uma violação ao dever de agir de acordo com os padrões de lealdade e confiança, independentemente de qualquer propósito de prejudicar.

Conforme a lição de Teresa Negreiros,[91] boa-fé e abuso do direito complementam-se, operando aquela como parâmetro de valoração do comportamento dos contratantes: o exercício de um direito será irregular e, nessa medida, abusivo se consubstanciar quebra de confiança e frustração de legítimas expectativas.

Comentar o abuso do direito significa abrir canais e pontes entre dois pontos da maior relevância no direito: a boa-fé e o exercício dos direitos subjetivos. Só é possível conceber um liame entre eles no contexto das obrigações complexas, nas quais a vontade livre dos contratantes perde a exclusividade, pois o nível de atuação dos direitos subjetivos é funcionalizado em vista do adimplemento da relação jurídica. A boa-fé atuará no sentido de conceder renovado perfil à autonomia privada, conduzindo os direitos subjetivos a limites equilibrados, prestigiando o princípio da solidariedade e, em última instância, a dignidade das partes.

---

89. JAULT, Alexis. *La notion de peine privée*, p. 153. Tradução nossa: "Não se trata de triunfar a equidade sobre a vontade individual, mas de suprimir o excesso criado por essa vontade".
90. CORDEIRO, Antônio Manuel da Rocha Menezes. *Direito das obrigações*, v. II, p. 428.
91. NEGREIROS, Teresa. *Teoria do contrato*, p. 141.

Antônio Pinto Monteiro identifica o princípio da boa-fé objetiva com a proibição do abuso do direito como fundamento da redução da cláusula penal. Expõe o autor que

> a redução da pena está em conformidade com os limites à autonomia privada, com os limites à liberdade contratual, e isto porque a autonomia privada, enquanto meio de realização da personalidade humana, implica, efetivamente, que se combata qualquer desvirtuamento. Não pode a autonomia privada, enquanto instrumento de realização da personalidade do homem, converter-se em instrumento de abuso. É este, a meu ver, o fundamento do controlo da cláusula penal.[92]

A nosso ver, a insistência na cláusula penal pode representar oportunismo do credor que, abandonando a idoneidade, muitas vezes poderá se ver tentado a obter ganhos largamente superiores aos que obteria com o adimplemento da obrigação. Via de consequência, sua conduta opera no sentido de dificultar o cumprimento ou penalizar créditos sabidamente incobráveis, paradoxalmente esvaziando a própria funcionalidade da relação obrigacional. A outro turno, como obtempera Fernando Araújo, do lado do devedor "a aceitação dessa penalização muitas vezes não passará de um *bluff* (alguns devedores aceitarão quaisquer condições porque sabem ser insolventes)".[93]-[94]

O abuso do direito só ocupa posição de relevo em ordenamentos jurídicos que reconheçam a prevalência axiológica dos princípios constitucionais e superem a visão míope dos direitos como construções fracionadas e atomizadas. Apenas sistemas abertos terão a capacidade de captar os valores imantados em princípios e enviá-los diretamente às normas privadas, garantindo a supremacia da Lei Maior, bem como a necessária unidade e coerência com os demais sistemas.

A cláusula geral do art. 187 propicia a exata abertura ao influxo dos valores do art. 3º, I, da Constituição Federal, efetuando uma saudável ponderação entre o exercício da autonomia privada do indivíduo e os valores solidaristas que fundamentam o ordenamento. O constante revigoramento da teoria do abuso do direito será consequência da diuturna harmonização dos referidos princípios, sempre com vista ao valor supremo da preservação da dignidade da pessoa humana. Não podemos mais repetir impunemente o brocardo "tudo que não é proibido, é permitido". Atualmente, nem tudo o que não é proibido é permitido, pois no perímetro que separa a afirmação da negação reside o abusivo.

A função do direito é, segundo Niklas Luhmann,[95] assegurar expectativas de comportamento. Não se trata de reprimir ou garantir condutas, mas de estabilizar expectativas

---

92. MONTEIRO, Antônio Pinto. Responsabilidade contratual: cláusula penal e comportamento abusivo do credor. *Revista da Escola da Magistratura do Estado do Rio de Janeiro*, v. 7, no 26, p. 177. O autor é enfático a ponto de afirmar: "Aliás, eu diria que se não existisse o art. 812 em Portugal, ou o art. 413 no Brasil, pela proibição do abuso do direito – no caso do direito português, art. 334, no caso do direito brasileiro, art. 187 – poder-se-ia lá chegar" (p. 177).
93. ARAÚJO, Fernando. *Teoria econômica do contrato*, p. 696. Aduz o autor que, "do lado do credor, lembremos que a cláusula penal *stricto sensu* pode ser incentivadora do oportunismo do 'duplo risco moral', caso o cumprimento requeira a sua cooperação e ele consiga operar uma subtil 'sabotagem' por forma a capturar a 'quase-renda' que lhe advém do excesso de penalização face ao montante dos danos que experimenta" (p. 696).
94. No mesmo sentido, Gustavo Tepedino afirma que "se a cláusula penal afigurar-se manifestamente excessiva diante da natureza e da finalidade do negócio, o magistrado deve operar sua redução equitativa, de modo a coibir o exercício abusivo do crédito" (*Notas sobre a cláusula penal compensatória*, p. 54-55).
95. LUHMAN, Niklas. *Sociologia do direito*, v. I, p. 77.

e imunizá-las contra outras possibilidades que não sejam aquelas selecionadas pelo sistema. O abuso do direito é vedado justamente para consolidar padrões de comportamento para o futuro. Se numa sociedade pós-moderna e complexa as expectativas não forem individuais, ainda que em determinados negócios jurídicos haja o descumprimento da cláusula geral da boa-fé, a expectativa continua se mantendo e funciona como padrão de crítica ao comportamento ilícito. A generalização das expectativas regula a incerteza e estabiliza a segurança.

A fórmula do art. 187 do novo Código Civil é uma bem acabada demonstração de que o controle dos direitos subjetivos é algo que envolve uma correlação entre os princípios da autonomia privada e da solidariedade, esta última percebida mais nitidamente na lesão a boa-fé como fundamento para o abuso do direito.[96]

Com acerto, sublinha Massimo Bianca[97] que o poder de redução da pena constitui, portanto, uma forma de controle da autonomia contratual contra o abuso de uma parte a outra.

Em um tempo remoto, em que BGB era o único Código Civil que então permitia a redução das penas excessivas, como se já previsse os avanços legislativos da segunda metade do século XX, Múcio Continentino já proclamava:

> pensamos que a inspiração do legislador allemão nasceu de um altruísta sentimento de solidariedade social, ella esta tocada de genialidade. Porque é Anatole France que o ensina: 'a piedade é o fundo do gênio, a piedade dos pobres actores que representam a tragédia cômica ou a comédia trágica do destino'.[98]

9.3.5 A vedação ao enriquecimento sem causa

Em um contexto plural, o ordenamento jurídico propicia ao intérprete várias trajetórias para alcançar um só destino. A complexidade do sistema nos permite coligar uma série de princípios capazes de justificar uma opção legislativa. O art. 413 do Código Civil é uma dessas ricas *fattispecies*, eis que a regra que impõe a redução da cláusula penal manifestamente excessiva é fruto de uma coligação de princípios que, isoladamente, já poderiam justificá-la, mas que, atuando em coordenação, mostram-se ainda mais eficientes.

Se o fundamento da moderação judicial da pena reside na proibição do abuso do direito, não podemos nos esquecer de que o magistrado também está proibindo o enriquecimento sem causa, evitando que a exigência da cláusula penal se consubstancie em fonte de enriquecimento para o credor. O ordenamento jurídico não permite que relações jurídicas desequilibradas gerem transferência patrimonial sem justa causa.[99]

---

96. No direito brasileiro recente, a tese do abuso do direito como parâmetro de controle da pena convencional foi prestigiada por Marcelo Matos Amaro da Silveira, nos seguintes termos: "O principal parâmetro de avaliação deve ser a desproporção entre as vantagens obtidas pelo credor e o sacrifício sofrido pelo devedor em função da pena. Além disso, por ter função punitive, a conduta e a situação econômica do devedor também devem ser levadas em conta. O julgador deve, ao reconhecer que o exercício do direito à pena é abusivo, decotar a parte que for excessiva, mantendo, contudo, o direito do credor, sempre tendo em mente que se trata de verdadeira pena, voltada para sancionar o comportamento ilícito do inadimplente". In *Cláusula penal e sinal*, p. 195.
97. BIANCA, Massimo. *Diritto civile*: la responsabilità, v. 5, p. 233.
98. CONTINENTINO, Múcio. *Cláusula penal no direito brasileiro*, p. 165.
99. STJ, Informativo 627: 29 de junho de 2018. "A cláusula penal, em que pese ser elemento oriundo de convenção entre os contratantes, sua fixação não fica ao total e ilimitado alvedrio deles, porquanto o atual Código Civil introduziu normas de ordem pública, imperativas e cogentes, que possuem o escopo de preservar o equilíbrio

Nessa senda, assim se manifesta Gustavo Tepedino:

> Portanto, verifica-se que o art. 413 busca coibir o enriquecimento sem causa impedindo, por um lado, que o credor que tenha aferido efeitos econômicos úteis do contrato execute integralmente a cláusula penal compensatória pactuada; e, por outro lado, que sejam estipuladas cláusulas abusivas, que prejudiquem sobremaneira uma das partes contratantes.[100]

De fato, o enriquecimento sem causa é comumente lembrado pela comunidade jurídica como fonte obrigacional, inserido entre os atos unilaterais, com espeque nos arts. 884 a 886 do Código Civil de 2002. Todavia, metaforicamente, é "empobrecedor" confinar às hipóteses do enriquecimento sem causa aqueles três dispositivos. O art. 884 não se limita ao exercício das ações de enriquecimento; cuida-se de uma valiosa cláusula geral cujos tentáculos se irradiam pelo ordenamento.

Giovanni Ettore Nanni remete-nos ao caráter dúplice do enriquecimento sem causa: não apenas uma fonte de obrigações, mas um princípio informador de todo o direito obrigacional, capaz de garantir o equilíbrio e comutatividade nas relações jurídicas. Em decorrência disso, é possível manejar esse modelo jurídico como corretivo principiológico em qualquer relação obrigacional, para purgar "desequilíbrios e desproporcionalidades, cuja aplicabilidade é espraiada, em princípio, de forma ilimitada, desde que não contrarie a lei".[101] Não seria diferente no contexto da cláusula penal. Ela também é amparada por esse rico princípio. Todavia, a aplicação da vedação ao enriquecimento sem causa em matéria de redução de penas excessivas não pode ocorrer de forma idêntica às situações de fixação de indenização.

Em qualquer indenização haverá locupletamento indevido do lesado (responsabilidade extracontratual) ou do credor (responsabilidade contratual), quando o valor arbitrado escapar dos limites dos arts. 402 ou 944 do Código Civil. Isso significa que a indenização será medida pela extensão do dano, envolvendo todos os prejuízos diretamente experimentados. Portanto, com Caio Mário da Silva Pereira,

> tendo a indenização por objeto reparar o dano, o montante da indenização não pode ser superior ao prejuízo, pois se o for, as perdas e danos convertem-se em fonte de enriquecimento (*de lucro capiendo*), o que confronta o princípio da equivalência, rompendo o binômio dano-indenização.[102]

Essa perfeita equivalência, porém, não incide entre a gravidade do dano e o montante da indenização no universo da cláusula penal *stricto sensu*. Frequentemente o valor da pena será superior ao dano efetivamente sofrido pelo credor, sem que esse fato possa ser reputado como um locupletamento ilícito. Essa asserção vale para a cláusula penal de prefixação de indenização e, mais ainda, para a cláusula penal *stricto sensu*.

---

econômico financeiro da avença, afastando o excesso configurador de enriquecimento sem causa de qualquer uma das partes. A redução da cláusula penal pelo magistrado deixou de traduzir uma faculdade restrita às hipóteses de cumprimento parcial da obrigação e passou a consubstanciar um poder/dever de coibir os excessos e os abusos que venham a colocar o devedor em situação de inferioridade desarrazoada" (REsp 1.447.247-SP, Rel. Min. Luis Felipe Salomão, por unanimidade, DJe 04/06/2018).

100. TEPEDINO, Gustavo. *Notas sobre a cláusula penal compensatória*, p. 61.
101. NANNI, Giovanni Ettore. *Enriquecimento sem causa*, p. 167.
102. PEREIRA, Caio Mário da Silva. *Responsabilidade civil*, p. 312.

A redução da pena será precedida pela investigação da finalidade da cláusula penal estipulada. A atividade judicial será compartimentada em duas fases estanques: a) aferição da natureza da cláusula penal – momento genético do negócio jurídico; b) aferição da excessividade da pena – momento funcional ou dinâmico do inadimplemento.

O combate ao enriquecimento sem causa se situa no momento funcional do inadimplemento, mas demandará uma clara percepção do julgador sobre o intuito e o escopo das partes ao estipularem a cláusula penal. Na percepção de Massimiliano de Luca, trata-se de um pacto *Che nell'analisi della fattispecie concreta assume particolare importanza in vista dei motivi che anno spinto le parti all'accordo negoziale e dei fini alla realizzazione dei quali la penale è connessa.*[103]

A cláusula penal de figurino meramente indenizatório contém uma álea. É inerente a ela um risco para ambos os contratantes. Sendo o valor da pena fixado *à forfait*, para eliminar a incerteza, os custos e o desgaste de uma controvérsia judicial, pode ocorrer de a pena se tornar excessiva diante do dano real, sem que aí se impute um enriquecimento sem causa. Assim, A e B convencionam uma pena de R$ 10.000,00 justamente por acreditarem que esse seria o dano que o credor sofreria em razão de um eventual inadimplemento. Caso o dano real do credor seja na faixa de R$ 7.000,00, pensamos que o magistrado não poderá reduzir a pena, pois pequenas variações estão embutidas na álea das partes.

No exemplo referido, a pena se tornou excessiva, mas não "manifestamente" excessiva. A pena excessiva será suportada pelo devedor, pois a álea contratual deferiu justa causa para o enriquecimento do credor. Aplicando-se a simetria, se os danos sofridos pelo credor alcançassem montante superior ao da pena, ele teria de se resignar com o valor ajustado a título de prefixação de danos. Haveria também justa causa apara o empobrecimento do credor.

Agostinho Alvim explica que a justa causa pode ter apoio em várias situações, como a lei e a própria natureza do contrato. Um contrato aleatório, como o de seguro, é fonte de enriquecimento justificado de uma das partes: "Causa, portanto, é aquilo que pode explicar o enriquecimento; é a contrapartida. Se não há causa, ou se a causa não é justa, o enriquecimento está condenado".[104]

Destarte, a causa para a descaracterização da justiça do enriquecimento do credor passa pela expressão "manifestamente excessivo". Voltando ao exemplo, sendo a pena ajustada em R$ 10.000,00, se os danos reais só alcançaram o patamar de R$ 2.000,00, acreditamos que o caráter de liquidação *à forfait* sobejou desvirtuado. Fere a razoabilidade cogitar de uma liquidação prévia de prejuízos em que a pena culminou por representar o quíntuplo do montante dos prejuízos reais. Aqui surge o enriquecimento sem causa.

Outra situação corresponderá à cláusula penal *stricto sensu*. A finalidade do credor foi a de compelir o devedor ao cumprimento, por isso o valor que se ajustou a título de

---

103. LUCA, Massimiliano de. *La clausola penale*, p. 27. Tradução nossa: "Na análise do caso concreto assume particular importância em vista dos motivos que conduziram as partes ao acordo e aos fins a serem realizados, aos quais a pena é conexa".
104. ALVIM, Agostinho. *Do enriquecimento sem causa*, v. 259, p. 27.

pena foi intencionalmente superior ao dano previsível. A qualificação da pena como manifestamente excessiva e a sua consequente redução dependerão de um juízo de adequação de proporcionalidade entre a pena e os prejuízos efetivos não mais pelo ângulo da desproporção da cláusula para a finalidade de liquidação dos danos, mas pela sua aptidão em exercer persuasão sobre o devedor. Por isso Giovanni Ettore Nanni adverte que, em face de uma pena excessiva, o juiz "deverá equitativamente reduzi-la a patamar compatível ao cumprimento de sua função precípua".[105]

O excesso de pena não surge no momento em que a pena ultrapassa os danos reais, porém no instante em que é ultrapassada a função de garantia, que é a sua razão de ser. Ou seja, haverá um momento em que a quantidade da pena já não significa maior garantia para o credor. Só aí surgirá o enriquecimento sem causa.[106]

De acordo com Antônio Pinto Monteiro, nesse caso,

> não será o prejuízo real o factor mais importante a considerar, antes o interesse do credor no cumprimento. Do que se trata, então, fundamentalmente, é de perguntar pelo montante necessário para estimular o devedor a cumprir e, assim, em último termo, de uma ponderação de interesses que, partindo do prioritário interesse do credor ao cumprimento, para o reforço e proteção do qual a cláusula foi estipulada, se preocupe em averiguar se o montante que se convencionou era adequado, segundo um juízo de razoabilidade, à eficácia da ameaça que a pena consubstancia.[107]

Daí o acerto de recente decisão emanada do Supremo Tribunal de Justiça de Portugal em caso de retardamento da reação judicial do autor contra os repetidos atrasos no pagamento das prestações por parte da ré, com os quais contemporizou longamente. Se, por um lado, a exigência integral da cláusula penal, se podia ter-se como justificada numa fase em que o atraso da ré respeitasse a uma significativa parcela da dívida, passa a ter um cariz manifestamente excessivo e inadequado num momento em que a obrigação estava já quase por completo satisfeita.[108] A decisão faz alusão ao enriquecimento injustificado, porém praticamente aderiu à teoria do abuso do direito pela *supressio*, sem contudo mencioná-la explicitamente.

---

105. NANNI, Giovanni Ettore. *Enriquecimento sem causa*, p. 386.
106. Jorge Cesa Ferreira da Silva pontua que "se a cláusula penal estabelecer montante superior ao valor do dano, inexistindo excesso, não há que se falar em redução, pois é da natureza das penas que elas representem algo que aquele que a ela se sujeita busca evitar" (*Inadimplemento das obrigações*, p. 241).
107. MONTEIRO, Antônio Pinto. *Cláusula penal e indemnização*, p. 645.
108. "O histórico das relações entre as partes, descrito no facto provado nº 4, mostra que, depois de um período inicial em que a ré cumpriu pontualmente ou com atraso de poucos dias, a partir da 10ª prestação e até à 23ª, registaram-se atrasos mais significativos, por vezes superiores a um mês, até que, entre as 25ª e 32ª prestações, passaram a oscilar entre os dois e os quatro meses, com exceção do pagamento da 28ª prestação em que tal atraso se ficou pela ordem dos 50 dias. Isto significa que a ré, embora mal – e, até, diga-se, de forma progressivamente pior –, foi cumprindo, sem que contra isso a autora se rebelasse, impondo o cumprimento da cláusula penal acordada. Como ensina Menezes Cordeiro, na cláusula penal compulsória "(...) não se pode lidar (...) com o prejuízo real como referência para o «excesso»: este é necessário, sob pena de se esvair a dimensão compulsório-penal. (...) A sindicância do tribunal vai ponderar se a «ameaça» é adequada ou se representa, simplesmente, um enriquecimento inaceitável do lesado. Apesar de desde cedo a ré ter dado razões para que a autora procurasse valer-se daquele poderoso meio compulsório, esta não o fez, limitando-se a manter com aquela contactos frequentes cujo teor se ignora, não podendo, por falta de prova, aceitar-se que esses contactos se tenham traduzido nas "(...) muitas chamadas de atenção verbais (...)" de que se fala na conclusão 33ª, ou nas interpelações de que se fala na conclusão 37ª. Por isso se considera justificada e equilibrada a redução operada na sentença e mantida, embora com outro enquadramento jurídico, no acórdão recorrido" (2020/16.4T8GMR.G1. 2ª SECÇÃO Relator: Rosa Ribeiro Coelho. Data do Acórdão: 03/10/2019).

No particular, o art. 1.384 do Código Civil italiano aferiu corretamente o tema: *La penale può essere diminuita equamente dal giudice, se l'obbligazione principale è stata eseguita in parte ovvero se l'ammontare della penale è manifestamente eccesivo, avuto sempre riguardo all'interesse che il creditore aveva all'adempimento.*[109]

A finalidade compulsória da cláusula penal não se vincula de forma alguma ao montante dos danos reais, a ponto de ser devida a pena mesmo sem qualquer prejuízo real causado ao credor (art. 416, CC). Havendo manifesto excesso, a pena poderá ser reduzida equitativamente pelo juiz, mas, seguindo a advertência de Massimo Bianca,[110] sempre sendo resguardado o interesse do credor no adimplemento, que será aferido no momento da estipulação da cláusula.

Por isso, Silvio Mazzarese reconhece que, do ponto de vista ideal e abstrato, a redução da pena demonstra a aversão do ordenamento jurídico ao enriquecimento sem causa, mas não se pode esquecer

> *dal punto di vista della pertinenza tecnica dello stesso rimedio, perché una valida stiuplatio poena, ancorché eccessiva, è 'giusta causa' di autotutela sanzionatoria e di attribuzione di un diritto alla prestazione penale, Che infatti, non può essere del tutto eliminata dal giudice.*[111]

Daí que, na compreensão do poder de redução da cláusula penal, o combate ao enriquecimento sem causa terá de ser balanceado pela equidade e pela vedação ao exercício abusivo do direito, conferindo-se maleabilidade à cláusula geral do art. 413 na adequação ao caso concreto.

9.3.6 A redução oficiosa da cláusula penal

Suponhamos que A e B estipulem uma cláusula penal para o descumprimento da obrigação e, posteriormente, verifica-se o incumprimento. O credor exige o pagamento da pena e o devedor em nenhum momento refuta o seu montante. Poderá o juiz reduzir equitativamente a pena, sendo ela manifestamente excessiva?

No direito alemão, o BGB foi inflexível quanto à impossibilidade de pronunciamento de ofício pelo magistrado. O § 343 enuncia que *si una pena en que se a incurrido es desproporcionadamente elevada, a petición del deudor, puede reducirse por sentencia a una cuantidad adecuada.*

Nada obstante, a questão é tormentosa na Itália e em Portugal, pois a legislação desses países foi omissa quanto ao tema. O art. 812 de Portugal proclama que "a cláusula penal pode ser reduzida pelo tribunal"; as mesmas palavras são utilizadas no art. 1.384[112]

---

109. Tradução nossa: "A pena poderá ser reduzida equitativamente pelo juiz se a obrigação principal for executada parcialmente, ou se o montante da pena é manifestamente excessivo, considerando-se o interesse do credor no adimplemento". (Grifo nosso)

110. BIANCA, Massimo. *Diritto civile*: la responsabilità, v. 5, p. 232.

111. MAZZARESE, Silvio. *Il codice civile*: commentario, p. 607. Tradução nossa: "Do ponto de vista técnico, uma válida estipulação da cláusula penal, mesmo que excessiva, é justa causa de autotutela sancionatória e de atribuição de um direito a uma prestação, que não pode ser, de todo, eliminado pelo juiz".

112. *La penale può essere diminuita equamente dal giudice, se l'obbligazione principale è stata eseguita in parte ovvero se l'ammontare della penale è manifestamente eccessivo, avuto sempre riguardo all'interesse che il creditore aveva all'adempimento.* Tradução nossa: "A cláusula penal poderá ser reduzida equitativamente pelo juiz se a obrigação principal

do Código italiano. Como as fórmulas legais não são claras, o problema da possibilidade da redução oficiosa da pena é remetido para a doutrina e para jurisprudência.

Silvio Mazzarese[113] informa que na Itália a doutrina prevalente, mas não unânime, vincula a redução da pena ao pedido da parte sem que possa ser disposta de forma autônoma pelo juiz, que só poderá se pronunciar nos casos expressos em lei. Todavia, Massimiliano de Luca explica que o poder atribuído ao juiz pelo art. 1.384 não possui um caráter meramente facultativo, *ma sai um potere vincolato (c.d potere–dovere) Che soddisfa non un interesse di natura personale bensì un superiore interesse dell'ordinamento, pertanto il giudice è tenuto ad esercitalo nella ricorrenza dei presupposti fissati dall'art. 1.384.*[114]

Esse receio histórico à maior intervenção judicial no processo remonta aos Oitocentos, quando predominava a arbitrariedade judicial em meio ao caos. Na Itália, o fascismo exacerbou a desconfiança do cidadão na justiça. Assim, o sistema jurídico se habituou a utilizar as cláusulas gerais de forma excepcional, negando a capacidade criativa da jurisprudência e convertendo o magistrado em puro locutor da norma.

Atualmente, inverte-se o curso dos acontecimentos. As cláusulas gerais são utilizadas com maior desenvoltura, para corrigir de desequilíbrios negociais. A intervenção judicial é reconhecida como instrumento necessário de conformação do direito civil aos princípios de solidariedade, igualdade e respeito à pessoa humana.[115]

Em Portugal, a polêmica também é intensa. Ana Prata aduz que "constituindo a redutibilidade judicial da pena uma medida com fundamento em princípios de ordem pública, ela deve ser actuada oficiosamente pelo tribunal, com independência, pois, de pedido do devedor".[116] Em sentido contrário, Mário Júlio de Almeida Costa entende que, "embora a lei não o explicite, afasta-se a possibilidade de uma redução oficiosa pelo tribunal. Esta terá de basear-se em pedido do devedor – após lhe haver sido exigida a pena, judicial ou extrajudicialmente – formulado através de ação ou exceção peremptória".[117]

Cremos que nosso Código Civil foi incisivo quanto à redução *ex officio* da cláusula penal. O art. 413 reza: "A penalidade deve ser reduzida equitativamente pelo juiz...". Neste passo, o enunciado no 356 do Conselho de Justiça Federal[118] diz que "nas hipóteses previstas no art. 413 do Código Civil, o juiz deverá reduzir a cláusula penal de ofício".

Esse também é o entendimento prestigiado por Judith Martins-Costa, para quem

---

for executada em parte ou se o montante da pena for manifestamente excessivo, sempre tendo em consideração o interesse do credor no adimplemento".

113. MAZARRESE, Silvio. *L' codice civile*: commentario, p. 622.

114. LUCA, Massimiliano de. *La clausola penale*, 136. Tradução nossa: "Há um poder vinculado (um poder-dever), que não corresponde a um interesse de natureza pessoal, mas um superior interesse do ordenamento. Portanto o magistrado é obrigado a exercitá-lo na presença dos pressupostos fixados pelo art. 1.384".

115. Rosa Maria de Andrade Nery percebeu que "corre-se o risco de haver infiltração da ideologia do juiz nas decisões em que a interpretação da lei se subordine a princípios, mas isso encontra controle e limite nas pretensões ideais buscadas pela consciência civil e política, por meio do que se realiza a ligação dos princípios constitucionais com as cláusulas gerais" (*Noções preliminares de direito civil*, p. 111).

116. PRATA, Ana. *Cláusulas de exclusão e limitação da responsabilidade contratual*, p. 642.

117. COSTA, Mario Júlio de Almeida. *Direito das obrigações*, p. 744.

118. JORNADA DE DIREITO CIVIL, IV. Brasília, 15 a 17/10 de 2006.

no novo código, demais disto, a redução, nestas hipóteses, não configura 'faculdade' do juiz, à qual corresponderia para o devedor, mero interesse ou expectativa: ao contrário, constitui dever do julgador, ao qual corresponde, para o devedor, verdadeira pretensão que, violada, dá ensejo ao direito subjetivo de ver reduzida a cláusula.[119]

Nossa solução foi exatamente a preconizada na França. Embora a possibilidade de moderação judicial da pena tenha ocorrido em 1975, só com uma segunda reforma – agora em 11 de outubro de 1985 – ensejou-se a redução da pena *même d'office*, com a remodelação da letra dos arts. 1.152, alínea 2, e 1.231 do *code*.

Deniz Mazeaud[120] elogiou a inovação legislativa por aprimorar a proteção dos devedores imprudentes ou negligentes na defesa de seus direitos contra as cláusulas penais cuja execução rigorosa fosse excessiva contra os seus interesses. Não é outra a posição de Anne Sinay-Cytermann, ao entendimento de que a cláusula penal excessiva é fruto do abuso da posição econômica pela parte mais forte, justificando a permissão legal para o juiz exercer o seu poder revisional de ofício, pois *le contractant faible, par ignorance ou par crainte d'un procès ne pense pas toujours à demander en justice la réduction de la pénalité excessive.*[121]

O art. 413 do Código Civil é norma de ordem pública, inspirada em fortes razões de ordem moral e social. Aliás, é evidente que a redução da pena excessiva não pode ser afastada pela convenção das partes. A vedação à renúncia antecipada ao pedido de redução judicial destina-se a tutelar o devedor contra sua própria fragilidade negocial.

Nesse sentido, o Enunciado no 355 do Conselho de Justiça Federal: "Não podem as partes renunciar à possibilidade de ser reduzida a cláusula penal, se ocorrer qualquer das hipóteses previstas no art. 413 do Código Civil, por se tratar de preceito de ordem pública".[122]

É fato o caráter cogente do dispositivo inserido no art. 413 do Código Civil. A autonomia privada é relativizada diante de outros valores caros ao ordenamento, tais quais o do equilíbrio contratual e o da proibição do abuso. Ademais, como demonstra Jorge Cesa Ferreira da Silva,

> partindo-se do pressuposto de que a regulação da cláusula penal a estrutura de modo proporcionado ao dano sofrido, caso a norma fosse afastável pela vontade das partes, a situação de inadimplemento parcial poderia facilmente apresentar-se muito mais vantajosa ao credor do que a de adimplemento, o que revelaria um contrassenso.[123]

Para aqueles que refutam a redução oficiosa da cláusula penal, poder-se-ia pensar, a princípio, em uma indevida intromissão do magistrado na vontade das partes. Em tese, essas questões versariam sobre direitos disponíveis de natureza patrimonial, atribuídos a

---

119. MARTINS-COSTA, Judith. *Comentários ao novo código civil*, p. 468.
120. MAZEAUD, Denis. *La notion de clause pénale*, p. 55.
121. SINAY-CYTERMANN, Anne. *Clauses pénales et clauses abusives*, p. 200. Tradução nossa: "O contratante fraco, por ignorância ou por temor de um processo, não pensa sempre em demandar na justiça a redução da penalidade excessiva".
122. JORNADA DE DIREITO CIVIL, IV. Brasília, 15 a 17/10 de 2006.
123. SILVA, Jorge Cesa Ferreira da. *Inadimplemento das obrigações*, p. 280.

pessoas que, *a priori*, não demandariam especial proteção do ordenamento – não seriam consumidores.[124]

Contudo, não comungamos tal entendimento. Não podemos nos esquecer de que a ideia de relação obrigacional é muito mais ampla que o acordo de vontades que lhe deu início. A extensão e a complexidade do negócio jurídico alcançam todos os fatos e consequências que gravitam em torno do contrato, ensejando um dinamismo na relação que ultrapassa as previsões dos contratantes. Seria algo semelhante à criação da norma. Há o primeiro momento subjetivo da vontade do legislador, porém, entrando em vigor, desprende-se de seu criador e objetivamente passa a valer por si só.

Esse é o raciocínio adotado por Francisco Amaral:

> Superando a crença tradicional de que o juiz, por meio de procedimentos conceituais exclusivamente lógicos, deve limitar-se à aplicação mecânica da lei, sem qualquer ponderação de natureza valorativa, a interpretação é hoje um processo criativo do direito, contrários às pretensões do positivismo e do formalismo de darem conta da totalidade do fenômeno jurídico, mais favorável ao reconhecimento do juiz como fonte de produção normativa, autônoma e concorrente com o direito legal.[125]

Partimos da seguinte premissa: a concepção formal de justiça e a concepção subjetiva de equivalência atribuem aos indivíduos a faculdade de determinação do conteúdo do contrato, impondo ao Estado o dever de respeitar esse conteúdo; a concepção material de justiça e a concepção objetiva de equivalência concedem ao Estado – por meio de atos legislativos ou jurisdicionais – a faculdade de determinar o conteúdo do contrato independentemente da vontade das partes, impondo aos indivíduos o dever de respeitar essa determinação.

Menezes Cordeiro[126] explica que o princípio da autonomia privada associa-se a uma concepção formal de correção ou de justiça do contrato e a uma concepção subjetiva do princípio da equivalência entre a prestação e a contraprestação; o princípio da boa-fé associa-se a uma concepção material de correção da justiça do contrato e a uma concepção objetiva do princípio da equivalência entre a prestação e a contraprestação.

Portanto, a aptidão ou não do magistrado para intervir na economia contratual a ponto de reduzir penas excessivas implica preferência por uma ou outra concepção de justiça. Esse balanceamento foi realizado pelo legislador no art. 413 do Código Civil, de forma a prestigiar o solidarismo constitucional sem pisotear o princípio da autonomia privada.

Nuno Manuel Pinto Oliveira ensina que

> entre uma interpretação compatível com uma adequada ponderação dos princípios constitucionais da autonomia privada e da solidariedade e uma interpretação incompatível com essa adequada ponderação, o tribunal haveria de optar pela primeira. A tese da admissibilidade da redução oficiosa da pena convencional asseguraria o equilíbrio entre os dois princípios constitucionais: a tese da inadmissibilidade, não: a afirmação do princípio da autonomia envolveria a negação do princípio da solidariedade. O princípio da interpretação das leis em conformidade com a Constituição implicaria a preferência pela

---

124. Nesse sentido a opinião de Jorge Cesa Ferreira da Silva (*Inadimplemento das obrigações*, p. 281).
125. AMARAL, Francisco. *O código civil brasileiro e o problema metodológico de sua realização*, p. 6.
126. CORDEIRO, Antônio Manuel da Rocha Menezes. *Da boa-fé no direito civil*, p. 1.253.

CAPÍTULO 9 • O CONTROLE DA CLÁUSULA PENAL

tese da admissibilidade da redução oficiosa, por ser essa a tese que melhor concorda com os princípios da lei fundamental.[127]

Nesse instante já é possível absorver a imanente relação entre a solidariedade e a igualdade substancial que permeará as relações interprivadas. O equilíbrio entre as prestações, a ponderada distribuição de encargos e a regulamentação de determinados contratos pelos ordenamentos objetivam encetar uma igualdade real entre os contratantes capaz de conceder-lhes efetiva liberdade ao curso da relação, com promoção de justiça distributiva. Daí o feliz comentário de Cláudio Godoy,

> Em resumo, o solidarismo social ostenta um primeiro contorno, que vale para quaisquer das relações jurídicas, entre pessoas iguais ou não, de, justamente, preservar essa substancial igualdade, garantindo que suas contratações sejam justas e solidárias e, assim, socialmente úteis, enquanto palco de prestígio das escolhas valorativas do sistema.[128]

A cláusula geral do art. 413 do Código Civil permite a redução oficiosa da cláusula penal, com espeque na vedação ao exercício abusivo do direito como concretização do princípio da boa-fé. As relações privadas entre credor e devedor são irradiadas pela solidariedade que, nas obrigações negociais, é apresentada com a roupagem da boa-fé objetiva e, mais especificamente, para a cláusula penal, na redução equitativa da cláusula penal manifestamente excessiva.

Aliás, temos três caminhos para admitir a redução oficiosa da pena desproporcional: a) a estrada – trata-se do art. 413 do Código Civil. O próprio direito positivo tratou de conformar o princípio da solidariedade na lei ordinária; b) a via marginal – se a norma do art. 413 fosse obscura – tal qual na Itália ou em Portugal – ou não existisse, tal qual no Código Civil de 1916 –, poderíamos aplicar a cláusula geral da proibição ao abuso do direito do art. 187 do Código Civil. Seria um apelo à eficácia mediata do direito fundamental da solidariedade, por meio da roupagem da boa-fé que assume nas relações negociais; c) a via aérea – se não tivéssemos uma estrada ou uma via marginal, invocaríamos a eficácia imediata dos direitos fundamentais nas relações privadas, consistente em um influxo direto da solidariedade nas relações horizontais.

J. J. Gomes Canotilho adverte que há uma tendência a uma superação da dicotomia eficácia imediata/ eficácia mediata em favor de soluções diferenciadas, "consoante o 'referente' de direito fundamental que estiver em causa no caso concreto".[129] Assim, em primeira linha, os magistrados devem buscar a mediação legal, mediante a aplicação das regras de direito privado legalmente positivado e em conformidade com a Constituição. Em seguida, a interpretação poderá alcançar a cláusula geral (abuso do direito, boa-fé), com o preenchimento dos valores que concederão solução ao litígio; em última instância, na falta dos referidos instrumentos jurídicos concretizadores, aplicam-se as próprias normas fundamentais defensoras dos bens jurídicos em discussão.

---

127. OLIVEIRA, Nuno Manuel Pinto. *Cláusulas acessórias ao contrato*, p. 144.
128. GODOY, Cláudio. *A função social do contrato*, p. 174.
129. CANOTILHO, J. J. Gomes *Direito constitucional e teoria da constituição*, p. 1.246.

Sob o prisma processual, a redução da cláusula penal em juízo será apreciada como uma nova espécie de objeção de direito material. As objeções são as matérias que serão conhecidas pelo juiz, independentemente de alegação da parte, uma vez atinentes às condições da ação, como a legitimidade das partes. Explicam Nelson Nery Jr. e Rosa Maria de Andrade Nery:

> Exceção significa defesa, com a particularidade de que essa defesa decorre do princípio dispositivo: o juiz não pode examiná-la senão quando alegada pela parte e, se não deduzida na forma e no prazo da lei, é atingida pela preclusão. A objeção, ao contrário, também é defesa, mas decorre do princípio inquisitório: a parte 'pode' deduzi-la e o juiz tem, obrigatoriamente, de examinar as matérias que a compõem, fazendo-o de ofício.[130]

Assim, não encontramos ofensa ao princípio da inércia da jurisdição (arts. 2º e 262 do CPC) ou ao devido processo legal, uma vez submetida a questão ao contraditório das partes, mesmo em grau recursal. Não se pode olvidar que qualquer matéria de ordem pública sob o plano do direito material deve receber tutela diferenciada no plano processual, sob pena de subversão do princípio da instrumentalidade e lesão a direito fundamental do devedor, mesmo que este não tenha exercido uma pretensão no sentido da aplicação do art. 413.

Afinal, o ordenamento deve proteger o ser humano contra a sua própria debilidade, evitando que uma das partes possa auferir benefícios econômicos superiores aos que atingiria com o normal adimplemento das obrigações. É pueril afirmar que, em contraposição às relações consumeiristas, as relações entre particulares sejam espaços em que transitam os "iguais". O Código Civil reproduz no espaço privado as mesmas relações de desigualdade entre o cidadão e o Estado, daí a premente atividade moderadora a ser exercida pelo Judiciário.

Diante de uma cláusula penal manifestamente excessiva em cotejo com o dano sofrido pelo credor, o devedor terá três opções: a) diante da opção extrajudicial do credor de exigir o valor da pena, ele ajuizará uma demanda de revisão da cláusula penal; b) ao ser compelido a pagar pela via judicial, deverá, na contestação, trazer o fato modificativo do direito do autor (art. 326, CPC), evitando que a pretensão seja acolhida de forma integral; c) caso a pena já tenha sido paga, pode pleitear a repetição do indébito do valor excessivo, nos termos do enriquecimento sem causa (art. 884, CC).

Quedando-se inerte o devedor, por desídia ou contumácia, nada impedirá que o magistrado possa aferir o caráter manifestamente excessivo da pena. Com Denis Mazeaud, *l'ignorance ou l'inaction des contractants ne constitue plus un obstacle à la mise en œuvre du pouvoir de révision.*[131]

---

130. NERY JÚNIOR, Nelson; NERY, Rosa Maria de Andrade. *Código de processo comentado*, p. 1.051.
131. MAZEAUD, Denis. *La notion de clause pénale*, p. 55. Tradução nossa: "A ignorância ou desídia dos contratantes não constitui obstáculo à realização do poder judicial de revisão".

9.3.7 A redução da cláusula penal pelo cumprimento parcial

O art. 924 do Código Civil revogado dispunha que, "quando se cumprir em parte a obrigação, poderá o juiz reduzir proporcionalmente a pena estipulada para o caso de mora, ou inadimplemento".[132]

Uma primeira leitura poderia nos induzir a crer que o Código Beviláqua já excepcionava o princípio da imutabilidade da pena. O referido dispositivo era inspirado no art. 1.231 do Código Civil francês – antes da reforma de 1975. Denis Mazeaud, porém, comentava que a possibilidade de redução da pena pelo cumprimento parcial da obrigação não se tratava de uma exceção ao princípio da imutabilidade. Pelo contrário, tratava-se de uma solução técnica de interpretação na hipótese em que as partes nada ajustaram para o incumprimento parcial. Ou seja, *l'article 1.231 loin de porter atteinte à la force obligatoire des conventions institue simplement un cas d'adoption judiciaire de la convention des parties.*[133]

O Código Civil de 2002 inovou na disciplina não só por estender o poder judicial de revisão de cláusulas às situações de excessiva desproporção da pena, como também por enunciar que "a penalidade deve ser reduzida equitativamente pelo juiz se a obrigação principal tiver sido cumprido em parte..." (art. 413, CC).

Inicialmente, o que se entende por cumprimento parcial da obrigação principal?

A expressão "obrigação principal" não pode ser lida na literalidade, como se representasse apenas a prestação de dar, fazer ou não fazer tida como objeto do negócio jurídico. Em verdade, convencionada uma pena para o descumprimento de obrigação "secundária" ou dever anexo, será factível sua redução em caso de cumprimento parcial de qualquer uma delas, independentemente do cumprimento total ou não da obrigação principal, se a esta não se relacionar qualquer cláusula penal.

Assiste razão a Jorge Cesa Ferreira da Silva ao frisar que

> é o conteúdo do dever ao qual a cláusula penal se conecta que deve ser analisado para identificar se a 'prestação principal' é adimplível por partes. A qualidade deste dever em relação ao negócio jurídico não é relevante. Deste modo, se a prestação principal do negócio jurídico for cumprida em parte e a cláusula penal não se relacionar a ela, não há que se falar em redução.[134]

Enfim, cuida-se o adimplemento parcial de uma espécie de comportamento defeituoso na qual a prestação efetuada pelo devedor não coincide exatamente com o

---

132. CLÁUSULA PENAL COMPENSATÓRIA. REDUÇÃO COM BASE NO ART. 924 DO CC/1916. POSSIBILIDADE. 1. Ação de cobrança referente ao valor de cláusula penal compensatória ajustada em contrato de cessão de uso de imagem diante do inadimplemento de metade das prestações ajustadas para o segundo ano da relação contratual, que se renovara automaticamente. 2. Redução do valor da cláusula penal com fundamento no disposto no artigo 924 do Código Civil de 1916, que faculta ao Juiz a redução proporcional da cláusula penal nas hipóteses de cumprimento parcial da obrigação, sob pena de afronta ao princípio da vedação do enriquecimento sem causa. (STJ -REsp 1212159/SP, rel. Min. PAULO DE TARSO SANSEVERINO, DJe 25/06/2012).

133. MAZEAUD, Denis. *La notion de clause pénale*, p. 45. Tradução nossa: "O art. 1.231, longe de atentar contra a força obrigatória dos contratos, simplesmente institui uma hipótese de adaptação judicial à convenção das partes".

134. SILVA, Jorge Cesa Ferreira da. *Inadimplemento das obrigações*, p. 275. O autor exemplifica com um contrato de locação cuja obrigação é pagar os locativos, mas no momento da devolução o locatário não restitui o imóvel no mesmo estado em que recebeu, pois apenas se limitou a pintar metade do apartamento. Se houvesse pena para o descumprimento da obrigação secundária, seria passível de redução pelo cumprimento parcial.

programa obrigacional ajustado na constituição da relação obrigatória. O cumprimento parcial é sempre inexato, mas não se confunde com a mora e o cumprimento defeituoso. Diez-Picazo explica que no cumprimento parcial há uma diferença quantitativa entre a prestação pactuada e a realizada, já o cumprimento defeituoso é *el que se produce cuando la diferencia es de calidad.*[135]

Existindo a cargo do devedor certo número de prestações singulares em uma relação objetivamente complexa, se algumas forem executadas e outras omitidas, sendo que cada prestação representa o mesmo valor, poderemos falar em cumprimento parcial.[136]

Tratando-se de mora ou de violação positiva do contrato, todavia, a cláusula penal poderá ser aplicada juntamente com o desempenho da obrigação principal, a teor do art. 411 do Código Civil. Se a mora ou a inobservância de deveres anexos, porém, implicarem cumprimento parcial, nada impedirá a aplicação da primeira parte do art. 413 do Estatuto civil.

Em princípio, a cláusula penal moratória será paga integralmente, cumulativamente com a obrigação principal, que ainda é útil e satisfatória para o credor. A pena moratória pode, porém, ter sido estipulada em uma quantidade fixa, na qual as partes não levaram em consideração uma variação proporcional a periodicidade (*v. g.,* montante de penalidade por dias ou meses de atraso). Aqui caberá a moderação da pena.

Em suma, a ideia de cumprimento parcial remete à situação daquele que, depois de haver executado uma parcela da obrigação, se torna inadimplente em sentido amplo. O dispositivo se refere a uma satisfação parcial do credor, que tanto pode ocorrer no descumprimento de uma pena moratória como de uma pena compensatória, seja ela alusiva a uma cláusula penal *stricto sensu*, indenizatória, ou exclusivamente compulsória.

As mudanças palpáveis de redação do Código Civil de 1916 para o vigente referem-se à alteração da frase "poderá o juiz reduzir proporcionalmente", por "deve ser reduzida equitativamente".

Caio Mário da Silva Pereira destrincha as mudanças:

> Considerando que a cláusula penal não deve ser fonte de enriquecimento, o código revogado concedia ao juiz a faculdade de reduzi-la na proporção do adimplido, confiando-lhe razoável arbítrio que somente ele era senhor de usar ou não. Vem, entretanto, o novo Código e converte em dever um poder, uma vez que o julgador teria o arbítrio de usar, se lhe parecesse que o inadimplente estava sendo sacrificado, ou deixar de utilizar se lhe parecesse que a penalidade era adequada, mesmo que a obrigação já estivesse executada em parte. Impõe a redução da penalidade como norma dirigida ao juiz.[137]

A partir do momento em que o magistrado passa a se guiar pela equidade, em vez de apelar à proporcionalidade, há um sensível ganho de qualidade em sua atuação. O juiz deixa de ser um estatístico e se converte em um intérprete das peculiaridades do caso concreto.

---

135. DIEZ-PICAZO, Luis, *Fundamentos del derecho civil patrimonial,* v. I, p. 673.
136. DIEZ-PICAZO, Luis, *Fundamentos del derecho civil patrimonial,* v. I, p. 700.
137. PEREIRA, Caio Mário da Silva. *Instituições de direito civil,* v. II, p. 160.

CAPÍTULO 9 • O CONTROLE DA CLÁUSULA PENAL **245**

Nesse sentido, o Enunciado no 359 do Conselho de Justiça Federal[138] esclarece que "a redação do art. 413 do Código Civil não impõe que a redução da penalidade seja proporcionalmente idêntica ao percentual adimplido."

Devemos advertir que o Código Civil abandonou a "proporcionalidade aritmética", mas manteve a "proporcionalidade axiológica", que, segundo Judith Martins-Costa,

> determina ao juiz a redução proporcional com base na equidade, que é princípio, tendo em conta o dever de proporcionalidade, que é dever de ponderação entre os vários princípios e regras concomitantemente incidentes. Na espécie, devem ser ponderados os pesos respectivos do princípio da liberdade contratual, da autorresponsabilidade, do enriquecimento injustificado, da justiça comutativa, devendo o intérprete sopesar, à vista da concreta relação obrigacional, considerada como totalidade, o 'peso' do que foi cumprido em parte.[139]

Exemplificando, A e B ajustam um contrato de locação com prazo de 30 meses. Pactua-se uma pena de R$ 30.000,00 para o caso de o locatário A desocupar o imóvel antes do termo negocial. Na lei revogada, caso o locatário devolvesse as chaves no 10o mês de contrato o magistrado reduziria a pena para R$ 20.000,00; caso a restituição do imóvel ocorresse no 20º mês, a cláusula penal seria moderada em R$ 10.000,00.

Doravante, a redução será equitativa, pautada pela razoabilidade. Mas, em certos contextos, o cumprimento do devedor representará algo tão desprezível diante do vulto da obrigação, que o adimplemento mínimo não será considerado para fins de redução equitativa. Examinando o art. 413, do Código Civil, Antônio Pinto Monteiro[140] assim pontifica:

> Pode ter havido cumprimento parcial e não se justificar redução nenhuma, porque esse cumprimento não tem interesse nenhum para o credor. O devedor cumpriu e é como se não tivesse cumprido; do ponto de vista do interesse do credor, as coisas mantiveram-se exatamente na mesma.

Completando o raciocínio do ilustre autor, poderá o magistrado perceber que, na peculiaridade do contexto, o cumprimento parcial praticamente satisfez todo o interesse econômico do credor, pois aquilo que faltou foi meramente secundário. Nesse caso, a redução da cláusula penal será intensa.[141] No particular, elogiável a redação do Artigo

---

138. JORNADA DE DIREITO CIVIL, VI. Brasília, 15 a 17/10 de 2006.
139. MARTINS-COSTA, Judith. *Comentários ao novo código civil*, v. V, t. II, p. 470.
140. MONTEIRO, Antônio Pinto. *Responsabilidade contratual*: cláusula penal e comportamento abusivo do credor, p. 175.
141. A controvérsia principal versa sobre a licitude ou não da cláusula permitindo a cobrança da integralidade da multa por fidelidade, por parte da prestadora de serviço de TV a cabo, quando o consumidor opta pela rescisão do contrato no curso do prazo de carência. Inicialmente, consigna-se que a multa convencional, no caso de resilição unilateral imotivada, tem por escopo principal o necessário ressarcimento dos investimentos financeiros realizados por uma das partes para a celebração ou execução do contrato (parágrafo único do artigo 473 do Código Civil). De outro lado, sobressai seu caráter coercitivo, objetivando constranger o devedor a cumprir o prazo estipulado no contrato e, consequentemente, viabilizar o retorno financeiro calculado com o pagamento das mensalidades a serem vertidas durante a continuidade da relação jurídica programada. Nada obstante, em que pese ser elemento oriundo de convenção entre os contratantes, a fixação da cláusula penal não pode estar indistintamente ao alvedrio destes, já que o ordenamento jurídico prevê normas imperativas e cogentes, que possuem a finalidade de resguardar a parte mais fraca do contrato. A referida preocupação reverbera, com maior intensidade, em se tratando do chamado contrato de adesão, ou seja, aquele cujas cláusulas tenham sido estabelecidas unilateralmente pelo fornecedor de produtos ou serviços, sem que o consumidor possa discutir ou modificar substancialmente seu conteúdo (artigo 54 do Código de Defesa do Consumidor). É, sem dúvida, o que ocorre com o pacto de prestação de serviço de TV a cabo, cuja licitude da cláusula de fidelização extrai-se de

1231-5 da *ordonnance* n. 2016-131, de 10 de fevereiro de 2016 ao frisar que " Quando o contrato tiver sido executada em parte, a pena acordada poderá ser reduzida pelo juiz, mesmo oficiosamente, na proporção do interesse que a execução parcial tenha dado ao credor". Também deveremos considerar se a cláusula penal era de essência punitiva ou uma convenção de liquidação danos.

Ademais, tratando-se o poder de revisão judicial de norma de ordem pública, o magistrado estará apto a utilizar a cláusula geral de equidade mesmo que as partes tenham contratualmente previsto parâmetros de redução de pena para a hipótese de eventual cumprimento parcial. A norma do art. 413 não se restringe apenas aos casos em que credor e devedor tenham silenciado neste particular. O magistrado poderá entender que a taxa convencional de redução foi delimitada de maneira tímida ou excessiva. Assim, prescindirá de sua aplicação, adotando uma taxa de redução mais adequada às circunstâncias que a tipicidade do negócio jurídico e a função da pena demandam.

Discute-se, ainda, sobre a exegese mais exata do art. 4º da Lei 8.245/91, *in verbis*:

> Durante o prazo estipulado para a duração do contrato, não poderá o locador reaver o imóvel alugado. O locatário, todavia, poderá devolvê-lo, pagando a multa pactuada segundo a proporção prevista no art. 924 do Código Civil e, na sua falta, a que foi judicialmente estipulada.

Referida norma prevê a denúncia imotivada do locatário no curso do prazo de locação, permitindo sua redução equitativa na forma prevista pelo revogado art. 924 do Código Civil de 1916, com o fito de estabelecer uma sanção proporcional ao tempo restante do contrato. Porém, atualmente a complementação da regra do art. 4º da Lei Locatícia será realizada pelo art. 413 do Código Civil de 2002.

Inicialmente, na *III Jornada de Direito Civil*, o Conselho de Justiça Federal aprovou o Enunciado 179, com a seguinte redação: "A regra do art. 572 do novo Código Civil é aquela que atualmente complementa a norma do art. 4º, 2. parte, da Lei 8.245/91, bali-

---

normativos expedidos pela ANATEL e da jurisprudência desta Corte. Em relação à forma de cálculo da multa a ser cobrada em caso de resilição antecipada dos contratos com fidelização, verifica-se que a ANATEL, em 07 de março de 2014, expediu a Resolução n. 632, que aprovou o Regulamento Geral de Direitos do Consumidor de Serviços de Telecomunicações, que determina o pagamento da multa de fidelidade proporcionalmente ao valor do benefício concedido e ao período restante para o decurso do prazo mínimo estipulado. No entanto, mesmo antes da vigência do citado normativo, revelava-se abusiva a prática comercial adotada por prestadora do serviço de TV a cabo que cobra a multa de fidelidade integral dos consumidores, independentemente do tempo faltante para o término da relação de fidelização. Isso porque essa prática coloca o fornecedor em vantagem exagerada, caracterizando conduta iníqua, incompatível com a equidade, consoante disposto no § 1º e inciso IV do artigo 51 do CDC. Nesse panorama, sobressai o direito básico do consumidor à proteção contra práticas e cláusulas abusivas, que consubstanciem prestações desproporcionais, cuja adequação deve ser realizada pelo Judiciário, a fim de garantir o equilíbrio contratual entre as partes, afastando-se o ônus excessivo e o enriquecimento sem causa porventura detectado (artigos 6º, incisos IV e V, e 51, § 2º, do CDC), providência concretizadora do princípio constitucional de defesa do consumidor, sem olvidar, contudo, o princípio da conservação dos contratos. Assim, infere-se que o custo arcado pelo prestador do serviço é, efetivamente, recuperado a cada mês da manutenção do vínculo contratual com o tomador, não sendo razoável a cobrança da mesma multa àquele que incorre na quebra do pacto no início do prazo de carência e àquele que, no meio ou ao final, demonstra o seu desinteresse no serviço prestado. Desse modo, reconhece-se a ilicitude (caráter abusivo) da cobrança integral da multa de fidelidade pela prestadora de TV a cabo independentemente do cumprimento parcial do prazo de carência pelos consumidores, mesmo antes da vigência da Resolução ANATEL n. 632/2014 (REsp 1.362.084-RJ, Rel. Min. Luis Felipe Salomão, por maioria, julgado em 16/5/2017, DJe 1/8/2017).

zando o controle da multa mediante a denúncia antecipada do contrato de locação pelo locatário durante o prazo ajustado".[142]

Todavia, Flávio Tartuce bem percebeu que o art. 572 do Código Civil

> faculta ao juiz a redução da multa, enquanto o art. 413 prevê ser um dever do magistrado essa redução. O entendimento previsto no enunciado contraria, para nós, a finalidade social da norma (art. 5º da LICC) e particularmente o princípio da função social dos contratos (arts. 421 e 2035, parágrafo único, do CC). Além disso, a interpretação contraria a própria lei, pois o art. 924 do CC/1916, referenciado no art. 4º da Lei de locação, equivale ao art. 413 do CC.[143]

Aliás, com base em tais argumentos, na *IV Jornada de Direito Civil*, editou-se o Enunciado 357, nos seguintes termos: "O art. 413 do Código Civil de 2002 é o que complementa o art. 4º da Lei 8.245/91. Revogado o Enunciado 179 da III Jornada".

Enfim, em uma interpretação conforme a Constituição Federal do art. 4º da Lei de Locações, nada mais natural do que prestigiar a hermenêutica que assegure a intervenção corretiva do magistrado para reduzir multas excessivas por descumprimento parcial. Atende-se, assim, aos princípios da justiça contratual e da boa-fé objetiva, como irradiação dos princípios da solidariedade e da igualdade substancial nas relações privadas.[144]

9.4 O AGRAVAMENTO JUDICIAL DAS PENAS IRRISÓRIAS

Com amparo no princípio da força obrigatória dos contratos, o art. 1.152 do Código francês não permitia que houvesse qualquer alteração no montante prefixado de indenização, seja *une somme plus forte, ni moindre*. Alexis Jault cita interessante passagem, na qual, perante o Conselho de Estado, Bigot de Préameneu expôs os motivos do dispositivo:

> *si on eût donné aux juges le droit de réduire la somme convenue, il eût fallu aussi leur donner celui de l'augmenter en cas d'insuffisance. Ce serait troubler la foi due aux contrats. La loi est faite pour les cas ordinaires, et ce n'est pas pour quelques exceptions que l'on devrait déroger à cette règle fondamentale que les conventions font la loi des parties.*[145]

O art. 413, do Código Civil defere ao Judiciário o poder de redução da cláusula penal em hipóteses de manifesta excessividade, apreciada a sua natureza e finalidade. Todavia, em nenhum instante se refere ao poder corretivo para fins de reforço das penas manifestamente insuficientes.

---

142. "Art. 572 do Código Civil de 2002: Se a obrigação de pagar o aluguel pelo tempo que faltar constituir indenização excessiva, será facultado ao juiz fixá-la em bases razoáveis".

143. TARTUCE, Flávio. *Direito civil*: direito das obrigações e responsabilidade civil, v. 2, p. 222.

144. Ainda quanto à redução da cláusula penal pelo cumprimento parcial, estabelece o Enunciado 429 do CJF que "As multas previstas nos acordos e convenções coletivas de trabalho, cominadas para impedir o descumprimento das disposições normativas constantes desses instrumentos, em razão da negociação coletiva dos sindicatos e empresas, têm natureza de cláusula penal e, portanto, podem ser reduzidas pelo juiz do trabalho quando cumprida parcialmente a cláusula ajustada ou quando se tornarem excessivas para o fim proposto, nos termos do art. 413 do Código Civil".

145. JAULT, Alexis. *La notion de peine privée*, p. 141. Tradução nossa: "Se for concedido aos juízes o poder de reduzir a soma convencionada, será também permitido que aumentem as somas insignificantes. Será perturbada a confiança devida aos contratos. A lei é feita para os casos ordinários, e não para as exceções que deverão derrogar a regra fundamental, pela qual as convenções são leis entre as partes".

A doutrina nacional não se pronuncia sobre o tema. Caio Mário da Silva Pereira reflete a hipótese em que a cláusula penal se torna francamente inadequada à compensação do prejuízo em confronto com a consequência da inexecução. Para o autor, "se ela for insuficiente, de si mesmo se queixe por tê-la estimado em nível baixo".[146]

Aliás, a única possibilidade legal de o credor compelir o devedor a pagar uma quantia superior à da pena será aquela em que houve prévia estipulação de uma cláusula de indenização pelo dano excedente, nos termos do art. 416, parágrafo único. Ou seja, não havendo tal convenção, o credor terá de se contentar com o montante da cláusula penal, por mais que ela seja irrisória perante os danos por ele sofridos em razão do inadimplemento.

A omissão legislativa quanto ao tema também foi a solução do § 343 do BGB, do art. 1.384 do Código italiano e do art. 812 do Código Civil de Portugal. Em comum, apenas consagram a faculdade de redução da pena convencional desproporcionalmente elevada. Nada além. Silvio Mazzarese[147] comenta que a doutrina italiana lamenta os limites de uma norma que, inspirada no exclusivo *favor debitoris*, não contempla a hipótese de adequação judicial de uma pena válida, porém irrisória.

Trata-se de solução normativa diversa da adotada pelo Código francês na reforma de 1975 (art. 1.152) e reiterada no Art. 1.231 da *Ordonnance* n. 2016-131: "O juiz pode, mesmo oficiosamente, moderar ou aumentar a pena que tenha sido estipulada, se ela for manifestamente excessiva ou insuficiente".[148] A *peine dérisoire*, é questionada em raras hipóteses, sendo os juízes obrigados a evidenciar o caráter irrisório da cláusula penal.[149]

Nuno Manuel Pinto Oliveira sintetiza a controvérsia nos seguintes termos:

> o problema do agravamento da pena convencional deverá formular-se nestes termos: há de preferir-se a assimetria de um sistema em que a cláusula de correcção das penas convencionais protege o devedor – atribuindo ao juiz a faculdade de reduzir a pena excessiva – e desprotege o credor – recusando ao juiz a faculdade de reforçar a pena insuficiente –, ou a simetria de um sistema em que a cláusula de correção das penas convencionais protege os dois sujeitos da relação obrigacional?[150]

Não podemos negar que, na prática das nações em que ambas as proposições são válidas, o recurso ao Poder Judiciário é consideravelmente superior para o acolhimento

---

146. PEREIRA, Caio Mário da Silva. *Instituições de direito civil*, v. II, p. 162. Jorge Cesa Ferreira da Silva também se posiciona contrariamente ao aumento judicial da pena, frisando que "o art. 413 não segue o modelo francês atual, de eficiência questionável, acerca da atuação judicial. Compete ao juiz apenas reduzir o montante da pena e não aumentá-la, ainda que a entenda irrisória ou incapaz de atingir os fins a que se destinaria. A matéria é de regulamentação autônoma das partes, tanto que o parágrafo único do art. 416 expressamente reconheceu às partes a livre disposição sobre a indenização suplementar" (*Inadimplemento das obrigações*, pp. 273-274).
147. MAZARESSE, Silvio. *Il códice civile*: commentario, p. 614.
148. No mesmo sentido, as regras uniformes relativas às cláusulas contratuais, aprovadas pela Comissão das Nações Unidas em 1983. O art. 7º dispõe que "o credor pode reclamar indenização por perdas e danos na medida do prejuízo não coberto pela quantia acordada, se o prejuízo sofrido ultrapassar substancialmente aquela quantia".
149. *Cour de cassation* com., 20 déc. 2017, n. 16-18.280, Juris-Data 2017-026642 21 avril 2018 – Vu : 5018 "Les juges du fond disposent d'un pouvoir souverain d'appréciation du caractère manifestement excessif (ou dérisoire) de la clause pénale".
150. OLIVEIRA, Nuno Manuel Pinto. *Cláusulas acessórias ao contrato*, p. 115.

de pleitos que buscam a redução de penas excessivas em detrimento dos sequiosos para agravar penas tímidas.

Porém, como afirma Espin Canovas,

> cualquier solución legislativa debe estar presidida por un mismo criterio para la moderación y para la elevación de la pena. No parece justo que el acreedor pueda exigir el plus de los daños y al deudor se le niegue la moderación de la pena, o viceversa.[151]

O caráter irrisório da pena não significa que o seu montante apenas seja inferior ao dos danos reais. Na verdade, implica um valor exageradamente aquém do prejuízo efetivo do credor, de modo que é corrompida a função de garantia inerente à pena.

A natureza de garantia da cláusula penal é uma constante, mesmo que como tal não se configure em vários ordenamentos jurídicos, como no Brasil. Seja a pena fixada a título de convenção de prefixação de danos, seja de sanção coercitiva, o credor sempre desejará reforçar o cumprimento da obrigação. Ensina Ana Prata que "a cláusula penal, na sua conformação comum, tem a eficácia prática de uma cláusula de agravamento da responsabilidade do devedor, o que justifica a sua concepção funcional como sendo a de uma garantia de cumprimento ou de reforço da obrigação principal".[152]

Mas o agravamento da cláusula penal deve ser considerado de forma distinta, conforme a pena cumpra função indenizatória ou função compulsória. A questão não é singela como pode parecer a um primeiro olhar.

Convencionando-se uma cláusula de perdas e danos, o credor, implicitamente, renuncia à possibilidade de pleitear a indenização nos termos gerais, contentando-se com o valor invariável da pena – à forfait. Excepcionam-se os casos em que se estipula cláusula de dano excedente (art. 416, parágrafo único), ocasião em que o credor poderá provar em juízo a extensão de todos os danos.

Apesar disso, se a cláusula cumpre uma função coercitiva, o credor terá uma faculdade alternativa. A ele será deferido o direito potestativo de deliberar entre o recebimento da pena irrisória ou pleitear as perdas e danos.

Ora, o interesse do credor de uma cláusula indenizatória no agravamento judicial da pena não é o mesmo do credor de uma pena compulsória: o credor de uma cláusula indenizatória deseja reduzir o desequilíbrio entre a pena e os danos reais. Sua pretensão só será legítima se não existir cláusula de dano excedente – pois se pactuada, poderia ele exigir todos os prejuízos sem necessidade de apelo à equidade judicial.

Em sentido contrário, o credor de uma cláusula compulsória deseja um pronunciamento judicial apto a ampliar a desproporção entre a pena e o prejuízo que sofreu. Ele quer manter a finalidade inibitória que presidiu a estipulação da cláusula em um primeiro momento, mas se perdeu quando do inadimplemento. Em outras palavras, se fosse apenas para o juiz aumentar a pena a ponto de ajustá-la ao dano real, o magistrado extirparia sua própria essência, culminando por converter a função coercitiva em inde-

---

151. CANOVAS, Espin. *Manual de derecho civil español*, v. III, p. 166.
152. PRATA, Ana. *Cláusulas de exclusão e limitação da responsabilidade contratual*, p. 52. No mesmo sentido, Karl Larenz (*Derecho de obligaciones*, p. 369).

nizatória. Ademais, adequando o valor da pena ao dano real, a decisão em nada serviria aos interesses do credor, pois poderia alcançar esse resultado simplesmente exercendo a faculdade alternativa de desprezar a pena e propugnar pela indenização dos danos cabais, nos termos gerais.

Em ambas as situações o juiz estará, invariavelmente, realizando a concordância prática entre a proteção fundamental do credor e a do devedor. Dessa forma, é indispensável o recurso à regra da proporcionalidade na condução dessas valorações.

Parece-nos adequado deferir ao juiz o poder de agravar penas indenizatórias irrisórias naqueles casos em que não houve estipulação de cláusula pelo dano excedente. Se houvesse a cláusula, o credor sempre teria a segurança de receber a indenização cabal – desde que provados os prejuízos –, evitando todo e qualquer risco de a pena se situar aquém dos danos. Mas, inexistindo a cláusula de dano excedente, o magistrado só atuará para reforçar a cláusula penal quando manifestamente irrisória. O juiz tão-somente reduzirá o desequilíbrio.

Ao examinar os subprincípios que integram o princípio da proporcionalidade, Suzana de Toledo Barros, refere-se ao princípio da necessidade ou da exigibilidade como um recurso "à ponderação entre o meio utilizado e o fim a ser atingido".[153] Cremos que a majoração da pena insignificante é a via que melhor satisfaz o interesse do direito fundamental do credor à tutela executiva, de maneira a resultar o menor prejuízo ao direito fundamental à proteção do patrimônio mínimo do devedor e, por conseguinte, à sua dignidade. O devedor não será instado a pagar a totalidade dos prejuízos, mas apenas um valor um pouco mais próximo – mas ainda inferior – ao dano real.

Lembremos que o objetivo das "liquidated damages" é o de converter numa quantia presente e, especificada, um valor futuro e incerto, correspondente a danos resultantes de incumprimento – tornando clara as partes as consequências deste incumprimento. Essa antecipação pode criar problemas de divergência por excesso ou por defeito. Ou seja, em alguns casos confrontando um devedor que que no momento de contratar foi excessivamente confiante na sua capacidade para cumprir – com a armadilha de uma cláusula penal que se revela excessiva – e, em outros no caso de um credor que descobre que a cláusula penal é limitativa, o que sobre o prisma da Analise econômica do Direito conduz a situações de cumprimento ineficiente.[154]

Isso significa que, em sede de cláusulas penais de liquidação antecipada de danos, o fato de as partes não ajustarem uma cláusula de dano excedente não implica a impossibilidade de recurso a um juiz diante de uma pena manifestamente insuficiente. Pinto Monteiro enfatiza que,

> no primeiro caso, trata-se de uma opção legislativa, fundada na presunção de que as partes pretendem, acima de tudo, evitar controvérsias e litígios posteriores acerca do montante do dano e, portanto, de um risco assumido pelo credor, ao não reservar para si a possibilidade de obter o ressarcimento integral. No segundo caso, porém, a pergunta que se faz é se a equidade, que permite uma intervenção fiscalizadora no sentido da redução, não deverá permitir, igualmente, uma intervenção do mesmo tipo, no sentido do

---

153. BARROS, Suzana de Toledo. *O princípio da proporcionalidade e o controle de constitucionalidade das leis restritivas de direitos fundamentais*, p. 80.

154. ARAÚO, Fernando. Prefácio a obra de Marcelo Matos Amaro a Silveira, *Cláusula Penal e sinal*, XIV.

aumento da pena, uma vez provado, pelo credor, o seu reduzido montante, em face do dano efectivo, e desde que as demais circunstâncias do caso concreto justifiquem esse reforço. [155]

A título ilustrativo, A e B convencionam uma cláusula de perdas e danos de R$ 100.000,00, justamente por coincidir esse valor com os prejuízos esperados para o eventual descumprimento. Caso os danos efetivos sejam de R$ 500.000,00 duas possibilidades se abrem para o credor: a) se inseriu uma cláusula de dano excedente, pleiteará a indenização cabal com êxito, se conseguir provar a totalidade dos prejuízos; b) não havendo a cláusula, pleiteará a revisão da pena. O juiz concederá um valor razoável entre R$ 100.000,00 e R$ 500.000,00, dependendo das condições e do comportamento das partes, além de todas as variáveis que possam influenciar o caso concreto.

Enfim, se houver uma cláusula de dano excedente, não haverá conveniência em exigir o reforço da pena indenizatória, pois é ilegítima a "exigibilidade de um meio quando resta claro desde logo que se pode recorrer a outro igualmente eficaz, porém menos lesivo, ou quando se comprova ter sido possível alcançar o mesmo objetivo com um meio menos restritivo".[156]

Portanto, se interpretássemos literalmente o parágrafo único do art. 416 do Código Civil, teríamos de negar a possibilidade do reforço judicial da pena em nosso direito positivo. Porém, ao aplicarmos à espécie a cláusula geral da boa-fé objetiva na modalidade de vedação ao exercício abusivo do direito (art. 187, CC), teremos duas novas e importantes constatações em sentido contrário: a uma, o devedor que percebesse que a indenização se convertera em algo módico trataria de descumprir o contrato. A cláusula penal acabaria equivalendo a uma cláusula de arrependimento com faculdade de eleição pelo devedor; a duas, a boa-fé objetiva não é uma máxima ética de conduta que se dirige apenas ao credor. Ela é voltada ao compromisso de ambos os contratantes com a cooperação para o adimplemento.[157] Portanto, não há justificativa material para o art. 413 prever a redução da pena manifestamente excessiva, mas não majorar a manifestamente irrisória. A diferenciação de critérios não encontra qualquer fundamento, a não ser na mente do tradicional intérprete que ainda apela com exclusividade à exegese dos textos.

Todavia, sendo a cláusula penal de índole coercitiva, pelo fato de as partes terem estipulado uma pena claramente superior aos danos previsíveis, caso ao tempo do inadimplemento ocorra uma mitigação nessa proporção e a pena perca o grau de grandeza diante do montante dos danos efetivos, cremos que o credor não será merecedor do acréscimo da pena em juízo. Nesse ponto, compartilhamos do posicionamento de Nuno Manuel Pinto Oliveira, ao entender que conceder ao juiz "a faculdade de agravar a pena compulsória, ampliando a desproporção entre a pena e o prejuízo, é algo de inadequado,

---

155. MONTEIRO, Antônio Pinto. *Cláusula penal e indemnização*, p. 705.
156. BARROS, Suzana de Toledo. *O princípio da proporcionalidade*, p. 80.
157. "Para o cancelamento do nome do devedor no rol dos inadimplentes é necessária a presença dos seguintes elementos: a) a existência de ação proposta pelo devedor, contestando a exigência integral ou parcial do débito; b) a demonstração, nesse ponto, da aparência do bom direito; c) sendo a contestação de apenas parte da dívida, o depósito da parcela tida como incontroversa ou o oferecimento de caução idônea". 7 – Mora configurada do devedor, uma vez não depositada por ele a parte incontroversa da dívida ou não prestada o correspondente caução" (STJ, REsp 677.679/RS, Rel. Min. Barros Monteiro, 4. Turma, *DJ* 3/4/2006).

de inconveniente e de desnecessário, por implicar uma proteção excessiva ao interesse do credor".[158]

No direito brasileiro – diversamente do que ocorre na *common law* –, a responsabilidade civil, seja ela negocial, seja extranegocial, é essencialmente indenizatória, pois objetiva a reparação dos danos sofridos pelo ofendido (credor ou vítima). É a dicção dos arts. 402 e 944 do Código Civil. Especificamente em sede negocial, a previsão de uma cláusula penal é uma porta de ingresso para a criação de uma função coercitiva para o inadimplemento, pela via da autonomia privada.

Entendemos que o magistrado não possui o poder de criar ou de reforçar cláusulas penais *stricto sensu*. O poder inibitório judicial está consubstanciado na fixação das *astreintes*. O juiz não pode se substituir aos contratantes para regulamentar penas privadas ou majorá-las caso constate sua fragilidade em proporção aos prejuízos efetivos do credor. A coerção serve a um interesse específico do credor e deve ser apreciada de acordo com estritamente necessário para a consecução de seu fim.

Exemplificando, A e B delimitam um montante de pena compulsória de R$ 100.000,00 sendo que os danos previsíveis alcançariam o valor de R$ 20.000,00. Caso o prejuízo real do credor com o descumprimento alcance a cifra de R$ 80.000,00, não será adequado pleitear um acréscimo da pena para R$ 120.000,00 ou mais. O magistrado simplesmente estaria punindo o devedor em razão da redução de significado da cláusula inibitória. Essa prática não coaduna com a razoabilidade.

Mas, aproveitando o exemplo anterior, o que aconteceria se os danos sofridos pelo credor alcançassem o valor de R$ 150.000,00? Tornando-se a pena coercitiva bem inferior ao valor dos danos efetivos, poder-se-ia apelar para a intervenção judicial?

Neste caso, mesmo tendo sido a cláusula penal projetada para o exercício da função compulsória, entendemos que, com base no art. 478 do Código Civil, poderia o credor provar a superveniência de fato extraordinário que tornou a pena irrisória, pleiteando a revisão da cláusula penal. A final, o controle da cláusula penal é uma espécie do gênero "revisão/modificação contratual". A variação da base negocial que interfira na causa do negócio permitirá uma forma específica de revisão da própria cláusula. Seria um recurso externo e subsidiário de intervenção judicial utilizado naquelas hipóteses em que o controle interno não fosse factível.[159]

Concluindo, é importante não confundir as cláusulas penais – sejam elas compulsórias ou indenizatórias – com as cláusulas limitativas de responsabilidade. Se as partes estipularam um teto indenizatório, qualquer que seja o dano efetivo, terá o credor de se contentar em receber aquele valor ajustado a título de *plafond*. Assim, se ao interpretar o negócio jurídico restar claro ao magistrado que as partes pretenderam fixar como limite máximo de pena o valor de R$ 100,000,00 quando os danos previsíveis oscilavam em

---

158. OLIVEIRA, Nuno Manuel Pinto. *Cláusulas acessórias ao contrato*, p. 118.
159. Nesse sentido o Enunciado no 358 da 4. *Jornada de Direito Civil do CJF*: "O caráter manifestamente excessivo do valor da cláusula penal não se confunde com a alteração de circunstâncias, a excessiva onerosidade e a frustração do fim do negócio jurídico, que podem *incidir autonomamente e possibilitar a sua revisão para mais ou para menos*". (Grifos nossos)

torno de R$ 200.000,00, mesmo que os danos reais atinjam o montante de R$ 500.000,00, sobejará a pretensão do crédito a apenas R$ 100.000,00.

Certamente, deixando de cumprir o devedor por culpa grave ou dolo, patente a lesão à ordem pública, concordamos com Maria Dolores Mas Badia quando adverte que *en estos casos, el juez debería declarar nula la cláusula penal y aplicar el régimen legal de responsabilidad, condenando al resarcimiento de los daños y perjuicios realmente producidos por el incumplimiento.*[160]

9.5 O CONTROLE NORMATIVO DA CLÁUSULA PENAL

O art. 412 do Código Civil dispõe que "o valor da cominação imposta na cláusula penal não pode exceder o da obrigação principal". Sabemos que esse dispositivo é inócuo. Na verdade, as partes têm liberdade de fixar uma pena superior aos danos previsíveis (função compulsória), autonomia para estipular um montante próximo ao valor dos prejuízos estimados (função de prefixação de danos), bem como a faculdade de conceber uma pena cujo valor fique propositadamente aquém de eventuais danos. Nesse caso, não mais será uma cláusula penal, pois perdeu a função de garantia, convertendo-se em cláusula de limitação de indenização.[161]

Enfim, no conserto entre a autonomia privada e as possibilidades que se instauram com os arts. 413 e 416, parágrafo único, do Código Civil, mais do que nunca se torna acertada a advertência de Caio Mário da Silva Pereira quanto ao referido art. 412:

O novo código mantém um princípio que no regime de 1916 já não tinha justificativa. E, na sistemática do atual, menos cabimento traz. A manutenção é fruto da pura força da inércia. Uma vez que estava, ficou. Somente as partes são interessadas em reforçar o cumprimento da obrigação com uma pena convencional. E, do mesmo modo que são livres de inseri-la ou não, no texto ou em apartado, devem ter o arbítrio de graduá-la nos limites de suas conveniências, estimando-a em cifra mais ou menos elevada.[162]

A questão da imposição de um teto legal para a cláusula penal é cuidadosamente enfrentada por Pontes de Miranda. Explica o civilista das Alagoas que, nos diversos sistemas jurídicos, a técnica legislativa cogita de proteger os devedores em face de penas elevadas ou desproporcionais de três formas: "a) a da nulidade da cláusula

---

160. BADIA, Maria Dolores Mas. *La revision judicial de las clausulas penales*, p. 266.

161. Infelizmente o Superior Tribunal de Justiça persiste no equívoco de origem: "Tanto é assim que o art. 412 do CC/2002, em linha com as mais modernas legislações que se extraem do direito comparado e com a natureza meramente reparatória da cláusula penal moratória, estabelece, prevenindo o enriquecimento sem causa do lesionado, que o valor da cominação imposta na cláusula penal não pode exceder o da obrigação principal. Já o art. 413 do diploma civilista, com o mesmo intento de claramente conferir caráter reparatório, e não punitivo, da cláusula penal, dispõe que a penalidade deve ser reduzida equitativamente pelo juiz se a obrigação principal tiver sido cumprida em parte ou se o montante da penalidade for manifestamente excessivo, tendo em vista a natureza e a finalidade do negócio". (REsp 1.498.484-DF, Rel. Min. Luis Felipe Salomão, Segunda Seção, por maioria, DJe 25/06/2019 -Tema 970)

162. PEREIRA, Caio Mário da Silva. *Instituições de direito civil*, v. II, p. 158. Por isso, ousamos discordar de Judith Martins-Costa quando explica que a norma do art. 412 "é norma geral para as cláusulas penais compensatórias" e o valor da pena não pode ultrapassar o valor da prestação, "pena de enriquecimento injustificado" (*Comentários ao novo código civil*: do inadimplemento das obrigações, p. 463).

excessiva; b) a da redutibilidade por sentença; c) a da limitação *ipso iure* (técnica do máximo)".[163]

O Código Civil de 1916 (art. 920) e o Código Civil de 2002 (art. 412) se referiram à imposição da técnica do máximo legal fixando o limite da pena que não extrapolaria o da obrigação principal, admitindo-se agora a redutibilidade por sentença (art. 413).

A questão dos limites da cláusula penal foi intensamente debatida quando do advento da Lei 22.626/33 – conhecida como Lei da Usura, que dispõe sobre o controle dos contratos de mútuo –, especificamente em seu art. 9º nos seguintes termos: "Não é válida cláusula penal superior a 10% (dez por cento) do valor da dívida".

Uma segunda norma que se relaciona à cláusula penal é o art. 8º, *caput*, da mesma lei especial, assevera que

> Art. 8º As multas ou cláusulas penais, quando convencionadas, reputam-se estabelecidas para atender a despesas judiciais, e honorários de advogados, e não poderão ser exigidas quando não for intentada ação judicial para cobrança da respectiva obrigação.

Houve intenso debate doutrinário e jurisprudencial sobre o alcance das duas normas. Elas teriam abrangência geral ou ficariam confinadas aos contratos de mútuo?

Serpa Lopes afirma que qualquer tentativa de isolamento é arbitrária. Tratando-se a Lei de Usura de diploma de ordem pública, não há fundamento na lei para amparar qualquer restrição ao seu campo de aplicação, eis que "O intuito do legislador foi punir a usura, e a usura deve ser objeto de sanção em todos os contratos de qualquer espécie onde quer que ela reponte".[164]

Em sentido contrário, o Supremo Tribunal Federal[165] se manifestou pela interpretação restritiva. A Lei de Usura seria aplicável tão-somente ao contrato de mútuo. No mesmo direcionamento restou mantida a orientação do Superior Tribunal de Justiça[166] após a Constituição Federal de 1988.

Entendemos que deve prevalecer a tese restritiva sustentada pelos tribunais superiores. A extensão dos dispositivos da Lei de Usura à generalidade dos contratos seria perniciosa por desestimular a função coercitiva da pena, impedindo que ela possa servir de fator inibitório ao inadimplemento. Basta refletirmos sobre o citado art. 8º do Decreto 22.626/33, que, aplicado inadvertidamente, restringiria a cláusula penal às custas processuais e aos honorários advocatícios. A pena não exerceria cariz compulsório, havendo grande estímulo ao descumprimento das obrigações.

Outrossim, seria sacrificado o art. 404 do Código Civil, cujo teor enuncia que, nas obrigações de pagamento em dinheiro, as perdas e danos serão pagas com atualização

---

163. PONTES DE MIRANDA. *Tratado de direito privado*, t. XXVI, § 3.113, p. 70.
164. SERPA LOPES, Miguel Maria de. *Curso de direito civil*, II, p. 162. Pontes de Miranda caminha em idêntica trilha e busca solução de compromisso ao restringir as normas dos art. 8º e 9º da Lei 22.626/33 à cláusula penal moratória, sobejando ao Código Civil de 1916 a regulação do teto da cláusula compensatória (*Tratado de direito privado*, t. XXVI, § 3.113, p. 68).
165. RE 6.799/RN, Rel. Min. José Linhares, j. 20/4/1993, *RT* 157/371.
166. REsp 151458, 3. T. Rel. Min. Carlos Alberto Menezes Direito, *DJU* 17/3/2003.

CAPÍTULO 9 • O CONTROLE DA CLÁUSULA PENAL

monetária, abrangendo juros, custos, honorários, sem prejuízo da pena convencional. Cuida-se de cláusula penal bem mais interessante ao credor.[167]

Por isso, bem andou Jorge Cesa Ferreira da Silva ao concluir que

os arts. 8º e 9º da lei de usura não se fazem aplicáveis, ao lado do novo Código Civil, genericamente. Cabe-lhe, pois, a abrangência restrita ao mútuo, contra o que o novo Código nada apresenta em sentido contrário. A matéria da cláusula penal não foi especificamente regulada nos dispositivos referentes ao mútuo (art. 586-592), de modo a se fazer possível a convivência entre norma especial e norma geral.[168]

Outros limites legais para cláusulas penais moratórias surgiram com o tempo. Vejamos alguns exemplos que estão em leis especiais e no Código Civil:

a) nos negócios que configuram relações jurídicas de consumo na modalidade de crédito ou financiamento,[169] o valor da cláusula penal moratória não pode ultrapassar o limite de 2% do valor do débito (art. 52, § 1º, do CDC, com redação da Lei 9.298/96);[170]

b) no compromisso de compra e venda de imóveis loteados (art. 11 Decreto-lei 58/37; art. 26, Lei 6.766/79), há o limite de 10%;

c) idêntico limite é fixado para as cédulas hipotecárias (art. 34, Decreto-lei 70/66), títulos de crédito rural (art. 71, Decreto-lei 167/67) e títulos de crédito industrial (art. 58, Decreto-lei 413/69);

d) nos débitos condominiais edilícios, a multa será de até 2% sobre o valor da prestação (art. 1.336, § 1º, CC).

Em todas essas situações, poderá o devedor pleitear em juízo a redução da pena manifestamente excessiva, caso o valor da pena moratória – mesmo com o teto legal – se torne violentamente desproporcional ao prejuízo do credor. Assim, se A atrasa o pagamento da prestação do compromisso de compra e venda em um dia, não seria razoável sofrer a multa de 10% na integralidade, além de pagar a prestação que se mantém proveitosa para o credor.

Isso significa que o art. 413 do Código Civil – como verdadeira cláusula geral que ilumina o modelo jurídico da cláusula penal – é interpretado pela regra da proporcionalidade e pela diretriz da concretude, tão cara a Reale. Qualquer ato de autonomia privada será filtrado pelo princípio da solidariedade, não importa seja a pena convencional de natureza compensatória, moratória ou com função coercitiva ou indenizatória. As diversas cláusulas penais se submetem ao controle de legitimidade pelo ordenamento jurídico.

---

167. Súmula no 616 do Supremo Tribunal Federal: "É permitida a cumulação da multa contratual com os honorários de advogado, após o advento do CPC vigente".

168. SILVA, Jorge Cesa Ferreira da. *Inadimplemento das obrigações*, p. 252.

169. Roberto Senise Lisboa adverte que "o legislador consumeirista não regulou por completo a matéria, o que significa que, à exceção daquilo que expressamente dispuser o Código de Defesa do Consumidor, poderão as partes fixar cláusula penal mediante aplicação subsidiária do Código Civil" (*Contratos difusos e coletivos*, p. 389).

170. O mesmo raciocínio tem sido aplicado para imputação de multa moratória nos contratos de prestação de serviços educacionais (STJ, 3.ª T, REsp 476. 649-SP, Rel. Min. Nancy Andrighi, j. 20/11/2003).

Adverte Cristiano Chaves de Farias que

não se tente justificar na autonomia da vontade a liberdade de estipulação de tais cláusulas. É que na sociedade contemporânea o contrato se presta a um fim social, é mecanismo essencial de acesso a bens de consumo essenciais (*v.g.*, alimentos, vestuário, saúde, educação, lazer, etc.). Ora na profusão de tais contratos e considerada a necessidade de contratar, é possível que, muitas vezes, a parte se submeta a uma cláusula penal excessiva por não ter meios de discuti-la ou pela premente necessidade de ter acesso ao bem objeto do contrato.[171]

---

171. FARIAS, Cristiano Chaves de. *Miradas sobre a cláusula penal no direito contemporâneo*, p. 261.

Capítulo 10
Cláusula Penal: Contratos de Consumo e Contratos Interempresariais

10.1 OS TRÊS SUJEITOS CONTRATUAIS

O Código Civil de 1916 é tido como o último dos códigos dos oitocentos. De fato, imbuído do espírito napoleônico do *Code* de 1804, preconizava a igualdade formal de todos perante a lei. Em um viés universalizante, a modernidade conferia abstratamente a todos os homens a igualdade e a liberdade no campo do direito privado como forma de supressão das desigualdades provenientes da distinção entre a nobreza e as classes inferiores. A presença do Estado como fornecedor monopolista do arcabouço normativo era imprescindível para institucionalizar o discurso da segurança jurídica.

Mas o conceito global de sujeito de direitos e cidadão abstrato há muito entrou em crise. Na exata dicção de Ricardo Lorenzetti, "a crise das visões totalizadoras fez explodir todo o texto unificador. Os interesses são individuais ou setoriais, perfeitamente diferenciados uns dos outros".[1]

A pós-modernidade é marcada pela fragmentação. Sai de cena o "cidadão comum" e entra em cena a pessoa, dotada de situações subjetivas existenciais e patrimoniais. Para cada papel que exercite há uma lei ou microssistema que regule parcialmente o seu agir, sempre submetido ao texto constitucional e ao império dos direitos fundamentais provenientes do direito interno ou do internacional.

O Código Civil de 2002 é um código central despido da pretensão totalitária de exaurir dentro de si o conjunto do direito privado brasileiro. Como sintetiza Clóvis do Couto e Silva,[2] a sua importância reside em dotar a sociedade de uma técnica legislativa e jurídica que possua unidade valorativa e conceitual, ao mesmo tempo em que infunda nas leis especiais essas virtudes, permitindo à doutrina poder integrá-las num sistema, entendida, entretanto, essa noção de modo aberto.

Não poderia ser de outra forma. O pluralismo é o signo da pós-modernidade e o direito emerge de diversos sítios. Para uma sociedade complexa, surge a necessidade de atuação de um sistema jurídico igualmente complexo, porém eficiente, a fim de que várias normas convivam de forma coordenada e possam, pelo menos no que tange à matéria obrigacional, realizar a finalidade constitucional de edificação de uma sociedade livre, justa e solidária (art. 3º, I, CF).

---

1. LORENZETTI, Ricardo. *Fundamentos do direito privado*, p. 53.
2. COUTO E SILVA, Clóvis do. *O direito civil brasileiro em perspectiva histórica e visão de futuro*, p. 30. Explica o autor que "é reconhecida ao contrato uma dimensão conceitual plural e não homogênea. O contrato são os contratos" (op. cit., p. 133).

Está em curso o fenômeno da *pluralização da subjetividade jurídica*. Todos somos pessoas em todas as circunstâncias de nossas vidas, esta é uma noção absoluta. Mas, nas relações contratuais, as qualificações de civis, consumidores ou empresários são estatutárias e relacionais, pois, exemplificativamente, só poderá ser chamado de consumidor quem estiver situado em determinada relação (relação de consumo) e numa determinada posição (*status*), tudo dependendo, portanto, das circunstâncias do caso. Todos somos pessoas em qualquer circunstância, mas em cada contrato serão as circunstâncias que constituirão o filtro pelo qual serão sopesados os princípios e as regras contratuais, tudo conforme os papéis sociais desempenhados pelos sujeitos contratantes.[3]

Após invocar o diálogo de fontes de Eric Jayme como forma de expressar a necessidade de uma aplicação das leis de direito privado coexistentes no ordenamento brasileiro, Cláudia Lima Marques ensina que a construção de um direito privado depende do grau de domínio dos aplicadores do direito sobre o sistema de coexistência do direito civil, do empresarial e do consumidor, "pois a reconstrução do direito privado brasileiro identificou três sujeitos: o civil, o empresário e o consumidor".[4]

A opção legislativa para o Código Civil foi pela unificação das obrigações civis e empresariais, porém com exclusão de regulação das relações consumeristas. Isso significa que o Código de 2002 disciplina as relações intercivis e interempresariais (entre iguais), mas abdica de cuidar das relações entre consumidores e fornecedores (desiguais), incidindo microssistema legislativo específico para tanto, o Código de Defesa do Consumidor.

A Lei da Liberdade Econômica (Lei n. 13.874/19) realçou o fenômeno da pluralização da subjetividade jurídica, ao inserir no art. 421-A uma distinção entre contratos civis e empresariais, que, em comum, presumem-se paritários e simétricos. Pela primeira vez, explicitamente o Código Civil realiza tal distinção, já que com a unificação das obrigações civis e empresariais empreendida em 2002, tornou-se um macrossistema, que trata das relações civis e empresárias, complementado pelos microssistemas e leis esparsas. Porém, a tendencial simetria das relações interempresariais é menos frequente no campo das relações intercivis. Todavia, o *status* de cada um desses personagens é essencialmente dinâmico. Aquele sujeito de direito que, em determinada relação obrigacional, desempenha o papel de empresário, poderá atuar como civil em outro contrato, nada impedindo que, em algum momento, se identifique como consumidor. O mesmo tipo contratual ensejará aplicação de normas distintas, conforme a mutação subjetiva e finalística da hipótese de incidência. Quer dizer, a igualdade ou a diferença serão visualizadas na concretude do caso, de acordo com o papel a ser desempenhado pelo agente econômico comparativamente ao outro agente econômico de determinada

---

3. MARTINS-COSTA, Judith. *O método da concreção e a interpretação do contrato*, p. 142.
4. MARQUES, Claudia Lima. *O novo modelo de direito privado brasileiro e os contratos*, p. 55. A autora explicita que "outro elemento novo, neste olhar mais pós-moderno dos contratos e do campo de aplicação do Código Civil de 2002, é a função. Em outras palavras, como a relação pode ser civil, comercial e de consumo, não há como retirar da análise do aplicador da lei a visão funcional desta relação e do contrato daí resultante. Há uma mudança de paradigma no fato de o direito privado atual concentrar-se não mais no ato (de comércio ou de consumo/destruição) e sim na atividade, não mais naquele que declara (liberdade contratual), mas no que recebe a declaração (confiança despertada), não mais nas relações bilaterais, mas nas redes, sistemas e grupos de contratos. Há uma nova visão finalística e total (holística) da relação contratual complexa atual" (op. cit., p. 58).

CAPÍTULO 10 • CLÁUSULA PENAL: CONTRATOS DE CONSUMO E CONTRATOS INTEREMPRESARIAIS **259**

relação jurídica. Um contrato de compra e venda será civil, empresarial ou de consumo conforme a posição que se encontre naquela obrigação específica.

O contrato é o ponto de encontro de direitos fundamentais: de um lado a autonomia privada, derivativo da liberdade no campo das relações civis; de outro, a igualdade material e a solidariedade, princípios que iluminam a boa-fé objetiva, função social dos contratos e equilíbrio contratual. Em sede de eficácia horizontal dos direitos fundamentais nas relações privadas, a maior ou menor prevalência da autonomia privada oscilará conforme estivermos diante de contratos empresariais (AP forte), contratos civis (AP média) e contratos massificados, notadamente os de consumo, administrativos ou que envolvam mercados regulados, nos quais a autonomia privada será fraca. Fatalmente, a distinção entre contratos empresariais, civis e de consumo será um importante indício para a ampliação ou não do raio de autodeterminação das partes. Todavia, a adequação entre a autonomia privada e os princípios sociais do contrato também dependerá de uma avaliação objetiva dos interesses econômicos envolvidos, poderes decisórios e forma de contratação. Ilustrativamente, mm acordo de acionistas é um contrato empresarial onde a boa-fé terá grande importância.[5]

Calixto Salomão Filho esclarece que esta contínua movimentação é dada pela tensão constante entre interesses que exigem tratamento diferenciado (ou pela profissionalidade – como era o caso dos comerciantes, agora empresários – que requer em muitos casos que a eles seja dado tratamento jurídico mais rigoroso ou, ao contrário, pela necessidade de proteção especial de determinados grupos de hipossuficientes, como é o caso da legislação do consumidor) e as forças constantes, historicamente importantes no campo do direito civil, no sentido da generalização e da universalização de tratamento jurídico uniforme.[6]

Pode-se dizer hoje que o direito dos contratos se depara com uma dualidade de espaços normativos, diferenciados pelo distinto grau de acolhimento da liberdade contratual. Há uma área em que a autonomia negocial é consagrada com muita amplitude e outra em que vigoram limites especiais de conteúdo fortemente restritivos da liberdade de modelação. As estipulações que são perfeitamente válidas em contratos negociados e entre partes tendencialmente iguais, serão feridas de nulidade quando caem dentro do âmbito de aplicação de um certo modo de contratar – a adesão a cláusulas contratuais gerais –, ou à natureza funcional da relação (como a relação de consumo). Nessas hipóteses a liberdade dos privados se submeterá a um controle de conteúdo, dentro de limites mínimos de equilíbrio contratual.[7]

Destarte, cumpre-nos examinar este sistema de direito privado tripartido. Três protagonistas que culminam por imprimir uma divisão entre um direito civil geral (a

---

5. Rodrigo Fernandes Rebouças aduz que urge "implementar a aplicação de uma gradação do poder de autonomia privada conforme os interesses econômicos envolvidos, os poderes de decisão, a forma da contratação, as circunstâncias negociais, entre outros aspectos socioeconômicos". In Autonomia privada e a análise econômica do contrato, p. 39.

6. SALOMÃO FILHO, Calixto. A fattispecie empresário no novo Código Civil, p. 127-128. Enfatiza o Professor das Arcadas que "em presença das enormes disparidades econômicas geradas pela sociedade moderna, a generalidade de tratamento atribuída pelas normas civis clássicas, ao invés de uma garantia do cidadão, com frequência revela ser um grave risco e uma importante fonte de aprofundamento dos desequilíbrios sociais e econômicos" (op. cit., p. 128).

7. SOUSA RIBEIRO, Joaquim de. Direito dos contratos, op. cit., p. 227.

teoria geral das obrigações) e dois direitos especiais, o direito empresarial e o direito do consumidor. Em comum, o fato de que a constitucionalização do direito privado abarca os três modelos legislativos. A Constituição Federal direciona o sistema jurídico de forma holística; o Código Civil ocupa o posto de centralidade do direito privado e o microssistema consumerista atua de forma especial, podendo se servir do Código Civil em caráter de complementaridade.

10.2 CONTRATOS CIVIS E CONTRATOS DE CONSUMO

10.2.1 Diálogo de fontes

A justificação das primeiras gerações de direitos fundamentais foi o fato de pertencerem indiscriminadamente a qualquer indivíduo, com a conotação da universalidade, independente de sua nacionalidade, crença, raça ou ideologia. Não por outra razão, a Declaração Universal de Direitos Humanos de 1948 aduz que: "Todos os seres humanos nascem livres e iguais em dignidade e direitos".

Via de consequência, quando a primeira, a segunda e a terceira gerações de direitos fundamentais estabelecem, respectivamente, a tutela da liberdade do cidadão perante o Estado, os direitos econômico-sociais e o direito difuso à qualidade de vida, em comum, a humanidade recepciona garantias válidas para qualquer ser humano.

O consumidor, todavia, situa-se em um contexto diferenciado. Ele se insere em uma quarta geração de direitos fundamentais, por muitos nominada como "o direito à diferença".[8] Trata-se de direitos que derivam de um processo de diferenciação de uma pessoa perante outra, com respeito extremado pela sua autonomia – atributo componente da dignidade do ser humano – em questões existenciais como a eutanásia, o transexualismo, o consentimento informado, o aborto e, igualmente em aspectos patrimoniais, como uma tutela diferenciada do ordenamento jurídico em prol de sujeitos que compõem relações assimétricas que não podem ser disciplinadas da mesma forma que as relações obrigacionais civilistas.[9-10]

A pós-modernidade procura a igualdade material através de um tratamento francamente discriminatório em favor da pessoa que exerce o *status* de consumidor, sujeito débil das relações de mercado. Enquanto o direito civil da modernidade se concentra no primado da universalidade com atribuição indiscriminada de liberdade e igualdade – "*toda pessoa é capaz de direitos e deveres na ordem civil*" (art. 1º, do Código Civil), o

---

8. Ricardo Lorenzetti preceitua que, embora o direito de ser diferente constitua uma derivação da liberdade, culmina por ser aplicado "a um campo em que tradicionalmente, reinou o público, o homogêneo, e que se considerou vital para o funcionamento social" (*Fundamentos do direito privado*, op. cit., p. 155).

9. SILVA, José Afonso da. *Comentário contextual à Constituição*. São Paulo: Malheiros, 2005, p. 60.

10. Um contrato empresarial que ameace a criação de oligopólio requer enérgica atuação do CADE; um negócio jurídico interempresarial envolvendo a edificação de empreendimento em área de preservação ambiental requer imediata atuação do Ministério Público. Enfim, é amplamente justificada a legitimação das entidades descritas nos arts. 5º da Lei 7.347/85 e 82 da Lei 8.078/90, para provocarem a nulidade de cláusulas que ofendem valores reconhecidamente caros ao corpo social.

direito do consumidor assume o postulado da vulnerabilidade e a cisão entre desiguais: consumidores e fornecedores.[11]

José Reinaldo de Lima Lopes explica que o objeto do CDC não são apenas as relações negociais privadas, mas a regulação do mercado de consumo, que pretende evitar a concentração incontrolada do poder econômico. Como uma das faces do direito social, o direito do consumidor detém caráter distributivo, o que significa que as regras das relações de consumo "são regras de alocação de custos e riscos no mercado, não apenas regras de determinação de culpas individuais. Não se trata, pois, apenas de 'distribuir' dentro das relações bilaterais o custo dos acidentes, da comercialização ou circulação de produtos e serviços. Trata-se de distribuir agregadamente, e isto é feito no direito do consumidor, assumindo que as unidades produtivas (os fornecedores, na linguagem jurídica do código) são centros mais adequados de distribuição, já que podem dissolver, disseminar ou pulverizar os custos agregados repassando-os para os preços. Essa é a lógica da distribuição, que dispensa, como se vê, um juízo de culpa, exceto por meio de exceção".[12]

O Código de Defesa do Consumidor tem o seu berço na Constituição Federal de 1988, mais precisamente no art. 48 da ADCT e, especialmente, no art. 5º, XXXII, cuja ação afirmativa determina que "O Estado promoverá, na forma da lei, a defesa do consumidor". Igualmente, o art. 170 da Constituição Federal expressa que a ordem econômica constitucional é fundada na livre-iniciativa (*caput*), compatibilizada, porém, com a proteção aos direitos dos consumidores (inciso V). A Lei 8.078/90 é qualificada pela horizontalidade, pois não tem como objetivo simplesmente regular uma matéria, mas praticar um corte sobre todas as outras disciplinas jurídicas para uma eficiente proteção jurídica de um sujeito especial de relações obrigacionais. O princípio da vulnerabilidade define o campo protetivo do CDC. A tutela especial se concretizará em todo contexto de relações em que a pessoa se identifica com um grupo de destinatários finais que adquirem ou utilizam serviços ou produtos, relacionando-se com um empresário, fornecedor deste serviço ou produto ao mercado (arts. 2º e 3º da Lei 8.078/90).

Em contrapartida, o Código Civil toma para si a tarefa de disciplinar as relações contratuais entre dois iguais – consumidores ou dois iguais – fornecedores entre si. Não se tratando de relações paritárias entre civis – geralmente iguais ou "quase iguais" – ou entre empresários (profissionais), o paradigma da diferença ingressa no Código de Defesa do Consumidor quando estabelece em seu art. 1º, a natureza de suas normas como de ordem pública e interesse social. A função social das obrigações consumeristas objetiva tutelar a parte frágil nas relações de massa com a incidência de normas diferenciadas no trato da responsabilidade civil, da regulamentação da oferta e dos vícios de produtos e

---

11. STJ, Informativo 651, 2 de agosto de 2019: "Ao estabelecer as normas destinadas à proteção contratual do consumidor, o legislador não revogou a liberdade contratual, impondo-se apenas uma maior atenção ao equilíbrio entre as partes, numa relação naturalmente desequilibrada. A proteção contratual não é, portanto, sinônimo de impossibilidade absoluta de cláusulas restritivas de direito, mas de imposição de razoabilidade e proporcionalidade, sempre se tomando em consideração a natureza do serviço ou produto contratado" (REsp 1.778.574-DF, Rel. Min. Marco Aurélio Bellizze, Terceira Turma, por unanimidade, DJe 28/06/2019).

12. LIMA LOPES, José Reinaldo de. *Direito civil e direito do consumidor* – princípios, p. 109-110.

serviços, da nulificação de cláusulas abusivas, da interpretação de contratos e de vários outras.[13]

A relação será civil, empresarial ou de consumo conforme a sua função, consoante a característica finalística da relação obrigacional.[14] Vale dizer, a presença de um destinatário final de produto ou serviço será o elemento decisivo para a aplicação equitativa das normas do Código de Defesa do Consumidor, mesmo que a matéria seja comercial. Segundo a Professora Titular da Universidade Federal do Rio Grande do Sul, Cláudia Lima Marques, "trata-se, pois, de uma opção subjetiva a definição do papel que o sujeito exerce no mercado, naquele momento e naquele contexto relacional, é que definirá o campo de aplicação das leis e a maneira como elas dialogam ou se aplicam, ao mesmo tempo, àquela mesma situação jurídica: prioritariamente ou subsidiariamente! E mais do que isto, a finalidade (civil, empresarial ou de consumo) da relação é outro fator a considerar [...] do domínio desta destinação subjetiva e finalista (relação entre iguais, de finalidade puramente civil ou de finalidade comercial e relação mista entre diferentes ou de consumo), depende a própria compreensão sobre a aplicação da nova lei (Código Civil de 2002) e suas antinomias (reais e aparentes) ou diálogos com as leis especiais anteriores, como o Código de Defesa do Consumidor".[15]

A discussão mais delicada concerne à definição do conceito básico de consumidor, do art. 2º, da Lei 8.078/90, dispondo que: "Consumidor é toda pessoa física ou jurídica que adquire ou utiliza produto ou serviço como destinatário final". E a vigência do Código Civil gerou novos rumos à controvérsia, que parece encaminhada a uma pacificação.

Em tese, incidem quatro situações fáticas que podem ser qualificadas como atos de consumo: (1) aquisição onerosa de produtos ou serviços para fins de revenda no mesmo estado em que foram adquiridos. Seria o caso intermediário/distribuidor/importador. *V.g.* o comerciante que adquire tomates do fornecedor para revendê-los em seu estabelecimento. Estes sujeitos não encerram o ciclo econômico de circulação dos bens; (2) aquisição de um bem para fins de transformação ou incorporação em outro bem. Há um insumo que retorna ao mercado após o processo de incorporação/transformação. Ilustrativamente, seria o caso do padeiro que adquire farinha para confeccionar pães e bolos ou o fabricante de automóveis que adquire pneus para os veículos que serão comercializados; (3) aquisição de um bem para uso instrumental em atividade-fim. A aquisição se dá em caráter auxiliar de uma atividade produtiva. Exemplificativamente, o padeiro adquire um forno industrial para incrementar o seu negócio ou o proprietário de escola

---

13. Por tais razões o Código Civil se insere como macrossistema do direito privado e certas leis esparsas, como a lei de locações de imóveis urbanos (Lei 8.245/91) e o Código de Defesa do Consumidor consistem em microssistemas que tratam de atividades econômicas específicas, agindo em coordenação com o Código Civil, naquilo que se conhece como "*diálogo de fontes*".

14. STJ. Informativo 500, de 18 a 29.6.2012. Quarta Turma: "*FACTORING*. OBTENÇÃO DE CAPITAL DE GIRO. CDC. A atividade de *factoring* não se submete às regras do CDC quando não for evidente a situação de vulnerabilidade da pessoa jurídica contratante. Isso porque as empresas de *factoring* não são instituições financeiras nos termos do art. 17 da Lei n. 4.595/1964, pois os recursos envolvidos não foram captados de terceiros. Assim, ausente o trinômio inerente às atividades das instituições financeiras: coleta, intermediação e aplicação de recursos. Além disso, a empresa contratante não está em situação de vulnerabilidade, o que afasta a possibilidade de considerá-la consumidora por equiparação (art. 29 do CDC). Por fim, conforme a jurisprudência do STJ, a obtenção de capital de giro não está submetida às regras do CDC" (REsp 938.979-DF, Rel. Min. Luis Felipe Salomão, j. em 19.6.2012).

15. MARQUES, Claudia Lima. *O novo modelo de direito privado brasileiro e os contratos*, op. cit., p. 85.

de natação adquire sistema de aquecimento para a piscina; (4) por fim, a aquisição do produto/serviço para fins de retirada do mercado, sem qualquer finalidade econômica, ou seja, sem a pretensão de utilizar o bem para fins de insumo nem de conceder a ele uso instrumental em sua atividade-fim.

Duas teorias procuram justificar quais destas relações obrigacionais identificam um consumidor em sentido estrito. As teorias finalista e maximalista se confrontam em torno da conceituação deste sujeito especial de relações obrigacionais.

De acordo com a teoria finalista, de índole subjetiva, o consumidor é o destinatário fático e econômico do produto ou serviço. O que distingue o consumidor do não consumidor é o elemento da profissionalidade. Para tanto, faz-se uma interpretação teleológica do art. 2º do Código de Defesa do Consumidor, a fim de se concluir que o microssistema é direcionado somente ao consumidor não profissional, que se encontra na etapa derradeira da atividade econômica, pois adquire o bem de um fornecedor para uso próprio ou familiar, sem finalidade de lucro. Em suma, para ser consumidor não basta o ato objetivo de retirar o bem de circulação, fundamental é que haja a finalidade (daí o nome da teoria) do adquirente/utente de conceder ao produto ou serviço uma destinação privada, sem qualquer inserção em uma atividade produtiva. Ao atender a uma necessidade pessoal, o consumidor se situa na posição de destinatário final econômico do produto ou serviço. À luz da teoria finalista, só haveria consumidor em sentido estrito na hipótese n. 4. Nas três situações descritas anteriormente, o adquirente do bem jurídico seria um empresário. Desse modo, a relação de consumo (consumidor final) não pode ser confundida com relação de *insumo* (consumidor intermediário).[16]

Antônio Herman Benjamin retira da teoria finalista o seu exato conceito de consumidor: "é todo aquele que, para seu uso pessoal, ou de sua família, ou dos que se subordinam por vinculação doméstica ou protetiva a ele, adquire ou utiliza produtos, serviços ou quaisquer outros bens ou informação colocados à sua disposição por comerciantes ou por qualquer outra pessoa natural ou jurídica, no curso de sua atividade ou conhecimento profissionais".[17] Aliás, há de se esclarecer que o valor da operação comercial envolvida em um determinado contrato, o nível socioeconômico ou cultural do consumidor, ou mesmo a natureza supérflua do bem adquirido, são todos fatores que

---

16. STJ – *Informativo 0556 Período: 23 de fevereiro a 4 de março de 2015. Terceira Turma. CASO DE INAPLICABILIDADE DO CDC. Não há relação de consumo entre o fornecedor de equipamento médico-hospitatar e o médico que firmam contrato de compra e venda de equipamento de ultrassom com cláusula de reserva de domínio e de indexação ao dólar americano, na hipótese em que o profissional de saúde tenha adquirido o objeto do contrato para o desempenho de sua atividade econômica.* Com efeito, consumidor é toda pessoa física ou jurídica que adquire ou utiliza, como destinatário final, produto ou serviço oriundo de um fornecedor. Assim, segundo a teoria subjetiva ou finalista, adotada pela Segunda Seção do STJ, destinatário final é aquele que ultima a atividade econômica, ou seja, que retira de circulação do mercado o bem ou o serviço para consumi-lo, suprindo uma necessidade ou satisfação própria. Por isso, fala-se em destinatário final econômico (e não apenas fático) do bem ou serviço, haja vista que não basta ao consumidor ser adquirente ou usuário, mas deve haver o rompimento da cadeia econômica com o uso pessoal a impedir, portanto, a reutilização dele no processo produtivo, seja na revenda, no uso profissional, na transformação por meio de beneficiamento ou montagem ou em outra forma indireta. Na hipótese em foco, não se pode entender que a aquisição do equipamento de ultrassom, utilizado na atividade profissional do médico, tenha ocorrido sob o amparo do CDC. (REsp 1.321.614-SP, Rel. originário Min. Paulo de Tarso Sanseverino, Rel. para acórdão Min. Ricardo Villas Bôas Cueva).

17. BENJAMIM, Antonio Herman. *O conceito jurídico de consumidor*, op. cit., p. 77.

não suprimem a natureza consumeirista da relação, pela natureza objetiva da condição de vulnerabilidade econômica do sujeito assimétrico. Assim, o CDC é aplicável tanto ao comércio popular quanto ao consumo de alto padrão. Ilustrativamente, mesmo que haja um discernimento acima da média dos consumidores, não deixa de se encontrar o contratante de serviços de investimentos, em relação às empresas, numa situação de clara vulnerabilidade referente à prestação de serviço contratada.[18]

É evidente que essa lógica dominará qualquer tipo de relação jurídica na qual a pessoa se coloque em posição de destinatário final, independentemente do tipo de atividade exercida pelo fornecedor. Daí a correção da Súmula n. 297 do Superior Tribunal de Justiça ao enunciar que "O Código de Defesa do Consumidor é aplicável às instituições financeiras."[19]-[20]

A pessoa jurídica também será consumidora, mesmo na concepção finalista ou subjetiva. O art. 2º da Lei 8.078/90 não opera distinção entre a pessoa natural e a pessoa jurídica. O que qualifica uma pessoa jurídica ou um profissional como consumidor é a aquisição ou utilização de produtos ou serviços em benefício próprio; isto é, o fornecedor lhe transfere bens ou serviços para satisfação de suas necessidades pessoais, sem ter o interesse de repassá-los a terceiros nem empregá-los na geração de outros bens ou serviços.[21] Assim, como já teve oportunidade de decidir o Superior Tribunal de Justiça (REsp 1.352.419-SP, Rel. Min. Ricardo Villas Bôas Cueva, julgado em 19.8.2014), "Há relação de consumo entre a seguradora e a concessionária de veículos que firmam seguro empresarial visando à proteção do patrimônio desta (destinação pessoal) – ainda que com o intuito de resguardar veículos utilizados em sua atividade comercial –, desde que o seguro não integre os produtos ou serviços oferecidos por esta. Cumpre destacar que consumidor é toda pessoa física ou jurídica que adquire ou utiliza, como destinatário final, produto ou serviço oriundo de um fornecedor. Por sua vez, destinatário final, segundo a teoria subjetiva ou finalista, adotada pelo STJ, é aquele que ultima a atividade econômica, ou seja, que retira de circulação do mercado o bem ou o serviço para consumi-lo,

---

18. STJ. 3T. Informativo nº 0600 Publicação: 26 de abril de 2017. Deve ser reconhecida a relação de consumo existente entre a pessoa natural, que visa a atender necessidades próprias, e as sociedades que prestam de forma habitual e profissional o serviço de corretagem de valores e títulos mobiliários. REsp 1.599.535-RS, Rel. Min. Nancy Andrighi, DJe 21/3/2017.

19. STJ. Informativo 0541, Período: 11 de junho de 2014. Quarta Turma. "DIREITO DO CONSUMIDOR. INCIDÊNCIA DO CDC AOS CONTRATOS DE APLICAÇÃO FINANCEIRA EM FUNDOS DE INVESTIMENTO. O CDC é aplicável aos contratos referentes a aplicações em fundos de investimento firmados entre as instituições financeiras e seus clientes, pessoas físicas e destinatários finais, que contrataram o serviço da instituição financeira para investir economias amealhadas ao longo da vida" (REsp 656.932-SP, Rel. Min. Antonio Carlos Ferreira, julgado em 24.4.2014).

20. Todavia, "O Código de Defesa do Consumidor é inaplicável ao contrato de fiança bancária acessório a contrato administrativo" (STJ, REsp 1.745.415-SP, Rel. Min. Paulo de Tarso Sanseverino, Terceira Turma, por unanimidade, DJe 21/05/2019).

21. STJ. *Informativo 0548 Período: 22 de outubro de 2014. Terceira Turma. CONFIGURAÇÃO DE RELAÇÃO DE CONSUMO ENTRE PESSOAS JURÍDICAS. Há relação de consumo entre a sociedade empresária vendedora de aviões e a sociedade empresária administradora de imóveis que tenha adquirido avião com o objetivo de facilitar o deslocamento de sócios e funcionários.* O STJ, adotando o conceito de consumidor da teoria finalista mitigada, considera que a pessoa jurídica pode ser consumidora quando adquirir o produto ou serviço como destinatária final, utilizando-o para atender a uma necessidade sua, não de seus clientes. No caso, a aeronave foi adquirida para atender a uma necessidade da própria pessoa jurídica – o *deslocamento* de sócios e funcionários -, não para ser incorporada ao serviço de administração de imóveis. (AgRg no REsp 1.321.083-PR, Rel. Min. Paulo de Tarso Sanseverino).

suprindo uma necessidade ou satisfação própria, não havendo, portanto, a reutilização ou o reingresso dele no processo produtivo, seja na revenda, no uso profissional, na transformação do bem por meio de beneficiamento ou montagem, ou em outra forma indireta. Nessa medida, se a sociedade empresária firmar contrato de seguro visando proteger seu patrimônio (destinação pessoal), mesmo que seja para resguardar insumos utilizados em sua atividade comercial, mas sem integrar o seguro nos produtos ou serviços que oferece, haverá caracterização de relação de consumo, pois será aquela destinatária final dos serviços securitários. Situação diversa seria se o seguro empresarial fosse contratado para cobrir riscos dos clientes, ocasião em que faria parte dos serviços prestados pela pessoa jurídica, o que configuraria consumo intermediário, não protegido pelo CDC."[22]

A outro giro, a teoria maximalista parte de uma interpretação literal do art. 2º da Lei 8.078/90, para conceituar o consumidor de forma objetiva como destinatário fático do bem, mesmo não sendo destinatário econômico. Isto é, consumidor como adquirente ou usuário que retira o bem jurídico de circulação, sendo irrelevante o elemento subjetivo da finalidade profissional da aquisição. Portanto, se o adquirente utiliza o bem como insumo para prosseguir na atividade econômica (hipótese nº 02), ou se concede a ele uma finalidade instrumental para os negócios relacionados a sua atividade-fim (hipótese n. 03), será considerado consumidor. Mesmo que o consumo incremente a atividade profissional lucrativa pela integração do bem ao processo de transformação, montagem ou beneficiamento de outros bens ou serviços, haverá a proteção da norma especial a este denominado consumidor intermediário. A própria terminologia evidencia que o conceito de consumidor é ampliado em cotejo com aquele aferido pela teoria finalista.[23]

Em comum entre as duas teorias, apenas a confirmação óbvia de que na hipótese nº 01 inexiste relação de consumo, mas um puro ato de comércio, sendo o comerciante um fornecedor – empresário de produtos e serviços.

Atualmente prevalece a concepção finalista de consumidor. Isso se justifica por quatro argumentos.[24]

Primeiro: o art. 966 do Código Civil considerou como empresário aquele que exerce profissionalmente atividade econômica organizada para a produção ou circulação de bens e serviços. Marcelo Fortes Barbosa Filho vê neste conceito de empresário "uma amplitude muito maior que a de comerciante, peculiar à legislação revogada. Todos os comerciantes são empresários, mas nem todos os empresários são comerciantes. Incluem-se aqui

---

22. STJ. Informativo 0548, Período: 22 de outubro de 2014. Terceira Turma. REsp 1.352.419-SP.

23. Adalberto Pasqualotto ensina que o art. 29 do CDC somou pontos em favor da teoria maximalista muito mais por um erro de perspectiva do que por maior correção de sua posição relativamente à teoria finalista: "o art. 29 é um permissivo de aplicação analógica do CDC às relações extraconsumo, nas quais, todavia, esteja presente a vulnerabilidade. Sendo o CDC lei especial das relações de consumo, é possível sua aplicação em relações jurídicas outras, que apresentem a mesma nota típica de vulnerabilidade e que não disponham de disciplina particular" (Cf., *O CDC em face do CC de 2002*, p. 137).

24. O Supremo Tribunal Federal firmou o *leading case* em prol da teoria finalista – SEC 5847/ Inglaterra, DJ 17.12.1999 –, na qual o Relator, Min. Mauricio Corrêa, não considerou como consumidora determinada empresa de tecelagem que contestava pleito de homologação de sentença estrangeira resultante de arbitragem na Inglaterra, com fundamento em que, ao adquirir algodão de empresa estrangeira e transformá-lo em toalhas e travesseiros no Brasil, seria *"destinatária final"* dos bens adquiridos. De acordo com o STF prevalece o conceito econômico de consumidor à luz da teoria finalista.

aqueles que exercem a atividade de prestação de serviços e de natureza rural, que não se enquadravam como comerciantes". Não por outra razão, a Súmula 602 do Superior Tribunal de Justiça considera que "O Código de Defesa do Consumidor é aplicável aos empreendimentos habitacionais promovidos pelas sociedades cooperativas". De fato, a cooperativa que promove um empreendimento habitacional assume posição jurídica equiparada a uma incorporadora imobiliária, estando sujeita, portanto, às disposições do Código de Defesa do Consumidor.

Ora, aquele que circula produtos e serviços é empresário, não podendo ser considerado como consumidor, mas verdadeiro fornecedor, posto que o conceito de empresário se harmoniza com o de fornecedor, exposto no art. 3º do Código de Defesa do Consumidor. O intermediário é o profissional que adquire produto ou serviço para dinamizar ou instrumentalizar o seu negócio lucrativo. Afinal, os atos de transformação de bens – mediante apropriação de insumos – ou de incorporação de bens em outros bens para fins de prossecução em atividade negocial são condutas típicas do empresário-fornecedor.[25] Como bem percebe Adalberto Pasqualotto, "é interessante notar que a celeuma entre maximalismo e finalismo parece ter ignorado esse texto, que é expresso em considerar a transformação como atividade própria de fornecedor, além de consignar todas as etapas do processo econômico, antecedentes ao consumo".[26]

Ratificando o referido entendimento, na 1ª Jornada de Direito Comercial, o Conselho de Justiça Federal aprovou o Enunciado 20: "Não se aplica o Código de Defesa do Consumidor aos contratos celebrados entre empresários em que um dos contratantes tenha por objetivo suprir-se de insumos para sua atividade de produção, comércio ou prestação de serviços."

Segundo: o Código de Defesa do Consumidor é um microssistema destinado à tutela do sujeito vulnerável que reclama o direito à diferença. Sendo a vulnerabilidade um subprincípio derivado do princípio da igualdade material, há uma intervenção mais acentuada do ordenamento mediante a imposição de normas civis de ordem pública de caráter equitativo, que compensam juridicamente a assimetria fática envolvendo a relação entre fornecedor e consumidor. Isto é, a liberdade maior de uns é balanceada com um tratamento diferenciado em prol de outros. Neste sentido, a teoria finalista importa uma interpretação da Lei 8.078/90 conforme à Constituição Federal, porquanto o direito fundamental descrito no art. 5º, XXXII, restringe a incidência protetiva do código em

---

25. Esse é o posicionamento vigente no Superior Tribunal de Justiça: "1. Esta Corte Superior adota a teoria finalista para a definição do conceito de consumidor, motivo pelo qual não se aplica a legislação consumerista quando o usuário do serviço utiliza a energia elétrica como insumo, como se verifica no caso dos autos. 2. O que qualifica uma pessoa jurídica como consumidora é aquisição ou utilização de produtos ou serviços em benefício próprio; isto é, para satisfação de suas necessidades pessoais, sem ter o interesse de repassá-los a terceiros, nem os empregar na geração de outros bens ou serviços. Desse modo, não sendo a empresa destinatária final dos bens adquiridos ou serviços prestados, não está caracterizada a relação de consumo" (AgRg no REsp 1331112/SP, Rel. Min. Napoleão Nunes Maia Filho, 1. T., *DJe* 1.9.2014).
26. PASQUALOTTO, Adalberto, *O CDC em face do CC de 2002*, op. cit., p. 137. O autor afirma ainda que: "considerar o empresário e a empresa como consumidores quando adquirem produtos ou utilizam serviços que de algum modo vão integrar-se à sua atividade econômica é colocá-los nas duas posições da mesma situação jurídica. Ao adquirir um produto que será transformado ou incorporado em outro, ou simplesmente usado como instrumento de atividade produtiva, o agente econômico não abandona essa condição, assim como permanece nela ao vender o produto ou ao prestar o serviço próprio de sua atividade" (op. cit., p. 147-148).

CAPÍTULO 10 • CLÁUSULA PENAL: CONTRATOS DE CONSUMO E CONTRATOS INTEREMPRESARIAIS **267**

favor daquele que efetivamente se encontra na posição de destinatário final não profissional de um produto ou serviço.[27]

Terceiro: se, por hipótese, fosse aplicada a teoria maximalista, haveria uma grande expansão do grupo de consumidores, abrangendo não só o consumidor leigo (não profissional) como também o empresário que adquire insumos para prosseguir em sua atividade lucrativa ou o fornecedor que incorpora bens à sua empresa com o fito de obter melhores resultados. Ora, se todos estes civis se convertem em consumidores não há mais lógica para a subsistência do Código de Defesa do Consumidor, que é um estatuto direcionado a um grupo de sujeitos especiais qualificados por assumirem relações permeadas por um flagrante desequilíbrio de armas. Se a isonomia consiste no tratamento desigual em favor dos desiguais, se todos fossem hipossuficientes, onde se efetivaria o tratamento isonômico?

Quarto: com a vigência do Código Civil de 2002, toda uma renovada teoria contratual restou positivada para as relações interprivadas e interempresariais. O legislador reconhece o contrato como um instrumento não apenas de circulação de riquezas, mas também de proteção de direitos fundamentais. Princípios antes reservados ao Código de Defesa do Consumidor, como a boa-fé objetiva e o equilíbrio contratual, se convertem em diretrizes para as relações obrigacionais em geral, mesmo que com intensidade reduzida comparativamente ao Estatuto Consumerista. A eticidade e a socialidade que demarcam o repaginado sistema privado albergam com tranquilidade as reivindicações do profissional vítima de práticas abusivas quando da aquisição de produtos e serviços. Afinal, nas relações entre profissionais, o desequilíbrio não é tão dramático, podendo ser tutelado com eficiência pelo Código Civil.

Nada obstante, a teoria finalista ou subjetiva não pode ser aplicada de forma pura e com rigor excessivo. Em um sistema aberto, aplicando-se o procedimento argumentativo

---

27. STJ. Informativo 0541, Período: 11 de junho de 2014. Quarta Turma. "Para efeito de fixação de indenização por danos à mercadoria ocorridos em transporte aéreo internacional, o CDC não prevalece sobre a Convenção de Varsóvia quando o contrato de transporte tiver por objeto equipamento adquirido no exterior para incrementar a atividade comercial de sociedade empresária que não se afigure vulnerável na relação jurídico-obrigacional. Na hipótese em foco, a mercadoria transportada destinava-se a ampliar e a melhorar a prestação do serviço e, por conseguinte, aumentar os lucros. Desse modo, não há como considerar a importadora destinatária final do ato complexo de importação nem dos atos e contratos intermediários, entre eles o contrato de transporte, para o propósito da tutela protetiva da legislação consumerista, sobretudo porque a mercadoria importada irá integrar a cadeia produtiva dos serviços prestados pela empresa contratante do transporte. Neste contexto, aplica-se, no caso em análise, o mesmo entendimento adotado pelo STJ nos casos de financiamento bancário ou de aplicação financeira com o propósito de ampliar capital de giro e de fomentar a atividade empresarial. O capital obtido da instituição financeira, evidentemente, destina-se, apenas, a fomentar a atividade industrial, comercial ou de serviços e, com isso, ampliar os negócios e o lucro. Daí que nessas operações não se aplica o CDC, pela ausência da figura do consumidor, definida no art. 2º do referido diploma. Assim, da mesma forma que o financiamento e a aplicação financeira mencionados fazem parte e não podem ser desmembrados do ciclo de produção, comercialização e de prestação de serviços, o contrato de transporte igualmente não pode ser retirado do ato complexo ora em análise. Observe-se que, num e noutro caso, está-se diante de uma engrenagem complexa, que demanda a prática de vários outros atos com o único escopo de fomentar a atividade da pessoa jurídica. Ademais, não se desconhece que o STJ tem atenuado a incidência da teoria finalista, aplicando o CDC quando, apesar de relação jurídico-obrigacional entre comerciantes ou profissionais, estiver caracterizada situação de vulnerabilidade ou hipossuficiência. Entretanto, a empresa importadora não apresenta vulnerabilidade ou hipossuficiência, o que afasta a incidência das normas do CDC. Dessa forma, inexistindo relação de consumo, circunstância que impede a aplicação das regras específicas do CDC, há que ser observada a Convenção de Varsóvia, que regula especificamente o transporte aéreo internacional" (REsp 1.162.649-SP, Rel. para acórdão Min. Antonio Carlos Ferreira, julgado em 13.5.2014).

e a tópica, podemos pensar os problemas resolvendo-os um a um.[28] Isto significa que, mesmo superada a discussão acerca do alcance da expressão "destinatário final" com a consagração jurisprudencial da teoria finalista, temos que admitir que o direito não pode mais ser encarado como ciência exata. Excepcionalmente haverá uma mitigação da teoria finalista, e as relações extraconsumo serão objeto de tutela pela Lei 8.078/90 quando a concretude do caso denote claramente o traço da vulnerabilidade do consumidor intermediário – normalmente pequenas empresas e profissionais liberais – que adquire bens e serviços, mesmo com o intuito profissional. Fundamental é que, na hipótese, seja constatada a vulnerabilidade técnica, jurídica ou econômica deste consumidor profissional.[29] Em *leading case* sobre o tema, a Ministra Nancy Andrighi bem explica que a relação jurídica qualificada por ser "de consumo" não se caracteriza pela presença de pessoa física ou jurídica em seus polos, mas pela presença de um fornecedor de um lado e de uma parte vulnerável de outro. A vulnerabilidade não se define tão somente pela capacidade econômica, nível de informação/cultura ou pelo valor do contrato em exame. Todos estes elementos podem estar presentes e o comprador ainda ser vulnerável pela dependência do produto; pela natureza adesiva do contrato imposto; pelo monopólio da produção do bem; pela extremada necessidade do bem ou serviço, dentre outros fatores.[30]

---

28. A aplicação da tópica pode ser percebida como um retorno à filosofia de Aristóteles que distancia o direito da razão pura – da metafísica e das ciências naturais –, aproximando-o da razão prática, para atuar no mundo concreto, de forma dialética, com a utilização da retórica e a discussão dos problemas em um processo constante de criação de regras jurídicas pelo intérprete.

29. STJ. Informativo nº 0510, Período: 18 de dezembro de 2012. Terceira Turma. "DIREITO DO CONSUMIDOR. CONSUMO INTERMEDIÁRIO. VULNERABILIDADE. FINALISMO APROFUNDADO. Não ostenta a qualidade de consumidor a pessoa física ou jurídica que não é destinatária fática ou econômica do bem ou serviço, salvo se caracterizada a sua vulnerabilidade frente ao fornecedor. A determinação da qualidade de consumidor deve, em regra, ser feita mediante aplicação da teoria finalista, que, numa exegese restritiva do art. 2º do CDC, considera destinatário final tão somente o destinatário fático e econômico do bem ou serviço, seja ele pessoa física ou jurídica. Dessa forma, fica excluído da proteção do CDC o consumo intermediário, assim entendido como aquele cujo produto retorna para as cadeias de produção e distribuição, compondo o custo (e, portanto, o preço final) de um novo bem ou serviço. Vale dizer, só pode ser considerado consumidor, para fins de tutela pelo CDC, aquele que exaure a função econômica do bem ou serviço, excluindo-o de forma definitiva do mercado de consumo. Todavia, a jurisprudência do STJ, tomando por base o conceito de consumidor por equiparação previsto no art. 29 do CDC, tem evoluído para uma aplicação temperada da teoria finalista frente às pessoas jurídicas, num processo que a doutrina vem denominando 'finalismo aprofundado'. Assim, tem se admitido que, em determinadas hipóteses, a pessoa jurídica adquirente de um produto ou serviço possa ser equiparada à condição de consumidora, por apresentar frente ao fornecedor alguma vulnerabilidade, que constitui o princípio-motor da política nacional das relações de consumo, premissa expressamente fixada no art. 4º, I, do CDC, que legitima toda a proteção conferida ao consumidor. A doutrina tradicionalmente aponta a existência de três modalidades de vulnerabilidade: técnica (ausência de conhecimento específico acerca do produto ou serviço objeto de consumo), jurídica (falta de conhecimento jurídico, contábil ou econômico e de seus reflexos na relação de consumo) e fática (situações em que a insuficiência econômica, física ou até mesmo psicológica do consumidor o coloca em pé de desigualdade frente ao fornecedor). Mais recentemente, tem se incluído também a vulnerabilidade informacional (dados insuficientes sobre o produto ou serviço capazes de influenciar no processo decisório de compra). Além disso, a casuística poderá apresentar novas formas de vulnerabilidade aptas a atrair a incidência do CDC à relação de consumo. Numa relação interempresarial, para além das hipóteses de vulnerabilidade já consagradas pela doutrina e pela jurisprudência, a relação de dependência de uma das partes frente à outra pode, conforme o caso, caracterizar uma vulnerabilidade legitimadora da aplicação do CDC, mitigando os rigores da teoria finalista e autorizando a equiparação da pessoa jurídica compradora à condição de consumidora" (REsp 1.195.642-RJ, Rel. Min. Nancy Andrighi, julgado em 13.11.2012).

30. STJ. Informativo 0530, Período: 20.11.2013. Quarta Turma: "Em uma relação contratual avençada com fornecedor de grande porte, uma sociedade empresária de pequeno porte não pode ser considerada vulnerável, de modo a ser equiparada à figura de consumidor (art. 29 do CDC), na hipótese em que o fornecedor não tenha violado quaisquer dos dispositivos previstos nos arts. 30 a 54 do CDC. De fato, o art. 29 do CDC dispõe que, "Para os fins

10.2.2 A relação de consumo na era da economia do compartilhamento

A necessidade de se estabelecer uma relação de consumo é ampliada com o surgimento da denominada economia do compartilhamento,[31] também conhecida como consumo colaborativo. A partir de uma perspectiva histórica, o modo de consumir representou finalidades diferentes ao longo da trajetória da humanidade: nos primórdios bastava a satisfação biofisiológica; nos últimos 50 anos vivenciamos o hiperconsumo, causado pela maximização da produção de bens visando à satisfação de demandas abundantes. Recentemente, deu-se uma inversão da lógica do capitalismo clássico, que vinculava o consumo desenfreado ao consequente acúmulo de bens. O foco agora está na valorização da eficiência econômica, em que se coloca o acesso acima da posse de bens e serviços. Esta economia dita do compartilhamento (*sharing economy*) concebe novos modelos de negócio não mais concentrados na aquisição da propriedade de bens e na formação de patrimônio individual, mas no uso em comum — por várias pessoas interessadas — das utilidades oferecidas por um mesmo bem. A estruturação destes negócios ganha força pela internet, e se dá tanto sob o modelo *peer to peer* (P2P), quanto no modelo *business to business* (B2B), ou seja, entre pessoas não profissionais e entre empresários.

A economia do compartilhamento é um novo sistema econômico, redimensionando o sentido do "ter" exclusivo consolidado nos ordenamentos da modernidade. É curioso observar que as cinco maiores empresas do mundo não têm um produto específico a oferecer que venha da sua própria produção ou expertise. A Uber é a maior empresa de transporte e não possui um único carro em sua frota. O *Facebook* é a maior empresa de mídia e não cria um único conteúdo. O Alibaba é o maior site de vendas do mundo e não possui um único produto em estoque. A Airbnb é a maior empresa de hospedagem e não possui um único quarto disponível. O Google é o maior site de pesquisas e não produz

---

deste Capítulo e do seguinte, equiparam-se aos consumidores todas as pessoas determináveis ou não, expostas às práticas nele previstas". Este dispositivo está inserido nas disposições gerais do Capítulo V, referente às Práticas Comerciais, e faz menção também ao Capítulo VI, que trata da Proteção Contratual. Assim, para o reconhecimento da situação de vulnerabilidade, o que atrairia a incidência da equiparação prevista no art. 29, é necessária a constatação de violação a um dos dispositivos previstos no art. 30 a 54, dos Capítulos V e VI, do CDC. Nesse contexto, caso não tenha se verificado práticas abusivas na relação contratual examinada, a natural posição de inferioridade do destinatário de bens ou serviços não possibilita, por si só, o reconhecimento da vulnerabilidade" (REsp 567.192-SP, Rel. Min. Raul Araújo).

31. Economia do compartilhamento, ou economia compartilhada, são expressões genéricas que abrangem vários significados, sendo frequentemente usadas para descrever atividades humanas voltadas à produção de valores de uso comum e que são baseadas em novas formas de organização do trabalho (mais horizontais que verticais), na mutualização dos bens, espaços e instrumentos (com ênfase no uso e não na posse), na organização dos cidadãos em redes ou comunidades, e que geralmente são intermediadas por plataformas Internet. Na origem, a expressão era empregada pela comunidade open-source para se referir ao compartilhamento do acesso a bens e serviços com base em processos colaborativos peer-to-peer. mas, atualmente, a expressão tem sido utilizada para descrever transações comerciais realizadas via mercados bilaterais online (two-sided markets), incluindo o varejo eletrônico (B2C), que visam lucro. Segundo uma definição mais acadêmica, economia de compartilhamento é um modelo de mercado híbrido (entre posse e doação) de trocas peer-to-peer. Tais transações são frequentemente facilitadas via serviços online comunitários. Esse tipo de economia foi introduzido por entusiastas de tecnologia, dando início a uma nova forma de consumo, em que as pessoas preferem alugar, tomar emprestado ou compartilhar, em vez de comprar. Essa modalidade de economia, na qual tudo pode ser compartilhado, é totalmente oposta aos valores da sociedade de consumo do século XX, voltada à acumulação de bens. Por outro lado, também serve para viabilizar o acesso a bens e utilidades de maior custo (a exemplo do *car sharing*), mediante precisa definição das necessidades a serem satisfeitas (transporte eventual) e o dispêndio apenas daquilo que for utilizado (mensalidade, gasolina utilizada de um local a outro, sem pagar estacionamento).

uma única linha de conhecimento. A pedra fundante dessas empresas é o compartilhamento e elas comprovam que esse valor social é capaz de produzir riquezas.[32]

O desafio atual é o de compreender os papeis dos contratantes na economia compartilhada, caracterizada por nova forma de acesso a produtos e serviços no mercado, como, ilustrativamente, nos casos do compartilhamento de veículos e imóveis. Quem opta pelo compartilhamento, de um lado quer fruir da maior utilidade possível dos bens de sua propriedade, e ser remunerado por isso, em caráter eventual ou não. Por outro lado, quem procura utilizar os bens sem adquiri-los, visualiza a oportunidade de investir apenas o necessário para satisfazer sua necessidade momentânea, abrindo mão de imobilizar parte de seus recursos em bens que utilizará apenas eventualmente. A tendência é de franca expansão do modelo, impulsionado pela criatividade e desenvolvimento de novas plataformas de negócios na internet pelas denominadas empresas *startups*, reconhecidas pela estruturação de modelos de negócio inovadores em diversos setores. Note-se que a prestação de serviços ou a oferta de bens podem ser realizadas por intermédio de uma plataforma digital, por pessoas que não atuam necessariamente como profissionais, nem se organizam sob a forma empresarial. É o caso daquele que deseja alugar um dos cômodos da sua casa, por temporada, para um casal de turistas, ou o que divide o uso do seu automóvel ou de certas ferramentas, com outras pessoas interessadas, visando repartir os custos desta utilização ou, mesmo, ser remunerado e obter certo lucro desta atividade.[33] Seriam relações de consumo aquelas estabelecidas entre quem deseja contratar a utilização e o outro que oferece e compartilha o uso de um bem, mesmo não sendo um empresário ou profissional que realize a atividade de modo organizado. Ou, ainda, situações já conhecidas de pessoas comuns que se utilizam, de modo espontâneo e eventual, da internet para vender coisas usadas? A rigor, estas situações em que não está presente uma organização profissional, ou o exercício habitual da atividade para a obtenção de lucro, não se consideram relações de consumo.

Entretanto, qual é a posição daquele que organiza e mantém o site ou o aplicativo de internet, e que desempenha esta atividade com caráter econômico, remunerando-se direta (por percentual dos valores contratados ou por taxas fixas) ou indiretamente

---

32. Como bem aponta Everilda Brandão Guilhermino, "tal modelo econômico propõe uma nova forma de vida, onde as pessoas compartilham as informações, energia renovável, entretenimento, carro, casa e até roupas. Jovens empreendedores criam empresas e novos negócios a partir dessa premissa, substituindo o "valor de troca". Pelo "valor de compartilhamento". A riqueza não se limita a um título que garante um poder de troca no mercado, ela se torna um elemento constitutivo da pessoa e da sua cidadania". *A tutela das multititularidades*, p. 16.

33. STJ, Informativo 655, 27 de setembro de 2019. "A pretensão decorre do contrato civil de intermediação digital firmado com empresa UBER, responsável por fazer a aproximação entre os motoristas parceiros e seus clientes, os passageiros. Registre-se que a atividade foi reconhecida com a edição da Lei n. 13.640/2018, que alterou a Lei n. 12.587/2012 (Lei da Política Nacional de Mobilidade Urbana), para incluir em seu art. 4º, o inciso X, com a definição de transporte remunerado privado individual de passageiros: "serviço remunerado de transporte de passageiros, não aberto ao público, para a realização de viagens individualizadas ou compartilhadas solicitadas exclusivamente por usuários previamente cadastrados em aplicativos ou outras plataformas de comunicação em rede". Assim, as ferramentas tecnológicas disponíveis atualmente permitiram criar uma nova modalidade de interação econômica, fazendo surgir a economia compartilhada (*sharing economy*), em que a prestação de serviços por detentores de veículos particulares é intermediada por aplicativos geridos por empresas de tecnologia. Nesse processo, os motoristas, executores da atividade, atuam como empreendedores individuais, sem vínculo de emprego com a empresa proprietária da plataforma" (CC 164.544-MG, Rel. Min. Moura Ribeiro, Segunda Seção, por unanimidade, DJe 04/09/2019).

CAPÍTULO 10 • CLÁUSULA PENAL: CONTRATOS DE CONSUMO E CONTRATOS INTEREMPRESARIAIS **271**

(por publicidade ou formação e negociação de banco de dados, por exemplo)? Segundo Bruno Miragem e Cláudia Lima Marques, o dever deste guardião (*gatekeeper, guardião do acesso*) será o de garantir a segurança do meio negocial oferecido, em uma espécie de responsabilidade em rede (*network liability*), cuja exata extensão, contudo, será definida caso a caso, conforme o nível de intervenção que tenha sobre o negócio. A economia do compartilhamento é economia, *business*, custa algo, há presença de um consumidor. Há situações em que poderá haver responsabilidade do intermediador pela satisfação do dever principal de prestação do negócio objeto de intermediação com o consumidor. Mas na maior parte das vezes, aquele que apenas aproxima e intermedia o negócio deverá garantir a segurança e confiança no meio oferecido para realizá-lo, não respondendo, necessariamente, pelas prestações ajustadas entre partes. O critério para a exata distinção destas situações reside no próprio conteúdo do serviço oferecido pelo site ou aplicativo de internet, ao qual, como regra, uma vez viabilizando a oferta de produtos e serviços no mercado de consumo, atrai a incidência do Código de Defesa do Consumidor e caracteriza aquele que o explora como fornecedor de serviços (artigo 3°). Contudo, para caracterizar-se o vício ou defeito do serviço, como é próprio ao sistema de responsabilidade do fornecedor, deverá ser determinado de antemão, quais os fins (artigo 20) ou a segurança (artigo 14) que legitimamente seriam esperados pelos consumidores em relação ao serviço oferecido por aquele que explora o site ou aplicativo que promove a intermediação entre as partes. Tratando-se de serviços de intermediação, portanto, não bastará apenas a qualificação daquele que a promove com fins econômicos como fornecedor. A exata medida da responsabilidade daquele que explora o site ou aplicativo que viabiliza o consumo colaborativo mediante compartilhamento de bens e serviços, deriva da confiança despertada – e daí a necessidade da precisa definição de vício ou defeito da prestação –, o que dependerá do exame caso a caso, do modelo de negócio organizado a partir do site ou aplicativo.[34]

O certo é que os aplicativos de transporte particular e de hospedagem em imóveis se tornaram ferramenta amplamente utilizadas. Não há dúvidas de que o usuário do Uber

---

34. MIRAGEM, Bruno e MARQUES, Claudia Lima. *Economia do compartilhamento deve respeitar os direitos do consumidor.* Explicam os doutrinadores que o consumo colaborativo pela internet se vale de plataforma digital mantida por alguém que se dispõe a viabilizar espaço ou instrumento de oferta por intermédio de um site ou aplicativo que atua não apenas como um facilitador, mas como aquele que por vezes estrutura um determinado modelo de negócio. Em outros termos, o site ou aplicativo permite o acesso à "highway" e atua como guardião deste acesso, um gatekeeper ("guardião do acesso") que assume o dever, ao oferecer o serviço de intermediação ou aproximação, de garantir a segurança do modelo de negócio, despertando a confiança geral ao torná-lo disponível pela internet. No direito brasileiro, estarão qualificados indistintamente como provedores de aplicações de internet, de acordo com a definição que estabeleceu o artigo 5°, VII c/c artigo 15 da Lei 12.965/2014. Exige a norma, que se constituam na forma de pessoa jurídica, exercendo a atividade de forma organizada, profissionalmente e com fins econômicos. É a confiança no meio oferecido para as trocas e compartilhamentos, a base do comportamento das partes, levando-as a aderir ao modelo de negócio e por intermédio de determinada plataforma (site ou aplicativo), manifestar a vontade de celebrar o negócio. Exige-se daí o domínio de certas informações sobre quem se dispõe a oferecer o bem para uso compartilhado, ou as características do produto ou serviço oferecido. Ou daquele que pretende obter a contraprestação em dinheiro, a segurança sobre o modo como se viabiliza o pagamento. Nestes casos, poderão participar, inclusive, outros agentes, como aqueles que administrem os meios de pagamento para adimplemento do contrato (PayPal, cartões de crédito etc.), ou ainda seguradores, no caso em que a plataforma se disponha a garantir certos interesses das pessoas envolvidas no negócio.

ou Airbnb é consumidor das plataformas fornecedoras de serviços, razão pela qual essa relação é albergada pelo Código de Defesa do Consumidor (CDC). A relação contratual é estabelecida entre a empresa e o usuário que, previamente cadastrado como cliente em sua base de dados, contrata o serviço por meio do aplicativo. Assim, de um lado, a empresa é fornecedora de serviços, pois é pessoa jurídica de direito privado, nacional, que desenvolve atividade de prestação de serviços, nos termos do artigo 3º, § 2º do Código de Defesa do Consumidor. De outra banda, o usuário é consumidor, pois adquire ou utiliza os serviços na condição de destinatário final.

Transcorridos 30 anos de vigência da Lei 8.078/90, constata-se o relevante papel do Código de Defesa do Consumidor para a própria renovação do direito privado, até então essencialmente patrimonialista. O macrossistema do Código Civil de 2002 dialoga com o microssistema do CDC em regime de coordenação, afinal os princípios básicos são semelhantes e a técnica das cláusulas gerais adotada pelo Código Reale alimenta a dialética para um tratamento ainda mais eficaz dos casos concretos. Esse diálogo se amplia com a oferta de aplicações de internet em geral, alcançando a Lei n. 12.965/14 (artigo 7º, XIII – Marco Civil da Internet) como garantia aos consumidores de produtos e serviços, inclusive nos modelos de consumo colaborativo em que aquele que promove a intermediação atua profissionalmente.

A função do aplicador da lei é a de conciliar e compatibilizar as regras específicas dos dois códigos, porque ambos estão baseados nos mesmos princípios e são dotados do mesmo espírito de eticidade. Suas regras específicas não são mutuamente excludentes, mas convergentes. O CC de 2002 não esgota o trato das relações privadas; pelo contrário, ele estabelece normas comuns ao macrossistema de direito privado e é natural que conceitos – como os que envolvem os negócios jurídicos – fluam entre os vários microssistemas possíveis, e, embora a legislação consumerista seja mais específica em relação ao Código Civil, também é verdade que seus conceitos acabam por influenciar este último.[35]

Finalizando, metaforicamente, Cláudia Lima Marques sintetiza o modelo obrigacional *sui generis* como "semelhante a um edifício. O Código Civil de 2002 é a base geral e central, é o próprio edifício, em que todos usam o corredor, o elevador, os jardins, é a entrada comum a civis, a empresários e consumidores em suas relações obrigacionais. Já o CDC é um local especial, só para privilegiados, é como o apartamento de cobertura: lá existem privilégios materiais e processuais para os diferentes, que passam por sua porta e usufruem de seu interior, com piscina, churrasqueira, vista para o rio ou mar e outras facilidades especiais. Na porta de cobertura só entram os convidados: os consumidores, os diferentes, em suas relações mistas com os fornecedores. Sustentando conceitualmente o privilégio ou com base do CDC, está o CC/2002, com seus princípios convergentes, sempre pronto a atuar subsidiariamente".[36]

---

35. ANDRIGHI, Nancy; BENETI, Sidnei; ANDRIGHI, Vera. *Comentários ao Novo Código Civil*, v. IX, op. cit., p. 30-31.
36. MARQUES, Claudia Lima. *Três tipos de diálogos entre o Código de Defesa do Consumidor e o Código Civil de 2002*, op. cit., p. 79.

CAPÍTULO 10 • CLÁUSULA PENAL: CONTRATOS DE CONSUMO E CONTRATOS INTEREMPRESARIAIS

10.3 A CLÁUSULA ABUSIVA

10.3.1 A caracterização da cláusula abusiva

O objetivo do trabalho é situar as funções da cláusula penal no âmbito do direito privado, nas relações entre particulares, interindividuais e interempresariais.

Contudo, abre-se um pequeno espaço para perscrutarmos o mecanismo de funcionamento da pena convencional nas relações assimétricas entre fornecedores e consumidores. Bem lembra Jean Calais-Auloy que o princípio da autonomia negocial conduz a excelentes resultados quando os contratantes detêm idêntico poder e possibilidade de negociar, *mais il conduit a des conséquences injustes quand l'un des contractants, disposant de la puissance économique, peut dicter ses volontés à l'autre. C'est notamment le cas des rapports entre professionnels et consommateurs.*[37]

Não há como escapar do tema, trata-se da realidade estabelecida. A fragmentação é a marca do pós-moderno. Em sociedades plurais e complexas, a família e a propriedade são fragmentadas. O contrato também se estilhaçou.[38]

A massificação de produtos e serviços prepondera em muito sobre a tradicional e romântica via da contratação individual. Na apreciação de Enzo Roppo,

> não há dúvida de que o emprego difundido de contratos *Standard* constitui produto ineliminável da moderna organização da produção e dos mercados, na exacta medida em que funciona como decisivo factor de racionalização e de economicidade da actuação empresarial.[39]

Neste instante, urge relacionar a cláusula penal com as relações de consumo – em qualquer forma de contratação –, e não com os contratos de adesão especificamente.[40]

Jean Calais-Auloy[41] assume que as cláusulas abusivas são edificadas nos contratos de adesão, pois, quando um contrato é redigido unilateralmente por uma das partes, a outra só resta aceitar ou recusar em bloco, sem possibilidade de negociação. Nesses contratos,

---

37. CALAIS-AULOY, Jean. Les clauses abusives en droit français. *Les clauses abusives dans le contrats types en france et en europe*, p. 115. Tradução nossa: "Mas conduzirá a consequências injustas quando um dos contratantes tiver poder econômico para ditar a sua vontade à outra parte. Trata-se, exatamente, das relações entre profissionais e consumidores".

38. Nesse estado de coisas, devemos encontrar apoio nas palavras de David Harvey: "Há uma renovação do materialismo histórico e do projeto de iluminismo. Por meio do primeiro, podemos começar a compreender a pós-modernidade como condição histórico-geográfica. Com essa base crítica, torna-se possível lançar um contra-ataque da narrativa contra a imagem, da ética contra a estética e de um projeto de vir-a-Ser em vez de Ser, buscando a unidade no interior da diferença, embora em um contexto em que o problema da compreensão da alteridade seja claramente entendido" (*A condição pós-moderna*, p. 325).

39. ROPPO, Enzo. *O contrato*, p. 316.

40. A conceituação do contrato de adesão é problemática. Orlando Gomes visualiza seis formas autônomas de delimitação de seu conteúdo: "O conceito de contrato de adesão torna-se difícil em razão da controvérsia persistente acerca de seu traço distintivo. Há, pelo menos, seis modos de caracterizá-lo. Distinguir-se-ia, segundo alguns, por ser oferta a uma coletividade, segundo outros, por ser obra exclusiva de uma das partes, por ter regulamentação complexa, porque preponderante a posição de uma das partes, ou não admitir discussão a proposta, havendo quem o explique como instrumento próprio da prestação dos serviços privados de utilidade pública". Em outra passagem, o autor conclui que "o que caracteriza o contrato de adesão propriamente dito é a circunstância de que aquele a quem é proposto não pode deixar de contratar, porque tem a necessidade de satisfazer a um interesse que, por outro modo, não pode ser atendido" (*Contratos*, p. 128, 131).

41. CALAIS-AULOY, Jean. *Les clauses abusives en droit français,* p. 115.

a parte que se encontra em posição de superioridade naturalmente introduz as cláusulas que lhe são favoráveis. Na intelecção do Professor da Universidade de Montpellier, *les clauses qui lui confèrent um avantage excessif sont dites abusives.*[42]

O art. 51 do Código de Defesa do Consumidor trata das cláusulas abusivas consubstanciadas em contratos de adesão, como as localizadas em contratos paritários de consumo em sentido amplo. Notoriamente, há uma grande incidência de cláusulas abusivas em contratos em que o conteúdo de uma das partes se manifesta como simples adesão a conteúdo preestabelecido pela outra, pelo fato de o aderente necessitar do contrato e, portanto, precisar realizá-lo. A disparidade do poder negocial entre o aderente e o predisponente é sementeira para a prática de abusos.

A abusividade de uma cláusula, todavia, não é privilégio das relações consumeiristas contratadas pela técnica de adesão, apesar de ser o seu *locus* preferencial. Mesmo nas relações de consumo em que o problema da desigualdade entre os contratantes não seja premente, uma vez que, negociadas as cláusulas entre fornecedores e consumidores, a posição de vulnerabilidade de uma parte a outra é inerente à essência do negócio. Basta verificar a arquitetura do Código de Defesa do Consumidor: o art. 54 (que define o contrato de adesão) não está na mesma seção dos arts. 51, 52 e 53 sobre as cláusulas abusivas.

O legislador não incluiu as cláusulas penais entre as expressamente mencionadas no art. 51 da Lei 8.078/90. Porém, o seu inciso IV consubstancia uma cláusula geral sobre cláusulas abusivas no Código de Defesa do Consumidor, vazada nos seguintes termos:

> Art. 51. São nulas de pleno direito, entre outras, as cláusulas contratuais relativas ao fornecimento de produtos e serviços que: IV – estabeleçam obrigações consideradas iníquas, abusivas, que coloquem o consumidor em desvantagem exagerada ou sejam incompatíveis com a boa-fé ou a equidade.

Referindo-se a esse inciso, Claudia Lima Marques comenta:

> a experiência demonstrou que a aplicação pura e simples das cláusulas penais assim como previstas nos contratos de consumo, uma vez que os frutos da liberdade contratual e da posição dominante do fornecedor, conduziam a abusos. Abusos, principalmente, em razão do caráter especialmente elevado das penas estipuladas, da falta de relação do valor da multa com os danos realmente causados ao parceiro, da pouca transparência destas cláusulas, as quais, para melhor garantir a posição do fornecedor, transferem para o consumidor os riscos tipicamente profissionais, como o da escolha do parceiro contratual ou do advento de novas circunstâncias impossibilitadoras do normal cumprimento da obrigação.[43]

Sem a preocupação de oferecer respostas, mas apenas problematizando, a autora lança uma indagação ao aplicador da lei:

> Se estes abusos transformaram o instrumento, isto é, esta espécie de cláusula em abusiva ou se é o modo de seu exercício, no caso o valor desta 'pena contratual' ou as hipóteses em que é prevista, que pode ser abusivo, a depender de um estudo casuístico de uma cláusula penal *in concreto*. Em outras palavras, seria a cláusula penal uma nova espécie de cláusula abusiva, em face do ordenamento jurídico brasileiro atual, ou não?[44]

---

42. CALAIS-AULOY, Jean. *Les clauses abusives en droit français*, p. 115. Tradução nossa: "As cláusulas que lhe conferem uma vantagem excessiva são ditas abusivas".
43. MARQUES, Cláudia Lima. *Comentários ao código de defesa do consumidor*, p. 632.
44. MARQUES, Cláudia Lima. *Comentários ao código de defesa do consumidor*, p. 632.

CAPÍTULO 10 • CLÁUSULA PENAL: CONTRATOS DE CONSUMO E CONTRATOS INTEREMPRESARIAIS

A perquirição em si é valiosa, mesmo não acompanhada de uma solução. Ela já demonstra a necessidade de diferenciarmos o regime de controle da verdadeira cláusula penal da atuação sindicante sobre as cláusulas abusivas. De fato, o art. 413 do Código Civil se refere à redução equitativa do montante da penalidade quando manifestamente excessiva. O art. 51, IV, do Código de Defesa do Consumidor, em sentido diverso, cuida na nulidade da cláusula abusiva que estabeleça obrigações abusivas e coloque o consumidor em posição de exagerada desvantagem. Não se cuida de um poder moderador, mas de um poder de invalidação.

Tal e qual no direito brasileiro, em França, Anne Sinay-Cyterman explica que a cláusula penal se trata de uma subcategoria de cláusula abusiva, pois ambas são impostas pela parte mais forte, que abusa de sua posição econômica:

> *Lorsqu'on est en présence d'une clause pénale, la question se pose de savoir si le pouvoir de réviser la clause en vertu de l'article 1.152 du code civil peut s'exercer ou non. Et la clause pénale n'est point annulée mais réduite ou augmentée. Lorsqu'on est face á une clause abusive, la sanction est différente, plus énergique : la clause est nulle. Pour appliquer la sanction appropriée (réduction ou nullité), encore faut-il qualifier la clause.[45]*

Para alcançarmos qualquer desenlace em termos de controle de cláusulas, porém, temos de partir da premissa de que a cláusula penal não é necessariamente uma cláusula abusiva, mas esta pode se apresentar sob a pretensa roupagem daquela. Em comum a ambas, constata-se que são frequentemente impostas por um abuso de posição econômica, conferindo uma vantagem excessiva ao contratante mais forte.

10.3.2 A cláusula abusiva e a cláusula penal

A cláusula penal é uma estipulação negocial válida, pois, como consectário do princípio da autonomia privada, concede aos contratantes a autodeterminação de um montante de uma pena que substituirá a prestação em caso de inadimplemento. Como qualquer outra cláusula negocial, ela será controlada pelo princípio da boa-fé objetiva, principalmente no sentido de evitar que seja a pena exercitada de forma abusiva (art. 413, CC).

Com total clareza, Rúben S. Stilglitz explica que as cláusulas abusivas são aquelas que acarretam uma grave ruptura do equilíbrio contratual, sendo supérfluo indagar se foram predispostas contrariando a boa-fé, pois ela *presupone irrefragablemente mala fe del predisponente.*[46]

De acordo com o Professor de Buenos Aires,[47] o profissional que porta informações, aptidões técnicas e conhecimento do conteúdo do contrato que criou concentra em si

---

45. SYNAY-CYTRERMAN, Anne. *Clauses pénales et clauses abusives*, p. 171. Tradução nossa: "Quando em presença de uma cláusula penal a questão se põe em saber se é possível ou não exercer poder de revisar a cláusula em virtude do art. 1.152. E a cláusula penal não pode ser anulada, mas reduzida ou aumentada. Quando estamos diante de uma cláusula abusiva, a sanção é diferente, mais enérgica: a cláusula é nula. Para aplicar a sanção apropriada (redução ou nulidade), há de se qualificar a cláusula". O ensinamento se mantém atual, a luz do Article 1231-5 da Ordonnance n. 2016-131 du 10 février 2016.

46. STIGLITZ, Rúben S. Cláusulas abusivas y control jurisdicional de la administración. *Revista de direito do consumidor*, p. 260.

47. STIGLITZ, Rúben S. Cláusulas abusivas y control jurisdicional de la administración. *Revista de direito do consumidor*, p. 262.

próprio uma margem de autoridade a ponto de consolidar uma posição dominante que o estimula a incluir cláusulas que provoquem um desequilíbrio significativo entre os direitos e obrigações que derivam do contrato, em prejuízo do consumidor.

Justamente pelo comportamento lesivo do fornecedor de produtos e serviços, o confronto entre o art. 413 do Código Civil e o art. 51, IV, do Código de Defesa do Consumidor evidenciará distintas considerações sobre a forma de correção da indevida utilização da autonomia privada, conforme seja atuada pelo particular ou pelo profissional.

Nas relações interprivadas e interempresariais, as cláusulas penais manifestamente excessivas são reputadas como válidas – a não ser que se configure a lesão ou outro defeito negocial – e corrigidas mediante a redução da pena; a outro passo, nas relações consumeiristas, as cláusulas abusivas são sancionadas pela invalidade. Ou seja, no Código Civil, o excesso é decotado e a pena preserva a sua eficácia, mas em termos equitativos. No Código de Defesa do Consumidor a cláusula abusiva é eliminada pela nulidade, com a substituição da pena pela pretensão do credor a uma indenização, pela via ordinária.

Acreditamos que a dualidade de sistemas é positiva. A nulidade das cláusulas abusivas é uma forma mais firme de tutelar as relações de consumo, pois permite um tratamento jurídico unitário de combate ao abuso da posição econômica por parte de fornecedores de produtos e serviços. Caso o consumidor pudesse apenas contar com a redução das cláusulas manifestamente excessivas, fatalmente seria exposto a uma situação de insegurança, eis que submetido a uma disparidade de soluções quanto à aceitação, ou não, pelos tribunais da moderação das penas. Outra inquietação concerne aos parâmetros para a delimitação do montante de redução, fatalmente oscilantes entre um e outro juiz. Enfim, a defesa dos consumidores seria submetida às inquietações jurisprudenciais.

Em outro vértice, impõe-se a pura e simples invalidade da penalidade como uma solução radical e comum a toda e qualquer cláusula abusiva. Com Anne Sinay-Cytermann, consideramos que outra vantagem da nulidade é *l'effet préventif de la nullité. Certains professionnels n'insèreraient plus de clauses pénales abusives excessives, peut-on espérer, s'ils savaient que ces clauses sont frappées de nulité.*[48]

Por outro giro, consideramos que houve déficit de técnica na redação do art. 51, IV, da Lei 8.078/90. O legislador se refere à confecção de uma cláusula iníqua ou abusiva que situe o consumidor em desvantagem exagerada. Porém, 100% dos consumidores apenas percebem o exagero manifesto da pena ao momento em que ela se torna exigível pelo inadimplemento da relação na qual adquiriu produtos ou serviços.

Nesse cenário, há uma obscuridade que deve ser sanada. Se a desconformidade se der pela nítida superioridade do montante da pena sobre o dano efetivamente sofrido pelo consumidor, não se poderia cogitar de nulidade da cláusula abusiva.

Segundo Antônio Junqueira de Azevedo, "a validade é, pois, a qualidade que o negócio deve ter ao entrar no mundo jurídico, consistente em estar de acordo com as regras jurídicas ('ser regular'). Validade é, como sufixo da palavra indica, qualidade de

---

48. SINAY-CYTERMANN, Anne. *Clauses penales et clauses abusives*, p. 214. Tradução nossa: "O efeito preventivo da nulidade. Certos profissionais deixariam de inserir cláusulas abusivas, excessivas, se eles soubessem que estas cláusulas serão tocadas pela nulidade".

um negócio existente".[49] A invalidade resulta de um déficit genético do negócio jurídico, portanto é aferida no momento da emissão da declaração de vontade.

Zeno Veloso explica que "a nulidade é concomitante à formação do negócio. Ele se forma, ele nasce com uma doença congênita e de tamanha gravidade que o torna inviável, impedindo e obstando a sua eficácia".[50] Não existe invalidade superveniente, o negócio jurídico que se forma validamente poderá, no futuro, sofrer perda de eficácia (*v.g.*, resolução do contrato), mas a aferição da invalidade é originária.

Assim, a correta interpretação a ser concedida ao art. 51, IV, do Código de Defesa do Consumidor é de caráter restritivo: só será invalidada por nulidade a cláusula abusiva quando a situação de desvantagem exagerada se referir a uma enorme desproporção entre o montante da pena e os prejuízos previsíveis para o consumidor já ao tempo da contratação. Nesses tipos de conflito, defere-se o exame imediato sobre o conteúdo substancial do negócio jurídico, eis que o contrato nasceu contaminado pela injustiça formal.

Deve restar evidenciado que no momento em que o consumidor emitiu a declaração de vontade já havia uma séria perturbação no equilíbrio contratual. Nesse caso, o juiz declarará a nulidade da cláusula, *ex officio* ou por provocação de qualquer interessado ou do Ministério Público. Nas palavras de Cristiano Chaves de Farias, "é preciso, pois, uma posição de combate, de verdadeira guerrilha armada, contra a possibilidade de estipular cláusulas deste jaez".[51]

Consequentemente, aplicando-se o brocardo *utile per inutile non vitiatur*, a cláusula abusiva será extirpada, reduzindo-se o negócio jurídico, com o aproveitamento da parte válida (art. 51, § 2º, CDC). O fornecedor não poderá se servir da pena excessiva e terá de pleitear as perdas e danos em juízo, pela ordinária apuração dos prejuízos reais causados pelo inadimplemento.

Mas, se a desvantagem exagerada decorre da concreta ponderação entre o excesso da pena e os danos efetivos que o fornecedor sofreu ao tempo do inadimplemento, não será possível qualificar esta cláusula penal no rol das cláusulas abusivas, mesmo que haja uma relação de consumo. O momento do descumprimento está inserido no plano de eficácia do negócio jurídico. A relação de consumo se constituiu validamente, sendo defesa ao magistrado a declaração de uma suposta nulidade *a posteriori*.

Nessa hipótese, deverá o consumidor pleitear em juízo a redução da cláusula penal manifestamente excessiva, na forma do art. 413 do Código Civil. Ou, então, o magistrado, oficiosamente, cuidará de moderar a pena equitativamente no âmbito de uma ação ajuizada pelo fornecedor com a finalidade exigir a pena em sua integralidade.

Esse é o único caminho para assegurar a coerência dogmática entre as categorias fundamentais do direito privado – invalidade e ineficácia –, com a equilibrada composição de interesses entre consumidor e fornecedor. Se o desequilíbrio intenso se manifestar

---

49. AZEVEDO, Antônio Junqueira de. *Negócio jurídico*: existência, validade e eficácia, p. 42.
50. VELOSO, Zeno. *Invalidade do negócio jurídico*, p. 128.
51. FARIAS, Cristiano Chaves de. *Miradas sobre a cláusula penal no direito contemporâneo*, p. 264.

a priori, a sanção será a nulidade; se a desproporção se verificar no cotejo com o dano efetivo, preserva-se a cláusula, com decote do excesso.[52]

Ademais, uma cláusula penal não será considerada abusiva se a situação de desvantagem em que o consumidor for inserido não for qualificada como "exagerada" (art. 51, IV, CDC). Essa cláusula sobreviverá, mas poderá ser reduzida caso o agravamento da desvantagem reste exacerbado ao tempo do inadimplemento.

Nada impede o acesso do consumidor às normas do Código Civil. O Código de Defesa do Consumidor não é um sistema fechado e exaustivo. Pelo contrário, o microssistema se abre ao Código Civil para o influxo de normas favoráveis ao consumidor. O art. 7º da Lei 8.078/90 é norma de interface, pois aduz que "os direitos previstos neste código não excluem outros decorrentes de tratados ou convenções internacionais de que o Brasil seja signatário, da legislação interna ordinária...".

Com razão, considera José Roberto de Castro Neves que[53]

> o caminho adotado pelo Código do Consumidor, utilizado isoladamente, pode levar a indesejável situação de impedir, por completo, a incidência da cláusula penal, o que não parece ser justo. A melhor solução, creio, seria aplicar harmoniosamente o Código Civil e a Lei do Consumidor, a fim de fazer o art. 413 incidir amplamente nas relações de consumo, oferecendo ao juiz um campo maior de atuação, permitindo que ele, de acordo com o espírito da norma e em consonância com os valores protegidos pela Constituição Federal, busque a melhor solução ao litígio.

Por outro ângulo, é cediço que a fórmula *nulidade de pleno direito* possui muito da força retórica, mas não condiz com a realidade prática. Explicando: no plano teórico, a nulidade *ipso jure* sinaliza uma patologia tão intensa da avença que o óbice à sua eficácia decorre do próprio direito, independentemente de decisão judicial. No plano pragmático, porém, a nulidade somente será reconhecida no pronunciamento judicial (art. 168, parágrafo único, do CC).

Isso significa que o magistrado analisará a questão para chegar à conclusão se houve ou não transgressão ao ordenamento jurídico no momento em que a cláusula penal foi constituída. Enfim, a ilicitude da cláusula penal demanda juízo valorativo.

Neste momento, abre-se uma segunda indagação: o juízo sobre a desproporção da cláusula penal em comparação com os danos previsíveis ao tempo da emissão da declaração volitiva será efetuado com base em uma apreciação em abstrato das cláusulas que compõem o contrato, ou de uma análise em concreto? Em outras palavras, a "desvantagem exagerada" a que alude o art. 51, IV, do Código de Defesa do Consumidor, deve ser investigada conforme as peculiaridades das partes e o do negócio visto de forma singular ou, então, abstratamente, por aquilo que se pode prever de acordo com o normal decurso das coisas?

---

52. Luis Moisset de Espanes afirma ser esta conclusão também válida para o direito argentino, aduzindo que o art. 954 prevê uma hipótese de nulidade, enquanto as normas aplicáveis aos arts. 656 e 1.071 são diversas, pois *estamos frente a una cláusula penal que no era 'lesiva', ya que en el momento de establecerse guardaba proporción con la posible falta.* (*Reducción de cláusula penal por abuso del derecho*, p. 322).

53. NEVES, José Roberto de Castro. Uma leitura do conceito de eqüidade nas relações de consumo. In: ANDRADE, André (Org.). *Constitucionalização do direito*, p. 410.

Em Portugal, o mesmo debate é travado, sendo certo que Nuno Manuel Pinto Oliveira defende que o juízo valorativo deva ser realizado de acordo com as cláusulas abstratamente predispostas, com relação aos "prejuízos que são de prever de acordo com o normal decurso das coisas".[54]

Na Itália, o art. 33 do decreto legislativo de 6/9/2005 sanciona com a nulidade as penas manifestamente excessivas inseridas em contratos estipulados entre um profissional e um consumidor.[55]

O juízo sobre a validade ou invalidade das cláusulas não se atém às especificidades do caso concreto. Deverá o intérprete privilegiar as "máximas da experiência", focando na desproporção entre a pena e os prejuízos previsíveis em contratos daquele tipo, conforme a observação do que ordinariamente acontece, pelo ângulo da experiência comum, da natureza das coisas. Constatada a excessiva desproporção, a pena será afastada, sem vincular ao consumidor, em face da sua nulidade. Prevalece um critério de índole mais objetiva, sem que dados de equidade sejam levados em consideração.

Em outro sentido, no momento da redução da pena que se mostre elevadíssima ao consumidor diante do dano real do fornecedor, o juízo valorativo apreciará os prejuízos provocados pelo descumprimento na concretude do caso.

A invalidade e a redução da pena querem conduzir ao mesmo resultado: evitar que o consumidor seja condenado a pagar um montante desproporcional. Todavia, cada caminho possuirá suas peculiaridades. Devemos seguir o ensinamento de Larenz: "Entre várias interpretações possíveis segundo o sentido literal, deve por isso ter prevalência àquela que possibilita a garantia de concordância material com outra disposição".[56]

Aliás, essa solução foi aplicada na Lei para Modernização do Direito das Obrigações de 26 de novembro de 2001. A AGBG de 1976 foi transposta em bloco para o BGB, com a integração das cláusulas contratuais gerais[57] para o Código Civil.[58]

O n. 5 do § 11 da AGBG – transposto para o n. 5 do § 309 – determina:

---

54. OLIVEIRA, Nuno Manuel Pinto. *Cláusulas acessórias ao contrato*, p. 170.
55. O dispositivo prevê que *si presumono vessatorie fino a prova contraria le clausole che hanno per oggetto o per effetto di imporre al consumatore, in caso di inadempimento o di ritardo nell'adempimento, il pagamento di una somma di danaro a titolo di risarcimento, clausola penale o altro titolo equivalente d'importo manifestamente eccesivo*. Tradução nossa: "pressupõem-se vexatórias, até prova em contrário, as cláusulas que tenham por objeto ou por efeito de impor ao consumidor, em caso de inadimplemento ou de atraso no adimplemento, o pagamento de uma soma de dinheiro a título de ressarcimento, cláusula penal ou a outro título equivalente de importância manifestamente excessivo".
56. LARENZ, Karl. *Metodologia da ciência do direito*, p. 458.
57. Contratos de adesão e cláusulas gerais contratuais são fenômenos que não se confundem, mas se aproximam. Nelson Nery Jr explica que "os contratos de adesão são a concretização das cláusulas contratuais gerais, que enquanto não aceitas pelo aderente são abstratas e estáticas, e, portanto, não se configuram ainda como contrato. As cláusulas gerais de contratação tornar-se-ão contrato de adesão, dinâmicas, portanto, se e quando forem aceitas pelo aderente" (*Código brasileiro de defesa do consumidor*: comentado pelos autores do anteprojeto, p. 361).
58. Segundo Antônio Manuel da Rocha Menezes Cordeiro, "o AGBG fora adoptado como lei autônoma por duas razões: pelo respeito que se decidiu tributar à velha concepção liberal do BGB e pela ideia de que, no fundo se trataria de mero diploma marginal, virado para uma franja de contratos. O primeiro aspecto é reversível: o respeito pelo BGB justificaria que o mesmo fosse mantido em vida, sendo actualizado. O segundo foi refutado pelos factos: a grande maioria dos contratos passa, hoje, por cláusulas contratuais gerais, de tal modo que, em termos quantitativos, o próprio BGB acabaria por ser uma 'lei-franja'. Optou-se, pois, pela integração do AGBG no BGB" (*Da modernização do direito civil*, pp. 120-121).

a ineficácia da estipulação de um direito do predisponente, globalmente fixado a uma indenização, se o montante global, nos casos regulados, excede os danos que são de prever de acordo com o normal decurso das coisas ou a diminuição de valor que normalmente se verifica.[59]

O legislador alemão se exprimiu de forma mais técnica que o brasileiro, com vocábulos mais precisos e claros. Só em abstrato será possível avaliar a deficiência genética de um negócio jurídico cuja desproporção se localize na distância entre a pena e os prejuízos previsíveis ao momento em que a declaração negocial foi exteriorizada. Com espeque em Claudia Lima Marques, "efetivamente o caráter de abusividade da cláusula é concomitante com a formação do contrato. A identificação dessa abusividade é que pode ser posterior à formação do contrato, como a fotografia atual de um fato já existente".[60] De qualquer forma, há uma última preciosa distinção entre a cláusula penal inválida e a redutível. Enquanto a redução da pena excessiva é sempre fruto de uma decisão de um litígio individualizado, a invalidade da cláusula abusiva pode ser objeto de um controle preventivo e abrangente sobre um número indeterminado de pessoas.

Antônio Pinto Monteiro enfatiza que "um controlo estritamente judicial, exercido nos moldes habituais, está dependente, como se sabe, da iniciativa processual do lesado, que poucas vezes ousará expor-se a um litígio judicial com o empresário, dotado este de meios que escasseiam, em larga medida, ao consumidor final".[61]

Com efeito, em um contexto de efetividade, torna-se prioritária a elaboração de dispositivos hábeis a combater, de forma prévia, cláusulas penais elaboradas de forma proibida, independentemente de sua inclusão efetiva em contratos *uti singuli*.

São conhecidos dois mecanismos de controle das condições gerais do contrato: o preventivo ou abstrato e o repressivo ou concreto. No primeiro caso, o controle é feito na via administrativa, antes da conclusão da relação de consumo, geralmente por um órgão designado para tanto. Para Roberto Senise Lisboa,

> torna-se factível a efetivação do controle administrativo prévio e abstrato dos contratos de massa, não apenas verificando o seu conteúdo e a existência ou não de óbices à sua formação ou à sua continuidade (cláusulas abusivas, abuso do direito, lesão, vícios do consentimento e sociais), como também a atividade exercida pelas partes.[62]

A Diretiva no 93/13/CEE impõe o controle abstrato das condições gerais de contratação. Essa forma de controle se destina a erradicar do tráfico jurídico condições gerais iníquas, independentemente de sua efetiva inclusão em contratos singulares. A fiscalização judicial refletirá indiretamente nos contratos individuais. A ampla legitimidade ativa conferida a órgãos de defesa dos consumidores permite o manejo de ações inibitórias para a adequada tutela dos interesses coletivos.

No Brasil, tentou-se a introdução do controle abstrato e preventivo pelo Ministério Público, por meio de representação que lhe é encaminhada, ou por abertura oficiosa de procedimento investigatório, no qual o promotor de justiça cientifica-se do conteúdo

---

59. OLIVEIRA, Nuno Manuel Pinto. *Cláusulas acessórias ao contrato*, p. 170.
60. MARQUES, Claudia Lima. *Comentários ao código de defesa do consumidor*, p. 627.
61. MONTEIRO, Antônio Pinto. *Cláusula penal e indemnização*, p. 752.
62. LISBOA, Roberto Senise. *Contratos difusos e coletivos*, p. 220.

CAPÍTULO 10 • CLÁUSULA PENAL: CONTRATOS DE CONSUMO E CONTRATOS INTEREMPRESARIAIS

do negócio jurídico. O dispositivo que legitimava a atuação do *Parquet* (art. 54, § 5º) foi vetado. Atualmente, esse órgão realiza tal controle mediante instauração de inquérito civil, redundando em celebração de ajustamento de conduta ou no ajuizamento de ação civil pública. Nelson Nery Júnior pondera que, não obstante o veto,

> o *parquet* tem atribuição funcional e legitimidade para agir, tanto para efetuar o controle administrativo das cláusulas contratuais gerais do contrato de adesão, quanto para pleitear judicialmente a exclusão, modificação ou declaração de nulidade de cláusula que entenda ser abusiva. [63]

10.3.3 A cláusula de decaimento no CDC e na incorporação imobiliária

Por razões de ordem pragmática, é comum que a jurisprudência ignore as distinções teóricas entre os fundamentos da invalidade das cláusulas abusivas e da redução das cláusulas válidas, porém excessivas. Basta apreciarmos a questão das cláusulas de decaimento. Cuida-se de uma singular cláusula penal de perda de todas, ou quase todas, as prestações pagas pelo devedor em caso de inadimplemento.

Nessa convenção, um dos contratantes realiza o pagamento fracionado do preço, sujeitando-se à não restituição dos valores adiantados em caso de inadimplemento. A primeira indagação seria: a cláusula de decaimento é uma cláusula penal?

À primeira vista ela não se subsume na moldura da cláusula penal. Gera uma simples promessa a cumprir no futuro. Cuida-se de uma prestação que, facultativamente, será exigida pelo credor na eventualidade do descumprimento. Enquanto isso, a cláusula de decaimento a entrega do valor da pena é concomitante ao cumprimento, de forma semelhante às arras.

Todavia, acompanhamos o raciocínio de Manuel Albaladejo quando admite que, apesar da particularidade do pagamento preceder a falta, a pena possa consistir em coisa distinta de uma obrigação, *por ejemplo, vendiendo algo a plazos, las partes acuerdan que, dejando de pagarse alguno, el contrato se resuelva perdiendo el comprador, como pena por el impago, los plazos ya abonados.*[64]

O art. 53 do Código de Defesa do Consumidor aponta duas situações paradigmáticas capazes de evidenciar até que ponto uma cláusula penal pode privar um dos contratantes de todo o seu investimento no contrato: os contratos de alienação fiduciária e promessa de compra e venda.

Na alienação fiduciária regulada pelo Decreto no 911/69 – com as alterações promovidas pela Lei 10.931/04 –, o consumidor mantém a posse direta do bem, na qualidade de fiduciante, enquanto o fornecedor reserva para si a propriedade resolúvel, até o integral adimplemento das prestações. O art. 53 do Código de Defesa do Consumidor não impede a estipulação de cláusula penal em tais contratos, mas invalida as cláusulas

---

63. NERY JÚNIOR, Nelson. *Código brasileiro de defesa do consumidor*: comentado pelos autores do anteprojeto, p. 459. Comungamos tal entendimento, pois há norma constitucional assecuratória da prevenção e da repressão administrativa e judicial por parte do Ministério Público (arts. 127 e 129 da CF).
64. ALBALADEJO, Manuel. *Derecho civil II*: derecho de obligaciones, p. 259.

de decaimento. O juiz terá de analisar em cada caso as perdas e danos que o fornecedor sofreu em razão do inadimplemento.[65]

Por meio de "contratos de consórcio" surge um sistema de cooperação em que cada participante pertence a um grupo. O consorciado retirante ou excluído do plano não poderia obter a devolução das prestações pagas, em razão da inserção de cláusula penal que, por meio de uma ficção, equiparava a pena aos supostos danos acarretados pela saída do consorciado.

A questão restou pacificada com a edição da Súmula no 35 do Superior Tribunal de Justiça: "Incide correção monetária sobre as prestações pagas, quando de sua restituição, em virtude da retirada ou exclusão do participante do plano de consórcio". Atualmente, o risco da retirada do consorciado é da administradora, não mais dos participantes restantes do grupo. Certamente serão descontadas as vantagens auferidas pelo consorciado com a fruição do bem e os prejuízos que ele tenha causado ao grupo. A finalidade do § 2º, do art. 53 do Código de Defesa do Consumidor foi a de preservar os direitos dos demais integrantes do grupo.

Nos contratos de promessa de compra e venda em regime de incorporação imobiliária, o consumidor sofre duplo prejuízo: perde a propriedade do imóvel que construiu com as suas economias e não obtém o direito de reembolso da quantia adiantada ao incorporador. A seu turno, além de assegurar a titularidade do bem, o fornecedor conta com a receita que resultará de sua posterior revenda. Trata-se de contrato despido de comutatividade.

O exame de abusividade de tal cláusula tanto pode ser realizado à luz do art. 53 do Código de Defesa do Consumidor, como do art. 413 do Código Civil. De acordo com o art. 53 da Lei 8.078/90,

> nos contratos de compra e venda de móveis ou imóveis mediante pagamento em prestações, bem como nas alienações fiduciárias em garantia, consideram-se nulas de pleno direito as cláusulas que estabeleçam a perda total das prestações pagas em benefício do credor que, em razão do inadimplemento, pleitear a resolução do contrato e a retomada do produto alienado.

Na verdade, o citado art. 53 do Código de Defesa do Consumidor é um refinamento da cláusula geral do art. 51, IV, do Código de Defesa do Consumidor. A cláusula de decaimento nada mais é do que uma espécie de cláusula abusiva à qual se reservou tratamento particularizado. Trata-se de cláusula que abstratamente imputa a qualquer consumidor desvantagem exagerada, sendo sancionada pela nulidade. A vantagem da conexão sistemática com o art. 51, IV, pode se traduzir em uma tutela maior do consumidor, pois, mesmo que a cláusula não contenha previsão de perda total de prestações, mas de substancial parcela delas – e não se coadune perfeitamente com o art. 53 –, haverá espaço para a sua invalidação.

---

65. Nesse sentido é correta a Portaria n. 4 e 5, de 13 de março de 1998, da Secretaria de Direito Econômico: "São consideradas abusivas e nulas de pleno direito as cláusulas que estabeleçam a perda total ou desproporcionada das prestações pagas pelo consumidor, em benefício do credor que, em razão de desistência ou de inadimplemento, pleitear a resilição ou resolução do contrato, ressalvada a cobrança judicial de perdas e danos comprovadamente sofridos".

CAPÍTULO 10 • CLÁUSULA PENAL: CONTRATOS DE CONSUMO E CONTRATOS INTEREMPRESARIAIS

Quando abolida a cláusula de decaimento pela declaração de invalidade, o consumidor será condenado a apenas pagar ao fornecedor os prejuízos que eventualmente causou. Essa era a posição originária do Superior Tribunal de Justiça: "Não tem validade a cláusula pela qual os promissários compradores perdem a totalidade das prestações pagas durante a execução do contrato de incorporação".[66]

Esta nos se afigurava a posição técnica adequada e coerente com a análise, *in abstracto*, de uma excessiva desproporção entre a pena e os danos previsíveis, já ao tempo da contratação. Uma cláusula de decaimento contra consumidores é evidentemente ilícita, haja vista que a lesão enorme é patente, sem qualquer necessidade de investigação das peculiaridades do caso concreto. Essa também é a análise de Roberto Senise Lisboa ao relatar que

> a cláusula que fixar dispositivo penal apenas em desfavor de uma das partes, ou mesmo em percentual elevado e incompatível com o negócio jurídico celebrado, fere a relação harmônica e o equilíbrio econômico-financeiro entre o fornecedor e o consumidor, razão pela qual se torna patente a sua nulidade, ante a onerosidade excessiva da qual se reveste.[67]

Nessa senda, ao destacar a discussão em juízo sobre a cláusula resolutiva expressa, Ruy Rosado[68] observa que o juiz avaliará a defesa do devedor, inclusive quanto

> à validade da cláusula resolutiva, à luz do princípio da boa-fé, podendo afastá-la quando revelar desvantagem exagerada para uma das partes, ocorrência frequente nos contratos de adesão, ou modificar as disposições sobre os seus efeitos. Assim, pode rejeitar a aplicação da cláusula resolutiva quando houver o adimplemento substancial. Também pode julgar nula a de decaimento (art. 53 do CDC), ou diminuir a perda das prestações pagas, fazendo incidir a cláusula geral do art. 413 do Código Civil, que autoriza o juiz a reduzir a pena pelo descumprimento quando manifestamente excessiva.

Transformar uma cláusula nula em válida, para depois reduzi-la pela via oblíqua do art. 413 do Código Civil, seria uma espécie de conservação do negócio jurídico mediante a sua redução, consoante o exposto no art. 184, do Código Civil. Ao contrário do que ocorre na conversão do negócio, não se propõe uma mudança de qualificação do negócio jurídico, mas tão somente uma limitação interpretativa. Apesar de tecnicamente censurável, a redução da cláusula penal é um instrumento mais ágil de solução da demanda, eis que evita a árida discussão da existência e dimensão dos prejuízos do fornecedor que necessariamente devem ocorrer se for pronunciada a nulidade da cláusula penal. Por outro lado, acertadamente, Cláudia Lima Marques enfatiza "o potencial pedagógico do art. 53 do Código de Defesa do Consumidor e da declaração expressa da nulidade deste tipo de cláusula".[69] Enfim, prevalecendo uma ou outra posição, com os seus prós e contras, o Poder Judiciário firma uma postura acautelatória ao consumidor, seja pela consideração da abusividade da cláusula, seja pela repressão à excessividade da pena convencional.

A jurisprudência concede uma interpretação pró-consumidor ao art. 413 do Código Civil, permitindo a redução da pena excessiva, o que implica a consideração

---

66. STJ – 4. TREsp 238011/RJ – Rel. Min. Ruy Rosado de Aguiar – j. 29/2/2000.
67. LISBOA, Roberto Senise. *Contratos difusos e coletivos*, p. 390.
68. AGUIAR JÚNIOR, Ruy Rosado de. *Extinção dos contratos por incumprimento do devedor*, p. 59.
69. MARQUES, Claudia Lima. *Comentários ao código de defesa do consumidor*, p. 704.

de sua validade para posterior controle de seu conteúdo.[70] Especificamente quanto ao Mercado imobiliário, no período anterior à vigência da Lei 13.786/18 – que disciplina a resolução do contrato por inadimplemento do adquirente de unidade imobiliária – O Superior Tribunal de Justiça entendia "como razoável, para o ressarcimento às despesas administrativas, propaganda, corretagem, impostos, recolocação no mercado etc., um percentual de retenção em favor da vendedora, da ordem de 25% (vinte e cinco por cento) das parcelas pagas pelo comprador".

A Lei 13.786 é popularmente conhecida como "Lei do Distrato", contudo, para além da resolução bilateral pelo instrumento do distrato, o seu cerne e o regramento da resolução pela desconstituição do contrato causado por culpa de uma das partes ou pela resilição unilateral (denúncia), nos contratos de aquisição de imóvel "na planta", seja em regime de incorporação (Lei 4.591/64), como em regime de loteamento (Lei 6.766/79), extensivo a venda de imóveis já edificados quando o adquirente for reputado como consumidor.

De forma pioneira, a Lei n. 13.786/18 – que disciplina a resolução do contrato por inadimplemento do adquirente de unidade imobiliária em incorporação imobiliária e em parcelamento de solo urbano – demarcou limites entre a cláusula penal compensatória e a resolução contratual, evitando o enriquecimento injustificado do fornecedor, ao acrescer o artigo 67-A a Lei 4.591/64 – incorporação imobiliária –, nos seguintes termos: "Em caso de desfazimento do contrato celebrado exclusivamente com o incorporador, mediante distrato ou resolução por inadimplemento absoluto de obrigação do adquirente, este fará jus à restituição das quantias que houver pago diretamente ao incorporador, atualizadas com base no índice contratualmente estabelecido para a correção monetária das parcelas do preço do imóvel, delas deduzidas, cumulativamente: I – a integralidade da comissão de corretagem; II – a pena convencional, que não poderá exceder a 25% (vinte e cinco por cento) da quantia paga".[71] Em reforço, a Lei 6.766/79 – parcelamento do solo urbano

---

70. STJ: "É abusiva a cláusula penal de contrato de pacote turístico que estabeleça, para a hipótese de desistência do consumidor, a perda integral dos valores pagos antecipadamente. De fato, não é possível falar em perda total dos valores pagos antecipadamente por pacote turístico, sob pena de se criar uma situação que, além de vantajosa para a empresa de turismo (fornecedora de serviços), mostra-se excessivamente desvantajosa para o consumidor, o que implica incidência do art. 413 do CC/2002, segundo o qual a penalidade deve obrigatoriamente (e não facultativamente) ser reduzida equitativamente pelo juiz se o seu montante for manifestamente excessivo. Ademais, o STJ tem o entendimento de que, em situação semelhante (nos contratos de promessa de compra e venda de imóvel), é cabível ao magistrado reduzir o percentual da cláusula penal com o objetivo de evitar o enriquecimento sem causa por qualquer uma das partes. Além disso, no que diz respeito à relação de consumo, evidencia-se, na hipótese, violação do art. 51, II e IV, do CDC, de acordo com o qual são nulas de pleno direito as cláusulas contratuais relativas ao fornecimento de produtos e serviços que subtraiam ao consumidor a opção de reembolso da quantia já paga, nos casos previstos neste código, ou que estabeleçam obrigações consideradas iníquas, abusivas, que coloquem o consumidor em desvantagem exagerada, ou sejam incompatíveis com a boa-fé ou a equidade. Nesse contexto, cabe ressaltar o disposto no art. 51, § 1º, III, do CDC: presume-se exagerada a vantagem que "se mostra excessivamente onerosa para o consumidor, considerando-se a natureza e conteúdo do contrato, o interesse das partes e outras circunstâncias peculiares do caso". Por fim, cabe afirmar, também, que o cancelamento de pacote turístico contratado constitui risco do empreendimento desenvolvido por qualquer agência de turismo, não podendo esta pretender a transferência integral do ônus decorrente de sua atividade empresarial a eventuais consumidores" (REsp 1.321.655-MG, Rel. Min. Paulo de Tarso Sanseverino, julgado em 22/10/2013).

71. Nas incorporações com submissão ao regime do patrimônio de afetação, a cláusula penal pode ser livremente convencionada, mas observado o limite de até 50% da quantia do preço até então paga pelo adquirente (artigo 67-A, parágrafo 5º da Lei Federal 4.591/64). E, naquelas sem patrimônio de afetação, esse limite é reduzido a 25% dessa mesma quantia até então paga (artigo 67-A, II, da Lei Federal 4.591/64).

– recebeu um novo artigo 32-A, com o seguinte texto: "Em caso de resolução contratual por fato imputado ao adquirente, respeitado o disposto no § 2º deste artigo, deverão ser restituídos os valores pagos por ele, atualizados com base no índice contratualmente estabelecido para a correção monetária das parcelas do preço do imóvel, podendo ser descontados dos valores pagos os seguintes itens: I – os valores correspondentes à eventual fruição do imóvel, até o equivalente a 0,75% (setenta e cinco centésimos por cento) sobre o valor atualizado do contrato, cujo prazo será contado a partir da data da transmissão da posse do imóvel ao adquirente até sua restituição ao loteador; II – o montante devido por cláusula penal e despesas administrativas, inclusive arras ou sinal, limitado a um desconto de 10% (dez por cento) do valor atualizado do contrato..."[72]

A Lei 13.786/18 não apenas renova o marco regulatório do mercado imobiliário – no âmbito de incorporações e os loteamentos – como, para aquilo que nos interessa, limita e tarifa a cláusula penal na hipótese de resolução do contrato, por inadimplemento da obrigação de pagamento do preço, com o propósito de mitigar a insegurança jurídica em relações de consumo cujo objeto é um bem essencial para o consumidor. Em uma linha temporal: a) o artigo 53 do CDC, vedava a estipulação da perda total na hipótese de resolução por inadimplemento do preço; b) a jurisprudência arbitrou, caso a caso, a modulação que entendeu como a mais justa, não aplicando a cláusula penal prevista em contrato, c) A Lei 13.786/18 tarifa o montante máximo da cláusula penal, trazendo nova discussão quanto à aplicabilidade do artigo 413 do CC às cláusulas penais ajustadas nos limites máximos.

Importante cenário concerne à resolução por inadimplemento do adquirente. Na dicção do Art. 67-A, o adquirente fará jus à restituição das quantias que houver pago diretamente ao incorporador, atualizadas com base no índice contratualmente estabelecido para a correção monetária das parcelas do preço do imóvel, delas deduzidas, cumulativamente: I – a integralidade da comissão de corretagem; II – a pena convencional, que não poderá exceder a 25% (vinte e cinco por cento) da quantia paga. Nada obstante, o adquirente não terá que pagar a cláusula penal prevista no contrato se conseguir vender a unidade para outra pessoa, com a anuência do incorporador: "§ 9º Não incidirá a cláusula penal

---

72. STJ: "Nos casos em que a iniciativa da rescisão do contrato parte do consumidor, sem culpa do fornecedor, ante a ausência de disciplina legal – até a edição da Lei n. 13.786 de 27/12/2018, a qual irá reger futuros contratos – não há culpa (ou mora) da incorporadora que vinha cumprindo regularmente o contrato. De acordo com o art. 32, § 2º, da Lei n. 4.591/1964, os contratos de compra e venda, promessa de venda ou cessão de unidades autônomas foram concebidos como irretratáveis, o que deveria conferir segurança tanto ao empreendedor quanto ao adquirente da futura unidade. Apesar de irretratável, a jurisprudência reconheceu excepcionalmente ao promissário comprador o direito (potestativo) de exigir a rescisão do contrato com devolução das parcelas pagas de forma imediata e em parcela única. No caso, ante a discordância do autor com os termos do contrato vigente, ausente previsão legal a propósito do distrato e, consequentemente, da cláusula penal pertinente, não há objeto certo na obrigação a ser constituída por força de decisão judicial. Não há, portanto, como reconhecer como preexistente o dever de restituir valores em desconformidade com o que fora pactuado. A pretensão é exatamente alterar a situação jurídica, com a mudança da cláusula. Dessa forma, a sentença que substitui cláusula contratual, sob esse aspecto, tem claramente natureza constitutiva, com efeito ex nunc, isto é, a partir da formação da nova obrigação pelo título judicial. Assim, a parte condenatória da sentença – restituição dos valores pagos após a revisão da cláusula penal – somente poderá ser liquidada após a modificação, pela decisão judicial, da cláusula questionada. Em consequência, os juros de mora relativos à restituição das parcelas pagas devem incidir a partir da data do trânsito em julgado da decisão, porquanto inexiste mora anterior do promitente vendedor" (REsp 1.740.911-DF, Rel. Min. Moura Ribeiro, Rel. Acd. Min. Maria Isabel Gallotti, Segunda Seção, por maioria, DJe 22/08/2019).

contratualmente prevista na hipótese de o adquirente que der causa ao desfazimento do contrato encontrar comprador substituto que o sub-rogue nos direitos e obrigações originalmente assumidos, desde que haja a devida anuência do incorporador e a aprovação dos cadastros e da capacidade financeira e econômica do comprador substituto".

Ademais, em função do período em que teve disponibilizada a unidade imobiliária para a sua fruição (independente de ter ou não exercido o fato da posse), responde ainda o adquirente, pelos seguintes valores: I – quantias correspondentes aos impostos reais incidentes sobre o imóvel; II – cotas de condomínio e contribuições devidas a associações de moradores; III – valor correspondente à fruição do imóvel, equivalente à 0,5% (cinco décimos por cento) sobre o valor atualizado do contrato, pro rata die (aproxima-se da média do valor do aluguel do imóvel); IV – demais encargos incidentes sobre o imóvel e despesas previstas no contrato (§ 2º, do art. 67-A). Vale dizer, o adquirente não perderá tudo que pagou, pois, o art. 53 do CDC proíbe a chamada "cláusula de decaimento". Reputa-se como abusiva a referida cláusula penal compensatória, que impõe a perda dos valores pagos antes do inadimplemento, em face do seu caráter leonino e unilateral, ao conceder vantagem exagerada ao fornecedor e consequente enriquecimento sem causa, quebrando o princípio da boa-fé objetiva e convertendo em aleatório um contrato naturalmente comutativo. Entretanto, como consequência lógica da eficácia restituitória nos casos de inadimplemento do comprador, e razoável que o vendedor imediatamente retenha parte das prestações recebidas como modo de reparação por danos, Aliás, já existia jurisprudência do STJ no sentido de que a resolução do contrato de promessa de compra e venda de imóvel por culpa do consumidor gera o direito de retenção, pelo fornecedor, de parte do valor pago como forma de indenizá-lo pelos prejuízos suportados, especialmente as despesas administrativas realizadas com a divulgação, comercialização e corretagem, além do pagamento de tributos e taxas incidentes sobre o imóvel, e a eventual utilização do bem pelo comprador.[73]

De qualquer forma, alerte-se que o percentual de desconto de 25% do valor adiantado a título de cláusula penal poderá ser majorado contratualmente para o limite de 50% da quantia paga – após dedução antecipada da corretagem – quando a incorporação estiver submetida ao regime do patrimônio de afetação (§ 5º, do art. 67-A). A pena privada exerce nítida função inibitória sobre adquirentes que queiram especular no mercado, pois incide independentemente da comprovação de qualquer dano (§ 1º, art. 67-A) Contudo, o dispositivo enseja uma séria discussão sobre o enriquecimento injustificado do alienante que comercializará o imóvel novamente, até mesmo pelos precedentes do STJ afirmando que o percentual máximo que o promitente-vendedor poderia reter seria o de 25% dos valores já pagos, devendo o restante ser devolvido ao promitente comprador[74] Para além das relações consumeristas, a necessidade de restituição de valores pagos é reforçada pelo art. 413 do Código estudado, ao prestigiar o princípio da boa-fé objetiva nas relações entre particulares. A norma impõe a redução equitativa dos valores fixados em cláusula penal quando esta se mostre manifestamente excessiva, implicando abuso do direito (vide comentários ao art. 187) por sacrificar de forma desmesurada uma das

---

73. REsp 1.286.144-MG, Rel. Min. Paulo de Tarso Sanseverino, j. em 7.3.2013.
74. STJ. 2ª Seção. EAg 1138183/PE, Rel. Min. Sidnei Beneti, julgado em 27.06.2012.

CAPÍTULO 10 • CLÁUSULA PENAL: CONTRATOS DE CONSUMO E CONTRATOS INTEREMPRESARIAIS **287**

partes do negócio jurídico. O princípio constitucional da proporcionalidade vem balizando a evolução jurisprudencial nessa seara. O Código Civil amplia a rede protetiva do Consumidor, pois o art. 54, § 3º, da Lei 8.078/90 só se referia à abusividade do contrato que impusesse a perda total das prestações. A cláusula de interface do art. 7º do Código de Defesa do Consumidor permite a discussão de quaisquer valores fixados em sede de pena convencional compensatória, cabendo ao magistrado a aferição das circunstâncias que envolvem a lide. Em quanto tempo deverá ocorrer a restituição das quantias pagas ao incorporador, com correção monetária? Conforme a Súmula 543-STJ deveria ocorrer a imediata restituição das parcelas pagas pelo promitente comprador – integralmente, em caso de culpa exclusiva do promitente vendedor/construtor, ou parcialmente, caso tenha sido o comprador quem deu causa ao desfazimento.

Com a vigência da Lei 13.786/18, o caput do art. 67-A não se refere explicitamente à possibilidade de resilição unilateral quando o saldo devedor ainda não tiver sido integralmente pago. Estabelece o art. 473 do Código Civil que "A resilição unilateral, nos casos em que a lei expressa ou implicitamente o permita, opera mediante denúncia notificada à outra parte". Consiste a resilição unilateral no direito potestativo de um dos contratantes impor a extinção do contrato, independente do inadimplemento da outra parte, sem que o outro possa a isto se opor, posto situado em posição de sujeição. Malgrado a inexistência de autorização expressa, implicitamente não vemos óbice a essa iniciativa do adquirente de se libertar prematuramente e injustificadamente da avença, através de notificação extrajudicial ao incorporador, mesmo que se submetendo às sanções contratuais pertinentes, ou seja, o incorporador terá direito à referida cláusula penal compensatória, de 25% a 50% do valor pago, e à retenção da comissão de corretagem. Ademais, o fato do contrato ser irretratável (§ 12), não significa que o adquirente esteja *ad eternum* a ele atado, porém que, ao contrário do que ocorre no direito potestativo de arrependimento no prazo de 7 dias, a resilição unilateral acarretará sanções econômicas ao adquirente que delibere por imotivadamente se desligar do contrato, sem chegar ao extremo de acarretar a perda integral dos valores pagos (art. 53, CDC).

Quando a incorporação estiver submetida ao regime do patrimônio de afetação o incorporador restituirá os valores pagos pelo adquirente no prazo máximo de 30 dias após o "habite-se" ou documento equivalente expedido pelo órgão público municipal competente. Vale dizer, por vezes o consumidor esperará mais de um ano para ser reembolsado. Porém, se a incorporação não for submetida ao regime do patrimônio de afetação: o pagamento será realizado em parcela única, após o prazo de 180 dias, contado da data do desfazimento do contrato (§§ 5º e 6º do art. 67-A). Apesar da Lei 13.786/18 contrariar a mencionada súmula, inexiste dispositivo no CDC que expressamente imponha a imediata devolução das parcelas pagas, mas tampouco é razoável cogitar de um hiato tão expressivo, como entre o momento da desistência e o do habite-se.

O § 4º limita a retenção a 100% do valor pago pelo consumidor, impedindo que remanesça com saldo devedor. Entretanto, valores de fruição do imóvel não se submetem a tal limite, sendo integralmente suportados pelo adquirente, ainda que excedam tudo quanto foi pago ao incorporador.

De acordo com a redação concedida pela Lei n. 13.786/18 ao § 10, do art. 67-A da Lei n. 4.591/64, os contratos de incorporação para fins de aquisição de unidade imobiliária, firmados em estandes de vendas e fora da sede do incorporador, permitem ao adquirente o exercício do direito de arrependimento, durante o prazo improrrogável de 7 (sete) dias, com a devolução de todos os valores eventualmente antecipados, inclusive a comissão de corretagem. Caberá ao adquirente demonstrar o exercício tempestivo da *potestade* por meio de carta registrada, com aviso de recebimento, considerada a data da postagem como data inicial da contagem do prazo. Transcorrido o prazo de 7 (sete) dias a que se refere o § 10 deste artigo sem que tenha sido exercido o direito de arrependimento, restará superada a condição resolutiva expressa que permitiria ao adquirente se liberar sem ser penalizado. Ou seja, se para o futuro pretender o adquirente impor à extinção do contrato à outra parte (art. 473, CC), a atenuação do *pacta sunt servanda* será compensada por sanções contratuais (multa compensatória, valor de fruição do imóvel, cotas condominiais não pagas etc.).

Mais recentemente o STJ decidiu[75], que "Nos contratos firmados na vigência da Lei n. 13.786/2018, é indevida a intervenção judicial para vedar o abatimento das despesas de corretagem, desde que esteja especificada no contrato, inclusive no quadro-resumo". há validade da cláusula contratual que transfere ao promitente-comprador a obrigação de pagar a comissão de corretagem nos contratos de promessa de compra e venda de unidade autônoma em regime de incorporação imobiliária, desde que previamente informado o preço total da aquisição da unidade autônoma, com o destaque do valor da comissão de corretagem. Por outro lado, a partir da Lei 13.786/2018, o art. 67-A, I, da Lei 4.591/1964 dispõe expressamente que, em caso de desfazimento do contrato celebrado exclusivamente com o incorporador, será possível a dedução da integralidade da comissão de corretagem. No caso, apurado que os contratos apontados na exordial não têm clara e expressa cláusula contratual estabelecendo incumbir ao promitente-comprador a obrigação de pagar a comissão de corretagem, destacando o valor, é inviável a admissão da retenção dessa verba.

10.3.4 A cláusula penal em favor do consumidor e a sua inversão judicial

A cláusula penal também poderá ser estipulada em favor do consumidor. Trata-se de um diverso enfoque sobre o problema e pouco considerado na doutrina. Dispõe o art. 51 e seu inciso I:

> Art. 51. São nulas de pleno direito, entre outras, as cláusulas contratuais relativas ao fornecimento de produtos e serviços que:
>
> I – impossibilitem, exonerem ou atenuem a responsabilidade por vícios de qualquer natureza dos produtos e serviços ou impliquem renúncia ou disposição de direitos. Nas relações de consumo entre o fornecedor e o consumidor-pessoa jurídica, a indenização poderá ser limitada, em situações justificáveis.

A norma enfatiza a nulidade de cláusulas que impliquem renúncia a direitos do consumidor pessoa natural, como aquelas que desoneram o fornecedor de responder

---

75. Informativo 730, REsp 1.947.698-MS, Rel. Min. Luis Felipe Salomão, Quarta Turma, julgado em 08.03.2022.

pelo seu inadimplemento como pelo atraso na entrega do produto. Já no que concerne à segunda parte da norma, Luiz Antonio Rizzato Nunes explica que

> a proibição relativa de limitação de indenização contra o consumidor pessoa jurídica está relacionada à expressão 'situações justificáveis', que pode ser entendida em duas hipóteses: a) que o tipo de operação de venda e compra do produto ou serviço seja especial, fora do padrão regular de consumo; b) que a qualidade do consumidor pessoa jurídica, de sua parte, também justifique uma negociação prévia de cláusula contratual limitadora.[76]

Não podemos negar que a cláusula penal contratada em favor de consumidor pessoa jurídica nas relações de consumo possa sofrer as mesmas limitações das relações interprivadas ou interempresariais. A hipossuficiência que normalmente caracteriza esse polo da relação de consumo muitas vezes não será tão evidente, no caso concreto, como nas relações em que o consumidor é pessoa natural. Ademais, em razão do volume de negociações, a pessoa jurídica recebe contrapartidas do fornecedor em termos de preços e prazos de pagamento. Isso justifica o interesse da pessoa jurídica em ceder parte de sua garantia.

A comparação da cláusula penal *stricto sensu* com a cláusula de limitação de indenização nas relações de consumo é isenta de maiores dificuldades. As funções são distintas. A pena tem a finalidade de pressionar o fornecedor ao adimplemento perfeito da oferta do produto ou serviço, por isso que a prestação convencionada alcança um montante superior ao da prestação originária. A cláusula penal funciona como uma compulsão ao cumprimento. Já a cláusula de limitação de indenização beneficia o fornecedor, pois sua responsabilidade será mitigada.

A distinção entre a cláusula penal na modalidade de prefixação de indenização e a cláusula de limitação de indenização é a seguinte: a cláusula de limitação de indenização constitui um *plafond*, pois fixa o limite máximo da indenização. A cláusula penal é um *forfait*, estabelece um montante invariável. Daí que a cláusula limitativa não dispensa a determinação efetiva, nos termos gerais, do montante da indenização, ao passo que a cláusula de prefixação de prejuízos visa evitar dúvidas futuras e litígios entre as partes a esse respeito, não tendo o consumidor, para fazer jus à pena, de provar quaisquer danos ou a sua efetiva extensão.

Em outros termos, a cláusula de indenização prefixada é um risco para ambas as partes. Se fornecedor e consumidor ajustam o valor da pena em R$ 10.000, na convicção de que eventuais prejuízos a este oscilem entre R$ 8.000,00 e R$ 12.000,00, seja o dano efetivo de 8.000 ou de 12.000, o consumidor exigirá os R$ 10.000,00. Na limitação de indenização, em sentido inverso, os riscos de perda são exclusivamente do consumidor, pois ele poderá se sujeitar a receber um valor aquém do dano real experimentado. Assim, se os danos reais forem de R$ 12.000,00, o consumidor só receberá R$ 8.000,00. A cláusula penal é permitida, pois pode favorecê-lo ou prejudicá-lo pela álea que lhe é inerente; a cláusula de limitação de indenização é proibida, pois só acarreta prejuízos ao consumidor.

---

76. NUNES, Luiz Antonio Rizzato. *Comentários ao código de defesa do consumidor*, p. 575.

No âmbito das cláusulas penais favoráveis ao consumidor, indaga-se: é possível estender a aplicação de uma multa contratual, originalmente incidente apenas em caso de atraso no pagamento das parcelas do preço pelo comprador, também à hipótese de atraso na entrega do imóvel pela construtora. Trata-se da chamada "inversão" da cláusula penal: inversão porque retrata uma real mudança na lógica contratual inicialmente estabelecida, mediante a aplicação da multa em sentido oposto ao previsto no contrato?

Consoante iterativa jurisprudência do STJ, em caso de inadimplemento, se houver omissão do contrato, cabe, por imperativo de equidade, inverter a cláusula contratual penal (moratória ou compensatória), que prevê multa exclusivamente em benefício do promitente vendedor do imóvel.[77] Saliente-se, no entanto, que constitui equívoco simplesmente inverter, sem observar a técnica própria, a multa contratual referente à obrigação do adquirente de dar (pagar), para então incidir em obrigação de fazer, resultando em indenização pelo inadimplemento contratual em montante exorbitante, desproporcional, a ensejar desequilíbrio contratual e enriquecimento sem causa, em indevido benefício do promitente comprador. A obrigação da incorporadora é de fazer (entrega do imóvel pronto para uso e gozo), já a do adquirente é de dar (pagar o valor remanescente do preço do imóvel, por ocasião da entrega). E só haverá adequada simetria para inversão da cláusula penal contratual se houver observância de sua natureza, isto é, de prefixação da indenização em dinheiro pelo período da mora. Portanto, nos casos de obrigações de natureza heterogênea (por exemplo, obrigação de fazer e obrigação de dar), impõe-se sua conversão em dinheiro, apurando-se valor adequado e razoável para arbitramento da indenização pelo período de mora, vedada sua cumulação com lucros cessantes. Feita essa redução, geralmente obtida por meio de arbitramento, é que, então, seria possível a aplicação/utilização como parâmetro objetivo, para manutenção do equilíbrio da avença, em desfavor daquele que redigiu a cláusula.[78]

---

77. Tema 971 do STJ: "No contrato de adesão firmado entre o comprador e a construtora/incorporadora, havendo previsão de cláusula penal apenas para o inadimplemento do adquirente, deverá ela ser considerada para a fixação da indenização pelo inadimplemento do vendedor. As obrigações heterogêneas (obrigações de fazer e de dar) serão convertidas em dinheiro, por arbitramento judicial".

78. STJ: "Esses precedentes visam, justa e simetricamente, à manutenção do equilíbrio da base contratual para a adequada reparação do dano, tomando a cláusula penal estipulada em benefício de apenas uma das partes como parâmetro objetivo, inclusive ressalvando, por exemplo, o abatimento do valor de um aluguel por mês de uso do imóvel. As técnicas de interpretação do Código de Defesa do Consumidor devem levar em conta o art. 4º daquele diploma, que contém uma espécie de lente pela qual devem ser examinados os demais dispositivos, notadamente por estabelecer os objetivos da Política Nacional das Relações de Consumo e os princípios que devem ser respeitados – entre os quais se destacam a "harmonia das relações de consumo" e o "equilíbrio nas relações entre consumidores e fornecedores". A par disso tem-se também como um direito básico do consumidor a "igualdade nas contratações" (art. 6º, inciso II), além de outros benefícios não previstos no CDC, mas que derivam "dos princípios gerais de direito" e da "equidade" (art. 7º). Não fosse o bastante, o art. 51, ao enumerar algumas cláusulas tidas por abusivas, deixa claro que, nos contratos de consumo, deve haver reciprocidade de direitos entre fornecedores e consumidores. É relevante notar também que a Portaria n. 4, de 13/3/1998, da Secretaria de Direito Econômico do Ministério da Justiça (SDE/MJ) previu como abusivas as cláusulas que: "6- estabeleçam sanções em caso de atraso ou descumprimento da obrigação somente em desfavor do consumidor". Ressalte-se, no entanto, que as disposições contidas em normas infra legais, por expressa disposição do CDC, inserem-se na categoria de outros direitos "decorrentes [...] de regulamentos expedidos pelas autoridades administrativas competentes" (art. 7º, CDC). À vista disso, seja por princípios gerais do direito, seja pela principiologia adotada no CDC, ou, ainda, por comezinho imperativo de equidade, mostra-se abusiva a prática de estipular cláusula penal exclusivamente ao adquirente, para a hipótese de mora ou de inadimplemento contratual absoluto, ficando isento de tal reprimenda

CAPÍTULO 10 • CLÁUSULA PENAL: CONTRATOS DE CONSUMO E CONTRATOS INTEREMPRESARIAIS

Esta postura do Superior Tribunal de Justiça pode ser legitimada por envolver a aquisição de bens essenciais, haja vista que o acesso ao direito fundamental de moradia é um critério objetivo de justificação de uma eficácia imediata da Constituição sobre relações privadas, sobremaneira nas relações de consumo. Todavia, em regra geral, consideramos que a inversão genérica de cláusula penal por obra do judiciário em caráter integrativo a contratos estandardizados é uma excepcionalidade no interno de um ordenamento jurídico que prima pela liberdade contratual, sem que se possa presumir que cláusulas estipuladas entre fornecedores e consumidores sejam abusivas. primeiro refere-se à inexistência de previsão legal que permita estender o âmbito de aplicação de uma cláusula penal. A multa contratual tem origem convencional, fruto da autonomia privada. Ainda que os contratos submetidos ao Código de Defesa do Consumidor (CDC) estejam sujeitos à eventual intervenção judicial, esse efeito, de extensão de multa não previamente estipulada, foge das situações que viabilizam tal intervenção. Sob o viés prático, há toda uma lógica econômica na imposição de cláusula penal moratória para a hipótese de atraso no pagamento, considerando-se despesas em favor da instituição financeira que suportam a aquisição de produtos adquiridos a prazo pelo consumidor. Além de excessiva, a intervenção estatal que concebe cláusula penal genérica contra o fornecedor de produto em contrato padrão de consumo, é desnecessária, tendo em vista que a própria legislação já prevê mecanismos de sancionamento daquele que incorre em mora.[79]

Ademais, conforme enfatizam Fernanda Girardi e Rodrigo Cantalio,[80] o CDC estabelece a revisão judicial para modificar cláusulas contratuais que estabeleçam prestações desproporcionais ou que se tornem excessivamente onerosas em face de situações supervenientes, e nenhuma das situações encontra-se presente para legitimar a inversão da multa contratual. Note-se que a remissão a "prestações desproporcionais", feita pela lei, refere-se à prestação principal de dado negócio e, não, a um mecanismo utilizado seja para pré-liquidar os danos que decorrem do descumprimento de dada obrigação, seja para exercer uma função persuasória do respectivo cumprimento. Outro aspecto é que inexiste uma diretriz que imponha a propalada "reciprocidade" entre os mecanismos à disposição das partes contratantes. Mesmo no âmbito de contratos de adesão, em que o aderente não tem a prerrogativa de discutir ou interferir na elaboração das cláusulas, mas apenas aceitá-las em bloco, não há que se falar em um verdadeiro paralelismo de prerrogativas e obrigações. Há, logicamente, a necessidade de se evitar o exercício de posição abusiva por uma das partes. Todavia, alguns mecanismos são próprios e vocacionados a determinados tipos de negócios, atendendo e protegendo a lógica das operações econômicas em jogo. Inegável que há custos transacionais envolvidos e que a inserção

---

o fornecedor em situações de análogo descumprimento da avença" (REsp 1.631.485-DF, Rel. Min. Luis Felipe Salomão, Segunda Seção, por maioria, DJe 25/06/2019).

79. Neste sentido, assim decidiu o STJ: "Ação civil pública. Entrega de produtos e restituição de valores pelo exercício do arrependimento. Imposição de multa moratória em contrato de adesão. Impossibilidade. Limites da intervenção estatal. É indevida a intervenção estatal para fazer constar cláusula penal genérica contra o fornecedor de produto em contrato padrão de consumo" (REsp 1.656.182-SP, Rel. Min. Nancy Andrighi, Segunda Seção, por maioria, DJe 14/10/2019).

80. GIRARDI, Fernanda e CANTALI, Rodrigo. *A inversão da multa contratual*. Valor Econômico, 10/04/2019. Disponível em: [https://www.soutocorrea.com.br/publicacoes/a-inversao-da-multa-contratual/].

de tais mecanismos repercute nesses custos. Além disso, lembre-se que o equilíbrio contratual não é retratado pelo igual número de prerrogativas e mecanismos protetivos em prol de cada contratante, mas aferido de acordo com o contexto e a lógica de cada operação, com foco no conteúdo das obrigações principais de cada parte. Por fim, um terceiro e relevante elemento consiste no risco de que eventual acolhimento da inversão da cláusula penal, no âmbito dos recursos repetitivos, acarretará uma abertura para a aplicação extensiva do precedente. Não seria exagero supor que sobreviriam decisões invertendo não apenas a cláusula penal moratória, mas também eventuais multas de natureza compensatória, como já se verificou em recente decisão proferida em desfavor de empresa de intermediação de reservas hoteleiras. Há também o risco, que parece o mais grave, de tal inversão alcançar multas previstas em contratos paritários, o que redundaria não apenas na deturpação dos fundamentos da própria cláusula penal, mas especialmente em insegurança no ambiente que serve de pano de fundo para a formalização dos negócios comerciais.

10.3.5 A limitação de indenizar nas relações de consumo e contratos de adesão

Relativamente às relações de consumo, estabelece o artigo 51, I, do CDC: "São nulas de pleno direito, entre outras, as cláusulas contratuais relativas ao fornecimento de produtos e serviços que: I – impossibilitem, exonerem ou atenuem a responsabilidade por vícios de qualquer natureza dos produtos e serviços ou impliquem renúncia ou disposição de direitos. Contudo, nas relações de consumo entre o fornecedor e o consumidor-pessoa jurídica, a indenização poderá ser limitada, em situações justificáveis". Tratando-se de consumidor pessoa natural, em princípio, não há espaço para cláusula limitativa de indenização.[81]

Nesse cenário uma companhia aérea pode indenizar apenas parcialmente o consumidor em razão dos danos sofridos (extravio de bagagem com pertences valiosos, por exemplo)? Tradicionalmente a jurisprudência brasileira afirmava que, havendo extravio de bagagem em transporte aéreo deveria ser aplicado o Código de Defesa do Consumidor à hipótese, mesmo diante de voos internacionais. Aplicava-se, portanto, o CDC, e não as convenções e tratados internacionais que estabeleciam tarifas máximas de indenização nesses casos (indenizações tarifadas, com limites máximos, o que esvazia o princípio da reparação integral). Nesse sentido era a jurisprudência. Porém, a partir de 2017, houve mudança de entendimento a respeito da questão. O STF alterou os rumos da controvérsia (CDC x Convenção de Varsóvia/Montreal), e, por maioria, ao julgar o RE 636.331, entendeu que os conflitos que envolvem extravios de bagagem e atrasos de voos devem ser resolvidos pelas convenções internacionais sobre a matéria que o Brasil ratificou.[82] Também o STJ – em adequação ao entendimento do STF – passou a entender em 2018 ser possível a limitação, por legislação internacional, do direito do passagei-

---

81. Isso, porém, em nada conflita com a possibilidade de fixação de uma cláusula penal em prol do consumidor, mas devem ser estipuladas de modo a não implicarem exoneração ou limitação do dever de o fornecedor indenizar.
82. A tese destaca que "por força do artigo 178 da Constituição Federal, as normas e tratados internacionais limitadoras da responsabilidade das transportadoras aéreas de passageiros, especialmente as Convenções de Varsóvia e Montreal, têm prevalência em relação ao Código de Defesa do Consumidor".

CAPÍTULO 10 • CLÁUSULA PENAL: CONTRATOS DE CONSUMO E CONTRATOS INTEREMPRESARIAIS **293**

ro à indenização por danos materiais decorrentes de extravio de bagagem (STJ, REsp 673.048). Cabe fazer a seguinte diferenciação (mesmo depois da mudança de orientação): as indenizações por danos morais decorrentes de extravio de bagagem e de atraso de voo internacional não estão submetidas à tarifação prevista na Convenção de Montreal, devendo-se observar, nesses casos, a efetiva reparação do consumidor preceituada pelo CDC (STJ, REsp 1.842.066). Dessa forma, a indenização de- vida aos passageiros em voos internacionais – por atraso de voo ou extravio de bagagem – apenas diz respeito aos danos materiais, não aos morais. Cabe registrar ainda, pela conexão dos temas, que em julgados mais recentes o STJ tem considerado que o atraso ou cancelamento de voo não configura dano moral presumido (*in re ipsa*) e, por isso, a indenização somente será devida se comprovado algum fato extraordinário (STJ, REsp 1.796.716).

Já no que concerne à segunda parte do referido art. 51, I, do CDC, a proibição relativa de limitação de indenização contra o consumidor pessoa jurídica está relacionada à expressão "situações justificáveis", que pode ser entendida em duas hipóteses: a) que o tipo de operação de venda e compra do produto ou serviço seja especial, fora do padrão regular de consumo; b) que a qualidade do consumidor pessoa jurídica, de sua parte, também justifique uma negociação prévia de cláusula contratual limitadora.[83]

José Roberto de Castro Neves admite a possibilidade de uma cláusula de limitação de responsabilidade em favor do fornecedor: O fato de uma cláusula restritiva constar de um contrato de adesão não significa, necessariamente, que ela deva ter a sua validade negada. Tampouco o fato de a disposição ter sido objeto de extensa negociação a torna válida. A patologia está mais no conteúdo do que na forma.[84] Dentre outros argumentos, o autor se apoia na interpretação *a contrario sensu* do art. 54, § 4º, do Código de Defesa do Consumidor, vazado nos seguintes termos: "As cláusulas que implicarem limitação do direito do consumidor deverão ser redigidas com destaque, permitindo sua imediata e fácil compreensão". Isso significa que mesmo contratos de adesão podem limitar direitos de consumidores.

Não podemos aderir a esse posicionamento – louvável, diga-se de passagem, mas isolado na doutrina –, por dois fundamentos básicos: O Código de Defesa do Consumidor é um microssistema que confere suporte ao direito fundamental do art. 5º, XXXII, da Constituição Federal, de tutela coletiva a grupo vulnerável de pessoas. Some-se a isso a consideração do art. 170, V, da Lei Maior, que eleva a defesa do consumidor à condição de princípio da ordem econômica. Tudo isso legitima a adoção de medidas de interven-

---

83. Nelson Nery Júnior comenta o dispositivo: "Não é sempre que a cláusula de limitação de responsabilidade civil nos contratos envolvendo consumidor-pessoa jurídica é lícita. É preciso que o elemento valorativo da norma esteja presente, pois somente em situações justificáveis é que se admite. Fica ao juiz a tarefa de dizer quando é que a situação é justificável, para que se dê eficácia à cláusula limitadora. O caso concreto é que vai ensejar ao magistrado a integração desse conceito jurídico indeterminado. Quando por exemplo, determinada indústria vende um computador de médio para grande porte a consumidor-pessoa jurídica, pode ser que seja razoável estabelecer-se limitação da responsabilidade civil do fornecedor, desde que seja observado o critério de proporcionalidade entre custo-benefício. Havendo desproporção entre as prestações a cargo do fornecedor e do consumidor-pessoa jurídica, não é de ter-se como válida a cláusula limitativa da responsabilidade civil" NERY JÚNIOR, Nelson. In: GRINOVER, Ada Pellegrini et al. *Código brasileiro de defesa do consumidor*: comentado pelos autores do anteprojeto. 11. ed. Rio de Janeiro: Forense, 2017. p. 584.
84. NEVES, José Roberto de Castro. *O código do consumidor e as cláusulas penais*, p. 260.

ção estatal necessárias a assegurar a proteção prevista; outrossim, os arts. 25 e 51, I, são claros quanto à proibição de cláusulas limitativas de indenização contra consumidores na qualidade de pessoas naturais, com exceção aos consumidores na condição de pessoa jurídicas em "situações justificáveis". Em contrapartida, o art. 54, § 4º, permite entender que cláusulas limitativas de indenização seriam permitidas, mesmo nas relações consumeiristas.

Ora, nessas situações contraditórias, o intérprete deverá trabalhar com o princípio da interpretação conforme a Constituição. Segundo Luis Roberto Barroso, esse princípio implica que o aplicador da norma infraconstitucional, dentre mais de uma interpretação possível, deverá buscar aquela que a compatibilize com a Constituição, ainda que não seja a que obviamente decorra do seu texto. Como técnica de controle de constitucionalidade, a interpretação conforme a Constituição consiste na expressa exclusão de uma determinada interpretação da norma, uma ação 'corretiva' que importe em declaração de inconstitucionalidade sem redução de texto.[85]

Portanto, a eficácia de uma norma isolada (art. 54, § 4º, Lei 8.078/90) que, em tese, permitiria uma interpretação literal capaz de restringir direitos de consumidor pessoa natural, deve ser recusada. Entre as exegeses possíveis, há que prevalecer a que vincula a defesa dos direitos fundamentais do consumidor (art. 5º, XXXII, CF), como irrupção do princípio da solidariedade (art. 3º, I, CF), concretizado no Código de Defesa do Consumidor pela cláusula geral da boa-fé objetiva (art. 4º, CDC) de onde deriva a proibição generalizada ao recurso a cláusulas abusivas (art. 51, CDC).

São nulas, no contrato de transporte de pessoas, as cláusulas excludentes de responsabilidade. Tais regras jurídicas foram inspiradas pela jurisprudência, cujos precedentes apontavam que "em contrato de transporte, é inoperante a cláusula de não indenizar" (Súmula 161, STF). Prevalece, portanto, o princípio da reparação integral. Carlos Roberto Gonçalves lembra que "a incidência do Código de Defesa do Consumidor nos casos de acidentes ocorridos por ocasião do transporte de passageiros não ficou prejudicada com a entrada em vigor do novo Código Civil. [...]. Não há incompatibilidade entre o Código Civil e o Código de Defesa do Consumidor, visto que ambos adotam a responsabilidade objetiva do transportador, só elidível mediante a prova de culpa exclusiva da vítima, do caso fortuito e da força maior, ou do fato exclusivo de terceiro, porque tais excludentes rompem o nexo de causalidade".[86]

Já no que diz respeito aos contratos de adesão, determina o artigo 424 do Código Civil que "Nos contratos de adesão, são nulas as cláusulas que estipulem a renúncia antecipada do aderente a direito resultante da natureza do negócio". Ao contrário do art. 734 do mesmo código,[87] Não há referência explícita às cláusulas de exoneração e limitação. Daí indagamos: a estipulação de uma cláusula limitativa extirparia direitos essenciais próprios ao contrato? Parece-nos que a inserção de cláusula não afeta o fim

---

85. BARROSO, Luis Roberto. *A nova interpretação constitucional*, p. 361

86. GONÇALVES, Carlos Roberto. *Responsabilidade civil*. São Paulo: Saraiva, 2012. p. 261.

87. Art. 734 CC. "O transportador responde pelos danos causados às pessoas transportadas e suas bagagens, salvo motivo de força maior, sendo nula qualquer cláusula excludente da responsabilidade. Parágrafo único. É lícito ao transportador exigir a declaração do valor da bagagem a fim de fixar o limite da indenização".

CAPÍTULO 10 • CLÁUSULA PENAL: CONTRATOS DE CONSUMO E CONTRATOS INTEREMPRESARIAIS

primordial de um contrato cujas cláusulas são predeterminadas unilateralmente para reduzir ou excluir a responsabilidade de uma das partes (predisponente) em relações interprivadas. Em outra oportunidade, ao interpretarmos o art. 424, frisamos que "é forçoso reconhecer que falar em contrato de adesão não implica reconhecimento de abusividade de cláusula. Apesar do desequilíbrio de forças entre estipulante e aderente, um contrato de adesão pode ser equânime e não consubstanciar disposições iníquas".[88]

Os princípios da solidariedade e igualdade material cedem espaço à maior afirmação da autonomia privada, conforme excluímos de um dos polos da relação o consumidor pessoa física, ou mesmo o consumidor pessoa jurídica (já com certa moderação). O paternalismo legislativo no âmbito dos contratos de adesão refuta a existência de cláusulas proibidas de forma absoluta, apenas mitigando a liberdade contratual no que concerne à renúncia à elementos essenciais a uma certa operação econômica. Isto não ocorre com uma cláusula que limita o valor da indenização, que sequer exclui a responsabilidade do predisponente. Quanto à cláusula de exoneração de responsabilidade, cabe observar o caso concreto para aferirmos se por vias transversas poderá conduzir o aderente à renúncia à direito decorrente da natureza do negócio.[89]

10.4 O CONTROLE DOS CONTRATOS DE ADESÃO ENTRE PARTICULARES

Já se foi o tempo em que a autonomia privada era situada como "espaço de imunidade" dos particulares, no sentido de uma zona completamente subtraída do controle do ordenamento jurídico. Em aprofundado estudo sobre a tutela constitucional da autonomia contratual, Antonio Liserre questiona a coexistência, no sistema de direito privado,

> del principio della liberta contrattuale – secondo cui, in definitiva, si riconosce ai contraenti piena libertà di valutare i propri interessi al fine di accettarne un regolamento ritenuto conveniente – con una concezione dell'uguaglianza che, volendo tendere a garantire effettivamente agli autori del contratto una posizione di reale parità, dovrebbe contraddittoriamente consentire un controllo di merito del regolamento in concreto divisato dalle parti, onde colpire eventuali abusi dal parte del contrattante più forte.[90]

---

88. ROSENVALD, Nelson. *Código Civil Comentado*, Manole, 2022, p. 461.

89. Segundo Gustavo Cerqueira, "pode-se inferir que o 'direito resultante da natureza do negócio' para fins do CC 424 compreende seus elementos essenciais e naturais, que juntos permitem caracterizar o tipo de negócio e individualizá-lo na sua entidade concreta. No caso da compra e venda, a natureza comutativa do contrato tem as garantias contra os vícios da evicção e pelos vícios ocultos como elementos naturais, que lhe são próprios e não precisam vir inscritos no contrato; estas garantias têm como finalidade assegurar uma operação economicamente equilibrada. Certamente, estes podem ser afastados pela vontade das partes, mas nos contratos de adesão, esse afastamento não resultaria de uma negociação, mas da imposição unilateral pelo predisponente. Essa é a razão da nulidade cominada à renúncia prévia (disposição) de direito resultante da natureza do negócio; ela alcança tanto os elementos essenciais, quanto naturais ao negócio jurídico pactuado por adesão, do contrário não se alcançaria uma efetiva proteção do aderente. Todavia, o dever de indenizar não parece poder ser considerado como um desses elementos, porque se trata de efeito do incumprimento imputável". CERQUEIRA, Gustavo. As garantias e a exclusão de responsabilidade. In:Direito contratual entre a liberdade e proteção dos interesses e outros artigos alemães-lusitanos. Coimbra: Almedina, 2008. p. 138.

90. LISSERE, Antonio. *Tutele costituzionali della autonomia contrattuale*, p. 18. Tradução nossa: "Questiona-se a coexistência do princípio da liberdade contratual – segundo o qual reconhecesse aos contratantes plena liberdade de valorar os próprios interesses a fim de acertar um regulamento considerado conveniente – com uma concessão de igualdade que visa garantir efetivamente aos autores do contrato uma posição de real paridade, propiciando um controle de mérito do regulamento imaginado pelas partes, em que se combaterão eventuais abusos cometidos por parte do contratante mais forte".

Os contratos de adesão traduzem um modelo de sociedade marcado pela massificação das relações econômicas. Não se trata simplesmente de uma espécie de contrato, mas de um instrumento contemporâneo de contratação no qual a manifestação de vontade não se exterioriza pelo consentimento tradicional, mas pela forma de adesão. O contrato por adesão convive com o tradicional contrato paritário, marcado pela existência de uma etapa de negociação de cláusulas.

Vale a advertência de Georges Ripert:

> Adesão não quer dizer consentimento. Consentir no contrato é debater as suas cláusulas com a outra parte depois duma luta mais ou menos dura, cuja convenção traduzirá as alternativas. Aderir é submeter-se ao contrato estabelecido e submeter-se a sua vontade protestando no íntimo contra a dura lei que lhe é imposta.[91]

A contratação estandarizada possui uma grande característica: elimina a fase das conversações preliminares, pois uma das partes estabelece unilateralmente as condições gerais do contrato, sendo que o consentimento do outro contratante será a própria adesão em bloco – *take it or leave it*. Nas palavras de Enzo Roppo, "a liberdade contratual de uma das partes expande-se e potencia-se, por assim dizer, à custa da liberdade contratual de outra".[92]

A essência do contrato de adesão repousa na disparidade do poder negocial entre o predisponente e o aderente. De acordo com Teresa Negreiros, esse método de contratação é

> uma espécie em que se patenteia a predominância da vontade de um dos contratantes sobre a do outro, abre-se espaço para a imposição de valores que antes não penetravam no âmbito contratual, hermeticamente protegido sob a couraça da soberania da vontade individual e da igualdade formal entre as partes. O contrato de adesão é, portanto, um símbolo da atuação que a ordem jurídica passa então a ter na declarada tentativa de impedir a realização de certos resultados tidos como indesejáveis, instituindo medidas compensadoras, orientadas à proteção do aderente.[93]

O art. 423 do Código Civil reconhece a contratualidade da adesão, mesmo que seja privado o espaço de discussão de cláusulas pela existência de certo desequilíbrio entre os contratantes. Em virtude desse desequilíbrio prévio, caberá ao ordenamento uma intervenção mais drástica sobre os contratos dessa natureza, a fim de que a parte mais débil possa se relacionar com total intelecção da avença. Aduz Chaïm Perleman que "o controle será mais severo quando uma das partes abusar de sua posição dominante em relação à outra: será esse o caso quando se tratar de um contrato de adesão".[94]

Há um equívoco em supor que os contratos de adesão sejam específicos às relações de consumo. Apesar de o Código de Defesa do Consumidor, por excelência, constituir-se em sede de tais contratos, nada impede que nas relações privadas, envolvendo empresas ou particulares, nasçam contratos de adesão sem que em um dos polos exista a figura

---

91. RIPERT, Georges. *A regra moral nas obrigações*, p. 112.
92. ROPPO, Enzo. *O contrato*, p. 318.
93. NEGREIROS, Teresa. *Teoria do contrato*, p. 373. Cristiano Chaves bem sintetiza a questão: "Não se contrata por exclusiva autonomia da vontade, mas por necessidade pessoal e social, dadas as inúmeras necessidades vitais da pessoa que somente pelo contrato (na sua grande maioria, de consumo) podem ser atendidas" (*Miradas sobre a cláusula penal no direito contemporâneo*, p. 257).
94. PERLEMAN, Chaim. *Ética e direito*, p. 430.

do consumidor. Como observa Jacques Ghestin, "a proteção dos consumidores não se limita aos contratos de adesão e, reciprocamente, as cláusulas abusivas que figuram nestes contratos não interessam apenas aos consumidores".[95]

O aderente é merecedor de tutela especial nas relações privadas, pois há muito não subsiste o ideal romântico de atribuir ao domínio privado o atributo da igualdade plena entre os seus personagens. A realidade há muito já descolou do direito privado o espaço reservado aos "livres e iguais". Poucos são livres e muitos, desiguais. As mesmas situações de poder encetadas nas relações entre o Estado e os particulares são visualizadas no mundo dos civis. Se o Código de Defesa do Consumidor aflora como o espaço dos visivelmente assimétricos, o Código Civil culmina por normatizar relações entre absolutamente iguais (raramente) e relativamente desiguais (frequentemente). Portanto, a repressão às cláusulas abusivas pelo Código de Defesa do Consumidor é mera exteriorização dos princípios contratuais da justiça contratual e da boa-fé objetiva, não só aplicáveis ao ramo especial consumeirista, como também ao direito comum das obrigações, exceto naquilo que seja especificamente reservado ao consumidor *stricto sensu*.

As cláusulas abusivas não surgem apenas nos confins das relações consumeiristas, mas também imprimem sua marca nos contratos civis e empresariais, eis que a contratação padronizada por adesão com a elaboração de cláusulas contratuais gerais se revelou uma constante em um espaço povoado pela desigualdade do poder negocial entre os contratantes.

Bem explica Eliseu Jusefovicz que esse fenômeno ocorre

> nas relações entre industrial e agricultor, instituição financeira e comerciante, banco e poupador, fabricante e distribuidor, franqueador e franqueado, concedente e concessionário, facturizador e facturizado, proprietário de shopping center e lojista, locador e locatário, entre outras. O mesmo desequilíbrio que marca as relações entre empresas e consumidores se repete, em intensidade diversa, inclusive nos relacionamentos entre as próprias empresas, em que há quase sempre um parceiro capaz de determinar a sorte dos negócios.[96]

Paulo Valério Dal Pai Moraes enuncia que os contratos civis e comerciais são realizados entre iguais, como entre os quase-iguais.

> Esta (a realidade dos quase-iguais) é uma nova figura real e concreta que, de forma massificada, irá identificar um grande número de contratos entre grandes empresários e pequenos empresários. Talvez se pudesse dizer, grosso modo, que o CDC é o diploma que, predominantemente, regula os relacionamentos entre os desiguais, enquanto que o Código Civil, predominantemente, regula os relacionamentos entre os iguais e os quase-iguais.[97]

---

95. Apud PRATA, Ana. *Cláusulas de exclusão e limitação da responsabilidade contratual*, p. 395.
96. JUSEFOVICZ, Eliseu. *Contratos*: proteção contra cláusulas abusivas, p. 428.
97. MORAES, Paulo Valério Dal Pai. Compatibilidade entre os princípios do código de defesa do consumidor e os do novo código civil. *Revista de Direito do Consumidor*, p. 109. Fernando Noronha também adverte que as cláusulas abusivas não são privativas do Direito do Consumidor, "ainda que tenham algumas especificidades e sejam especialmente perigosas no âmbito das relações de consumo" e posiciona-se abertamente "na defesa da linha que sustenta a possibilidade de não consumidores muitas vezes poderem ser incluídos na figura jurídica dos equiparados a consumidores, por aplicação do art. 29 do Código. Isso pode acontecer mesmo quanto a empresários, quando entram em negócios com empresas maiores que não sejam de consumo, desde que se encontrem em posição de especial vulnerabilidade. Esta é uma linha de interpretação do art. 29 que preserva os princípios fundamentais do Direito do Consumidor, salvaguardando em especial a distinção entre contratos interempresariais e os con-

É forçoso reconhecer que tratar de contratos de adesão na órbita privada não implica automático reconhecimento de abusividade de suas cláusulas. Apesar do desequilíbrio de forças entre estipulante e aderente, um contrato de adesão civil ou empresarial pode ser equânime e não consubstanciar disposições iníquas. Todavia, a própria técnica unilateral de construção do contrato de adesão propicia a incidência frequente de cláusulas excessivamente desfavoráveis aos aderentes.

Tendo em vista que os contratos de adesão – inclusive nas relações civis – são caracterizados pela predeterminação unilateral do conteúdo e por vezes conduzem ao desequilíbrio contratual, estabelece o Enunciado 430 do Conselho de Justiça Federal que "No contrato de adesão, o prejuízo comprovado do aderente que exceder ao previsto na cláusula penal compensatória poderá ser exigido pelo credor independentemente de convenção". Oferecemos nossa crítica ao enunciado por afastar qualquer incentivo a estipulação de uma cláusula de liquidação antecipada de danos nas relações interprivadas e em cláusulas gerais de contratação, pois mesmo no âmbito do CDC, enquanto não houver abusos, fornecedores e consumidores dispõem de uma grande margem de liberdade para a celebração de diferentes formas de contrato. Eventualmente uma convenção pela reparação do dano excedente pode ser invalidada caso se revista de abusividade, todavia não concordamos com a possibilidade de inserção no contrato de uma regra heterônoma à vontade dos contratantes que suprima a eficácia da cláusula penal compensatória, até mesmo por não se tratar a não pactuação de uma cláusula de dano excedente como uma renúncia antecipada do aderente a um direito resultante da natureza do negócio (art. 424, CC).[98]

O art. 424 explicita justamente o controle de conteúdo de contratos intercivis e interempresariais: "Nos contratos de adesão, são nulas as cláusulas que estipulam a renúncia antecipada do aderente a direito resultante da natureza do negócio". Uma cláusula que implique renúncia antecipada do aderente a um direito subjetivo será certamente lesiva ao dever anexo de proteção, emanado da boa-fé objetiva (art. 422, CC), inserido em qualquer relação contratual. Basta cogitar de cláusulas de limitação de responsabilidade. Assim, se em um contrato negociado as partes podem, por cláusula expressa, reduzir ou excluir a responsabilidade pela evicção (art. 449, CC), o mesmo não acontecerá em contratos de adesão diante da sanção de invalidade prevista no artigo em comento.

Certamente o estudioso estranhará a timidez do legislador em contraste com a amplitude das hipóteses de tutela de consumidores quanto às cláusulas que impossibi-

---

tratos de consumo, e eliminando o perigo de desvirtuar o código, como diploma essencialmente voltado para o consumidor, ao mesmo tempo em que permite remediar muitas situações de injustiça que resultam dos grandes desequilíbrios de forças que a realidade econômica mostra existirem nas relações interempresariais, deixando as empresas menores em posição de vulnerabilidade equiparável a dos consumidores" (JUSEFOVICZ, Eliseu. *Contratos*: proteção contra cláusulas abusivas, prefácio, p. 12).

98. Por idênticas razões, o STJ decidiu que: "Ação civil pública. Entrega de produtos e restituição de valores pelo exercício do arrependimento. Imposição de multa moratória em contrato de adesão. Impossibilidade. Limites da intervenção estatal. Destaque: É indevida a intervenção estatal para fazer constar cláusula penal genérica contra o fornecedor de produto em contrato padrão de consumo, pois além de violar os princípios da livre iniciativa e da autonomia da vontade, a própria legislação já prevê mecanismos de punição daquele que incorre em mora." (REsp 1.656.182-SP, Rel. Min. Nancy Andrighi, Segunda Seção, por maioria, DJe 14/10/2019).

CAPÍTULO 10 • CLÁUSULA PENAL: CONTRATOS DE CONSUMO E CONTRATOS INTEREMPRESARIAIS

litem, exonerem, atenuem ou impliquem renúncia de novos direitos (art. 51, I, II, III, VI, XV e XVI, CDC).

Contudo, há antijuridicidade e ilicitude objetiva em qualquer atuação do estipulante ofensiva à cláusula geral do abuso do direito (art. 187, CC). Coíbe-se qualquer exercício excessivo e desmedido de direito subjetivo, que importe na aposição de cláusulas despidas de legitimidade que ultrapassem os limites éticos do ordenamento.

Em sede de cláusula penal, Paulo Valério Dal Pai Moraes concede interessante exemplo:

> Imaginemos um contrato de locação em *shopping center* por dois anos em que o primeiro ano deve ser todo pago antecipadamente. O proprietário da loja adquire uma doença grave no sexto mês e é obrigado a parar de trabalhar e, consequentemente, de seguir o negócio. Entretanto existe uma disposição contratual que impede a devolução dos valores pagos antecipadamente, uma verdadeira cláusula de decaimento para um relacionamento civil. O princípio da dignidade da pessoa humana, da vulnerabilidade, da boa-fé, evidentemente atuarão neste caso concreto como razões de decidir, determinando a devolução dos valores antecipados, subtraídos os prejuízos eventualmente causados ao locador, ajustando, assim, os interesses, de modo a evitar o enriquecimento sem causa, o que trará harmonia, equidade e paz social. Este é o 'direito concreto', operacional e com ética.[99]

Quando o consentimento do particular se manifestar como simples adesão a conteúdo preestabelecido da relação jurídica, o sistema intervirá de forma enérgica, operando no setor da invalidade. Destarte, aproveitando o exemplo do shopping center, o lojista apenas indenizará o incorporador pelos prejuízos efetivos que este demonstrar como decorrência do inadimplemento.

A evidente compatibilidade entre o art. 424 do Código Civil e o art. 51, I, do Código de Defesa do Consumidor, ressalta a aproximação entre o sistema central do direito privado e o microssistema concentrado na tutela do sujeito "diferente". A teoria contratual contemporânea não abdicou da tutela à autonomia da vontade, mas incorporou as novas dimensões da boa-fé objetiva e do equilíbrio contratual, a fim de que a liberdade negocial não afete a igualdade substancial e o princípio da solidariedade.

Doravante, será preciso afirmar a unidade do ordenamento e compatibilizar as normas relacionadas aos contratos de adesão com o Código de Defesa do Consumidor. Precisamente afirma Gustavo Tepedino que

> o critério da vulnerabilidade, norteador da atuação do STJ, mais uma vez deverá servir para estabelecer os limites de incidência de ambos os diplomas. As normas do Código Civil destinam-se a regular relações estabelecidas entre contratantes paritários, voltando-se as normas do Código de Defesa do Consumidor para a disciplina dos contratos de consumo e das práticas comerciais entre partes desigualmente situadas.[100]

---

99. MORAES, Paulo Valério Dal Pai. *Compatibilidade entre os princípios do código de defesa do consumidor e os do novo código civil*, p. 110.

100. TEPEDINO, Gustavo. Código de defesa do consumidor: código civil e complexidade do ordenamento. *Revista Trimestral de Direito Civil*, p. V. No Superior Tribunal de Justiça, o Ministro Jorge Scartezzini teve a oportunidade de pronunciar "a existência de certo abrandamento na interpretação finalista, na medida em que se admite, excepcionalmente, desde que demonstrada, in concreto, a vulnerabilidade técnica, jurídica ou econômica, a aplicação das normas do CDC" (STJ, 4ª T, REsp. 661.445/ES, *DJ* 28/3/2005).

Sendo inequívoca a complementaridade entre os dois diplomas – eis que o Código Civil não veio para colidir com o Código de Defesa do Consumidor e sim ampliar a incidência do solidarismo constitucional e a defesa da dignidade humana –, é saudável e forçoso se admitir o sincretismo de um sistema qualificado pela abertura e pluralidade. Destarte, sempre que cláusulas abusivas forem identificadas para além das relações de consumo, o art. 29 do Código de Defesa do Consumidor servirá como saudável ferramenta de tutela a ser utilizado pelos particulares expostos às práticas referidas nos capítulos V e VI do Código de Defesa do Consumidor.

De acordo com Eliseu Jusefovicz, esses consumidores em sentido *lato* e por equiparação, adequadamente definidos como

> os contratantes que não podem ser tutelados com base no art. 2º do CDC, por não serem 'destinatários finais', ou porque as relações não se caracterizam como de consumo, têm naquele dispositivo a oportunidade de serem albergados pela extensão da tutela. Este é um poderoso instrumento a ser invocado pelos 'consumidores equiparados' a fim de combater as estipulações contratuais abusivas.[101]

Mesmo que o particular não seja considerado um consumidor *stricto sensu* conforme orienta o art. 2º do Código de Defesa do Consumidor, a demonstração de sua situação de vulnerabilidade (técnica, jurídica ou econômica) no caso concreto será o fundamento para a intervenção das normas de ordem pública.[102] A contratação padronizada pela via da adesão e a disparidade de poder negocial são fatores que auxiliam o magistrado a atestar o estado de vulnerabilidade. Claudia Lima Marques conclui

> que, se assim for interpretado o art. 29, uma nova série de hipóteses passará a se incluir no campo de aplicação das normas dos Capítulos V e VI do CDC, permitindo uma tutela protetiva daquele profissional, consumidor equiparado, justamente no âmbito contratual, de forma a reequilibrar a relação e reprimir o uso abusivo do poder econômico.[103]

Esse diálogo converge para a produção de três opções:

• Nos contratos paritários civis e empresariais, eventual cláusula abusiva que desvirtue a justiça contratual será combatida pela anulação do negócio jurídico pela via da lesão (art. 157, CC).

• Nos contratos de adesão civis e empresariais em que for constatada a debilidade do aderente resultará a produção de norma de ordem pública que sanciona pela nulidade

---

101. JUSEFOVICZ, Eliseu. *Contratos*: proteção contra cláusulas abusivas, p. 430.
102. STJ, Informativo nº 600: 26 de abril de 2017. "O conceito básico de consumidor foi fixado no CDC, em seu art. 2º, ao estatuir que "consumidor é toda pessoa física ou jurídica que adquire ou utiliza produto ou serviço como destinatária final". A nota característica dessa definição está na identificação de uma pessoa (física ou jurídica) como destinatária final de um produto ou serviço para que possa ser enquadrada como consumidora. A condição de destinatário final de um bem ou serviço constitui a principal limitação estabelecida pelo legislador para a fixação do conceito de consumidor e, consequentemente, para a própria incidência do CDC como lei especial. Há necessidade, assim, de se estabelecer o alcance dessa expressão, que constitui o elemento teleológico dessa definição. Considera-se destinatário final aquele que, no ato de consumir, retira o bem do mercado. Seguindo nessa linha de raciocínio, a Segunda Seção acabou por firmar entendimento centrado na teoria subjetiva ou finalista (REsp 541.867-BA, DJe 16/5/2005), posição hoje consolidada no âmbito deste STJ. Porém, a jurisprudência, posteriormente, evoluiu para admitir uma certa mitigação da teoria finalista na hipótese em que, embora não verificada a condição de destinatário final, constata-se a vulnerabilidade do consumidor profissional ante o fornecedor" (REsp 1.442.674-PR, Rel. Min. Paulo de Tarso Sanseverino, por unanimidade, DJe 30/3/2017).
103. MARQUES, Claudia Lima. *Comentários ao código de defesa do consumidor*, p. 398.

CAPÍTULO 10 • CLÁUSULA PENAL: CONTRATOS DE CONSUMO E CONTRATOS INTEREMPRESARIAIS **301**

cláusulas penais que impliquem renúncia a direitos resultantes da natureza do negócio jurídico (art. 29, c/c art. 51, IV, CDC).

• Se a desvantagem exagerada decorre da concreta ponderação entre o excesso da pena e os danos efetivos que o credor sofreu ao tempo do inadimplemento, não será possível qualificar esta cláusula penal no rol das cláusulas abusivas, mesmo que haja relação de consumo. O momento do descumprimento está inserido no plano de eficácia do negócio jurídico. A relação de consumo se constituiu validamente, sendo defeso ao magistrado a declaração de uma suposta nulidade *a posteriori*. Nessa hipótese, deverá o consumidor/devedor pleitear em juízo a redução da cláusula penal manifestamente excessiva, na forma do art. 413 do Código Civil. Ou, então, o magistrado, oficiosamente cuidará de moderar a pena equitativamente no âmbito de uma ação ajuizada pelo fornecedor/credor com a finalidade exigir a pena em sua integralidade.

O contrato é simultaneamente instrumento de intercâmbio de bens e serviços e espaço de afirmação da pessoa humana; um local em que se edificam direitos fundamentais. Daí que toda interpretação do Código Civil que anseia por acatar os ditames constitucionais não pode excluir o influxo do microssistema do Código de Defesa do Consumidor em prol dos assimétricos nas relações civis e empresariais, pois, como lembra Gustavo Tepedino,

> só assim se caminhará para a superação de uma visão binária e dicotômica entre as normas constitucionais e infraconstitucionais, conferindo-se a máxima efetividade social ao Código Civil e ao Código de Defesa do Consumidor. Em uma palavra, os confins interpretativos devem ser estabelecidos a partir não da topografia das definições legislativas, mas da diversidade axiológica dos bens jurídicos que se pretende tutelar.[104']

10.5 OS CONTRATOS EMPRESARIAIS

Os contratos empresariais são assim considerados aqueles contratos celebrados entre empresários (pessoa física ou jurídica) no exercício da atividade empresária. Da seara consumerista excluímos as relações contratuais em que o vínculo é determinado pela atividade empresarial de ambas as partes. No contexto do mercado, quando a *ratio* da relação é a busca de vantagem econômica pelos contratantes, urge destacar do direito do consumidor e do direito civil todos os contratos cuja razão de ser é uma atividade voltada ao lucro. A existência de relação de consumo apenas quando ocorre destinação final do produto ou serviço, mas não na hipótese em que estes são alocados na prática de outra atividade produtiva. A empresa só terá o rótulo de "consumidor" quando adquirir bens para uso pessoal ou privado, à margem de sua atividade empresarial própria.

A empresa celebra contratos com as mais diversas categorias de agentes econômicos: consumidores, Estado, trabalhadores e assim por diante. A compreensão de seu perfil contratual passa pela classificação desses acordos conforme o sujeito que com ela se relaciona. Fundamental é o *status* das partes.

---

104. TEPEDINO, Gustavo. Código de defesa do consumidor: código civil e complexidade do ordenamento. *Revista Trimestral de Direito Civil*, p. V.

Nos contratos consumeristas, a luta pelo lucro recai apenas sobre uma das partes (o fornecedor no exercício da atividade empresária); nos civis, pode inexistir (como no caso da doação) ou aparecer de forma esporádica e mitigada em um dos polos que se aproveitará economicamente do evento (*v.g.*, locação). Todavia, o moto da empresa é diverso daquele do proprietário de um imóvel que o aluga; enquanto toda a existência da primeira somente se justifica pelo fim lucrativo, o proprietário, embora deseje obter vantagem econômica do negócio, não tem nisto sua razão de ser.[105]

A intenção comum de obter um benefício econômico, que qualifica um contrato de lucro é ínsita a um contrato empresarial, porém contratos de lucro também podem ser celebrados por um não empresário e um empresário ou entre dois não empresários em um contrato civil (v.g., um mútuo feneratício)[106]. Entretanto, contratos empresariais são incompatíveis com contratos existenciais, nos quais o interesse que se origina em uma prestação patrimonial legitima concorrentemente a busca pelo lucro de uma das partes e o interesse extrapatrimonial da outra, vinculado ao acesso a um bem essencial (v.g. contrato de educação, plano de saúde, energia ou locação de imóvel residencial).[107] Contratos existenciais não necessariamente serão contratos de consumo, que abrangem qualquer produto ou serviço, abarcando tanto os bens necessários à subsistência como bens supérfluos.[108]

Os contratos empresariais possuem dos requisitos individualizadores: a) subjetivo– celebrados entre empresários (individuais/EIRELI/sociedades empresariais); b) objetivo – no exercício de uma atividade empresária, quer dizer, uma atividade economicamente organizada para a produção e circulação de bens e serviços. Portanto, os contratos interempresariais são aqueles celebrados entre empresas, em que somente empresas fazem parte da relação, pois ambos os polos da relação têm sua atividade movida pela busca do

---

105. FORGIONI, Paula. *Teoria geral dos contratos empresariais*, op. cit., p. 30-47.

106. Art. 591CC: "Destinando-se o mútuo a fins econômicos, presumem-se devidos juros, os quais, sob pena de redução, não poderão exceder a taxa a que se refere o art. 406 , permitida a capitalização anual".

107. STJ, Informativo n° 588, 31 de agosto de 2016: "O contrato de plano de saúde, além da nítida relação jurídica patrimonial que, por meio dele, se estabelece, reverbera também caráter existencial, intrinsecamente ligado à tutela do direito fundamental à saúde do usuário, o que coloca tal espécie contratual em uma perspectiva de grande relevância no sistema jurídico pátrio. É com clareza meridiana que se infere da legislação de regência a preponderância do zelo ao bem-estar do usuário em face do viés econômico da relação contratual. Até porque não se pode olvidar que há, nesse contexto, uma atenta e imperativa análise dos ditames constitucionais, que, por força hierárquica, estabelecem o direto à saúde como congênito. Sabe-se que a eficácia do direito fundamental à saúde ultrapassa o âmbito das relações travadas entre Estado e cidadãos – eficácia vertical –, para abarcar as relações jurídicas firmadas entre os cidadãos, limitando a autonomia das partes, com o intuito de se obter a máxima concretização do aspecto existencial, sem, contudo, eliminar os interesses materiais. Suscita-se, pois, a eficácia horizontal do direito fundamental à saúde, visualizando a incidência direta e imediata desse direito nos contratos de plano de saúde. Todavia, o que se nota, muitas vezes, no âmbito privado, é a colisão dos interesses das partes, ficando, de um lado, as operadoras do plano de saúde – de caráter eminentemente patrimonial – e, de outro, os usuários – com olhar voltado para sua subsistência. Assim, para dirimir os conflitos existentes no decorrer da execução contratual, há que se buscar, nesses casos, o diálogo das fontes, que permite a aplicação simultânea e complementar de normas distintas" (REsp 1.330.919-MT, Rel. Min. Luis Felipe Salomão, 4. T, 2/8/2016).

108. Conforme esclarece Rafael Ferreira Bizelli: "Os critérios de conceituação são distintos, podendo conviver sem se excluírem. Exemplifiquemos: a) como contrato de consumo que não seja existencial podemos citar a compra e venda de obras de arte...; b) como contrato de consumo que também seja existencial, basta pensarmos nos contratos de agua, esgoto, energia elétrica...c) por fim são exemplos de contratos existenciais que não são contratos de consumo o contrato de aluguel, contrato civil de compra e venda da casa própria na qual o vendedor não se enquadre como fornecedor". *Contrato existencial, evolução dos modelos contratuais*.

CAPÍTULO 10 • CLÁUSULA PENAL: CONTRATOS DE CONSUMO E CONTRATOS INTEREMPRESARIAIS **303**

lucro. Excepcionalmente, um contrato empresarial não terá a finalidade de lucro (v.g. um acordo de gestão) e haverá contratos celebrado entre empresários que não será um contrato empresarial (v.g. compra e venda de um imóvel que não se insere na atividade empresária).[109]

Surge então a necessidade de considerar os contratos mercantis como categorias unitárias e autônomas. Na busca por vetores de funcionamento dos contratos comerciais, Paula Forgioni[110] destaca diversas diretrizes, com ênfase nas seguintes: (a) *escopo de lucro* – a economicidade final dos comportamentos é a principal característica dos negócios mercantis. Todos os polos têm a sua atividade global voltada ao lucro, sendo o contrato oneroso um instrumento para atingir este fim maior; (b) *função econômica como norte do contrato* – as partes não contratam pelo mero prazer de trocar declarações de vontade (subjetivismo), mas, objetivamente, para circular bens e serviços em vista de determinado fim que, no campo do direito empresarial, ser-lhes-á potencialmente vantajoso; (c) *custos de transação* – a empresa contrata porque entende que o negócio trar-lhe-á mais vantagens do que desvantagens, em uma ponderação de custos; (d) *egoísmo do agente econômico* – a empresa perseguirá antes o seu próprio interesse do que aquele do parceiro comercial, pois atos de liberalidades são estranhos ao tráfego mercantil. O agente econômico é naturalmente egoísta, afinal ninguém cogita ou pode legitimamente imaginar que empresas "amem o próximo como a si mesmas". O egoísmo será tolerado pela ordem jurídica à medida que incrementar o tráfego, gerando benefícios para o fluxo de relações econômicas e levando ao desenvolvimento; (e) *agentes econômicos ativos e probos* – se no direito do consumidor a presunção é a vulnerabilidade de uma das partes, no direito comercial pressupomos que o agente econômico, de forma prudente e sensata, avaliou os riscos da operação e, lançando mão de sua liberdade econômica, vinculou-se. Esta "esperteza própria" do agente econômico não pode ser confundida com uma permissão de comportamento predatório e destrutivo, que há de ser repelido.

Ainda neste diapasão, não podemos olvidar um dado fundamental: a autonomia privada nos contratos interempresariais é mais ampla do que nos contratos puramente civis e, notadamente, alargada quando comparada aos contratos consumeristas. Em regra, os contratos civis e de consumo se prestam à aquisição de bens essenciais, vinculados à satisfação de interesses existenciais da pessoa humana. O mesmo não se acolhe dos contratos interempresariais, cuja vinculação se dá entre dois agentes econômicos que realizam atividades vocacionadas para obtenção do lucro. A eficácia dos direitos fundamentais em sede de contratação puramente mercantil será mitigada justamente pela inexistência de um sujeito vulnerável ou de bens jurídicos que demandem grave intervenção sobre a liberdade contratual das partes. Nesse passo, na 1ª Jornada de Direito Comercial, o Conselho de Justiça Federal aprovou o Enunciado 21: "Nos contratos

---

109. AGUIAR JÚNIOR, Ruy Rosado de. Contratos relacionais, existenciais e de lucro. Revista Trimestral de Direito Civil. V. 45, Jan-Mar/2011. Rio de Janeiro: Padma, 2011, p. 105.
110. FORGIONI, Paula. *Teoria geral dos contratos empresariais*, op. cit., p. 55-51. A autora elenca 28 diretrizes que aproximam os contratos comerciais entre si, "para que possamos compreender (i) as peculiaridades e o funcionamento dessa categoria autônoma de negócios jurídicos, bem como (ii) o impacto que causam na dinâmica do mercado, influenciando-a e sendo por ela influenciada" (op. cit., p. 56).

empresariais, o dirigismo contratual deve ser mitigado, tendo em vista a simetria natural das relações interempresariais."

Ressalve-se, contudo, que a intervenção do ordenamento sobre um contrato interempresarial sempre será necessária quando se constatar a sujeição de uma das partes ao poder da outra, em situações manifestamente abusivas. Porém, a tutela deste contratante se dará dentro das normas do próprio direito empresarial – e não do direito do consumidor –, fato que se explica pela própria necessidade de preservação de um mercado saudável e de uma concorrência leal que certamente seriam ameaçados pela difusão de comportamentos contrários ao bom fluxo das relações econômicas.[111]

Aliás, em sede de contratos mercantis, são duas as formas de colaboração empresarial no escoamento de mercadorias. Na primeira, um dos empresários contratantes (o colaborador) compra, em circunstâncias especiais, a mercadoria fabricada ou comercializada pelo outro (o fornecedor) para revendê-la. Nesse grupo inserem-se os contratos de distribuição-intermediação e de concessão mercantil.[112] Tal primeira modalidade de articulação de esforços empresariais realiza-se por intermediação, isto é, as partes do contrato de colaboração ocupam elos distintos da cadeia de circulação de mercadorias. Já na segunda forma de colaboração, os contratantes não realizam contrato de compra e venda mercantil; o colaborador busca empresários interessados em adquirir as mercadorias fabricadas ou comercializadas pelo fornecedor. Contratam a compra e venda os interessados localizados pelo colaborador e pelo fornecedor. É o caso dos contratos de mandato, comissão mercantil, agência, distribuição-aproximação e representação comercial autônoma.[113]

Até o presente momento tratamos dos contratos entre empresários e fornecedores ou utentes de bens serviços oferecidos, em relações de caráter operacional (venda de bens, prestação de serviços, financiamentos, locações e outros negócios cabíveis em razão do gênero da atividade). Porém, são também empresariais os contratos celebrados entre

---

111. Na 1ª Jornada de Direito Comercial, o Conselho de Justiça Federal aprovou o Enunciado 19: "Não se aplica o Código de Defesa do Consumidor às relações entre sócios/acionistas ou entre eles e a sociedade".

112. STJ. Informativo n. 0582. Período: 29 de abril a 12 de maio de 2016. Terceira Turma. VALIDADE DA CLÁUSULA DE 13º ALUGUEL EM CONTRATO DE LOCAÇÃO DE ESPAÇO EM SHOPPING CENTER. Não é abusiva a mera previsão contratual que estabelece a duplicação do valor do aluguel no mês de dezembro em contrato de locação de espaço em shopping center. De início, cabe ressaltar que o contrato de locação deve ser analisado com base no disposto no art. 54 da Lei de Locações (Lei n. 8.245/1991), que admite a livre pactuação das cláusulas no contrato de locação de espaço em shopping center firmado entre lojistas e empreendedores, observadas as disposições da referida lei. O controle judicial das cláusulas contratuais constantes de contrato de locação de espaço em shopping center deve ser estabelecido a partir dos princípios reitores do sistema de Direito Empresarial, partindo-se, naturalmente, do disposto no art. 54 da Lei de Locações. O exercício da liberdade contratual exige responsabilidade quanto aos efeitos dos pactos celebrados. Assim, o controle judicial sobre eventuais cláusulas abusivas em contratos empresariais é mais restrito do que em outros setores do Direito Privado, pois as negociações são entabuladas entre profissionais da área empresarial, observando regras costumeiramente seguidas pelos integrantes desse setor da economia. Ressalte-se que a autonomia privada, como bem delineado no Código Civil de 2002 (arts. 421 e 422) e já reconhecido na vigência do Código Civil de 1916, não constitui um princípio absoluto em nosso ordenamento jurídico, sendo relativizada, entre outros, pelos princípios da função social, da boa-fé objetiva e da prevalência do interesse público. Essa relativização resulta, conforme entendimento doutrinário, o reconhecimento de que os contratos, além do interesse das partes contratantes, devem atender também aos "fins últimos da ordem econômica". REsp 1.409.849-PR, Rel. Min. Paulo de Tarso Sanseverino, DJe 5/5/2016.

113. ULHOA, Fábio. *Curso de direito comercial*, v. 3, p. 93-94.

CAPÍTULO 10 • CLÁUSULA PENAL: CONTRATOS DE CONSUMO E CONTRATOS INTEREMPRESARIAIS

empresários em relações de cunho institucional ou associativo (criação de sociedades e formação de grupos econômicos), ou organizacional (definição da estrutura da empresa, de participações contratuais ou societárias e outras).[114]

De fato, temos ainda o contrato empresarial como instrumento jurídico de organização da empresa. É cediço que as sociedades são os clássicos instrumentos de organização jurídica da empresa. O Código Civil as trata como contratos (art. 981), cuja peculiaridade é a concorrência dos interesses dos contratantes, apresentando idêntico direcionamento, qual seja a consecução de objetivos comuns aos sócios. Neste agir cooperativo, os contratantes se obrigam a fornecer uma contribuição patrimonial, sob a forma de bens ou serviços, para que se viabilize a realização de uma atividade econômica. Há uma plurilateralidade, derivando do contrato de sociedade, que consiste em vínculos múltiplos e idênticos entre os contratantes.

Como elementos essenciais do contrato de sociedade, cinco devem ser elencados: (a) as partes contratantes são chamadas de sócios e correspondem aos sujeitos de direito que assumem o dever de contribuir e conjugar esforços; (b) o consentimento se apresenta sob a especial roupagem da *affectio societatis*, que subsiste enquanto os sócios entendem ser de seu interesse a manutenção do vínculo que os une; (c) o objeto social é a atividade-fim da sociedade, constituindo elemento fundamental de sua agregação; (d) há na sociedade o agrupamento de bens fornecidos pelos sócios e destinados à realização do objeto social, conformando o capital social; (e) a duração do contrato de sociedade é bastante variável. Há sociedades efêmeras e outras de longa duração, que subsistem por anos, décadas ou séculos.[115]

Nada obstante, o movimento de expansão do fenômeno empresarial há muito desbordou o âmbito das sociedades. São inúmeras as relações jurídicas – a que se atribui natureza contratual, mas não societária – dedicadas à organização da empresa. Exemplificando, o contrato de consórcio, alguns contratos de mútuo oneroso em que o objeto do mútuo assume as características de capital de risco, o contrato de shopping center,[116] o contrato de franquia, alguns contratos de distribuição etc. Temos, então,

---

114. BITTAR, Carlos Alberto. *Contratos comerciais*, op. cit., p. 3.

115. BARBOSA FILHO, Marcelo Fortes. *Código Civil comentado*, op. cit., p. 984-985.

116. STJ. Informativo n. 0585. Período: 11 a 30 de junho de 2016. Quarta Turma. DIREITO EMPRESARIAL. LEGALIDADE DE CLÁUSULA DE RAIO EM CONTRATO DE LOCAÇÃO DE ESPAÇO EM SHOPPING CENTER. Em tese, não é abusiva a previsão, em normas gerais de empreendimento de *shopping center* ("estatuto"), da denominada "cláusula de raio", segundo a qual o locatário de um espaço comercial se obriga – perante o locador – a não exercer atividade similar à praticada no imóvel objeto da locação em outro estabelecimento situado a um determinado raio de distância contado a partir de certo ponto do terreno do *shopping center*. Para o sucesso e viabilização econômica/administrativa do *shopping center*, os comerciantes vinculam-se a uma modalidade específica de contratação. Entre as diversas cláusulas extravagantes insertas no contrato de *shopping center* – a despeito da existência de severa discussão doutrinária a respeito da natureza jurídica do ajuste, podendo ser considerado sociedade, locação, contrato coligado, misto, atípico, de adesão, entre outros –, há efetivo consenso de que todas servem para justificar e garantir o fim econômico almejado pelas partes. Nessa conjuntura, é possível citar, dentre essas disposições contratuais: *res sperata*, aluguel mínimo, aluguel percentual, aluguel dobrado no mês de dezembro, fiscalização da contabilidade, imutabilidade do ramo de negócio, impossibilidade de cessão ou sublocação e, também, a denominada "cláusula de raio", objeto do caso aqui analisado. De acordo com a "cláusula de raio", o locatário de um espaço comercial se obriga, perante o locador, a não exercer atividade similar à praticada no imóvel objeto da locação em outro estabelecimento situado a um determinado raio de distância daquele imóvel. REsp 1.535.727-RS, Rel. Min. Marco Buzzi, DJe 20/6/2016.

306 CLÁUSULA PENAL – A PENA PRIVADA NAS RELAÇÕES NEGOCIAIS • NELSON ROSENVALD

dentre a categoria dos contratos de empresa, um conjunto de contratos que se prestam a regrar relações e condutas dedicadas à organização de uma atividade empresarial coletiva.[117]

10.5.1 O controle da cláusula penal nos contratos interempresariais após a Lei da Liberdade Econômica

10.5.1.1 A LLE e a principiologia contratual

O pensador Isaiah Berlin[118] expõe a sua teoria das "verdades contraditórias", explicando que nem todos os valores são compatíveis, sendo impossível estabelecer uma filosofia única em uma suposta sociedade perfeita. Talvez, nada expresse melhor essa contradição do que o lema rítmico da revolução francesa: liberdade, igualdade, fraternidade. Esses ideais se distanciam a partir do momento em que passam da teoria à prática, pois ao invés de se apoiarem uns aos outros, repelem-se. Os próprios revolucionários franceses perceberam que a liberdade é uma fonte de desigualdades e, em um país em que cidadãos gozem de total ou muito ampla capacidade de iniciativa e governo de seus atos surgiriam abissais diferenças materiais. Por isso, para estabelecer a igualdade não haveria outro remédio senão sacrificar a liberdade, o que é igualmente inadmissível. Antes de Robert Alexy e Ronald Dworkin, Berlin já alertava para o fato de que a existência de verdades contraditórias não significa que devamos nos declarar impotentes, porém que devamos valorizar a liberdade de escolha, a responsabilidade individual e viver constantemente alerta, pondo à prova as ideias, as leis os valores que regem o nosso mundo, confrontando-os entre si, ponderando o impacto que eles causam nas nossas vidas, escolhendo uns e rejeitando outros, em transações difíceis, pois não existe uma solução para os nosso problemas, mas sim muitas, e todas elas precárias. Esta é a razão irrefutável para se compreender que a tolerância e o pluralismo são necessidades práticas e não imperativos.

Por isto, quando o art. 1º da Lei n. 13.874/19, proclama que "fica instituída a Declaração de Direitos de Liberdade Econômica, que estabelece normas de proteção à livre iniciativa e ao livre exercício de atividade econômica e disposições sobre a atuação do Estado como agente normativo e regulador, nos termos do inciso IV do caput do art. 1º, do parágrafo único do art. 170 e do caput do art. 174 da Constituição Federal", mediante uma norma de sobredireito, quis o legislador formular um conjunto de regras que confere maior concretude a diretrizes e princípios constitucionais, tornando mais precisa e previsível a disciplina jurídica sobre a atividade econômica e explicitando a

---

117. WARDE JR, Walfrido Jorge. *Considerações acerca dos contratos de empresa*, op. cit., p. 197-198. Explica o autor: "Tomemos como exemplo, o contrato de shopping center. A existência de (1) clientes comuns, (2) esforços comuns para atraí-los, (a) desenvolvimento de estratégias de marketing, (b) benfeitorias em instalações realizadas com recursos próprios do shopping e das contribuições condominiais prestadas pelos lojistas, (3) o compartilhamento do faturamento experimentado pelo lojista, à vista da frequente participação do shopping center – por meio do aluguel variável–, permitem certamente concluir pela existência de uma empresa coletiva exercida em conjunto por shopping e lojistas" (op. cit., p. 197-198).
118. Berlin, Isaiah. Uma mensagem para o século XXI, P. 28.

CAPÍTULO 10 • CLÁUSULA PENAL: CONTRATOS DE CONSUMO E CONTRATOS INTEREMPRESARIAIS

sua percepção sobre o significado da expressão "valor social da livre-iniciativa" (Art. 1., IV, CF), o que naturalmente repercute no direito privado, especificamente na teoria geral dos contratos, no que se refere sobremaneira à delimitação das interseções entre os princípios da autonomia privada e a função social do contrato.

O ordenamento jurídico brasileiro tradicionalmente se inclina pelo "valor social" em detrimento da "livre iniciativa". Vide as legislações que tutelam trabalhadores hipossuficientes e consumidores vulneráveis (CLT e CDC, dentre outras). Paradoxalmente, não havia tutela infraconstitucional à livre iniciativa. A vulnerabilidade de um trabalhador ou consumidor não exclui a vulnerabilidade na livre iniciativa, a final, um microempresário em situação de informalidade se encontra em situação de maior vulnerabilidade que um empregado formal. Portanto, a tutela à livre-iniciativa não é incompatível com a proteção ao trabalho.

Assim, ao balancearmos as "verdades contraditórias" percebemos que o pêndulo oscilou em prol das forças do mercado. Em uma trajetória pontualmente iniciada pela Lei Geral da MPE (LC 123/06) e a criação do MEI (LC nº 128/2008), a Lei n.13.874/19 realiza uma ponderação em abstrato dos substratos da dignidade da pessoa humana na ordem econômica, partindo da premissa de que a redução do Estado é condição de eficiência e que quanto mais o Estado cresce e mais atribuições assume na vida de uma nação, mais diminui a margem de liberdade de que os cidadãos gozam. A descentralização do poder é um princípio liberal, a fim de que se amplifique o controle exercido pelo conjunto da sociedade sobre as diversas instituições. O ideal é que na atividade econômica se impulsione uma maior participação civil em um regime de livre competitividade. O intervencionismo estatal possui uma dinâmica própria que uma vez posta em marcha obriga os poderes constituídos a paulatinamente incrementar a sua intrusão nos livres intercâmbios até que se estatizem assuntos que dizem respeito exclusivamente à vida privada.[119]

O parágrafo único do artigo 170 da Constituição Federal sintetiza o postulado da livre-iniciativa. Desde 1988 esta é a verdadeira Declaração de Liberdade Econômica. Cuida-se do direito à não intromissão do Estado, pois a autonomia quanto à exploração de atividade econômica só pode ser restringida por lei, de forma a compatibilizar atuação do sujeito privado com interesses coletivos. Porém, infelizmente, a ressalva da parte final do dispositivo assumiu a posição de regra.[120] Em verdade, o poder público é que tem o ônus de justificar a sua intervenção sobre a iniciativa privada, demonstrando que no caso concreto houve a necessidade de coibir um abuso do direito por parte do poder privado, atuando a favor do mercado para corrigir falhas e assegurar eficácia alocativa.

---

119. Em oposição ao individualismo extremado, a última crise financeira que abalou os Estados Unidos e Europa a partir de 2008 demonstra não apenas uma queda dos valores morais que corrompem o liberalismo clássico em suas bases, mas principalmente a necessidade de uma calibração entre a legítima busca dos particulares pelo lucro e uma cirúrgica intervenção do ordenamento sobre a atividade econômica de forma a evitar o abuso do poder regulatório. O grande inimigo do mercado livre não é o Estado, porém as alianças mafiosas do poder político com empresários influentes, os privilégios, o monopólio, os subsídios, controles e proibições, que consistem em uma forma degenerada de capitalismo: o mercantilismo.

120. Parágrafo único, art. 170: "É assegurado a todos o livre exercício de qualquer atividade econômica, independentemente de autorização de órgãos públicos, salvo nos casos previstos em lei".

Como se extraí da ADPF 324/DF, o STF captou a ideia de que a intervenção estatal se dá para preservar o mercado e não a ele substituir.[121]

Em reforço, preceitua o artigo 173 da CF[122] que a exploração de recursos econômicos se dá em regime de direito privado. Trata-se de atividade reservada preferencialmente à iniciativa privada com excepcional atuação estatal. Lado outro, a teor do art. 175 da CF,[123] o serviço público é atividade titularizada pelo Estado para a satisfação de necessidades coletivas, por via de prestação direta ou delegação. Daí que a LLE somente se aplica à atividade econômica em sentido restrito, concretizando o princípio da livre iniciativa – como projeção da liberdade individual no plano da produção, circulação e distribuição de riquezas – e da livre concorrência, como princípio econômico de caráter instrumental.

Neste sentido, extremamente salutar a imposição de uma análise de impacto regulatório (art. 5. LLE) para que se avalie o efeito do ato normativo e o seu impacto na atividade econômica. Por intermédio de uma governança regulatória, evita-se insegurança jurídica, ruma-se ao consequencialismo, impede-se a edição de regulações ineficientes do ponto de vista dos objetivos pretendidos e, concede-se maior efetividade ao artigo 20 da Lei de Introdução às Normas do Direito Brasileiro, que enuncia: "Nas esferas administrativa, controladora e judicial, não se decidirá com base em valores jurídicos abstratos sem que sejam consideradas as consequências práticas da decisão." A liberdade e a Estabilidade no tráfego negocial não podem se submeter a valores metafísicos, aleatoriamente pinçados em meio a outros, especialmente para adornar caso concreto, sem cuidado com os efeitos perniciosos das decisões, que comumente recaem difusamente sobre a coletividade. Não obstante o natural receio quanto ao déficit de efetividade da referida norma, cremos que o tempo revelará uma tendência ao prestígio da Lei da Liberdade Econômica, pelo fato de subjacentes às suas regras, apelar à experiência da construção da vida em sociedade (e não a pretensiosa retórica do determinismo), assegurando que os grandes beneficiários destes preceitos serão os consumidores e o conjunto da sociedade.

Aqui surge em potência a função social do contrato. Não para coibir a "liberdade de contratar", como erroneamente se extraia da literalidade da redação original do art. 421 do Código Civil de 2002 ("a liberdade de contratar será exercida em razão e nos limites da função social do contrato), mas para legitimar a liberdade contratual. A liberdade de contratar é plena em uma ordem econômica pautada pela livre iniciativa, pois não existem restrições ao ato de se relacionar com o outro. Todavia, cláusulas autorregulatórias nascidas da plena autodeterminação das partes e integradas pela boa-fé objetiva serão

---

121. ADPF 324/DF. Por maioria de votos o STF decidiu pela constitucionalidade da terceirização de todas as etapas do processo produtivo das empresas, inclusive, das atividades-fim. Para o ministro Barroso, as restrições que vêm sendo impostas pela Justiça do Trabalho à terceirização violam os princípios da livre iniciativa, da livre concorrência e da segurança jurídica. Na mesma linha, o ministro Luiz Fux afirmou que a súmula 331 do TST, que veda a terceirização nas atividades-fim, é uma intervenção imotivada na liberdade jurídica de contratar sem restrição. Como tese de repercussão geral, ficou estabelecido: É lícita a terceirização ou qualquer outra forma de divisão do trabalho em pessoas jurídicas distintas, independentemente do objeto social das empresas envolvidas, mantida a responsabilidade subsidiária da empresa contratante (Rel. Min. Roberto Barroso – DJE 6/9/19).

122. Art. 173: "Ressalvados os casos previstos nesta Constituição, a exploração direta de atividade econômica pelo Estado só será permitida quando necessária aos imperativos da segurança nacional ou a relevante interesse coletivo, conforme definidos em lei".

123. Art. 175, CF: "Incumbe ao Poder Público, na forma da lei, diretamente ou sob regime de concessão ou permissão, sempre através de licitação, a prestação de serviços públicos".

em casos extremos sancionadas negativamente pelo ordenamento – em sua validade ou eficácia –, face à violação de interesses dignos de proteção no sistema jurídico.

Há muito criticávamos a redação do art. 421 do Código Civil. Não apenas no que diz respeito ao equivocado uso da expressão "liberdade de contratar" ao invés de "liberdade contratual, mas também pelo fato de que o texto original do Código Reale frisava que a liberdade de contratar se exercia "em razão e nos limites da função social do contrato." Em tese, a expressão "em razão" se destinaria precipuamente a conformar a autonomia privada à dimensão social. Porém, isso não significa que a liberdade contratual se desprenderá, como em um passe de mágica, de sua origem na vontade privada", para se curvar à uma pretensa função social que o negócio jurídico atenderá. O direito privado é o reduto de liberdade do indivíduo e as normas de ordem pública limites negativos às suas iniciativas econômicas. Permite-se tudo aquilo que não é expressamente proibido, mas não se constrange o particular a efetivar negócios jurídicos com fins que lhe sejam heterônomos.

Em um Estado Democrático de Direito estabelecido em uma ordem econômica dirigida à livre iniciativa, a função social não pode ser compreendida como uma transferência das liberdades particulares para um abstrato e ideologizado "sistema" ou "ordenamento". Lembre-se: O contrato não "é" função social. Ele é "dotado" de função social. Não existe uma hierarquia que submeta a autonomia privada aos desígnios de uma coletividade, como se os contratantes fossem zeladores a serviço da sociedade. Ao inverso, a coletividade pode ser materializada no conjunto de pessoas que integram um mercado de bens e serviços e aspiram pela conciliação entre uma eficiente circulação de créditos e uma justa, previsível e segura regulamentação dos dinâmicos interesses que alicerçam esse mercado.

As palavras importam sempre! Introduzem ambiguidade em um discurso que aspira ser unívoco. A redação original do art. 421 subvertia a natureza das coisas e criava uma fenda entre a legalidade imposta e a ordem legal espontânea, pois somente em uma ordem de autoritária planificação seria possível admitir que a liberdade contratual se dá "em razão" da função social do contrato. Prestigia-se aqui o que o pensador Friedrich Von Hayek[124] concebe como "ordens espontâneas", que surgem de maneira imprevista e não planejada – como a linguagem e o mercado –, legitimadas e depuradas pela experiência vivida. Este processo civilizacional não tolera o construtivismo, cuja pretensão é a elaboração intelectual de modelos econômicos implantados coativamente sobre a sociedade. Em uma obra de engenharia é possível premeditar um plano de ação, todavia no direito é impossível fundar uma sociedade perfeita ou "trazer o paraíso a terra" por meio de estruturas artificiais que apenas distorcem o mercado. O fato é que o Código Civil é incapaz de remodelar a sociedade sem ter em conta as instituições criadas espontaneamente – e aperfeiçoadas pela tradição e costumes – pelas necessidades e aspirações humana, como a propriedade privada e os contratos.

Com a redação conferida pela LLE ao art. 421, "A liberdade contratual será exercida nos limites da função social do contrato", cremos que a função social pode exercitar

---

124. HAYEK. F. A. *O caminho da servidão*. São Paulo: Vide editorial, 2013. p. 79.

importante papel de fortalecimento da ordem do mercado, tutelando instituições, princípios e regras que promovam um saudável ambiente econômico concorrencial. Caberá à doutrina, ao legislador e aos tribunais o mister de aclarar a função social dos diversos modelos jurídicos negociais, elencando-se aí as situações patrimoniais do contrato, a propriedade, o direito de família e as sucessões, bem como os negócios jurídicos não patrimoniais ligados aos direitos da personalidade.

Talvez neste instante já seja possível compreender o teor da primeira parte do parágrafo único do art. 421: "Nas relações contratuais privadas, prevalecerão o princípio da intervenção mínima e a excepcionalidade da revisão contratual." O princípio da intervenção mínima lido a "contrario sensu" é uma reação democrática ao intervencionismo estatal desmensurado que – mesmo se iniciando com as melhores intenções – possui uma dinâmica própria que culmina por refrear os livres intercâmbios, cerceando as demais liberdades, caminho fatídico para o autoritarismo. A livre iniciativa é um dos fundamentos do Estado brasileiro, ao lado do valor social do trabalho e o modelo previsto na Constituição é o da economia de mercado. Não é possível que uma lei, arbitrariamente, retire ou crie empecilhos ao exercício de uma determinada atividade econômica do mercado, a não ser que se mostre objetivamente desnecessária, desproporcional ou inadmissível. Conforme recentemente decidiu o Supremo Tribunal Federal[125] em julgamento sobre leis municipais que restringem desproporcionalmente ou proíbem a atividade de transporte individual de passageiros por meio de aplicativos, a proibição ou a restrição desproporcional da atividade é inconstitucional, pois representa violação aos princípios constitucionais da livre iniciativa e concorrência: "o constitucionalismo moderno se fundamenta na necessidade de restrição do poder estatal sobre o funcionamento da economia de mercado. Sobrepõe o "rule of law" a iniciativas autoritárias destinadas a concentrar privilégios, a impor o monopólio dos meios de produção ou a estabelecer salários, preços e padrões arbitrários de qualidade, todos a gerar ambiente hostil à competição, à inovação, ao progresso e à distribuição de riquezas".

O Estado Brasileiro da CF/88 não foi desenhado como liberal clássico (Estado gendarme) nem tampouco como Estado dirigista, porém como Estado regulatório. Conforme se extraí do artigo 174 da Lei Maior,[126] este modelo regulatório dispõe sobre a intervenção estatal no domínio econômico com funções repressivas e promocionais, incentivando condutas econômicas desejáveis, sendo vedado ao poder público legislar sobre o destinado conferido ao patrimônio, a ponto de suprimir a autonomia privada.

Tendemos a reconhecer que a LLE é uma declaração de direitos com viés ideológico e que eventualmente se serve de conceitos excessivamente fluidos, que serão densificados pelo Judiciário, o que paradoxalmente culmina por comprometer a segurança jurídica. Todavia, não há nada de novo, esta é uma constante dos diplomas legislativos brasileiros. A Lei de Liberdade Econômica não é desnecessária – como pensam aqueles que enfatizam que desde 1988 vivemos em uma ordem econômica pautada pela livre-iniciativa – ou

---

125. STF, ADPF 449/DF, Rel. Min. Luiz Fux, julgamento em 9.5.2019.
126. Art. 174 CF: "Como agente normativo e regulador da atividade econômica, o Estado exercerá, na forma da lei, as funções de fiscalização, incentivo e planejamento, sendo este determinante para o setor público e indicativo para o setor privado".

CAPÍTULO 10 • CLÁUSULA PENAL: CONTRATOS DE CONSUMO E CONTRATOS INTEREMPRESARIAIS

excessiva – como vaticinam os que à associam a uma excepcional intervenção sobre o princípio da função social do contrato. Muito pelo contrário! A Lei n. 13.874/19 é um marco institucional para nós que (sobre)vivemos em uma ordem jurídica disfuncional, na qual as interferências econômicas estatais sobre a ordem privada frequentemente se mostram burocráticas, custosas e desnecessárias.

O Estado liberal não é um Estado anárquico, porém exige que qualquer interferência deve não apenas ser razoável, porém prudente e consistente, menos grandiosa e mais realista, sempre com prestígio às evidências, vigiada e contrabalançada para aferição da sua adequação e das consequências econômicas da intervenção. Em sua obra "a sociedade aberta e seus inimigos", o pensador Karl Popper[127] defende o método reformista – democrático e liberal – de transformação gradual e consensual da sociedade, aperfeiçoando as suas instituições e modificando as condições concretas de modo que haja um progresso gradual e constante ("the piecemeal engineering") ao invés da planificação, como uma orientação controlada e científica da vida social. Uma das maiores lições da fundamental obra, "A sociedade aberta e seus inimigos" é a da "free competition of thought", ou seja, somente a engenharia fragmentária é capaz de fornecer uma base de sustentação mais sólida da ordem democrática contra a tirania das ideologias messiânicas e utópicas que identificam o Estado com a sociedade e julgam deter um "common purpose" (um fim comum) da história. O pecado original do historicismo consiste em acreditar que existam leis que regulam a vida social tal como na ordem natural e científica, quando na verdade, explica Popper: "O reformista não pretende trazer felicidade aos homens, pois sabe que este assunto não é da incumbência dos Estados, mas sim dos indivíduos e que neste campo não há forma de englobar numa norma essa multiplicidade heterogênea que é a comunidade humana. O seu desígnio é menos grandioso e mais realista: fazer retroceder objetivamente a injustiça e as causas sociais e econômicas do sofrimento individual"

A redação do §2º,art.1 da LLE[128] veicula uma hermenêutica *pro libertatem*, realçando a lição *Popperiana* de que a prática intervencionista fere a sociedade aberta e que há de se censurar o formalismo prejudicial pelo qual a interpretação das normas sempre se dá em sentido oposto à liberdade, ou seja, permissões entendidas de forma restritiva e vedações ampliadas ao máximo.

Talvez, a nova redação do art. 421 do Código Civil seja uma fonte de inspiração para a doutrina nacional finalmente refinar critérios objetivos para que se alcance uma solução de compromisso entre as duas formas de liberdade tão bem equacionadas por Isaiah Berlin: as liberdades negativa e positiva. Liberdade negativa é ausência de coerção intencional exercida por terceiros. É o âmbito dentro do qual não somos coagidos a agir contra a nossa própria vontade ou desejo. O conceito negativo de liberdade pressupõe que a soberania do indivíduo deva ser respeitada, porque em última instância é ela a origem da criatividade humana e do progresso. Para tanto, o raio de ação da autoridade deve ser mínimo, só o indispensável para evitar o caos e a desintegração social, impe-

---

127. POPPER, Karl. *A sociedade aberta e seus inimigos*. São Paulo: Editora Itatiaia, 1974. p. 96.
128. §2º, art.1 da Lei n. 13.874/19: "Interpretam-se em favor da liberdade econômica, da boa-fé e do respeito aos contratos, aos investimentos e à propriedade todas as normas de ordenação pública sobre atividades econômicas privadas".

dindo-se assim que o indivíduo seja sufocado, mecanizado e condicionado. Enquanto a liberdade negativa tem em conta o fato de os indivíduos serem diferentes, a liberdade positiva considera sobretudo o que eles possuem de semelhante. Esta é uma noção mais social do que individual, fundamentando-se na ideia de que a possibilidade de cada pessoa decidir o seu destino está em grande medida subordinada a causas sociais, alheias a sua vontade. Portanto, a liberdade contratual não significa a mesma coisa para um dono de uma empresa e um desempregado. O conceito positivo de liberdade é um apelo às noções de solidariedade humana, responsabilidade social e justiça. Enfim, as sociedades que foram capazes de conseguir um compromisso entre as duas formas de liberdade são as que conseguiram níveis de vida menos indignos e menos injustos. Todavia, trata-se de um equilíbrio precário, pois como enfatiza Berlin, "as liberdades negativa e positiva não são duas interpretações de um conceito, mas sim algo mais: duas atitudes profundamente divergentes e irreconciliáveis sobre os fins da vida humana".[129]

10.5.1.2   O controle da cláusula penal nos contratos empresariais

A liberdade contratual não significa o mesmo no âmbito de contratos de consumo, civis e empresariais. Ela é um *continuum*, que se amplifica nesta sequência, respeitando-se certas vicissitudes, como a contratação por adesão entre particulares, um pacto celebrado com um consumidor profissional ou a celebração de contrato empresarial com flagrante assimetria entre as partes.

Problema relevante nesse campo é o de saber da licitude do ajuste em que se estipula a irredutibilidade da cláusula penal no âmbito de um contrato interempresarial. Haveria uma excessiva interferência do judiciário no cumprimento dos contratos empresariais, como se as empresas fossem grupos de pessoas hipossuficientes, que merecessem proteção contra cláusulas contratuais manifestamente excessivas?

Como pano de fundo desta discussão, encontra-se a distinção entre contratos civis e empresariais, que ficou no limbo com a edição do Código Civil de 2002. A unificação do direito obrigacionais levada a cabo pelo Código Reale ignorou as vicissitudes das relações interempresariais e a dualidade de espaços normativos no cotejo com os contratos intercivis.

Entretanto, a Lei da Liberdade Econômica (Lei n. 13.874/19) realçou o fenômeno da pluralização da subjetividade jurídica, ao inserir no art. 421-A[130] uma distinção entre contratos civis e empresariais, que, em comum, presumem-se paritários e simétricos. Contratos paritários, personalizados ou negociados são aqueles em que na fase pré-contratual há um diálogo sobre o conteúdo entre os sujeitos que o redigem. A seu turno,

---

129.   A convivência entre a autonomia privada e a função social remete igualmente a uma correta amplitude do tão maltratado conceito da "dignidade da pessoa humana". Se em princípio haveria uma tautologia na referência à "pessoa humana" (por logicamente toda pessoa ser humana), é possível afastar a crítica ao pleonasmo, compreendendo-se que a "pessoa" é o indivíduo em suas circunstâncias, que muitas vezes pratica comportamentos (ou se abstém de condutas) que se distanciam daquilo que se exige da "condição humana", como um padrão civilizacional mínimo que certa sociedade ostenta como compromisso e a qual nenhum indivíduo isolado possa renunciar. Portanto, a dignidade da pessoa humana se encontra simultaneamente na liberdade negativa (pessoa) e positiva (humana).

130.   Art. 421-A. "Os contratos civis e empresariais presumem-se paritários e simétricos até a presença de elementos concretos que justifiquem o afastamento dessa presunção, ressalvados os regimes jurídicos previstos em leis especiais, garantido também que..." (Incluído pela Lei 13.874, de 2019)

CAPÍTULO 10 • CLÁUSULA PENAL: CONTRATOS DE CONSUMO E CONTRATOS INTEREMPRESARIAIS

contratos simétricos se caracterizam pelo processo de negociação e execução que se dá sem preponderância de uma das partes.

Pela primeira vez, explicitamente o legislador realiza um procedimento de qualificação, pois a tendencial paridade das relações interempresariais é menos frequente no campo das relações intercivis. Por isto, as Jornadas de Direito Comercial já haviam especificado peculiaridades dos contratos empresariais, mitigando o dirigismo contratual, tendo em vista a simetria natural das relações interempresariais (Enunciado 21), facultando às partes contratantes estabelecer parâmetros objetivos para a interpretação dos requisitos de revisão e/ou resolução do pacto contratual (Enunciado 23), delimitando negativamente a função social do contrato empresarial no sentido de não acarretar prejuízo a direitos ou interesses, difusos ou coletivos, de titularidade de sujeitos não participantes da relação negocial (Enunciado 26), não presumindo violação à boa-fé objetiva se o empresário, durante as negociações do contrato empresarial, preservar segredo de empresa ou administrar a prestação de informações reservadas, confidenciais ou estratégicas, com o objetivo de não colocar em risco a competitividade de sua atividade (Enunciado 27) e, aplicando aos negócios jurídicos entre empresários a função social do contrato e a boa-fé objetiva (arts. 421 e 422 do Código Civil), em conformidade com as especificidades dos contratos empresariais (Enunciado 29).

Em comum, os quatro enunciados procuram como questão de fundo abordar a questão do paternalismo de um ordenamento jurídico, no qual a autonomia privada na esfera empresarial é constantemente posta a prova por um "controle de merecimento", vindo de diversos pontos: pela função social do contrato, quebra do sinalagma genético (lesão) ou funcional (alteração das circunstâncias), proteção do consumidor, assimetria informativa, hipossuficiência e hetero-regulação dos contratos incompletos.

Por isto, quando o mencionado artigo 421-A se refere a uma "presunção relativa" de paridade e simetria, naturalmente infere que no direito empresarial a presunção *juris tantum* cede quando houver dependência econômica e uma das partes. Contratos de lucro são em regra paritários, mas excepcionalmente assumem a forma de adesão, como os contratos de aplicação em bolsa de valores. No direito empresarial a assimetria não deriva de uma vulnerabilidade ou hipossuficiência, porém de uma dependência econômica ou empresarial, na qual um dos sujeitos exerce supremacia com possibilidade de impor condições contratuais. Isto é, uma excepcional situação fática em que uma empresa organiza a sua atividade segundo as diretrizes de outra empresa, fenômeno que se percebe agudamente em contratos de colaboração, franquia e representação. Elementos concretos, em maior ou menor intensidade, revelarão a assimetria por circunstâncias negociais. Nas situações de dependência econômica resta potencializada a ocorrência de cláusulas potestativas, enriquecimento sem causa ou abuso do direito, que por vezes remetem ao que a *law and economics* refere como efeito de aprisionamento (*lock-in effect*), ensejando altos custos de saída da relação contratual e violando a boa-fé objetiva. Este cenário reforça a necessidade de proteção do contratante empresarialmente dependente nas relações contratuais assimétricas.[131]

---

131. PL 1.572/11 (Câmara dos Deputados) e PL 487/13 (Senado): Art. 303. "São princípios do direito contratual empresarial: I – autonomia da vontade; II – plena vinculação dos contratantes ao contrato; III – proteção do contratante

Estas reflexões servem como sustentáculo para a ressignificação do controle da cláusula penal. Tratamos do assunto no Capítulo 9, tendo como foco as relações intercivis, nas quais, frequentemente, os contratos entre partes aparentemente "iguais" embutem uma tendencial assimetria, seja ela econômica ou informacional. Se, evidentemente, a centralidade do Código Civil no direito privado deve ser afastada quando a assimetria se intensifica pela identificação de um consumidor – substituindo-se por vezes o controle da cláusula penal do campo da eficácia do at. 413 do CC para o setor da invalidade das cláusulas abusivas do CDC – cremos que idêntica conformação mereça respaldo quando duas empresas realizam um contrato paritário e simétrico, estipulando uma cláusula penal e, na fase patológica do inadimplemento uma delas é surpreendida pela remessa a uma instância externa (judiciário) do controle valorativo sobre a dita cláusula penal.

Lança-se para os contratos empresariais o questionamento de Fernando Araújo:[132] o sistema jurídico confia no mecanismo da justiça comutativa (*property rules*, de Calabresi e Melamed), ou seja, na capacidade das partes de elaboração de estipulações contratuais suficientemente completas e sólidas ou, tal como nos contratos intercivis, para além dos limiares tradicionais dos vícios de consentimento, prefere contrabalançar efeitos de vieses cognitivos – assimetrias de informação e poder negocial – estendendo as relações interempresariais o controle da cláusula penal, lançando mão da justiça distributiva para retificar os resultados espontâneos das transações livres (*liability rules*)?

Especificamente no ambiente empresarial, uma cláusula penal desempenha importante função de amparar as expectativas dos contratantes que atuam conforme a confiança recíproca e tencionam colmatar as lacunas de um contrato incompleto. Esta idoneidade contratual deve ser estimulada em contratos onde partes niveladas buscam nada mais do que um segurador eficiente em seu parceiro. A cláusula penal atua como um substitutivo de um fictício "contrato completo", capaz de fechar as brechas de futuras contingências, antecipando a avaliação *ex post* das consequências de um inadimplemento.[133]

Neste particular, o inciso I do art. 421-A (Lei 13.874, de 2019) estimula a gestão de riscos ao afirmar que "as partes negociantes poderão estabelecer parâmetros objetivos para a interpretação das cláusulas negociais e de seus pressupostos de revisão ou de resolução". A gestão de riscos atualiza o sentido de contrato, não mais centrado em sua gênese voluntarista de ato jurídico fundante consubstanciado em declarações de vontade, porém na atividade contratual, ou seja, a atividade que confere conteúdo ao contato em seu dinamismo e repercussões práticas. O contrato como realidade em permanente construção, como um sistema. Assim, surge uma compreensão mais ampla do fenômeno contratual[134] – com destaque para o pacto interempresarial paritário –, agora revisitado

---

economicamente mais fraco nas relações contratuais assimétricas; e IV – reconhecimento dos usos e costumes do comércio", Art. 17. "São princípios aplicáveis aos contratos empresariais: I – autonomia da vontade; II – plena vinculação dos contratantes ao contrato; III – proteção do contratante empresarialmente dependente nas relações contratuais assimétricas; e IV – reconhecimento dos usos e costumes do comércio".

132. ARAÚJO, Fernando. Prefácio ao livro de Marcelo Matos Amaro da Silveira, *Cláusula penal e sinal*, XVII.

133. TESS, Wilkinson-Ryan. *Do Liquidated Damages Encourage Breach? A Psychological Experiment* University of Pennsylvania Law School. Michigan law review, v. 108, issue 5.

134. Este redimensionamento do fenômeno contratual já havia ocorrido antes com a noção ampliada de contrato como "Programa de cumprimento", a partir das lições de Clóvis do Couto e Silva, sobre a obrigação como processo com fundamento nos deveres anexos da boa-fé objetiva.

CAPÍTULO 10 • CLÁUSULA PENAL: CONTRATOS DE CONSUMO E CONTRATOS INTEREMPRESARIAIS

como instrumento jurídico posto à disposição da autonomia privada para alocação de riscos economicamente previsíveis abrangendo variações de diversos fatores entre a celebração e a execução. O Contrato como *locus* privilegiado para a afetação convencional do risco. Com efeito, há contratos que aditam à alea normal, uma intencional assunção da possibilidade de ganhos/perdas em consequência de eventos supervenientes.[135]

Porém, este planejamento contratual é desencorajado na medida em que um ordenamento de matriz paternalista substitua a gestão de riscos das partes por uma heterorregulação, partindo da premissa de que mesmo agentes econômicos profissionais não são entes perfeitamente racionais e que as suas soluções eficientes, não seriam assim tão eficientes. Some-se a isto o fato de que a tradição da Europa continental – e da américa do sul – é a de controlar a intensidade da cláusula penal *stricto sensu*, pois mesmo que seja compreendida de forma autônoma à uma cláusula de liquidação de danos, mantém-se a reprovabilidade às penas privadas, expressamente assumida aos *punitive damages* em nível extracontratual.

A consequência da interferência em um contrato interempresarial para fins de modulação da cláusula penal e a mitigação do *pacta sunt servanda* é o incentivo ao descumprimento de futuros contratos, seja pela própria parte beneficiada em futuros contratos como a outros agentes econômicos que contratem no mesmo segmento. As penalidades promovem o intercâmbio eficiente ao sinalizar as intenções da parte em cumprir seus contratos. Não obstante seja tenebroso contar com a certeza do adimplemento contratual, a parte que procura honrá-lo aceita cláusulas penais *stricto sensu*, que para ela jamais se concretizarão.

Neste sentido, José Cretella Netto[136] ilustra com uma Microempresa brasileira que firma contrato de exclusividade com uma empresa norte-americana, para representá-la, no Brasil. O objeto de contrato é uma metodologia inovadora de atividade física, que combina ballet, técnicas de Pilates e outras modalidades de aprimoramento da condição física dos praticantes. A seguir, firma contrato, no Brasil, com uma grande academia de ginástica, que tem inúmeras filiais no País, e mesmo, ações em Bolsa de Valores, cujo valor de mercado é de milhões de reais. Durante um ano, a proprietária da ME brasileira treinou cerca de duas dezenas de instrutores na técnica, instrutores esses que são funcionários contratados da grande empresa, também brasileira. Após um ano, tendo absorvido todo o know how da novel atividade física (que era comercializada com o nome "X"), alegando desinteresse comercial, propôs romper o contrato e ambas assinaram um distrato, pela qual a grande empresa brasileira deveria abster-se de oferecer a modalidade "X", sob pena de pagar R$ 5.000 por dia de descumprimento à pequena empresa brasileira (esta a cláusula penal do distrato). Contudo, passou a oferecer o mesmíssimo método, agora sob o nome "Y" durante muitos meses, a seus clientes. A ME brasileira acionou a grande e pretende receber R$ 5.000,00 vezes o número de meses em que o método "Y" foi oferecido, tendo-se provado, em juízo, que o método X = Y, sem tirar nem por. Já a

---

135. Como coloca Paula Greco Bandeira, trata-se da "gestão positiva da álea normal, na qual as partes alocam ex ante, no momento da celebração do contrato, os ganhos e perdas econômicos decorrentes de determinado evento". In Contrato incompleto, p. 232.

136. CRETELLA NETTO, José. Da cláusula penal nos contratos empresariais – Visão dos tribunais brasileiros e necessidade de mudança de paradigma. *Revista de Processo* – RePro. v. 245. Julho 2015.

academia contestou, alegando que X ≠ Y, e que, além disso, que R$ 5.000,00 x cerca de 365 dias de descumprimento configurariam um valor excessivo (R$ 1.825.000,00 [um milhão e oitocentos e vinte e cinco mil reais]), como era de se esperar. Contudo, nesse ano em que descumpriu continuamente o pactuado, oferecendo a modalidade seis vezes por semana a seus alunos, auferiu expressivos ganhos, pois o método X revelou-se um grande sucesso, ainda que "rebatizado" de método Y. Trata-se, aqui, de obrigação negativa (ou de não fazer), tornando-se a academia inadimplente a partir do momento em que praticou o ato de que deveria se abster, a teor do art. 390 do Código Civil, que estabelece: "Nas obrigações negativas o devedor é havido por inadimplente desde o dia em que executou o ato de que se devia abster".

O autor então indaga "Porque o juiz deveria limitar o valor da cláusula penal? Nem se fale em "equidade", ou "proporcionalidade", pois a vítima, aqui, é a empresa pequena. Tampouco deve ser considerado que a obrigação fora "parcialmente cumprida", o que permitiria diminuição proporcional e legalmente justificável da pena, a teor do art. 413, 1.ª parte, que permite a redução equitativa da cláusula penal pelo juiz "se a obrigação principal tiver sido cumprida em parte", o que obviamente não é o caso, pois a academia descumpriu completamente o pactuado no distrato. Ora, para a empresa grande, o valor a pagar é irrisório ante os vultosos ganhos que auferiu oferecendo o método "Y", violando, ao fazê-lo, os direitos de propriedade intelectual da pequena empresa. Ou seja, nos próximos contratos de mesma espécie, certamente absorverá de outro alguém um importante *know how*, dispensará aquele que o transmitiu, continuará a vender o método sob outra denominação, e continuará a auferir vultosos lucros. Para ela, descumprir um contrato tornar-se-á um grande negócio, pervertendo toda a lógica e a ética que devem permear as transações comerciais".

Parece-nos, ainda, que a atitude do magistrado de reduzir oficiosamente o *quantum* da cláusula penal em contratos empresariais paritários converte a cláusula penal de uma obrigação facultativa em favor do credor em uma *potestade* do devedor, uma espécie de "incumprimento eficiente" (*Efficiency Theory*), no qual cumprir ou não cumprir se torna uma opção com resultados economicamente equivalentes e indiferentes quando objetivamente avaliados. Esta neutralidade do ordenamento quanto ao (des)cumprimento, afasta o elemento moral do "contrato como promessa" (*Promise Theory*) que justifica a contratualização de cláusulas penais *stricto sensu* com finalidade coercitiva/punitiva.

Diante de todo o exposto, consideramos que o controle de cláusulas penais desenhadas em contratos interempresariais paritários não será realizado oficiosamente, sendo necessário um pedido das partes, deduzido em sede de ação ou de exceção substancial. Ao contrário do que ocorre nos contratos intercivis, sobremaneira aqueles de adesão, em que a redução *ex oficio* promana de razões e interesses de ordem pública, quando nos encontramos na privacidade empresarial, revela-se a natureza disponível do direito potestativo da parte de requerer a redução equitativa da cláusula penal. Neste quadro de situação jurídica ativa, pode o devedor cumprir aquilo a que se obrigou, pese embora o excesso.[137]

---

137. Em idêntico sentido, Paula Forgioni assevera que "O inciso I do art. 421-A não pode ser destacado de seu caput, que trata dos contratos paritários, aplicando-se, portanto, apenas a essa categoria de contratos empresariais. Ex-

Respondemos negativamente à possibilidade de uma cláusula de vedação de redução da cláusula penal impedir o devedor de formular o pedido de mitigação da pena privada ou da cláusula de perdas e danos. Por várias razões mencionadas no capítulo anterior, é inafastável o poder sindicante sobre a cláusula penal, a luz do art. 413 do Código Civil. Contudo, o julgador excepcionalmente alterará o valor clausulado pelas partes, apenas intervindo diante de um "excesso extraordinário", pois não basta que a cláusula penal seja excessiva, mas que excesso seja enorme e salte aos olhos.

Se a expressão "manifestamente excessivo", já se aplica à moderação da cláusula penal em contratos puramente civis, o que não dizer sobre outros índices que devam ser especialmente ponderados em sede empresarial como: a) o interesse das partes; b) a gravidade do incumprimento; c) as vantagens que para o devedor resultam do incumprimento; d) o interesse do credor na prestação; e) a natureza e finalidade do contrato; f) as circunstâncias em que foi negociado; f) a boa ou má fé das partes.

Quanto a existência de uma cláusula de renúncia à possibilidade de redução da cláusula penal, a sua ineficácia perante o art. 413 do CC não retira do julgador a aptidão de interpretar a atitude do contratante que pleiteia a moderação da pena convencional como uma quebra da boa-fé contratual diante das circunstâncias em que se deu a negociação. A Lei n. 13.784/2019 (LLE) inseriu no Código Civil o art. 421-A, com o seguinte conteúdo: "Os contratos civis e empresariais presumem-se paritários e simétricos até a presença de elementos concretos que justifiquem o afastamento dessa presunção, ressalvados os regimes jurídicos previstos em leis especiais, garantido também que: I – as partes negociantes poderão estabelecer parâmetros objetivos para a interpretação das cláusulas negociais e de seus pressupostos de revisão ou de resolução; II – a alocação de riscos definida pelas partes deve ser respeitada e observada; e III – a revisão contratual somente ocorrerá de maneira excepcional e limitada".

Nestes termos, são de respeitar na íntegra as soluções contratuais. Só excepcionalmente se permite ao juiz temperar o rigor das soluções convencionalmente consagradas, concebendo-se a solução contratual como a solução equitativa, pois como frisa Pinto Monteiro, "assenta no acordo das partes e funda-se no poder de autodeterminação dos contraentes, que tem como contrapartida a outra face da moeda, o principio da auto-responsabilidade. E se esta é a solução juridicamente correta e justa, ela é também a solução adequada tanto de um ponto de vista ético, pelo respeito à palavra dada, como econômico, pelos prejuízos que evita, e até social, pelos conflitos que previne, resultantes do incumprimento em série...".[138]

A ampliação da zona de incidência da liberdade contratual incide sobre a cláusula penal, permitindo que as partes possam identificar critérios para a sua hermenêutica (inc. I) – ilustrativamente, estabelecendo uma sequência valorativa – bem como gerindo os riscos do inadimplemento ao anuírem com a impossibilidade de questionamento

---

trai-se de seu teor que nos contratos paritários, disposições legais quanto à interpretação contratual não são regras cogentes. Ao abrigo desse novo dispositivo, as empresas terão maior segurança e previsibilidade, pois poderão, por exemplo, descartar a intervenção do julgador nos casos de: – penalidades contratuais, afastando o poder atribuído ao julgador de reduzir equitativamente o valor convencionado em cláusula penal (c.f. art. 413 do Código Civil)". A interpretação dos negócios jurídicos, *Comentários à Lei da Liberdade Econômica*, p. 388.

138. PINTO MONTEIRO, Antônio. *O contrato na gestão do risco e na garantia da equidade*, p. 28.

judicial do seu valor (inc. II), sendo certo que a moderação da cláusula penal é uma forma de revisão judicial (inc. III) cuja incidência, como *ultima ratio* diante de ausência de disposição contratual, é ínsita ao art. 413 do CC.[139] Todos estes critérios objetivos influenciarão a decisão sobre a redução da cláusula penal, com a peculiaridade de que nos contratos empresariais caberá à parte inadimplente não apenas o ônus de exercitar a sua pretensão como o de trazer a prova do cabimento da excepcionalidade da revisão não obstante à adoção de um comportamento contraditório à previa exclusão judicial por esta opção ou – no silêncio das partes quanto a este aspecto – ao menos uma conduta incoerente perante a prévia gestão de riscos em contrato empresarial.

Coroando o nosso entendimento, de acordo com o Enunciado 649 da IX Jornada de Direito Civil do CJF: "O art. 421-A, inc. I, confere às partes a possibilidade de estabelecerem critérios para a redução da cláusula penal, desde que não seja afastada a incidência do art. 413".

---

139. Em reforço, a mesma Lei n. 13.784/19 (LLE) dispõe acerca da interpretação dos negócios jurídicos, conferindo nova redação ao artigo 113 do Código Civil: Art. 113. Os negócios jurídicos devem ser interpretados conforme a boa-fé e os usos do lugar de sua celebração. § 1º A interpretação do negócio jurídico deve lhe atribuir o sentido que: (Incluído pela Lei 13.874, de 2019) I – for confirmado pelo comportamento das partes posterior à celebração do negócio; (Incluído pela Lei 13.874, de 2019) II – corresponder aos usos, costumes e práticas do mercado relativas ao tipo de negócio; (Incluído pela Lei 13.874, de 2019) III – corresponder à boa-fé; (Incluído pela Lei 13.874, de 2019) IV – for mais benéfico à parte que não redigiu o dispositivo, se identificável; e (Incluído pela Lei 13.874, de 2019) V – corresponder a qual seria a razoável negociação das partes sobre a questão discutida, inferida das demais disposições do negócio e da racionalidade econômica das partes, consideradas as informações disponíveis no momento de sua celebração. (Incluído pela Lei 13.874, de 2019) § 2º As partes poderão livremente pactuar regras de interpretação, de preenchimento de lacunas e de integração dos negócios jurídicos diversas daquelas previstas em lei. (Incluído pela Lei 13.874, de 2019).

Referências

ABELHA, André e GOMIDE, Alexandre. Lei 13.786/18: *Pode o juiz reduzir a cláusula penal?* Disponível em: [https://www.migalhas.com.br/Edilicias/127,MI301063,71043-Lei+1378618+Pode+o+juiz+re-duzir+a+clausula+penal]. Acesso em: 16.01.2020.

AGUIAR JÚNIOR, Ruy Rosado de. *Extinção dos contratos por incumprimento do devedor.* 2. ed. Rio de Janeiro: Aide, 2004.

AGUIAR JÚNIOR, Ruy Rosado de. Contratos relacionais, existenciais e de lucro. *Revista Trimestral de Direito Civil.* V. 45, Jan-Mar/2011. Rio de Janeiro: Padma, 2011.

ALBALADEJO, Manuel. *Derecho civil II*: derecho de obligaciones. Madrid: Edisofer, 2004.

ALMEIDA, Carlos Ferreira de. *Texto e enunciado na teoria do negócio jurídico.* Coimbra: Almedina, 1992. v. 1.

ALMEIDA, Luiz Cláudio Carvalho de. A repetição do indébito em dobro no caso de cobrança indevida de dívida oriunda de relação de consumo como hipótese de aplicação dos *punitive damages* no direito brasileiro. *Revista de Direito do Consumidor*, São Paulo, no 54, abr./jun. 2005.

ALPA, Guido. Droit italien. *Les clauses limitatives ou exonératoires de responsabilité en europe.* Paris: LGDJ, 1991.

ALVIM, Agostinho. *Da inexecução das obrigações e suas conseqüências.* 4. ed.

São Paulo: Saraiva, 1972.

ALVIM, Agostinho. Do enriquecimento sem causa. *Revista dos Tribunais*, São Paulo, v. 259. maio 1957.

ALVIM, Arruda. *Preceito cominatório*: direito privado. São Paulo: Ed. RT, 2002. v. 1.

AMARAL, Francisco. A equidade no código civil brasileiro. *Aspectos controvertidos do novo código civil.* São Paulo: Ed. RT, 2003.

AMARAL, Francisco. *Direito civil*: introdução. 5. ed. Rio de Janeiro: Renovar, 2003.

AMARAL, Francisco. O código civil brasileiro e o problema metodológico de sua realização. In: TARTU-CE, Flávio; CASTILHO, Ricardo: *Direito civil*: direito patrimonial e direito existencial. São Paulo: Método, 2006.

ANDRADE NERY, Rosa Maria de. *Noções preliminares de direito civil.* São Paulo: Ed. RT, 2002.

ANDRADE, André Gustavo Corrêa de. Dano moral em caso de descumprimento de obrigação contratual. *Revista do Direito do Consumidor*, São Paulo, n. 53, jan./mar. 2005.

ANDRIGHI, Nancy; BENETI, Sidnei; ANDRIGHI, Vera. *Comentários ao Novo Código Civil*, v. IX. Rio de Janeiro: Forense, 2009.

ARAÚJO, Fernando. *Teoria econômica do contrato.* Coimbra: Almedina, 2007.

ARAÚJO, Fernando. Prefácio a obra de SILVEIRA, Marcelo Matos Amaro da. *Cláusula penal e sinal.* Rio de janeiro. GZ, 2019.

ARENHART, Sérgio Cruz. *A tutela inibitória da vida privada.* São Paulo: Ed. RT, 2000.

ARISTÓTELES. *Ética a Nicômaco.* 3. ed. Brasília: UNB, 1985.

ASCENSÃO, José de Oliveira. Alteração das circunstâncias e justiça contratual no novo código civil. In: DELGADO, Mário Luiz (Coord.). *Novo código civil*: questões controvertidas, São Paulo: Método, 2004. v. 2. '

ASCENSÃO, José de Oliveira. *O direito*: introdução e teoria geral. 2. ed. brasileira. Rio de Janeiro: Renovar, 2001.

ASSIS, Araken de. *Resolução do contrato por inadimplemento*. 4. ed. São Paulo: Ed. RT, 2004.

ÁVILA, Humberto. *Teoria dos princípios*. 2. ed. São Paulo: Malheiros, 2003. AZEVEDO, Antonio Junqueira de. *Negócio jurídico*: existência, validade e eficácia. 4. ed. São Paulo: Saraiva, 2002.

AZEVEDO, Antonio Junqueira de. Por uma nova categoria de dano na responsabilidade civil: o dano social. *Revista Trimestral de Direito Civil*, Rio de Janeiro, n. 19, jul./set. 2004.

AZEVEDO, Antonio Junqueira de. Princípios do novo direito contratual e desregulamentação do mercado. *Revista dos Tribunais*, São Paulo, n. 750, abr. 1998.

BADIA, Maria Dolores Mas. *La revision judicial de las clausulas penales*. Valencia: Tirant lo blanch, 1995.

BALERONI, Rafael. Aspectos econômicos e jurídicos das cláusulas de ship-or-pay e take-or-pay nos contratos de transporte e fornecimento de gás natural. *Revista Trimestral de Direito Civil*. ano 7, v. 27, p. 247-264, Rio de Janeiro, jul.-set. 2006.

BANDEIRA, Luiz Octávio Villela de Viana. *As cláusulas de não indenizar no direito brasileiro*. São Paulo: Almedina, 2016.

BANDEIRA, Paula Greco. *Contrato incompleto*. São Paulo: Atlas, 2015.

BARATELLA, Maria Grazia. *Le pene private*. Milano: Giuffrè, 2006. BARBOSA FILHO, Marcelo Fortes. *Código Civil comentado*. São Paulo: Manole: 2020.

BARBOSA FILHO, Marcelo Fortes. *A indignidade no direito sucessório brasileiro*. São Paulo: Malheiros, 1996.

BARBOSA MOREIRA, José Carlos. Reformas processuais e poderes do juiz. *Revista Jurídica Notadez*, Porto Alegre, n. 306, abr. 2003.

BARCELLOS, Ana Paula de. Alguns parâmetros normativos para a ponderação constitucional. In: BARROSO, Luis Roberto (Org.). *A nova interpretação constitucional*. Rio de Janeiro: Renovar, 2003.

BARCELLOS, Ana Paula de; BARROSO, Luis Roberto. O começo da história: a nova interpretação constitucional e o papel dos princípios no direito brasileiro. In: BARROSO, Luis Roberto (Org.). *A nova interpretação constitucional*. Rio de Janeiro: Renovar, 2003.

BARROS, Suzana de Toledo. *O princípio da proporcionalidade e o controle de constitucionalidade das leis restritivas de direitos fundamentais*. 2. ed. Brasília: Brasília Jurídica, 2000.

BARROSO, Luís Roberto. *A nova interpretação constitucional*. Rio de Janeiro: Renovar, 2003.

BASEDOW, Jurgen; HOPT, Klaus; ZIMMERMANN, Reinhard. *The Max Planck Encyclopedia of European Private Law*. Oxford: Oxford University Press, 2012. v. II.

BAUMAN, Zygmunt. *Modernidade líquida*. Rio de Janeiro: Zahar, 2000. BDINE JÚNIOR, Hamid Charaf. *Cessão da posição contratual*. São Paulo: Saraiva, 2006.

BDINE JÚNIOR, Hamid Charaf. In: PELUSO, Cezar Peluso (Coord.). São Paulo: Manole, 2006.

BENACCHIO, Marcelo. *Cláusula penal*: revisão crítica à luz do código civil de 2002. São Paulo: 2007. Inédita.

BENACCHIO, Marcelo. *Responsabilidade civil de terceiro por lesão à situação jurídica contratual*. 2005 Tese de doutorado pela Pontifícia Universidade Católica de São Paulo, São Paulo, 2005. Inédita.

BENAZZO, Paolo. *Le "pene civili" nel diritto privato d'impresa*. Milano: Giuffrè, 2005.

BENJAMIM, Antonio Herman. *O conceito jurídico de consumidor*. O conceito jurídico de consumidor. *Revista dos Tribunais*, São Paulo, n. 628, p. 69-79.

BESSONE, Darcy. *Do contrato*: teoria geral. São Paulo: Saraiva, 1997. BETTI, Emílio. *Teoria generale delle obbligazioni*. Milano: Giuffrè, 1953.

BETTI, Emílio. *Teoria geral do negócio jurídico*. Trad. Fernando de Miranda. Coimbra: Coimbra Editora, 1969.

BEVILÁQUA, Clóvis. *Código Civil dos Estados Unidos do Brasil*. 11. ed. Rio de Janeiro: Freitas Bastos, 1958.

BEVILÁCQUA, Clóvis. *Direito das obrigações*. 6. ed. Rio de Janeiro: Francisco Alves, 1945.

BIANCA, Massimo. *Diritto civile*: la responsabilità. Milano: Giuffrè, 1994. v. 5. BIANCA, Massimo. Riflessioni sulla pena privata. In: BUSNELLI, Francesco; SCALFI, Gianguido (a cura di). *Le pene private*: Milano: Giuffrè, 1985.

BIZELLI, Rafael Ferreira. *Contrato existencial*. Rio de Janeiro: Lumen juris, 2018.

BOBBIO, Norberto. *Dalla struttura alla funzione*. Edizioni di Comunità, 1984.

BONAVIDES, Paulo. *Curso de direito constitucional*. 11. ed. São Paulo: Malheiros, 2001.

BORDA, Guillermo A. *Manual de obligaciones*. 11. ed. Buenos Aires: Abeledo Perrot, 2003.

BRAGA NETTO, Felipe Peixoto. *Teoria dos ilícitos civis*. Belo Horizonte: Del Rey, 2003.

BRANCO, Gerson Luiz Carlos. O culturalismo de Miguel Reale e a sua expressão no novo código civil. In: BRANCO, Gerson Luiz Carlos; MARTINSCOSTA Judith (Coord.). *Diretrizes teóricas do novo código civil brasileiro*. São Paulo: Saraiva, 2002.

BRITO, Rodrigo Toscano de. Função social dos contratos como princípio orientador. In: DELGADO, Mario Luiz; ALVES Jones Figueiredo (Coord.). *Novo código civil*: questões controvertidas. São Paulo: Método, 2004. v. 2.

BUSNELLI, Francesco Donato. Riscoperta delle pene private? In: BUSNELLI, Francesco e SCALFI Gianguido (a cura di). *Le pene private*. Milano: Giuffrè, 1985.

CAHALI, Yussef Said. *Dano moral*. 2. ed. São Paulo: Ed. RT, 1998.

CALAIS-AULOY. Les clauses abusives en droit français. *Les caluses abusives dans les contrats types en france et en europe*. Paris: LGDJ, 1991.

CÂMARA, Alexandre Freitas. *Lições de direito processual civil*. 12. ed. Rio de Janeiro: Lumen Juris, 2006.

CANDIAN, Aurelio Donato. *La funzione sanzionatoria nel testamento*. Milano: Giuffrè, 1988.

CANOTILHO, J. J. Gomes. *Direito constitucional e teoria da constituição*. 4. ed. Coimbra: Almedina, 2001.

CÁNOVAS, Diego Espin. *Manual del derecho civil español*. Madrid: Editorial revista derecho privado, 1978. v. III.

CARTWRIGHT, John. Contract law. 3. ed. *An introduction to the English law of contract for the civil lawyer*. Oxford: Bloomsbury, 2016.

CARVAL, Suzanne. *La responsabilité civile dans as fonction de peine privée*. Paris: LGDJ, 1995.

CARVALHO DE MENDONÇA, M. I. *Tratado geral dos direitos de crédito*. 4. ed. Rio de Janeiro: Forense, 1956.

CARVALHO FILHO, Milton Paulo de. *Indenização por eqüidade no novo código civil*. São Paulo: Atlas, 2003.

CARVALHO SANTOS, J. M. *Código civil brasileiro interpretado*. 12. ed. Rio de Janeiro: Freitas Bastos, 1989. v. 14.

CASTRO NEVES, José Roberto de. *O código do consumidor e as cláusulas penais*. Rio de Janeiro: Forense, 2005.

CASTRO NEVES, José Roberto de. Uma leitura do conceito de eqüidade nas relações de consumo. In: ANDRADE, André (Org.). *Constitucionalização do direito*. Rio de Janeiro: Lumen Juris, 2003.

CASTRO, Torquato. *Teoria da situação jurídica em direito privado nacional*. São Paulo: Saraiva, 1985.

CAVALIERI FILHO, Sérgio. *Programa de responsabilidade civil*. 4. ed. São Paulo: Malheiros, 2003.

CERQUEIRA, Gustavo. As garantias e a exclusão de responsabilidade. *Direito contratual entre a liberdade e proteção dos interesses e outros artigos alemães-lusitanos*. Coimbra: Almedina, 2008.

CHAMON JÚNIOR, Lúcio Antônio. *Teoria geral do direito moderno*. Rio de Janeiro: Lumen Juris, 2006.

COELHO, Fábio Ulhoa. *Curso de direito civil*. São Paulo: Saraiva, 2004. v. 2. CONTINENTINO, Múcio. *Da cláusula penal no direito brasileiro*. São Paulo: Livraria Acadêmica, 1926.

CORDEIRO, Antônio Manuel da Rocha Menezes. *Da boa-fé no direito civil*. Coimbra: Almedina, 2001.

CORDEIRO, Antônio Manuel da Rocha Menezes. *Da modernização do direito civil*. Coimbra: Almedina, 2004.

CORDEIRO, Antônio Manuel da Rocha Menezes. *Direito das obrigações*. Lisboa: AAFDUL, 1999. v. II.

COSTA, Mário Júlio de Almeida. *Direito das obrigações*. 9. ed. Coimbra: Almedina, 2001.

COUTO E SILVA, Clóvis do. *O direito civil brasileiro em perspectiva histórica e visão de futuro*. *Revista de Informação Legislativa*, v. 25, n. 97, p. 163-180, jan./mar. 1988.

CRETELLA NETTO, José. Da cláusula penal nos contratos empresariais – Visão dos tribunais brasileiros e necessidade de mudança de paradigma. *Revista de Processo* – RePro. v. 245. Julho 2015.

CRUZ, Gastón Fernández. *La clausula penal*. Santiago do Chile: Ediciones Jurídicas Olejnik, 2018.

DAVID, René. *Os grandes sistemas do direito contemporâneo*. Trad. Hermínio Carvalho. São Paulo: Martins Fontes, 1998.

DIAS, José de Aguiar. *Da responsabilidade civil*. XI. Atual. Rui Berford Dias. Rio de Janeiro: Renovar, 2006.

DÍEZ-PICAZO, Luís. *Fundamentos del derecho civil patrimonial*. 2. ed. Madrid: Tecnos, 1986.

DINAMARCO, Cândido Rangel. *A reforma da reforma*. 3. ed. São Paulo: Malheiros, 2002.

DINIZ, Maria Helena. *Curso de direito civil brasileiro*: teoria das obrigações contratuais e extracontratuais. 21. ed. São Paulo: Saraiva, 2005. v. 3.

DINIZ, Maria Helena. *Curso de direito civil brasileiro*: teoria geral das obrigações. 20. ed. São Paulo: Saraiva, 2004. v. 2.

ENGISCH, Karl. *Introdução ao pensamento jurídico*. Trad. Baptista Machado. 8. ed. Lisboa: Calouste Gulbenkian, 2001.

ESPANÉS, Luis Moisset de. Reducción de cláusula penal por abuso del derecho. *Semanário Jurídico* – *Jurisprudencia del trabajo anotada*, t. 1, n. 96. Disponível em: www.acader.unc.edu.ar. Acesso em: 10 jan. 2007.

FACHIN, Luiz Edson. *Teoria crítica do direito civil*. Rio de Janeiro: Renovar, 2000.

FACIO, Jorge Peirano. *La cláusula penal*. 2. ed. Bogotá: Temis, 1982. FARIAS, Cristiano Chaves de. Miradas sobre a cláusula penal no direito contemporâneo. In: FARIAS, Cristiano Chaves de (Org.). *Leituras complementares de direito civil*. Salvador: Podivm, 2007.

FELIPETO, Rogério. *Reparação do dano causado por crime*. Belo Horizonte: Del Rey, 2001.

FERNANDES, Wanderley. *Cláusulas de exoneração e de limitação de responsabilidade*. São Paulo: Saraiva, 2013.

FERRAJOLI, Luigi. *Direito e razão*: teoria do garantismo penal. São Paulo: Ed. RT, 2002.

FLUME, Werner. *El negócio jurídico*. Trad. José Maria Miquel González. Madrid: Fundación Cultural del Notariado, 1998.

FONDAROLI, Désirée. *Illecito penale e riparazione del danno*. Milano: Giuffrè, 1999

FONTES, André. *A pretensão como situação jurídica subjetiva*. Belo Horizonte: Del Rey, 2002.

FORGIONI, Paula A. A interpretação dos negócios jurídicos II – alteração do art. 113 do Código Civil: Art. 7. In: MARQUES NETO, Floriano Peixoto; RODRIGUES JR., Otavio Luiz; LEONARDO, Rodrigo Xavier. *Comentários a Lei de Liberdade Econômica*. São Paulo: Ed. RT, 2019.

FORGIONI, Paula. *Teoria geral dos contratos empresariais*. São Paulo: Ed. RT, 2016.

FRADA, Manuel A. Carneiro da. Contrato e deveres de protecção. Separata do volume XXVIIII do Suplemento ao *Boletim da Faculdade de Directo da Universidade de Coimbra*, Coimbra, 1994.

FRADERA, Véra Maria Jacob de. O direito dos contratos no século XXI. In: DINIZ, Maria Helena; LISBOA, Roberto Senise (Coord.). *O direito civil no século XXI*. São Paulo: Saraiva, 2003.

FRANÇA, R. Limongi. *Teoria e prática da cláusula penal*. São Paulo: Saraiva, 1988.

FREITAS GOMES, Luiz Roldão de. *Curso de direito civil*: contrato. Rio de Janeiro: Renovar, 1999.

FULGÊNCIO, Tito. *Das modalidades das obrigações*. 2. ed. Rio de Janeiro: Forense, 1958.

GAGLIANO, Pablo Stolze; PAMPLONA FILHO, Rodolfo. *Novo curso de direito civil*: obrigações. São Paulo: Saraiva, 2002.

GALGANO, Francesco. Alla ricerca delle sanzioni civili indirette. *Contrato e impresa*. v. 3, n. 2, 1987, p. 531-540.

GALLO, Paolo. *Pene private e responsabilità civile*. Milano: Giuffrè, 1996.

GHESTIN, Jacques. *Les clauses limitatives ou exonératoires de responsabilité en europe*. Paris: LGDJ, 1991.

GHESTIN, Jacques. *Traité de droit civil*: les obligations – les effets du contrat. Paris: LGDJ, 1992.

GILISSEN, John. *Introdução histórica ao direito*. 3. ed. Lisboa: Fundação Calouste Gulbenkian, 2001.

GIRARDI, Fernanda e CANTALI, Rodrigo. *A inversão da multa contratual*. Valor Econômico, 10/04/2019. Disponível em: [https://www.soutocorrea.com.br/publicacoes/a-inversao-da-multa-contratual/].

GODOY, Cláudio Luiz Bueno de. *A função social do contrato*. São Paulo: Saraiva, 2004.

GODOY, Cláudio Luiz Bueno de. In: PELUSO, Cesar (Coord.). *Código civil comentado*. São Paulo: Manole, 2006.

GOLDBERG, Victor Paul, *Cleaning Up Lake River* (August 2007). *Columbia Law and Economics Working Paper* n. 317. Available at SSRN: https://ssrn.com/abstract=1010986 or http://dx.doi.org/10.2139/ssrn.1010986.

GOMES, Orlando. *Obrigações*. Atual. Edvaldo Brito. 16. ed. Rio de Janeiro: Forense, 2005.

GOMES, Orlando. *Transformações gerais do direito das obrigações*. 2. ed. São Paulo: Ed. RT, 1980.

GONÇALVES, Carlos Roberto. *Direito civil brasileiro*. São Paulo: Saraiva, 2004. v. II..

GONZALEZ, Javier Davila. *La obligacion con cláusula penal*. Madrid: Montecorvo, 1992.

GUILHERMINO, Everilda Brandão. *A tutela das multititularidades*. Rio de Janeiro: Saraiva, 2018

HARVEY, David. *A condição pós-moderna*. Trad. Adail Ubirajara Sobral. São Paulo: Edições Loyola, 1992.

HAYEK. F. A. *O caminho da servidão*. São Paulo: Vide editorial, 2013.

IHERING, Rudolf von. *A luta pelo direito*. Trad. J. Cretella Jr e Agnes Cretella. 2. ed. São Paulo: Ed. RT, 2001.

IRTI, Natalino. *L'ordine giuridico del mercato* Roma: Laterza, 2004.

JAULT, Aléxis. *La notion de peine privée*. Paris: LGDJ, 2005.

JORGE, Fernando Pessoa. *Ensaio sobre os pressupostos da responsabilidade civil*. Coimbra: Almedina, 1999.

JUSEFOVICZ, Eliseu. *Contratos*: proteção contra cláusulas abusivas. Curitiba: Juruá, 2005.

LARENZ, Karl. Derecho de obligaciones. Trad. Jaime Santos Briz. Madrid: *Revista de Derecho Privado*, 1958.

LARENZ, Karl. *Derecho justo*. Trad. Luis Díez-Picazo. Madrid: Civitas, 1985.

LARENZ, Karl. *Metodologia da ciência do direito*. 3. ed. Lisboa: Fundação Calouste Gulbenkian, 1997.

LISBOA, Roberto Senise. *Contratos difusos e coletivos*. 3. ed. São Paulo: Ed. RT, 2006.

LISERRE, Antonio. *Tutele constituzionali della autonomia contrattuale*. Milano: Giuffrè, 1971.

LÔBO, Paulo Luiz Netto. Constitucionalização do direito civil. In: FARIAS, Cristiano Chaves de (Org.). *Leituras complementares de direito civil*. Salvador: Podivm, 2007.

LORENZETTI, Ricardo. *Fundamentos do direito privado*. São Paulo: Ed. RT, 1988.

LOTUFO, Renan. *Código civil comentado*. São Paulo: Saraiva, 2003. v. 1. LOTUFO, Renan. *Código civil comentado*. São Paulo: Saraiva, 2003. v. 2. LOTUFO, Renan. *Curso avançado de direito civil*. São Paulo: Ed. RT, 2002. v. 1.

LOUREIRO, Francisco Eduardo. *Código civil comentado*. Org. de Cezar Peluso. São Paulo: Manole, 2006.

LUCA, Massimiliano de. *La clausola penale*. Milano: Giuffrè, 1998. LUHMANN, Niklas. *Sociologia do direito I*. Rio de Janeiro: Tempo Brasileiro, 1983.

MARINONI, Luiz Guilherme. *Tutela inibitória*. 2. ed. São Paulo: Ed. RT, 2000.

MARQUES, Claudia Lima. *Comentários ao código de defesa do consumidor*. São Paulo: Ed. RT, 2004.

MARQUES, Claudia Lima. *Confiança no comércio eletrônico e a proteção ao consumidor*. Sao Paulo: Ed. RT, 2004.

MARQUES, Claudia Lima. *Contratos no código de defesa do consumidor*. 4. ed. São Paulo: Ed. RT, 2002.

MARQUES, Claudia Lima. *A nova crise dos contratos*: Estudos sobre a nova teoria contratual. São Paulo: Revista dos Tribunais, 2007.

MARQUES, Claudia Lima. Três tipos de diálogos entre o Código de Defesa do Consumidor e o Código Civil de 2002 superação das antinomias pelo "diálogo das fontes". In: PFEIFFER, Roberto A. C.; PASQUALOTTO, Adalberto (Coord.). *Código de defesa do consumidor e o código civil de 2002*: convergências e assimetrias. São Paulo: Ed. RT, 2005.

MARQUEZ, Rafael Batista. *Cláusula take or pay em contratos de longo prazo*. 2018. Dissertação de Mestrado em Direito - Escola de Direito de São Paulo da Fundação Getulio Vargas, São Paulo, 2018.

MARTÍNEZ, Gemma Vives. *El juez y el abogado ante la cláusula penal y su moderacion*. Valencia: Revista General de Derecho, 2000.

MARTINS-COSTA, Judith. In: TEIXEIRA, Sálvio de Figueiredo (Coord.). *Comentários ao novo Código Civil*. Rio de Janeiro: Forense, 2004. t. II, v. V.

MARTINS-COSTA, Judith. O método da concreção e a interpretação do contrato. *Revista brasileira de direito comparado*. Rio de Janeiro, Instituto de Direito Comparado Luso-brasileiro. Referência: n. 31, p. 135-175, 2006.

MATTIA, Fábio de. Cláusula penal pura e cláusula penal não pura. *Revista dos Tribunais*, São Paulo, n. 383.

MAZEAUD, Denis. *La notion de la clause penale*. Paris: LGDJ, 1992.

MAZZARESE, Silvio. *Il códice civile*: comentário – clausola penale. Milano: Giuffrè, 1999.

MEDICUS, Dieter. *Tratado de las relaciones obligacionales*. Bosch: Barcelona, 1995.

MELLO, Marcos Bernardes de. *Teoria do fato jurídico*: plano da existência. 12. ed. São Paulo: Saraiva, 2003.

MELO, Diogo Leonardo Machado de. Ainda sobre a função punitiva da reparação dos danos morais. *Revista de Direito Privado*, São Paulo, v. 26, abr./jun. 2006.

MENEZES LEITÃO, Luís Manuel Teles de. *Direito das obrigações*. 3. ed. Amedina: Coimbra, 2005. v. II.

MIRAGEM, Bruno e MARQUES, Claudia Lima. *Economia do compartilhamento deve respeitar os direitos do consumidor*. Disponível em: [https://www.conjur.com.br/2015-dez-23/garantias-consumo-economia-compartilhamento-respeitar-direitos-consumidor]. Acesso em: 20.04.2020.

MONTEIRO, Antônio Pinto. *Cláusula penal e indemnização*. Coimbra: Almedina, 1999.

MONTEIRO, Antônio Pinto. Responsabilidade contratual: cláusula penal e comportamento abusivo do credor. *Revista da Escola da Magistratura do Estado do Rio de Janeiro*, Rio de Janeiro, v. 7, n. 26, 2004.

MONTEIRO, Antônio Pinto. *Dano e acordo das partes*. Responsabilidade civil. 50 anos em Portugal e 15 anos no BrasilSalvador: JusPodivm, 2018.

MONTEIRO, Antônio Pinto. *O contrato na gestão do risco e na garantia da equidade*. Coimbra: Institvto Ivridico, 2015.

MONTESQUIEU. *O espírito das leis*. São Paulo: Saraiva, 1987.

MORAES, Maria Celina Bodin de. A causa dos contratos. *Revista trimestral de direito civil*. v. 21. Rio de Janeiro: Padma, jan.-mar. 2006.

MORAES, Maria Celina Bodin de. *Danos à pessoa humana*. Rio de Janeiro: Renovar, 2003.

MOSCATI, Enrico. Pena privata e autonomia privata. In: BUSNELLI, Francesco; SCALFI, Gianguido (Org.). *Le pene private*. Milano: Giuffrè, 1985.

NADER, Paulo. *Curso de direito civil*: obrigações. Rio de Janeiro: Forense, 2005.

NALIM, Paulo Roberto Ribeiro. *Responsabilidade civil*: descumprimento do contrato e dano extrapatri- monial. Curitiba: Juruá, 1996.

NANNI, Giovanni Ettore. *Enriquecimento sem causa*. São Paulo: Saraiva, 2004.

NEGREIROS, Teresa. *Teoria do contrato*: novos paradigmas. Rio de Janeiro: Renovar, 2003.

NERY JÚNIOR, Nelson. *Código brasileiro de defesa do consumidor*. 5. ed. Rio de Janeiro: Forense Uni- versitária, 1997.

NERY JÚNIOR, Nelson; NERY, Rosa Maria Andrade. *Código de processo civil comentado*. 9. ed. São Paulo: Ed. RT, 2006.

NERY JÚNIOR, Nelson. In: GRINOVER, Ada Pellegrini et al. *Código brasileiro de Defesa do Consumidor*: comentado pelos autores do anteprojeto. 11. ed. Rio de Janeiro: Forense, 2017.

NEVES, Daniel Amorim Assumpção. *Reforma do CPC*. São Paulo: Ed. RT, 2006.

NORONHA, Fernando. *Direito das obrigações*. São Paulo: Saraiva, 2003. v. I. NUNES, Luiz Antônio Rizzato. *Comentários ao código de defesa do consumidor*. São Paulo: Saraiva, 2000.

OLIVEIRA, Nuno Manuel Pinto. *Cláusulas acessórias ao contrato*. 2. ed. Coimbra: Almedina, 2005.

OLIVEIRA, Rafael Carvalho Rezende. Aplicação dos princípios da proporcionalidade e da razoabilidade no direito civil. *Revista da Escola da Magistratura do Estado do Rio de Janeiro*, Rio de Janeiro, v. 9, n. 33, 2006. PADOVANI, Túlio. Lectio brevis sulla sanzione. In: BUSNELLI, Francesco; SCALFI, Gianguido (Org.). *Le pene private*. Milano: Giuffrè, 1985.

PAI MORAES, Paulo Valério dal. Compatibilidade entre os princípios do código de defesa do consumidor e os do novo código civil. *Revista de Direito do Consumidor*, São Paulo, n. 57, jan./mar. 2006.

PARDOLESI, Roberto. Liquidazione contrattuale del danno. In: BUSNELLI, Francesco; SCALFI, Gianguido (Coord.). *Le pene private*. Milano: Giuffrè, 1985.

PEREIRA, Caio Mário da Silva. *Instituições de direito civil*: teoria geral das obrigações. Atualização de Luiz Roldão de Freitas Gomes. 20. ed. Rio de Janeiro: Forense, 2004.

PEREIRA, Caio Mário da Silva. *Responsabilidade civil*. 5. ed. Rio de Janeiro: Forense, 1994.

PERELMAN, Chaïm. *Ética e direito*. Trad. Maria Ermantina Galvão. São Paulo: Martins Fontes, 2000.

PERLINGIERI, Pietro. *Manuale de diritto civile*. Nápoles: ESI, 1997. PERLINGIERI, Pietro. *Perfis do direito civil*: introdução ao direito civil constitucional. Rio de Janeiro: Renovar, 1999.

PIZARRO, Ramón Daniel. *Dano moral*. Buenos Aires: Hammurabi, 2000.

PONTES DE MIRANDA, Francisco Cavalcante. *Tratado de direito privado*. Rio de Janeiro: Borsoi, 1959. v. XXVI.

PONTES DE MIRANDA, Francisco Cavalcante. *Tratado de direito privado*. 2. ed. Rio de Janeiro: Borsoi, 1962. v. V.

POPP, Carlyle. *Responsabilidade civil pré-negocal*: o rompimento das tratativas. Curitiba: Juruá, 2001.

POPPER, Karl. *A sociedade aberta e seus inimigos*. São Paulo: Editora Itatiaia, 1974.

POTHIER, Robert Joseph. *Tratado das obrigações*. Trad. Douglas Dias Ferreira. Campinas: Servanda, 2002.

PRADO AMARAL, Cláudio do. *Despenalização pela reparação dos danos*. Leme: J. H. Mizuno, 2005.

PRATA, Ana. *Cláusulas de exclusão e limitação da responsabilidade contratual*. Coimbra: Almedina, 2005.

RAWLS, John. *Uma teoria da justiça*. Trad. Almiro Pisetta. São Paulo: Martins Fontes, 2000.

REALE, Miguel. *Experiência e cultura*. Campinas: Bookseller, 1999.

REALE, Miguel. *Fontes e modelos do direito*: para um novo paradigma hermenêutico. São Paulo: Saraiva, 1999.

REALE, Miguel. *História do novo código civil*. São Paulo: Ed. RT, 2005.

REALE, Miguel. *O projeto do novo código civil*. 2. ed. São Paulo: Saraiva, 1999.

REBOUÇAS, Rodrigo Fernandes. *Autonomia privada e a análise econômica do contrato*. São Paulo: Almedina, 2017.

RIPERT, Georges. *A regra moral nas obrigações civis*. Trad. Osório de Oliveira. Campinas: Bookseller, 2000.

RIZZARDO, Arnaldo. *Direito das obrigações*. 2. ed. Rio de Janeiro: Forense, 2004.

ROCHA, José Dionízio da. Das arras ou sinal. In: TEPEDINO, Gustavo (Coord.). *Obrigações*: estudos na perspectiva civil-constitucional. Rio de Janeiro: Renovar, 2005.

RODOVALHO, Thiago. *Cláusula penal: natureza jurídica, função e poder/dever de redução equitativa. RJLB.* ano 7, n. 6, 2021. 2245-2273 extraído em: https://www.cidp.pt/revistas/rjlb/2021/6/2021_06_2245_2273. pdf.

RODRIGUES, Lia Palazzo. *Das arras*. Porto Alegre: Livraria do Advogado, 1998.

RODRIGUES, Sílvio. *Parte geral das obrigações*. 30. ed. Saraiva: São Paulo, 2002. v. 2.

ROPPO, Enzo. *O contrato*. Coimbra: Almedina, 1998.

ROSENVALD, Nelson. *As funções da responsabilidade civil*. 3. ed. São Paulo: Saraiva, 2018.

ROSENVALD, Nelson. O controle da cláusula penal nos contratos empresariais conforme a LLE, In: TERRA, Aline de Miranda Valverde; CRUZ GUEDES, Gisela Sampaio da. *Inexecução das obrigações*. Rio de Janeiro: Processo, 2022. , v. II.

ROSENVALD, Nelson. In: PELUSO, César (Org). *Código Civil comentado*. São Paulo: Manole, 2022.

SALDANHA, Nelson. *O jardim e a praça*. Porto Alegre: Sergio Fabris, 1986.

SALOMÃO FILHO, Calixto. *A fattispecie* empresário no novo Código Civil. *Revista do advogado* / Associação dos Advogados de São Paulo (AASP). São Paulo, AASP, 1980. Referência: v. 28, n. 96, p. 11-20, mar., 2008.

SANTOS JÚNIOR, E. *Da responsabilidade civil de terceiro por lesão do direito de crédito*. Coimbra: Almedina, 2003.

SANTOS, Marcos Paulo Dutra. *Transação penal*. Rio de Janeiro: Lumen Juris, 2006.

SARMENTO, Daniel. *Direitos fundamentais e relações privadas*. Rio de Janeiro: Lumen Juris, 2004.

SERPA LOPES, Miguel Maria de. *Curso de direito civil*: obrigações. 6. ed. Rio de Janeiro: Freitas Bastos, 1995.

SILVA, André Seabra. *Limitação e redução da cláusula penal*. São Paulo: Almedina, 2022.

SILVA, Clóvis do Couto e. *A obrigação como processo*. São Paulo: Bushatsky, 1976.

SILVA, João Calvão da. *Cumprimento e sanção pecuniária compulsória*. 4. ed.

Coimbra: Almedina, 2002.

SILVA, Jorge César Ferreira da. *Inadimplemento das obrigações*. São Paulo: Ed. RT, 2006.

SILVA, José Afonso da. *Comentário contextual à constituição*. São Paulo: Malheiros, 2005.

SILVA, Luis Renato Ferreira da. A função social do contrato no novo código civil. In: SARLET, Ingo Wolfgang (Org.). *O novo código civil e a Constituição*. Porto Alegre: Livraria do Advogado, 2003.

SILVA, Wilson Melo da. *O dano moral e sua reparação*. 3. ed. Rio de Janeiro: Forense, 1999.

SILVEIRA, Marcelo Matos Amaro da. *Cláusula penal e sinal*. Rio de Janeiro. GZ, 2019.

SILVEIRA, Marcelo Matos Amaro da. *A cláusula penal nos atos notariais*: cuidados necessários na inserção da cláusula penal nas escrituras públicas. Disponível em: https://www.migalhas.com.br/coluna/migalhas-notariais-e-registrais/359784/cuidados-na-insercao-da-clausula-penal-nas-escrituras-publicas.

SINAY-CYTERMANN, Anne. Clauses pénales et clauses abusives: vers un rapprochement. In: GHESTIN, Jacques (Dir.). *Les clauses abusives dans les contrats types en France et en Europe*. Paris: LGJD, 1995.

SOUSA RIBEIRO, Joaquim de. *Direito dos contratos. Coimbra: Almedina, 1999.*

SOUZA, Marcelo Inglez de; BARROS, Pedro Vitor e MACHADO, César Rossi. *Improvável ausência de multa no contrato de Neymar e PSG*. Disponível em: https://www.jota.info/opiniao-e-analise/artigos/improvavel-ausencia-de-multa-no-contrato-de-neymar-e-psg-31102017.

STIGLITZ, Rubén S. Cláusulas abusivas y control jurisdicional de la administración: estado de situación en argentina. *Revista de Direito do Consumidor*, São Paulo, n. 55, jul./set. 2005.

STRECK, Lenio Luiz. *Verdade e consenso:* constituição, hermenêutica e teorias discursivas. Rio de Janeiro: Lumen Juris, 2006.

TALAMINI, Eduardo. *Tutela relativa aos deveres de fazer e de não fazer*. São Paulo: Ed. RT, 2001.

TARTUCE, Flávio. *Direito civil*: direito das obrigações e responsabilidade civil. 2. ed. São Paulo: Método, 2006.

TELLES, Inocêncio Galvão. *Direito das obrigações*. 6. ed. Coimbra: Almedina, 1989.

TEPEDINO, Gustavo. Código de defesa do consumidor, código civil e complexidade do ordenamento. *Revista Trimestral de Direito Civil*, Rio de Janeiro, v. 22. abr./jun. 2005.

TEPEDINO, Gustavo. Direitos humanos e relações jurídicas privadas. In: TEPEDINO, Gustavo. *Temas de direito civil*. Rio de Janeiro: Renovar, 1998, t. I.

TEPEDINO, Gustavo. Notas sobre a cláusula penal compensatória. *Temas de direito civil*. Rio de Janeiro: Renovar, 2006, t. II.

TEPEDINO, Gustavo; TERRA, Aline de Miranda Valverde; GUEDES, Gisela Sampaio da Cruz. *Fundamentos de direito civil*. Responsabilidade civil. Rio de Janeiro: Forense, 2022. v. 4.

TERRE, F.; SIMLER, Ph. et Y. *Lequette, Droit civil*: les obligations. 9. éd. Dalloz, coll. «Précis droit privé», 2005. n. 624.

TESS, Wilkinson-Ryan. *Do Liquidated Damages Encourage Breach? A Psychological Experiment* University of Pennsylvania Law School. Michigan law review, v. 108, issue 5.

THALER, Richard e SUNSTEIN, Cass. *Nudge*. São Paulo: Objetiva, 2013.

THEODORO JÚNIOR, Humberto. In: TEIXEIRA, Sálvio de Figueiredo (Coord.). *Comentários ao novo código civil*. 2. ed. Rio de Janeiro: Forense, 2003. v. III, t. I.

THEODORO JÚNIOR, Humberto. *O contrato e sua função social*. Rio de Janeiro: Forense, 2003.

THEODORO NETO, Humberto. *Efeitos externos do contrato*: direitos e obrigações na relação entre contratantes e terceiros. Rio de Janeiro: Forense, 2006.

TRIMARCHI, Vincenzo Michelle. *La clausola penale*. Milano: Giuffré, 1960.

TUNC, André. La pena privata nel diritto francese. In: BUSNELLI, Francesco; SCALFI, Gianguido (Coord.). *Le pene* private. Milano: Giuffrè, 1985.

VALE, André Rufino do. Drittwirkung de direitos fundamentais e associações privadas. *Revista de Direito Público*. Porto Alegre, jul./set. 2005.

VARELA, João de Matos Antunes. *Das obrigações em geral*. 10. ed. Coimbra: Almedina, 2003.

VARELA, João de Matos Antunes. *Direito das obrigações*. Rio de Janeiro: Forense, 1978.

VELOSO, Zeno. *Condição, termo e encargo*. São Paulo: Malheiros, 1999. VELOSO, Zeno. *Invalidade do negócio jurídico*. Belo Horizonte: Del Rey, 2003. VIEHWEG, Theodor. *Tópica e jurisprudência*. Trad. Tércio Sampaio Ferraz Jr., Brasília: UNB, 1979.

VINEY, Geneviève. Les obligations. La responsabilité: effets. In: GHESTIN Jacques (Dir.). *Traité de droit civil*. Paris: 1982, t. V.

VINEY, Geneviève. Rapport de syntèse. *Les clauses limitatives ou exonératoires de responsabilité en Europe*. Paris: LGDJ, 1991.

VITKUS, Simas. *Penalty clauses within different legal systems. Social Transformations in Contemporary Society*. 2013.

WALD, Arnoldo. *Curso de direito civil brasileiro*: obrigações e contratos. 13. ed. São Paulo: Ed. RT, 1998.

WESTERMANN, Harm Peter. *Código civil alemão*: parte geral: direito das obrigações. Trad. Armino Edgard Laux. Porto Alegre: Sérgio Fabris, 1983.

WIEACKER, Franz. *El principio general de la buena fe*. Trad. José Luis Carro. Madrid: Civitas, 1976.

WIEACKER, Franz. *História do direito privado moderno*. Trad. Botelho Hespanha. 2. ed. Lisboa: Calouste Gulbenkian, 1993.

ZAGREBELSKY, Gustavo. *Fragilità e forza dello stato costituzionale*. Napoli: Editoriale Scientifica, 2006.

ZITSCHER, Harriet Christiane. *Introdução ao direito civil alemão e inglês*. Belo Horizonte: Del Rey, 1999.

ZOPPINI, Andrea. *La pena contratualle*. Milano: Giuffrè, 1991.

ANOTAÇÕES